HISTOIRE

DES

TRAITÉS DE PAIX

DE

WESTPHALIE.

HISTOIRE

DES

TRAITEZ

DE

WESTPHALIE.

On donne le nom de Traitez de Weſtpha-
lie à ceux qui furent conclus en 1648.
à Munſter & à Osnabrug qui ſont
deux Villes ſituées dans la Province
d'Allemagne appellée Weſtphalie.

ON TRAITA EN CES DEUX VILLES,

Remiérement les différends qui
étoient entre le Roi & l'Empereur. Secondement ceux
qui étoient entre le Roi & le
Roi d'Espagne. Troiſiéme-
ment ceux qui étoient entre
l'Empereur & la Reine Chris-
tine de Suéde. Quatriémement ceux qui regardoient les Affaires générales l'Empire, & ſur tout
au ſujet de la Religion. Cinquiémement ceux qui
concernoient les Princes & Etats d'Allemagne &
d'Italie en leur particulier. Et enfin ceux qui
étoient entre le Roi d'Espagne d'une part, & les
Etats-Généraux des Provinces-Unies & le Prince
d'Orange d'autre.

Les différends entre le Roi & l'Empereur furent
terminez par le Traité conclu à Munſter le 24.
Octobre 1648. Ceux entre le Roi & le Roi d'Espagne ne purent être terminez après une longue
Négociation, que je crois néanmoins néceſſaire
de raporter pour faire connoître les articles dont on
étoit convenu, & ceux qui empêchérent que la
Paix ne fût dès-lors conclue entre la France &
l'Espagne.

Les différends qui étoient entre l'Empereur & la
Reine & la Couronne de Suéde furent terminez par
le Traité conclu à Osnabrug le même jour 24. Octobre 1648.

Comme Guſtave-Adolphe Roi de Suéde avoit
entrepris le rétabliſſement des droits des Princes de
l'Empire & ſur tout les Intérêts des Proteſtans, les
Articles qui réglérent les Affaires de l'Empire en
général, & les différends qui étoient entre les Princes Catholiques & les Princes Proteſtans d'Allemagne pour le regard de la Religion & des biens
d'Egliſe, furent inſérez dans le Traité d'Osnabrug. Les Articles qui regardoient en particulier
les Intérêts des Princes Allemagne & d'Italie al-

TOM. I.

liez du Roi ou de la Reine de Suéde, furent auſſi
inſérez partie dans le Traité de Munſter; & partie
dans celui d'Osnabrug.

Les différends qui étoient entre le Roi d'Espagne & les Etats-Généraux des Provinces-Unies
furent terminez par un Traité conclu à Munſter
le 30. Janvier 1648.

Et enfin ceux qu'il avoit avec le Prince d'Orange furent réglez tant par des Traitez des 8. Janvier
& 27. Décembre 1647, que par pluſieurs articles
qui furent inſérez dans le Traité qui fut paſſé
entre le Roi d'Espagne & les Etats-Généraux
le 30. Janvier 1648.

J'expliquerai ſucceſſivement ce qui s'eſt paſſé
dans la Négociation de chacun de ces Traitez & commencerai par les différends que le Roi avoit avec
l'Empereur & l'Empire pour les Intérêts de ſa Couronne; & la maniére dont ils furent terminez par le
Traité de Munſter.

CHAPITRE PREMIER.

Négociation & concluſion de la Paix de Munſter en
ce qui regarde les Intérêts de la France.

Avant que la Dignité Impériale fût entrée
dans la Maiſon d'Autriche, il y avoit eu
pendant pluſieurs ſiécles une parfaite intelligence
entre les Empereurs & les Rois de France; mais
comme les Empereurs Maximilien I. & enſuite
Charles-Quint ſon petit-fils & ſon Succeſſeur qui
étoient de cette Maiſon, voulurent ôter aux Rois
Louis XII. & François I. le Duché de Milan qui
leur appartenoit du Chef de Valentine Viſconti
leur ayeule, & les droits de ſouveraineté qu'ils a-
voient ſur les Comtez de Flandres & d'Artois qui
appartenoient à ces Empereurs comme étant dans les
droits de la Maiſon de Bourgogne, il y eut entre ces Empereurs & ces Rois de France des guerres presque continuelles, & qui ne furent in-
terrompues que par des Traitez de Paix ou de
Tréves de peu de durée.

HENRI II. ayant ſuccédé à François I. ſon
pére rentra en 1551. en guerre contre Charles-Quint
pour les intérêts d'Octave Farneſe Duc de Parme
& pour lui donner des affaires en Allemagne, &
en même tems étendre les limites de ſon Royaume,

A
ij

il fit le 5. Octobre de la même année avec Maurice Electeur de Saxe & les Princes Proteftans fes Confédérez , un traité qu'il ratifia à Chambor, & par lequel il promit de les affifter puiffamment d'hommes & d'argent contre l'Empereur pour maintenir la liberté & les droits des Princes de l'Empire ; & ils confentirent qu'il s'emparât le plutôt qu'il pouroit des Villes qui. appartenoient dès long-tems à l'Empire, & qui n'étoient point de la langue Germanique, favoir : de Cambrai, Metz, Toul, & Verdun , & autres femblables , & qu'il les gardât comme Vicaire de l'Empire.   En conféquence de ce traité le Roi marcha vers l'Allemagne à la tête d'une Armée de cinquante mille hommes, & s'empara au printems de l'année 1552. fans beaucoup de difficulté, des Villes de Toul, de Metz, & de Verdun, & alla jufques devant Strasbourg; ce qui ayant extrêmement irrité & étonné l'Empereur, il fe raccommoda avec les Princes confédérez, par le Traité de Paffau, vint dans l'automne de la même année affiéger la Ville de Metz avec une armée de cent mille hommes : mais François de Loraine Duc de Guife affifté de l'élite de la Nobleffe Françoife, la défendit fi bien que l'Empereur fut obligé d'en lever le fiége le premier jour de l'année 1553.

Comme Charles-Quint ne fit depuis en 1555. qu'une Tréve à Vaucelle avec Henri II. on n'y parla point de ces Villes dont ce Roi demeura ainfi poffeffeur, & lorsque cette paix fut rompue l'année fuivante , Ferdinand frére de Charles, qui étoit Empereur ne prit point de part à la guerre qui s'émut entre Henri II. & Philipe II. Roi d'Espagne & qui fut terminée par le Traité de Câteau-Cambrefis : ainfi Ferdinand ne fut point partie dans ce Traité ; & on n'y parla point des Villes de Metz, Toul, & Verdun.

Quelque tems après cet Empereur envoya vers le Roi Charles IX. l'Evêque de Trente pour demander la reftitution de ces trois Villes; mais il s'en excufa le plus honnêtement qu'il put , après que le Chancelier Olivier eut protefté en plein Confeil qu'il étoit d'avis qu'on tranchât la tête au premier qui proposeroit de les rendre : ainfi on n'en parla plus , & les Rois de France confervérent ces Villes fous le titre de protection , fans en être pour cela mal avec les Empereurs, à qui même ils rendirent fouvent de très-bons offices.

Cette bonne intelligence, après avoir duré plus de foixante quinze ans, fut altérée, & enfuite entiérement rompue à l'occafion des différends qui s'émurent pour la fucceffion de Vincent de Gonzagues fecond du nom Duc de Mantoue & de Montferrat qui mourut fans enfans en 1627. l'Empereur Ferdinand II. ayant refufé à Charles de Gonzagues Duc de Nevers proche parent du deffunt , l'inveftiture de ces deux Duchez ; & le Roi Louis XIII. s'étant fait un principe d'honneur de foutenir un Prince né fon fujet dans les droits qui lui appartenoient légitimement.

Ferdinand étoit alors dans le plus haut point de puiffance auquel les Empereurs de la Maifon d'Autriche fuffent parvenus depuis Charles-Quint, ayant dépouillé l'Electeur Palatin de fes Etats & de fa dignité Electorale ; contraint Bethleem Gabor Prince de Tranfilvanie, & Chriftian IV. Roi de Danemarc à faire la paix avec lui aux conditions qu'il lui avoit plu leur impofer ; vaincu tous les Princes de l'Empire qui avoient voulu s'oppofer à fes volontez , & rempli toute l'Allemagne de

fes Armées & de fes Garnifons : ainfi voulant être auffi Souverain en Italie qu'en Allemagne , il y envoya une puiffante armée qui prit & faccagea Mantoue , & affiega Cazal: le Roi y envoya auffi plufieurs armées qui empêchérent la prife de cette derniére place qui étoit la feule qui reftât au Duc de Mantoue. Cette guerre fut terminée par un Traité conclu à Ratisbonne le 13. Octobre 1630. & enfuite par ceux de Querasque des 6. Avril & 19. Juin 1631. par lesquels il fut dit que l'Empereur donneroit au Duc Charles de Gonzagues l'inveftiture des Duchez de Mantoue & de Montferrat.

Il avoit encore été dit par le premier article du Traité de Ratisbonne, que le Roi Très-Chrétien n'offenferoit en aucune maniére l'Empereur ni l'Empire , & n'affifteroit ni de forces ni de confeil ni d'argent ni en quelque autre chofe que ce fût les ennemis déclarez de l'Empereur & de l'Empire , ni ceux qui fe déclareroient ci-après : mais comme le Sr. Brulard de Léon qui avoit figné ce Traité au nom du Roi, n'avoit aucun pouvoir de le faire entrer dans cet engagement , il fut hautement dèsavoué ;   d'ailleurs le Cardinal de Richelieu ayant été informé que le Roi avoit promis à la Reine fa Mére de le renvoyer dès que la paix feroit faite, crut qu'il étoit de fon intérêt de fe rendre. néceffaire au Roi en continuant la guerre, & qu'en même tems il étoit de l'intérêt de la France d'abaiffer la trop grande puiffance de l'Empereur dans l'Allemagne, & de la réduire dans fes bornes légitimes.   Ainfi ce Roi étant entré dans les fentimens de fon Miniftre , & fans avoir égard à cet article du Traité de Ratisbonne, fit en cette même année 1631. avec Guftave-Adolphe Roi de Suéde que les Princes Proteftans mécontens de l'Empereur avoient appellé à leur fecours , & qui venoit d'entrer en Allemagne avec une puiffante armée , un Traité d'Alliance , par lequel le Roi s'obligea de fournir par chacun an à ce Prince une fomme confidérable , & ils marquérent qu'ils n'avoient pour but que la défenfe de leurs amis, & le rétabliffement des Princes de l'Empire , qui avoient été opprimez : il prit peu après Philipe-Chriftophe de Soeteren Electeur de Tréves fous fa protection , pour empêcher que le Roi de Suéde ne s'emparât de fes Etats.

Après la mort de Guftave il renouvella en 1633. fon Alliance avec la Reine Chriftine fa fille, s'allia encore depuis en la même année avec les Etats des Cercles de Franconie , de Suabe , & du haut Rhin qui étoient confédérez de la Suéde, s'empara de Haguenau , de Saverne, & de plufieurs autres Villes d'Alface qui fe mirent fous fa protection. Et comme les Suédois , ayant perdu le 6. Septembre 1634. la bataille de Nortlingue, furent obligez de fortir de plufieurs places qu'ils avoient aux environs du Rhin , il convint avec eux par un Traité paffé le 9. Octobre de la même année, que , fans préjudice de la liberté de l'Empire , les Villes de Colmar, de Scheleftat , de Marchelheim, & plufieurs autres d'Alface qui y font nommées, feroient mifes fous la protection du Roi , afin qu'il les garantît des mauvais traitemens que les Impériaux faifoient fouffrir aux habitans des Villes dont ils fe rendoient maitres.

Les chofes étoient en cet état lorsque le Roi voyant que les Suédois étoient fur le point d'être abandonnez, comme ils le furent en effet peu après, par l'Electeur de Saxe, & par la plus grande partie
des

des Princes Proteſtans d'Allemagne qui s'accommodérent avec l'Empereur par le Traité de Prague, & qu'ainſi ils ne ſeroient pas en état de tenir ſeuls tête aux Imperiaux ; réſolut d'entrer en guerre ouverte avec la Maiſon d'Autriche , depeur qu'après qu'elle auroit chaſſé les Suédois de l'Allemagne & ſubjugué tous les Princes de l'Empire , elle ne voulût auſſi l'attaquer dans ſes Etats pour ſe vanger des ſecours qu'il avoit donnez aux Suédois.

Il fit pour cet effet à Compiegne le 28. Avril 1635. un Traité avec le Comte Oxenſtiern Chancelier de Suéde par lequel il fut dit que ni lui ni la Reine & le Royaume de Suéde ne ſeroient point la paix avec aucun Prince de la Maiſon d'Autriche que d'un commun conſentement , & qu'ils s'uniroient pour procurer l'élargiſſement de l'Electeur de Tréves que les Eſpagnols avoient du conſentement de l'Empereur ſurpris le 26. Mars, dans ſa Capitale , & mené priſonnier à Luxembourg : & ſur le refus que le Cardinal Infant Gouverneur des Païs-Bas Eſpagnols lui fit de le mettre en liberté, il déclara au mois de Juin ſuivant la guerre au Roi d'Eſpagne , & à ſes adhérans , & fit entrer en Allemagne une Armée commandée par le Cardinal de la Valette , auquel Bernard Duc de Weymar ſe joignit avec la ſienne.

L'Empereur fit de ſa part publier en 1636. un manifeſte par lequel il expoſoit que le Roi au préjudice du Traité de Ratisbonne avoit aſſiſté le Roi de Suéde & les autres ennemis de l'Empire, & s'étoit ſaiſi ou avoit retiré des mains des Suédois diverſes places qui en dépendoient , & en conſéquence lui déclaroit la guerre ; après quoi il fit attaquer la Bourgogne par une Armée de quarante mille hommes commandée par le Général Galas qui s'en retourna ſans ſuccès.

Dès le commencement de cette guerre le Pape Urbain VIII. Chriſtian IV. Roi de Danemarc & les Venitiens s'étoient entremis pour rétablir la paix entre les Princes Chrétiens qui étoient en guerre; & le Pape les ayant fait convenir que l'aſſemblée pour la paix entre les Rois, Princes, & Etats Catholiques ſe tiendroit à Cologne, y envoya le Cardinal Ginetti pour y aſſiſter en qualité de Légat; il y arriva le 24. Octobre 1636. l'Empereur y envoya le Baron de Queſtemberg & le Sieur Jean Hiane ſes Conſeillers Auliques pour ſes Plénipotentiaires , & Dom Antonio Ronquillo y vint en la même qualité de la part de l'Eſpagne : le Roi nomma le Cardinal de Lion frére du Cardinal de Richelieu pour ſon Plénipotentiaire ; mais comme l'Empereur ne voulut jamais conſentir que la France eût à cette aſſemblée un Plénipotentiaire d'une dignité ſi élevée au deſſus de celle de tous les autres, ſa Majeſté voulut bien ſur les inſtances des Médiateurs lui ſubroger le Marquis de St. Chaumont & quelque tems après lui nomma pour Collegue avec un applaudiſſement univerſel le Sr. Jules Mazarin qui avoit été peu auparavant Nonce du Pape, & que ſa Majeſté avoit depuis quelque tems fait un de ſes Miniſtres d'Etat.

Les Suédois ayant d'abord déclaré qu'ils ne vouloient point ſe trouver dans une Aſſemblée de laquelle le Légat du Pape ſeroit le Chef en qualité de Médiateur , & outre cela ne voulant point traiter leur paix avec les François; on convint que leur Traité de paix avec l'Empereur ſe traiteroit à Lubec par la Médiation du Roi de Danemarc , & que les autres ſe traiteroient à Cologne. Il arriva

auſſi à Lubec des Miniſtres de l'Empereur , de France, de Suéde , d'Hollande , du Roi d'Angleterre, & du Prince Palatin ſon neveu ; & peu après du Roi de Danemarc : Dom Gabriel de Rooze s'y rendit auſſi en qualité de Réſident du Roi d'Eſpagne.

Les Médiateurs propoſérent d'abord de faire une ſuſpenſion d'armes entre les parties qui étoient en guerre ; mais il ſe trouva de chaque côté de ſi grands obſtacles, qu'ils furent obligez d'en abandonner la Négociation.

Les choſes étant en cet état , le Roi déclara qu'il n'enverroit point ſes Plénipotentiaires à Cologne que ceux de ſes Alliez ne puſſent auſſi s'y rendre ſurement , ne voulant point traiter la paix que de concert avec eux : il demanda des paſſeports pour les Suédois , pour les Députez des Etats Généraux; & pour les Princes Proteſtans d'Allemagne. L'Empereur Ferdinand III. qui avoit ſuccédé à Ferdinand II. ſon pére en 1637. & vouloit autant qu'il lui ſeroit poſſible rompre l'union entre la France & ſes Alliez , ne leur en voulut point donner d'abord ; diſant que les intérêts de la Suéde ſe devoient traiter à Lubec, & que c'étoit aux Suédois à en demander , s'ils en avoient affaire; qu'il n'étoit point en guerre avec les Provinces-Unies , qu'ainſi il n'étoit pas beſoin de leur donner des paſſeports : pour les Princes d'Allemagne, l'Empereur s'en irrita beaucoup , regardant comme une choſe indécente à la Majeſté du Trône Impérial que d'en accorder à des Princes , qui étant ſes vaſſaux étoient obligez de recevoir la loi de lui : & il manda à ce Prince que ce ſeroit la même choſe que s'il faiſoit demander au Roi de France des paſſeports pour le Comte de Soiſſons , pour le Duc d'Epernon , & pour d'autres Princes François qui étoient alors mécontens. Cependant le Roi de Pologne & les Miniſtres des Médiateurs qui étoient à Vienne, ayant continué leurs inſtances, il donna le 14. Novembre 1637. des paſſeports pour les Députez que la Couronne de Suéde & les Provinces-Unies voudroient envoyer à Cologne : & pour mettre en quelque manière ſa réputation à couvert , il donna le 21. Avril 1638. un pouvoir au Baron de Questemberg & au Sieur Hiane ſes Plénipotentiaires de donner des paſſeports aux Princes & Etats de l'Empire qui n'étoient point encore réconciliez avec lui & étoient même criminels de Leze-Majeſté, pour venir à Cologne informer de leurs intérêts les Plénipotentiaires du Roi Très-Chrétien, dans la compagnie deſquels ils ſe tiendroient ; & pour s'en retourner enſuite chez eux en toute ſureté.

Cette ſorte de pouvoir & les clauſes qui y étoient inſérées ne plurent point aux Miniſtres du Roi, qui demandérent que l'Empereur donnât lui même des Paſſeports particuliers pour le Duc Bernard de Weymar , & pour Amelie-Eliſabet de Hanau veuve du Landgrave de Heſſe qui avoient des liaiſons plus étroites avec la France que les autres , en général pour tous les Princes d'Allemagne ſes Alliez , ſans exprimer qu'ils n'étoient point encore réconciliez , ni qu'ils ſe tiendroient dans la compagnie des Miniſtres du Roi. L'Empereur eut bien de la peine à y conſentir, croyant que ce ſeroit une approbation des ligues faites par les Princes de l'Empire avec les Etrangers ; qu'il ſoutenoit être contraires aux Conſtitutions de l'Empire; mais enſuite ſur les inſtances de l'Ambaſſadeur de Veniſe il en accorda un pour le Landgrave de Heſſe du 14. Novembre 1638. Un pour le Duc de

Wey-

Weymar du 24. du même mois , & le troisiéme pour les Princes de l'Empire non réconciliez , à l'exception du Prince Palatin.

Cette exception fut cause qu'à l'instance du Roi d'Angleterre le Roi en demanda encore pour le Prince Palatin & ses fréres , déclarant qu'à moins de cela il n'en donneroit point pour le Duc de Loraine , & ne feroit point partir son Plénipotentiaire pour Cologne : l'Empereur y résista fort long-tems , parce que le rétablissement du Palatin avoit été exclu de la paix de Prague, & que l'on négocioit alors à Bruxelles un Traité particulier pour cette affaire avec les Ministres des Rois d'Espagne & d'Angleterre. Cependant les François sans se rebuter en demandérent encore d'autres en 1639. premiérement pour l'Electeur de Tréves que l'Empereur tenoit encore prisonnier ; en second lieu pour Christine de France Duchesse de Savoye mére tutrice de Charles-Emanuel second du nom Duc de Savoye & Régente de ses Etats, à laquelle ils souhaitoient que l'Empereur donnât ces qualitez dans ses passeports , encore qu'il eût donné un décret par lequel il avoit déféré la tutelle & la Régence au Cardinal Maurice & au Prince Thomas de Savoye Oncles du jeune Duc ; & enfin pour les Princes de Brunswick & de Lunebourg qui s'étoient depuis peu alliez avec la France , quoi qu'ils eussent ci-devant accepté la paix de Prague.

L'Empereur eut bien de la peine à se résoudre à accorder tous ces Passeports ; mais la fermeté des François, les instances de l'Ambassadeur de Venise, & le mauvais état de ses affaires furent cause qu'il en accorda un pour Charles-Louis Comte Palatin du Rhin & ses fréres le 7. Septembre 1639. un pour l'Electeur de Tréves le 20. Juillet 1640. & un pour les Ducs de Brunswick & de Lunebourg : il continua de refuser celui de la Duchesse de Savoye à laquelle il ne convint pas sitot de donner les qualitez qu'on souhaitoit.

Toutes ces facilitez, que l'Empereur apportoit, furent cause que le Roi qui jusqu'alors ne l'avoit qualifié que de Roi de Hongrie , & n'avoit point approuvé son élection à la Dignité Impériale , à cause que l'Electeur de Tréves n'y avoit point été appellé suivant la Bulle d'or, donna néanmoins un passeport pour ses Ambassadeurs, dans lequel il le qualifia Empereur ; & il accorda encore un passeport pour le Duc de Loraine le 20. Juillet 1640.

Les choses étant en cet état , les Ministres de France & de Suéde proposérent de transférer la Négociation à Munster & à Osnabrug , afin que les lieux où l'on traiteroit la paix n'étant pas si éloignez l'un de l'autre que l'étoient Cologne & Lubec , les Ministres qui s'y rendroient pussent avoir plus facilement communication les uns avec les autres, en sorte que l'on traiteroit à Munster la paix entre le Roi d'une part, & l'Empereur & le Roi d'Espagne d'autre, & à Osnabrug celle d'entre l'Empereur & la Reine de Suéde. Toutes les autres parties intéressées y ayant donné les mains, l'Empereur, les Rois de France & d'Espagne, & la Reine de Suéde donnérent commission aux Ministres qu'ils avoient à Hambourg de dresser un Traité pour régler tous les Préliminaires du Traité , & le jour auquel l'assemblée commenceroit.

Comme le Duc de Loraine s'étoit accommodé avec le Roi , & avoit renoncé à l'alliance qu'il avoit faite avec la Maison d'Autriche , les Minis-

tres de France retirérent le passeport qu'ils avoient donné pour lui ; & la difficulté ne resta plus que sur le passeport que le Roi demandoit toujours pour la Duchesse de Savoye avec les qualitez de tutrice du Duc son fils & de régente de ses Etats : ce que l'Empereur s'opiniatroit toujours de refuser , nonobstant les instances que le Roi de Danemarc & le Collége Electoral lui avoient faites de le donner tel que le Roi le souhaitoit.

Comme tout le monde desiroit que l'on fixât enfin un jour pour l'ouverture des Conférences pour la Négociation de la paix , le Baron de Lutsaw Conseiller Aulique & Plénipotentiaire de l'Empereur pour le réglement des Préliminaires, ne douta point que l'Empereur n'accordât ce passeport : il fit à Hambourg le 15. Decembre 1641. tant au nom de sa Majesté Impériale que du Roi d'Espagne par la Médiation du Roi de Danemarc , avec Claude de Mémes Comte d'Avaux Plénipotentiaire de France , & Jean Salvius Plénipotentiaire de Suéde deux Traitez Préliminaires presque conçus dans les mêmes termes.

Il fut dit que la paix générale se traiteroit à Munster & à Osnabrug dans la Westphalie ; qu' aussi-tôt que les passeports auroient été échangez on retireroit de ces deux Villes les Garnisons des parties qui y étoient ; que les Magistrats seroient serment d'observer la neutralité à l'égard des deux partis tant que les assemblées dureroient ; qu'ils garderoient ces Villes avec des Bourgeois & des Troupes dépendantes d'eux ; & s'obligeroient à maintenir en pleine sureté les personnes & les biens de ceux qui viendroient à ces assemblées ; que les deux assemblées ne seroient regardées que comme une seule ; & qu'ainsi les chemins d'une de ces Villes à l'autre , en un lieu qu'on choisiroit entre les deux Villes pour les rendez-vous des Ministres qui voudroient y venir de l'une ou l'autre de ces Villes pour y conférer ensemble, joüïroient d'une aussi grande sureté que ces deux Villes mêmes ; & que , si l'Assemblée se séparoit sans qu'on eût rien conclu , les Villes de Munster & d'Osnabrug retourneroient en l'état où elles étoient présentement ; que les garnisons qui y étoient y rentreroient , en sorte néanmoins qu'elles observeroient la neutralité pendant six semaines , à compter du jour que la Négociation auroit été rompue.

On convint que l'échange des Passeports des parties se feroit à Hambourg par les mains des Ministres du Roi de Danemarc ; que l'Empereur & le Roi d'Espagne donneroient chacun des passeports pour les Plénipotentiaires du Roi Très-Chrétien, pour le Résident de Suéde , pour les Plénipotentiaires de la Duchesse de Savoye en qualité de tutrice du Duc son fils & de régente de ses Etats , pour les Plénipotentiaires des Etats-Généraux des Provinces-Unies , pour les Députez de l'Electeur de Tréves , pour le Prince Charles-Louis Comte Palatin du Rhin & ses fréres ou leurs Députez , pour les Ducs de Brunswick & de Lunebourg ou leurs Députez, pour les Députez de la Landgrave veuve de Hesse , & en général pour tous les Etats de l'Empire alliez de la France, soit qu'ils envoyassent des Députez en général ou en particulier.

D'autre part on convint que le Roi de France fourniroit aux mêmes Ministres des passeports pour les Plénipotentiaires du Roi d'Espagne , pour les Alliez de l'un & de l'autre , soit qu'ils députassent en général ou chacun en particulier, pour

les

les Députez de l'Electeur de Cologne, & pour les Députez de l'Electeur de Baviére ; & enfin qu'on s'assembleroit à Munster & à Osnabrug le 25. du mois de Mars 1642.

Il paroît qu'on ne donna point de passeport pour le Duc de Weymar, parce qu'il étoit mort dès l'année 1639.

Les originaux de ce Traité furent déposez entre les mains des Ministres du Roi de Danemarc qui en donnérent au Comte d'Avaux & au Sieur Salvius des copies autentiques pour leur valoir comme les originaux mêmes.

Les Ministres de France & de Suéde ayant eu quelque dispute sur la préséance entre les Plénipotentiaires des deux Couronnes, convinrent que ceux de France auroient la préséance à Munster, où il ne séjourneroit qu'un Agent de la Couronne de Suéde ; & que les Plénipotentiaires de Suéde auroient à Osnabrug la préséance sur le Résident de France qui s'y tiendroit.

Le Roi ayant eu connoissance de ce Traité en envoya au mois de Fevrier 1642. la Ratification au Comte d'Avaux avec tous les passeports qu'il y étoit dit qu'il fourniroit ; mais il n'en fut pas de même de l'Empereur, il refusa de ratifier le Traité de Hambourg, prétendant que le Baron de Lutsaw avoit excédé son pouvoir en ce qu'il avoit promis qu'il donneroit à la Duchesse de Savoye un passeport avec les qualitez de tutrice du Duc son Fils & de régente de ses Etats ; & pour donner une marque publique de son indignation, il révoqua le Baron de Lutsaw, & envoya à Hambourg en sa place le Comte d'Aversperg. Il continua à faire difficulté d'accorder le passeport pour la Duchesse de Savoye avec les qualitez que le Roi souhaitoit, & en demanda un au Roi pour le Duc de Loraine : mais sa Majesté se tenant ferme à l'exécution du Traité de Hambourg, insista à avoir le passeport pour la Duchesse sa Sœur en la forme qui y étoit portée, & refusa d'en donner un au Duc de Loraine au quel il n'étoit point obligé par ce Traité. Enfin comme les Princes Maurice & Thomas de Savoye s'accommodérent avec la Duchesse leur belle-sœur, l'Empereur donna cette même année 1642. le passeport pour cette Princesse, & envoya tous les passeports au Comte d'Aversperg qui les échangea enfin avec ceux du Roi que le Comte d'Avaux, qui étoit allé faire un tour à Paris, avoit laissez au Sieur de St. Romain Résident pour le Roi à Hambourg ; & on convint que l'assemblée de Munster s'ouvriroit le 11. Juillet 1643.

Le Roi Louis XIII. mourut le 14. Mai 1643. avant que les assemblées pour la paix fussent ouvertes, laissant sa Couronne au Roi Louis XIV. son Fils sous la tutelle de la Reine Anne d'Autriche sa mére.

L'Empereur nomma pour ses Plénipotentiaires à l'assemblée de Munster Jean-Louis Comte de Nassau-Hadamar son Conseiller d'Etat, & Isaac Volmar Président de la Chambre de la haute Autriche ; & leur donna leur Pleinpouvoir le 23. Juin 1643. Le Roi nomma aussi pour ses Ambassadeurs & Plénipotentiaires Henri d'Orléans Duc de Longueville, Claude de Mêmes Comte d'Avaux & Abel Servien des Aubiers, auxquels il donna son pleinpouvoir le 20. Septembre 1643. Le Pape nomma Fabio Chigi qui fut depuis le Pape Alexandre VII. pour assister à cette assemblée en qualité de son Nonce, & y exercer la Médiation

de sa part. Et la République de Venise y envoya le Sieur Alvise Contarini pour y faire aussi les Fonctions d'Ambassadeur Médiateur de la part de cette République.

Les Plénipotentiaires de l'Empereur firent les premiers leur entrée publique à Munster le 30. Août 1643 ; puis le Comte Zapata Plénipotentiaire d'Espagne le 5. Novembre de la même année, & le Sieur Contarini le 16. des mêmes mois & an.

Messieurs d'Avaux & Servien partirent de Paris vers la fin d'Octobre sans le Duc de Longueville pour se rendre à Munster ; mais comme ils prirent leur chemin par la Hollande, pour y passer avec les Etats Généraux divers traitez, & entr'autres celui de garentie dont il sera parlé ci-après, ils n'arrivérent à Munster que l'année suivante 1644. savoir, le Comte d'Avaux qui partit le premier de la Haye, le 17. Mars, & Mr. Servien quelques jours après.

Le Nonce Chigi arriva aussi à Munster le 19. Mars. Les Sieurs Savedra & le Brun aussi Plénipotentiaires d'Espagne y arrivérent pareillement peu après.

Messieurs d'Avaux & Servien peu après leur arrivée écrivirent le 6. Avril aux Electeurs, aux Princes, aux Villes Impériales, & aux autres Etats de l'Empire des lettres circulaires, par lesquelles après leur avoir marqué la promtitude avec laquelle le feu Roi avoit ratifié le Traité de Hambourg pour l'ouverture des Conférences pour la paix, & le retardement que l'Empereur & le Roi d'Espagne y avoient apporté, & que la mort du Roi leur maitre les avoit empêchez de se rendre à Munster aussi-tôt qu'ils le souhaitoient ; ils ajoutérent que la France & la Suéde n'avoient pris les armes que pour rendre à l'Allemagne son ancienne liberté, & empêcher la Maison d'autriche de parvenir à son but ; qui étoit la Monarchie de l'Europe, de laquelle elle prétendoit établir pour baze la Souveraineté sur l'Empire comme le centre de l'Europe ; & ils les exhortoient à se rendre ou à envoyer leurs Députez à Munster, afin qu'ils pussent traiter conjointement avec l'Empereur & les Etats de l'Empire, attendu que l'Empereur n'ayant pas seul le droit de la guerre & de la paix, ils ne pouvoient traiter surement avec lui des affaires qui regardoient tout l'Empire. Le contenu de ces Lettres irrita extrêmement l'Empereur, qui en fit faire à l'assemblée de grandes plaintes par ses Plénipotentiaires comme d'une sédition que ceux de France vouloient exciter dans l'Empire, ce qui étoit un crime de Leze-Majesté ; de sorte qu'il pouroit sans violer le droit des gens révoquer les passeports qu'il leur avoit donnez, & procéder contre eux suivant la rigeur des Loix : cependant il n'en fit rien, sur les remontrances que lui firent les Médiateurs, qu'il ne devoit pas attendre d'expressions modérées d'ennemis déclarez, tels qu'étoient les François.

Le Nonce communiqua le 12. Avril aux Plénipotentiaires de France les pleinspouvoirs que l'Empereur & le Roi d'Espagne avoient donnez aux leurs ; & ces Plénipotentiaires lui portérent le lendemain celui que le Roi leur avoit donné. Les Plénipotentiaires de France ayant examiné les pouvoirs de l'Empereur & du Roi d'Espagne, y trouvérent des deffauts essentiels ; & ceux de l'Empereur & du Roi d'Espagne en ayant aussi trouvé dans le pleinpouvoir du Roi, les Médiateurs tra-

vaillé-

vaillérent à engager les uns & les autres à convenir d'un projet d'un pleinpouvoir commun : les Plénipotentiaires de France y donnérent facilement les mains, & les autres y firent plus de difficulté ; mais enfin ils convinrent tous d'un projet de pleinpouvoir, & mirent entre les mains des Médiateurs deux écrits signez d'eux & datez des 17. & 20. Novembre, par lesquels ils promirent de rapporter, les François dans un mois, & les Impériaux dans deux mois, des pleinspouvoirs de leurs maîtres conformes à ce projet. Ils convinrent qu'en les attendant, on pouroit jusqu'à la fin du mois de Janvier prochain traiter valablement en vertu des premiers pleinspouvoirs qui avoient été produits au mois d'Avril dernier.

Pendant toutes ces contestations le Duc d'Anguien qui a été depuis le fameux Prince de Condé, & qui commandoit alors l'Armée en Allemagne, y prit plusieurs places & entr'autres celle de Philisbourg.

Les Médiateurs ayant enfin fait convenir les Ministres qui étoient à Munster que chacun d'eux donneroit sa proposition le quatre Décembre 1644. les Plénipotentiaires de l'Empereur demandérent dans leur Proposition que le Traité de Paix de Ratisbonne de l'année 1630. fût exécuté, & que le Roi restituât à l'Empire, à la Maison d'Autriche, & à ses Alliez & Confédérez & sur tout au Duc de Loraine tout ce qu'il leur avoit ôté au préjudice de cette paix ; ajoutant que quand on auroit une fois posé ce fondement, les Plénipotentiaires entreroient sans délai dans le détail de toutes les conséquences qui s'en suivroient, & qu'ils se réservoient les droits qu'il avoit au sujet des autres choses qui appartenoient ci-devant à l'Empire & que la France détenoit.

Les Plénipotentiaires du Roi demandérent de leur part, qu'avant toute chose, on fît instance aux Electeurs, Princes, & Etats de l'Empire des deux partis pour qu'ils vinssent promtement à Munster, ou y envoyassent leurs Ministres pleinement autorisez ; afin que l'on pût y avoir soin de leurs intérêts, & que leur présence rendît le Traité durable & légitime : déclarant qu'aussi-tôt que l'Assemblée seroit complette par l'arrivée de ceux qui y devoient assister, ils feroient les ouvertures justes & raisonnables pour la conclusion de la paix. Ils ajoutérent qu'avant toute chose, ils demandoient que l'Electeur de Tréves fût remis en liberté & en possession de ses Etats, biens, & dignitez suivant les passeports qui lui avoient été accordez, & aux autres Princes de l'Empire ; afin qu'il pût aussi se trouver à cette Assemblée, ou y envoyer ses Députez : déclarant qu'ils ne passeroient point plus avant si cet Electeur n'étoit mis en liberté.

Je remets à marquer ci-après les Propositions des Plénipotentiaires d'Espagne & de Suéde, lorsque je traiterai expressément de leurs intérêts.

Les Impériaux, les Espagnols, & même les Médiateurs & les Suédois se plaignirent extrêmement de la Proposition des François qui tendoit selon eux à retarder la conclusion du Traité de paix, en remettant à s'expliquer de leurs intentions jusqu'à l'arrivée des Députez des Princes de l'Empire, qui étoit incertaine ; & voulant faire un Préliminaire de l'élargissement & du rétablissement de l'Electeur de Tréves ; au lieu que ce n'auroit dû être qu'une des conditions du Traité.

Le Roi ayant envoyé à ses Plénipotentiaires un nouveau pleinpouvoir conformement au projet qui en avoit été dressé à Munster, ils furent au commencement du mois de Janvier 1645. en donner avis aux Médiateurs : & comme il n'y avoit encore que fort peu de Princes de l'Empire qui eussent envoyé leurs Députez à Munster & à Osnabrug, ils leur firent connoître que les Suédois étoient d'avis de surseoir encore un peu de tems la Négociation, jusqu'à ce qu'on vît si ceux qui n'y avoient point encore envoyé y enverroient après la seconde invitation qui leur en seroit faite.

En effet les Plénipotentiaires de France écrivirent le 20. Janvier 1645. à ceux qui n'avoient point encore envoyé de Députez à l'Assemblée, une seconde lettre circulaire conçue en termes fort modérez pour les exhorter à y envoyer promtement.

Le Comte d'Avaux dans un voyage qu'il fit peu après à Osnabrug, convint avec les Plénipotentiaires de Suéde que ceux de France ne donneroient point leur seconde Proposition jusqu'à ce que plusieurs Députez des Princes de l'Empire qui étoient sur le point de se mettre en chemin pour se rendre à Munster ou à Osnabrug, y fussent arrivez ; mais étant revenu à Munster, il se rendit aux remontrances de Monsieur Servien qui lui représenta avec véhémence les raisons qui les devoient obliger à donner au plutôt leur seconde Proposition conformément aux ordres que le Roi leur en avoit donnez, sur les instances que les Médiateurs avoient faites à sa Majesté à ce qu'il lui plût faire donner par ses Plénipotentiaires une autre Proposition qui entrât plus avant en matiére : ils donnérent le 17. Fevrier 1645. une seconde Proposition dans laquelle après avoir encore insisté sur la promte venue des Députez des Princes de l'Empire & sur la liberté & le rétablissement de l'Electeur de Tréves, ils déclarérent que sa Majesté accorderoit volontiers au repos de la Chrétienté tous les avantages qu'elle pouvoit espérer de la force de ses armes, pourvû que ses alliez fussent satisfaits ; qu'elle apporteroit toutes sortes de facilitez pour l'accommodement des différends qu'elle pouvoit avoir avec l'Empereur ; & qu'elle étoit disposée à embrasser les expédiens par le moyen desquels elle pouroit établir une paix sure dans l'Empire, une bonne correspondance, & une amitié sincére avec sa Majesté Impériale.

Je réserve pour d'autres occasions les articles qui regardoient l'Espagne & les intérêts du Duc de Mantoue ; me contentant de marquer qu'ils étoient aussi conçus en des termes si modérez, & marquoient tellement le desir qu'on avoit en France de faire la Paix, que les Plénipotentiaires de Suéde furent aussi mécontens de cette seconde Proposition que de la premiére, parce qu'outre qu'en la donnant on avoit manqué aux promesses formelles & réitérées que le Comte d'Avaux leur avoit faites, il leur parut que le Roi avançoit trop en matiére sans eux ; & cela leur fit soupçonner qu'on songeoit en France, ainsi que les Espagnols en faisoient courir le bruit, à faire des Traitez particuliers sans avoir égard aux intérêts des alliez.

Les Médiateurs donnérent le 21. Mars aux Plénipotentiaires de France une réponse que ceux de l'Empereur avoient faite le 7 du même mois à leur seconde Proposition, & dans laquelle ils préten-

doient

doient que le délai que les Députez des Princes de l'Empire apportoient à se rendre à l'assemblée n'étoit point une raison suffisante pour différér la Négociation de la paix ; que l'Electeur de Tréves, à l'occasion duquel la guerre s'étoit émue, pouvoit bien être élargi par un article du Traité de paix, mais non point avant qu'on convînt des conditions de la paix ; qu'un passeport pour lui ou pour ses Députez n'emportoit point un élargissement ; qu'il ne suffisoit pas que les Plénipotentiaires de France témoignassent en termes généraux que le Roi leur maitre souhaitoit la paix, & de rétablir l'amitié avec l'Empereur & l'Empire, qu'ils devoient expliquer aussi en détail ce qu'il souhaitoit de l'Empereur & de l'Empire pour sa satisfaction, ou déclarer nettement qu'il n'en vouloit aucune ; que l'Empereur souhaitoit autant que le Roi, que l'on établît une entiére sureté pour l'exécution du Traité de paix que l'on feroit ; & ainsi consentoit que le traité se fît du consentement général des Etats de l'Empire, mais qu'il étoit nécessaire que la chose fût réciproque, & qu'ainsi le traité fût non seulement ratifié par le Roi, mais aussi par les Etats - Généraux de France.

Les Médiateurs déclarérent aux Plénipotentiaires de France qu'afin que les écritures ne se multipliassent pas à l'infini, s'ils vouloient repliquer par écrit à cette réponse, ils ne recevroient pas leur replique ; ne voulant plus à l'avenir d'écritures ; mais que la négociation se fît de vive voix. Ces Plénipotentiaires en furent très-aises, parce que c'étoit aussi l'intention de la Cour de France.

Les Plénipotentiaires de l'Empereur peu après s'expliquérent aux Médiateurs qu'ils n'insisteroient pas sur une ratification du Traité de paix de la part des Etats Généraux de France, & se contenteroient d'une ratification à l'ordinaire.

L'Empereur ayant enfin mis en liberté l'Electeur de Tréves au mois d'Avril 1645. & les Plénipotentiaires de France ayant appris des Députez de la plus grande partie des Etats de l'Empire, dont ils avoient été obligez d'attendre l'arrivée, qu'ils leur feroient plaisir pour avancer la Négociation de donner une nouvelle Proposition qui fût plus ample que les précédentes, & qui contînt les principaux points du Traité ; comme le Roi ne desiroit pas moins de complaire aux Etats de l'Empire en leur procurant une promte & entiére satisfaction, que de rétablir une bonne intelligence avec l'Empereur ; ils en conférérent avec les Plénipotentiaires de Suéde, & convinrent avec eux de donner, ainsi qu'ils firent le 11. Juin, une troisiéme Proposition qui contenoit les articles dont ils croyoient qu'on devoit convenir, afin de rendre la paix ferme & durable à l'avenir ; se réservant de pouvoir dans la suite y joindre ou expliquer plus amplement ce qu'ils jugeroient plus nécessaire pour l'avantage tant général que particulier des Etats de l'Empire, après qu'ils auroient appris plus expressément leurs sentimens par leurs Députez.

Ces articles portoient que la guerre & toutes les hostilitez cesseroient entre le Roi Très-Chrétien, la Reine de Suéde, & tous leurs Confédérez & adhérans d'une part, & l'Empereur, la Maison d'Autriche, & tous leurs Confédérez & adhérans d'autre part ; Qu'on rétabliroit entre leurs Majestez, une paix ferme & durable, & une sincére amitié : Que pour une plus grande sureté de cette paix &

de cette amitié, après que la paix auroit été faite avec l'Empereur & le Roi d'Espagne, sa Majesté Impériale ne pouroit s'ingérer ni directement ni indirectement dans les guerres qui pouroient naître entre la France & l'Espagne, ni assister sous quelque pretexte que ce fût les ennemis de la France & de la Suéde, nonobstant les précédens traitez, auxquels il seroit expressément dérogé par celui-ci : Que toutes les louables coutumes, les anciennes constitutions, & les loix fondamentales de l'Empire, particuliérement le contenu de la Bulle d'or, seroient inviolablement observez, sans qu'il y pût être contrevenu par qui & sous quelque prétexte que ce fût, principalement en ce qui regardoit l'élection des Empereurs, dans laquelle les formes portées par cette Bulle, & autres constitutions seroient observées, sans qu'on pût jamais procéder à l'élection du Roi des Romains pendant la vie des Empereurs, attendu que ce seroit un moyen pour rendre la dignité Impériale perpetuelle dans une famille, en exclure tous les autres Princes, & anéantir le droit des Electeurs : Que tous les prisonniers de l'un & de l'autre parti, & sur tout le Prince Edouard frére du Roi de Portugal, seroient mis en liberté sans rançon : Qu'il seroit pourvu suffisament à la sureté du Traité qui seroit fait, afin qu'à l'avenir il n'y pût survenir aucune contravention : Qu'outre les précautions générales qu'on apporteroit pour la sureté de ce Traité, on accorderoit la satisfaction qui étoit due aux deux Couronnes pour les fatigues, pertes, & dépenses qu'elles avoient faites pendant cette guerre ; ensorte qu'elle pût contribuer non seulement à la sureté particuliére des deux Couronnes, mais aussi à celle de leurs confédérez & alliez dans l'Empire ; & qu'il seroit aussi pourvu à la récompense de la milice étrangère qui avoit servi dans les Armées des deux Couronnes.

Je réserve encore pour les Chapitres suivans les Articles qui concernent les intérêts des Princes de l'Empire.

Les Plénipotentiaires de Suéde donnérent aussi le même jour une Proposition conçue à peu près dans les mêmes termes.

Le lendemain que les Plénipotentiaires de France eurent donné leur Proposition, ils apprirent par un courier que le Sieur de Croissi Envoyé du Roi auprès de George Ragotski Prince de Transilvanie, leur avoit dépéché, qu'il avoit conclu un Traité d'Alliance entre sa Majesté & ce Prince : sur cet avis ils écrivirent aussitot aux Médiateurs un billet par lequel ils leur mandérent qu'ils comprenoient le Prince de Transilvanie entre les alliez & adhérans des deux Couronnes ; & qu'ainsi ils les prioient de demander à l'Empereur un passeport pour les Députez que ce Prince voudroit envoyer à l'assemblée. Cette demande déplut aux Médiateurs, aux Impériaux, & à toute l'assemblée, hormis aux Suédois avec qui le Prince Ragotski avoit aussi en même tems fait alliance ; chacun trouvant étrange que pendant la Négociation du Traité de paix les François étendissent leur alliance jusqu'au Prince Ragotski qui avoit des différends avec l'Empereur pour ses intérêts particuliers.

Le Duc de Longueville premier Plénipotentiaire du Roi arriva à Munster le 30. Juin 1645.

Les Médiateurs ayant encore fait instance pour que le Roi donnât des passeports pour le Duc Charles de Loraine, les Ambassadeurs de France refusérent de se

char-

charger d'en demander, fur ce qu'il avoit renoncé à l'Alliance de la Maifon d'Autriche; & les·Médiateurs ayant répliqué qu'il pouvoit depuis fa renonciation avoir fait de nouveaux Traitez avec cette Maifon, & qu'en tout cas il pouvoit être compris parmi fes adhérans, ils fe tinrent fermes à l'exclufion qui en avoit été faite par le Traité de Hambourg.

Les Plénipotentiaires de l'Empereur, dans la réponfe qu'ils donnérent le 16. Octobre à la troifiéme Propofition de la France, marquérent que la Dignité éminente de l'Empereur parmi les Rois & les Princes Chrétiens, fa charge d'Avocat de l'Eglife Univerfelle, l'obligation où il étoit de protéger fon Vaffal, les liens du fang & de la nature, & la reconnoiffance qu'il avoit des grands fervices que le Roi Catholique avoit rendus en tant d'occafions à l'Empereur, à l'Empire, & à toute la Chrétienté, lui faifoient croire que les Plénipotentiaires de France n'infifteroient à demander au fujet de ce Prince, que ce que le Roi leur Maitre pourroit accorder en pareil cas : mais que cependant il vouloit bien promettre de ne fe point mêler des différends qui pourroient après la paix générale furvenir entre la France & l'Efpagne, ni affifter, fous quelque prétexte que ce fût, les ennemis de la France & de la Suéde ; fans préjudice néanmoins des droits qui appartenoient à la Majefté Impériale & à l'Empire, & auffi au Roi Catholique en vertu des loix & des conftitutions de l'Empire, & nommément de la transaction de Bourgogne de l'année 1548. qui avoit été confirmée par l'Empire ; pourvû que la Couronne de France s'obligeât pareillement de ne fe point mêler des guerres & des différends qui pourroient arriver entre l'Empereur & l'Empire & la Couronne de Suéde ; & de ne point affifter fous quelque prétexte que ce fût les ennemis de l'Empereur, de l'Empire, & du Roi Catholique : Que l'Empereur confentoit avec plaifir à l'obfervation de la Bulle d'or, & de toutes les Loix & conftitutions de l'Empire, & particuliérement en ce qui regardoit l'élection des Empereurs ; mais que ce que la France avoit propofé qu'on ne pût élire de Roi des Romains pendant la vie des Empereurs, étoit plus contraire que conforme aux droits de l'Empire, à la liberté des Electeurs, à la Bulle d'or, & aux Capitulations des Empereurs, ainfi qu'ils croyoient que les Electeurs le déclareroient eux mêmes : Qu'ils confentoient à l'élargiffement réciproque des prifonniers fans rançon ; mais qu'ils ne reconnoiffoient point d'autre Roi de Portugal que le Roi Catholique, à qui ils fe remettoient pour l'élargiffement de Dom Edouard: Que l'Empereur ne devoit aucune fatisfaction à la France, à qui ils demandoient au contraire avec juftice la reftitution de tout ce qu'elle avoit occupé dans l'Empire & dans les Etats de Sa Majefté Impériale & dans ceux de fes Alliez & adhérans, nommément du Duc Charles de Loraine.

Ces Plénipotentiaires firent peu après un écrit, par lequel ils prétendirent juftifier qu'il n'étoit dû aucune fatisfaction à la France, fe fondant particuliérement fur les traitez que Louis XIII. avoit faits avec la Suéde, & avec les Etats des quatre Cercles confédérez, par lesquels il avoit promis de ne rien garder de toutes les places dont ces Troupes s'empareroient en Allemagne : cependant ils offrirent peu après de céder au Roi pour fa fatisfaction les trois Evêchez de Metz, Toul, & Verdun & la place de Pignerol.

Le Comte de Trautmansdorff Grand-Maitre de la Maifon & premier Miniftre de l'Empereur arriva à Munfter le 5. Décembre 1645. avec qualité & pouvoir de fon premier Plénipotentiaire, & chargé des intentions les plus fecretes de fon maitre : il ajouta peu après fon arrivée la Souveraineté que l'Empire avoit fur·Pignerol, aux offres qui avoient déja été faites à la France pour fa fatisfaction.

Le 7. Janvier 1646. ayant été choifi pour que les François à Munfter & les Suédois à Osnabrug donnaffent leur replique à la réponfe des Impériaux, les trois Plénipotentiaires de France furent ce jour-là, ainfi qu'on en étoit convenu, chez le Nonce du Pape, où l'Ambaffadeur de Venife s'étoit rendu, & demandérent des paffeports pour les Ambaffadeurs du Roi de Portugal, comme allié des deux Couronnes. Ils témoignérent être fatisfaits de ce que l'Empereur vouloit bien s'obliger à ne point affifter les Efpagnols contre les François ; mais ils foutinrent qu'il ne feroit pas jufte que la France s'obligeât à ne point affifter contre lui les Suédois & fes autres alliez : la raifon n'étant pas femblable ; premiérement parce que l'Empereur, comme Empereur, ne pouvoit pas difpofer des forces de l'Empire, comme les Rois pouvoient faire de celles de leurs Etats ; & que la préfente guerre avoit fon origine de ce que l'Empereur deffunt avoit envoyé fes Armées en Pruffe & en Italie contre des Rois voifins & amis de l'Empire : en fecond lieu parce que par le Traité auquel on travailloit, & qui ne pouvoit être fait que conjointement avec la Suéde, on prétendoit pourvoir à la fureté des deux partis, par l'affurance d'une Alliance mutuelle pour l'obfervation du Traité. Ils ajoutérent que le Traité de Bourgogne de l'année 1548. n'y apportoit aucun empêchement, attendu qu'il n'avoit point été obfervé, l'Empire ne s'étant jamais mêlé des affaires des Provinces des Pays-Bas. Ils dirent que lors qu'ils avoient demandé que l'on ne pût élire un Roi des Romains qu'en cas que le Trône Impérial fût vacant, ils n'avoient point eu intention de préjudicier à la liberté des Electeurs, mais bien d'empêcher, felon les Loix de l'Empire, que la Dignité Impériale ne fût héréditaire ; qu'on pouroit empêcher cet inconvénient ; & que la liberté des Electeurs feroit plus grande, fi ceux qui devoient à l'avenir être élus Rois de Romains, ne pouvoient être pris de la famille des Empereurs regnans, qui autrement continueroient d'employer comme par le paffé leur autorité, les graces, & toutes fortes d'autres voyes pour fe faire élire pour fucceffeur un Prince de leur Maifon.

Ils ajoutérent que pour une plus grande affurance des Couronnes & des Princes de l'Empire leurs alliez, & pour la fatisfaction de la France, il étoit raifonnable que l'outre les offres qu'on lui avoit faites, quoique de chofes qui appartenoient depuis longtems à la Couronne, on cédât encore à la France la haute & baffe Alface avec le Sundgau, Benfeld, Saverne, Brifac, le Brisgau & les Villes Foreftiéres, aux mêmes droits que la Maifon d'Autriche les poffédoit avant la guerre : qu'outre cela elle demeurât encore en poffeffion de Philisbourg & de fes dépendances, & des lieux néceffaires pour avoir une libre communication avec la France : ajoutant que fi l'Empereur & l'Empire jugeoient qu'il fût de leur intérêt que les deux Alfaces avec Philisbourg fuffent reconnues de l'Empire, la France ne

le

le refuseroit pas, pourvû qu'elle eût séance & voix délibérative dans les Diétes comme les autres Princes & Etats de l'Empire : que les choses étant ainsi arrêtées, sa Majesté vouloit bien pour le bien de la paix rendre Spire, Vormes, & tout ce qu'elle possedoit dans les Electorats de Mayence, de Tréves, & du bas Palatinat ; à condition que tous les adhérans du parti contraire rendroient aussi tous les lieux qu'ils occupoient dans ces trois Electorats.

Ils persistérent à demander qu'on satisfît les Troupes étrangéres qui étoient au service de la France.

Cómme les affaires du Duc Charles n'avoient rien de commun avec le Traité qu'on vouloit faire, ainsi qu'il avoit été décidé dans le Traité fait au sujet des Préliminaires, ils demandérent que l'Empereur s'obligeât dans le Traité qu'on feroit, de ne jamais inquietter la Couronne de France dans la possession des Etats de ce Duc ; d'autant qu'ils appartenoient au Roi par plusieurs titres, & que l'Empereur n'avoit aucun droit de se méler de ses affaires, après les Traitez que ce Duc avoit faits avec la France, par lesquels il avoit renoncé à toutes ses Alliances avec la Maison d'Autriche.

Enfin pour une plus grande sureté de la paix de l'Empire, ils propoférent qu'on fît une ligue générale entre toutes les parties qui y étoient intéressées, & les Princes & Etats d'Allemagne avec une obligation réciproque de prendre les armes contre ceux qui contreviendroient à ce Traité ; après toutefois qu'on auroit employé les voyes douces pour ramener les contrevenans.

Les Plénipotentiaires de Suéde firent aussi le même jour à Osnabrug leur replique dans laquelle entr'autres choses ils demandérent pour la satisfaction de la Suéde, la Silesie, la Poméranie, & plusieurs Evêchez & diverses autres choses dont il sera parlé ci-après dans le troisiéme chapitre.

Les Ministres de l'Empereur ayant eu communication de ce que les Plénipotentiaires de France & de Suéde avoient demandé pour la satisfaction du Roi, s'écriérent extrémement contre l'énormité de ces demandes, qui tendoient à envahir le tiers de l'Allemagne, & furent sur tout choquez des demandes des François qui tendoient uniquement à ôter à la Maison d'Autriche une partie de son patrimoine : ils voulurent persuader à tous les Princes qu'on ne pouvoit, sans mettre l'Empire dans un extrême péril, céder aux François des Provinces & des places qui leur donneroient un moyen facile de pénétrer dans l'Empire ; qu'on ne pouvoit espérer de leur esprit inquiet & enflé par les heureux succès, qu'après avoir envahi tant de Provinces & de Villes, ils vécussent tranquillement sur les frontiéres de l'Allemagne ; que la France & la Suéde se servoient de mauvais prétextes, lorsqu'ils alléguoient la sureté & la liberté de l'Empire, pour obtenir qu'on en démembrât tant de Provinces, pour les leur donner ; puisque, s'ils assistoient encore deux ou trois fois l'Allemagne aux mêmes conditions, elle suffiroit à peine pour les récompenser. Le Comte de Trautmansdorff protesta en son particulier qu'il s'en retourneroit plûtot à Vienne sans rien conclure, que de céder à la France la moindre chose du patrimoine de la Maison d'Autriche.

Claude de Médicis veuve de Léopold Archiduc d'Inspruk & mére tutrice des Princes leurs enfans, de l'appanage desquels l'Alsace faisoit partie, se

phignit aussi par une lettre circulaire à tous les Etats de l'Empire des demandes de la France ; les conjurant d'empêcher qu'on ne fît cette injustice à ses mineurs, qui n'avoient point eu de part à toutes ces guerres : les Suédois même, quoi qu'alliez du Roi, ayant de la jalousie que les François missent le pied en Allemagne, & qu'ils fussent en état de s'y faire considérer, publiérent hautement que ces demandes étoient déraisonnables & exorbitantes ; mais pendant que les alliez de la France s'opposoient à sa satisfaction, Maximilien Electeur de Baviére qui étoit alors son ennemi, obligea l'Empereur à la lui accorder.

Ce Prince avoit toûjours été le plus ferme appui des Empereurs Ferdinand II. & Ferdinand III. auxquels il avoit conservé la Couronne de Bohéme, & même la Couronne Impériale, & leurs Provinces hérédiraires ; puisque, s'il les avoit abandonnez, il y a grande apparence qu'ils n'auroient jamais recouvré le Royaume de Bohéme sur Frédéric V. Electeur Palatin qui en étoit en possession, & que les Suédois les auroient chassez sans beaucoup de peine de toute l'Allemagne. Il avoit eu pour sa récompense la Dignité Electorale, qu'on avoit ôtée au Palatin ; outre laquelle Ferdinand II. au profit duquel le haut Palatinat avoit été confisqué, le lui avoit rendu, moyennant la remise de treize millions de florins qu'il avoit prêtez à sa Majesté Impériale ou dépentez pour son service, & pour sureté desquels il lui avoit engagé la haute Autriche, dans laquelle il rentra par ce moyen : ainsi comme Maximilien se voyoit extrémement vieux & ses enfans fort jeunes, il souhaitoit passionnément de les laisser paisibles possesseurs de la Dignité Electorale, & du haut Palatinat ; & comme il ne pouvoit obtenir ni l'un ni l'autre que par un Traité de paix, il ne desiroit rien davantage que de le voir conclure à son avantage pendant sa vie.

Pour y parvenir, jugeant qu'il n'y avoit point de meilleur parti pour lui que d'attirer la France dans ses intérêts, il y envoya son Confesseur, qui ayant fait connoître à la Reine mére du Roi combien il importoit à la Religion Catholique que la Dignité Electorale ne lui fût point ôtée, pour la donner à un hérétique, & que la Religion Catholique qu'il avoit introduite dans le haut Palatinat y fût conservée, fit ensorte qu'on lui promit de soutenir ses intérêts à l'avenir, sur la promesse qu'il fit moyennant cela d'obliger l'Empereur à donner la paix à l'Empire & à satisfaire les deux Couronnes. Ainsi depuis ce tems-là les Ministres de France travaillérent près des Suédois pour les obliger à n'être point si contraires à cet Electeur qu'ils l'étoient auparavant, & de lui laisser la Dignité Electorale & le haut Palatinat : & ce Prince agit de son côté vigoureusement auprès de l'Empereur pour l'obliger à faire des offres raisonnables aux deux Couronnes, & le menaça même plusieurs fois de faire son Traité particulier, s'il ne les vouloit pas satisfaire.

Ce furent donc les instances & les menaces de cet Electeur qui obligérent l'Empereur à offrir par dégré à la France ce qui lui a été donné pour sa satisfaction.

Comme les fauteurs de la Maison d'Autriche firent beaucoup valoir l'offre que les Plénipotentiaires de l'Empereur avoient faite de laisser à la France les trois Evêchez & Pignerol en toute Souveraineté, les Ministres du Roi, pour mieux

faire

faire voir le peu de cas qu'ils faifoient de cette propofition, pour témoigner en même tems à toute l'Allemagne que leur deffein n'étoit pas de démembrer l'Empire au profit de fa Majefté , comme ç'avoit été peut-être le but des Impériaux de le faire croire , & enfin pour réduire à rien leurs offres , crurent qu'il étoit bon que les Plénipotentiaires de France déclaraffent que Sa Majefté étoit difpofée à reconnoître auffi-bien l'Empire,pour les trois Evêchez , que pour l'Alface, en cas qu'on demeurât d'accord de la lui laiffer ; en forte qu'elle pofféderoit les trois Evêchez avec les privilèges dont ces trois Evêques & la Ville de Metz avoient autrefois joüi fous la feudalité de l'Empire, en confervant néanmoins le Parlement établi à Metz, & privant la Chambre de Spire des appellations civiles qu'on y relevoit avant l'érection de ce Parlement : de quoi ces Plénipotentiaires pouvoient apporter pour exemples les Senats de Chamberi, de Turin , & de Milan , & le Parlement de Dole ; puifque l'on donnoit dans toutes ces Jurifdictions des Arrêts , dont il n'y avoit point d'appel, encore que la Savoye , le Piedmont , le Milanois , & le Comté de Bourgogne relevaffent de l'Empire.   On crut en France que cette difpofition où le Roi étoit de relever de l'Empire faciliteroit fes demandes ; que c'étoit un avantage pour le général de la Chrétienté, qu'une Couronne auffi puiffante que la France s'engageât ainfi à la deffenfe de l'Allemagne, qui étoit fouvent attaquée par l'ennemi commun, & qu'outre cela fes Députez qui affifteroient aux Diètes, y feroient un grand obftacle à l'injufte prétention que quelques Empereurs pouroient avoir de s'affujettir l'Empire, de rendre la dignité Impériale héréditaire en leurs Maifons, & de difpofer des forces de ce même Empire pour l'oppreffion des Princes qui en étoient Membres ou voifins ;   comme on avoit vû au dommage du public pendant ces dernières années.

A l'égard de Pignerol on leur ordonna de dire que c'étoit une place dont la France avoit donné bonne récompenfe au Duc de Savoye qui en étoit propriétaire légitime , & qui en avoit pu difpofer ; & que fi cette place relevoit de l'Empire , ce qui étoit en queftion , le Roi ne refuferoit pas de la tenir auffi de l'Empire : de forte que l'Empereur n'avoit fait aucune grace au Roi en lui offrant Pignerol.

Les Plénipotentiaires de France ayant reçu l'ordre du Roi à l'égard des trois Evêchez , prirent le parti de faire connoître la difpofition où la France étoit de les tenir de l'Empire, en cas que cela pût fervir à lui obtenir une plus ample fatisfaction ; mais en même tems de ne fe point départir abfolument du droit de les poffeder en Souveraineté , ce qui étoit acquis à la France par l'offre des Impériaux.

Les Médiateurs vinrent le 14. Février chez les Plénipotentiaires de France , auxquels ils montrèrent une lettre que le Comte de Trautmansdorff avoit écrite d'Osnabrug le 8. du même mois au Comte de Naffau & au Sieur Volmar , dans laquelle après leur avoir repréfenté les grands préparatifs que les Turcs faifoient pour attaquer la Chrétienté avec trois Armées , & l'impoffibilité où étoit l'Empereur de leur réfifter attendu l'état préfent des affaires , il les prioit d'en informer les Médiateurs, & de les fupplier de repréfenter aux Ambaffadeurs de France que le feul remède à ce mal étoit qu'ils fe départiffent de leurs demandes injus-

tes & contraires au Chriftianifme ; qu'ils n'infiftaffent plus à vouloir ufurper ce qui appartenoit à des Pupilles innocens de la Maifon d'Autriche, & à d'autres Etats de l'Empire : & qu'au contraire ils accéléraffent la paix en reftituant tout ce que la France avoit envahi injuftement ; qu'autrement les Miniftres de l'Empereur feroient obligez de protefter devant Dieu & devant les hommes que fi , faute de cette paix , l'Empereur n'étoit pas en état d'empêcher les Turcs d'entrer dans la Chrétienté , perfonne n'en feroit refponfable que celui qui étoit fi injuftement à fa Majefté Impériale les moyens de leur réfifter , & qui employoit tout fon pouvoir pour détruire par le fer & par le fang ce baftion de la Chrétienté.   Ce Comte chargeoit auffi par cette même lettre fes deux Collégues de faire connoître en droiture la même chofe aux Plénipotentiaires de France , & de leur rapporter l'exemple de St. Louis ; témoignant ne pas douter que le Roi Louis XIV. ne voulût l'imiter , & qu'il ne ceffât de demander contre la juftice ce qui appartenoit à des Pupilles & à des Etats innocens : qu'autrement tout le monde lui donneroit le tort & le regarderoit comme la caufe de tous les maux qui arriveroient à la Chrétienté ; & que, lorfqu'il n'en feroit plus tems,il fe repentiroit de fon ardeur déméfurée d'avoir le bien d'autrui.

Les Médiateurs adoucirent le plus qu'ils purent par leurs paroles l'aigreur de leur commiffion ; & après avoir exagéré les maux que toute la Chrétienté devoit appréhender des préparatifs formidables des Turcs , ils témoignérent qu'il n'y avoit point de moyen plus propre pour s'oppofer à l'Ennemi commun , que de faire une fufpenfion d'armes en Allemagne , pendant toute la campagne prochaine jufqu'au mois de Novembre que les Turcs ont accoutumé de fe retirer chez eux.

Les Plénipotentiaires leur répondirent que le Roi étoit touché d'une extrème douleur des avantages qui arriveroient aux infidéles, mais qu'il fe confoloit en ce que ce feroit injuftement qu'on s'en prendroit à lui ; puis qu'il n'avoit obmis aucun moyen imaginable pour parvenir à la paix : qu'il y avoit plus d'un mois qu'on avoit préfenté aux Plénipotentiaires de l'Empereur leur replique , fans qu'ils y euffent encore répondu une feule parole ; que fi l'on prenoit le bon chemin pour fortir d'affaire, ils feroient connoître le vrai defir que le Roi avoit du rétabliffement de la paix ; que fi on y vouloit travailler de bonne foi, on en viendroit plutôt à bout, qu'on ne feroit convenu des conditions d'une fufpenfion d'armes ; que le vrai remède au mal qu'on craignoit , étoit donc de faciliter la paix fans y former tous les jours de nouveaux embarras ; que dès le tems de Charles-Quint & de François I. on avoit vû que les Princes de la Maifon d'Autriche aimoient mieux laiffer leurs Etats en proye aux Turcs que de perdre l'occafion de dépouiller de leurs biens des Princes Chrétiens leurs voifins, pour qui ils avoient plus de haine que pour les Turcs ; que véritablement la France s'étoit dedommagée dans cette dernière guerre d'une partie des pertes qu'elle avoit fouffertes dans les précédentes ; que c'étoit contre toute juftice qu'on vouloit qu'elle facrifiât feule au repos public le fruit de la dépenfe de deux cens millions d'or , & du fang de deux cens mille hommes ; que les ennemis de la France ne lui avoient jamais montré cet exemple , quand ils avoient eu l'avantage ; que le Roi avoit déja fait plus que les Princes de la Maifon d'Autriche n'auroient n'auroient fait , s'ils s'étoient trouvez en sa place, ayant offert de rendre plusieurs places & trois Electorats presque tout entiers que son intérêt vouloit qu'il retînt ; & que c'étoit vouloir imposer la loi au vainqueur que de prétendre que la France se dépouillât encore d'un Pays que le Ciel avoit fait tomber en son pouvoir pour la dédommager de ses pertes passées, & qu'elle avoit conquis en une juste guerre contre ses ennemis déclarez.

Les Etats de l'Empire tant ceux qui étoient à Osnabrug que ceux qui se tenoient à Munster, furent d'avis qu'il falloit donner une satisfaction à la France aussi bien qu'à la Suéde ; & que si cette Couronne ne se vouloit pas contenter de l'offre qui lui avoit été faite des trois Evêchez de Metz, Toul, & Verdun, de Moyenvic & de Pignerol, les Plénipotentiaires de l'Empereur devoient, après avoir appellé les parties intéressées, terminer l'affaire aux meilleures conditions qu'il se pouroit.

Cependant l'intérêt de la Religion faisoit appréhender aux Protestans l'établissement de la France en Allemagne, jugeant très-bien que, quand le Roi seroit Prince de l'Empire, dans le premier différend de Religion qui arriveroit, il ne manqueroit pas de prendre le parti des Catholiques ; & les Princes dont les Etats étoient voisins de Philisbourg & sur tout les Protestans étoient plus que les autres jaloux que la France eût cette forteresse en sa puissance.

On étoit persuadé en France qu'on se devoit relâcher en Allemagne, si on pouvoit, moyennant cela, obtenir des conditions meilleures des Espagnols qui étoient ceux dont on avoit plus de sujet de demander l'abaissement : ainsi le Roi permit à ses Plénipotentiaires de se désister à toute extrêmité de la demande de Philisbourg, en cas qu'ils ne pussent autrement conclure la paix.

On jugea aussi en France que, pour faire avouer à un chacun qu'on se mettoit à la raison, il falloit satisfaire les Archiducs d'Inspruk en leur assurant le même revenu qu'ils avoient autrefois retiré de l'Alsace, ce qui alloit à cinquante mille écus par an ; on crut que cette récompense, qu'on étoit disposé de leur donner , rendroit le dessein de retenir l'Alsace plus favorable ; qu'il étoit même plus avantageux pour affermir les droits du Roi, de donner une récompense à ces Princes, que de ne leur en point donner ; que cela les engageroit à donner leur cession, s'ils vouloient jouïr de la grace que le Roi leur feroit ; & qu'il étoit absolument nécessaire d'avoir une cession de l'Alsace , & ainsi d'obliger l'Empereur à la tirer des Archiducs , & à la fournir à la signature du Traité, afin d'ôter à l'avenir toute matiére à de nouveaux remuemens en Allemagne.

On permit même aux Plénipotentiaires d'obliger le Roi à rendre l'Alsace à la Maison d'Autriche en deux cas ; le premier si les Princes de cette Maison vouloient rendre à la France les Etats dont leurs ancêtres avoient dépouillé par les armes les Rois prédécesseurs de sa Majesté ; & le second si l'Empire venoit à sortir de la Maison d'Autriche , en prenant cependant les précautions nécessaires pour que l'Alsace retournât à la France , si l'Empire retournoit dans la Maison d'Autriche ; ce qui feroit connoître que ce n'étoit point par ambition mais pour sa propre sûreté que la France souhaitoit d'avoir cette Province pour son boulevart , tant que l'Empire seroit dans la Maison d'Autriche.

Le Comte de Trautmansdorff avoit espéré pouvoir traiter séparément avec les Plénipotentiaires de Suéde sur la satisfaction de cette Couronne, laquelle, ne demandant plus que des biens d'Eglise ou appartenans à quelques Princes de l'Empire, ne lui faisoit pas tant de peine que la France qui demandoit une partie du patrimoine même de la Maison d'Autriche.

Ainsi Mr. Salvius étant venu vers la fin du mois de Mars à Munster, il le fut voir dès le lendemain de son arrivée , & lui témoigna qu'il avoit ordre de satisfaire la Suéde dans la confiance qu'elle s'employeroit ensuite pour obliger la France à modérer ses demandes exorbitantes & deraisonnables, & voulut lui persuader que la Suéde, étant investie d'un Etat dans l'Empire , avoit intérêt que l'Empire ne fût pas démembré , & que même sans cela il importoit à la Suéde que des voisins aussi puissans que les François ne le devinssent pas encore davantage par l'acquisition de Provinces considérables en Allemagne. Le Comte de Pegnaranda vint aussi le lendemain voir Monsr. Salvius , & fit de grandes exclamations contre les François, qui par leurs demandes injustes faisoient perdre toute espérance de paix : s'étendant en même tems en de grandes louanges sur la modération des Suédois : Mr. Salvius , sans s'émouvoir de ce qu'ils lui dirent , témoigna à l'un & à l'autre que le Comte d'Oxenstiern & lui avoient encore reçu depuis peu des ordres précis de n'écouter aucune proposition pour la satisfaction de la Suéde , si on ne contentoit en même tems la France & les Etats de l'Empire.

Ce Comte ne voyant donc aucune ouverture à faire un traité séparé avec la Suéde , résolut de traiter avec la France , & engagea les Médiateurs à aller au commencement d'Avril demander aux Plénipotentiaires de France, si , au cas que l'Empereur leur laissât la basse Alsace qui comprend Haguenau & ses dépendances, & par ce moyen va jusqu'au Rhin , ils ne voudroient pas s'en contenter ; ils les priérent en même tems de leur dire ce que la France pouroit faire en ce cas pour l'Empereur dans le Traité de paix ; quelle assistance elle pouroit donner à l'Empereur pour la guerre contre les Turcs ; ce qu'ils feroient à l'égard des Protestans pour qu'ils modérassent leurs demandes ; de quelle sorte ils agiroient auprès des Suédois pour les disposer à se contenter d'une moindre satisfaction ; comment ils entendoient que l'affaire Palatine fût terminée ; & s'ils ne consentiroient pas que deux Baronies & un Comté, que la Maison d'Autriche avoit repris sur les Ducs de Wirtemberg , & qu'elle possedoit encore alors, lui demeurassent : ajoutant , qu'il falloit qu'ils s'expliquassent de l'intention du Roi sur tous ces points ; parce que si elle étoit raisonnable , elle pouroit beaucoup servir à faciliter la satisfaction de sa Majesté.

Les Plénipotentiaires répondirent que pour délibérer solidement sur tous ces articles , il auroit fallu qu'on les eût auparavant assurez qu'on leur accorderoit toutes les demandes qu'ils avoient faites, sans quoi il étoit inutile d'entrer en délibération sur le Traité ; puis que la paix ne se pouvoit faire sans que la haute & basse Alsace demeurât au Roi avec le Brisgau , le Suntgau, les Villes forestiéres, Philisbourg & la Ligne de communication pour y aller des Etats du Roi. Les Médiateurs répliquérent que , puisque ces Pléni-

 poten-

potentiaires perſiſtoient à toutes ces demandes, ils voyoient la paix ſi éloignée qu'ils étoient obligez de propoſer de nouveau une Tréve de quelques mois, qui donnât moyen à l'Empereur de réſiſter à l'ennemi commun pendant le tems de la campagne ; & ils les priérent d'en communiquer la propoſition à leurs Alliez , ce qu'ils ſe chargérent de faire.

Les Plénipotentiaires de France après avoir eu une longue conférence ſur cela avec Mr. Salvius qui étoit encore à Munſter , furent rendre réponſe aux Médiateurs, à qui ils dirent qu'ayant déclaré par leur replique tout ce que le Roi pouvoit faire pour avoir la paix avec l'Empereur , & ayant offert de rendre tout ce que les armes de ſa Majeſté occupoient dans les Electorats de Mayence, de Tréves , & du bas Palatinat, il étoit impoſſible que ſa Majeſté ſe pût relâcher davantage ; que , quand ils ſeroient aſſurez du conſentement de l'Empereur à tout ce que leurs demandes contenoient , ils avoient charge de chercher dans le reſte tous les accommodemens raiſonnables , mais qu'avant il étoit inutile d'en parler.

Cependant ſur les inſtances que leur fit le Nonce de s'expliquer de ce qu'ils pouvoient faire pour l'Empereur , ils dirent qu'en cas qu'il conſentît de laiſſer au Roi tout ce qu'ils avoient demandé par leur repliqué , ils croyoient que ſa Majeſté ne trouveroit pas mauvais qu'ils employaſſent leur autorité auprès des Etats Proteſtans pour ménager entre les Catholiques & eux un accommodement raiſonnable ; pourvû qu'on conſidérât ce qu'ils pouroient faire avec honneur , & qu'on n'exigeât pas d'eux des offices qui puſſent choquer leurs alliez : que , comme les Suédois n'étoient pas juges de la ſatisfaction du Roi, ils ne prétendoient pas non plus dire leur avis ſur celle qu'ils demandoient ; mais qu'ils n'obmettroient rien de ce que l'alliance leur permettroit de faire pour leur perſuader de s'accommoder : qu'il ne tiendroit pas à eux à l'égard de l'affaire Palatine qu'en rendant aux Princes de cette Maiſon tout le bas Palatinat & leur donnant un huitiéme Electorat , on ne trouvât des tempéramens à la ſatisfaction de l'Empereur, du Duc de Baviére & du Prince Palatin ; & qu'ils s'employeroient pour faire finir cette affaire par un bon accord : qu'ils n'empêcheroient pas que la Maiſon d'Autriche ne retînt au Duc de Wirtemberg le Comté & les deux Baronies en queſtion , mais qu'apparemment il y auroit bien des obſtacles d'ailleurs : & que le Roi ne refuſeroit pas d'aſſiſter l'Empereur contre les Turcs par le moyen d'un nombre conſidérable de troupes , qu'il entretiendroit en Hongrie ſous le nom du Roi de Pologne, pour ne pas contrevenir directement à la paix qui étoit entre ſa Majeſté & le Grand-Seigneur , & qui étoit utile à la Chrétienté. Et ſur ce que les Médiateurs repréſentérent que l'Empereur ne voudroit pas ſans doute, ſous prétexte d'aſſiſtance , attirer les forces du Roi dans ſes Etats , & que quatre ou cinq mille hommes payez , ne ſerviroient pas de beaucoup à l'Empereur, & couteroient au Roi par an plus de deux ou trois cens mille écus, qui étant donnez à l'Empereur le mettroient en état de faire de grandes choſes pour la deffenſe de la Chrétienté : ces Plénipotentiaires répondirent que , ſuppoſé qu'on fût d'accord de la ſatisfaction du Roi , ils croyoient bien que ſa Majeſté

ne refuſeroit pas de dépenſer deux cens mille écus par an pour donner moyen à l'Empereur de ſe deffendre ; mais que n'ayant pas encore de charge de promettre un ſecours en argent, ils les ſupplioient de leur permettre d'en écrire à la Reine pour en recevoir particuliérement les ordres : & ſur ce que les Médiateurs leur parlérent encore de la Tréve, ils leur répondirent que leurs alliez y avoient toujours témoigné tant de répugnance qu'ils n'avoient pas jugé à propos d'en parler à Mr. Salvius : que dans la vérité ce ſeroit un reméde plus nuiſible que profitable aux maux dont la Chrétienté étoit menacée ; & qu'il ne faudroit pas moins de tems pour convenir des conditions d'une Tréve , que pour conclure une bonne & durable paix , ſi les Impériaux vouloient ſe mettre à la raiſon & conſidérer l'état préſent des affaires.

Le Roi eût mieux aimé donner des Troupes que de l'argent, pour agir contre les Turcs, après que la paix ſeroit faite tant avec l'Empereur qu'avec le Roi d'Eſpagne ; il étoit même diſpoſé d'envoyer pour cet effet juſqu'à vingt mille hommes ou au Roi de Pologne ou à l'Electeur de Baviére, & aux autres Princes de la Ligue Catholique : mais en cas que les Impériaux continuaſſent à rejetter l'offre de Troupes , il permit à ſes Plénipotentiaires d'offrir juſqu'à trois cens mille Richedales par an payables à Paris ; à condition que cette ſubvention ſeroit limitée à quelques années , & que la France en ſeroit déchargée , ſi elle venoit à rompre elle même ouvertement avec les Turcs.

L'Empereur voyant qu'il ne pouvoit eſpérer de faire un Traité ſéparé avec la Suéde , & étant preſſé par l'Electeur de Baviére & par les Médiateurs de conſentir à la ſatisfaction que la France prétendoit dans l'Empire , conſentit enfin d'augmenter ſes offres ; de ſorte que les Médiateurs apportérent le 15. Avril aux Plénipotentiaires de France une nouvelle propoſition dans laquelle ils déclarérent en premier lieu, que leur intention étoit que tous les Etats tant Eccléſiaſtiques que ſéculiers ſituez dans la haute & baſſe Alſace, & qui avant cette guerre relevoient immédiatement de l'Empire, fuſſent rétablis dans leur premier état, & demeuraſſent dans leur dépendance immédiate de l'Empereur & de l'Empire ; & en ſecond lieu que comme Benfeld & Saverne dépendoient de l'Evêché de Strasbourg, & Philisbourg de celui de Spire , il étoit juſte que ces trois places retournaſſent à leurs Seigneurs.

Après quoi & cela ainſi préſuppoſé , ils conſentirent au nom de l'Empereur que le Roi Très-Chrétien Louïs XIV. poſſédât la haute & baſſe Alſace aux mêmes droits que la Maiſon d'Autriche les avoit poſſédées juſqu'alors ; à condition que les quatres Villes Foreſtiéres , le Brisgau, & les Villes qui y étoient ſituées , & qui appartenoient d'ancienneté à la Maiſon d'Autriche , tout l'Ornau & généralement tous les lieux ſituez de ce côté-là , que les François occupoient, retourneroient à la Maiſon d'Autriche : que chacun payeroit les charges réelles & perſonnelles de ce qui lui demeureroit en ſuivant une juſte proportion : que pour indemniſer les Archiducs d'Inſpruk des deux Alſaces & du Sundgau qu'on leur ôtoit , ſans qu'il y eût de leur faute , le Roi leur payeroit quatre millions de Richedales à Francfort ou à Nuremberg dans les deux prochaines années : que le Roi Trés-Chrétien

tien tiendroit l'Alsace de l'Empire pour lui & ses héritiers mâles & légitimes issus du Roi Louis XIII, au deffaut desquels elle reviendroit à la Maison d'Autriche ; & que pour cet effet les Princes de cette Maison en seroient investis avec le Roi Très-Chrétien d'une investiture simultanée : Que lorsque la Diette générale ordonneroit la levée de quelque somme de deniers dans l'Empire, le Roi Très-Chrétien y contribueroit d'une somme égale à celle qu'un Electeur séculier avoit coutume de payer, suivant la matricule de l'Empire : que le Roi Très-Chrétien fourniroit aussi par chaque mois en argent un secours contre les Turcs, non seulement en cas de guerre ouverte, mais aussi pendant qu'ils continueroient contre la Chrétienté leurs mouvemens qui obligeoient l'Empereur à entretenir plus de troupes qu'à l'ordinaire sur les frontiéres de Turquie : que le Roi Très-Chrétien seroit en même tems la paix avec le Roi d'Espagne ; ensorte qu'il pût être compris dans le Traité de paix que la France feroit avec l'Empire : que la Maison Palatine se contenteroit de la restitution du bas Palatinat : que l'Electeur de Baviére retiendroit la dignité Electorale & le haut Palatinat pour lui & tous ses descendans de la Branche Guillelmine ; & qu'ainsi la Maison d'Autriche seroit déchargée de la clause de l'éviction pour raison de la haute d'Autriche.

Les Plénipotentiaires de France ayant fait la lecture de cette proposition, se plaignirent aux Médiateurs des demandes exorbitantes des Impériaux ; & notamment de la somme excessive qu'ils demandoient pour le dédommagement des Archiducs : mais Mr. Contarini avec sa promptitude & liberté ordinaire se moqua de leurs plaintes, & dit qu'il y avoit deux cens ans qu'aucun Ambassadeur de France n'avoit envoyé à son maitre trois Provinces dans une lettre, comme ils alloient faire ; & que le moins que le Roi pût donner aux Archiducs seroit cent mille écus par an.

Les Ministres de Baviére leur firent aussi de grandes remontrances pour leur persuader qu'il seroit non seulement très-utile, mais très-glorieux au Roi pour assurer l'acquisition de l'Alsace & du Suntgau de donner une récompense raisonnable aux Archiducs ; afin d'avoir leur consentement, & de joindre ainsi un contrat civil au contrat politique que ces Plénipotentiaires feroient par le Traité de paix.

Plusieurs Députez Luthériens prirent l'allarme de ce que l'Empereur cédoit les deux Alsaces au Roi, & firent leur possible pour y former des obstacles ; jugeant bien que si le Roi étoit une fois établi en Allemagne, il y appuyeroit le parti Catholique, & ne seroit plus obligé d'avoir la même considération que ses prédécesseurs avoient euë pour le parti Protestant : ceux de Strasbourg s'y intéressérent particuliérement, & voulurent aussi y intéresser les autres Villes Impériales, en faisant agir celles qui étoient situées dans l'Alsace, auxquelles ils donnérent à entendre que si elles étoient réduites sous la protection des François, ils leur ôteroient leur liberté, & en useroient comme ils avoient fait à Metz, Toul, & Verdun. Les Plénipotentiaires de France employérent tous les moyens possibles pour les guérir de ces craintes, & parlérent sur ce sujet aux Députez de Strasbourg, sans user d'aucun ressentiment & tâchant de ramener les esprits par la douceur.

La Reine & tout son Conseil apprirent avec une joye sensible la nouvelle de la cession des deux Alsaces & du Suntgau ; sa Majesté souhaitant avec une extrême passion l'avancement de la paix, vû sur tout les avantages pour la France avec lesquels elle voyoit qu'on étoit prêt de la conclure dans l'Empire.

Le Roi, pour éclaircir ses Plénipotentiaires de ses intentions au sujet de la satisfaction qu'il prétendoit dans l'Empire, leur manda qu'il consentoit que les Etats immédiats situez dans l'Alsace demeurassent dans leur liberté & dans leur dépendance immédiate de l'Empire, à condition qu'il auroit sur eux la même protection qu'avoit ci-devant la Maison d'Autriche.

Sa Majesté permit aux Plénipotentiaires de se désister de la demande de Benfeld & de Saverne, & de consentir que ces deux places retournassent à l'Evéque de Strasbourg ; à condition que les fortifications de Benfeld seroient rasées, & que Saverne, après la démolition des ouvrages qui y avoient été faits, demeureroit en neutralité, sans qu'on y pût mettre garnison de part ni d'autre, avec obligation de donner passage libre aux troupes de sa Majesté toutes les fois qu'elles le demanderoient.

Le Roi voulut que ses Plénipotentiaires insistassent à ce qu'il retînt pendant quelque tems Philisbourg en dépôt ; mais comme ce point ne devoit pas empêcher qu'on ne fît avec l'Empereur une paix en laquelle la France trouvoit d'ailleurs des avantages si considérables, sa Majesté consentit de retirer ses troupes de Philisbourg, moyennant qu'il fût rasé ; & même s'il paroissoit en Allemagne qu'on fût scandalisé qu'elle traitât ainsi l'Electeur de Tréves qui avoit toujours été si attaché aux intérêts de la France, & que ce Prince même en témoignât un grand ressentiment, elle donna pouvoir à ses Plénipotentiaires de promettre que cette place lui seroit remise en l'état qu'elle étoit.

Ainsi le Roi se contenta d'avoir pour satisfaction les deux Alsaces, le Suntgau, Neubourg, & Brisac ; sans que les Impériaux lui pussent rien demander pour les fortifications de cette derniére place : pourvû que la France eût par ce moyen droit de séance & de suffrage dans les Diettes de l'Empire.

Moyennant cela Sa Majesté, outre l'offre qu'elle avoit déja faite de rendre ce qu'elle tenoit dans les Electorats de Mayence, de Tréves, & du bas Palatinat, & ce qui vient d'être marqué au sujet de Benfeld, de Saverne, & de Philisbourg, voulut bien se relâcher encore de la prétention du Brisgau & des Villes Forestiéres, & de tout ce qui étoit au delà du Rhin, hors Brisac & Neubourg ; pourvû qu'elle ne fût point obligée de donner aucun dédommagement aux Archiducs, & qu'ils ne laissassent pas de lui promettre une cession en bonne forme de ce qui lui demeureroit : mais si les Archiducs consentoient à laisser aussi au Roi le Brisgau & les Villes Forestiéres, sa Majesté voulut bien les dédommager par une somme d'argent de ce qu'ils lui auroient cédé.

On jugea en France qu'il étoit absolument nécessaire de contenter les Archiducs pour avoir leur cession en bonne forme ; & qu'encore qu'il fût plus commode de leur donner seulement pour cela une somme annuelle, il étoit plus avantageux de sortir tout d'un coup d'affaire avec eux, afin

B 3 qu'il

qu'il ne leur reſtât pas une maniére d'hipotéque ſur la choſe même ; qu'il falloit ſeulement eſſayer d'avoir le plus de tems qu'il ſe pouroit pour acquiter la ſomme qui ſeroit convenue ; faire effort pour obtenir le terme de dix ans ; & tâcher qu'elle ne paſſât pas deux millions de Richedales : cependant au cas que, pour conclure l'affaire, il fallût paſſer cette ſomme, ſa Majeſté le permit à ſes Plénipotentiaires ; ſe promettant néanmoins qu'ils menageroient ſa bourſe qui étoit déja fort épuiſée.

Elle ajouta qu'elle trouvoit très à propos de demander & de faire enſorte que pour plus grande ſureté de ſon acquiſition, l'argent qu'elle donneroit aux Archiducs, fût employé en l'achat de quelque terre ſouveraine en Allemagne.

Le Roi conſentit bien de tenir l'Alſace de l'Empire à titre de fief ; mais il ne voulut point paſſer la clauſe que les Impériaux avoient miſe pour reſtraindre cela à ſa perſonne, à Monſieur ſon frére & à leurs deſcendans mâles : elle voulut donc que l'on fît tous les efforts poſſibles afin que l'inveſtiture fût pour tous les Rois de France ; & qu'en cas que cela ne ſe pût abſolument obtenir, elle fût du moins pour tous les Princes de la Maiſon Royale préſentement vivans, & leurs deſcendans mâles qui viendroient à la Couronne.

Sa Majeſté eſtima plus avantageux que préjudiciable de payer les Collectes à l'Empire, pourvû qu'on eût ſéance & voix délibérative dans les Diettes ; & qu'en contribuant autant qu'un Electeur ſéculier, ce fût pour tous les Etats qui demeureroient à la France dans la mouvance de l'Empire. Elle agréa que ſes Plénipotentiaires promiſſent à l'Empereur quelqu'aſſiſtance, pendant que les ſoupçons qu'il avoit d'être attaqué par les armes des Turcs, l'obligeroient à ſe tenir ſur ſes gardes ; ou même pendant que la République de Veniſe auroit cette guerre à ſoutenir ; auxquels cas cette aſſiſtance ſeroit médiocre : mais elle conſentit qu'on convînt de l'augmenter ſi l'Empereur rompoit lui même ouvertement avec le Grand-Seigneur ; enſorte que ces aſſiſtances ſeroient, s'il étoit poſſible, plutot en troupes qu'en argent, & limitées à un certain tems, & que la France en ſeroit quitte ſi elle venoit à rompre auſſi avec les Turcs.

Comme on avoit avis en Cour que, lorsque les Impériaux offriroient Briſac, ils inſiſteroient extrêmement à ce qu'il fût démoli, mais qu'enſuite ils ſe relâcheroient & conſentiroient que la France le conſervât en l'état qu'il étoit, le Roi manda à ſes Plénipotentiaires de ne le point accepter que fortifié.

Le Roi voulut que les Plénipotentiaires en relâchant le Briſgau & les Villes foreſtiéres obligeaſſent, s'il étoit poſſible, les Impériaux à ne pouvoir fortifier aucun lieu delà le Rhin dans tout le pays qui eſt entre Bâle & Strasbourg.

Sa Majeſté ſe remit à ce que les Plénipotentiaires jugeroient à propos au ſujet des trois Evêchez, marquant qu'il n'y avoit point de doute qu'il vaudroit mieux les avoir en toute ſouveraineté, comme les Impériaux l'avoient offert ; mais que, ſi cela ne ſe pouvoit pas, après que ceux-ci s'étoient relâchez de l'Alſace, elle conſentiroit à tout ce que ſes Plénipotentiaires jugeroient à propos.

Le Roi convint de tenir Pignerol de la même maniére que les Ducs de Savoye avoient accoutumé de le tenir, c'eſt à dire de relever de l'Empire, s'il en devoit relever, afin que les Eſpagnols ne puſſent plus mettre à Sa Majeſté en ligne de compte cette place qui ne dépendoit point d'eux, & où ils n'avoient rien à voir ; & auſſi pour ſortir par ce moyen au-plutot de l'intérêt qu'avoient ſur ce ſujet les Maiſons de Savoye & de Mantoue.

Mr. Servien étant allé au commencement de Mai à Osnabrug, y eut un entretien avec le Comte de Trautmansdorff auquel il parla de l'inveſtiture de l'Alſace, & allégua quelques raiſons & divers exemples pour montrer qu'elle devoit être accordée au Roi & à ſa Couronne : mais ce Comte ſoutint qu'elle ne pouvoit être donnée que pour les perſonnes & non pour les Couronnes ; qu'il ne s'étoit jamais fait autrement dans l'Empire ; que le Roi d'Eſpagne même qui étoit de la Maiſon d'Autriche, n'avoit celle de Milan que de cette ſorte ; & que les exemples que Mr. Servien lui avoit alléguez de Naples & de quelques autres Etats, ne pouvoient être tirez à conſéquence pour l'Allemagne. Enfin après une aſſez longue conteſtation, il dit qu'on accorderoit celle de l'Alſace pour tous les Princes du Sang Royal : mais que c'étoit tout ce qu'on pouvoit faire.

Mr. Servien fut viſité par le Député de l'Evêque de Bâle, qui lui dit que le Comté de Ferrette & les Seigneuries de Tann & d'Altkirchen ſituées dans le Suntgau, & qui appartenoient ci-devant à la Maiſon d'Autriche, relevoient de l'Evêché de Bâle : qu'il avoit cru l'en devoir informer, & que ſi le Roi vouloit traiter de cette mouvance, ſon maitre y conſentiroit très-volontiers ; pourvû qu'on lui donnât quelque récompenſe ailleurs.

Le Comte de Trautmansdorff étant revenu à Munſter, déclara aux Plénipotentiaires de France, quand ils furent le viſiter, & leur fit encore dire plus formellement par les Médiateurs, que ce ne ſeroit pas avoir une paix aſſurée en Allemagne, ſi Briſac demeuroit entre les mains des François ; que le Rhin devoit être la borne de la France de ce côté-là ; que cette place étoit la capitale du Briſgau, qu'on prétendoit devoir être rendu aux Archiducs, mais qu'on en démoliroit les fortifications & qu'on en romproit le pont ; & que le Roi pouroit faire fortifier de l'autre côté du Rhin telle place qu'il lui plairoit, ſans que l'Empereur ni les Archiducs en puſſent fortifier de leur côté. Les Médiateurs n'oubliérent rien pour les engager à accepter cette propoſition : ces Plénipotentiaires leur répondirent en ſe plaignant extrémement de ce qu'il ſembloit qu'on vouloit ſe rétracter d'une choſe dont les Impériaux avoient parlé de maniére qu'il ne reſtoit pas lieu d'en douter ; qu'il étoit bien étrange qu'après qu'ils avoient eu peut-être quelque avis de la bonne diſpoſition de leurs Majeſtez à la paix, le Comte de Trautmansdorff reculât au lieu d'avancer, & voulût préſentement mettre en doute un point ſans lequel ils avoient toujours déclaré qu'ils ne pouvoient point entrer en traité.

Les Médiateurs ne pouvant les contredire ni rien gagner ſur eux, les priérent de vouloir au moins leur faire connoître en confidence ce que portoient les derniers ordres de la Cour ; afin que ces Plénipotentiaires ſe relâchant de leur part, ils puſſent obliger les Impériaux à en faire autant : mais les Plénipotentiaires de France jugérent

rent qu'ils ne devoient point s'en ouvrir, jusqu'à ce qu'ils fuffent affurez de Brifac ; afin qu'ils puffent après cela traiter fur tout le refte avec plus d'avantage pour le fervice du Roi. Ils témoignérent aux Médiateurs qu'ils étoient fort aifes d'avoir appris que la Couronne de Suéde eût eu une entiére fatisfaction fur fa demande, & qu'on lui laiffât toute la Pomeranie, le port de Vifmar, l'Archevêché de Brême, l'Evêché de Verden, & outre cela l'Evêché d'Halberftat, pour dedommager l'Electeur de Brandebourg ; mais qu'ils ne pouvoient comprendre qu'on voulût en même tems diminuer les conditions qu'on leur avoit comme promifes : ils ne firent pas moins de bruit avec les Ambaffadeurs de Baviére qui ne furent que répondre, & parlérent fi fortement au Comte de Trautmansdorff, qu'il leur avoüa qu'il n'avoit point de raifon pour fe deffendre ; mais qu'il ne pouvoit paffer fes ordres dont eux mêmes avoient connoiffance.

Les Etats Catholiques murmurérent hautement de ce que l'Empereur étoit fi libéral des biens de l'Eglife envers les Proteftans, & fi avare des fiens envers la France ; & toute l'affemblée qui étoit à Munfter, en fut fi touchée que dans leur confeil ils opinérent tous, fans qu'il s'en trouvât aucun qui contredît que le feul Député d'Autriche, qu'il n'étoit pas raifonnable de rompre la paix de l'Empire pour empêcher que Brifac ne fût cédé à la France : & de fait ils le déclarérent ainfi par une députation folemnelle aux Commiffaires Impériaux, & la plupart d'entr'eux dirent hautement que le moyen de faire la paix étoit de fatisfaire la France, & qu'il falloit commencer par là pour avoir enfuite meilleur compte dans les affaires qui étoient à traiter avec les Proteftans ; ils blâmérent la procédure qu'on tenoit au contraire, & déclarérent qu'ils ne continueroient pas la guerre pour conferver Brifac à la Maifon d'Autriche.

Le Comte de Trautmansdorff perfévéra néanmoins à demander la reftitution de Brifac, difant que, fi cette place étoit au delà Rhin, il n'y feroit aucune difficulté, mais qu'étant en deçà elle donneroit aux François une trop libre entrée en Allemagne, dont elle étoit comme le cœur & l'ame : & pour induire les Plénipotentiaires de France à cette reftitution, il offrit de laiffer à la France l'Alface & le Suntgau en toute fouveraineté ; pourvû que Brifac fût rendu à l'Empereur : mais ces Plénipotentiaires témoignérent être fort peu touchez de cette offre, & déclarérent qu'il ne leur importoit pas que ces Provinces fuffent cédées à la France de l'une ou de l'autre façon, c'eft à dire à condition de les relever de l'Empire ou de les pofféder en tout droit de Souveraineté. Cette indifférence qu'ils firent paroître ne leur réüffit pas mal, & il parut que les Impériaux étoient eux mêmes incertains à quel titre il leur convenoit mieux que cette Province demeurât à la France : mais les Plénipotentiaires dirent bien nettement qu'ils ne pouvoient conferver l'Alface fans la place de Brifac ; que la poffeffion de cette Province n'en feroit pas plus affurée quand elle ne releveroit pas de l'Empire, & que ce qu'ils cherchoient principalement étoit le repos & la fureté.

Quand le Comte de Trautmansdorff vit que ce parti ne faifoit pas beaucoup d'impreffion, il en vint jufqu'à laiffer entendre qu'on donneroit à la France quelqu'autre place, & fembla défigner Benfeld, fans s'y engager néanmoins ni s'en expliquer entiérement : ainfi les Plénipotentiaires ne témoignérent pas y faire grande réflexion ; & comme chacun d'eux dans les vifites de civilité qu'ils lui rendirent à fon retour de Munfter, demeura conftant à lui ôter toute efpérance qu'ils puffent lui rendre Brifac, il perfifta auffi toujours de fon côté à cette demande.

Toutes ces difficultez qu'on voyoit à la confervation de Brifac firent réfoudre le Roi de permettre à fes Plénipotentiaires de fe défifter à toute extrêmité de cette place, moyennant deux conditions effentielles ; l'une, qui avoit déja été promife, étoit la démolition de fes fortifications & de fon pont, & la permiffion au Roi de fortifier en déça du Rhin telles places qu'il lui plairoit, avec ftipulation que les Impériaux n'en pourroient point fortifier au delà ; l'autre condition étoit qu'on donneroit à la France pour équivalent Philisbourg & la ligne de communication : on tenoit qu'il ne feroit pas néceffaire d'un grand Pays pour faire cette ligne, & qu'avec le territoire de l'Abbaye de Veiffembourg qui aboutit au Rhin vis à vis de Philisbourg, on pourroit aller en fureté d'Haguenau à Philisbourg. Mais en même tems on réfolut & on ordonna aux Plénipotentiaires de garder un extrême fecret fur cette réfolution, parce que, s'il avoit été pénétré qu'on fût pour fe relâcher de Brifac, ç'auroit été s'en exclure, & peut-être même de ce que les Impériaux auroient voulu donner pour convier les Plénipotentiaires à s'en défifter.

Les Miniftres du Roi en France jugeoient alors qu'il lui étoit plus avantageux de relever de l'Empire pour l'Alface que de la tenir en fouveraineté ; que les Etats Catholiques de l'Empire le devoient auffi fouhaiter, afin qu'il eût plus de fujet de s'intéreffer dans leurs affaires ; & qu'il refteroit de nouveaux fujets de débats entre la France & l'Empereur, fi celui-ci fe réfervoit les Etats immédiats enclavez dans l'Alface ; qu'il faudroit ainfi que l'Empire renonçât à la Souveraineté de ces Etats, fi la France acceptoit celle des Pays où ils étoient enclavez, & qu'à moins de cela les entreprifes des Officiers & les Difputes pour les confins feroient fouvent des fujets de noife.

Mr. Contarini offrit aux Plénipotentiaires de France de la part des Impériaux de laiffer à la France Brifac pour cinq ou fix ans, pendant lesquels le Roi Très-Chrétien pourroit faire bâtir en Alface une fortereffe fur le Rhin : mais cette propofition fut refufée en même tems que propofée.

Les Médiateurs offrirent encore depuis Benfeld, Saverne, Rhinfeld & Lauffembourg au lieu de Brifac dont même les fortifications feroient rafées, & le pont abbatu : mais les François rejettérent encore cette offre, marquant qu'ils avoient ordre de ne fe point relâcher fur Brifac.

Les Ambaffadeurs de Baviére parlérent encore plus haut & plus ferme aux Impériaux fur la ceffion de Brifac que les François mêmes, & déclarérent au Comte de Trautmansdorff que, s'il ne prenoit promtement fon parti, l'Empire alloit être partagé entre les deux Couronnes alliées ; que la haute & la baffe Saxe avec les Provinces voifines fe mettroient fous la protection de la Suéde ; & que la Franconie, la Suabe & les quatre Cer-

cles

cles du Rhin se mettroient sous celle de la France : & l'Electeur fit déclarer hautement à l'Empereur que, s'il ne vouloit pas céder Brisac, il seroit son accommodement particulier avec le Roi pour empêcher la destruction entiére de la Religion Catholique en Allemagne.

Les Espagnols avoient empêché jusques là l'Empereur de se déterminer à céder Brisac au Roi ; mais la fermeté des Plénipotentiaires de France, & encore plus les instances fortes & réitérées & même accompagnées de menaces de l'Electeur de Baviére, le firent enfin résoudre à ajouter cette place à ses précédentes offres pour la satisfaction de la France : il en envoya l'ordre au Comte de Trautmansdorff, & même d'offrir au Roi les deux Alsaces, le Suntgau, & cette place en toute souveraineté ; apparemment afin que sa Majesté n'eût point lieu d'avoir dans les Diétes un Député qui pourroit y entretenir une étroite communication avec les autres Députez des Princes de l'Empire, & s'opposer dans les occasions avec eux à ses volontez.

Ainsi les Plénipotentiaires de l'Empereur remirent le 29. Mai entre les mains des Médiateurs une proposition, dans laquelle ils ajoutérent à leurs nouvelles offres plusieurs conditions dont ils savoient bien qu'il y en avoit plusieurs que le Roi ne voudroit ni ne pourroit accepter : de sorte que ce leur seroit, quand ils le voudroient, un moyen ouvert pour rétracter leurs offres. Ils démandérent que le Roi rendît à l'Archiduc Ferdinand Charles, les quatre Villes forestiéres, le Brisgau, & l'Ortnau, avec les Villes qui y étoient situées & toutes leurs dépendances, & qu'il n'y prétendît plus rien : que le Commerce fût libre entre les habitans des Provinces qui seroient cédées à la France, & celles qui demeureroient à la Maison d'Autriche ; & qu'on ne pût arrêter ceux qui navigeroient, ni établir de nouveaux impôts sur le Rhin : que le Decret au sujet de l'Amnistie accordée par l'Empereur suivant le Recès de la Diéte de Ratisbonne assemblée en 1641. demeurât en sa force & vertu : que l'affaire Palatine fût terminée, en sorte que le Comte Palatin Charles-Louïs après avoir rendu à l'Empereur l'obéïssance qu'il lui devoit, se contentât de la restitution du bas Palatinat à certaines conditions, & d'un huitiéme & dernier Electorat qui seroit créé en sa faveur & de ses héritiers, & renonçât au haut Palatinat tant qu'il y auroit des héritiers mâles & légitimes de la Branche Guillelmine : que le Roi Très-Chrétien ne permît point à ceux de la Confession d'Ausbourg d'extorquer des Catholiques des conditions plus dures au sujet des griefs Ecclésiastiques, que celles que ceux-ci leur avoient bien voulu offrir ; ni aux Suédois d'envahir ou retenir les Evêchez d'Osnabrug & de Minden, ni les Villes de Meppen & de Vecht qui appartenoient à l'Evêque de Munster : qu'il obligeât l'Electeur de Brandebourg se contenter de l'Evêché d'Halberstat, qui lui avoit été offert pour dédommagement de la Poméranie qu'on cédoit à la Suéde ; & qu'en tout cas il ne l'assistât point pour de plus grandes demandes : qu'il fît désister la Landgrave de Hesse-Cassel des demandes déraisonables & contraires à l'amnistie générale qu'elle avoit faites depuis peu contre les Electeurs de Mayence, & de Cologne, & contre l'Abbé de Fulde : qu'il rendît au Duc de Loraine ses Etats ; & qu'il fît en même tems la paix avec l'Espagne : qu'il donnât cinq millions

de Richedales aux héritiers du feu Archiduc Léopold pour récompense des Etats qui lui seroient cédez ; & qu'il s'expliquât des secours qu'il donneroit à l'Empereur contre les Turcs, soit pendant les présens mouvemens contre la Chrétienté, soit lors qu'il attaqueroit ouvertement les Etats de sa Majesté Impériale.

A ces conditions ils offrirent qu'on céderoit au Roi Louïs XIV. & à ses Successeurs naturels & légitimes de la Maison de Bourbon, les Evêchez de Metz, Toul, & Verdun, la Ville Impériale de Metz, Pignerol, & Moyenvic, la Ville de Brisac en l'état qu'elle étoit avec toutes ses fortifications, le Suntgau, le Landgraviat de la haute Alsace, la Préfecture Provinciale de la basse Alsace, & toutes leurs dépendances, pour les posséder à perpétuité en toute jurisdiction & Souveraineté & sans aucune sujettion ni dépendance de l'Empire ; à condition sur toutes choses qu'il y maintiendroit la Religion Catholique, & en ôteroit toutes les nouveautez qui s'y étoient glissées pendant la guerre ; qu'il se chargeroit de payer les dettes dont ces Provinces étoient chargées, & que la Chambre ou le Fisc du Prince étoit tenu de payer ; que les dettes, que les Etats de toutes ces Provinces devoient payer, seroient reparties avec équité entre celles qui devoient demeurer à la Maison d'Autriche, & celles qui seroient cédées à la France ; qu'au deffaut de mâles dans la Maison de Bourbon toute la haute & basse Alsace, le Suntgau, & Brisac reviendroient à la Maison d'Autriche, si elle subsistoit encore, en rendant la somme qu'elle auroit reçue pour son dédommagement ; que le Roi Très-Chrétien laisseroit les Etats relevans immédiatement de l'Empire dans les deux Alsaces en la jouïssance de leurs libertez, & de leur dépendance immédiate de l'Empire, & ne les assujettiroit point à de nouveaux Parlemens inusitez en Allemagne ; qu'il retireroit ses Garnisons des lieux qui dépendoient immédiatement de l'Empire, & sur tout de Saverne & de Benfeld ; qu'il rendroit à l'Evêque de Spire la forteresse de Philisbourg, & en retireroit la Garnison Françoise qui y étoit ; qu'il n'empêcheroit point que le Comté d'Achalm & les Baronies de Hohenstauffen & de Blaubeuren retournassent à la Maison d'Autriche, ni que la forteresse de Hohentweil située dans le Landgraviat de Nellembourg, appartenant à la Maison d'Autriche, fût rasée, & qu'il fût permis aux Princes de cette Maison de tenir Garnison dans la Ville de Landau tant que les François jouïroient de Brisac.

Les Plénipotentiaires de France répondirent deux jours après de bouche à cet écrit des Impériaux ; mais comme pour le soulagement de leur mémoire & pour ne rien dire que ce qui avoit été concerté entr'eux, ils avoient mis par écrit leur réponse sur chaque article, les Médiateurs pour les mêmes raisons les priérent de trouver bon qu'ils en prissent une copie, ce qu'ils leur accordérent sans peine.

Cette réponse portoit que les Etats de l'Empire ayant approuvé & même desiré qu'il fût traité séparément de la satisfaction des deux Couronnes par les Plénipotentiaires de l'une & de l'autre avec ceux de l'Empereur, ils étoient prêts de convenir de ce qui regardoit la satisfaction particuliére du Roi, sous trois conditions : la premiére que, ce qui seroit accordé, n'auroit lieu qu'en cas que tous les points concernant les affaires générales de l'Empire fussent résolus par le

traité

traité général ; la seconde qu'il seroit convenu en même tems avec les Plénipotentiaires de Suéde & de Hesse-Caffel de la satisfaction de la Couronne de Suéde & de celle de la Landgrave ; & la troisiéme que tout ce qui seroit accordé pour la satisfaction de la France , seroit approuvé & ratifié par tous les Etats de l'Empire avec obligation d'en garentir l'execution.

Cela ainsi présuppofé, ils marquérent qu'ils entendoient , pour éviter toutes fortes de contestations à l'avenir , outre la ceffion qui fe feroit en bonne forme de tous les droits & prétentions de l'Empereur & de l'Empire dans toute l'étendue des Villes & Evêchez de Metz, Toul, & Verdun, comme auffi fur la place de Moyenvic & fur la ville & le château de Pignerol avec tout ce qui en dépendoit contenu en l'acquifition qui en avoit été faite de la Maifon de Savoye , la ville & la forterefse de Brifac, fon territoire & fes dépendances, la haute & baffe Alface, & le Suntgau démeureroient au Roi & à fes Succeffeurs à la Couronne de France , & lui appartiendroient à l'avenir en toute propriété & fouveraineté, francs & quittes de toutes fortes de fujettions & dépendances telles qu'elles puffent être ; & que pour cet effet les déclarations , ceffions, & renonciations tant de l'Empereur & de l'Empire que de la Maifon d'Autriche feroient fournies en bonne forme fans aucune réferve ni exception , hormis pour ce qui appartenoit dans lesdits Pays aux Evêques & aux Villes de Strasbourg & de Bâle : que le territoire de Brifac feroit réglé par des Commiffaires ; en forte que les éminences & les autres lieux pour la fureté de Brifac demeureroient au Roi ; qu'au cas que trois Villages qui étoient du territoire de Brifac avançaffent trop avant dans le Brisgau, ils feroient échangez fi les Impériaux le defuroient avec d'autres lieux proche de cette Ville : qu'on ne pouroit fortifier aucun pofte fur le Rhin au deça de la riviére entre Bâle & Philisbourg , ni faire aucun travail qui pût détourner le cours de la Riviére : que quoi qu'on eût ci-devant demandé de retenir Newbourg comme très-néceffaire à la fureté de Brifac , on confentoit d'en faire la reftitution ; à condition toutefois que les fortifications feroient rafées , & les chofes qui feroient ci-après demandées pour la fatisfaction de la France, feroient accordées , autrement non : qu'il falloit expliquer fi les Archiducs d'Infpruk & les Provinces qui leur feroient reftituées feroient chargez de toutes les dettes , auxquelles tous les Pays répondans ci-devant à la Chambre d'Enfisheim étoient obligez , auquel cas la fomme qu'on donneroit aux Archiducs feroit plus grande ; ou fi chacun de fon côté fe chargeoit de payer une certaine quantité de ces dettes , auquel cas la fomme qu'on donneroit aux Archiducs feroit moindre ; ou fi on perfiftoit à vouloir que le Roi fe chargeât du payement de toutes ces dettes , parce qu'en ce dernier cas , comme les revenus des pays qu'on laifferoit au Roi ne fuffiroient pas à beaucoup près pour payer les interêts des fommes dues, il ne feroit pas jufte que Sa Majefté donnât encore outre cela une fomme d'argent : qu'ils confentoient que les dettes qui étoient affignées fur les Etats de chaque Province fuffent payées par ceux qui s'y trouveroient obligez : qu'on ne pouvoit déclarer fur ce qui regardoit les Etats Immédiats fituez en Alface, ni fur l'établiffement de nou-

velles Jurisdictions dans les Pays cédez ; que l'on n'eût vu la forme de la ceffion qui en feroit faite, pour favoir comment la juftice pouroit y être rendue aux fujets & aux habitans : que la reftitution de Philisbourg regardant principalement les intérêts de l'Electeur de Tréves Evêque de Spire, l'Empereur n'avoit pas fujet d'y prendre part ; & que pour ne pas retarder plus long-tems la paix , on devoit fe remettre de part & d'autre à ce qui feroit convenu fur ce fujet entre le Roi & cet Electeur, à quoi il feroit confenti par l'Empereur & par les Etats de l'Empire : que les differends qui étoient entre la Maifon d'Autriche & les Ducs de Wirtemberg pour raifon du Comté d'Achalm & des Baronies de Hohenftauffen & de Blaubeuren, étant une affaire particuliére , à laquelle le Roi n'avoit aucun intérêt , Sa Majefté n'apporteroit aucun empêchement de fa part à la jufte fatisfaction de la Maifon d'Autriche : que comme le rafement de Hohentweil , & le droit de Garnifon dans Lindau concernoient le Duc de Wirtemberg & les Etats de l'Empire, ces Plénipotentiaires s'en déclareroient plus expreffément, quand ils en auroient conféré avec eux : que le Roi s'obligeroit de rendre tous les lieux mentionnez dans le premier article de la demande des Impériaux fans préjudice du droit d'autrui ; & à la charge que , comme il ne prétendoit plus aucun droit fur les Pays qui feroient reftituez , l'Empereur n'en pouroit auffi prétendre aucun fur les Pays déhaiffez & cédez à Sa Majefté Très-Chrétienne : qu'on ne pouroit empêcher ni molefter ceux qui defcendroient ou monteroient fur le Rhin , ni le commerce des Voifins ; ni auffi y établir & exiger de nouveaux impôts ; mais qu'il feroit permis de faire arrêter & vifiter les bateaux comme il étoit accoutumé fur cette riviére en beaucoup d'autres lieux : & que fi pour la fureté de Brifac ou autre confidération on en avoit tranfporté le péage à Newbourg ou ailleurs, il feroit remis à Brifac : que l'article de l'amniftie étant de l'intérêt des deux Couronnes & des Etats de l'Empire, ils remettoient à y répondre plus expreffément après en avoir conféré avec les Alliez : qu'il en étoit de même de l'affaire Palatine, déclarant toutefois qu'il ne devoit être apporté aucune condition ni reftriction à la reftitution de tout le bas Palatinat, qui devoit être rendu au même état auquel les Princes de cette Maifon le poffédoient, lorsqu'ils en avoient été dépoffédez ; excepté toutefois pour y laiffer l'exercice de la Religion Catholique : que les différends entre les Etats Catholiques & ceux de la Confeffion d'Ausbourg devoient être terminez par voye amiable ; à quoi les Plénipotentiaires de France s'employeroient de tout leur pouvoir : que ce n'étoit point avec eux qu'on devoit traiter de la fatisfaction de la Couronne de Suéde : qu'on ne leur avoit point communiqué aucune demande des Evêchez d'Osnabrug & de Minden , & autres biens d'Eglife ; & qu'ils ne pouvoient croire qu'elle eût été faite de la forte : que néanmoins ils efpéroient & entendoient qu'il fût pourvu par d'autres moyens à la fatisfaction de cette Couronne : que ce qui concernoit le dédommagement de l'Electeur de Brandebourg regardant auffi la fatisfaction de la Suéde , devoit être remis aux Plénipotentiaires de cette Couronne ; & qu'il leur étoit impoffible de répondre fur ce point, qu'après qu'ils en auroient conféré avec

eux ;

eux : que la France perſiſtoit à ce qu'il fût donné ſatisfaction à la Landgrave de Heſſe-Caſſel, ſans
laquelle les Couronnes ne pouvoient faire la paix ;
& que pour cet effet elle devoit être maintenue
& retablie en la poſſeſſion de ce qui appartenoit
à la Maiſon de Heſſe-Caſſel dans la Succeſſion
de Marpurg , conformement à ſa demande ; &
qu'au ſurplus, puis qu'on trouvoit ce qu'elle a-
voit propoſé déraiſonnable, il étoit juſte de faire
quelqu'autre ouverture : qu'on avoit déja déclaré pluſieurs fois que les intérêts du Duc Charles ne pouvoient être démélez en ce Traité, pour
les raiſons qui en avoient été repréſentées ; que
néanmoins ſi ce Duc, après avoir déſarmé, vouloit envoyer ſes Députez en France , ils y ſeroient favorablement reçus & écoutez en conſi-
deration de l'Empereur, & on conviendroit avec
eux ſelon raiſon & équité ſur l'exécution des
Traitez faits avec ce Duc , à la charge que ſes
intérêts ne pouroient retarder la concluſion de la
paix à Munſter ; & que pour cet effet ils demandoient que l'Empereur s'obligeât à ne lui
donner aucune aſſiſtance contre le Roi ni directement ni indirectement ſous quelque prétexte que ce
fût ; comme auſſi le Roi promettoit que quelqu'accord qui intervînt entre Sa Majeſté & ce Duc, elle ne
lui donneroit jamais aucune aſſiſtance contre l'Empereur : qu'ils étoient prêts de conclure en même
tems la paix avec l'Eſpagne , l'intention du Roi
ayant toujours été qu'il ſe fît une paix générale
dans la Chrétienté ; mais que ſi les Miniſtres
d'Eſpagne perſiſtoient à demander la reſtitution
de ce qui avoit été repris ſur le Roi Catholique
dans cette guerre, & refuſoient de faire raiſon au
Roi de ce qui avoit été uſurpé ſur ſes prédécéſ-
ſeurs dans les précédentes guerres, il paroiſſoit que
c'étoient eux qui ne vouloient pas la paix, & que
par conſéquent il ne ſeroit pas juſte que celle de
l'Empire fût retardée pour cela ; vû même que
les Plénipotentiaires de France avoient par la derniére propoſition qu'ils avoient faite à ceux d'Eſpagne , fait ouverture de moyens très-propres
pour ſurmonter les principales difficultez : que
les ſecours qu'on demandoit pour la guerre contre
les Turcs , & la récompenſe qu'on prétendoit
pour les Archiducs , dépendoient de l'état auquel on laiſſeroit au Roi les Pays qui lui devoient
être cédez , & de la quantité de dettes & autres
charges dont ils ſeroient chargez ; & qu'on ne
pouvoit pas s'en expliquer qu'en convenant de ces
points-là & de Philisbourg ; qu'alors les Plénipotentiaires de France ſe déclareroient ; de ſorte
qu'ils ſe promettoient que ceux de l'Empereur
en auroient ſatisfaction : que cependant encore qu'ils euſſent prétendu qu'après que la
Couronne de Suéde auroit reſtitué Benfeld, cette
place ſeroit remiſe au Roi pour plus grande ſureté
des Pays qui lui devoient demeurer , cependant
i's conſentoient qu'après que les Suédois ſeroient
convenus de la rendre, l'entiére & libre jouïſſance
en fût laiſſée à l'Evêque de Strasbourg, à la charge toutefois que les fortifications en ſeroient raſées , enſemble le fort de Reinau , & qu'on n'y
pourroit tenir aucune garniſon : que le même ſeroit fait pour Saverne & pour le château de Hau-
bar ; à condition que les Magiſtrats & les habitans de Saverne s'obligeroient d'obſerver une exacte neutralité , & de donner libre paſſage aux
Troupes du Roi toutes les fois qu'il leur ſeroit
demandé.

Outre ce qui étoit porté par cet écrit, les
Plénipotentiaires de France s'expliquérent encore
davantage aux Médiateurs, principalement en ce
qui concernoit l'amniſtie , les griefs des Catholiques & des Proteſtans, & les affaires de l'Empire : ils leur firent comprendre qu'il n'étoit pas à
propos de déclarer les derniéres intentions du Roi
ſur ces points , qu'ils n'en euſſent communiqué
avec leurs alliez ; que cela leur donneroit plus
d'autorité & de crédit auprès d'eux pour les induire à ce qu'on deſiroit ; que leurs ordres étoient
d'appuyer autant qu'ils pouroient les intérêts des
Catholiques ; & qu'ils les aſſuroient de plus qu'ils
feroient tous leurs efforts poſſibles pour faire réüſ-
ſir les choſes à la ſatisfaction de l'Empereur, avec
lequel ils ſavoient que l'intention du Roi étoit ,
la paix étant faite , de vivre en amitié & toute
bonne correſpondance : mais que , pour qu'ils
fuſſent plus utiles & qu'ils puſſent agir avec plus
de fruit, il ne falloit pas exiger d'eux avec le tems
des promeſſes qui leur en ôteroient les moyens.
Ces raiſons ayant été approuvées par les Médiateurs , pour leur témoigner de la confiance , &
trouver plus de facilité à ce qui leur reſtoit à traiter touchant Philisbourg & ſur les autres points
qu'ils s'étoient réſervez , ils s'ouvrirent un peu
des choſes que le Roi leur avoit permis d'arrêter & de promettre en ſon nom : ils leur déclarérent que pendant le tems que l'Empereur ſeroit
en crainte d'avoir la guerre contre les Turcs , le
Roi lui donneroit par an cent mille Richedales,
pour aider aux dépenſes qu'il ſeroit obligé de
faire ; que , ſi la guerre ſe déclaroit , le Roi enverroit à ſon ſecours dix mille hommes entretenus,
auxquelles choſes on ne s'obligeroit néanmoins
que durant trois années au plus , & pourvû que
la France ne rompît point auſſi avec le Grand
Seigneur , auquel cas elle ne ſeroit plus obligée
de fournir à l'Empereur ni hommes ni argent :
enfin ils offrirent de donner en trois payemens trois
millions de livres pour la récompenſe des Archiducs, ſous les conditions néanmoins du plus ou
du moins qui étoient marquées dans leur réponſe.

Les Plénipotentiaires de l'Empereur donnérent
le 5. Juin aux Médiateurs un écrit , dans lequel
ils s'expliquérent de leurs ſentimens ſur ce qui
étoit porté par cette réponſe ; & en commençant
par les trois conditions préliminaires que les Plénipotentiaires de France avoient propoſées , ils
dirent ſur la premiére, que leur intention étoit
auſſi que tout ce qui auroit été offert , dit , ou
fait de part & d'autre , fût cenſé non offert , non
dit, & non fait , ſi la paix ne ſe faiſoit point :
ſur la ſeconde qu'ils étoient diſpoſez à traiter avec
les Alliez de la France à des conditions raiſonnables, mais que comme leur but en offrant une
ſi ample ſatisfaction au Roi T. C. avoit été de
l'obliger à faire en ſorte que ſes alliez & adhérans
ſe contentaſſent de conditions juſtes & tolérables,
& ſe déſiſtaſſent de leurs demandes exorbitantes,
ces Plénipotentiaires devoient s'expliquer ſi , au
cas que cela ne ſe pût faire, le Roi T. C. continueroit néanmoins à attaquer l'Empire & à demeurer dans l'alliance de ſes Ennemis, ou s'il ne
voudroit pas plutôt ſe joindre contre eux avec
l'Empereur & les Etats obéïſſans : & qu'ils conſentoient à la troiſiéme condition , pourvû qu'elle
fût commune aux deux partis.

Après cela ils témoignérent qu'ils avoient cru
juſ-

jufqu'alors que le Roi T. C. ne demandoit point autre chofe au fujet des deux Alfaces & du Suntgau, finon qu'on lui cédât tout le droit que la Maifon d'Autriche y avoit : qu'ils confentoient pour fatisfaire au defir du Roi que cette ceffion fût faite à perpétuité à la Couronne de France; mais qu'afin que les Suédois ne puffent point la tirer à conféquence, ils demandoient que, tant que la négociation de la paix dureroit, on fît entendre que cette ceffion ne feroit faite que tant que la Branche de Bourbon dureroit, mais que la paix étant concluë, il feroit dit par les actes de ceffion que l'Alface & le Suntgau feroient unis à la Couronne de France à perpétuité.

Qu'à l'égard des Etats fujets immédiatement à l'Empire, outre les Evêchez de Strasbourg & de Bâle, il y en avoit encore plufieurs autres enclavez en Alface, comme les Abbayes de Murbach, de Luders, & d'Andlau qui avoient le titre de Principautez, quelques Abbayes d'un ordre inférieur, les dix Villes Impériales, le Palatin de Luzelftein ou de la Petite-Pierre, quelques Comtes & Barons & toute la Nobleffe de la baffe Alface; & que comme il n'étoit pas dans le pouvoir de l'Empereur de les foumettre à une puiffance étrangére, & qu'il ne vouloit pas comme Prince de la Maifon d'Autriche faire préjudice à leur liberté & à leur dépendance immédiate de l'Empire, il falloit communiquer au Confeil des Etats de l'Empire la demande des Plénipotentiaires de France, & qu'ils y confentiroient pour l'Empereur fi les Plénipotentiaires de France le vouloient ainfi.

Que les Villages de Hartem, de Hochftat, & d'Acharrem dépendans de Brifac étoient ruinez, & que pour éviter les conteftations on pourroit nommer de part & d'autre des Commiffaires qui fe transporteroient fur les lieux & mettroient des bornes aux endroits néceffaires.

Qu'ils acceptoient la reftitution de Newbourg, & confentoient qu'on y démolît les fortifications qui y avoient été faites depuis peu.

Qu'ils confentoient de réduire le dédommagement des Archiducs d'Infpruk à quatre millions de Richedales, moyennant que le Roi T. C. payeroit toutes les dettes dont la Chambre d'Enfisheim étoit chargée: qu'on feroit, après la paix, une affemblée des Etats des Provinces cédées & retenues par la Maifon d'Autriche, dans laquelle des Commiffaires du Roi & de cette Maifon affifteroient, & où on régleroit ce que chacun de ces Etats devoit porter de leurs dettes.

Qu'il n'étoit pas permis à l'Electeur de Tréves de foumettre Philisbourg à une domination étrangére fans le confentement de l'Empereur & de l'Empire, & même du Chapitre de Spire; qu'ainfi il falloit propofer cette affaire aux Etats de l'Empire : qu'ils étoient contens de la déclaration que ces Plénipotentiaires avoient faite par écrit, & encore plus de bouche au Nonce du Pape, que non feulement ils ne vouloient point empêcher, mais qu'ils aideroient même la Maifon d'Autriche à retenir la poffeffion du Comté d'Achalm & des Baronies de Hohenftoffen & de Blaubeuren; & demandoient qu'on y ajoutât que l'Electeur de Baviére ne feroit point tenu de rendre au Duc de Wirtemberg la Baronie de Heidenheim, à moins qu'il ne le fatisfît pour une dette de cinq cens mille florins : qu'ils étoient auffi contens de la déclaration que les Plénipoten-

tiaires avoient faite au Nonce, qu'ils confentoient que Hohentweil fût demoli, & 'que l'Empereur retînt Lindau; & fouhaitoient que pour une plus grande fureté l'Empereur ne fût point obligé de reftituer les Châteaux de Hohenaurach, d'Hornberg & de Schorndorf que Hohentweil n'eût été effectivement démoli : qu'ils demandoient la confervation d'un péage que ceux de Newbourg avoient obtenu par forme d'engagement de la Maifon d'Autriche depuis plus de deux cens ans: qu'ils acceptoient les déclarations affirmatives & cathégoriques que ces Plénipotentiaires avoient encore faites de vive voix au Nonce au fujet de l'Amniftie, de l'affaire Palatine, des griefs des Etats de l'Empire, & de la fatisfaction de la Suéde & de l'Electeur de Brandebourg, encore que cela fût expliqué un peu autrement dans la réponfe par écrit. Ils infiftérent à ce qu'ils avoient demandé au fujet de la Landgrave de Caffel, & à ce que les différends qu'elle avoit avec le Landgrave de Darmftat pour la fucceffion de Marpurg fuffent terminez fuivant les pactes de famille par une compofition à l'amiable entre les parties : à ce que le Duc de Loraine fût rétabli dans fes Etats: & que le Roi T. C. fît en même tems la paix avec le Roi d'Efpagne; étant clair que celle avec l'Empire ne pouvoit pas fubfifter, fi celle entre les deux Rois n'étoit pas concluë; outre que ce confentement du Roi d'Efpagne comme Prince de la Maifon d'Autriche étoit néceffaire pour la ceffion de l'Alface & du Palatinat au delà du Rhin, & qu'il ne le donneroit pas fi la paix n'étoit pas auffi concluë avec le Roi. Ils demandérent que pendant les mouvemens que les Turcs faifoient comme s'ils euffent voulu attaquer la Chrétienté, le Roi donnât tous les ans à l'Empereur trois cens mille Richedales, & fi on en venoit à une guerre overte cent mille Richedales par mois tant qu'elle dureroit: & enfin que, pour que cette affaire ne demeurât pas plus long-tems incertaine, on fît fur tous ces points une convention par écrit dont on promettroit de part & d'autre de garder le fecret jufqu'à ce que la négociation avec la Suéde & les Proteftans fût venue à un tel point, qu'on pût publier en tout ou partie les chofes dont on feroit convenu.

Les Plénipotentiaires de France voyant que cet écrit contenoit plufieurs chofes qui auroient pu les rendre fufpects à leurs alliez, comme s'ils euffent condamné leurs prétentions & euffent été difpofez à faire la paix fans eux, ils le reportérent aux Médiateurs après en avoir retenu une copie, & leur marquérent les articles qui pouvoient choquer leurs alliez, & qu'ils ne pouvoient admettre, & infiftérent à la fatisfaction de la Landgrave de Heffe-Caffel, & à l'exclufion du Duc Charles de cette paix; à ce que dans la convention qu'on feroit les Plénipotentiaires de l'Empereur déclaraffent que fa Majefté Impériale confentoit que les Etats immédiats d'Alface, à l'exception de l'Evêque & de la ville de Strasbourg & de l'Evêque de Bâle, fuffent foumis à la Souveraineté du Roi; & que fa Majefté eût droit de garde & de protection dans Philisbourg; & promiffent de rendre ces confentemens efficaces dans l'affemblée des Etats de l'Empire. Ils déclarérent qu'on conviendroit, felon la raifon, du territoire de Brifac, & du péage de Newbourg. Ils offrirent que le Roi payeroit la moitié des dettes réelles de la Chambre d'Enfisheim, & donneroit aux Archiducs trois millions

C 2

de

de livres pour leur dédommagement , & à l'Empereur cent cinquante mille Richedales pendant ces mouvemens des Turcs , à la charge qu'il n'en feroit rien mis par écrit , & dix mille hommes entretenus en cas de rupture , le tout pour trois ans , & en cas que le Roi n'entrât point en guerre contre les Turcs. Ils infiftérent encore à ce qu'on fpécifiât qu'on ne pourroit fortifier aucun pofte fur le Rhin entre Bâle & Philisbourg ; qu'on ne pût faire aucun travail qui pût détourner le cours de cette riviére; qu'on ne fe contentât pas de démolir les nouvelles fortifications de Newbourg, mais que les foffez fuffent comblez , les baftions ôtez , & la clôture feulement confervée; & que les fortifications de Benfeld & de Saverne fuffent démolies.

Les Députez des Ducs de Wirtemberg s'écriérent extrêmement contre l'avidité des Impériaux qui demandoient , & la facilité des François qui confentoient qu'on leur ôtât trois places qui leur appartenoient depuis plus de deux cens ans , & qu'on démolît une fortereffe qui n'étoit d'aucun préjudice à la Maifon d'Autriche. Le Député de Lindau fe plaignit auffi de ce que les Princes de la Maifon d'Autriche demandoient la liberté de mettre garnifon dans cette ville qui ne relevoit que de l'Empire , & jouïffoit d'ancienneté d'une pleine liberté. Ainfi comme les Suédois & les Proteftans foutinrent les intérêts de ces Ducs & de cette ville, l'Empereur n'obtint point ce qu'il fouhaitoit à cet égard.

La Reine apprit avec beaucoup de fatisfaction l'offre que les Impériaux avoient faite de céder encore Brifac au Roi, la regardant comme un grand acheminement à la paix qu'elle defiroit paffionnément , & comme une marque folide que l'Empereur étoit perfuadé qu'il ne le pouvoit efpérer fans donner fatisfaction à la France : elle approuva que les Plénipotentiaires n'euffent pas laiffé faire encore des demandes,- reconnoiffant bien que c'étoit le moyen le plus affuré pour obliger les Impériaux à modérer leurs prétentions.

Les Plénipotentiaires de France avoient offert jufqu'alors que le Roi tiendroit en fief immédiat de l'Empire le Landgraviat d'Alface , & les autres Etats & villes qui lui feroient données pour fa fatisfaction , dans la penfée que cela plairoit davantage aux Princes & Etats de l'Empire dont on ne feroit ainfi aucun démembrement : & qu'outre cela comme des Députez du Roi auroient féance & voix délibérative dans les Diettes, on pourroit par ce moyen établir une plus grande liaifon avec les Princes d'Allemagne, favoir tout ce qui fe paffreoit dans ces affemblées , & traverfer les deffeins que les Princes de la Maifon d'Autriche pourroient avoir d'exciter des guerres entre la France & l'Empire. Cependant nous venons de voir que les Plénipotentiaires de l'Empereur offrirent que le Roi poffedât en toute Souveraineté ce qu'ils lui abandonnoient pour fa fatisfaction , aimant mieux que la France eût l'Alface & le refte en Souveraineté, que de la tenir de l'Empire : en quoi il y a apparence qu'ils eurent pour but d'ôter aux François la communication & la familiarité que leur féance dans les Diettes leur auroit donnée avec les Princes & Etats de l'Empire.

On agita dans le Confeil du Roi lequel convenoit le plus à fa Majefté de poffeder l'Alface en fief ou en Souveraineté ; & on voulut même favoir fur cela les fentimens des Plénipotentiaires de

France , qui , après avoir agité les raifons de part & d'autre , convinrent qu'il étoit plus convenable à la Dignité & à la grandeur de la France de tenir ces Pays en toute Souveraineté que de les tenir en fief de l'Empire ; qu'il feroit peu honorable au Roi de n'avoir féance dans les Diettes de l'Empire que comme Landgrave d'Alface, au deffous d'un grand nombre d'autres Princes ; que fi quelque jour le Roi rentroit en guerre avec l'Empereur, ce dernier pouroit procéder contre fa Majefté par le Ban Impérial , & même le faire condamner à mort comme un Vaffal rebelle ; que le Roi pouroit avoir auffi des liaifons avec les Députez que les Etats de l'Empire enverroient aux Diettes, par le moyen des Miniftres qu'il y pouroit auffi envoyer ; & qu'enfin il étoit plus avantageux à la France que ces Pays lui fuffent unis à perpetuité , comme il arriveroit fi elles les poffédoit en toute Souveraineté , que fi ne les poffédant qu'en fief ils en pouvoient un jour être féparez au deffaut de Mâles dans la Maifon de Bourbon ; ce qui , laiffant aux habitans de ces Provinces une efpérance de retourner un jour fous la domination de la Maifon d'Autriche , les attacheroit moins à la France. Toutes ces raifons firent juger qu'il étoit plus à propos que fa Majefté poffedât tous ces Etats fouverainement , que dans la mouvance de l'Empire.

Il reftoit encore trois points indécis , favoir la réduction de la fomme que les Impériaux demandoient pour le dédommagement des Archiducs; la ceffion que le Roi demandoit des droits que l'Empereur & l'Empire avoient fur les villes & Etats Immédiats d'Alface , & la garde & Protection de Philisbourg. Les Plénipotentiaires de France avoient infifté fur ces deux derniers points, plutôt pour mettre les Impériaux à la raifon , que par l'efpérance de les obtenir ; & ils avoient même pouvoir de fe défifter de l'un & de l'autre , lorfqu'ils connoîtroient ne pouvoir faire mieux , & qu'il y auroit apparence à la conclufion de la paix, pour laquelle les Plénipotentiaires de l'Empereur témoignérent dans la fuite beaucoup d'indifférence.

Les Plénipotentiaires de France, ayant eu une longue conférence avec le Comte d'Oxenftiern qui étoit venu à Munfter, priérent les Médiateurs de favoir de ceux de l'Empereur leurs fentimens au fujet d'un paffeport qu'ils avoient demandé pour les Miniftres du Roi de Portugal, de l'élargiffement du Prince Edouard , du point de l'amniftie , de l'affaire Palatine, des griefs des Etats de l'Empire , de la fatisfaction de la Suéde & de la Landgrave de Heffe-Caffel , de la fatisfaction de la France , de la fatisfaction de la Soldatesque étrangére , & de la fureté du traité qu'on feroit.

Ces Médiateurs entretinrent le 18. Juillet de toutes ces matiéres les Plénipotentiaires de l'Empereur, qui les priérent de dire à ceux de France que l'Empereur ne pouvoit donner de paffeport pour les Portugais, ni comme à des particuliers ni comme à des Miniftres d'un Prince ou Etat Souverain ; que fi les deux Couronnes vouloient leur donner un faufconduit , les Impériaux ne s'y oppoferoient pas , mais qu'ils ne vouloient pas y donner un confentement pofitif ; que depuis trois ans que les Portugais étoient dans cette affemblée , ils y avoient vécu en affurance , & y pouvoient être encore de même à l'avenir, foit qu'ils demeu-

raf-

raffent à Munfter, ou qu'ils allaffent à Ofnabrug ou ailleurs, dequoi ils leur donnoient leur parole & pour eux & pour les Miniftres d'Efpagne; que Dom Edouard ne pouvoit être mis en liberté que la paix ne fût faite; que l'Empereur n'avoit pas le pouvoir de l'élargir, & ne vouloit pas à fon fujet entrer en guerre contre le Roi d'Efpagne; que fon élargiffement feroit compris dans le traité de paix entre les deux Couronnes, mais qu'il ne le pouvoit être dans celui avec l'Empire, qui n'y avoit aucune relation; que lors qu'ils avoient fait leurs offres pour la fatisfaction de la France, ç'avoit été à condition que l'amniftie n'auroit fon commencement qu'en l'année 1627. mais que, puifque les Plénipotentiaires de France continuoient à infifter, ainfi que les Suédois, pour qu'elle eût fon effet dès l'année 1618. ce qu'ils avoient accordé pour la fatisfaction de la France, étoit annullé; que fi les François prétendoient que le haut Palatinat fût démembré & ne demeurât pas en fon entier au Duc de Baviére, ils agiroient contre la promeffe qu'ils avoient faite à ce Duc, & fur laquelle étoit auffi fondé ce qui leur avoit été accordé, ils fe remettoient aux Plénipotentiaires de France de faire ce qu'ils jugeroient à propos au fujet des griefs des Etats de l'Empire; qu'ils traiteroient avec les Plénipotentiaires de Suéde de la fatisfaction de cette Couronne, & que fuivant les pactes de la Maifon de Heffe les différends qui étoient entre les Branches de Caffel & de Darmftat pour la Succeffion de Marpurg, devoient être décidez à l'amiable par des Princes & amis communs de la Maifon, & qu'ainfi ils confentoient à l'arbitrage des Electeurs de Saxe & de Brandebourg : qu'à l'égard de la fatisfaction de la France, il ne dépendoit pas de l'Empereur de donner au Roi T. C. Philisbourg ni la Souveraineté des dix villes d'Alface, puifque les Etats de l'Empire s'y oppofoient : qu'ils perfiftoient à demander quatre millions de Richedales pour la récompenfe des Archiducs avec le payement de toutes les Dettes; que chacun de fon côté fatisferoit fes troupes, les deux Couronnes devant confidérer qu'elles acqueroient de grands Pays à la diminution de l'Empire, & que l'Empereur qui ne profitoit rien dans cet accommodement, étoit cependant difpofé à contenter fa milice, & qu'ils confentoient pour la fureté du traité que tous les Princes intéreffez fiffent une ligue contre celui ou ceux qui y contreviendroient; mais qu'ils ne pouvoient confentir qu'il fût fait une mention expreffe des Etats de l'Empire, prétendant apparemment qu'ils ne pouvoient fuivant les loix & les Conftitutions fe liguer contre l'Empereur quand même il contreviendroit au traité.

Les Plénipotentiaires de l'Empereur après avoir répondu fur les points fur lesquels ceux de France avoient parlé aux Médiateurs, ajoutérent que la paix ne fe pouvoit faire dans l'Empire à moins qu'elle ne fût conclue en même tems avec l'Efpagne; que c'étoit une condition abfolue & *fine quâ non*, que le Roi d'Efpagne étoit intéreffé à la ceffion de l'Alface, à caufe du droit héréditaire qu'il y avoit, & que s'il n'étoit point compris dans la paix, il ne rendroit par Frankendal au Comte Palatin. Ils perfiftérent auffi à demander un paffeport pour le Duc Charles de Lorraine.

Un voyage que les Plénipotentiaires de France firent vers ce même tems à Vezel pour y faire paffer fur le Rhin l'armée commandée par le Maré-

chal de Turenne, fut caufe que les Médiateurs ne leur rendirent que le 28. Juillet la réponfe des Impériaux : ces Plénipotentiaires ne jugérent pas à propos de contefter fur cette réponfe, eftimant qu'il valoit mieux en faire paroître de l'indifference & du mepris, & donner lieu de croire qu'ils n'étoient pas fâchez que les affaires s'éloignaffent de la conclufion plutôt que d'en approcher, & en effet quand ils fe feroient réfolus à fe départir de la prétention de Philisbourg & des dix Villes d'Alface le feul intérêt de l'Efpagne auroit empêché que la paix ne pût être conclue en Allemagne, tant que l'Empereur perfifteroit à ne vouloir rien faire fans elle.

Le lendemain 29. le Comte de Trautmansdorff vint voir les Plénipotentiaires de France; & après avoir parlé d'autres matiéres, il leur dit que fes ordres & fon inclination le portoient à faire la paix, s'il fe pouvoit, & à éviter tout ce qui en retardoit la conclufion; il fit un long difcours pour faire voir que la fatisfaction accordée à la France étoit grande & confidérable, & que l'Electeur de Baviére avoit toujours fait entendre à l'Empereur que, moyennant la ceffion de Brifac, la France feroit contente, & qu'on n'avoit jamais cru qu'elle dût prétendre ni Philisbourg ni la fouveraineté fur les dix Villes Impériales d'Alface, que l'Empereur ne pourroit même accorder quand il le voudroit. Ces Plénipotentiaires lui répondirent qu'ils avoient fouvent déclaré aux Médiateurs qu'ils voyoient bien que le retardement d'accorder Brifac étoit pour leur faire quitter le refte de leurs prétentions, qu'ils s'étoient départis de la demande des Villes foreftiéres pour obliger la Maifon d'Infpruk à qui elles appartenoient en particulier, quoi qu'elles fuffent tout à fait à leur bienféance; & qu'ils s'étoient encore départis du Brisgau avec une pareille facilité; que perfonne ne fe trouvoit intéreffé à ce qu'ils prétendoient; qu'ils ne prétendoient point ufurper ni les revenus ni les droits de l'Evêque de Spire; qu'ils ne demandoient que la fimple garde d'une place; & que la France ne regardoit en cela que fa fureté & l'affermiffement de la paix.

Comme ces raifons faifoient de la peine au Comte de Trautmansdorff, il dit affez brusquement qu'on favoir qu'ils n'avoient pas le pouvoir de conclure, & qu'ils avoient reçu depuis peu ordre de la Cour de France de tenir cette négociation en fufpens : à quoi ils répondirent qu'il n'avoit qu'à leur accorder ce qu'ils lui demandoient & contenter leurs alliez & les Etats de l'Empire, & que moyennant cela dès le lendemain ils figneroient la paix s'il le vouloit. Il leur parut que cela lui donnoit à penfer, mais qu'il n'étoit pas encore entiérement perfuadé qu'ils n'avoient point deffein de retarder la conclufion de la paix; & ils jugérent que cette opinion lui avoit été fuggérée par les Efpagnols, pour lui ôter le defir qu'il avoit de conclure promptement en lui faifant perdre l'efpérance d'en venir à bout.

Les Plénipotentiaires de France apprirent vers ce même tems par une lettre du Sieur d'Antonville Envoyé du Roi auprès de l'Electeur de Tréves, qu'il avoit enfin déterminé ce Prince à paffer avec lui le 18. Juillet un Traité par lequel il avoit confenti que le Roi auroit fon Evêché de Spire fous fa protection, & pourroit continuer de tenir garnifon dans fa fortereffe de Philisbourg : ils jugérent à propos de tenir ce Traité fecret, afin qu'ils puſſent mieux s'en prévaloir ſi les Impériaux ve-noient à rejetter la difficulté ſur le deffaut de con-ſentement de celui à qui la place appartenoit.

Ces Plénipotentiaires virent vers la Mi-Août les Médiateurs , qui leur dirent que la demande de Philisbourg & de dix Villes d'Alſace avoit tout gâté ;　qu'on avoit toujours dit & écrit de la Cour que , Briſac étant une fois accordé , la paix étoit faite à l'égard de la France ; que cependant quand elle en avoit été aſſurée , elle avoit fait de nouvelles demandes , & que cela avoit ſurpris toute l'Allemagne , dégouté les amis de la France, mis en appréhenſion les ennemis , & obligé la Maiſon d'Autriche à ſe rëünir plus étroitement, ce qui étoit cauſe que l'Empereur ne vouloit plus traiter ſans l'Eſpagne. Les Plénipotentiaires leur répondirent que leur demande n'étoit pas nouvel-le ;　qu'ils s'étoient toujours réſervé non ſeule-ment de demander Philisbourg , mais encore Ben-feld , Saverne , & Newbourg , & que de quatre places ſe réduiſant à une , on ne pouvoit pas les acculer de ne pas vouloir accepter de tempéra-ment.

Les Médiateurs leur dirent ſur cela que s'ils re-mettoient la demande de Philisbourg à la conclu-ſion du Traité , & après avoir diſpoſé leurs Al-liez à un accommodement , & qu'on connût que, ce point leur étant accordé , ils ne formeroient point de nouvelles prétentions , & qu'on con-cluroit la paix , ils eſpéroient que travaillant au-près des Impériaux pour leur faire donner cette ſatisfaction , ils en pourroient venir à bout. Ce diſcours fut répété tant de fois que ces Plénipo-tentiaires , après avoir conféré enſemble à part , leur déclarérent que moyennant que Philisbourg de-meurât à la France , la difficulté touchant les Vil-les Impériales d'Alſace s'accommoderoit aiſément ; qu'ils ſe contenteroient d'en avoir la parole des Médiateurs ſans que les Impériaux fuſſent obligez de s'en expliquer qu'après que les autres affaires auroient été ajuſtées ; que pour leur faire voir le véritable déſir qu'on avoit en France de la paix, ils iroient tous trois à Osnabrug pour faire un effort auprès de leurs alliez , & les porter , autant qu'il leur ſeroit poſſible , à l'accommodement, tant pour leur ſatisfaction que pour les affaires géné-rales de l'Empire ; qu'ils leur faiſoient cette ou-verture en confiance & ſur la condition du ſecret, & demandoient que les Impériaux déclaraſſent bien-tôt leur réſolution ; parce que ſi elle n'étoit pas acceptée , ils penſeroient à leurs affaires , étant le dernier point auquel leurs pouvoirs leur per-mettoient de ſe relâcher. Les Médiateurs leur promirent d'en parler au Comte de Trautmans-dorff , & de leur rendre une prompte réponſe.

Les Médiateurs rapportérent quelques jours a-près aux Plénipotentiaires de France que le Com-te de Trautmansdorff leur avoit dit qu'il n'étoit pas au pouvoir de l'Empereur d'accorder Philis-bourg à la France ; que c'étoit un point auquel il falloit que tous les Etats de l'Empire donnaſ-ſent leur conſentement ; qu'ils y étoient contraires non ſeulement les Catholiques , mais encore da-vantage les Proteſtans ; que l'Empereur ne s'y oppoſeroit pas , ſi cela pouvoit faire la paix ; qu'il le propoſeroit au Collége Electoral ; qu'on verroit qu'il n'y ſeroit apporté aucun empêchement de ſa part ; & que ces Plénipotentiaires devoient auſſi s'aider & travailler pour cet effet auprès de leurs amis.

Les Plénipotentiaires de France répondirent que ſi le Comte de Trautmansdorff vouloit propoſer cette affaire dans le Collége Electoral avec deſſein d'y faire naitre des oppoſitions & des difficultez, ce ne ſeroit pas vouloir acheminer la paix , mais chercher à la rompre. Les Médiateurs répliqué-rent que l'intention des Impériaux n'étoit pas d'em-pêcher que Philisbourg demeurât à la France, ſi les Etats de l'Empire y conſentoient ; mais qu'ils préten-doient ſeulement qu'on ne demandât pas à l'Empe-reur qu'il contrevînt au ſerment qu'il avoit fait de ne pas ſouffrir qu'il fût rien démembré de l'Empire, en faiſant lui même l'aliénation de cette place ; que quand il s'étoit agi de l'Alſace qui étoit le patrimoine de Sa Maiſon , il avoit eu moins de peine à obte-nir le conſentement des Etats de l'Empire , qu'il n'en trouveroit pour Philisbourg ; & que tous les Etats de l'Empire s'y oppoſeroient , & particulié-rement les Députez de l'Electeur de Tréves.

Ce diſcours fit juger aux Plénipotentiaires qu'il étoit tems de dire aux Médiateurs ce qu'ils avoient tenu ſecret juſqu'alors , que cet Electeur y avoit conſenti ; ils leur firent voir que la garde de Phi-lisbourg étoit la ſureté de la Religion Catholique en ces quartiers-là , & que ç'avoit été le motif qui avoit porté l'Electeur de Tréves à déſirer que cette place demeurât entre les mains du Roi ; que celui qui y avoit ſeul intérêt y conſentant , il y avoit bien plus de juſtice d'en laiſſer la garde & la protection aux François que d'en transférer à un autre la propriété avec tous les revenus , comme l'Empereur avoit voulu faire encore depuis peu à la Maiſon d'Inſpruk. Les Médiateurs acquieſ-cérent à ces raiſons , dirent qu'ils les repréſente-roient aux Impériaux , & conjurérent ces Pléni-potentiaires de voir les Députez des Electeurs pour lever les difficultez qu'ils pourroient faire ſur cette propoſition.

Les Plénipotentiaires ne manquérent pas d'aller auſſi-tôt ſolliciter ces Députez ; ils furent chez ceux de Tréves & de Baviére , & envoyérent le Sr. de St. Romain chez ceux de Mayence & de Saxe , parce qu'ils ne les voyoient pas ; & chez ceux de Cologne & de Brandebourg , parce que les chefs de ces deux Ambaſſades n'étoient pas a-lors à Munſter.

Ils montrérent à ceux de Tréves la ſignature de leur Maitre , ayant porté avec eux l'original même du Traité , & les priérent d'agir ſuivant ſes intentions, ce qu'ils promirent de faire. Ce mê-me Traité leur ſervit auſſi auprès des Bavarois qui leur avoient ſouvent déclaré que l'Electeur leur Maitre ne vouloit pas mécontenter l'Electeur de Tréves en l'exhortant de donner une partie de ſes Etats à la France. Ces Plénipotentiaires leur di-rent que puis qu'ils voyoient ſon conſentement, ils ne pouvoient pas leur refuſer leurs bons offices, vû même que le Comte de Trautmansdorff leur avoit fait témoigner par les Médiateurs qu'il étoit diſpoſé à appuyer leur demande , & qu'ils devoient s'aider & employer leurs amis : ces Députez don-nérent leur parole qu'ils s'employeroient de la bonne maniére pour la ſatisfaction de la France.

Le Sieur de St. Romain laiſſa auſſi ceux qu'il vit en bonne diſpoſition : ils lui demandérent tous ſi , moyennant Philisbourg , on auroit la paix , ce qui avoit auſſi été demandé par ceux de Tréves & de Baviére ; il répondit , ainſi que ces Pléni-potentiaires avoient fait , qu'il falloit contenter les Alliez du Roi ; mais que ce ſeroit beaucoup faire

que

que de mettre la France hors d'intérêt, & que ces Plénipotentiaires s'employeroient après cela de tout leur pouvoir pour faciliter la conclusion du Traité.

Les Députez des Electeurs s'étant peu après assemblez consentirent que le Roi eût droit de garnison perpétuelle dans Philisbourg ; & les Médiateurs agirent si fortement auprès du Comte de Trautmansdorff, qu'il y consentit aussi : desorte que ces Médiateurs l'offrirent enfin au Roi vers la fin du mois d'Août ; mais les Impériaux tinrent encore cette fois-ci la même conduite qu'ils avoient tenue lorsqu'ils s'étoient déclarez sur la cession de Brisac, y ayant joint plusieurs conditions que le Roi ne pouvoit accorder : en effet ils remirent le dernier jour d'Août aux Médiateurs un écrit qui marquoit premiérement ce que l'Empereur & la Maison d'Autriche devoient faire en faveur de la Couronne de France ; & ensuite ce que le Roi devoit faire de sa part en faveur de l'Empereur & de sa Maison.

Ils y disoient qu'aussi-tot que les Plénipotentiaires de France auroient accompli les conditions dont ils s'étoient déja expliquez, & auroient engagé les Suédois & les Protestans à les accepter, & ainsi à conclure la paix, l'Empereur & l'Empire consentiroient

Premiérement que les droits de Souveraineté sur les Evêchez de Metz, Toul, & Verdun, & sur la Ville de Metz appartiendroient à l'avenir à la Couronne de France en la manière qu'ils avoient ci-devant appartenu à l'Empire, à la réserve du droit de Métropolitain appartenant à l'Archevêque de Tréves, & des fiefs de tous les Ducs, Princes, Comtes, Barons, & Gentilshommes, du droit de Vassélage, & des autres choses que chacun d'eux possedoit dans ces trois Evêchez ; ensorte qu'ils n'y pouroient point être molestez par le Roi Très-Chrétien, & demeureroient dans leur dépendance de l'Empire : que François Duc de Loraine comme légitime Evêque de Verdun seroit rétabli dans la possession de cet Evêché, qu'il l'administreroit pareillement, & qu'il lui seroit permis de jouïr des droits régaliens & des revenus de son Evêché : que le Roi Très-Chrétien ne pouroit rien changer aux anciennes fondations de ces trois Evêchez ni des Eglises Collégiales, des Prévôtez, des Prélatures, des Abbayes, & des Prébendes; qu'il ne les chargeroit point de commandes ni d'autres charges inutiles, mais qu'il leur permettroit d'user des facultez d'élire, de postuler, & de conférer suivant les fondations, priviléges, & coutumes : que l'Empereur transporteroit aussi au Roi Très-Chrétien le droit de Domaine direct que lui & l'Empire avoient eu jusqu'alors sur Pignerol & sur Moyenvic.

Secondement que l'Empereur céderoit pour lui & toute la Maison d'Autriche au Roi Très-Chrétien tous les droits que lui & sa famille avoient eus jusqu'alors sur la Ville de Brisac, le Landgraviat de la haute & basse Alsace, le Suntgau, & la Préfecture Provinciale des dix Villes Impériales situées en Alsace, savoir, Haguenau, Colmar, Schelestat, Veissembourg, Landau, Oberenheim, Rosheim, Munster au val St. Grégoire, Kaisersberg, & Turingheim ; ensorte que la Ville de Brisac avec les Villages d'Hochstat, de Niederinsing, de Hartem & d'Acharrem qui en dépendoient avec tout son territoire, sans préjudice des priviléges qu'elle avoit obtenus de la Maison d'Autriche, le Landgraviat de la haute &

basse Alsace, le Suntgau, & la Préfecture Provinciale sur ces dix Villes Impériales avec tous les Vassaux, sujets, villes, châteaux, forêts, mines d'or & d'argent, & riviéres, tous les droits régaliens, & toutes leurs dépendances, appartiendroient à perpétuité au Roi Très-Chrétien & à la Couronne de France en toute jurisdiction & souveraineté, sans aucune contradiction de la part de l'Empereur, de la Maison d'Autriche ou de quelqu'autre que ce fût : que cependant le Roi Très-Chrétien seroit tenu d'y maintenir la Religion Catholique en l'état qu'elle y avoit été sous les Princes de la Maison d'Autriche, & d'en ôter toutes les nouveautez qui s'y étoient glissées pendant la guerre.

Troisiémement qu'à l'égard des dettes dont la Chambre d'Ensisheim étoit chargée, l'Archiduc Ferdinand-Charles s'obligeroit de payer sur les revenus de la partie de la Province que le Roi Très-Chrétien lui devoit restituer, la troisiéme partie de toutes les dettes soit chirographaires soit hipotéquaires, & soit qu'elles eussent une hipotéque générale ou spéciale : que les dettes contractées par chacun des Etats en particulier ou dont ils étoient chargez, seroient partagées convenablement entre ceux qui resteroient sous la domination de la Maison d'Autriche, & ceux qui passeroient sous la domination du Roi ; ensorte que chacun sût ce qu'il en devroit payer.

Quatriémement que l'Empereur consentiroit, & s'employeroit pour que les Etats de l'Empire consentissent aussi que le Roi Très-Chrétien eût un droit perpétuel de mettre dans le château de Philisbourg une garnison qui seroit restrainte à un certain nombre, prêteroit serment non seulement au Roi mais aussi à l'Evêque & au Chapitre de Spire, & seroit entretenue aux dépens de la France ; que le Roi auroit droit de faire passer, toutes les fois qu'il seroit nécessaire, par les terres de l'Empire qui sont au delà du Rhin, les Soldats qu'il y voudroit mettre en garnison, & que la propriété, la jurisdiction, les revenus, & les droits que le Chapitre de Spire avoient ci-devant dans Philisbourg leur demeureroient en leur entier.

Cela ainsi présupposé, ils demanderent que les Plénipotentiaires de France promissent

Premiérement que le Roi Très-Chrétien restitueroit à l'Archiduc Ferdinand-Charles les quatre Villes forestiéres & leurs dépendances, le Comté de Haweftein, la Forêt noire, tout le haut & bas Brisgau, avec les Villes qui y sont situées, savoir Neubourg, Fribourg, Endingen, & autres, tout l'Ortnau avec les Villes Impériales d'Offembourg, de Gengembach, & de Zell sur l'Hamerspach entant qu'elles étoient sujettes à la Préfecture d'Ortnau ;ensorte qu'il ne pouroit plus y prétendre aucun droit.

Secondement que le commerce seroit libre entre les habitans des Provinces situées des deux côtez du Rhin ; que la Navigation de cette riviére seroit aussi libre, & qu'il ne seroit point permis de part ni d'autre d'arrêter ou de molester les bateaux qui y passeroient, si ce n'est pour visiter les marchandises suivant la coutume ; qu'on ne pouroit point établir de nouveaux péages ou autres impôts hors les ordinaires qu'on avoit accoutumé de payer sous le gouvernement des Princes de la Maison d'Autriche.

Troisiémement que tous les Vassaux & habitans de ces Provinces au deça & au delà du Rhin, qui

étoient

étoient sujets à la Maison d'Autriche , rentreroient aussi-tot après la publication de la paix dans la possession de leurs biens immeubles, sans avoir égard aux confiscations & donations qui en auroient été faites à d'autres personnes par le Duc Bernard de Weymar ou d'autres Généraux des Armées de Suéde , & que le Roi Très-Chrétien avoit ratifiées ou faites de son mouvement , & sans que les nouveaux possesseurs pussent s'exempter de cette restitution sous prétexte des dépenses & améliorations qu'ils y auroient faites.

Quatriémement que le Roi Très-Chrétien seroit obligé de laisser non seulement les Evêques de Strasbourg & de Bâle, mais aussi les autres Etats sujets immédiatement à l'Empire dans les deux Alsaces savoir les Abbez de Murbach & de Luders , l'Abbesse d'Andlau , Munster au Val St. Grégoire , les Palatins de Lutzelstein , les Comtes & Barons de Hanau , de Fiekenstein & d'Oberstein , & toute la Noblesse de la basse Alsace , & les dix Villes Impériales qui reconnoissoient la Préfecture d'Haguenau , dans la possession de leur liberté & de leur dépendance immédiate de l'Empire ; ensorte qu'il ne pouroit point étendre sur eux la souveraineté Royale , mais qu'il se contenteroit des droits qui avoient appartenu à la Maison d'Autriche & qui seroient cédez par ce Traité de paix à la Couronne de France.

Cinquiémement que le Roi Très-Chrétien rendroit aux propriétaires tant Ecclésiastiques que Séculiers toutes les autres places que ses armes occupoient au deça & au delà du Rhin , & en retireroit ses Troupes , sans rien demander pour les frais de la guerre ni pour les fortifications qu'il y auroit faites & sans y prétendre plus aucun droit.

Siziémement que le Roi donneroit pour la récompense de l'Archiduc Ferdinand-Charles deux millions & demi de livres tournois payables à Fribourg en Brisgau moitié le premier Janvier 1647. & l'autre moitié le premier Janvier 1648.

Septiémement que le Roi Très-Chrétien payeroit encore les deux tiers des dettes de la Chambre d'Ensisheim tant chirographaires qu'hipotéquaires, & soit qu'elles eussent une hipotéque générale ou spéciale , & en indemniseroit l'Archiduc Ferdinand-Charles.

Huitiémement que le Roi seroit tenu de donner à l'Empereur un secours contre le Turc, savoir pendant que la crainte de la guerre dureroit durant trois ans cent cinquante mille écus par chacun an pour aider à l'entretien des garnisons sur la frontiére , & qu'au cas que l'on en vînt à une guerre ouverte , il enverroit à son secours une armée de dix mille hommes levée & entretenue à ses dépens; & que si l'Empereur ne se vouloit point servir de cette armée , la chose seroit changée en un subside en argent qu'il en seroit convenu entre l'Empereur & le Roi.

Neuviémement que les Plénipotentiaires de France enverroient incessamment des lettres au Maréchal de Turenne pour l'empêcher de donner bataille aux Impériaux & d'avancer davantage dans les terres de l'Empereur & des Etats de l'Empire; & qu'ils travailleroient à faire finir sans délai ce qui restoit à régler avec les Suédois & les Protestans.

Diziémement que toutes ces choses ne seroient point censées réglées, à moins que les François ne fissent en même tems la paix avec les Espagnols.

Onziémement qu'ils consentiroient aussi au rétablissement du Duc de Loraine , & le comprendroient dans le présent Traité de paix.

Desorte que si les François ne pouvoient obliger les Suédois & les Protestans à accepter les conditions qui leur avoient été offertes , s'il falloit continuer la guerre avec eux , & si les François ne vouloient point faire la paix avec le Roi Catholique , & rétablir le Duc de Loraine dans ses Etats , l'Empereur ne seroit point obligé à tenir tout ce qu'il devoit faire de sa part ; & tout ce qu'il avoit offert, dit, & fait jusqu'alors pour l'amour de la paix, seroit censé non offert , non dit , & non fait.

Les Plénipotentiaires de France trouvérent que la plupart des choses qu'on vouloit exiger d'eux, étoient si déraisonnables qu'ils refusérent de retenir l'écrit que les Impériaux avoient mis entre les mains des Médiateurs , voyant bien qu'il étoit fait captieusement pour les brouiller avec les amis & les Alliez du Roi : ils firent voir aux Médiateurs qu'ils en connoissoient l'artifice , leur firent de grandes plaintes de ce que les Impériaux vouloient diminuer ce qu'ils avoient offert pour la satisfaction du Roi & celle de ses Alliez, & déclarérent nettement qu'il ne falloit pas espérer la paix, si l'on s'obstinoit à vouloir comprendre le Duc Charles dans le Traité & à ne pas promettre en termes exprès de ne le point assister.

Cependant les Médiateurs les ayant exhortez d'examiner les choses qu'ils pouvoient passer & celles qu'ils souhaitoient qu'on retranchât ou qu'on changeât dans ce projet, ils voulurent bien le reprendre , & après l'avoir examiné avec toute l'application possible , ils dressérent un contre projet qu'ils portérent aux Médiateurs , & que les Impériaux contredirent en plusieurs endroits : mais enfin après plusieurs contestations qui durérent pendant douze jours , ceux-ci consentirent à plusieurs additions , radiations , & changemens que les Plénipotentiaires de France souhaitoient qu'on y fît ; si bien que la convention pour la satisfaction du Roi de France fut enfin réglée & arrêtée le 13. Septembre , ainsi qu'il ensuit.

Premiérement ces Plénipotentiaires, pour faire connoître aux Alliez du Roi & aux Princes de l'Empire qu'ils ne vouloient rien faire sans eux, firent mettre à la tête de cette convention le préambule & les trois conditions qu'ils avoient mises dans leur réponse précédente , & qui avoient été très-bien reçues : c'est à savoir que comme les Etats de l'Empire avoient souhaité que les Plénipotentiaires de France & de Suéde traitassent avec les Impériaux de la satisfaction de ces deux Couronnes , les Plénipotentiaires de l'Empereur & ceux du Roi Très-Chrétien étoient convenus de ce qui regardoit la satisfaction de la France ; à condition que cette convention n'auroit point d'effet, que l'on n'eût réglé l'état public de l'Empire , & la satisfaction de la Suéde & de la Maison de Hesse-Cassel , & que les Etats de l'Empire ne l'eussent ratifié & promis d'en garantir l'exécution.

On marqua ensuite que l'Empereur devoit céder à la Couronne de France.

Les plus grandes contestations furent sur le premier article qui regardoit la cession des trois Evéchez.

La première difficulté fut sur ce que les François ayant mis au commencement de cet Article que le Domaine suprême & les droits de Souveraineté & autres que l'Empire avoit ci-devant sur les Evêchez & les Villes de Metz, Toul, & Verdun & leurs diſtricts, & nommement ſur Moyenvic , appartiendroient à l'avenir à la France de la même maniére qu'ils avoient appartenu juſqu'alors à l'Empire : les Impériaux voulurent ajouter au mot de Diſtricts celui de temporels; mais après une longue conteſtation les Plénipotentiaires de France obtinrent que ce mot ne fût point ajouté, afin d'établir entiérement le droit du Roi non ſeulement ſur les dépendances du temporel des trois Evêques , mais auſſi dans les lieux où s'étend leur juriſdiction ſpirituelle.

Ils ne firent aucune difficulté à la réſerve du droit de Métropolitain que l'Archevêque de Tréves a ſur les Evêques de Metz , de Toul & de Verdun; mais ils obtinrent que l'on rayeroit entiérement la clauſe que les Impériaux y avoient miſe enſuite en faveur des Ducs, Princes , & autres Seigneurs qui avoient des fiefs ou autres biens mouvans des trois Evêchez ou enclavez dans leur diſtrict , afin de conſerver au Roi le droit qu'il y pouroit prétendre.

Comme chacun devoit être rétabli dans ſes biens par le Traité de paix, ils ne conteſtérent point la clauſe pour le rétabliſſement du Prince François de Lorraine Evêque de Verdun ; mais ils y firent ajouter pour condition, qu'il prêteroit ſerment au Roi , & ne feroit rien contre le ſervice de Sa Majeſté ni contre le bien de ſon Royaume : & comme les Impériaux demandérent encore dans la ſuite que ce Prince rentrât auſſi dans ſes Abbayes & dans ſes biens patrimoniaux, ils y conſentirent pareillement; mais en réſervant le droit du Roi & celui des particuliers, parce qu'il pouvoit y avoir des différends pour les Abbayes qu'il poſſedoit, & dont il ſe pouvoit faire qu'il n'eût pas été pourvu légitimement.

Ils firent auſſi rayer la clauſe par laquelle les Impériaux vouloient obliger le Roi à laiſſer la faculté d'élire & de poſtuler , à tous les Chapitres des trois Evêchez & des Abbayes qui y étoient ſituées , pour ne point ôter à Sa Majeſté le droit d'y nommer , ſi elle trouvoit à propos de le faire.

Enfin ils mirent dans la derniére clauſe de cet article, que l'Empereur & l'Empire transporteroient au Roi Très-Chrétien & aux Rois ſes Succeſſeurs , le droit de Domaine direct , de Souveraineté , & tous les autres qu'ils avoient eus juſqu'alors ſur Pignerol.

Comme on préféra en France de poſſéder les deux Alſaces , le Suntgau , & Briſac en Souveraineté , à les tenir en fief de l'Empire , on ſpécifia dans le ſecond article, que non ſeulement l'Empereur & la Maiſon d'Autriche, mais auſſi l'Empire les cédoient à perpétuité au Roi & à la Couronne de France en toute Souveraineté & avec le Domaine ſuprême , ſans que l'Empire y pût prétendre aucune choſe.

On admit la clauſe pour la conſervation de la Religion Catholique , parce qu'elle donneroit au Roi moyen d'éviter pluſieurs demandes qui lui auroient été faites pour laiſſer en quelques endroits l'exercice de la Religion Proteſtante qui y avoit été introduit pendant la guerre.

On ajouta encore en cet article quatre clauſes qui n'étoient point dans le projet des Impériaux.

La premiére, que le jour que le Traité de paix ſeroit ſigné , l'Empereur, l'Empire, & toute la Maiſon d'Autriche fourniroient des actes en bon-

ne forme de leurs ceſſions & renonciations à leurs droits ſur les Provinces & biens ci-deſſus.

La ſeconde, que les Fortifications de Benfeld, du fort de Reinau , de Newbourg ſur le Rhin , de Saverne & du château de Hohenbar ſeroient raſées, & qu'on ne pouroit plus y mettre de Garniſon.

La troiſiéme, que les Magiſtrats & habitans de Saverne obſerveroient une exacte neutralité, & livreroient paſſage aux Troupes du Roi lorſqu'elles le demanderoient.

Et la quatriéme, que l'on ne pouroit bâtir de forbátir ou de forforts reſſes ſur le bord de deçà du Rhin depuis Bâle juſqu'à Philisbourg , ni détourner d'un côté ni d'autre le cours de cette Riviére.

On ajouta à la premiére clauſe du troiſiéme article , par laquelle l'Archiduc Ferdinand-Charles étoit obligé de payer le tiers des dettes de la Chambre d'Enfisheim , qu'il faudroit que les contracts de ces dettes fuſſent rapportez en forme autentique , & qu'elles euſſent une ſpéciale hipotéque ſur ces Provinces , ou qu'on prouvât que la Chambre d'Enfisheim en eût payé les intérêts juſqu'à la fin de l'année 1632.

Les Plénipotentiaires de France obtinrent que dans le quatriéme article concernant le droit de Garniſon dans Philisbourg , il fût dit que non ſeulement le Roi mais les Rois ſes Succeſſeurs auroient ce droit à perpétuité , en conſéquence de celui de protection : ils en firent ôter la clauſe par laquelle les Impériaux avoient demandé que la Garniſon prêtât ſerment à l'Evêque & au Chapitre de Spire ; & ajouter qu'il ſuffiroit que la Garniſon ne pût par ſon grand nombre donner des ſoupçons aux Voiſins. Ils ne voulurent pas reſtraindre la liberté du paſſage par terre aux Soldats qu'on voudroit mettre en garniſon, & firent ſpécifier qu'on pouroit auſſi y faire paſſer par eau les vivres & toutes les choſes néceſſaires.

Ils firent couler à la fin de cet article les mots, *ſans préjudice du droit de protection* qui emportoient la protection de l'Evêché de Spire ; mais ils ne jugérent pas à propos de s'en expliquer davantage , de peur d'apporter de la difficulté aux autres choſes , & crurent qu'un titre coloré ſuffiſoit pour établir cette protection , puiſque l'on avoit le conſentement de l'Evêque , & que par un article exprès du Traité général il ſeroit permis aux Princes de l'Empire de faire des Alliances avec les Princes Etrangers.

Les Plénipotentiaires connurent bien que les Impériaux des premier des articles , qui marquoient ce que le Roi devoit faire de ſa part, obligeoient Sa Majeſté à la reſtitution de pluſieurs Pays & places dont elle n'étoit point en poſſeſſion ; ce qui pouvoit avoir quelque deſſein : mais comme il étoit avantageux au Roi qu'il parût rendre un grand Pays , ils crurent devoir paſſer cet article, & y firent ſeulement mettre à la fin par précaution une clauſe qui portoit que la Maiſon d'Autriche n'acquéroit aucun nouveau droit par cette reſtitution.

Ils paſſérent le ſecond article tel que les Impériaux l'avoient dreſſé , hormis qu'aulieu que la prohibition de mettre de nouveaux impôts avoit été miſe par les Impériaux en termes généraux, & pouvoit s'étendre aux Pays cédez au Roi , ils la firent réduire aux impôts qui ſe levoient ſur le Rhin : parce que c'étoit le ſeul lieu où les Impériaux puſſent avoir un intérêt légitime.

L'Article troiſiéme pour le rétabliſſement d'un

 chacun

chacun dans ſes biens étoit ſi ordinaire dans tous les Traitez de paix , que les Plénipotentiaires de France n'y firent aucune difficulté , excepté qu'ils firent ajouter à la fin de l'article, que les anciens propriétaires ne pourroient point demander aux donataires les fruits de leurs biens qu'ils auroient perçus.

Les Plénipotentiaires de France laiſſérent le quatriéme article dans toute l'étendue que les Impériaux lui avoient donnée , pour contenter quelques Députez de l'aſſemblée qui leur en avoient fait inſtance ; hormis qu'aulieu de reconnoître ces Etats comme libres & dépendans immédiatement de l'Empire , ils reſtraignirent leur liberté à l'état auquel ils l'avoient eue ſous la Maiſon d'Autriche qui avoit pris ſur eux des autoritez que la France auroit par ce moyen droit de conſerver ; & outre cela pour lever le préjudice que les expreſſions de cet article pouvoient apporter aux droits du Roi ſur tous les Seigneurs & les Villes qui y étoient nommez , ils firent ajouter à la fin une clauſe qui portoit qu'on ne pourroit cependant prétendre que par cette déclaration on eût rien diminué du droit de Domaine ſuprême qui avoit été accordé ci-deſſus à la Couronne de France.

Les Plénipotentiaires de France refuſérent d'accorder l'article cinquiéme qui concernoit la reſtitution des places que le Roi occupoit dans l'Empire ; étant une choſe qui devoit être réſervée au Traité général & non à la préſente convention qui ne regardoit que la ſatisfaction de la France.

Ils eurent beaucoup de peine à faire réduire à trois millions de livres tournois la récompénſe qu'on devoit donner à l'Archiduc Ferdinand-Charles ; mais les Impériaux y conſentirent enfin par le cinquiéme article , & que cette ſomme fût payée ès années 1648. 1649. & 1650. ſavoir un million chaque année au jour de St. Jean-Batiſte en la Ville de Bâle en bonne monnoye & ayant cours. L'Empereur & cet Archiduc devoient donner moyennant cela en bonne forme leur ceſſion & leur renonciation qui devoit être une des principales ſuretez de cette aquiſition.

Comme le Roi demeuroit Seigneur abſolu des deux tiers des Provinces dont le reſſort de la Chambre d'Enſisheim étoit compoſé , & les Archiducs ſeulement d'un tiers , on ne fit éviter que chacun fût chargé des dettes à proportion de ce qui lui demeureroit. Les Plénipotentiaires de France firent inſtance à ce qu'il fût dit que ces dettes ne paſſeroient pas un million de florins ; mais comme les Impériaux n'y voulurent pas conſentir, ils les reſtraignirent à celles dont le payement étoit aſſigné ſur le revenu de ces Provinces conformément à ce qu'ils avoient fait ajouter au troiſiéme article des offres des Impériaux.

On ajouta que tout cela ſeroit réglé par des Commiſſaires qui ſeroient nommez de chaque côté incontinent après la ſignature du Traité de paix.

Il y eut encore un article pour le ſecours contre les Turcs ; mais les Plénipotentiaires ne voulurent point ſouffrir qu'il fût inſéré dans l'écrit.

Ils refuſérent auſſi de paſſer le neuviéme article pour l'envoy d'un courier au Maréchal de Turenne pour qu'il eût à ſurſeoir les hoſtilitez , ce qui ne ſe devoit point faire que le Traité de paix ne fût ſigné.

On ajouta enſuite un article qui portoit que ſi le Traité général ne pouvoit être conclu, tout ce qui avoit été offert , dit , ou fait , ſeroit cenſé comme non offert , dit , ni fait.

Les Plénipotentiaires de France refuſérent abſolument de marquer ſimplement dans cet écrit parmi les Articles dont on étoit convenu , que les Impériaux avoient déclaré qu'ils ne pouvoient conclure la paix générale ſi les François ne la concluoient en même tems avec les Eſpagnols , & s'ils ne convenoient du rétabliſſement du Duc Charles de Loraine , & ne le comprenoient dans ce Traité ; cependant comme l'Empereur étoit engagé par honneur à faire ces inſtances juſqu'à la concluſion de la paix , & que s'il avoit à s'en départir , il voudroit ſans doute paroître y avoir été forcé pour le bien de la paix , ils ne purent empêcher qu'il n'en fût parlé : mais ils prirent de là occaſion de faire leurs proteſtations au contraire, qui leur donnérent plus d'avantage que s'il n'en avoit été rien dit , y ayant ajouté ſommairement les raiſons pour leſquelles le Duc Charles devoit être exclus du Traité, afin que les Princes & Etats de l'Empire connuſſent que ce n'étoit point par autorité ni par l'avantage des armes qu'on ne l'y vouloit pas recevoir ; & ils y joignirent l'intérêt de ces mêmes Etats qui avoient beſoin d'une promte paix : & à l'égard du Traité avec les Eſpagnols, ils crurent important de faire voir qu'il étoit au pouvoir de ceux-ci de le conclure, quand ils voudroient ſe rendre à la raiſon, & ſouffrir qu'on ſuivît l'exemple qu'ils avoient donné.

Ainſi ils marquérent & firent inférer dans la convention, qu'ils avoient répondu aux Impériaux, qu'ils ne pouvoient admettre dans cette négociation l'affaire du Duc Charles ; parce que la guerre de Loraine n'avoit aucune liaiſon avec la guerre d'Allemagne ni pour le tems ni pour l'origine; que ce Duc avoit renoncé à l'Alliance qu'il avoit faite avec la Maiſon d'Autriche, ce qui déchargeoit l'Empereur de l'obligation d'en obſerver les conditions ; que la choſe avoit été jugée par l'excluſion donnée à ce Duc dans le Traité préliminaire ; que depuis trois années qu'on négocioit à Munſter , on n'avoit point parlé de ſes affaires ; & que préſentement qu'on étoit ſur le point de conclure la paix , ce ſeroit l'éloigner que de s'engager en de nouvelles conteſtations , pour une affaire étrangére, & même ôter tout moyen de conclure la paix , puis qu'elle ne ſe pouvoit faire à moins que l'Empereur ne promît de ne donner aucun ſecours au Duc Charles, comme le Roi promettroit auſſi de ſon côté que de quelque maniére qu'il s'accommodât avec ce Duc, il ne lui donneroit jamais aucun ſecours contre l'Empereur avec lequel il vouloit , après la paix faite , vivre en une parfaite amitié ; mais que ſi le Duc Charles, après avoir déſarmé, vouloit envoyer à la Cour de France des Députez , ils y ſeroient bien reçus & écoutez favorablement , en conſidération de l'Empereur ; & on accommoderoit toutes choſes avec eux , ſuivant l'équité au ſujet de l'execution des Traitez qui avoient été faits ci-devant avec ce Duc.

Ils témoignérent à l'égard des Eſpagnols, que le Roi auroit bien ſouhaité de faire auſſi la paix en même tems avec eux, afin de la pouvoir rétablir dans toute la Chrétienté ; mais que tant que les Miniſtres Eſpagnols prétendroient la reſtitution de ce qui avoit été recouvré par la France pendant cette guerre, ſans reſtituer ce qu'ils avoient uſurpé ſur cette Couronne pendant les guerres précédencédentes, il paroiſſoit que c'étoit à eux qu'il tenoit que la paix ne ſe fît : de ſorte qu'on ne devoit pas pour cela différer de rendre la paix à l'Allemagne , ſur tout les Plénipotentiaires de France ayant dans leur derniére réponſe aux Eſpagnols propoſé des moyens qui auroient une voye facile pour ſurmonter les principales difficultez.

La convention pour la ſatisfaction de la France ayant été ainſi réglée le 13. Septembre 1646. elle fut miſe par écrit & dépoſée entre les mains des Médiateurs pour être inſérée dans le Traité lorſque les autres conditions ſeroient arrêtées , & que ce qui regardoit le général de l'Empire & la ſatisfaction de la Couronne de Suéde , & de la Landgrave de Heſſe-Caſſel ſeroit auſſi réglé. Ainſi les Plénipotentiaires de France paſſérent pluſieurs mois à diſpoſer leurs Alliez à s'accommoder avec l'Empereur, & voir s'ils pouroient convenir avec les Eſpagnols des conditions du Traité de paix entre la France & l'Eſpagne , & à tâcher de détourner les Plénipotentiaires des Etats-Généraux de la penſée de faire un traité de paix particulier avec le Roi d'Eſpagne.

Comme il paroiſſoit que les Eſpagnols n'avoient pas beaucoup de diſpoſition à faire la paix avec la France , la plus grande conteſtation que les Plénipotentiaires du Roi eurent cependant avec les Impériaux ,étoit qu'ils prétendoient que ſi la paix ne ſe faiſoit point entre les deux Rois, l'Empereur ne pouroit en aucune maniére aſſiſter le Roi d'Eſpagne contre Sa Majeſté ; au lieu que les Impériaux vouloient réſerver à l'Empereur la liberté de lui donner des ſecours, non point comme Empereur ,mais en qualité d'Archiduc d'Autriche ; prétendant qu'il étoit trop dur d'ôter à un parent la liberté d'aſſiſter un Prince de ſa Maiſon , qui ſeroit attaqué par une Puiſſance ſupérieure : mais les François ſoutenoient qu'ils faiſoient la paix avec l'Empereur auſſi-bien en qualité d'Archiduc d'Autriche qu'en celle d'Empereur ; qu'ils ne vouloient plus avoir la guerre avec lui ſous quelque nom que ce fût, & qu'il ne convenoit pas qu'ils remiſſent à l'Empereur & à l'Archiduc d'Inſpruk un ſi grand nombre de places , & payaſſent à ce dernier une ſi groſſe ſomme d'argent, pour ſe voir incontinent après les forces de ces Princes ſur les bras.

Il reſtoit encore trois autres difficultez à terminer pour la concluſion de la paix entre le Roi & l'Empereur ; dont la première étoit que , quoi que l'Empereur eût cédé à la France la proprieté & la Souveraineté de l'Alſace , ſes Plénipotentiaires vouloient qu'il pût toujours continuer de prendre le titre de Landgrave d'Alſace ; la ſeconde qu'ils ne vouloient pas comprendre dans la ceſſion des Evêchez de Metz , Toul, & Verdun, les Principautez, Duchez, Comtez, Baronies, & Fiefs contenus dans ces Diocéſes ; & la troiſiéme que les Impériaux vouloient toujours que le Duc Charles jouît auſſi du bienfait de la paix , & fût rétabli dans ſes Etats.

Les Médiateurs ayant jugé à propos en 1647. que l'on fixât par une nouvelle convention la ſatisfaction que l'Empereur donneroit au Roi , les Impériaux leur portérent un projet de Traité avec le Roi, dont le ſeptiéme article & les ſuivans juſqu'au vingt-uniéme inclus, contenoient la ſatisfaction de la France. Je n'en rapporterai que ce qu'il y avoit dans chacun de ces articles d'ajouté ou de changé à la convention du 13. Septembre

1646. & ce que les Plénipotentiaires de France en voulurent bien admettre ou demandérent qu'on en retranchât.

Le ſeptiéme article portoit qu'afin que la paix & l'amitié puſſent ſe rétablir & maintenir entre l'Empereur, l'Empire, & la Maiſon d'Autriche d'une part, & le Roi Très-Chrétien & le Royaume de France d'autre, on étoit convenu de céder au Roi Très-Chrétien le Domaine ſuprême, les droits de Souveraineté, & autres ſur les Evêchez de Metz, Toul, & Verdun, & le reſte conformement à cet article de la convention, excepté qu'ils y avoient ajouté cinq clauſes.

La première étoit qu'après la réſervation du droit de Métropolitain de l'Archevêque de Tréves , ils avoient mis, *qui lui appartenoit ſuivant l'ancien uſage de la Cour Archiepiſcopale de Tréves ;* ce qu'ils avoient mis apparemment pour obliger ceux qui apelleroient des Sentences des Officiaux des trois Evêques, d'aller ſuivant l'ancien uſage plaider à Tréves ; au lieu que depuis quelque tems ces Archevêques commettoient un Official à Metz, pour juger ces appellations.

La ſeconde étoit une réſerve du droit du Siége Apoſtolique.

La troiſiéme étoit la même réſerve qu'ils avoient miſe dans leur projet de l'année précédente des fiefs des Ducs, Princes, & autres Seigneurs, ſituez dans ces trois Evêchez.

La quatriéme étoit l'autre clauſe qu'ils y avoient encore miſe pour la conſervation des droits des Egliſes ſituées dans les trois Evêchez.

La cinquiéme portoit que le jeune Prince Charles de Loraine ſeroit maintenu dans la Coadjutorerie de l'Abbaye de Gorze.

Les Plénipotentiaires de France demandérent qu'on ôtât du commencement de cet article le mot de *l'Empire*; attendu que la France n'avoit jamais eu de guerre contre l'Empire; comme auſſi toutes ces cinq clauſes qui n'étoient point dans la convention du 13. Septembre 1646, & dont celles concernant les fiefs ſituez dans ces trois Evêchez & les droits des Egliſes avoient été propoſées l'année précédente & rayées d'un commun conſentement; & qu'on ajoutât à la clauſe de la ceſſion des trois Evêchez, qu'ils ſeroient unis à perpétuité & irrévocablement à la Couronne de France : & à la clauſe du rétabliſſement de l'Evêque de Verdun dans ſes droits, *pourvû qu'ils ne fuſſent point contraires à la préſente ceſſion.*

Le huitiéme article regardoit le droit de garniſon dans Philisbourg , auquel les Impériaux avoient auſſi ajouté deux clauſes ; que les troupes & les choſes qu'on y conduiroit y ſeroient tranſportées de France par le droit chemin : & l'autre que le Roi indemniſeroit , ſuivant les conſtitutions de l'Empire, les Etats par le Pays deſquels ſes troupes paſſeroient, des dommages & de la dépenſe qu'elles y auroient cauſées.

Les Plénipotentiaires demandérent qu'on rayât ces additions.

Le neuviéme article qui concernoit la ceſſion de Pignerol, étoit dans les mêmes termes que dans la convention.

Dans le dixiéme qui regardoit la ceſſion de Briſac, de l'Alſace, du Suntgau, & de la Préfecture Provinciale des dix Villes Impériales ſituées en Alſace, ils avoient ajouté, après la ceſſion du Landgraviat de la haute & baſſe Alſace, ces mots, *ſans préjudice du droit de l'Evêque de Straſbourg ;*

bourg : parce que ce Prélat met aussi parmi ses qualitez celle de Landgrave d'Alsace.

Les Plénipotentiaires de France demandérent que cette clause fût rayée, & qu'on ajoutât que le Comté de Ferrette étoit compris dans le Suntgau, & que tout ce qui étoit porté dans cet article, seroit cédé sans aucune réserve, & incorporé à la Couronne de France.

Dans l'onziéme qui concernoit le rasement des fortifications de Benfeld & des autres lieux, les Impériaux avoient ajouté au mot de fortifications, celui de *Modernes* qui n'étoit point dans la précédente convention : ainsi les Plénipotentiaires de France demandérent qu'on le rayât, & qu'on y ajoutât la prohibition à l'Empereur & aux Princes de la Maison d'Autriche de se plus dire Landgraves d'Alsace, & Comtes de Ferrette.

Le douziéme qui contenoit la neutralité de la Ville de Saverne étoit dans les termes de la convention.

Les Impériaux avoient ajouté dans le treiziéme qui contenoit la prohibition de bâtir des forteresses depuis Bâle jusqu'à Philisbourg sur le bord au deçà du Rhin, les mots, *& au delà*, ce qui auroit ôté au Roi la liberté de fortifier des places d'Alsace sur le Rhin : ainsi les Plénipotentiaires de France demandérent qu'on ôtât cette addition.

Le quatorziéme article qui concernoit les dettes de la Chambre d'Ensisheim dont l'Archiduc devoit payer le tiers, & les dettes que les Etats de ces Provinces devoient payer, étoit dans les termes de la convention.

Ils avoient ajouté au quinziéme qui concernoit les places que le Roi devoit rendre à la Maison d'Autriche, une clause qui portoit que si quelques unes de ces places étoit alors en la possession de cette Maison, la restitution stipulée opéreroit seulement que le Roi Très Chrétien n'y pourroit rien prétendre : quoique cette clause ne fût pas dans la convention, les Plénipotentiaires de France y donnérent les mains, parce qu'elle n'étoit point contraire à l'intention des Contractans.

Le seiziéme article qui concernoit la Navigation du Rhin & la défense d'y établir de nouveaux Impôts, étoit conforme à la convention.

Dans le dix-septiéme qui regardoit le rétablissement d'un chacun dans ses biens, ils avoient compris, parmi ceux qui devoient être rétablis, ceux qui dépendoient immédiatement de l'Empire, & ceux qui relevoient des Etats de l'Empire ; & marqué que, pour le bien de la paix, on ne pourroit point répéter les choses qui consistoient en nombre, poids, & mesure, & celles qui auroient été confisquées ou extorquées à l'occasion de la guerre : mais quoique ces clauses ne fussent point dans la convention, les Plénipotentiaires de France les admirent aussi, parce qu'elles n'étoient point contraires à l'intention des Contractans.

Ils admirent pour la même raison l'addition *des Chapitres de Strasbourg & de Bâle* à l'article dix-huitiéme qui concernoit les Etats d'Alsace qui devoient demeurer dans leur liberté & dans leur dépendance immédiate de l'Empire : mais comme les Impériaux avoient encore ajouté les Ducs de Wirtemberg comme Comtes de Montbeliard & de Reichenweyer, & les Comtes & Barons de Linange, de Rixingen, de Werfterbourg, & tous les autres qui avoient dans cette Province des biens relevans immédiatement de l'Empire, ils demandérent qu'on les retranchât, parce qu'il n'en étoit point fait mention dans la convention.

Les Impériaux avoient mis dans l'article dix-neuviéme que les trois millions de livres tournois seroient payez en 1647. 1648. & 1649. en sorte que deux livres & demie égaleroient la valeur d'une Richedale ; mais les Plénipotentiaires de France demandérent que ces payemens fussent remis aux années 1648. 1649. & 1650. & qu'on effaçât la clause concernant la valeur des livres tournois qui n'étoit point dans la convention.

Ils demandérent aussi qu'on ôtat du vingtiéme article qui concernoit le payement des deux tiers des dettes de la Chambre d'Ensisheim auquel le Roi s'obligeoit, la clause que les Impériaux y avoient ajoutée : *pourvû que ces dettes n'excédassent un million de florins du Rhin, en comptant soixante creitzers pour un florin.*

Les Impériaux ajoutérent pour vingt-uniéme article, que le Roi restitueroit de bonne foi & incessamment à l'Archiduc Ferdinand-Charles tous les titres concernant les Provinces que sa Majesté devoit lui rendre, qui étoient entre les mains de ses Officiers, & que si ces titres concernoient toute la Province Autrichienne, il leur donneroit des copies autentiques toutes les fois qu'il en seroit requis. Quoique cette restitution n'eût point été stipulée dans la convention, comme elle n'étoit point contraire à l'intention des Contractans, les Plénipotentiaires de France y donnérent les mains : mais ils demandérent qu'on y ajoutât les clauses de stile qui étoient nécessaires pour la sûreté des cessions.

Les Plénipotentiaires de France donnérent ensuite aux Médiateurs leur contreprojet, dans lequel ils ajoutérent aussi plusieurs clauses qu'ils crurent nécessaires pour l'éclaircissement des choses dont on étoit convenu. Je les marquerai aussi avec le sentiment des Impériaux sur ces additions.

Ce contreprojet avoit pour préambule, que pour mieux pourvoir à la sûreté publique & affermir la paix & l'amitié entre l'Empereur & le Roi Très-Chrétien, on étoit convenu de ce qui suivoit pour le bien de la paix, par le conseil & la volonté des Electeurs, Princes, & Etats de l'Empire.

Les Impériaux approuvérent ce préambule, pourvû qu'après le mot d'*Amitié*, on mît *entre l'Empereur, l'Empire, & la Maison d'Autriche d'une part, & le Roi Très-Chrétien d'autre* ; & qu'on ajoutât à la fin, que, si on ne concluoit point le traité de paix générale, tout ce qui avoit été de part & d'autre offert, dit, ou fait pour le bien de la paix, seroit regardé comme non offert, non dit, & non fait.

Le premier article portoit que le Domaine suprême, le droit de Souveraineté & tous les autres sur les Evêchez de Metz, Toul, & Verdun, les villes des mêmes noms, & les districts & diocézes de ces Evêchez, avec tous les fiefs des Ducs, Princes, Comtes, Barons, & Gentilshommes, le droit de vasselage & les autres choses qui jusqu'alors avoient appartenu à l'Empire Romain dans ces limites & nommement Moyenvic, appartiendroient à l'avenir de la même maniére à la Couronne de France, & lui seroient incorporé à perpétuité & irrévocablement sans aucune exception de droit & de chose ; en réservant le droit de Métropolitain qui appartenoit à l'Archevêque de Tréves.

Que

Que le Seigneur François de Loraine seroit rétabli dans l'Evêché de Verdun comme en étant
Evêque légitime, qui administreroit paisiblement
cet Evêché & en pouroit percevoir les droits &
les revenus, autant que cela ne seroit point contraire à la cession mentionnée ci-dessus; pourvû
qu'il eût auparavant prêté le serment de fidélité au
Roi, & qu'il n'entreprît rien contre le service de
Sa Majesté; & à condition que l'Abbé de Feuquiere demeureroit en la possession paisible d'une
Abbaye qui lui avoit été conférée il y avoit plusieurs années sur la nomination du Roi T. C.

Les Impériaux s'oposérent à ce qu'on insérât
dans cet article la cession des fiefs des Ducs,
Princes, & autres situez dans les trois Evéchez;
& la clause en faveur de l'Abbé de Feuquiere qui
étoit nouvelle.

Il n'y avoit rien d'ajouté dans le second article qui regardoit la cession de Pignerol, sinon
qu'elle seroit faite à perpétuité & irrevocablement.

Après quoi il étoit dit que l'Empereur & tout
l'Empire déchargeoient les Etats, les Magistrats,
les Officiers, & les Sujets de ces Pays & de ces
Fiefs des liens du serment auquel ils avoient été
jusqu'alors obligez envers l'Empereur & l'Empire,
& les méttoient & obligeoient à la sujettion,
obéïssance & fidélité du Roi & du Roiaume de
France, qu'ils lui devoient garder dès ce jour-là,
comme à leur Seigneur Souverain; & établissoient
la France dans leur pleine & juste Souveraineté,
propriété & possession : renonçant dès à présent
à perpétuité à tous leurs droits & prétentions, &
qu'on fourniroit incessamment des actes en bonne
forme de cette cession tant au nom de l'Empereur
que de l'Empire.

Les Plénipotentiaires avoient ajouté dans le troisiéme article qui concernoit la cession de Brisac,
des deux Alsaces, du Suntgau, & de la Préfecture des dix Villes, premièrement que le Comté de
Ferrette étoit compris dans le Suntgau; secondement que toutes ces choses seroient incorporées au
Roiaume de France; troisiémement que cela auroit lieu nonobstant toutes les donations, conces-
sions, translations, rentes, & autres aliénations;
quatriémement que l'Empereur & tous les Princes
de la Maison d'Autriche ne pouroient à l'avenir
prendre les titres & les armes de l'Alsace, du Comté de Ferrette, & des autres Provinces contenues
dans cet article; & qu'il n'y auroit que le Roi
T. C. qui les pouroit prendre.

Les Impériaux ne contestérent pas que le Comté de Ferrette ne fût compris dans le Suntgau;
mais ils prétendirent que n'en étant point fait de
mention dans la convention du 13. Septembre, il
n'en falloit point faire mention dans celle-ci, comme étant inutile : & que si les François le vouloient absolument, il falloit ajouter, sans préjudice du Domaine direct que l'Evêché de Bâle avoit
sur ce Comté, dont la Maison d'Autriche ne pouvoit transporter au Roi la propriété, mais seulement le Domaine utile.

Ils voulurent qu'on rejettât la clause qui concernoit les titres & armes des Provinces cédées
qui n'étoit point dans la précédente convention;
marquant qu'ils avoient écrit à l'Empereur sur cette difficulté, & qu'en attendant qu'on eût reçu
sa réponse, on pouvoit signer la convention sans
cette clause.

Les Plénipotentiaires de France ajoutérent encore à ce troisiéme article, que l'Empereur, l'Em-

pire, & l'Archiduc Ferdinand-Charles déchargeoient les Etats, les Officiers, & les Sujets de
tous ces lieux, des liens du serment auquel ils
leur avoient été jusqu'alors obligez & à la Maison
d'Autriche; les renvoyoient à prêter hommage au
Roi T. C. & au Roiaume de France; & ainsi établissoient la France dans une pleine & juste possession souveraine, & dans la propriété de ces
lieux; renonçant dès à présent & à perpétuité
aux droits & prétentions qu'ils y avoient pour
eux & leurs descendans : que l'Empereur & la
Dame tutrice de l'Archiduc Ferdinand-Charles &
de son frére, donneroient des actes en bonne forme pour cet effet, que ces deux Princes confirme-
roient quand ils seroient majeurs : qu'ils feroient
en sorte qu'on fourniroit aussi une renonciation
du Roi d'Espagne en forme autentique, ce qui se
feroit aussi au nom de l'Empereur & de toute la
Maison d'Autriche, lors qu'on signeroit le présent traité.

Que si quelqu'un, sous quelque prétexte que
ce fût, prétendoit quelque droit sur l'Alsace & le
Suntgau, le Comté de Ferrette, Brisac, & leurs
dépendances, l'Empereur & tout l'Empire seroient
obligez de garentir l'événement de cette action,
& d'en indemniser la France.

Les Impériaux approuvérent la premiére partie
de cette addition, & rejettérent la seconde.

Les Plénipotentiaires de France ajoutérent au
quatriéme article qui regardoit le droit de garnison
dans Philisbourg, que les Soldats & autres choses que le Roi enverroit dans cette place ne cause-
roient aucun dommage aux Etats de l'Empire en
passant sur leurs terres.

Et que pour une plus grande validité de ces
cessions & renonciations, l'Empereur & l'Empire
en vertu de cette transaction dérogeoient expressément à tous les decrets, constitutions, & coutumes des Empereurs leurs prédécesseurs & de l'Empire même, à celles qui avoient été ou qui seroient à l'avenir confirmées par serment & nommément à la capitulation Impériale, en ce qu'elle dé-
fend l'aliénation des biens & des droits de l'Empire, & excluoient à l'avenir toutes les exceptions
& tous les moyens de restitution sous quelque
droit & quelque titre qu'on les pût fonder.

Que dans la prochaine Diette de l'Empire on
ratifieroit les aliénations de ces Provinces & de ces
droits; & qu'ainsi, si on mettoit dans la capitulation Impériale une clause ou si on faisoit à l'a-
venir dans les Diettes une proposition pour recouvrer les biens & les droits de l'Empire qui auroient été envahis ou distraits, elle ne comprendroit point & ne seroit point censée comprendre
les choses exprimées ci-dessus, attendu qu'elles
avoient été transférées sous une autre domination,
par l'avis des Etats pour le bien de la tranquillité
publique & même à titre onéreux, comme il seroit marqué ci-après, & que pour ce effet elles seroient rayées de la Matricule.

Les Impériaux approuvérent ces clauses, excepté qu'ils ne voulurent pas que l'on dît que la cession avoit été faite à la France à titre onéreux.

On marqua ensuite que les fortifications tant
anciennes que modernes de Benfeld seroient rasées;
& on ne fit aucun changement aux articles de la
convention qui concernoient les autres places &
châteaux dont les fortifications devoient aussi être
rasées, la neutralité de Saverne, la prohibition de
fortifier aucune place sur le bord d'au deça du

D 3 Rhin

Rhin & de détourner le cours de cette riviére, le payement du tiers des Dettes de la Chambre d'Enfisheim par l'Archiduc Ferdinand-Charles, le payement des dettes dont les Etats des Provinces étoient chargez, la reftitution que le Roi devoit faire des Provinces & des places du Domaine de la Maifon d'Autriche qu'il occupoit, & la prohibition d'empêcher la Navigation & d'établir de nouveaux impôts fur le Rhin.

Les Plénipotentiaires de France ajoutérent, fuivant que les Impériaux l'avoient fouhaité, ceux qui relevoient immédiatement de l'Empire ou qui relevoient d'autres Etats de l'Empire, au nombre de ceux qui devoient rentrer dans leurs biens; & la claufe par laquelle on exclut de répétition les chofes confiftant en nombre, poids, & mefure, qui avoient été confifquées, & les concuffions, exactions, & extortions faites à l'occafion de la guerre.

L'Article concernant le maintien des Etats & villes d'Alface dans leur dépendance immédiate de l'Empire fut mife dans les mêmes termes qu'il étoit dans la convention.

Les Plénipotentiaires de France remirent aux années 1648. 1649. & 1650. le payement des trois millions de livres tournois qu'on devoit faire à l'Archiduc; y ajoutant pour condition, *après qu'on auroit remis les ratifications en bonne forme de l'Empereur, du Roi d'Efpagne, & des Archiducs.*

Les Impériaux y confentirent, pourvû qu'on ajoutât que deux livres & demie tournois vaudroient une Richedale.

L'article pour le payement des deux tiers des dettes de la Chambre d'Enfisheim par le Roi étoit de même que dans la convention du 13. Septembre 1646.

Ils ajoutérent auffi les articles que les Impériaux avoient demandez, pour que le Roi remît à l'Archiduc les titres qu'il avoit, concernant les Provinces qu'il lui devoit reftituer, & lui donnât des copies autentiques des titres qui concernoient toutes ces Provinces: & puis les trois fuivans, favoir,

Que, comme on ne pourroit pas efpérer que la paix durât long-tems, fi l'Empereur, après l'avoir rétablie avec le Roi T. C., avoit la liberté de prendre parti dans les guerres étrangéres, ou d'affifter les ennemis de la France, on étoit convenu que fa Majefté Impériale ne pourroit nonobftant les précédens traitez qu'elle avoit faits, aider directement ni indirectement des troupes de l'Empire ni de fes Provinces héréditaires, ni permettre que les fiens aidaffent le Roi d'Efpagne ni le Duc Charles contre le Roi T. C.

Qu'ainfi l'Empereur ni aucun Etat de l'Empire ne permettroient point au Roi d'Efpagne ni au Duc Charles, de faire des levés de troupes dans l'Empire ni dans les Provinces de la Maifon d'Autriche, d'y prendre des quartiers d'hiver, d'y paffer, ou d'en tirer des munitions.

Et enfin que les Electeurs, les Princes, & Etats de l'Empire s'obligeroient d'empêcher de toutes maniéres & de toutes leurs forces, que toutes & chacune de ces conditions de la paix fuffent violées par qui, & en quelque tems, & fous quelque prétexte que ce fût.

Les Impériaux rejettérent ces trois derniers articles; il y a apparence que pour complaire aux Efpagnols qui les follicitoient de ne point avancer le traité de l'Empire, & de pourfuivre plûtot la

guerre, ils firent toutes ces difficultez, qui tendoient à anéantir les articles dont on étoit convenu par la convention du 13. Septembre 1646.

Les Médiateurs propoférent pour tempérament aux Plénipotentiaires de France que le Roi fe contentât de la Souveraineté fur les fiefs relevans des trois Evêchez; que l'Empereur & les Archiducs d'Autriche ne fe puffent dire Landgraves d'Alface & Comtes de Ferrette dans les actes qu'ils paffe-roient avec le Roi, mais qu'ils puffent prendre ces titres dans les actes qu'ils pafferoient avec d'autres, ainfi qu'ils fe difoient toujours Comtes de Habsbourg, quoique ce Comté appartint aux Suiffes; que la demande que les François faifoient à l'Empereur de ne point affifter les Efpagnols, fût reciproque, & que le différend concernant le Duc de Loraine fût remis à la décifion des Etats de l'Empire, qui étoient bien las de la guerre.

Les Plénipotentiaires de France alléguérent au contraire que les Impériaux ayant voulu en 1646. excepter les fiefs des Ducs, des Comtes, & des Gentilshommes qui étoient enclavez dans les trois Evêchez, cette claufe avoit été rayée de leur confentement, après une longue difpute; que cependant ils renouvelloient encore cette prétention, dont ces Plénipotentiaires avoient cru qu'on ne parleroit plus; & que pour éviter qu'ils ne la renouvellaffent une troifiéme fois, il falloit comprendre expreffément ces fiefs dans le Traité: que l'exemple du titre de Comte de Habsbourg que l'Empereur continuoit de prendre, ne convenoit point à celui de Landgrave d'Alface; attendu que l'Empereur n'avoit point cédé le Comté de Habsbourg aux Suiffes, aulieu qu'il cédoit & même vendoit l'Alface au Roi; de forte que s'il vouloit conferver les armes & le titre de ce Landgraviat, le Roi garderoit auffi fon argent: qu'ils avoient déja allégué plufieurs fois les raifons qui devoient ôter à l'Empereur la liberté de fecourir le Roi d'Efpagne, & permettoient au Roi d'affifter la Couronne de Suéde, fi l'Empereur lui faifoit la guerre au préjudice du Traité de paix: & qu'ils avoient auffi déclaré plufieurs fois qu'ils ne pouvoient faire la paix, qu'à condition que l'Empereur n'affifteroit point le Duc Charles, & qu'ils n'empêcheroient point que l'Empereur ne confultât, fi bon lui fembloit, les Etats de l'Empire fur ce fujet.

Monfieur Servien fit au mois de Septembre 1647. un écrit dans lequel il prouva clairement que par la convention du 13. Septembre 1646. tous les droits qui appartenoient auparavant à l'Empereur & à l'Empire fur les trois Evêchez de Metz, Toul, & Verdun, avoient été cédez à la France, qui ainfi avoit été fubftituée à l'Empire fans aucune réferve dans toute l'étendue tant fpirituelle que temporelle de ces trois Evêchez; que dès-lors les Impériaux avoient voulu, comme à préfent, excepter de cette ceffion générale les fiefs des Ducs, Comtes, Barons & Gentilshommes fituez dans les diftricts de ces Evêchez, mais qu'ils avoient dans la fuite confenti à ce que cette exception fût rayée, & même qu'on voulut effaçât le mot de *temporels*, qu'ils avoient auffi voulu ajouter à celui de *Diftricts*; par où ils avoient reconnu que la ceffion de l'Empereur s'étendoit à tous les droits qu'il avoit fur les Diftricts auffi bien fpirituels que temporels de ces Evêchez: un Evêché étant même proprement formé par fa jurifdiction fpirituelle, & non par ce qui fait fes revenus; de forte

que

que c'étoit rétracter ce dont on étoit déja convenu, que de vouloir mettre encore en question si on avoit cédé à la France les droits que l'Empire avoit sur les Diocezes de ces trois Evêchez.

Dans ce même écrit il faisoit connoître les droits que le Roi avoit de retenir les Etats du Duc Charles; premiérement parce que Sa Majesté les avoit conquis dans une juste guerre; secondement parce que ce Duc avoit lui même consenti par un traité solemnel qu'ils fussent unis pour jamais à la Couronne de France, s'il venoit à manquer, ainsi qu'il avoit fait peu après, à la parole qu'il avoit donnée au Roi de se tenir à l'avenir toujours attaché à ses intérêts; & enfin parce que l'Empereur en avoit lui-même cédé la Souveraineté au Roi par la convention du 13. Septembre 1646. ainsi que de tout ce qui étoit dans les districts des trois Evêchez. Il faisoit voir que la qualité d'Etat de l'Empire qu'avoit le Duc de Lorraine comme Marquis de Nomeni, la transaction de Nuremberg de 1542. & sa prétendue fidélité pour l'Empereur, ne suffisoient pas pour obliger l'Empire à le faire comprendre dans la paix, & rétablir dans ses Etats ; puisque la qualité d'Etat de l'Empire ne lui donnoit point droit d'attaquer impunément un grand Roi son voisin, de ne point rendre à sa Majesté l'hommage qu'il lui devoit comme Duc de Bar, & de violer les traitez qu'il avoit faits; en sorte qu'il fallût pour ses intérêts retarder la paix générale : que la transaction de Nuremberg n'avoit point été exécutée de la part de ce Duc ni de l'Empire & ne donnoit point aux Ducs de Lorraine droit d'insulter impunément leurs voisins , & qu'on ne pouvoit point alléguer la fidélité du Duc de Lorraine pour l'Empereur; puis qu'il avoit renoncé par quatre traitez à l'amitié & à l'alliance de la Maison d'Autriche dont l'Empereur étoit.

Les Impériaux pour brouiller les François avec les Etats de l'Empire, excitérent les Députez des dix Villes Impériales d'Alsace à présenter à ces mêmes Etats un écrit , dans lequel , afin de diminuer & même d'anéantir les droits que l'on cédoit au Roi sur ces villes, ils s'efforçoient de prouver que les droits que la Maison d'Autriche avoit sur elles n'étoient point héréditaires , mais seulement par commission de l'Empereur & de l'Empire: & pour le prouver, ils alléguoient que c'étoient elles qui, pour se défendre des courses & des brigandages des Lorains & autres mauvais voisins, avoient avec l'agrément de l'Empereur choisi quelque Prince voisin pour les défendre; que les Ducs de Luxembourg & ensuite les Comtes Palatins du Rhin avoient eu cet emploi, après avoir fait serment de ne les point troubler dans leur liberté; que les Princes de la Maison d'Autriche ayant pendant les troubles de l'Empire attiré à eux cette Préfecture avoient voulu augmenter leurs droits sur elles, mais qu'elles y avoient toujours vigoureusement résisté; que l'Archiduc Léopold leur dernier Préfect avoit souvent déclaré que ce n'étoit point par aucun droit de sa Maison, mais par commission de l'Empereur & de l'Empire qu'il avoit cette Préfecture; que n'ayant point eu de successeur après sa mort, elles étoient à cet égard en pleine liberté; mais que, quoi qu'il en fût, elles n'avoient jamais eu pour protecteur que des Princes Allemands; qu'on ne pouvoit transporter malgré elles à un Prince étranger une protection que les Archiducs leurs voisins leur avoient offerte & qu'elles avoient acceptée; qu'il y avoit de la con-

tradiction entre le serment qu'elles prêteroient à l'Empereur & celui que le Roi de France exigeroit d'elles ; que ce Roi exigeroit comme un droit qui lui étoit acquis, plusieurs choses qu'elles avoient bien voulu accorder à des Princes leurs voisins qui étoient de la même Maison que les Empereurs ; qu'elles seroient obligées de donner à un étranger des contributions qu'elles avoient accoutumé de payer à l'Empire ; & après avoir allégué divers autres inconvéniens qui s'ensuivroient de cette cession pour elles & pour l'Empire , elles faisoient instance à ce qu'en les exemtant de la dépendance de la Préfecture de Haguenau , on les mit dans une entiére liberté qu'ils avoient obtenue autrefois des Empereurs Maximilien & Ferdinand Premier ; faisant connoître que si on permettoit à un étranger d'en diminuer quelque chose, elle seroit bien-tôt entiérement détruite.

L'Evêque de Strasbourg présenta aussi aux Etats de l'Empire un mémoire , dans lequel il prétendoit prouver que les Evêques ses Prédécesseurs avoient toujours pris le titre de Landgraves d'Alsace , avoient été Etats immédiats de l'Empire en cette qualité, & avoient joüi paisiblement de ce Landgraviat jusqu'au commencement de cette guerre.

L'Evêque de Bâle se plaignit aussi de ce qu'on cédoit au Roi & à la Couronne de France en toute Souveraineté le Comté de Ferrette qui étoit un fief de son Evêché.

Les Etats de l'Empire délibérérent si le Duc de Lorraine devoit être compris dans le Traité de paix, si les Vassaux des Evêques de Metz , Toul , & Verdun le devoient être dans la cession faite des trois Evêchez , & si les dix Villes d'Alsace devoient être soumises à la Jurisdiction de la France, comme aussi sur les Mémoires des Evêques de Strasbourg & de Bâle : ils furent d'avis par des résolutions des 25. Septembre & 3. Octobre 1647. que le Duc de Lorraine devoit être compris dans le Traité de paix, attendu qu'il étoit membre de l'Empire comme Marquis de Nomeni , & son allié en vertu du Traité de Nuremberg de 1542. que les Vassaux des trois Evêchez, entre lesquels on comptoit les Ducs de Luxembourg , de Lorraine, & des deux Ponts , les Comtes de Nassau & de Hanau , & plusieurs autres grands Seigneurs, ne devoient point être privez de leur liberté: que le Roi qui n'étoit point Etat de l'Empire , mais un étranger qui posséderoit l'Alsace en Souveraineté, ne pouvoit prétendre aucun droit sur les Villes Impériales d'Alsace en vertu de la Préfecture de Haguenau , qui n'étoit point héréditaire dans la Maison d'Autriche : & qu'on devoit conserver à l'Evêque de Strasbourg les droits & le titre de Landgrave d'Alsace ; & à l'Evêque de Bâle le droit de Domaine direct qu'il avoit sur le Comté de Ferrette : mais, encore que les Etats de l'Empire eussent été bien aises que le Duc de Lorraine & tous les autres Princes & Etats nommez dans ces résolutions fussent satisfaits , si cela ne se pouvoit, ils ne souhaitoient pas néanmoins que la guerre continuât pour leur intérêt particulier.

L'Empereur ordonna le 14. Octobre à ses Plénipotentiaires de suivre le sentiment des Etats de l'Empire , auquel il ne trouva à redire que ce qui concernoit les droits & la Jurisdiction de la Maison d'Autriche sur les dix Villes Impériales d'Alsace, à quoi il les avertit de prendre garde , pour

ne

ne pas donner occafion à la France de demander un équivalent.

Les Plénipotentiaires de France ayant appris que Mr. Volmar fe préparoit à aller à Osnabrug fur les ordres qu'il avoit reçus de Vienne d'accorder aux Suédois tout ce qu'ils demanderoient pour conclure la paix avec eux, furent auffi-tôt chez les Médiateurs à qui ils firent connoître que l'Empereur ne prendroit pas le bon chemin pour rétablir la paix dans l'Empire, & au contraire la retarderoit, & peut-être même la romproit, s'il vouloit laiffer la France en arriére; & qu'ils fouhaitoient d'être éclaircis de l'intention des Impériaux, afin de régler, fur ce qu'ils en apprendroient, la conduite qu'ils avoient à tenir avec les Suédois & les Etats Proteftans. Les Médiateurs furent fur cela voir les Impériaux, qui déclarérent qu'ils étoient prêts de conclure avec les François, pourvû qu'ils ne fiffent point de nouvelles propofitions. Les Plénipotentiaires de France fur ce rapport répondirent qu'ils étoient fi éloignez de vouloir faire de nouvelles demandes, qu'ils fe contiendroient volontiers dans les termes de l'écrit qui avoit été arrété le 13. Septembre 1646. & qui avoit été dépofé entre les mains des Médiateurs; mais que comme ils ne prétendoient point y faire aucune innovation, ils ne fouffriroient point auffi que les Impériaux en retranchaffent ou y ajoutaffent la moindre claufe, préfuppofant que dans le Traité de paix l'Empereur engageroit fa parole qu'il n'affifteroit ni le Roi d'Efpagne ni le Duc Charles fi la guerre continuoit avec eux. Cette ouverture fut caufe que Mr. Volmar qui devoit partir le 4. Novembre pour Osnabrug, prit le parti de demeurer encore quelques jours à Munfter; & comme il dit aux Médiateurs qu'il trouvoit à propos de fortifier par quelque nouvel écrit celui du 13. Septembre 1646. les François leur propoférent de réduire en articles tout ce dont les parties étoient jufqu'alors convenues entr'elles & de les mettre en dépôt entre leurs mains.

Ainfi on remit fur le tapis les articles de la convention du 13. Septembre 1646. & les François marquérent à la marge les changemens & les innovations que les Impériaux y vouloient faire, & y ajoutérent feulement les claufes néceffaires pour la fureté de l'accompliffement du Traité, & qui devoient être mifes dans les ceffions & renonciations de l'Empereur & des Princes de la Maifon d'Autriche, dont ils leur remirent des projets.

La conclufion du Traité fut arrétée par la déclaration que les Médiateurs firent de la part des Impériaux que l'Empereur ne fe réfoudroit jamais à faire la paix que conjointement avec le Roi d'Efpagne, & qu'il fe remettoit aux Efpagnols pour ce qui concernoit le Duc de Loraine. Les Plénipotentiaires de France pour répondre à cette déclaration, publiérent un écrit dans lequel ils déclarérent que, fi l'Empereur vouloit faire la paix avec la France, il falloit qu'il fe réfolût à promettre de ne donner aucun fecours au Duc Charles; mais qu'à l'égard de la faculté que l'Empereur vouloit fe réferver de fecourir le Roi d'Efpagne en qualité d'Archiduc d'Autriche, ils vouloient bien s'en rapporter à l'arbitrage des Electeurs & des Princes de l'Empire. Cette déclaration fut applaudie de toute l'affemblée; & comme tous ceux qui la compofoient fouhaitoient paffionément la paix, ils prefférent fi fortement & même avec menaces les Impériaux de ne pas faire dépendre le repos de l'Allemagne des intérêts de l'Efpagne, qu'ils furent obligez de céder & de promettre de figner la nouvelle convention pour la fatisfaction de la France.

Ils firent une nouvelle difficulté fur ce que les Médiateurs voulurent obliger les François à comprendre dans la convention la promeffe de l'affiftance contre les Turcs; mais ils s'en défiftérent fur ce que ceux-ci leur repréfentérent qu'on étoit convenu qu'elle demeureroit fecrete, & qu'elle ne feroit confignée qu'aux Médiateurs pour éviter que les Impériaux en puffent s'en fervir au préjudice de la France pour la brouiller avec la Porte.

Les Plénipotentiaires de France firent inftance pour que l'Empereur & les Princes de fa Maifon s'obligaffent à ne plus prendre les armes & les titres de Landgraves d'Alface & de Comtes de Ferrette; mais les Plénipotentiaires de l'Empereur s'en excuférent fur ce qu'ils n'en avoient point d'ordre de Sa Majefté Impériale, & demandérent de leur part qu'on fpécifiât que deux livres & demie tournois fuffent évaluées à une Richedale: & fur ce que les Plénipotentiaires de France s'en excuférent pour la même raifon qu'ils n'avoient point d'ordre, on convint qu'on ne laifferoit pas de figner la convention pour régler la fatisfaction de la France, mais que les Plénipotentiaires de chaque côté feroient une proteftation pour conferver leurs prétentions, & qu'ils les dépoferoient entre les mains des Médiateurs.

Ainfi les Plénipotentiaires du Roi & de l'Empereur convinrent le 21. ou felon l'ancien ftile le 11. Novembre 1647. d'une nouvelle convention pour la fatisfaction de la France, par la paix, que je mets ici tout du long, parce qu'elle fut transcrite dans le Traité de paix fans y changer aucune chofe, elle fut conçuë dans les termes fuivans.

Et afin que ladite paix & amitié entre l'Empereur & le Roi Très-Chrétien s'affermiffe, & qu'on pourvoye d'autant mieux à la fureté publique, on eft, pour le bien de la paix, convenu du confentement, confeil, & volonté des Electeurs, Princes, & Etats de l'Empire

Premiérement que le Domaine fuprême, les droits de Souveraineté & tous les autres fur les Evéchez de Metz, Toul, & Verdun, fur les Villes de même nom, & fur les diftricts de ces Evéchez, nommement fur Moyenvic, appartiendront à l'avenir à la Couronne de France de la maniére qu'ils appartenoient ci-devant à l'Empire, & lui feront incorporez à perpétuité & irrévocablement, en réfervant néanmoins le droit de Métropolitain qui appartient à l'Archevêque de Tréves.

Que François Duc de Loraine fera remis en la poffeffion de l'Evéché de Verdun, comme en étant l'Evêque légitime; & on le lui laiffera adminiftrer paifiblement avec fes Abbayes (fauf le droit du Roi & des particuliers) & jouïr de fes biens patrimoniaux en quelque endroit qu'ils foyent fituez, & de fes autres droits, autant qu'ils ne répugneront pas à la ceffion préfente, & de fes revenus & fruits, pourvû qu'il ait prêté auparavant le ferment de fidélité au Roi, & qu'il n'entreprenne rien contre le fervice de Sa Majefté & le bien de fon Royaume.

En fecond lieu l'Empereur & l'Empire cédent & tranfportent au Roi Très-Chrétien & à fes Succeffeurs en ce Royaume le droit de Domaine direct & de Souveraineté & tous les autres droits qui leur appartenoient ou pouvoient appartenir fur Pignerol.

En

En troisiéme lieu l'Empereur tant pour lui que pour toute la Sérénissime Maison d'Autriche, comme aussi l'Empire, cédent tous les droits, propriétez, domaines, possessions, & jurisdictions qui jusqu'à présent lui ont appartenu, à l'Empire, & à la Maison d'Autriche sur la Ville de Brisac, le Suntgau, & la Préfecture Provinciale des dix Villes Impériales situées dans l'Alsace, savoir, Haguenau, Colmar, Schletstat, Veissembourg, Landau, Oberenheim, Rosheim, Munster au Val St. Grégoire, Keisersberg, & Turingheim, tous les Villages & tous les autres droits qui dépendent de cette Préfecture, les transportent tous & chacun d'iceux au Roi T. C. & au Royaume de France; ensemble la Ville de Brisac avec les Villages d'Hochstat, de Niederinsing, de Hartem, & d'Acharrem appartenans à la Communauté de Brisac avec tout l'ancien territoire & banlieue, sans préjudice néanmoins des priviléges & immunitez que cette Ville a eus autrefois de la Maison d'Autriche.

Item que ledit Landgraviat de l'une & de l'autre Alsace & le Suntgau, comme aussi la Préfecture Provinciale des dix Villes Impériales nommées ci-dessus, & leurs dépendances, comme aussi tous les vassaux, tenanciers, sujets, hommes, villes, bourgs, châteaux, villages, forteresses, forêts, bois-taillis, miniéres d'or & d'argent, & autres minéraux, riviéres, ruisseaux, & paturages, en un mot tous les droits regaliens & appartenances sans aucune réserve, appartiendront au Roi T. C. & seront incorporez à perpétuité à la Couronne de France avec toute sorte de Jurisdiction & Souveraineté, sans que l'Empereur, l'Empire, la Maison d'Autriche, ni aucun autre, y puissent apporter aucune contradiction; de manière qu'aucun Empereur ni autre Prince de la Maison d'Autriche ne poura ni ne devra jamais usurper ni même prétendre aucun droit & puissance sur lesdits Pays tant au delà qu'au deça du Rhin.

Le Roi Très-Chrétien sera toutefois obligé de conserver en tous & chacun de ces lieux la Religion Catholique, comme elle y a été maintenue sous les Princes d'Autriche, & d'en ôter toutes les nouveautez qui s'y sont glissées pendant la guerre.

En quatriéme lieu par le consentement de l'Empereur & de tout l'Empire le Roi T. C. & ses Successeurs au Royaume auront droit perpétuel de tenir garnison au château de Philisbourg, comme en ayant la protection, mais restrainte à un nombre de Soldats convenable qui ne puisse donner aux Voisins aucune juste cause de soupçon, & qui sera tout à fait entretenue aux dépens de la Couronne de France. Le Roi aura aussi la liberté de passage sur les terres & par les eaux de l'Empire, toutes les fois qu'il voudra y mettre des Soldats, & y envoyer des munitions & autres choses nécessaires.

Toutefois le Roi ne prétendra point autre chose que la protection, le droit de garnison, & le passage dans ledit château de Philisbourg; mais la propriété, toute la jurisdiction, la possession, tous les émolumens, fruits, acquets, droits, Regales, servitudes, hommes, sujets, vassaux, & tout ce qui appartenoit d'ancienneté à l'Evêque & au Chapitre de Spire dans ce lieu & dans le district de l'Evêché de Spire & des Eglises qui y sont incorporées, leur demeureront à l'avenir en leur entier, excepté le droit de protection.

Tom. I.

L'Empereur, l'Empire, & l'Archiduc d'Inspruk Ferdinand-Charles délient, chacun endroit soi les Etats, Magistrats, Officiers, & particuliers de ces Seigneuries & lieux, des sermens qu'ils leur avoient prêtez & à la Maison d'Autriche; & les renvoyent & obligent à prêter sujettion, obéissance, & fidélité au Roi & au Royaume de France; & par conséquent établissent la Couronne de France en une pleine & juste Souveraineté, propriété, & jouïssance, renonçant dès maintenant à perpétuité aux droits & prétentions qu'ils y avoient: l'Empereur, ledit Sieur Archiduc & son frére, entant que cette cession les regarde, confirment cela pour eux & pour leurs descendans par des lettres particuliéres, & feront ensorte que le Roi Catholique des Espagnes donne aussi une même renonciation en forme autentique; ce qui se fera aussi au nom de tout l'Empire, le jour qu'on signera le présent Traité.

Pour une plus grande validité de ces conventions & aliénations, l'Empereur & l'Empire en vertu de la présente transaction dérogent à tous & chacuns les decrets, constitutions, statuts, & coutumes des précédens Empereurs & de l'Empire même, confirmez ou qui pouroient être à l'avec-confirmez par serment, nommement à l'article de la capitulation Impériale par lequel toute aliénation des biens & droits de l'Empire est défendue; & par même moyen excluent à perpétuité toutes exceptions & voyes de restitution sur quelque droit & titre qu'elles puissent être fondées.

On est deplus convenu qu'outre la ratification que l'Empereur & les Etats de l'Empire ont promis ci-dessus de fournir, on ratifiera encore dans la prochaine Diette les aliénations de ces Seigneuries & de ces droits; desorte que si on met dans la Capitulation de l'Empereur un pacte, ou si on fait dans le Diettes une proposition de recouvrer les biens & les droits de l'Empire qui ont été aliénez & distraits, elle ne sera point censée comprendre les choses susmentionées, comme ayant été légitimement & par le commun avis des Etats, & pour la tranquilité publique, transportées à autrui: & on a pour cet effet consenti qu'elles soient rayées de la Matricule de l'Empire.

Incontinent après la restitution de Benfeld, on rasera les fortifications de cette place & du fort de Rhinau qui est proche, comme aussi celles de Saverne en Alsace, du Château de Hohenbar & de Neubourg sur le Rhin, & il n'y poura avoir en aucun de ces lieux aucun Soldat en garnison.

Les Magistrats & les habitans de ladite Ville de Saverne garderont exactement la neutralité, & les troupes du Roi pouront y passer librement toutes les fois qu'on le demandera. On ne poura construire aucun fort sur le bord du Rhin en deça depuis Bâle jusqu'à Philisbourg, ni divertir le cours de cette riviére d'un côté ni d'autre.

Quant aux Dettes de la Chambre d'Ensisheim, l'Archiduc Ferdinand-Charles se chargera avec la partie de la Province que le Roi T. C. lui doit restituer, du payement de la troisiéme partie de toutes les Dettes sans distinction, soit qu'elles soient chirographaires ou hipotéquaires; pourvû que les unes & les autres soient en forme autentique, & qu'elles ayent une hipotéque spéciale, soit sur les Provinces qui doivent être cédées, soit sur celles qui doivent être restituées; ou si elles n'en ont aucune, pourvû qu'il se trouve dans les livres & comptes des receptes de la Chambre d'Ensisheim,

E

fisheim, qu'elles ont été reconnues jusqu'à la fin de l'année 1632. & mises entre les dettes de cette Chambre, & qu'elle ait été chargée d'en payer annuellement les intérêts. L'Archiduc acquittera le Roi de cette cotte-part.

Et pour ce qui est des dettes dont les Colléges des Etats ont été chargez en leur particulier par les Princes de la Maison d'Autriche par des conventions faites dans les Diettes Provinciales, ou que lesdits Etats ont contractées au nom de leurs Communautez & qu'ils sont tenus de payer, on en fera une distribution convenable entre ceux qui passent sous l'obéissance du Roi & ceux qui restent sous celle de la Maison d'Autriche; afin que chacun d'eux sache ce qu'il doit payer de ces Dettes.

Le Roi Très-Chrétien restituera à la Maison d'Autriche, spécialement au Sieur Archiduc Ferdinand-Charles fils aîné du feu Archiduc Léopold, les quatre Villes Forestiéres, savoir, Rhinfeld, Seckingen, Lauffenbourg, & Waldshut, avec tous les territoires & bailliages, villages, bourgs, moulins, bois, forêts, vassaux, sujets, & toutes les appartenances qui sont au deça & au delà du Rhin; comme aussi le Comté de Haweftein, la Forêt-Noire, le haut & bas Brisgau, & les Villes qui y sont situées, & qui appartiennent d'ancienneté à la Maison d'Autriche, savoir, Neubourg, Fribourg, Endingen, Kensingen, Waltkirch, Willingen, Breunlingen avec tous leurs territoires, comme aussi tous les Monastéres, les Abbayes, Prélatures, Prévôtez, Commanderies des Ordres Militaires, avec tous les Bailliages, Baronies, Châteaux, Forteresses, Comtez, Barons, Gentilshommes, vassaux, hommes, sujets; riviéres, ruisseaux, forêts, bois, & toutes les Regales, les droits, jurisdictions, fiefs & patronages, & toutes les autres choses appartenantes d'ancienneté au haut droit de territoire, & au patrimoine de la Maison d'Autriche en toute cette contrée.   Plus tout l'Ortnau avec les Villes Impériales d'Offembourg, de Gengembach, & de Zell sur l'Hamerspach, entant qu'elles dépendent de la Préfecture de l'Ortnau; desorte qu'aucun Roi de France ne poura & ne devra jamais prétendre ni usurper aucun droit ni pouvoir sur lesdites contrées situées au deça & au delà du Rhin, mais qu'aussi les Princes de la Maison d'Autriche n'aquerreront aucun nouveau droit par cette restitution.

Dorènavant le commerce & le transport des denrées seront libres généralement entre les habitans des deux bords du Rhin & des Provinces sises de l'un & de l'autre côté; sur tout la navigation du Rhin sera libre, & il ne sera permis à aucune des parties d'arrêter ni molester sous quelque prétexte que ce soit les bateaux qui y passeront, descendront, ou monteront, sauf la visite qu'on a accoutumé de faire des marchandises: il ne sera point permis non plus d'imposer sur le Rhin de nouveaux droits de péages, de passages, de daces, & autres pareils impôts; mais on se contentera de part & d'autre des impôts & daces ordinaires que l'on y payoit avant ces guerres sous le gouvernement des Princes de la Maison d'Autriche.

Tous les Vassaux, tenanciers, sujets, bourgeois, & habitans au deça & au delà du Rhin qui étoient soumis à la Maison d'Autriche, comme aussi ceux qui dépendoient immédiatement de l'Empire, ou qui reconnoissoient pour leurs Seigneurs d'autres Etats de l'Empire, seront, nonobstant toutes confiscations, transports, & donations faites par des Généraux & Commandans des Troupes de Suéde ou des Alliez, depuis qu'elles s'étoient emparées de cette Province & ratifiées par le Roi T. C. ou accordées par son propre mouvement, rétablis aussi-tôt après la publication de la paix, dans la possession de leurs biens immeubles, métairies, châteaux, bourgs, fonds, & possessions, sans que les présens possesseurs s'en puissent défendre sous prétexte d'améliorations, de dépenses, & de compensations des frais qu'ils y auroient faits, & sans restitution des biens meubles, des animaux, & des fruits perçus.

Quant aux confiscations des choses qui consistent en poids, nombre, & mesure, & aux exactions, concussions, & extorsions faites à l'occasion de la guerre, la répétition n'en aura point lieu de part ni d'autre pour éviter les procès.

Le Roi Très-Chrétien sera tenu de laisser non seulement les Evêques de Strasbourg & de Bâle, mais aussi les autres Etats, étant dans l'une & l'autre Alsace, sujets immédiatement à l'Empire Romain, les Abbez de Murbach & de Luders, l'Abbesse d'Andlau, Munster au Val St. Grégoire de l'Ordre de St. Benoît, les Palatins de Lutzelstein, les Comtes & Barons de Hanau, de Flekenstein, & d'Oberstein, & toute la Noblesse de la basse Alsace, plus les dix Villes Impériales qui dépendent de la Préfecture de Haguenau, dans la liberté & la possession de la dépendance immédiate de l'Empire Romain dont elles ont jouï jusqu'à présent; ensorte qu'il ne puisse plus prétendre sur eux aucune Souveraineté Royale, mais qu'il se contentera des droits qui appartenoient à la Maison d'Autriche, & qui sont cédez à la Couronne de France par le Traité de paix: de manière toutefois que par cette présente déclaration, on n'entend point déroger en rien à tout le droit de Domaine suprême qui a été accordé ci-dessus.

Pareillement le Roi T. C. pour compensation des choses qui lui sont cédées, fera payer audit Seigneur Archiduc Ferdinand-Charles trois millions de livres tournois dans les années prochaines, savoir en 1648, 1649. & 1650. le jour de la St. Jean-Batifte, chaque année un tiers de ladite somme à Bâle, en bonne monnoye entre les mains du Seigneur Archiduc ou de ses Députez.

Outre cette somme d'argent le Roi T. C. sera obligé de se charger de deux tiers des Dettes de la Chambre d'Enfisheim soit chirographaires soit hipotéquaires, sans distinction; pourvû que les unes & les autres soyent en forme autentique & qu'elles ayent une hipotéque spéciale soit sur les Provinces qui doivent être cédées, soit sur celles qui doivent être restituées, ou que, si elles n'ont aucune hipotéque, il se voye par les livres & comptes des recettes qui répondent à la Chambre d'Enfisheim qu'elles ont été reconnues jusqu'à la fin de l'année 1632. & mises entre les dettes de cette Chambre, & qu'elle a été chargée d'en payer annuellement les intérêts; le Roi en fera le payement, & acquitter l'Archiduc pour cette cotte-part; & afin que cela se fasse plus équitablement, on députera aussi-tôt après la signature du Traité de paix, de part & d'autre, des Commissaires qui avant le payement de la première année d'intérêts conviendront entr'eux des dettes que chacune des parties aura à payer.

L.c

Le Roi Très-Chrétien fera rendre audit Seigneur Archiduc de bonne foi & sans aucun délai tous les papiers & documens de quelque nature qu'ils soient qui concernent les terres qui lui doivent être restituées, autant qu'il s'en trouvera dans la Chancellerie de la Régence & de la Chambre d'Ensisheim, ou à Brisac, ou à la garde des Officiers des Villes & des Châteaux qui ont été occupez par ses armes.

Que si ces documens sont publics, & concernent aussi par indivis les terres qui ont été cédées, on en donnera à l'Archiduc des copies autentiques toutes les fois qu'il en demandera.

Il étoit encore dit par un article séparé, que le Roi T. C. donneroit à l'Empereur pendant ces mouvemens de guerre un secours contre le Turc, savoir pendant qu'il y auroit crainte de guerre cent cinquante mille Richedales par chacun an pour soutenir les dépenses des garnisons qu'il étoit obligé d'entretenir sur les frontiéres ; que si les présens mouvemens du Turc en venoient à une guerre ouverte, le Roi enverroit au secours de l'Empereur une Armée de dix mille hommes qu'il léveroit à ses dépens : enforte néanmoins que ces deux obligations ne s'étendroient point au delà de trois ans, & cesseroient si le Roi entroit en guerre ouverte avec le Turc ; & que, si l'Empereur ne vouloit point se servir de cette armée, le Roi lui donneroit un autre subside en argent, dont leurs Majestez conviendroient entr'elles.

Tous ces articles furent signez par les Sécretaires des deux Ambassades, & déposez entre les mains des Médiateurs.

Les Plénipotentiaires de France signérent le même jour 21. Novembre & déposérent entre les mains du Nonce une déclaration qui portoit que la signature que leur Secretaire avoit faite le même jour par leur ordre de la satisfaction de la France par la paix, n'auroit aucune valeur, sinon lorsque les Plénipotentiaires de l'Empereur auroient donné parole aux Médiateurs que l'Empereur ni aucun autre Prince de la Maison d'Autriche ne prendroit plus les qualitez ni les armes du Landgraviat d'Alsace, du Suntgau & du Comté de Ferrette, & que cette parole leur auroit été rapportée par écrit.

Les Plénipotentiaires de l'Empire signérent aussi le même jour & déposérent entre les mains du Nonce une déclaration qui portoit que la signature faite ce même jour par leur Secretaire d'un écrit qui contenoit la satisfaction de la France par la paix, n'auroit aucun effet que quand les Plénipotentiaires de France donneroient parole aux Médiateurs, que les trois millions de livres tournois, au payement desquels la Couronne de France s'obligeoit par cet écrit, seroient évaluez à raison de deux livres & demie pour une Richedale, & que cette parole leur auroit été rapportée par écrit.

Les Plénipotentiaires des deux partis convinrent aussi le même jour de la forme des cessions & des renonciations qui devoient être données par l'Empereur, l'Empire, & les Princes de la Maison d'Autriche, & en consignérent entre les mains des Médiateurs des modelles signez par les Sécretaires des deux Ambassades.

Comme on avoit ôté la clause que le Nonce avoit souhaité que les Impériaux ajoutassent dans le premier article de leur projet pour la conservation des droits du Saint Siége sur les trois Evêchez, le Nonce fit une protestation pour la conservation de ces droits ; & Mr. Servien dressa & fit publier une contreprotestation que l'acte fait par le Nonce ne porteroit aucun préjudice à la Couronne de France sur ces trois Evêchez.

Les choses ayant été ainsi ajustées en ce qui concernoit les intérêts de la France dans l'Empire, les Plénipotentiaires de France travaillérent à terminer le traité avec l'Espagne, sans vouloir y comprendre ce qui regardoit le Duc Charles. Comme les Espagnols n'avoient pour but que de conclure avec les Etats Généraux des Provinces-Unies, ils reculérent plutot que d'avancer la négociation ; & ayant même persuadé à l'Empereur que son parti l'emporteroit bientôt sur celui des Puissances confédérées contre lui, & qu'il ne devoit point séparer ses intérêts de ceux du Roi Catholique, ils l'engagérent à faire donner au mois de Décembre 1647. par ses Plénipotentiaires un écrit aux Médiateurs, qui portoit que Sa Majesté Impériale leur avoit commandé de leur signifier clairement que la convention sur le point de la satisfaction de la France qui avoit été souscrite le 21. Novembre de la même année par les Sécretaires des deux Ambassades, & déposée entre les mains de ces Médiateurs, ne devoit point être entendue que selon l'intention & le commandement de sadite Majesté ; en sorte que quelque chose que l'on traitât & que l'on concluôt au sujet de l'Alsace & de la satisfaction de la France, ou avec cette Couronne pour les intérêts d'autres Puissances, tout cela seroit regardé comme non conclu & non obligatoire, si dans le même tems qu'on concluroit la paix entre sa Majesté Impériale, l'Empire, & la Couronne de France, on ne la concluoit point aussi entre le Roi Catholique & le Roi Très-Chrétien de France, avec l'inclusion du Duc de Loraine.

L'on travailla pendant quelque tems, comme il sera marqué dans le Chapitre suivant, par l'interposition des Plénipotentiaires des Etats Généraux à accommoder les articles qui restoient à régler entre la France & l'Espagne, & sur tout celui qui concernoit la Loraine : mais comme ils n'en purent venir à bout, ils conclurent le 30. Janvier 1648. un Traité de paix particulier entre le Roi d'Espagne & les Etats Généraux, nonobstant tous les obstacles que les Plénipotentiaires de France apportérent pour les en dissuader.

Le Duc de Longueville croyant qu'on ne souhaitoit point la paix en France, ne voulut pas demeurer plus long-tems inutile à Munster où M. Servien paroissoit avoir seul le secret des intentions de la Cour, & prit au mois de Fevrier suivant le parti de revenir en France : & comme le Comte d'Avaux ne pouvoit s'accommoder avec M. Servien, il fut peu après rappellé ; en sorte que ce dernier demeura seul Plénipotentiaire à Munster, où le Roi lui envoya un nouveau plein pouvoir pour traiter & conclure seul la paix.

Le Traité avec l'Empereur resta encore quelques mois arrêté, principalement sur les points de l'assistance de l'Espagne & de l'inclusion du Duc de Loraine dans le Traité.

Ainsi comme Mr. Servien vit qu'il n'avançoit rien à Munster, il prit le parti d'aller à Osnabrug : les Etats de l'Empire qui y étoient assemblez & qui ne pouvoient obliger les Suédois à modérer leurs demandes excessives pour la satisfaction de leur milice, lui firent dire de s'y rendre, l'assu-

rant

rant qu'ils employeroient tout leur pouvoir pour lui faire avoir satisfaction dans les points qui restoient à régler: il s'y rendit au commencement du mois de Juin, & leur fit si bien connoître que la continuation de la guerre dont ils souffroient d'extrêmes incommoditez, provenoit des retardemens que les Impériaux apportoient à la conclusion de la paix, en se dédifant de tems en tems, pour complaire aux Espagnols, de tout ce qu'ils avoient accordé; qu'ils le priérent de demeurer à Osnabrug pour régler les articles du Traité entre l'Empereur & le Roi qui étoient encore indécis. Le Comte de Lamberg & Mr. Crane Plénipotentiaires de l'Empereur à Osnabrug firent le 11. Juin une remonstrance aux Etats de l'Empire contre cette résolution, alléguant que la paix entre sa Majesté Impériale & le Roi T. C. ne se pouvoit traiter qu'à Munster ni être conclue à l'exclusion du Cercle de Bourgogne & du Duc de Loraine: mais les Etats ne laissérent pas de demander à Mr. Servien un projet du Traité l'assurant de terminer les points indécis à sa satisfaction, nonobstant toutes les contradictions des Impériaux.

Monsieur Servien fit ce que les Etats souhaitoient; cependant la négociation de la paix avec la France traina encore fort long-tems, les Etats de l'Empire ayant voulu finir auparavant l'affaire concernant la satisfaction de la milice Suédoise & d'autres différends qui étoient entre les Etats Catholiques & Protestans. Toutes ces difficultez & différends ayant enfin été terminez, les articles du Traité de paix entre l'Empereur & la Reine de Suéde furent lus & approuvez le 7. Aout à Osnabrug en présence des Plénipotentiaires de l'un & de l'autre, & de tous les Députez des Etats de l'Empire; mais la signature en fut différée jusqu'à ce que le Traité avec la France eût été conclu; les Plénipotentiaires de Suéde ayant déclaré formellement que cette convention n'auroit point lieu qu'on n'eût aussi conclu le Traité entre l'Empereur & la Couronne de France, afin que les deux Traitez fussent signez en même tems.

On recommença ensuite nonobstant les oppositions des Plénipotentiaires de l'Empereur & des Députez des Etats qui étoient à Munster, à traiter des points qui étoient restez indécis entre l'Empereur & le Roi: les Etats commencérent par l'article concernant les secours que l'Empereur prétendoit pouvoir donner au Roi d'Espagne, & ils déclarérent à Mr. Servien qu'ils avoient résolu de ne point souffrir que l'Empereur se mêlât de la guerre qui continueroit dans le Cercle de Bourgogne, ni qu'il donnât en qualité d'Empereur aucun secours au Roi d'Espagne; mais qu'ils ne pouvoient à cause de la proximité du sang lui ôter la liberté de le secourir comme Archiduc d'Autriche. Comme Mr. Servien ne voulut point encore accepter cette distinction, ils résolurent de le satisfaire entiérement sur ce point; mais ils firent instance pour qu'il leur donnât une déclaration que la France ne prétendroit aucune Souveraineté sur les Etats immédiats situez en Alsace & dans les trois Evêchez: mais Mr. Servien s'en défendit encore en alléguant que le Roi ne demandoit que l'accomplissement de la convention, & de conserver ce qu'il avoit acquis à un titre très-onéreux. Ainsi les Etats se réduisirent à en écrire au Roi & à faire encore cette demarche en faveur de leurs voisins & amis.

Il y eut encore une grande difficulté au sujet du Comté de Ferrette qui fait partie de la Province du Suntgau; l'Evêque de Bâle prétendant qu'il relevoit de son Evêché, & rapportant des titres qui portoient expressément que ce Comté ne pouvoit être aliéné sans la permission de l'Evêque: mais Mr. Servien répondit que c'étoit aux Impériaux qu'il falloit s'addresser pour ce sujet; que si l'Empereur avoit disposé de quelque chose qui ne lui appartînt pas, c'étoit à lui à faire raison aux propriétaires, ou à satisfaire le Roi par un équivalent; à quoi les Ministres de sa Majesté apporteroient toutes sortes de facilitez, ou en retenant l'argent destiné pour les Archiducs, ou en déposant en main tierce quelqu'une des Villes Forestiéres jusqu'à ce que l'Evêque de Bâle fût satisfait, pourvû que le tout passât par la voye des Etats de l'Empire, & que les Plénipotentiaires de l'Empereur s'obligeassent d'y consentir.

Les Etats de l'Empire ayant voulu savoir le 18. Août si le Roi seroit encore dans la disposition de tenir l'Alsace en fief de l'Empire, Mr. Servien témoigna que sa Majesté y seroit volontiers disposée pour leur complaire s'ils le souhaitoient; mais par un écrit qu'il donna le lendemain 19. aux Plénipotentiaires de Mayence, il y joignit quatre conditions: la première que le Landgraviat seroit incorporé à la Couronne de France, sans en pouvoir jamais être séparé; la seconde que les Rois de France auroient pour raison de ce Landgraviat voix & séance par leurs Députez dans les Diettes de l'Empire; la troisiéme qu'ils jouïroient de toutes les prérogatives, exemtions, & priviléges dont la Maison d'Autriche avoit joüi quand elle avoit possédé ce Landgraviat; & la quatriéme que la cession des trois Evêchez demeureroit dans la forme concertée en sa force & vertu, sans qu'on y pût changer ni diminuer aucune chose, non plus qu'au reste de ce qui étoit contenu dans la convention faite sur cela avec les Plénipotentiaires de l'Empereur.

Les Députez des Etats de l'Empire désespérant de pouvoir fléchir l'Empereur à ce qu'ils lui demandoient pour la satisfaction de la France & de la Suéde, convinrent de signer les deux Traitez avec les Plénipotentiaires de ces deux Couronnes, en laissant les places vuides pour ceux de l'Empereur qu'ils prieroient de les remplir de leurs noms, & en cas de refus de prendre avec les Couronnes les résolutions les plus convenables pour le bien public, & pour obliger les refusans à s'accommoder.

Les Députez de l'Empereur & des Princes & Etats qui se tenoient à Munster firent leur possible pour faire désister de leurs desseins ceux qui se tenoient à Osnabrug; & voyant qu'ils ne les y pouvoient obliger, ils firent de fortes protestations contre tout ce qui s'étoit fait, & ce qui se feroit encore en cas assemblée sans leur consentement: ceux d'Osnabrug n'y eurent aucun égard, & l'affaire auroit été terminée dès-lors sans l'opposition du Duc de Wirtemberg qui craignoit que la France ne voulût retenir le Comté de Montbeliard & d'autres terres qu'il avoit en Alsace; & celle de la ville de Strasbourg qui n'étant pas nommée parmi les Villes d'Alsace qui étoient exceptées, appréhendoit que dans la suite les Rois de France ne formassent des prétentions sur sa liberté. Mr. Servien pour les appaiser les assura en général que le Roi ne prétendoit rien davantage

que

que ce qui avoit appartenu ci-devant à la Maison d'Autriche ; mais comme les Députez demandérent qu'il fît les mêmes déclarations par écrit à dessein de les insérer dans le Traité, Mr. Servien ne doutant pas que vingt-cinq ou trente autres ne demandassent la même chose, ce qui iroit à changer la forme de la satisfaction de la France & à en diminuer considérablement l'effet, prit le parti de demeurer ferme, & déclara qu'il n'avoit pas le pouvoir d'entrer dans aucune négociation sur une affaire finie dès long-tems ; que si l'Empereur avoit cédé à la France quelque chose qui ne lui appartînt pas, c'étoit à lui que ces Députez devoient s'adresser pour l'obliger à donner un équivalent à cette Couronne ; qu'on ne pouvoit rien changer aux articles qui étoient signez, & qu'il n'étoit pas raisonnable que la France demeurât obligée à accomplir exactement ce qu'elle avoit promis, & que la Maison d'Autriche pût sous divers prétextes changer ou diminuer ce qui devoit rester à cette Couronne à titre onéreux.

Enfin les Etats de l'Empire voyant que s'ils s'obstinoient à cette difficulté, ils retarderoient pour un long-tems la conclusion de la paix, résolurent que la convention faite pour la satisfaction de la France, resteroit dans les termes qu'elle avoit été mise par écrit, qu'ils l'approuveroient, & qu'ils en fourniroient les actes nécessaires sans y faire aucun changement : mais ils firent le 22. Août entr'eux une déclaration qui portoit que les Ambassadeurs des Electeurs, des Princes, & des Etats de l'Empire, consentoient que l'article concernant la satisfaction de la France fût inséré dans le Traité de paix dans les mêmes termes qu'il avoit été dressé à Munster le 21. Novembre 1647. & en promettoient la garentie, pourvû que, suivant que le Plénipotentiaire de France l'avoit déclaré, le Roi & le Royaume de France tinssent de l'Empereur & de l'Empire l'Alsace & le Suntgau, & la Préfecture d'Haguenau sous le titre de Landgraviat, comme un fief perpétuel &, immédiat, ainsi que les Princes de la Maison d'Autriche avoient fait ; en sorte que l'Empire y conservât toujours le Domaine suprême, & qu'on satisfît l'Evêque de Bâle au sujet du Comté de Ferrette : que le Roi T. C. & ses Successeurs jouïroient du droit de supériorité & de territoire & des Priviléges dont les Archiducs d'Autriche avoient jouï, & auroient voix & séance comme Landgraves d'Alsace dans les Diettes de l'Empire ; ainsi qu'il seroit réglé dans la prochaine Diette : & que comme il y avoit dans cette convention quelques termes obscurs que les Plénipotentiaires de France avoient expliquez, ensorte que la satisfaction de la France n'apporteroit aucun préjudice aux Etats de l'Empire, les Ambassadeurs des Electeurs, des Princes, & Etats de l'Empire déclaroient que leur intention, en consentant à la satisfaction de la France, étoit premiérement que le Roi T. C. & le Royaume de France auroit le Domaine suprême sur les Evêchez de Metz, Toul, & Verdun ; mais qu'il ne l'exerceroit point ni la jurisdiction Royale, qu'ainsi qu'elle y avoit été exercée avant ces mouvemens, & qu'on ne pourroit l'étendre hors du propre territoire de ces Evêchez sous prétexte du droit Diocezain de feudalité ou autre sur les fiefs que les Etats ou la Noblesse immédiate de l'Empire tenoient ou tiendroient à l'avenir de ces Evêchez : secondement qu'on n'avoit transporté & cédé sous les noms de l'Alsace,

du Suntgau & de la Préfecture Provinciale d'Haguenau, que ce qui avoit appartenu à la Maison d'Autriche, & qu'elle avoit pu céder, & que cette cession n'apporteroit aucun préjudice à aucun des Etats ni à la Noblesse immédiate dans leur liberté, dans la possession de leur dépendance immédiate de l'Empire, & dans leurs droits & biens en quelques lieux qu'ils fussent situez : troisiémement que les Etats Provinciaux, les vassaux, & sujets des Provinces cédées retiendroient leurs droits, priviléges, possessions, & coutumes, tant dans les affaires Ecclésiastiques & dans la Religion que dans les affaires civiles, conformément au Traité de paix qu'on feroit : & quatriémement que dans la Forêt-Noire, dans l'Ortnau, & ailleurs, on rendroit à la Maison d'Autriche, aux autres Etats, à la Noblesse immédiate, & à tous autres, ce qui leur appartenoit.

Les Etats donnérent une copie de cette déclaration à Mr. Salvius qui la reçut en leur témoignant qu'elle seroit inutile, & qu'ils ne pouvoient pas espérer aucun relâchement de la part de Mr. Servien : en effet lorsqu'ils la présentérent le 25. Août à ce Plénipotentiaire qui en avoit déja été averti, il ne voulut pas la lire ni même la toucher ; ils en furent fort chagrins, mais il les appaisa un peu en leur disant qu'il n'empêchoit point qu'ils ne fissent entr'eux ce qu'ils jugeroient à propos pour se conserver & à l'Empire les droits qu'ils croyoient leur appartenir, pourvû qu'ils ne lui en dissent rien.

On convint de finir & d'arrêter toutes les affaires, & ensuite d'aller à Munster annoncer aux Impériaux la conclusion de la paix & la nécessité où ils étoient d'y donner leur consentement.

On travailla ensuite aux articles concernans la prohibition à l'Empereur d'assister le Roi d'Espagne & le Duc Charles : les Etats de l'Empire en firent deux projets, dont l'un portoit que l'Empereur, les Electeurs, les Princes, & les Etats de l'Empire observeroient ce qui étoit porté par les constitutions de l'Empire, par la Capitulation Impériale, & par le présent Traité au sujet de la conservation de la paix publique, de la prohibition d'attaquer les Princes & Etats étrangers, & de l'obligation d'entretenir la paix avec eux.

L'autre projet portoit que l'Empereur ni les Etats de l'Empire ne se mêleroient point des guerres présentes dans le Cercle de Bourgogne, sans préjudice d'Alsace, en ce qu'il en étoit un Membre & un Cercle, qui, après que la paix auroit été établie entre les Rois T. C. & Catholique, jouïroit des avantages de cette paix, ainsi que les autres Cercles de l'Empire.

Mr. Servien ne fut point content de l'un ni de l'autre de ces projets, sachant qu'il étoit permis aux Allemands de porter les armes même contre les amis de l'Empire : ainsi il fit un autre projet qui portoit que l'Empereur ni aucun des Electeurs, Princes, & Etats de l'Empire ne pourroit assister à l'avenir directement ni indirectement d'armes, d'argent, de soldats, de vivres ou autrement aucuns Ennemis présens & à venir du Roi T. C. sous quelque titre que ce fût, ni pour raison des guerres & différends qui pourroient survenir pour le Cercle de Bourgogne, ou les Etats de Loraine ; qu'ils ne pourroient leur accorder des quartiers d'hiver, de retraites, ni de passages dans les Provinces de l'Empire, ni leur donner aucun autre secours ; & que si quelqu'un y contrevenoit, on

E 3

agiroit

agiroit contre lui comme contre un infracteur de la paix , & qu'on joindroit les armes pour l'en empêcher.

Les Députez ayant trouvé ce projet trop fort & trop contraire à la liberté Germanique, on pria Mr. Servien d'en dreffer un autre , auquel on confentit enfin après y avoir fait changer de part & d'autre quelques mots , & en réfervant le confentement de l'Empereur ; afin de garder quelques mefures de confidération pour Sa Majefté Impériale & pour la Maifon d'Autriche qui étoient dans la douleur par la nouvelle qu'on venoit de recevoir de la perte de la bataille de Lens.

Ces articles, ainfi qu'ils furent dans la fuite inférez dans le Traité, portoient ce qui fuit.

Afin que l'amitié réciproque entre l'Empereur, le Roi T. C. , les Electeurs, les Princes , & les Etats de l'Empire , fe conferve d'autant plus ferme & fincére , fans préjudice de l'article d'affurance qui fera mis ci-après , l'un d'eux n'affiftera jamais les Ennemis de l'autre préfens & à venir fous quelque titre & prétexte que ce foit , ou à l'occafion de quelque différend ou guerre, ni d'armes , ni d'argent, ni de foldats , ni de munitions, ni autrement , & n'accordera point aux troupes que l'on ménera contre quelqu'un de ceux qui font partie dans ce Traité de paix , ni retraite , ni quartiers, ni paffage.

Le Cercle de Bourgogne fera & demeurera Membre de l'Empire après que les différends entre la France & l'Efpagne auront été appaifez & compris dans ce Traité de paix : Cependant l'Empereur ni aucun Etat de l'Empire ne fe mêleront point dans les guerres qui s'y font à préfent ; mais fi à l'avenir il arrive des differends entre ces deux Royaumes , la néceffité de cette obligation réciproque de ne point aider les Ennemis l'un de l'autre demeurera ferme entre tout l'Empire & les Rois & le Royaume de France ; & il fera cependant libre à chacun des Etats de fecourir l'un ou l'autre de ces Royaumes hors des limites de l'Empire , mais non autrement que fuivant les conftitions de l'Empire.

Le différend touchant la Loraine fera remis à des arbitres qui feront nommez de part & d'autre , ou fera terminé par le Traité entre la France & l'Efpagne , ou par quelqu'autre voye amiable : & il fera libre tant à l'Empereur qu'aux Electeurs, Princes , & Etats de l'Empire d'aider & avancer cet accord par une amiable interpofition ou d'autres offices pacifiques, mais non par les armes ou par le moyen de la guerre.

La Ville de Strasbourg ayant fouhaité d'être marquée nommément dans le Traité parmi celles d'Alface qui devoient conferver leur liberté & leur dépendance immédiate de l'Empire , Mr. Servien y confentit fans aucune difficulté.

Toutes chofes ayant été ainfi arrêtées , les Députez des Etats de l'Empire fe rendirent le 15. Septembre chez Mr. Servien, où le Traité fut lu & approuvé : & quoi qu'on fût convenu qu'il feroit auffi figné en même tems , les Etats par refpect pour l'Empereur engagérent Mr. Servien à confentir qu'il fût feulement fcellé de fon cachet & de celui du Sr. Meel Député de Mayence, entre les mains duquel il fut dépofé comme au Directoire de l'Empire , afin qu'on n'y pût rien changer jufqu'à ce qu'on pût le figner à Munfter.

Mr. Servien s'en retourna enfuite à Munfter, où M. Salvius & les Députez des Etats de l'Empire qui étoient à Osnabrug, fe rendirent auffi & firent leur poffible pour faire agréer ce qu'ils avoient fait aux Plénipotentiaires de l'Empereur & aux Députez des Etats qui étoient à Munfter : mais les uns & les autres firent de grandes exclamations contre la hardieffe avec laquelle les Députez des Etats qui étoient à Osnabrug avoient prétendu régler les articles de la paix ; comme s'ils avoient compofé feuls tout le Corps de l'Empire. Ceux d'Osnabrug leur repréfentérent la néceffité où ils s'étoient trouvez de conclure la paix , accordérent avec beaucoup de peine aux Plénipotentiaires de l'Empereur le délai néceffaire pour avoir fon confentement, & réfolurent que , fi l'Empereur refufoit de figner le Traité , ils retourneroient à Osnabrug avec Mrs. Servien & Salvius, & le figneroient avec ceux de Munfter qui en voudroient faire autant , afin de finir la guerre & de faire ceffer la ruine de leurs Provinces.

Les Etats de l'Empire écrivirent fecrettement au Roi le 29. Septembre une lettre par laquelle ils lui repréfentérent que la France en faifant entrer fes armes dans l'Empire avoit toujours déclaré qu'elle ne le faifoit que pour en maintenir les Etats dans leur liberté & dans leurs droits ; que cependant ils ne s'étoient point oppofez à ce qu'outre les Evêchez de Metz, Toul & Verdun avec leurs diftricts ainfi qu'ils avoient été poffédez par la France avant ces troubles , la Maifon d'Autriche cédât encore à fa Majefté la Province d'Alface , que cette Maifon avoit poffédée jufqu'alors héréditairement ; qu'ayant mis par écrit une déclaration qu'ils avoient faite fur ce fujet, ils l'avoient voulu faire remettre au Comte de Servien par Mr. Salvius , mais qu'il n'avoit pas voulu la recevoir , difant qu'il n'avoit pas pouvoir d'en ajouter le contenu au texte du Traité de paix ; & qu'ils n'avoient pu faire davantage , n'étant pas en leur pouvoir de priver des Etats de l'Empire de leurs droits ; & les Plénipotentiaires de l'Empereur affurant qu'ils n'avoient pu ni dû tranfporter à fa Majefté que les droits que la Maifon d'Autriche avoit fur l'Alface , & ceux que les Evêques de Metz, Toul, & Verdun avoient autrefois poffédez dans leurs Evêchez. Ils marquérent enfuite à fa Majefté qu'ils lui envoyoient leur déclaration, & qu'afin que la conclufion de la paix ne fût pas davantage retardée , ils la fupplioient de la vouloir agréer comme étant conforme aux Loix de l'Empire , aux droits des Etats , à l'intention des Plénipotentiaires de l'Empereur, & aux promeffes Royales réitérées par des Lettres & par des Ambaffadeurs : cette Lettre fut rendue à Mr. de Brienne par l'envoyé du Duc de Wirtenberg auquel quelque tems après ce Sécretaire d'Etat la rendit, difant que lorfqu'il l'avoit reçue , il avoit cru qu'elle avoit été écrite au Roi de concert avec Mr. Servien ; mais que ce Plénipotentiaire lui ayant mandé le contraire , il n'avoit pas jugé à propos de la lire au Confeil, ni de la garder.

Depuis la tranflation de l'affemblée d'Osnabrug à Munfter les Miniftres de l'Empereur & d'Efpagne employérent les remontrances , les promeffes, les menaces , & les priéres pour obliger les Députez des Etats qui fe tenoient à Osnabrug à retracter ou au moins à ne point exécuter ce qu'ils avoient conclu avec Mr. Servien ; mais ils refuférent de le faire , & ceux même qui fe tenoient à Munfter & qui étoient les plus oppofez à la paix, com-

comprirent la nécessité qu'il y avoit de la conclure incessamment avec la France. Les Impériaux firent des remarques sur le Traité pour tâcher d'engager Mr. Servien à entrer en négociation pour y faire quelques changemens, & les Médiateurs les lui portérent; mais il n'y répondit qu'en justifiant le procédé du Roi, & exposant ses raisons sans vouloir entrer en une nouvelle négociation sur des choses accordées.

Mr. le Brun qui étoit le seul Plénipotentiaire d'Espagne qui fût resté à Munster, fit de grandes menaces aux Députez des Etats de l'Empire, en cas qu'ils passassent outre à la conclusion du Traité de la France avec l'Empereur, à moins qu'on ne la conclût en même tems avec l'Espagne: sur cela les Députez le priérent de se relâcher sur les points qui étoient encore en contestation avec la France; mais comme il n'en fit rien, & n'avoit pas même pouvoir de le faire, ils se moquérent également de ses menaces & des caresses qu'il employa ensuite pour les engager à retarder la conclusion de leur Traité jusqu'à ce qu'on eût pu convenir des points contestez.

L'Electeur de Baviére écrivit à l'Empereur pour louer ce qui s'étoit fait à Osnabrug, & l'exhorter à y consentir, lui déclarant que, si pour complaire à des étrangers, il ne vouloit pas consentir à ce qui avoit été arrêté, il feroit sa paix particuliére avec la France & la Suéde aux conditions dont on étoit convenu, ne feroit plus la guerre contre ces deux Couronnes, & observeroit ponctuellement les articles du Traité.

Les instances & les menaces de cet Electeur & de tous les Etats de l'Empire qui vouloient également la paix & étoient disposez à la conclure sans l'Empereur, en cas qu'il ne voulût pas y consentir, l'obligérent enfin à y donner les mains, nonobstant l'opposition des Espagnols.

Les Plénipotentiaires de l'Empereur ayant reçu ses ordres d'approuver & de signer les articles qui avoient été arrêtez à Osnabrug avec la France, furent aussi-tot en donner avis à M. le Brun qui en témoigna bien de la douleur: après quoi ils convoquérent le 6. Octobre les Etats de l'Empire, auxquels ils déclarérent que l'Empereur vouloit bien faire ce qu'ils souhaitoient, & qu'ils prioient les Etats d'examiner s'il falloit faire dès-lors cette signature, si on n'entendoit pas que l'Espagne auroit la même liberté de faire des levées en Allemagne qu'on accordoit à la France pendant la guerre entre les deux Couronnes, & ce qu'on pouroit faire pour tirer le consentement du Roi d'Espagne à l'aliénation de l'Alsace, pendant qu'il resteroit en guerre avec la France: ils firent aussi savoir la même chose à Mr. Servien par le canal des Médiateurs.

Tous les Etats de l'Empire eurent une extrême joye de cette disposition à la prochaine conclusion de la paix. Mr. Servien travailla ensuite sans relâche avec eux & avec les Médiateurs à lever les difficultez qui en pouvoient retarder la signature.

La premiére étoit au sujet du titre de *Toujours Auguste* que les Impériaux avoient donné à l'Empereur dans leur projet, & que Mr. Servien avoit retranché dans le sien, voulant que les qualitez fussent entiérement égales entre le Roi & l'Empereur; à qui il alléguoit qu'on n'avoit point donné celle-ci dans les Traitez de Ratisbone & de Querasque: mais comme les Députez des Etats allé-

guérent que ce titre avoit toujours été pris par l'Empereur dans les Traitez précédens, & témoignérent s'y intéresser extrêmement, & en faire un point d'honneur, il y consentit; d'autant plus que les Suédois qui avoient fait la même difficulté, s'en étoient relâchez, & que cette qualité ne pouvoit porter aucun préjudice au Roi.

La seconde fut au sujet du titre de Landgrave d'Alsace que Mr. Servien prétendoit que l'Empereur ni les Princes de la Maison d'Autriche ne pouroient plus prendre. On convint que les Plénipotentiaires de l'Empereur dont l'un étoit aussi chargé de la procuration des Archiducs, promettroient aux Médiateurs au nom de Sa Majesté Impériale & des Archiducs, que désormais l'Empereur ni les Archiducs ne prendroient plus la qualité de Landgraves d'Alsace, & que les Médiateurs en donneroient un certificat par écrit à Mr. Servien.

La troisiéme étoit au sujet de l'évaluation des livres tournois dont le Roi devoit donner trois millions aux Archiducs: Mr. Servien convint que les Médiateurs donneroient aussi en même tems aux Impériaux un certificat qu'en faisant le payement des trois millions de livres pour l'Alsace, chaque Richedale seroit évaluée à raison de deux livres dix sols, comme il avoit été pratiqué dans tous les payemens qui avoient été faits jusqu'alors pour le Roi en Allemagne.

La quatriéme difficulté étoit si le Roi posséderoit l'Alsace en Souveraineté, ou s'il la tiendroit comme un fief de l'Empire: sur quoi Mr. Servien ayant déclaré aux Etats que le choix qui leur avoit été donné ci-devant de la part du Roi sur ce sujet ne devoit avoir lieu que jusqu'à la conclusion du Traité de paix, n'étant pas juste que la condition de cet Etat qui devoit être laissé au Roi pour sa satisfaction, demeurât incertaine après le Traité signé; on convint que la convention faite sur ce sujet demeureroit en son entier aux termes qu'elle étoit, sans qu'il y fût rien changé, diminué, ni ajouté de part ni d'autre; sauf néanmoins à traiter de cette affaire entre la signature & la ratification du Traité pour voir si d'un commun consentement on prendroit une autre résolution, & sans aucune obligation de part ni d'autre.

La cinquiéme difficulté fut sur ce que les Impériaux vouloient comprendre le Roi d'Espagne dans le Traité parmi les alliez de l'Empereur, à quoi Mr. Servien ne voulut point consentir, n'étant point d'usage de comprendre dans un Traité les Princes avec lesquels on restoit en guerre. On convint pour lever cette difficulté que l'on ne nommeroit point dans le Traité les alliez de part ni d'autre; qu'on laisseroit à l'Empereur & au Roi la liberté de les nommer d'un commun consentement dans six mois après la signature du Traité; & qu'on n'y nommeroit que la République de Venise comme Médiatrice, afin qu'elle pût se prévaloir de cette nomination dans son accommodement avec le Turc.

La siziéme difficulté rouloit sur ce que les Impériaux soutenoient qu'ils ne devoient point fournir les cessions & les renonciations de l'Empereur & des Archiducs que lors qu'on échangeroit les ratifications du Traité; au lieu que Mr. Servien demandoit qu'ils les fournissent lorsqu'on le signeroit. On convint pour lever cette difficulté que les Plénipotentiaires de l'Empereur donne-

roient

roient le jour de la fignature du Traité des ceffions & renonciations fignées d'eux & fcellées de leurs cachets, & s'obligeroient à en fournir, lorfqu'on échangeroit les ratifications, d'autres qui feroient fignées par l'Empereur & par les Archiducs, & que les Etats de l'Empire en feroient garents.

La feptiéme difficulté fut la prétention de l'Evêque de Bâle fur le Comté de Ferrette. Mr. Servien déclara à cet égard aux Impériaux, aux Médiateurs, & aux Etats de l'Empire, que c'étoit aux Archiducs à la faire ceffer ou à fatisfaire cet Evêque.

La huitiéme & plus grande difficulté fut au fujet de l'obligation dans laquelle l'Empereur & les Archiducs entroient d'obtenir du Roi d'Efpagne une renonciation à l'Alface & aux autres Provinces & Places que la Maifon d'Autriche cédoit à la France, & qu'on étoit bien perfuadé qu'il ne donneroit pas dès qu'il ne feroit point la paix avec le Roi. Les Députez des Electeurs, des Princes, & des Etats de l'Empire, afin que cette difficulté n'arrêtât pas la fignature du Traité & la ceffation des hoftilitez, donnérent le 15. Octobre à Mr. Servien, ainfi qu'il l'avoit demandé, un acte qui fut figné par le Directeur de l'Empire au nom de tous les Etats, par lequel ils promirent que fi dans le tems qui s'écouleroit depuis la fignature du Traité de paix jufqu'à fa ratification, on ne fourniffoit pas à l'Ambaffadeur du Roi Très-Chrétien la ceffion & renonciation du Roi d'Efpagne à l'Alface & au Suntgau, ils donneroient au nom de l'Empire une telle garentie que le Roi & le Royaume de France ne fouffriroient aucun préjudice du deffaut de la ceffion du Roi d'Efpagne ; & ils déclarérent outre cela qu'encore qu'on fût convenu par le Traité de paix que les quatre Villes foreftieres feroient reftituées aux Archiducs, & qu'on leur payeroit trois millions de livres tournois, on fufpendroit la reftitution de ces Villes & le payement de ces trois millions, jufqu'à ce que cette ceffion du Roi d'Efpagne eût été remife par les Plénipotentiaires de l'Empereur entre les mains de l'Ambaffadeur de France : après quoi le Roi T. C. feroit tenu de faire fans délai ce payement & cette reftitution.

Toutes ces difficultez ayant été ainfi levées, on travailla à mettre au net les divers exemplaires du Traité qu'il falloit figner.

Les Efpagnols voyant qu'ils ne pouvoient empêcher la conclufion de la paix, firent faire le 18. par Pierre de Veimbs Préfident de la Province de Luxembourg & foi difant Ambaffadeur de la Maifon de Bourgogne à l'Affemblée de Munfter, une proteftation contre ce Traité ; dans laquelle il fe plaignit, premiérement, que nonobftant l'attachement que le Roi d'Efpagne avoit toujours eu pour l'Empire, l'Empereur ne le comprenoit point dans ce Traité entre fes alliez : fecondement, de ce que le Cercle de Bourgogne qui ne devoit pas être de pire condition que les autres, étoit exclus de ce Traité, tant que la préfente guerre dureroit avec les François: troifiémement, de ce que l'Empereur s'y faifoit fort que le Roi d'Efpagne renonceroit à fes droits fur l'Alface, qui étoit le patrimonie de fa Maifon, & promettoit des affurances à la France, en cas qu'il n'y renonçât pas : quatriémement, de ce qu'il étoit dit que le Palatinat feroit reftitué au Palatin, fans qu'il y pût être apporté d'oppofition de la part du Roi d'Efpagne qui le poffédoit & l'avoit acquis à grands frais en

conféquence d'un mandement de l'Empereur. Cet Ambaffadeur protefta pour toutes ces raifons contre ce Traité qu'il déclara ne pouvoir préjudicier aux droits du Roi fon Maitre ni déroger aux anciens Concordats & aux Conftitutions de l'Empire ; & demanda que cette proteftation fût inférée dans les Regiftres publics.

Cette proteftation n'empêcha pas que le Traité ne fût figné le 24. Octobre par les Plénipotentiaires de l'Empereur & par Mr. Servien ; on en fit deux exemplaires dont l'un fut figné chez ces premiers, & l'autre chez Mr. Servien : après quoi l'un & l'autre exemplaire furent fignez dans la falle de l'Evêché par les Députez des Electeurs, des Princes, & des Etats de l'Empire.

Pour rendre honeur à ceux qui avoient travaillé à ce Traité, quoi qu'ils ne fuffent plus à Munfter, le Comte de Trautmansdorff fut nommé avec le Comte de Naffau & Mr. Volmar parmi les Plénipotentiaires de l'Empereur, & le Duc de Longueville, & le Comte d'Avaux avec Mr. Servien pour ceux du Roi.

Comme le Pape n'étoit pas content des Traitez de Weftphalie à caufe de la fécularifation qui y avoit été faite de plufieurs Evêchez & autres Bénéfices, on ne fit point mention dans le préambule du Traité de fa Médiation, mais feulement de celle de la République de Venife, dont il fut dit que les Confeils n'avoient jamais manqué de rétablir dans les tems les plus difficiles le falut public & le repos dans la Chrétienté.

J'ai marqué ci-devant les articles qui contenoient la fatisfaction de la France & ceux qui concernoient le Cercle de Bourgogne, la prohibition à l'Empereur & aux Etats de l'Empire de fecourir les ennemis de la France, & l'affaire de la Loraine : ils furent inférez dans le Traité dans les mêmes termes dont on étoit convenu.

On inféra encore dans le Traité les articles ordinaires dans ces fortes d'actes, & plufieurs autres concernans les intérêts de divers Princes d'Allemagne & d'Italie, dont je réferve de parler dans le cinquiéme Chapitre.

Les Impériaux & Mr. Servien échangérent enfuite leurs pleins pouvoirs qui étoient demeurez jufqu'alors entre les mains du Nonce : après quoi les Impériaux remirent à Mr. Servien un acte par lequel l'Empereur céda au Roi de France & à fes Succeffeurs en ce Royaume fans aucune réferve ni reftriction le domaine fuprême & direct, les droits de Souveraineté Impériale, & toutes les chofes qui lui appartenoient & à l'Empire fur les Evêchez & les Villes de Metz, Toul, & Verdun, & fur les diftricts de ces Evêchez, particuliérement fur Moyenvic ; comme auffi fur Pignerol, Brifac, le Landgraviat de la haute & baffe Alface, & le Suntgau : enforte que tous les droits qui lui appartenoient & à l'Empire, appartiendroient à l'avenir au Roi Très-Chrétien & à la Couronne de France ; & qu'à l'exception des Etats qui avoient été réfervez à l'Empire par le Traité de paix, tous les Evêques & autres habitans de ces lieux pourroient être compris à l'avenir parmi les Vaffaux & fujets de la Couronne de France ; le Roi pourroit exiger d'eux le ferment de fidélité, percevoir les impôts ordinaires, & exercer fur eux toute jurisdiction Royale & Souveraine : il renonça à tous les droits que lui & fes prédéceffeurs avoient eus fur eux, les délivra du ferment & de la fidélité qu'ils lui devoient & à l'Empire, & dérogea

rogea à tous les decrets , conftitutions , ftatuts, & à la capitulation Impériale qui défendoit toute aliénation des biens & des droits de l'Empire , fans qu'on pût jamais pour quelque droit & titre que ce fût revenir au contraire. Les Députez des Electeurs, des Princes , & Etats de l'Empire atteftérent enfuite dans le même acte, que cette ceffion & renonciation avoit été faite du confentement de ces Electeurs, Princes, & Etats qui l'approuvoient & y confentoient , & promettoient en vertu de leurs pleins pouvoirs, qu'elle feroit gardée inviolablement , confentoient que dans la premiére Diette de l'Empire l'aliénation de ces Provinces & de ces droits fût ratifiée, & que fi on mettoit dans la capitulation Impériale un pacte, ou qu'on fît dans les Diettes une propofition pour la réünion des biens de l'Empire qui auroient été aliénez, les chofes exprimées ci-deffus n'y feroient point cenfées comprifes , comme ayant été légitimement tranfportées à autrui par un avis commun des Etats pour la tranquilité publique & même à titre onéreux. Cet acte étoit figné du Comte de Naffau , de Mr. Volmar , & de plufieurs Députez des Etats de l'Empire.

Ces deux mêmes Plénipotentiaires remirent encore à Mr. Servien un autre acte figné d'eux par lequel l'Empereur & les Archiducs Ferdinand-Charles & Sigismond-François cédoient au Roi & à fes Succeffeurs tous les droits qu'eux & la Maifon d'Autriche avoient fur Brifac & les quatre Villages qui en dépendoient , fur le Landgraviat de la haute & baffe Alface, le Suntgau & la Préfecture Provinciale des dix Villes fituées en Alface , avec toutes les claufes de renonciation, de transmiffion, de propriété, & autres ordinaires en ces fortes d'actes , & portées par le Traité de paix.

Au bas de chacun de ces deux actes étoit une reconnoiffance des deux Plénipotentiaires de l'Empereur en datte du 24. Octobre 1648. que cette ceffion auroit dû être délivrée à l'Ambaffadeur du Roi Très-Chrétien, fignée de la main & fcellée du fceau de Sa Majefté Impériale ; mais que comme elle ne s'étoit pas trouvée prête , ils l'avoient en vertu de leurs pleins pouvoirs fignée de leurs mains & fcellée de leurs cachets pour avoir la patente de l'Empereur , & promettoient que dans le tems marqué pour l'échange des ratifications , ils la donneroient à ce Plénipotentiaire en forme autentique.

Les Médiateurs donnérent en même tems à Mr. Servien une déclaration dattée du même jour 24. Octobre 1648. qui portoit que le Comte de Naffau & le Préfident Volmar leur avoient ce jour-là donné leur parole que l'Empereur ni aucun autre Prince de la Maifon d'Autriche ne prendroit plus les titres ni les armes de Landgraves d'Alface, du Suntgau, ni du Comté de Ferrette ; & qu'ils reportoient préfentement cette parole à Mr. Servien : en foi de quoi ils avoient fait faire cet écrit qu'ils avoient figné de leur main & fcellé de leurs cachets.

Ils donnérent auffi en même tems à ces deux Plénipotentiaires de l'Empereur un écrit datté du même jour & auffi figné de leur main & fcellé de leurs cachets , par lequel ils leur reportoient pareillement la parole que Mr. Servien leur avoit donnée , que quand la France payeroit aux Archiducs la fomme qu'elle leur avoit promife, deux livres & demie tournois feroient taxées pour une Richedale.

Tom. II.

Le Traité entre l'Empereur & la Reine de Suéde fut auffi figné le même jour à Munfter , quoi qu'on y eût mis la date d'Osnabrug qui y eft demeurée.

Le lendemain 25. les Plénipotentiaires de l'Empereur & Mr. Servien firent chanter le *Te Deum* en deux différentes Eglifes ; après quoi la paix fut publiée folemnellement, & on envoya des couriers à tous les Généraux pour faire ceffer auffitôt les hoftilitez.

Le Nonce Chigi fit le 26. une proteftation contre les articles de la paix qui pouvoient être préjudiciables à l'Eglife Romaine & à la Religion Catholique , & en préfenta des copies aux Plénipotentiaires de l'Empereur, à Mr. Servien & à tous les Miniftres de l'Affemblée : les Impériaux lui en donnérent un reçu ; mais Mr. Servien jugea bien plus à propos de lui écrire une lettre dans laquelle après lui avoir témoigné être curieux de favoir s'il avoit protefté contre le Traité fait entre le Roi d'Efpagne & les Etats Généraux , par lequel on avoit ôté à tant de bons Catholiques l'exercice de leur Religion , il lui fit connoître que l'autorité du Roi avoit confervé durant la guerre la Religion Catholique dans tous les lieux où elle s'exerçoit auparavant ; & que fi l'Empereur avoit mieux aimé accorder quelques Evêchez à la Couronne de Suéde pour fa fatisfaction ou pour indemnifer des Princes dont il lui avoit cédé les Etats , que de lui donner aucune chofe de fes Pays héréditaires , la France n'avoit pas approuvé cette réfolution , & que fes Plénipotentiaires avoient fait pour l'empêcher tout ce qu'on pouvoit attendre des Miniftres d'un Roi Très-Chrétien, Très-Catholique, & fils ainé de l'Eglife.

Mr. de Brienne ayant envoyé à Mr. Servien deux ratifications , dans l'une desquelles le Roi étoit nommé avant l'Empereur , & dans l'autre le Roi ni l'Empereur n'étoient point nommez l'un devant l'autre , Mr. Servien préfenta la premiére comme plus honorable au Roi ; mais les Députez des Etats en furent fi fcandalifez , & firent un fi grand bruit de cette nouveauté , qu'ayant vu que dans tous les précédens Traitez les Empereurs avoient toujours été nommez avant les Rois de France , pour les appaifer & empêcher que cet incident ne produifît un mauvais effet contre les intérêts du Roi , il prit le parti de rejetter la chofe fur une méprife du Commis qui avoit mis au net la ratification , & promit d'en faire venir une autre : en effet il fit peu après favoir aux Etats qu'il lui en étoit venu une autre dans les termes qu'ils fouhaitoient ; deforte que chacun demeura content. Mr. Servien fit délivrer le 2. Janvier 1649. aux Plénipotentiaires de l'Empereur un écrit par lequel , attendu que le terme de deux mois porté par le Traité pour l'échange des ratifications étoit expiré , il leur déclara qu'il avoit entre fes mains la ratification du Roi & étoit prêt de l'échanger ce jour-là même avec celle de l'Empereur & des Princes de l'Empire ; pourvû qu'on lui remît en même tems tous les actes que l'on devoit lui fournir par le Traité , & dont il donna un mémoire, & entr'autres une ceffion en bonne forme des Etats de l'Empire, par laquelle ils révoquaffent & annullaffent toutes les déclarations , explications, & lettres qu'ils avoient faites au contraire. Ce fut cette demande qui fit le principal obftacle à l'échange des ratifications ; & il n'y eut quafi que les Proteftans qui y fiffent difficulté, la plus grande

F   partie

partie des Catholiques étant attachez à la France, & les Impériaux ne s'y oppofant point fur ce que Mr. Servien leur repréfenta que c'étoit à eux à faire lever cet obftacle , & à lui fournir la ceffion des Etats de l'Empire fans aucune réferve ni glofe; qu'autrement, fi on ôtoit au Roi quelque chofe d'un côté,ils feroient tenus de le récompenfer d'un autre.

Les Impériaux fur les inftances des Efpagnols firent leur poffible pour empêcher les Etats de l'Empire de donner au Roi la fureté qu'ils avoient promife au deffaut du confentement du Roi d'Efpagne à la ceffion de l'Alface à la France : les quatre Plénipotentiaires de l'Empereur furent le 25. Janvier trouver Mr. Servien , & après lui avoir témoigné qu'ils avoient appris depuis peu avec furprife que les Etats de l'Empire avoient ci-devant confenti & devoient encore confentir que le Roi retînt les Villes Foreftiéres , & ne payât point aux Archiducs les trois millions de livres qui leur avoient été promis jufqu'à ce qu'on lui eût remis le confentement du Roi d'Efpagne à l'aliénation de l'Alface , ils le priérent de ne point demander une pareille chofe qui n'étoit point raifonnable, & que ni les uns ni les autres n'avoient point pouvoir d'accorder. Mr. Servien leur témoigna qu'il étoit étonné de ce difcours , & qu'il n'étoit pas croyable qu'une promeffe de cette conféquence lui eût été donnée fans qu'ils en euffent rien fu, & qu'ils n'y euffent confenti , puis qu'elle avoit retardé de quelques jours la conclufion du Traité ; & qu'ils favoient bien qu'il n'avoit pu le figner qu'avec cette précaution ; qu'il avoit ordre d'en demander préfentement l'exécution , & qu'ils étoient trop habiles pour ne pas connoître qu'il n'étoit pas en fon pouvoir de leur remettre la ratification du Roi, s'ils vouloient former quelque changement aux chofes dont on étoit convenu. Les Plénipotentiaires de l'Empereur continuérent d'agir auprès des Etats de l'Empire pour les empêcher de prendre cette réfolution ; mais leurs efforts furent inutiles , & Mr. Servien fit le 28. Janvier une nouvelle convention avec les Etats de l'Empire , par laquelle il fut dit que le Roi retiendroit les quatre Villes Foreftiéres & les trois millions de livres qu'il devoit payer à l'Archiduc d'Infpruk jufqu'à ce que les Impériaux lui euffent fourni le confentement du Roi d'Efpagne à l'aliénation de l'Alface & des autres Provinces & lieux cédez à la France par le Traité de paix : & les Etats promirent de prendre les armes contre ceux qui voudroient troubler à l'avenir la France dans la poffeffion de ce qui lui avoit été accordé pour fa fatisfaction. Mr. Servien & les Députez des Etats de l'Empire fignérent trois exemplaires de cette convention,qui furent dépofez dans le directoire de l'Empire jufqu'au jour de l'échange des ratifications; auquel jour on convint qu'il en feroit délivré un exemplaire aux Plénipotentiaires de l'Empereur,afin qu'ils n'en puffent pas prétendre encore caufe d'ignorance, un autre à l'Ambaffadeur de France, & que le troifiéme feroit remis au Directoire de Mayence.

L'échange des ratifications fut enfin fait le 18. Fevrier ; Mr. Servien donna aux Impériaux la ratification du Roi & une proteftation dattée de ce même jour contre toutes les déclarations, interprétations , limitations, lettres , & proteftations qui pouvoient avoir été faites publiquement ou fecretement au fujet de ce qui avoit été accordé à la France pour fa fatisfaction , comme étant nulles & de nulle valeur fuivant un article exprès du

Traité de paix : enforte qu'elles ne pouroient en aucune maniére diminuer cette fatisfaction, nommement la ceffion faite à la France du Domaine fuprême & des droits de Souveraineté & autres que l'Empire Romain avoit ci-devant fur les Evêchez de Metz, Toul, & Verdun, les Villes de même nom & les diftricts de ces Evêchez , quels que fuffent ces droits & quels que fuffent ces diftricts , foit fpirituels foit temporels ; n'étant pas raifonnable que le Roi T. C. fût obligé d'accomplir fans aucune réferve ce qu'il avoit promis , & qu'on diminuât par diverfes explications & limitations ce que l'Empereur & l'Empire lui avoient cédé purement & fimplement & fans aucune condition ; & qu'ainfi comme l'Empereur & les Archiducs étoient garents de tout ce qui avoit été cédé à la France pour fa fatisfaction , c'étoit à eux à faire en forte qu'elle en jouît paifiblement & fans aucun trouble.

Mr. Servien retira en même tems des Impériaux la ratification de l'Empereur & la ceffion de Sa Majefté Impériale & des Etats de l'Empire des droits de Souveraineté accordez à la France , & une autre de l'Empereur & des Archiducs d'Infpruk des droits que la Maifon d'Autriche avoit dans l'Alface , le Suntgau , & Brifac : il retira auffi les ratifications des Electeurs, & des Princes de l'Empire , & l'acte en bonne forme qui devoit fuppléer au deffaut de la renonciation du Roi d'Efpagne à l'Alface.

Le Député de Savoye dreffa & figna de fa main un écrit qu'il demanda qu'on inférât dans les Regiftres de l'Empire , & par lequel il déclara que le Roi T. C. n'avoit acquis par le Traité de Munfter le droit de Souveraineté que fur la Ville de Pignerol , & fur celles de fes dépendances que le Roi & le Royaume de France avoient acquis par des Traitez particuliers. Mr. Servien envoya cet écrit en Cour le 2. Mars.

La négociation de la paix ayant été ainfi terminée , le Roi rappella Mr. Servien en France, où il crut avoir befoin de l'avoir dans fon Confeil dans la fâcheufe conjoncture où Sa Majefté fe trouvoit d'une guerre contre le Parlement de Paris : ainfi il le rappella & lui ordonna de s'en revenir inceffamment auprès de lui. Mr. Servien prit le 16. Mars congé des Médiateurs , & enfuite des Plénipotentiaires de l'Empereur , & des Députéz des Etats de l'Empire , qu'il affura de la part de Sa Majefté de la ferme réfolution où elle étoit d'entretenir une amitié perpétuelle avec l'Empire : ils reçurent avec joye ces affurances au nom de l'Empire , l'affurérent du réciproque de fa part, & le chargérent le 19. Mars d'une lettre pour le Roi, par laquelle après avoir témoigné à Sa Majefté la fatisfaction qu'ils avoient de la bonne conduite que Mr. Servien avoit tenue pour terminer la guerre qui défoloit l'Allemagne depuis trente années, & l'envie qu'ils auroient eue qu'il fût refté encore quelque tems à Munfter pour lever les obftacles qui fe pouvoient rencontrer à fon exécution, ils fupplioient Sa Majefté de donner fes ordres pour la promte retraite de fes Troupes , & la reftitution des places; & l'affuroient de leurs profonds refpects.

Mr. Servien partit peu de jours après de Munfter, & revint en France avec la gloire d'avoir par fa prudence & fa fermeté conduit à une heureufe fin le plus important Traité qui depuis plufieurs fiécles eût été conclu avec autant de gloire & d'avantage pour la France.

Après

Après avoir rapporté au long toute la négociation de ce Traité, je crois nécéssaire d'y joindre en peu de mots ce qui se fit en conséquence pour son exécution, & les changemens qui sont arrivez depuis à ce qui y avoit été stipulé pour la satisfaction de la France.

Pour parvenir à l'exécution des Traitez de Munster & d'Osnabrug, les Plénipotentiaires de l'Empereur & du Roi s'assemblérent à Nuremberg avec ceux de la Couronne de Suéde, & ceux des Princes de l'Empire qui y avoient intérêt. Octave Picolomini Prince d'Amalfi & Isaac Volmar s'y trouvérent de la part de l'Empereur, & Henri Groulart Sr. de la Court, François Caset Sr. de Vautorte, & Charles Baron d'Avaugour de la part du Roi. Les principales difficultez qui y furent traitées regardérent le tems auquel l'Empereur casseroit ses troupes, & celui auquel les places seroient restituées de part & d'autre: la conclusion du Traité fut retardée à cause que les Espagnols ne vouloient point évacuer Frankendal qui étoit entre leurs mains depuis 1635. On proposa de donner Benfeld à l'Electeur Palatin jusqu'à ce qu'il eût recouvré Frankendal; mais les François refusérent d'y consentir, parce que la démolition des fortifications de Benfeld faisoit partie de la satisfaction de la France, & qu'ils craignoient que cet Electeur ne remît Benfeld aux Espagnols pour rentrer dans Frankendal, ce qui auroit encore plus incommodé les François en Alsace: enfin on convint de remettre Hailbron entre les mains de l'Electeur Palatin, jusqu'à ce qu'il fût rentré dans Frankendal; & les Plénipotentiaires de l'Empereur passérent le second Juillet 1650. un Traité par lequel on convint des troupes que l'Empereur devoit retenir & licencier, & des trois termes dans lesquels l'Empereur & le Roi évacueroient les places, & entr'autres que les fortifications de Newburg sur le Rhin seroient razées dans le premier terme, que celles de Saverne & du Château de Hohenbar seroient démolies dans le second, & que dans le troisiéme le Roi rendroit entr'autres places Haguenau & Landau, & le Duc François de Loraine seroit rétabli dans la possession de son Evêché de Verdun, de ses Abbayes, & de ses biens.

L'Empereur ayant obtenu que les Electeurs élussent à Ausbourg le 31. Mai 1653. Ferdinand IV. Roi de Hongrie & de Bohême, son fils aîné pour Roi des Romains, ce Prince dans la Capitulation qu'on lui fit jurer, promit entr'autres choses qu'il observeroit religieusement le Traité de Munster & d'Osnabrug, que les Villes Impériales confédérées en Alsace demeureroient incorporées dans l'Empire sans préjudice du droit particulier de protection mentionné dans le Traité de Munster, & qu'il défendroit de tout son pouvoir leurs terres & leurs sujets, qu'il feroit son possible pour entretenir pendant son regne l'amitié avec les Potentats Chrétiens ses voisins, & n'entreprendroit aucune guerre contre eux que du consentement des Etats de l'Empire, ou au moins des Electeurs, en attendant l'assemblée d'une Diette qu'il convoqueroit pour cet effet.

L'Empereur fut ensuite à Ratisbonne où il avoit convoqué une Diette générale de l'Empire & où le Roi envoya Mr. de Vautorte en qualité de son Ambassadeur Extraordinaire pour y avoir soin des intérêts de la France, en cas qu'on mît sur le tapis quelque affaire qui la regardât; & avec ordre de ne point demander les ratifications qu'il avoit été dit par le Traité qu'on lui donneroit dans la prochaine Diette: parce qu'outre que dans le fond elles étoient inutiles, on pouroit tirer quelque mauvaise conséquence du refus qu'on feroit de ne les donner qu'à des conditions qu'il ne voudroit pas accepter de consentir que Sa Majesté tînt l'Alsace en fief de l'Empire si les Etats témoignoient beaucoup le souhaiter, & lui donnoient dans les Diettes une place convenable à sa dignité. Il devoit de plus faire connoître que le Roi n'étoit point obligé de payer les trois millions promis aux Archiducs d'Inspruk avant qu'on lui eût fourni la renonciation du Roi d'Espagne qui avoit été promise.

Mr. de Vautorte arriva à Ratisbonne le 26. Juin & salua l'Empereur le 2. Juillet, & le lendemain le Roi des Romains: il trouva que les dix Villes d'Alsace y avoient à l'ordinaire envoyé des Députez qui faisoient de grandes plaintes de ce que le Comte d'Harcourt leur vouloit faire payer une certaine somme qu'ils avoient accoutumé de payer aux Archiducs sur le Trésorier de l'Empereur; qu'elles prétendoient qu'on avoit bien cédé au Roi la Landurgtie, mais non la Reichurgtie pour laquelle on donnoit cet argent, & demandoient qu'il fût déclaré que le droit de protection appartenoit toujours à l'Empire: que l'Empereur ni les Députez des Etats qui lui étoient attachez ne vouloient point que l'Alsace fût un fief de l'Empire: que l'Archiduc d'Inspruk avoit présenté son mémoire à la Diette pour le payement des trois millions qui lui avoient été promis: que l'Evêque de Bâle redemandoit le Comté de Ferrette qu'il prétendoit que la Maison d'Autriche n'avoit pu céder & n'avoit pas même cédé à la France; attendu qu'il ne faisoit point partie de l'Alsace ni même du Suntgau qui lui avoient été cedez: que le Comte de Nassau-Sarbruk & d'autres possesseurs de fiefs relevans de l'Evêche de Metz, se plaignoient de ce qu'on les appelloit devant le Parlement de Metz; prétendant que pour leurs jurisdictions & leurs personnes ils ne dépendoient que de l'Empire: que la Religion de Malte & d'autres Seigneurs d'Alsace avoient présenté des mémoires à la Diette contraires aux droits du Roi comme Landgrave d'Alsace: que le nouvel Evêque de Spire se plaignoit aussi de la garnison que le Roi tenoit à Philisbourg, & demandoit qu'il l'en retirât: que le Marquis de Dourlac demandoit la restitution du château de Landscron: qu'on contestoit à la France presque tout ce qui lui avoit été accordé par le Traité de Munster, excepté là Souveraineté sur l'Alsace: & que les Ministres de la Maison d'Autriche appuyoient fort toutes les plaintes faites contre la France.

Les trois Colléges résolurent qu'on examineroit la déclaration que les Etats de l'Empire avoient faite à Munster le 22. Août 1648. & qu'ils avoient envoyée au Roi: & Mr. de Vautorte ne pouvant empêcher qu'ils ne délibérassent sur cette déclaration & sur tous les mémoires qui avoient été présentez à la Diette, s'attacha à former divers obstacles qui empêchassent qu'on n'y prît aucune résolution.

Les Etats envoyérent le 14. Octobre douze Députez à Mr. de Vautorte pour lui communiquer un mémoire de leurs griefs qui regardoient la France; il les reçut, & en même tems résolut de faire tout son possible pour empêcher que les Etats

ne

ne priſſent aucune réſolution ſur ce ſujet ; & pour cet effet il demanda que la Diette nommât des Députez pour conférer avec lui ſur les différens articles de ce mémoire. Cela fut ainſi réſolu le 24. Janvier 1654. & que l'Empereur ſeroit prié d'y joindre auſſi quelques Députez de ſa part : en effet on tint quelques conférences, mais on n'y conclut rien ; Mr. de Vautorte étant mort le 19. Avril, & la Diette ayant fini le 17. Mai ſuivant.

Ferdinand IV. mourut vers la fin de cette même année ; & l'Empereur Ferdinand III. ſon pére le ſuivit en 1657.

Comme ce Prince avoit en 1656. envoyé une puiſſante armée en Italie pour punir François d'Eſt Duc de Modéne de ce que s'étant allié avec le Roi il avoit attaqué le Duché de Milan , ſa Majeſté en fit faire de grandes plaintes dans l'aſſemblée qui ſe tint à Francfort pour l'élection de ſon Succeſſeur : ſi bien que par la Capitulation qu'ils firent ſigner à Léopold Roi de Hongrie ſon ſecond fils avant que de l'élire pour Empereur , ils l'obligérent à promettre d'obſerver le Traité de Munſter & d'Osnabrug ; de n'aſſiſter d'armes, de troupes, d'argent , ou de munitions, ſous quelque prétexte que ce fût , les ennemis de la France qui étoient hors de l'Empire ; de s'en tenir à la paix de Weſtphalie pour ce qui regardoit le Cercle de Bourgogne & la guerre qui y étoit allumée lors que cette paix avoit été faite ; de ne ſe mêler en aucune maniére des guerres qui ſe faiſoient préſentement en Italie & dans le Cercle de Bourgogne, & de n'y faire point la guerre ni comme Empereur ni pour ſa Maiſon contre la Couronne de France , ni contre ſes alliez en Italie & dans le Cercle de Bourgogne.

Le Roi d'Eſpagne ayant par l'article 16. du Traité des Pirénées renoncé en 1659. à toutes ſes prétentions ſur la haute & baſſe Alſace , le Suntgau , le Comté de Ferrette , la ville de Briſac & ſes dépendances , & ſur tous les Pays & droits cédez à la France par le Traité de Munſter, ſa Majeſté déclara qu'il étoit prêt de payer l'Archiduc Ferdinand-Charles qui envoya à Paris un Agent pour traiter avec ſa Majeſté de ce payement : cet Agent prétendit d'abord que le Roi devoit payer les trois millions de livres en un ſeul payement avec les intérêts depuis l'expiration des termes portez par le Traité ; & que ſuivant la déclaration des Médiateurs deux livres & demie devoient être évaluées à une Richedale ; mais comme on lui fit connoître que le Roi n'ayant point été en demeure de payer , puiſqu'on ne lui avoit point fourni la renonciation du Roi d'Eſpagne , n'étoit point déchu de la faculté de payer cette ſomme en trois années , & n'en devoit point d'intérêts , & que la valeur des livres tournois étant une choſe publique, & le Traité ne changeant point la valeur qu'elles avoient en France , elle devoit plutôt être ſuivie que cette déclaration qui portoit une choſe dont Mr. Servien avoit toujours denié d'être convenu : cet Agent paſſa avec les Commiſſaires du Roi le 16. Décembre 1660. un Traité par lequel l'Archiduc renonça auſſi au Comté de Ferrette qui n'avoit point été exprimé nommément dans le Traité de Munſter, ſans néanmoins aucune garentie à cauſe que c'eſt un fief de l'Evêque de Bâle : le Roi promit de ſa part de payer à l'Archiduc les trois millions de livres dans les années 1661. 1662. & 1663. l'Archiduc renonça à tout ce qu'il au-

roit pu prétendre en vertu des atteſtations du Nonce & de l'Ambaſſadeur de Veniſe ; & convint de ne demander aucuns intérêts à ſa Majeſté, déclarant qu'il ſe tiendroit content en lui payant cette ſomme en écus blancs, à raiſon de trois livres pour écu. Ce Traité fut exécuté ; le Roi ayant payé exactement tant à cet Archiduc qu'après ſa mort à l'Archiduc Sigiſmond-François ſon frére dans les termes qu'il la lui avoit promiſe.

Depuis que le Roi fut par la paix des Pirenées plus en état d'entrer en poſſeſſion de ſes droits, il eut pluſieurs conteſtations avec quelques Princes, Seigneurs, & villes de l'Empire, ſur leſquels il prétendoit avoir acquis la Souveraineté par le Traité de Munſter ; attendu que quelques-uns de ces Princes & Seigneurs poſſédoient des fiefs qui relévent des Evêchez de Metz, Toul, & Verdun, & ainſi ſont compris dans les diſtricts de ces Evêchez qui ont été cédez au Roi par ce Traité, & que les autres , ainſi que les dix Villes Impériales d'Alſace dépendoient du Landgraviat d'Alſace & de la Préfecture d'Haguenau qui ont auſſi été cédez au Roi en toute Souveraineté par ce même Traité. Ces Princes, ces Seigneurs, & ces Villes s'oppoſant aux prétentions du Roi , & trouvant mauvais qu'il vouлût établir un Parlement en Alſace & les obliger à lui prêter un ſerment de fidélité, portérent en 1663. leurs plaintes à la Diette de Ratisbonne, laquelle ayant fait faire au Roi quelques remontrances ſur ce ſujet , on convint en 1665. de s'en rapporter à des arbitres qu'on choiſit dans l'Empire même, ſavoir l'Electeur de Saxe, les Evêques d'Aichſtat & de Conſtance, & la ville de Ratisbonne de la part de l'Empereur & de l'Empire, & les Electeurs de Mayence & de Cologne, le Roi de Suéde & la Maiſon de Heſſe de la part du Roi.

Ces arbitres n'avoient encore rien décidé, lorſque l'Empereur entra en 1673. en guerre contre le Roi , & engagea l'année ſuivante l'Empire à en faire autant : cette guerre fut pourſuivie avec un ſuccès aſſez égal ; l'Empereur ayant pris Philisbourg ſur le Roi, & Sa Majeſté ayant pris Fribourg ſur l'Empereur ; le Roi ſe mit auſſi en poſſeſſion des Villes d'Alſace , & en fit raſer les fortifications.

Lors qu'on traita la paix à Nimégue l'Empereur prétendant que la France par tous les attentats qu'elle avoit commis contre l'Empire étoit déchue des bénéfices de la paix de Weſtphalie , demanda que tout ce que les François poſſédoient dans l'Empire y fût réüni , ſavoir l'Alſace , Briſac , & Philisbourg, le droit de juriſdiction ſur les dix Villes Impériales d'Alſace, & le droit de Feudalité ſur ce que les vaſſaux des trois Evêchez de Metz, Toul, & Verdun poſſédoient hors des diſtricts de ces Evêchez, dans l'étendue de l'Empire : le Roi dans ſa réponſe ſoutint que l'Empereur ne pouvoit pas refuſer de s'en tenir à la paix de Weſtphalie qu'il s'étoit obligé d'obſerver par la capitulation qu'il avoit ſignée lorſqu'il avoit été fait Empereur ; & cependant dans le projet de paix générale qu'il propoſa le 15. Avril 1678. il offrit à l'Empereur l'alternative ou de garder Philisbourg en lui laiſſant Fribourg, ou de remettre Philisbourg à Sa Majeſté qui lui rendroit Fribourg.

Les Plénipotentiaires de l'Empereur & du Roi ayant enſuite propoſé chacun de leur part un projet de Traité , ceux de l'Empereur inférérent dans leur projet un article qui portoit que les arbitres nommez par l'Empereur & l'Empire d'une

part

part & par le Roi T. C. d'autre , jugeroient au plutôt les différends pour raison des dix Villes Impériales ; & que cependant ces Villes seroient rétablies dans l'état auquel elles étoient avant la guerre ; & qu'il en seroit usé de même touchant les différends qui étoient entre le Roi T. C. & les Vassaux des Evêchez de Metz , Toul , & Verdun , la Noblesse immédiate d'Alsace, l'Evêque de Bâle , les Abbez de Murbach & de Luders, la Ville de Strasbourg , & autres ; & que cependant on n'entrepredroit rien de part ni d'autre. Mais comme les Plénipotentiaires de France ne voulurent point que cet article fût inséré dans le Traité , ceux de l'Empereur firent le 3. Fevrier une déclaration qui portoit qu'ils avoient espéré qu'en cas que toutes ces contestations ne pussent être accordées dans cette assemblée ; elles seroient renvoyées aux arbitres dont on étoit convenu ; mais que comme les Ambassadeurs de France leur avoient déclaré qu'ils n'étoient pas instruits de ces différends , ils avoient mieux aimé obmettre l'article qu'ils avoient inséré sur ce sujet dans leur projet de Traité , que de mettre d'autres obstacles à la paix ; & que cependant ils protestoient par cet acte que cette obmission ne préjudicieroit point aux droits de l'Empire : & après avoir fait cette déclaration en présence des Ambassadeurs de France , ils prièrent les Médiateurs de l'inférer dans leur Registre.

Par le Traité de paix qui fut signé deux jours après le 5. Fevrier 1579. on convint que le Traité de Munster seroit rétabli dans tous ses points ; à l'exception de ceux auxquels il seroit dérogé par celui-ci, qui furent que le Roi tant pour lui que pour ses Successeurs céda à l'Empereur & à ses heritiers & Successeurs le droit de protection & de garnison perpétuelle dans Philisbourg ; & que d'autre part l'Empereur tant pour lui que pour toute la Maison d'Autriche céda au Roi & à ses Successeurs & héritiers en toute Souveraineté , propriété , & droit de patronage , la Ville & le Château de Fribourg avec les trois Villages qui en dependent, savoir Lohem, Marshausen, & Kirchsart & leurs banlieues, & la liberté du passage de Brisac à Fribourg par le chemin appelle Landstrat.

Le Roi ayant été ainsi maintenu par le Traité de Nimégue dans les droits qui lui avoient été cédez par celui de Munster, voulut se faire reconnoître pour Souverain tant par les Vassaux des trois Evêchez, que par les Villes , les Seigneurs, & la Noblesse d'Alsace, qui ne l'avoient point encore reconnu.

Pour en venir à bout, il sit d'une part presser les Evêques de Metz, Toul, & Verdun de faire reprise de Sa Majesté, ainsi qu'ils faisoient auparavant des Empereurs, des biens & droits de leurs Eglises, & d'en fournir des titres & dénombremens à la Chambre des Comptes ; & établit à Metz une Chambre Royale, où il permit à ces Prélats de faire assigner leurs Vassaux , & ceux qui avoient usurpé ou acquis à vil prix des biens & des droits appartenans à leurs Eglises. Cela fut ainsi exécuté ; & sur les titres que ces trois Evêques rapportérent, leurs Vassaux furent condamnez en 1680. & 1687. par divers arrêts, la plupart rendus par deffaut, à leur rendre foi & hommage & à reconnoître le Roi pour leur Souverain : & ceux qui avoient mal acquis ou pris par engagement ou usurpé les biens & droits dépendans de ces Eglises, furent condamnez à leur en

abandonner la possession. Ainsi le Duc de Loraine & plusieurs autres Seigneurs voisins furent dépossédez de diverses terres dont ils jouïssoient ; & le Roi fut déclaré Souverain entr'autres fiefs du Duché des Deux-Ponts, du Comté de Weldents, du Marquisat de Nomeni, du Comté de Vaudemont, & de plusieurs autres Seigneuries appartenantes au Duc de Loraine , de la Principauté de Salms , & des Comtez de Sarbruck & de Sarwerde.

D'autre part le Conseil Souverain d'Alsace séant à Brisac, condamna tous les possesseurs des Villes , Prévôtez , & Seigneuries de la haute & basse Alsace à reconnoître la Souveraineté du Roi : de sorte que l'Electeur Palatin, le Prince de Lutzelstein ou de la petite pierre, le Grand-Maître de l'Ordre Teutonique , le Marquis de Bade-Dourlac, le Prince de Birkenfeld pour sa Seigneurie de Richeweiller, l'Abbé de Murbach & de Luders, les Comtes de Hanau, de Linange, & de Daksbourg, le Baron de Flekenstein , les dix Villes Impériales d'Alsace, & plusieurs autres Seigneurs, & Gentilshommes qui avoient jusqu'alors relevé immédiatement de l'Empire furent déclarez Vassaux & sujets de Sa Majesté.

Enfin comme le Comté de Montbeliard étoit d'ancienneté un fief du Comté de Bourgogne qui venoit d'être cédé au Roi par le Traité de Nimégue , le Parlement de Bezançon condamna le Comte de Montbeliard qui est un cadet de la Maison de Wirtemberg, à rendre hommage au Roi pour raison de ce Comté , duquel le Roi fut déclaré Souverain, quoi que les Comtes de Montbeliard eussent depuis un long tems pris séance dans les Diettes pour raison de cette Seigneurie parmi les Princes de l'Empire.

Tous ces Princes & Seigneurs s'étant plaints à l'Empereur de ces innovations , il en donna part aux Etats de l'Empire assemblez à la Diette de Ratisbonne, qui s'en plaignirent au Roi : & Sa Majesté sur les instances du Comte de Mansfeld Envoyé de l'Empereur en France, convint d'envoyer à Francfort ses Plénipotentiaires pour y conférer sur ces différends avec ceux de l'Empereur & de l'Empire.

Le Roi nomma pour ses Plénipotentiaires Mrs. de St. Romain & de Harlai qui arrivérent à Francfort au commencement du mois de Septembre 1681. vers la fin duquel la Ville de Strasbourg reçut garnison Françoise, & reconnut le Roi pour son Souverain.

Les Ambassadeurs de France restérent plus d'un an à Francfort sans rien avancer , de sorte que le Roi leur ayant ordonné de revenir en France, ils en partirent au commencement de Décembre 1682. après avoir déclaré que Sa Majesté avoit donné pouvoir au Comte de Creci son Plénipotentiaire à la Diette de Ratisbonne d'écouter jusqu'au premier Fevrier 1683. les propositions qu'on lui feroit.

La Négociation ayant été transférée à Ratisbonne, le Comte de Creci offrit que le Roi s'en tiendroit à ce qui avoit été jusqu'alors réüni à sa Couronne ; & renonceroit à de plus grandes prétentions : le Collége Electoral fut d'avis d'accepter la proposition du Roi ; mais comme le Collége des Princes prétendit qu'on devoit regler cette affaire par la voye de discution qui étoit longue & difficile , le Comte de Creci proposa de faire une trève de vingt ans , qui fut enfin conclue après beaucoup de difficultez le 15. Août 1684. par un Traité par lequel il fut dit entr'autres choses, que comme les Traitez de Weftphalie & de Nimégue étoient la bafe & le fondement de celui-ci, ils demeureroient dans leur force & vertu ; & que Sa Majefté T. C. demeureroit durant cette tréve de vingt années dans la libre & paifible poffeffion de la Ville de Strasbourg , du fort de Kell, & des autres forts fituez entre cette Ville & ce fort ; comme auffi de tous les lieux & de toutes les Seigneuries généralement quelconques qui avoient été occupez dans l'Empire en vertu des arrêts des Chambres Royales de Metz & de Brifac, & du Parlement de Bezançon jufqu'au premier jour d'Août 1681.

Le Roi étant rentré en guerre en 1688. contre l'Empereur, l'Empire, & plufieurs autres Puiffances , feu Monfeigneur le Dauphin prit le premier Novembre de cette même année la forterelle de Philisbourg , & la guerre continua avec divers fuccès jufqu'à ce que les Puiffances qui étoient en guerre étant convenues d'envoyer leurs Plénipotentiaires à Riswick en Hollande pour y traiter la paix par la Médiation du Roi de Suéde , elle fut conclue le 30. Octobre 1697. entre l'Empereur & l'Empire d'une part & le Roi d'autre , par un Traité qui porte dans l'article IV. que Sa Majefté T. C. rendroit à Sa Majefté Impériale & à l'Empire & à fes Etats & Membres nommement à l'Electeur Palatin, au Roi de Suéde comme Duc des Deux-Ponts & Comte de Weldents , au Duc de Loraine , au Grand-Maitre de l'Ordre Teutonique , au Duc de Wirtemberg , au Marquis de Bade, & aux Comtes de Naffau , de Hanau, & de Linange , tous les lieux & droits fituez hors de l'Alface qui avoient été occupez par Sa Majefté T. C. tant pendant la préfente guerre par voye de fait que par voye d'unions & de réünions, caffant pour cet effet tous les Decrets, arrêts , & déclarations faits & publiez fur ce fujet par les Chambres de Metz & de Bezançon & par le Confeil de Brifac , fans que les poffeffeurs de ces lieux puffent à l'avenir être troublez & inquiettez.

Comme pour mieux affermir cette paix il fut jugé à propos de faire quelques échanges , l'Empereur & l'Empire cédérent au Roi & à fes Succeffeurs en propriété & Souveraineté la Ville de Strasbourg avec tout ce qui en dépend à la gauche du Rhin, pour être unie & incorporée à la Couronne de France ; à la charge de rendre à fa Majefté Impériale & à l'Empire le Fort de Kell, & de faire rafer le Fort de la Pille & les autres conftruits dans les Ifles du Rhin, fans qu'ils puffent être rétablis : plus de rendre à l'Empereur & à la Maifon d'Autriche la Ville de Fribourg avec les forts & les Villages qui en dépendent : plus la Ville de Brifac avec fes dépendances fituées à la droite du Rhin, en laiffant au Roi celles qui font à la gauche de cette riviére avec le pont & le fort bâti dans l'Ifle du Rhin qui feroient entiérement démolis & ne pouroient être rebâtis par l'une ni par l'autre des parties. On convint auffi que le Roi feroit démolir les fortifications conftruites vis à vis d'Huningue fur la droite & dans l'Ifle du Rhin, & le pont conftruit en cet endroit, comme auffi le fort bâti à la droite du Rhin vis à vis le fort Louis, & la partie du pont qui va de l'ifle à ce fort : mais en forte que cette ifle & le Fort Louïs demeureroient au Roi , qui convint auffi

de rendre à l'Empereur & à l'Empire la forterelle de Philisbourg.

Ainfi il paroît que fuivant ce Traité la France a remis à l'Empire Philisbourg & Brifac qui lui avoient été cédez par le Traité de Munfter , & au lieu defquels elle a la Ville de Strasbourg : qu'elle ne peut plus prétendre la Souveraineté fur les fiefs dépendans des Evêchez de Metz, Toul, & Verdun ; mais qu'on lui réferve les lieux & droits fituez en Alface.

La guerre ayant encore recommencé en 1701. au fujet de la fucceffion d'Efpagne , les armes du Roi ont pris Brifac & le fort de Kell , & l'Empereur a repris fur lui Landau : ainfi Sa Majefté a offert aux conférences d'Utrecht de rendre Brifac, moyennant qu'on lui rende Landau , & que le fort de Kell foit rafé ; mais la Reine d'Angleterre dans fon projet de paix a marqué que le Roi rendroit Brifac & Landau.

CHAPITRE SECOND.

Négociation de la paix avec la France & l'Efpagne à Munfter.

POur bien connoître l'origine des différends & des guerres qui ont été pendant plus de deux cens ans entre les Rois de France & les Princes de la Maifon d'Autriche, il eft néceffaire de favoir que Jean Roi de France, fans avoir égard à l'union qu'il avoit faite en 1361. à fa Couronne du Duché de Bourgogne avec ferment de ne l'en jamais féparer, le donna en 1363, à Philipe le Hardi fon quatriéme fils, à la charge de retour à la Couronne , en cas que ce Prince & fes defcendans mouruffent fans enfans légitimes. Philippe acquit depuis les Comtez de Flandres & d'Artois qui relevoient de la Couronne de France, & le Comté de Bourgogne par fon mariage avec Marguerite fille & héritiére de Louïs Comte de Flandres , d'Artois , & de Bourgogne : il laiffa entr'autres enfans deux fils , Jean qui lui fuccéda au Duché de Bourgogne , & Philipe Comte de Nevers.

Jean Duc de Bourgogne caufa en France des défordres effroyables pendant l'imbécillité de l'efprit du Roi Charles VI. il fit affaffiner Louïs Duc d'Orleans frére du Roi ; & il étoit fur le point de s'accommoder avec Henri V. Roi d'Angleterre , lorfque Charles Dauphin fils de Charles VI. qui fut depuis Charles VII. lui fit propofer la paix : ce Duc y ayant donné les mains , ils s'abouchérent à Montereau , où Tannegui du Châtel & d'autres Serviteurs du feu Duc d'Orléans le tuérent en trahifon en préfence du Dauphin , & à ce qu'on crut par fon ordre.

Philipe furnommé le Bon fon fils irrité du meurtre de fon pére s'unit avec Henri V. Roi d'Angleterre qui époufa Catherine fille de Charles VI. le fit en conféquence déclarer par ce Roi fon Succeffeur à la Couronne de France , & porta hautement fes intérêts contre le Dauphin tant durant la vie de Charles VI. qu'après que Charles VII. fut parvenu à la Couronne. Le Pape Eugene IV. &

le

le Concile de Bâle s'étant entremis de rétablir la paix en France, ce Duc y confentit, & convint qu'on tiendroit pour cet effet une affemblée à Arras, où il fit offrir à Henri VI. Roi d'Angleterre des conditions très-raifonnables: & comme les Anglois ne voulurent pas s'en contenter, il fe détacha d'eux, & fit le premier Juillet 1435. un Traité avec Charles VII. qui entr'autres chofes lui céda pour lui & fes hoirs mâles & femelles les Comtez d'Auxerre & de Macon, la Seigneurie de St. Jeangon, le Bailliage de St. Laurent, la Châtellenie de Bar-fur-Seine, & le Comté de Boulogne pour lui & fes enfans mâles feulement; & lui donna en engagement pour quatre cens mille écus les Bailliages de Perronne, de Mondidier, & de Roye, les Villes fituées fur la Somme, & le Comté de Ponthieu & tout ce qui lui appartenoit depuis cette rivière jufqu'à la Flandre, l'Artois, & le Hainaut. Quoi que ce Traité parût dès-avantageux au Roi, il lui donna moyen de chaffer les Anglois de toute la France hormis de Calais.

Louis XI. fils de Charles VII. étant parvenu à la Couronne, retira les Villes fituées fur la Somme, & les autres qui avoient été engagées par le Traité d'Arras, moyennant quatre cens mille écus qu'il paya au Duc Philipe: de quoi Charles Comte de Charolois fils de ce Duc eut tant de chagrin, qu'il s'unit en 1465. avec le Duc de Berri frére du Roi & les Princes & Seigneurs liguez fous prétexe du bien public: il vint affiéger Paris après la bataille de Montleri. Le Roi voulant à quelque prix que ce fût rompre cette ligue paffa avec ces Princes à Conflans le 29. Octobre 1465. un Traité par lequel entr'autres chofes il remit au Comte de Charolois pour lui & fes defcendans mâles & femelles les places fituées fur la Somme & autres engagées par le Traité d'Arras, & lui donna encore le Comté de Boulogne pour lui & fes enfans à perpétuité. Ce Comte fuccéda à fon pére en 1467.

Il eut pendant fa vie de grands différends avec Louis XI. & fut tué en 1477. devant Nanci, fans laiffer d'autres enfans qu'une feule fille nommée Marie. Jean Comte de Nevers étoit alors en vie, & mourut depuis en 1491. fans enfans mâles légitimes.

Le Roi Louis XI. profitant de la mort de Charles, s'empara de la Ville & du Comté de Boulogne, des Villes deffus la Somme, & autres que le feu Duc ne tenoit que par engagement, du Duché de Bourgogne qu'il prétendit devoir être réüni à la Couronne faute d'enfans mâles, & de l'Auxerrois, du Maconois, de Bar-fur-Seine, & de partie des Comtez de Bourgogne & d'Artois.

Marie de Bourgogne s'étant mariée, comme je l'ai marqué ailleurs, à Maximilien d'Autriche fils de l'Empereur Frédéric mit l'affaire en traité, & prétendit que par la conceffion de la Bourgogne faite à Philipe le Hardi tous les héritiers légitimes de Philipe lui devoient fuccéder à ce Duché; que par les Traitez d'Arras, de Conflans, & de Perronne, les Comtez de Maconois, & d'Auxerrois, & la Seigneurie de Bar-fur-Seine avoient été cédez aux Ducs de Bourgogne & à leurs héritiers mâles & femelles. Le Roi Louis XI. foutint au contraire que ce Duché, ces deux Comtez, & cette Seigneurie ayant été réünis à la Couronne, ils n'avoient pu en être féparez ni être aliénez à perpétuité, mais feulement à condition de retour faute d'enfans mâles, par la condition générale &

fous entendue dans toutes les ceffions des apanages des enfans de France: ainfi rien n'ayant été conclu dans cette conférence, on en vint aux armes, & Maximilien reprit une partie de la Bourgogne, qu'il perdit enfuite: il y eut divers combats, & plufieurs prifes & reprifes de Villes.

Marie mourut en 1482. laiffant un fils nommé Philipe & une fille nommée Marguerite; & on fit peu après en la même année la paix par un Traité qui fut paffé à Arras, & par lequel on convint que Charles Dauphin de France épouferoit Marguerite à qui on donna pour dôt les Comtez de Bourgogne, d'Artois, de Maconois, d'Auxerrois, & de Charolois, & les Seigneuries de Noyers & de Bar-fur-Seine: on convint que chacun demeureroit dans fes droits à l'égard du Duché de Bourgogne. Charles VIII. ayant époufé en 1492. Anne héritiére de Bretagne, convint en 1493. par un Traité paffé à Senlis avec Maximilien, qu'il renvoyeroit Marguerite à l'Archiduc fon frére; que le Roi & l'Archiduc demeureroient dans leurs droits qui feroient décidez par juftice & non autrement; que le Roi rendroit à Philipe les Comtez de Bourgogne, d'Artois, & de Charolois, & la Seigneurie de Noyers, à la réferve des droits royaux & de la Souveraineté dans ces deux derniers Comtez & dans cette Seigneurie, & de plufieurs Villes d'Artois qu'il retiendroit jufqu'à ce que Philippe eût l'age de vingt ans, & qu'il joüiroit des Comtez du Maconois, d'Auxerrois, & de Bar-fur-Seine comme par le paffé, jufqu'à ce que ces différends euffent été terminez.

Charles d'Anjou Comte du Maine neveu & héritier du Roi de Sicile, qui avoir été dépouillé du Royaume de Naples par Alphonfe Roi d'Arragon lequel l'avoit laiffé à Ferdinand fon bâtard, ayant fait Louis XI. & fes fucceffeurs Rois de France fes héritiers univerfels, Charles VIII. entreprit en 1494. la conquête du Royaume de Naples dont il s'empara & qu'il perdit avec la même facilité.

Philipe d'Autriche étant parvenu à l'âge de vingt ans, envoya à Paris Engilbert Comte de Naffau & plufieurs autres de fes Officiers pour demander au Roi Louis XII. la reftitution des places d'Artois retenues par le Traité de Senlis, & celles du Duché de Bourgogne, des Comtez d'Auffonne, d'Auxerrois, & de Maconois, & de la Seigneurie de Bar-fur-Seine & autres. Le Roi offrit de rendre à Philipe les places qu'il tenoit en Artois; mais refufa de lui rendre le Duché de Bourgogne & les Comtez que ce Prince avoit demandez, dont fes Ambaffadeurs s'étant contentez, ils pafférent avec lui à Paris le fecond Août 1498. un Traité par lequel le Roi promit de rendre les places d'Artois à l'Archiduc après qu'il lui auroit rendu hommage de ce qu'il tenoit de la Couronne; & l'Archiduc convint de ne faire pendant la vie du Roi aucune pourfuite pour recouvrer le Duché de Bourgogne, & les Comtez d'Auffonne, d'Auxerre, & de Macon, & la Seigneurie de Bar-fur-Seine, fi ce n'étoit par humble requête & voye amiable. En conféquence de ce Traité l'Archiduc rendit en 1499. la foi & hommage à Loüis XII. en la perfonne de Gui de Rochefort fon Chancelier pour les Comtez de Flandres, d'Artois & de Charolois, après quoi ce Roi lui remit les places qu'il tenoit encore en Artois. Philipe époufa Jeanne fille de Ferdinand Roi d'Arragon & d'Ifabelle Reine de Caftille.

Louis

Louis XII. avoit droit fur le Duché de Milan du chef de Valentine Vifconti fon ayeule femme de Louis Duc d'Orléans dont il a été parlé ci-devant , & fœur de Philipe-Marie Vifconti dernier Duc de Milan de cette Maifon , & mort fans enfans légitimes : il s'empara en 1499. du Duché de Milan qu'il conquit fur Ludovic Sforce fils de François Sforce qui avoit époufé Bonne fille naturelle du Duc Philipe-Marie. Ce Roi voulant enfuite attaquer le Royaume de Naples , fit en 1500. avec Ferdinand Roi d'Arragon un Traité par lequel ils convinrent d'attaquer conjointement ce Royaume & de le partager entr'eux ; enforte que Louis auroit pour fa part Naples, Cajette, la Terre de Labour ,. & l'Abbruze , & que Ferdinand auroit la Pouille & la Calabre. Ils attaquérent en conféquence le Royaume de Naples , le conquirent fur Frédéric d'Arragon qui en étoit Roi ; mais ces deux Rois ayant eu conteftation au fujet de la Province de la Capitanate , ils entrérent en guerre, & les Généraux de Ferdinand chafférent les François de la partie de ce Royaume qui appartenoit à Louis. Ce différend fut terminé en 1505. par un Traité paffé à Ségovie , par lequel Louis mariant Germaine de Foix fa niéce à Ferdinand qui étoit devenu veuf , lui donna en dot la part qu'il avoit au Royaume de Naples ; à la charge qu'elle lui reviendroit & à fes Succeffeurs , en cas que cette Princeffe mourût fans enfans mâles.

Ferdinand après s'être ligué en 1508. avec le Pape Jules II. & le Roi Louis XII. contre les Vénitiens , fe ligua contre lui avec ce même Pape & les Vénitiens , contribua à lui faire perdre le Duché de Milan , & s'empara en 1512. du Royaume de Navarre fur Jean d'Albret & la Reine Catherine de Foix fon époufe, fans autre droit que celui que lui pouvoit donner une prétendue Bulle de Jules II. qui donnoit au premier occupant le Royaume de Jean , attendu qu'il étoit allié de Louis XII. qu'il avoit plu à ce Pape déclarer ennemi du Saint Siége.

François I. ayant fuccédé en 1515. à Louis XII. conquit le Duché de Milan , & reçut de Charles d'Autriche fils de Philipe l'hommage pour les Comtez de Flandres & d'Artois.

Ferdinand Roi d'Arragon mourut en cette même année fans laiffer d'enfans de Germaine de Foix : deforte que la partie du Royaume de Naples qui lui avoit été donnée en dot devoit revenir au Roi François fuivant le Traité de Ségovie ; mais par un autre Traité qui fut paffé à Noyon au mois d'Août 1516. on convint que Charles épouferoit Louife fille de François qui lui donneroit en dot la part qu'il prétendoit au Royaume de Naples ; & que fi ce mariage ne fe pouvoit point accomplir , chaque partie demeureroit dans fes droits. Charles promit de contenter dans huit mois la Reine de Navarre Veuve de Jean d'Albret & fes enfans , après avoir entendu leurs raifons qu'ils lui feroient favoir par leurs Ambaffadeurs.

Ce mariage ni cette reftitution ne fe firent point ; cependant François & Charles vécurent en paix, jufqu'à ce que l'Empereur Maximilien étant mort, ils briguérent l'un & l'autre la Couronne Impériale ; & Charles l'ayant emporté fur François qui croyoit le mieux mériter , il n'y eut plus de paix folide entr'eux tant qu'ils vécurent. Henri VIII. Roi d'Angleterre ayant engagé ces deux Princes à envoyer des Députez à Calais pour conférer enfemble fur leurs prétentions refpectives , Charles demanda que François lui rendît le Duché de Bourgogne , l'Auxerrois , le Maconois , Bar-fur-Seine , & le Vicomté d'Auffonne ; & qu'il le déchargeât de l'hommage qu'il lui devoit pour les Comtez de Flandres & d'Artois , trouvant indigne d'un Empereur de relever d'un Roi de France : François ayant rejetté ces propofitions , ces deux Princes entrérent en guerre.

Charles-Quint prit en 1521. la Ville de Tournai , laquelle auffi-bien que St. Amand & Mortagne dépendoit du Royaume , quoi que ces trois Villes fuffent enclavées entre la France & le Hainaut : fes Lieutenans chafférent auffi les François tant dans cette année que dans la fuivante du Duché de Milan , de l'Etat de Génes , & du Comté d'Aft ; en quoi cet Empereur fut bien fervi par Charles Duc de Bourbon Connétable de France qui prit fon parti, irrité de ce que le Roi n'empêchoit point Louife de Savoye fa mére de lui faire un procès pour lui ôter presque tout fon bien.

Ce Duc qui avoit des prétentions fur la Provence, y entra en 1524. pour s'en rendre maitre ; & affiégea Marfeille : mais ne l'ayant pu prendre, il fut obligé de fe retirer ; & François le pourfuivant entra dans le Milanois vers la fin de la même année , & après avoir pris Milan, mit le fiége devant Pavie ; mais fi malheureufement , que le Duc de Bourbon & les autres Généraux de l'Empereur s'étant mis en devoir de fecourir la place, ils défirent fon armée , & le firent prifonnier le 25. Fevrier 1525.

L'Empereur ayant fait faire peu après des propofitions qui alloient à démembrer fon Royaume, il fouhaita d'être conduit en Efpagne dans l'efpérance qu'étant auprès de l'Empereur il pouroit le réduire à fe contenter de conditions raifonnables : ainfi il fut mené en Efpagne où il fut enfermé dans le Château de Madrid , & y fit venir de France des Députez pour traiter avec ceux de l'Empereur. Ces Députez firent voir le peu de fondement des prétentions de l'Empereur : cependant le Roi ne voyant point d'autre moyen de fortir de prifon qu'en accordant à l'Empereur ce qu'il demandoit , fit le 13. Janvier 1526. une proteftation qui portoit que ce n'étoit que par contrainte qu'il approuvoit la fignature du Traité qu'on alloit faire , & qu'il devoit être regardé comme nul : après quoi il commanda à fes Députez de figner le Traité , ainfi qu'ils firent le 14. Janvier 1526. avec les Commiffaires de l'Empereur.

Par ce Traité les deux Princes convinrent d'établir la paix entr'eux : que le Roi rendroit à l'Empereur fix femaines après qu'il feroit rentré dans fon Royaume , le Duché de Bourgogne , le Comté de Charolois, les Seigneuries de Noyers & de Châtel-Chinon , le Vicomté d'Auffonne , & le reffort de St. Laurent , pour être le tout poffédé par l'Empereur & fes héritiers en toute Souveraineté ; & que pour fureté de cette reftitution les deux fils ainez du Roi , ou le Dauphin & dix Seigneurs François nommez dans le Traité feroient donnez pour otages à l'Empereur en même tems que le Roi rentreroit en France. Le Roi renonça à fes droits fur le Royaume de Naples, les Etats de Milan, & de Génes , & le Comté d'Aft , & fur Arras, Tournai & le Tournefis , Mortagne , St. Amand , &

Hesdin,

Hesdin, au droit de rachat de Lille , Douai, &
Orchies , & à la Souveraineté fur les Comtez de
Flandres & d'Artois : l'Empereur renonça pareillement à fes droits fur les Villes & Châtellenies de
Perrone , Mondidier , & Roye , fur les Comtez
de Boulogne , de Guines , & de Ponthieu , fur
les Villes fituées fur la Somme & à fes autres prétentions fur le Royaume de France , hormis fur
les Comtez d'Auxerrois , de Maconois, & la Seigneurie de Bar-fur-Seine ; & le Roi promit qu'il
s'employeroit pour engager Henri d'Albret fils
de Jean à quitter le titre & les armes de Roi de
Navarre, & s'il le refufoit, qu'il ne lui donneroit
aucun fecours contre l'Empereur.

En conféquence de ce Traité le Roi fut délivré,
& en même tems fes deux fils ainez furent mis en
fa place entre les mains des Officiers de l'Empereur.
Le Roi étant allé d'abord à Bayonne , les Ambaffadeurs de l'Empereur lui firent inftance de ratifier le Traité de Madrid préfentement qu'il étoit
en pleine. liberté : mais le Roi s'en étant excufé
fur ce qu'il étoit néceffaire qu'il fût auparavant
l'intention de fes fujets de Bourgogne , il fe rendit à Cognac , où il affembla les Princes & autres Notables du Royaume , & écouta les Députez des Etats de Bourgogne & du Comté d'Auffonne qui tous s'oppoférent à l'aliénation de ce
Duché , qu'ils prétendirent que le Roi n'avoit
pu faire ; fi bien que le Roi déclara aux Ambaffadeurs de l'Empereur qu'il n'exécuteroit point le
Traité à cet égard, offrant de donner deux millions d'or pour la rançon de fes enfans.

La guerre fe renouvella ainfi entre ces deux Princes , & fe fit avec différens fuccès jufqu'à ce
que l'Empereur défefpérant de rentrer dans le
Duché de Bourgogne par la force des armes, &
le Roi fouhaitant de retirer fes enfans, ils permi-
rent l'un & l'autre que l'Archiducheffe Marguerite tante de l'Empereur , & Madame Louïfe mére du Roi fe rendiffent à Cambrai au mois de
Juillet 1529. pour traiter de la paix , & qu'après
quelques conférences elles l'y concluffent le 5.
Août fuivant.

Par ce Traité on confirma celui de Madrid
hormis dans les articles qui feroient changez par
celui-ci : l'Empereur confentit qu'en ce qui concernoit le Duché de Bourgogne , l'Auxerrois, le
Maconois, Bar-fur-Seine , le Vicomté d'Auffonne , & le reffort de St. Laurent, lui & fes héritiers demeureroient dans leurs droits & actions
nonobftant quelques prefcriptions qu'on pût alléguer au contraire ; fauf au Roi & aux fiens
leurs défenfes au contraire ; & on convint que le
Roi payeroit deux millions d'écus d'or pour la
rançon de fes enfans ; & les deux Princes confirmérent toutes les renonciations que l'un & l'autre avoient faites par le Traité de Madrid.

Les Traitez de Madrid & de Cambrai furent
enregiftrez dans les Parlemens par le très-exprès
commandement du Roi : après quoi les Procureurs Généraux du Roi aux Parlemens de Paris
& de Touloufe proteftérent que ces Traitez ne
pouroient préjudicier au Roi, comme étant faits
par force & violence commifes par le Vaffal contre fon Souverain Seigneur , & portant un démembrement d'une des douze Pairies de France.

Néanmoins en conféquence de ce Traité les
Enfans de France furent délivrez moyennnant le
payement des deux millions d'écus d'or qui a-
voient été promis.

François Sforce Duc de Milan étant mort en
1535. fans enfans , le Roi demanda l'inveftiture
de ce Duché à l'Empereur , qui offrit de la donner à un fecond fils du Roi ; & enfuite s'étant
dédit, il entra en guerre contre le Roi & attaqua
la Provence qu'il difoit lui appartenir tant par la
ceffion que Charles de Bourbon lui en avoit faite,
que par d'autres droits : mais il fut obligé de fe
retirer honteufement.

L'année fuivante le Roi fit donner un Arrêt
au Parlement de Paris, par lequel, fans avoir égard
aux Traitez de Madrid & de Cambrai, la Cour
jugea que l'Empereur , qu'elle ne nomma point
autrement que Charles d'Autriche , étoit toujours Vaffal du Roi pour les Comtez de Flandres , d'Artois, & de Charolois ; & il fut ordonné qu'il feroit affigné pour voir juger la com-
mife pour avoir encouru le crime de félonie contre fon Seigneur ; & cependant tous fes Vaffaux furent déchargez du ferment de fidélité qu'ils lui
devoient.

Cette guerre fut pourfuivie avec différens fuccès & interrompue premiérement par une tréve
conclue à Bommi en Artois le 29. Juillet 1537.
pour dix mois entre la France & les Pays-Bas ,
& enfuite par une tréve générale pour dix ans, qui
fut conclue à Nice en Provence le 14. Juin 1538.
par la Médiation du Pape Paul III. qui s'y rendit en perfonne auffi-bien que ces deux Princes:
cette tréve fut rompue en 1542. mais la guerre
fut terminée deux ans après par un Traité conclu à Crépi en Laonois le 18. Septembre 1544.
par lequel entr'autres chofes le Roi renonça à fes
droits fur les Royaumes de la Couronne d'Arragon & même fur celui de Naples , fur Tournai,
Mortagne, St. Amand , & Arras , & à la Souveraineté fur les Comtez de Flandres & d'Artois : l'Empereur renonça auffi à toutes fes prétentions fur les Villes & Châtellenies de Perronne , de Mondidier , & de Roye , & fur les
Comtez de Boulogne , de Guines, & de Ponthieu.

On convint auffi que le Duc d'Orleans épouferoit la fille ainée de l'Empereur ou la feconde
fille du Roi des Romains fon frère ; qu'on lui
donneroit au premier cas en dot les Pays-Bas &
au fecond le Duché de Milan ; & au cas de l'un
ou de l'autre de ces mariages l'Empereur renonça
au profit du Roi & de fes Succeffeurs aux droits
qu'il prétendoit avoir fur le Duché de Bourgogne , fur le Vicomté d'Auffonne , & reffort de
St. Laurent , l'Auxerrois , le Maconois , & la
Seigneurie de Bar-fur-Seine ; & le Roi renonça à
fes droits fur le Duché de Milan , & fur le Comté d'Aft. Le Duc d'Orleans mourut au mois
de Septembre 1545. fans avoir époufé ni la fille
ni la niéce de l'Empereur ; de forte que l'Empereur & le Roi demeurérent dans leurs droits, auxquels ils n'avoient renoncé qu'en cas de l'un de
ces mariages.

Henri II. ayant fuccédé au Roi François I. &
Philipe Second au Royaume d'Efpagne par l'abdication que Charles-Quint en fit en fa faveur,
ces deux nouveaux Rois entrérent en guerre en
1556. pour les intérêts du Pape Paul IV. que le
Duc d'Albe Viceroi de Naples avoit attaqué : la
guerre fut affez avantageufe pour le Roi jufqu'à
ce que le Connétable de Montmorenci perdit le
10. Août 1557. la bataille de St. Quentin où il
fut fait prifonnier , & qui fut fuivie de la perte

de cette place, du Câtelet & de Ham. Le Duc de Guife ayant été rappellé d'Italie où il avoit été au fecours du Pape, rétablit les chofes; & comme Marie Reine d'Angleterre feconde femme du Roi Philippe avoit déclaré la guerre au Roi, il prit au commencement de l'année 1558. Calais que les Anglois poffédoient depuis deux cens dix ans, puis Thionville : mais l'envie qu'eut le Connétable de recouvrer fa liberté, l'engagea de perfuader à Henri de faire la paix par un Traité qui fut conclu le 2. Août 1559. & par lequel moyennant la reftitution que Philipe lui fit de St. Quentin, du Câtelet & de Ham, il lui rendit près de cent places que fes armes avoient conquifes dans les Pays-Bas, dans les Etats du Duc de Savoye, dans le Milanois, dans l'Ifle de Corfe, & dans la Tofcane.

Après cette paix qui fut fcellée par le mariage de Philipe Second avec Elifabet de France fille ainée de Henri Second, il parut pendant long-tems une grande union entre les Cours de France & d'Efpagne : le Roi Philipe ayant pris part aux troubles qui affligérent la France au fujet de la Religion, & ayant donné plufieurs fois des fecours au Roi Charles IX. contre les Huguenots; il témoigna même être difpofé de fatisfaire Antoine de Bourbon qui avoit époufé Jeanne d'Albret fille & héritiére de Henri d'Albret Roi de Navarre, & lui fit propofer de lui donner le Royaume de Sardaigne en échange de celui de Navarre; pourvû qu'il voulût fe mettre à la tête des Catholiques contre les Huguenots, ainfi qu'il fit. Mais cette Négociation n'alla pas plus avant, ce Prince ayant été tué en 1562. au fiége de Rouen : il ne laiffa qu'un fils nommé Henri qui prit auffi le titre de Roi de Navarre après la mort de la Reine fa mére, & qui parvint à la Couronne de France en 1589. après la mort de Henri III. le dernier Roi de la Maifon de Valois. La Religion Huguenote qu'il profeffoit fut caufe que la plus grande partie des Provinces de France, les Princes de la Maifon de Loraine, & plufieurs Seigneurs Catholiques fe liguérent pour l'empêcher d'être leur Roi, ils furent affiftez puiffamment par Philipe Second, même après que Henri IV. fe fut rendu Catholique au mois de Juillet 1593. & eût été en conféquence reconnu pour Roi par la Ville de Paris, & par la plus grande partie du Royaume.

Cela obligea ce Roi à déclarer la guerre au Roi d'Efpagne au mois de Janvier 1595. les fuccès n'en furent pas heureux pour le Roi, fur lequel les Efpagnols prirent en cette même année le Câtelet & Dourlens : dans la fuivante Calais, Ardres, & Guines; & en 1597. Amiens que le Roi reprit en la même année.

Le Pape Clément VIII. qui avoit donné l'abfolution au Roi Henri s'étant entremis pour rétablir la paix entre les deux Rois, ils y donnérent volontiers les mains, & pafférent à Vervins le fecond Mai 1598. un Traité par lequel ils confirmérent celui de Câteau-Cambrefis : ils convinrent qu'il y auroit entr'eux une ferme paix; que l'un d'eux n'affifteroit point les ennemis de l'autre; qu'ils rendroient mutuellement toutes les places qu'ils avoient occupées l'un fur l'autre depuis le Traité de Câteau-Cambrefis; & que les actions que les deux Rois & l'Infante pouvoient avoir à caufe de leurs Royaumes ou autrement, & auxquelles ils n'avoient point renoncé expreffé-

ment leur feroient réfervées, pour en faire pourfuite par voye amiable & de juftice & non par les armes. Il eft aifé de voir que cet article fut mis dans le Traité pour conferver au Roi fes droits fur le Royaume de Navarre, fur le Duché de Milan, & fur le Comté d'Aft; au Roi d'Efpagne les fiens fur le Duché de Bourgogne, le Vicomté d'Auffonne, & le reffort de St. Laurent, l'Auxerrois, le Maconois, & la Seigneurie de Bar-fur-Seine; & à l'Infante Claire-Eugenie fille de Philipe II. les droits qu'elle prétendoit avoir fur le Duché de Bretagne comme iffue de la Reine Anne de Bretagne de laquelle Henri IV. ne defcendoit point.

Après la mort de ce Roi on célébra un double mariage entre les Maifons de France & d'Efpagne; le Roi Louïs XIII. fon fils & fon fucceffeur aiant époufé Anne d'Autriche fille de Philipe III. & Philipe Prince d'Efpagne fils ainé de ce même Roi ayant époufé Elifabet de France fille ainée de Henri IV. Il fut dit par le premier de ces contracts de mariage que l'Infante fe tiendroit contente de cinq cens mille écus d'or que le Roi d'Efpagne lui promettoit pour fa dot; qu'elle ne pouroit rien prétendre à la fucceffion de leurs Majeftez Catholiques; & qu'elle & les enfans qu'elle auroit de ce mariage feroient à jamais exclus de la fucceffion d'aucuns des Etats du Roi d'Efpagne.

Cette double alliance n'empêcha pas que la France ne protégeât en diverfes occafions fes Alliez contre les entreprifes des Efpagnols.

Premiérement les Efpagnols ayant attaqué Charles-Emanuel Duc de Savoye pour l'obliger à dèsarmer, le Roi prit le parti de ce Duc; & toutes chofes fe difpofoient en France à la rupture, s'ils n'avoient confenti en 1617. de lui rendre Verceil & quelques autres places qu'ils lui avoient prifes, & à retirer leurs troupes de fes Etats.

Secondement le Duc de Feria s'étant en 1620. emparé de la Valteline, & y ayant bâti divers forts, le Roi prit le parti des Grifons fes alliez qui font Seigneurs de cette Province, & obligea les Rois d'Efpagne Philipe III. & Philipe IV. par les Traitez de Madrid en 1621. d'Occagne ou d'Aranjuez en 1622. de Rome en 1624. & de Monçon en 1626. même par les armes, à retirer leurs troupes de la Valteline, & à démolir les Forts qu'ils y avoient bâtis, en prenant en même tems les précautions convenables pour la confervation de la Souveraineté des Grifons, & celle de la Religion Catholique dans la Valteline.

Troifiémement les Efpagnols s'étant liguez en 1628. avec le Duc de Savoye pour partager enfemble le Montferrat au préjudice de Charles de Gonzagues Duc de Nevers qui avoit fuccédé au Duc Vincent II. fon coufin aux Duchez de Mantouë & de Montferrat, le Roi prit encore hautement le parti du nouveau Duc de Mantoue, & marcha en perfonne en 1629. à fon fecours pour empêcher que Cafal ne tombât entre les mains des Efpagnols qui l'affiégeoient : les Efpagnols levérent le fiége au mois d'Avril, en conféquence d'un Traité paffé à Sufe; & le Roi d'Efpagne figna le 3. Mai de la même année un acte par lequel il promit de ne point troubler le Duc de Nevers en la poffeffion des Duchez de Mantouë & de Montferrat, & de ne point attaquer les Etats du Roi ni ceux de fes Alliez. Cependant le 17. du même mois de Juillet il figna auffi un Traité avec le nommé du Claufel envoyé du

Duc

Duc de Rohan alors Chef des Huguenots de France , par lequel il s'obligea de lui fournir un secours confidérable pour continuer la guerre contre le Roi : ce Traité n'eut point d'effet , le Roi ayant peu après obligé ce Duc à fe retirer de France , & les Huguenots à fe foûmettre à fon obéïffance : mais les Efpagnols affiégérent de nouveau Cafal au mois d'Octobre de la même année , affiftez par une armée de l'Empereur ; & le Roi fut obligé d'envoyer en 1630. au fecours de cette place une armée , qui auroit attaqué celle d'Efpagne fi cette affaire n'avoit pas été accommodée ; & le fiége levé en conféquence d'un Traité paffé devant Cafal , & enfuite par celui de Ratisbonne dont il a été parlé dans le précédent Chapitre.

Ainfi les Rois de France & d'Efpagne fe firent la guerre l'un à l'autre indirectement durant plufieurs années , avant que d'en venir à une déclaration de guerre ouverte.

Depuis ces Traitez de Cafal & de Ratisbonne qui furent fuivis de ceux de Querafque , la concorde ne fut pas mieux établie entre les deux Couronnes , qui continuérent de chercher les occafions d'empêcher l'accroiffement l'une de l'autre , & même de s'affoiblir mutuellement.

Les Efpagnols donnérent retraite à la Reine Mére Marie de Médicis , & à Monfieur Gafton Duc d'Orléans : & ils fournirent à celui-ci une armée avec laquelle il traverfa en 1632. la France, & avança jufqu'en Languedoc pour s'y joindre au Duc de Montmorenci & aux autres mécontens ; & ils excitérent trois ou quatre fois Charles Duc de Loraine à rompre les Traitez qu'il avoit faits avec le Roi.

D'autre part le Roi Louïs XIII. pour tenir les Efpagnols occupez , & pour empêcher les Etats Généraux des Provinces-Unies de renouveller les tréve avec le Roi d'Efpagne , fit avec eux en 1630. & depuis encore en 1634. de nouveaux Traitez d'alliance par lefquels il s'obligea de leur fournir des fubfides confidérables , moyennant quoi ils s'obligérent de leur côté de ne faire ni paix ni tréve avec le Roi d'Efpagne , que du confentement de fa Majefté , qui foutint auffi ouvertement le parti des Suédois contre l'Empereur duquel le Roi d'Efpagne regardoit les intérêts comme les fiens propres.

Ainfi les efprits étant aigris de part & d'autre les François & les Efpagnols réfolurent également d'en venir à une guerre ouverte ; les Efpagnols furent les premiers qui s'y déterminérent par un Traité qu'ils pafférent à Bruxelles le 12. Mai 1634. avec feu Mr. Gafton Duc d'Orléans , par lequel ils s'obligérent de lui fournir une armée de douze mille hommes de pied & de trois mille chevaux pour entrer en France à main armée ; & en même tems ils équipérent une armée navale à Naples pour faire une defcente en Provence , & on trouva le onziéme jour de Septembre de la même année Dom Jean de Menezes vifitant à minuit les entrées du Royaume du côté du Languedoc.

Ces mefures furent rompues en partie par la retraite de Monfieur en Flandre : cependant le Roi en ayant été informé , & d'ailleurs fachant que fes Alliez ne pouvoient fe maintenir que difficilement contre la Maifon d'Autriche , à moins qu'il n'entrât auffi en guerre ouverte , il s'y réfolut & paffa pour cela un Traité avec les Etats Généraux le 8. Fevrier 1635.

Cela étant ainfi déterminé , il arriva que les Efpagnols furprirent le 26. Mars fuivant la ville de Tréves & enlevérent l'Electeur qu'ils conduifirent à Namur & delà au Château de Treuvre près de Bruxelles. Comme cet Electeur s'étoit mis & fes Etats fous la protection du Roi , fa Majefté donna ordre au Sr. d'Amontot fon Réfident à Bruxelles de demander fa liberté au Cardinal Infant Gouverneur des Pays-Bas Efpagnols : ce Prince ayant répondu qu'il ne pouvoit rien faire fans avoir réponfe de l'Empereur & du Roi d'Efpagne auxquels il avoit mandé ce qui s'étoit paffé à Tréves , le Roi prit cette occafion pour rompre avec l'Efpagne , & envoya au Cardinal Infant un Héraut qui fe rendit à Bruxelles le 19. Mai , & qui n'ayant pu lui parler , jetta dans la place un papier portant déclaration de guerre.

Le même jour les Généraux de l'armée Françoife , fachant que le Prince Thomas marchoit avec l'armée Efpagnole pour entrer en France , furent au devant de lui , & gagnérent la Bataille d'Avein.

Au mois de Juin fuivant le Roi fit publier une déclaration par laquelle après avoir fait mention de la franchife avec laquelle Henri IV. avoit procuré la tréve entre le Roi d'Efpagne & les Etats Généraux , & de l'entremife de fa Majefté qui ayant en 1620. fait quitter les armes à ceux qui les avoient prifes contre l'Empereur , avoit affermi la grandeur de la Maifon d'Autriche , il fe plaignit de l'occupation de la Valteline faite par les Efpagnols fur les Grifons anciens alliez de la France , de l'inexécution du Traité de Monçon , des entreprifes faites contre le Duc de Savoye tant qu'il avoit été allié de la France , de l'oppreffion du Duc de Mantouë parce qu'il étoit né François , de ce qu'à leur incitation le Duc de Loraine avoit armé cinq fois contre la France , des Traitez qu'ils avoient paffez avec les Chefs des Religionaires de France pour y former un corps perpétuel de rébellion & d'héréfie , de leurs pratiques pour mettre la divifion dans la famille Royale , du Traité paffé l'année précédente pour armer la France contre elle même , & enfin des affiftances qu'ils avoient données à tous ceux qui avoient pu former des factions dans l'Etat. Il ajouta que néanmoins il fe feroit peut-être tenu fur la défenfive , & n'auroit point fait entrer fes armes dans leurs Provinces , s'ils n'avoient point violé le droit des gens par la furprife de la ville de Tréves & la détention de l'Electeur ; mais que ne pouvant diffimuler cette offenfe , il avoit déclaré la guerre au Roi d'Efpagne. Il convioit les autres Princes , Etats, & Républiques qui aimoient la liberté publique , de prendre auffi les armes , & déclaroit que fi les Provinces des Pays qui obéïffoient aux Efpagnols & même trois ou quatre villes voifines fe vouloient foulever ; elles demeureroient dans un état libre fans aucun changement de la Religion Catholique , & qu'il promettoit de les protéger.

Dans le manifefte que le Roi fit publier en même tems , il fe plaignoit encore que les Efpagnols avoient été caufe de la divifion entre la France & l'Angleterre , de ce qu'ils avoient porté ceux de la Religion Prétendue Réformée à une rébellion ouverte qui avoit obligé le Roi d'aller affiéger la Rochelle , & de ce qu'après la paix de Sufe ils avoient porté l'Empereur à affiéger la ville de Mantoue.

Pref-

Presque aussi-tôt que la paix fut déclarée entre les deux Couronnes le Pape Urbain VIII. commença à s'entremettre pour les accommoder; & après les avoir fait convenir de la ville de Cologne, il y envoya en 1636. le Cardinal Ginetti en qualité de Légat pour travailler à la paix. Le Roi nomma d'abord pour ses Plénipotentiaires le Maréchal de Brezé, le Comte d'Avaux, & le Sr. de Feuquieres; & ensuite substitua le Marquis de St. Chaumont au Maréchal de Brezé. Le Roi d'Espagne nomma pour les siens le Duc d'Alcala, Dom Francisco de Mele, & Dom Antonio Ronquillo: mais on a marqué dans le précédent Chapitre que les Plénipotentiaires de France ne se rendirent point à Cologne, & que cette assemblée ne produisit aucun effet.

Ainsi la guerre continua entre les deux Rois avec beaucoup de dèsavantage pour l'Espagne, les François ayant pris Damvilliers en 1637. Hesdin & Ivoi en 1639. Arras en 1640. La Catalogne & le Portugal s'étant soulevez en cette même année contre le Roi d'Espagne, la première se donna au Roi, & le Portugal reconnut le Duc de Bragance pour Roi. Les François prirent encore Bapaume en 1641.

La négociation de la paix ayant été reprise, on conclut enfin à Hambourg, comme il a été marqué dans le Chapitre précédent le 15. Décembre de la même année 1641. un Traité pour régler les Préliminaires de la paix, par lequel le Comte d'Avaux Plénipotentiaire de France & le Baron de Lutsaw tant au nom de l'Empereur que du Roi d'Espagne réglérent les passeports que les Rois de France & d'Espagne se devoient fournir réciproquement, & convinrent que la paix entre la France & l'Espagne se traiteroit à Munster.

Le Roi d'Espagne donna en conséquence pouvoir à Dom Francisco de Mello Gouverneur des Pays-Bas de donner ces passeports; mais comme on voulut en France que le Roi d'Espagne les donnât lui même, il fut obligé de le faire.

Il a été marqué dans le Chapitre précédent quels furent les Plénipotentiaires de France: à l'égard du Roi d'Espagne il nomma d'abord six Plénipotentiaires savoir Dom Francisco de Mello, le Marquis de Castel Rodrigo, le Duc de Medina de las Torres, Dom Diego Sayavedra Faxardo, le Comte Zapata, & Antoine Brun Conseiller au Conseil Souverain de Flandres; il n'y avoit que les trois premiers qui eussent le titre d'Ambassadeurs, & ils ne vinrent point à Munster. Le Comte Zapata y étant mort peu après son arrivée, le Roi d'Espagne envoya à sa place Dom Gaspar de Bracamonte & de Gusman Comte de Pegnaranda qui y fut son Plénipotentiaire avec Mrs. Sayavedra & Brun.

Les assemblées pour la paix ne commencérent qu'en 1643. & durérent jusqu'en 1648. sans pouvoir rien conclure: cependant comme la guerre continuoit, il y eut diverses prises de Villes faites de part & d'autre, dont je marquerai seulement qu'en 1642. les François prirent Colioure & Perpignan; qu'en 1644. les Espagnols prirent Lerida & les François Gravelines; & que ceux-ci prirent encore en 1645. Roses en Catalogne, & Bourbourg, Lillers, Lens, & plusieurs autres places en Flandres & en Artois; qu'en 1646. ils prirent Piombino & Portolongone sur les côtes de Toscane, & Courtrai, Mardic, Bergues, Furnes & Dunkerque dans les Pays-Bas; & qu'enfin ils

prirent Landreci & la Bassée en 1647. & Ipres en 1648.

Il a été marqué dans le Chapitre précédent que les Plénipotentiaires de France ne demandérent dans leur première proposition que la liberté de l'Electeur de Tréves: ceux d'Espagne dans celle qu'ils présentérent le même jour 4. Décembre 1644. déclarérent qu'ils consentoient à la paix pourvû qu'on fît une réstitution réciproque de tout ce qui avoit été occupé durant la guerre; ainsi que les Princes Chrétiens avoient accoutumé d'en user, & qu'il avoit été pratiqué dans les Traitez de Câteau-Cambresis & de Vervins: qu'on confirmât les Traitez de Cambrai, de Crépi, de Câteau-Cambresis, de Vervins, de Monçon, & de Ratisbonne: qu'on renouvellât la neutralité entre le Comté de Bourgogne & les Pays qui en dépendent d'une part, & le Duché de Bourgogne & le Pays de Bassigni d'autre: & que le Roi de France rendît à l'Empereur, à la Maison d'Autriche, au Duc de Loraine, & aux autres Alliez du Roi d'Espagne ce qu'il avoit occupé sur eux depuis la paix de Ratisbonne. Ils ajoutérent que pour ne point retarder la conclusion de la paix, ils obméttoient beaucoup de prétentions que le Roi leur maitre avoit contre la France & qu'il se réservoit.

Dans la seconde proposition que les François firent le 24. Février 1645. ils démandérent à l'égard de l'Espagne que les choses restassent à l'état auquel elles se trouvoient alors; ou que l'on entrât en compte de tout ce que le sort favorable des armes avoit autrefois fait accorder à l'Espagne & qui appartenoit au Roi.

Les Espagnols dans leur réponse du 18. Avril refutérent ces deux moyens, prétendant que le premier étoit contre l'usage pratiqué entre les Princes, & contraire à la générosité pratiquée par les Espagnols au Traité de Vervins; par lequel ils avoient rendu à la France plusieurs places non moins considérables que celles que les François leur détenoient présentement: & que l'autre moyen n'étoit point non plus recevable, parce que cette discussion des droits de chaque Prince n'auroit point de fin & rendroit la paix impossible.

Le souhait des Ministres de France auroit été que pour couper tous les sujets de division entre les deux Couronnes, le Roi d'Espagne eût cédé au Roi toutes les Provinces qu'il possédoit dans les Pays-Bas & le Comté de Bourgogne, en échange de la Catalogne & du Roussillon qu'on lui auroit rendus: le Cardinal Mazarin qui avoit ce dessein extrêmement en tête, fit trois écrits pour justifier que cela auroit été avantageux à la France, aux Provinces-Unies, & même à l'Espagne; cependant il ne voulut point que les Plénipotentiaires de France s'en expliquassent ouvertement. En effet les Espagnols & les Hollandois rejettérent également cette proposition, qu'on fit faire par des personnes tierces qu'il avancérent comme d'elles-mêmes.

La fermeté des Ministres de France à vouloir conserver toutes leurs conquêtes, fut cause que les Plénipotentiaires d'Espagne tâchérent de faire un Traité particulier avec les Etats auxquels ils ne demandérent pas seulement qu'ils rendissent un pouce de terre: & ils furent quelque tems sans avancer davantage la négociation avec la France. Cependant au mois de Fevrier 1646. ils firent dire aux Plé-

Plénipotentiaires de France par les Médiateurs, que le Roi d'Espagne avoit tant de confiance dans la vertu, dans la prudence, & dans la juftice de la Reine mére de fa Majefté, qu'ils la prioient de faire ouverture des moyens par lefquels elle croyoit que la paix pouvoit être rétablie entre la France & l'Efpagne; offrant d'accepter les conditions qu'elle jugeroit raifonnables par l'avis de Monfieur le Duc d'Orléans, du Prince de Condé, du Cardinal Mazarin, & des Miniftres d'Etat. Ils déclarérent qu'ils confentoient de rendre la Reine médiatrice entre le Roi fon fils & le Roi fon frére; & qu'ils figneroient la réfolution qu'elle prendroit: ajoutant néanmoins qu'ils préfuppofoient qu'en procurant l'avantage du Roi fon fils, elle auroit l'égard convenable à la Maifon dont elle étoit fortie.

La Reine voyant bien que cette propofition, toute civile qu'elle étoit, tendoit à l'obliger de fe relâcher des propofitions qu'elle avoit fait faire jufqu'alors, s'excufa d'accepter cette Médiation; parce qu'en qualité de Mére du Roi & de Reine Régente de France, elle ne pouvoit fe départir le moins du monde des intérêts du Roi fon fils: & que d'ailleurs les affaires du Roi étoient en un fi bon état qu'il étoit de l'intérêt des Efpagnols de ne point différer davantage d'accepter les propofitions qui avoient été faites; déclarant néanmoins que s'ils vouloient offrir de rendre la Navarre, on entreroit en compofition, & on leur feroit quelque reftitution.

La Reine pour répondre à l'honneur que le Roi Catholique lui avoit voulu déférer, ordonna en même tems aux Plénipotentiaires de France de prier les Médiateurs de dire aux Miniftres du Roi fon frére, qu'elle avoit tant de confiance en fa vertu, & une fi grande opinion de fon équité, qu'elle le conjuroit de faire lui même ouverture des moyens par lefquels il croyoit que la paix fe pouvoit rétablir entre la France & l'Efpagne; & qu'elle offroit d'accepter les conditions qu'il jugeroit raifonnables, fuppofant qu'elles feroient proportionnées à la conftitution préfente des affaires de part & d'autre. Elle protefta en parole de Reine que c'étoit là fa véritable intention, & leur donna même pouvoir de figner la réfolution qui feroit ainfi prife par le Roi d'Efpagne, avec pourtant deux conditions: la premiére que les Alliez de la France dont les intérêts ne pouvoient jamais être féparez des fiens, feroient en même tems fatisfaits; & l'autre que, pour quelque confidération que ce fût, la négociation ni la conclufion de la paix ne feroit faite qu'à Munfter.

Les Plénipotentiaires de France ayant donné part le 17. Mars aux Médiateurs de la réponfe de la Reine, ils la firent favoir aux Plénipotentiaires d'Efpagne, qui en furent extrémement choquez; prétendant prouver par une lettre du Nonce Bagni que c'étoit du côté de la France qu'on avoit défiré que le Roi leur maitre fît l'offre qu'il avoit faite.

Les Médiateurs dirent le 22. Mars aux Plénipotentiaires de France de la part de ceux d'Efpagne, que la Reine ayant remis au Roi leur maitre le jugement qui lui avoit été déféré, ils offroient en fon nom comme étant bien informez de fes intentions, de céder à la France quatre places qu'ils apelloient quatre frontiéres Royales avec leurs Bailliages, appartenances, & dépendances, favoir Damvilliers, Landreci, Bapaume, & Hefdin; à

condition que le refte des conquêtes faites par la France feroit reftitué; que dans l'Italie on rendroit de part & d'autre aux Princes du Pays ce qui leur appartenoit; & que fi la France vouloit retenir Pignerol, les fortifications de Cafal feroient rafées; que l'Empereur, les Princes de la Maifon d'Autriche, les Electeurs, & les Etats de l'Empire, & le Duc de Loraine feroient compris dans le Traité; que les deux Rois feroient amis des amis & ennemis des ennemis l'un de l'autre, & n'affifteroient point directement ni indirectement de part ni d'autre les ennemis & les rebelles, par lefquels ils entendoient les Portugais, les Catalans, peut-être même les Hollandois.

Les Miniftres de France rejettérent bien loin cette propofition, difant que les Efpagnols devoient fonger à faire raifon au Roi de la Navarre qu'ils lui détenoient avec tant d'injuftice, avant que de prétendre qu'il leur fût rendu aucune chofe de ce qui avoit été pris fur eux dans une guerre jufte & déclarée: que fi le Roi d'Efpagne vouloit rendre au Duc de Savoye Verceil, & Lencio, fa Majefté rendroit auffi à ce Duc toutes les places qu'elle tenoit encore dans fes Etats: que le Roi d'Efpagne n'avoit point d'intérêt de fe mêler de l'acquifition que le feu Roi avoit faite de Pignerol par un contract légitime: que le grand-pére du jeune Duc de Mantoue ayant confié à fa Majefté la garde de Cafal pour le rendre au Duc fon petit-fils quand il feroit en age de pouvoir gouverner fon Etat, elle ne confentiroit point à la démolition des fortifications de cette place; mais qu'elle la gardéroit en dépôt, & promettroit de la rendre à ce Duc quand il feroit majeur: qu'on comprendroit l'Empereur dans le Traité quand il auroit fait la paix avec la France; & qu'on en uferoit de même à l'égard du Duc de Loraine, quand il auroit exécuté les Traitez qu'on avoit faits avec lui: que la propofition d'être ami des amis & ennemi des ennemis étoit trop vague, & devoit être expliquée; parce que la France ne pouvoit rien promettre au préjudice de fes Alliez; mais que l'on pouroit promettre de ne point affifter les fujets de l'un & l'autre Roi qui fe révolteroient après la paix faite: ils interpellérent les Médiateurs d'expliquer ceux que les Efpagnols entendoient par le mot de Rébelles, pour voir s'ils oferoient nommer les Hollandois.

Les Miniftres Efpagnols voyant que les François demeuroient fermes dans leurs propofitions, offrirent encore quelques places, puis tout ce que le Roi tenoit en Artois & le Rouffillon: enfin ils convinrent que le Roi d'Efpagne céderoit à Sa Majefté toutes fes Conquêtes des Pays-Bas & de la Franche-Comté; qu'il lui céderoit auffi tout le Rouffillon & Rofe qui eft à l'entrée de la Catalogne; qu'il y auroit entre les deux Rois une tréve de trente années à l'égard de la Catalogne; & que le Roi pouroit fecourir le Portugal, fans que cela paffât pour une contravention à ce Traité de paix.

Les parties étant convenues enfemble de ces articles, il fembloit que le Traité de paix fût conclu: cependant il demeura encore fept difficultez à lever avant que de pouvoir conclure le Traité; favoir au fujet du Portugal, de la Catalogne, de la Loraine, de Cafal, des dependances des places des Pays-Bas qu'on devoit laiffer à la France, la délivrance de Dom Edouard, & les places de Piombino & de Portolongone.

                                                 À l'é

A l'égard du Portugal les Espagnols vouloient d'abord que le Roi l'abandonnât ; en quoi ils étoient secondez des Hollandois qui étoient mal satisfaits des Portugais, qui les avoient presque entiérement chassez du Bresil. Il est vrai qu'il n'y avoit rien qui obligeât Sa Majesté à ne point abandonner le Roi de Portugal, duquel même elle avoit plusieurs sujets de se plaindre ; néanmoins l'intérêt de la France étant de tenir toujours le Roi d'Espagne occupé à quelque guerre, & d'empêcher son agrandissement, les Ministres de France voulurent réserver au Roi la liberté de secourir le Portugal contre l'Espagne ; afin de la tenir en haleine, & qu'ayant toujours la guerre dans son sein, elle ne pût troubler davantage le repos de l'Europe.

Les Espagnols étoient demeurez d'accord de donner un acte au Roi portant que, sans blesser la paix, il pouroit secourir le Portugal : cependant comme ils se montrérent plus difficiles en toutes choses depuis qu'ils eurent conclu leur Traité avec les Etats-Généraux, ils refusérent d'en donner une déclaration, & voulurent réduire ce secours à la simple défensive ; ce qui étoit impossible dans l'exécution, étant très-souvent nécessaire dans la guerre de faire pour sa propre défense des diversions & des invasions dans le Pays ennemi : si bien que ce secours auroit été souvent inutile aux Portugais, ou auroit donné lieu aux Espagnols de rompre la paix avec la France.

La seconde difficulté regardoit la Catalogne ; sur ce que les François vouloient que les deux Rois eussent la liberté de fortifier les places qu'ils y tenoient, soutenant que cette fortification de places étoit un acte de défense & non d'hostilité, & qu'elle se pouvoit faire durant une tréve : au lieu que les Espagnols vouloient qu'on ne pût de part ni d'autre fortifier aucune place de Catalogne durant cette tréve.

La troisiéme difficulté regardoit le Duc de Loraine que le Roi ne vouloit point absolument que le Roi d'Espagne pût secourir : & sur ce qu'on objectoit qu'il n'étoit pas juste que le Roi pût secourir le Portugal qui étoit possédé par un Prince soulévé contre son Roi depuis six années ; & que le Roi d'Espagne ne pût pas secourir ce Duc qui étoit reconnu pour Souverain par tous les Princes de l'Europe ; les Ministres du Roi y trouvoient cette différence que le premier étoit possesseur de tout le Portugal, si bien que le secours que le Roi lui donnoit n'étoit originairement que pour sa défense ; au lieu que tous les Etats du Duc de Loraine étant entre les mains du Roi, la guerre qu'il feroit au Roi seroit offensive ; & ainsi les Espagnols ne l'y pouvoient assister sans rompre la paix.

Pour ce qui est de Casal, les Espagnols vouloient que les François n'y eussent plus aucun pouvoir, ou au moins qu'ils n'y demeurassent que jusqu'à ce que le Duc de Mantoue auroit vingt-cinq ou trente ans : parce que tant que les François seroient maitres de cette Ville, le Roi d'Espagne seroit obligé d'entretenir des troupes considerables dans le Milanois. Mais les François pour empêcher les Espagnols de rompre la paix ou la tréve, vouloient que tant que la tréve de Catalogne dureroit, c'est à dire pendant trente années, cette place fût gardée par des Suisses qui seroient payez des deniers du Roi par les mains du Duc de Mantoue, auquel ils prêteroient serment, & qui auroit toujours toute la jurisdiction & la Souveraineté dans la place.

La cinquiéme difficulté regardoit les dépendances des places que le Roi d'Espagne céderoit au Roi dans les Pays-Bas & dans la Franche-Comté ; les Espagnols voulant qu'elles s'étendissent seulement autant que les Echevinages de ces Villes, en-sorte que le reste de leurs Bailliages ou Châtellenies seroit demeuré au Roi d'Espagne : au lieu que les François vouloient avoir tout le Bailliage ou la Châtellenie qui dépendoit de chacune de ces Villes, ainsi qu'il s'étoit toujours pratiqué, & que les Espagnols l'accordoient eux mêmes aux Etats Généraux dans le Traité qu'ils faisoient avec eux.

La siziéme difficulté regardoit Dom Edouard de Portugal que les Espagnols consentoient de mettre en liberté, pourvû qu'il jurât de ne jamais retourner en Portugal : au lieu que les François vouloient qu'il fût mis en liberté purement & simplement.

La septiéme & derniére difficulté étoit au sujet des places de Piombino & de Portolongone, que le Roi vouloit conserver, comme lui étant très-utiles pour tenir la Cour de Rome dans le respect : les Espagnols refusérent de les céder à la France ; mais ils convinrent de les lui laisser pendant une tréve qui dureroit autant que celle de Catalogne.

Les Plénipotentiaires des Etats-Généraux qui étoient convenus des articles de leur Traité avec l'Espagne, s'étant entremis de concilier les Ministres des deux Rois sur les Articles qui étoient encore indécis ; le Cardinal Mazarin par ordre de la Reine Régente permit aux Plénipotentiaires de France de se relâcher sur tous ces points, hormis sur celui du Duc de Loraine. Ainsi ils consentirent de s'en remettre à des Arbitres qui seroient choisis dans le Conseil des Etats-Généraux & parmi leurs Députez à Munster ; enforte que le Prince d'Orange y interviendroit comme sur-Arbitre : ils déclarerent que pourvû qu'ils pussent assister le Portugal, les Arbitres prononceroient si les Espagnols leur en donneroient une déclaration ou non : ils demandérent qu'outre les lieux qu'on avoit déja commencé de fortifier en Catalogne, & que les Espagnols convenoient que chacun pût fortifier, on tirât de Taragone à Balaguer une ligne à une certaine distance de laquelle chacun pût fortifier de nouveaux postes : & qu'à l'égard de Casal on laissât encore durant dix années les choses en l'état auquel elles étoient alors ; que la France fût maintenue dans la possession des places qu'elle occuperoit lors de l'échange des ratifications avec leur territoire, & ce qui dépendoit de leur Echevinage ; remettant aux Arbitres à prononcer sur l'étendue de leur territoire : que Dom Edouard fût mis en liberté avant l'échange des ratifications, en promettant de ne jamais porter les armes contre le Roi Catholique : que Piombino & Portolongone demeurassent au Roi, laissant encore à décider si ce feroit par une cession pure & simple, ou pendant une tréve de trente ans : que l'Article qui concernoit la Loraine fût remis à des Commissaires choisis de part & d'autre ; & que s'ils ne convenoient pas dans l'année, ce différend fût réglé par les mêmes Arbitres : cependant ils offrirent que le Roi donneroit tous les ans cent mille écus au Duc Charles, cent mille écus au Duc François, & cent mille écus à la Duchesse. Le Comte de Pegna-
rand₂

randa ne voulut jamais accepter ce tempérament à cet égard, voulant une restitution actuelle; & même il répondit ambiguement sur les six autres articles, cherchant des prétextes pour rompre le Traité.

Enfin les Députez des Etats proposérent que les François rendissent le Duché de Loraine en retenant le Duché de Bar, ce qui dependoit des trois Evêchez, & le Marquisat de Nomeni: les Plénipotentiaires de France furent d'avis différens sur cette offre; le Duc de Longueville & le Comte d'Avaux voulant passer le Traité sur ce pied là, & Mr. Servien s'y opposant formellement: le Comte d'Avaux étoit d'avis de passer outre; & comme deux Plénipotentiaires avoient droit de décider les questions qui se présentoient, il pria à genoux le Duc de Longueville de se résoudre à signer un Traité qui étoit si avantageux à la France: cependant la crainte qu'eut le Duc de choquer la Cour dont il croyoit que Mr Servien avoit plus le secret que lui, fut cause qu'il n'osa le faire, & qu'on conclut d'écrire en Cour d'où on repondit qu'on pouvoit promettre de rendre la Loraine; mais après en avoir démoli les places.

Ainsi toute la difficulté resta sur l'article de la Loraine, où le Roi vouloit démolir quelques places fortes avant que de la rendre au Duc; à quoi les Espagnols ne voulurent point consentir: si bien qu'encore qu'ils eussent souvent déclaré que l'on ne romproit point pour les intérêts du Duc de Loraine, comme ils ne se souciérent plus d'avoir la paix avec la France, après avoir fait leur Traité avec les Etats-Généraux; toute la négociation fut rompue avec l'Espagne, & le Duc de Longueville, le Comte d'Avaux, & le Comte de Pegnaranda se retirérent de Munster, où il ne resta pour la France que Mr. Servien & pour l'Espagne que Mr. Brun qui n'avoit point pouvoir de conclure la paix, ainsi qu'il parut lorsque les Députez des Etats de l'Empire le pressérent de se relâcher de quelques articles, moyennant quoi ils se promettoient que la paix de la France avec l'Espagne pourroit être signée en même tems que celle de l'Empereur avec la France & la Suéde.

On a prétendu que le Cardinal Mazarin croyant mieux maintenir son autorité en France pendant la guerre que durant la paix, n'avoit jamais bien souhaité la paix avec l'Espagne: d'autre part les Ministres d'Espagne n'avoient fait toutes les avances dont il a été parlé ci-devant qu'à cause du mauvais état de leurs affaires & des instances des Plénipotentiaires des Etats-Généraux qui témoignoient alors ne vouloir point faire la paix avec eux, qu'ils ne la fissent en même tems avec la France. Mais les Etats Généraux ayant fait une paix particuliére avec l'Espagne, les affaires des Espagnols ayant pris un meilleur tour, & la France se trouvant aucontraire vers la fin de l'année 1648. troublée par des mouvemens séditieux qui aboutirent au commencement de 1649. à une guerre ouverte entre le Roi & le Parlement de Paris duquel plusieurs Princes & Seigneurs & la plus grande partie des autres Parlemens du Royaume prirent le parti; les choses changérent de face. Le Cardinal Mazarin qui craignoit que la Reine ne fût obligée de le sacrifier à la haine publique, & que les Espagnols ne prissent le parti du Parlement de Paris, souhaita effectivement de faire la paix: & les Espagnols espérant de profiter des mouvemens qui agitoient la France ne voulurent plus la faire aux conditions dont ils étoient convenus à Munster.

Le Cardinal Mazarin ayant vers la fin de l'année 1648. témoigné au Nonce Bagni que si le Comte de Pegnaranda vouloit s'aboucher avec lui, il ne doutoit point, qu'au cas que l'Espagne souhaitât effectivement la paix, ils ne rendissent en une conférence de quatre heures le repos à la Chrétienté; ce Nonce le manda à l'Internonce de Bruxelles, qui fit savoir au Comte de Pegnaranda les sentimens du Cardinal. Ce Comte repondit qu'il ne vouloit point s'aboucher avec le Cardinal Mazarin sans être assuré de conclure la paix; mais il envoya à ce Cardinal le Sieur Friquet pour savoir de lui les conditions auxquelles il voudroit faire la paix avant qu'ils s'abouchassent.

Le Sr. Friquet fut bien reçu du Cardinal Mazarin qui lui témoigna beaucoup d'envie de faire la paix; mais ne s'expliqua point des conditions: dont le Comte de Pegnaranda ayant témoigné du mécontentement, le Cardinal résolut de lui envoyer le Sr. de Vautorte Conseiller d'Etat qui pouroit entrer davantage en matiére avec lui.

Cependant l'Archiduc Léopold à la sollicitation du Prince de Conti, qui étoit entré dans le parti du Parlement, envoya à Paris un Religieux nommé Amolfini avec une lettre de créance pour le Parlement, à qui il dit que l'Archiduc son maitre l'envoyoit pour faire connoître à cette Compagnie que le Cardinal Mazarin n'avoit pas voulu faire la paix à Munster avec l'Espagne à des conditions très avantageuses à la France; & que présentement il offroit de rendre à l'Espagne toutes les Conquêtes faites par la France, afin que la paix la mît en état de réduire la Ville de Paris & de châtier les rebelles: que le Roi d'Espagne ne vouloit point traiter avec un homme que le Parlement avoit déclaré ennemi de l'Etat; & étoit disposé à soumettre les conditions du Traité au jugement de cette Compagnie; & en tout cas à traiter la paix avec le Parlement, & d'envoyer pour cet effet des Plénipotentiaires à Paris. Le Parlement qui commençoit à se lasser de la guerre, ne rendit aucune réponse à ce Député; & envoya au Roi une copie de sa lettre de créance & de sa harangue.

Le Sr. de Vautorte étant arrivé à Bruxelles eut une conférence avec le Comte de Pegnaranda, qui étant persuadé que les troubles de Paris ne finiroient pas encore sitot ne voulut point s'en tenir aux articles dont on étoit convenu à Munster; mais prétendit que la France abandonnât le Portugal, la Catalogne, Piombino, & Portolongone; & que le Duc de Loraine fût rétabli dans tous ses Etats, offrant seulement que le Roi d'Espagne consentiroit que la France retînt quelques places dans chacune des Provinces qui avoient servi de theatre à la guerre; comme Graveline en Flandres, Hesdin & Bapaume en Artois; mais qu'il ne pouvoit consentir qu'elle retînt Arras ni Dunkerque; & qu'il consentoit que Calal restât à la France pendant un certain tems, pourvû que Verceil restât pendant ce même tems à l'Espagne: il refusa de ne s'aboucher avec le Cardinal Mazarin qu'après que l'on seroit convenu de ces Préliminaires; & désavoua ce que le pére Amolfini avoit dit au Parlement. Le Sr. de Vautorte repartit le 15. Fevrier de Bruxelles pour revenir en Cour, & l'accommodement se fit au commencement d'Avril entre le Roi & le Parlement.

Le Nonce Bagni & Mr. Morosini Ambassadeur de Venise en France écrivirent peu après à l'Archi-

duc

duc Léopold & au Comte de Pegnaranda pour les exhorter à reprendre le fil des négociations de Munster : ce Prince & ce Comte témoignérent être prêts d'entrer en négociation pour un Traité de paix avec la France ; mais sans avoir égard à tout ce que la nécessité des tems les avoit obligez d'offrir à Munster. Les François consentirent au mois de Juin à une nouvelle assemblée, où on traiteroit toutes les affaires traitées à Munster, & autres ; & proposérent de faire bâtir en pleine campagne sur les confins des deux Etats une baraque ou chambre de bois, où les Plénipotentiaires tiendroient leurs conférences : ce qui fut approuvé par le Comte de Pegnaranda.

Le Cardinal Mazarin écrivit au Nonce Chigi & à Mr. Contarini pour les inviter de se trouver à cette assemblée pour y faire encore la fonction de Médiateurs ; & fit communiquer en grand secret à ce dernier que pour parvenir à la paix le Roi étoit résolu à ne se point réserver la liberté de secourir le Portugal ; insistant seulement sur l'élargissement de Dom Edouard ; à retirer sa garnison de Casal en prenant les mesures pour que cette place ne tombât point entre les mains des Espagnols ; à leur rendre à toute extrêmité Piombino & Portolongone ; à rendre au Duc de Loraine outre la Vieille Loraine, le Duché de Bar, à condition qu'il reléveroit toujours de la France ; que Sa Majesté pourroit garder les places fortes pendant deux ans, après lesquels elle les rendroit en leur entier, ou démolies, suivant la conduite que ce Duc tiendroit à son égard, à l'exception de Clermont, de Stenai, & de Jamets, & des dépendances des trois Evêchez qu'elle retiendroit pour toujours : mais au surplus elle demandoit que les conquêtes faites par la France lui demeurassent, ou qu'on fît une tréve de dix ou douze ans, chacun demeurant cependant dans ses droits.

En attendant que l'on pût tenir la conférence, le Cardinal offrit au Comte de Pegnaranda de lui envoyer Mr. de Lionne pour convenir avec lui du lieu & du tems auquel ils s'aboucheroient ensemble, & préparer les matiéres du Traité auquel il prétendoit qu'ils donneroient la derniére main : le Comte de Pegnaranda ayant envoyé un passeport à Mr. de Lionne, ils eurent ensemble le 9. Août une conférence à Cambrai, & sur ce que le Comte persista aux conditions qu'il avoit proposées au Sr. de Vautorte, Mr. de Lionne les rejetta bien loin, marquant que c'étoient quatre Royaumes qu'ils demandoient que la France leur cédât pour avoir la paix, savoir le Portugal que les Espagnols ne manqueroient pas de soumettre dès que la France ne l'assisteroit plus ; la Loraine qu'on appelloit autrefois le Royaume d'Austrasie ; les Royaumes de Naples & de Sicile dont l'Espagne s'assureroit la possession, lorsque le Roi lui rendroit Piombino & Portolongone ; & la Catalogne qui valoit plus toute seule que plusieurs Provinces d'Espagne qui portoient le titre de Royaumes. Ce fut sur ces derniers points que fut la plus grande dispute : le Comte de Pegnaranda ayant déclaré qu'il étoit inutile de faire une assemblée, si la France ne convenoit de rendre la Catalogne, & Mr. de Lionne ayant déclaré que la France aimoit mieux faire une guerre malheureuse pendant vingt ans, que d'abandonner la Catalogne, le Portugal, Portolongone & Piombino ; & que si après avoir perdu plusieurs batailles elle étoit obligée d'acheter chérement la paix, elle céderoit plutot à l'Espagne une

de ses anciennes Provinces, qu'une Principauté qu'elle avoit promis avec serment de retenir, & qu'il étoit injuste qu'ils demandassent cette restitution, pendant qu'ils tenoient la Navarre & tant d'autres Provinces qui appartenoient à la France.

Mr. de Lionne proposa alors que les Médiateurs ou au moins Mr. Contarini qui étoit alors à Anvers, assistât aux conférences entre le Cardinal Mazarin & ce Comte ; mais celui-ci ne voulut conférer qu'avec le seul Cardinal ; & s'excusa d'y admettre les Médiateurs, attendu qu'il n'en avoit point d'ordre du Roi son maitre : Mr. de Lionne revint ensuite en Cour.

Mr. Contarini passa peu après en Flandres, où il vit l'Archiduc & le Comte de Pegnaranda qu'il excita fort à faciliter les moyens de faire l'assemblée & les conditions de la paix : il vint ensuite à Paris, où il s'employa de son mieux pour le même effet ; ensorte que le Roi convint d'envoyer dans quelque lieu neutre sur la frontiére des Pays-Bas les mêmes Plénipotentiaires qu'il avoit à Munster, & écrivit au Nonce Chigi pour l'inviter de se rendre au lieu de l'assemblée pour y exercer encore la Médiation avec Mr. Contarini : à quoi ce Nonce donna les mains, & se rendit pour cet effet à Aix-la-Chapelle : mais comme les Espagnols ne vouloient plus s'en tenir, pour faire la paix, aux conditions dont on étoit convenu à Munster ; ils ne voulurent point les admettre pour Médiateurs, & sur tout Mr. Contarini qui leur étoit suspect, d'autant plus qu'ils avoient su la confiance avec laquelle le Cardinal Mazarin lui avoit fait connoître les conditions auxquelles le Roi vouloit bien faire la paix, & que cet Ambassadeur avoit fait savoir à ses maitres, dont quelqu'un en avoit informé l'Ambassadeur d'Espagne à Venise. Ainsi sous prétexte que Mr. de Lionne avoit déclaré à Cambrai que le Roi ne rendroit jamais la Catalogne au Roi d'Espagne, qui de sa part étoit résolu de ne faire jamais la paix à moins qu'on ne lui rendît cette Province, ils refusérent absolument la conférence comme étant inutile & dans l'esperance qu'ils avoient qu'ils recouvreroient par la force des armes les places qu'ils avoient perdues, & feroient même des conquêtes sur la France. Ils rompirent au commencement de l'année 1650. cette négociation ; & continuérent la guerre qui leur fut favorable durant quelques années que la France étant déchirée en elle même par une guerre civile n'étoit pas en état de leur résister.

CHAPITRE TROISIE'ME.

Négociation du Traité conclu à Osnabrug entre Ferdinand III. Empereur & Christine Reine de Suéde,

Pour les Intérêts de la Couronne de Suéde.

GUstave Vase qui après avoir chassé de Suéde Christian II. Roi de Dannemarc s'en fit reconnoître pour Roi & embrassa la Religion Luthérienne, laissa trois fils, Eric qui lui succéda & mourut sans enfans,

Jean qui fut ensuite Roi de Suéde & eût un fils nommé Sigismond qui fut élevé dans la Religion Catholique & élu Roi de Pologne, & Charles Duc de Sudermanie.

Sigismond succéda aussi à son péré à la Couronne de Suéde; mais étant passé en Pologne pour résister aux Turcs qui attaquoient ce Roiaume, Charles son oncle à qui il avoit confié la Vice-Royauté de Suéde en son absence, & qui étoit Luthérien, s'en fit reconnoître pour Roi par les Etats de ce Royaume qui étoient bien aises de ne point avoir un Roi Catholique: cette usurpation causa de longues guerres entre le Roi Sigismond d'une part, & Charles & Gustave-Adolphe son fils d'autre.

Comme Sigismond avoit épousé une Sœur de l'Empereur Ferdinand II. & avoit toujours eu beaucoup d'attache pour la Maison d'Autriche, les Empereurs n'eurent point de liaison avec les Rois de Suéde Charles & Gustave-Adolphe, les regardant comme des usurpateurs de cette Couronne qu'ils croyoient appartenir légitimement à Sigismond; & même Ferdinand assista puissamment Sigismond contre Gustave-Adolphe qui lui faisoit la guerre en Prusse, & y avoit pris quelques places.

Les Rois d'Angleterre & de Dannemarc & les Etats Généraux des Provinces-Unies ayant résolu de se liguer contre l'Empereur, convinrent par un Traité qu'ils passérent à la Haye en 1622. qu'ils inviteroient le Roi de Suéde à entrer dans cette ligue, & à contribuer aux frais de cette guerre: cependant comme Gustave-Adolphe avoit suffisamment d'affaires en Prusse & ailleurs contre le Roi de Pologne qui lui contestoit sa Couronne, il ne voulut pas se mêler des affaires de l'Empire, & ne fit point éclater le ressentiment qu'il avoit des secours que l'Empereur avoit envoyez à son ennemi: mais voiant en 1628. que l'Empereur continuoit d'envoier tous les ans en Pologne des armées considérables contre lui, il crut qu'il lui étoit aussi permis d'assister les ennemis de l'Empereur. Ainsi comme la Ville de Stralsund étoit la seule Ville de Poméranie qui refusât de recevoir garnison Imperiale, il la prit sous sa protection, & y envoia une puissante garnison qui l'empêcha de succomber sous les forces de l'Empereur: cette action de Gustave irrita tellement l'Empereur contre lui, que lorsque l'on traita l'année suivante la paix à Lubec avec le Roi de Dannemarc, les Ministres de Ferdinand ne voulurent point conférer avec les Ambassadeurs que le Roi de Suéde y avoit envoyez, & les obligérent même à se retirer de cette Ville. Le Roi de Suéde écrivit aussi-tôt une lettre aux Electeurs de l'Empire dans laquelle il expliqua les raisons qui l'avoient obligé de prendre la Ville de Stralsund sous sa protection, & il se plaignit du traitement injurieux qui avoit été fait à ses Ambassadeurs à Lubec, des secours que l'Empereur avoit envoyez à ses ennemis, de ce qu'il avoit dépouillé les Ducs de Meckelbourg ses cousins de leurs Etats, & enfin de ce qu'il avoit ouvert les lettres qu'il écrivoit au Prince de Transilvanie, encore qu'il n'eût aucun sujet de se plaindre de lui, n'ayant jamais voulu jusqu'alors se mêler des affaires de l'Empire, ni entrer dans toutes les ligues qu'on lui avoit proposé de faire contre sa Majesté Impériale ou contre l'Empire. Gustave n'ayant point eu de satisfaction de ces plaintes, ni obtenu

du Comte de Walstein Généralissime des troupes de l'Empereur, qu'il rappellât l'armée Impériale de la Prusse, il conclut une tréve de six années avec la Pologne, & ayant fait alliance avec la France, il se résolut à la guerre contre l'Empereur: le Roi de Dannemarc s'étant entremis pour accommoder ces Princes, avant qu'ils entrassent en guerre ouverte, les fit condescendre à envoyer leurs Ambassadeurs à Dantzic pour tâcher de lever les sujets de plaintes qui étoient entr'eux. Charles-Antibal Comte de Dhona Ambassadeur de l'Empereur & les Ambassadeurs de Dannemarc s'étant rendus à Dantzic au mois d'Avril 1630. il n'y vint qu'un Subdélégué de la part du Roi de Suéde; en attendant que ses Ambassadeurs y arrivassent, on n'y entama aucune négociation, mais seulement ce Subdélégué s'expliqua que le Roi son maître prétendoit que l'Empereur retirât ses garnisons des Cercles de la haute & basse Saxe; que les forts bâtis durant la dernière guerre sur les côtes de la Mer Baltique fussent rasez; que les ports sur cette Mer fussent rétablis dans leur ancienne liberté, en sorte que l'Empereur n'y pût bâtir de vaisseaux ni équiper de flottes; que les garnisons des deux Cercles qui étoient dans ces places en fussent aussi ôtées; que les Electeurs de l'Empire fussent Juges des différends mus au sujet des Evéchez & Principautez situez sur la Mer Baltique; que les Etats des Cercles de Saxe, particuliérement les Ducs de Poméranie & de Meckelbourg, & les Comtes d'Oldembourg & d'Ost-Frise fussent rétablis dans l'état où ils étoient avant ces troubles; & que ceux qui avoient fait quelque faute fussent seulement condamnez pour punition à quelque amende pécuniaire, offrant de répondre de celle à laquelle les Ducs de Meckelbourg seroient condamnez: moyennant cela il promettoit de retirer sa garnison de Stralsund, à la charge que cette Ville seroit rétablie dans son entiére liberté; qu'on l'indemnisât des dommages qu'elle avoit soufferts pendant qu'elle étoit assiégée; qu'on ne lui pût imputer de s'être mis sous la protection de la Suéde; & enfin que l'Empereur & lui ne pussent assister les Ennemis l'un de l'autre.

Le Ministre de l'Empereur à Dantzic ayant ouï parler de ces propositions qu'on lui vouloit faire, les traita de ridicules, le Roi de Suéde n'ayant ni le droit ni le pouvoir de régler les affaires de l'Empire: ce mépris irrita encore davantage ce Prince, qui s'en plaignit par une seconde lettre qu'il écrivit aux Electeurs, & en même tems fit attaquer l'Isle de Rugen, & entra lui même peu après en Allemagne: de sorte que la négociation de la paix qu'on avoit prétendu faire à Dantzic n'alla pas plus avant; & le Ministre de l'Empereur s'en revint sans rien faire.

Cette négociation ayant été ainsi rompue sans avoir commencé, le Roi de Suéde qui étoit déja entré en Allemagne, publia plusieurs manifestes pour justifier la guerre qu'il entreprenoit contre l'Empereur; & ayant attiré la plûpart des Princes Protestans dans son parti, & gagné la bataille de Leipsic, il se rendit maître de la plus grande partie de l'Allemagne.

Ce fut alors qu'étant dans ce haut point de fortune on tient qu'il offrit à l'Empereur de faire la paix avec lui, à condition que l'Edit Impérial touchant la restitution des biens seroit cassé; que la profession de la Religion Protestante seroit libre

 par

par tout l'Empire; que la Bohême & les Provinces héréditaires seroient remises en leur premier état, & tous les exilez rétablis dans leurs biens; que la Dignité Electorale seroit rendue au Prince Palatin; que la Ville d'Augsbourg seroit remise en liberté; que les Jésuites seroient chassez de l'Empire; que les Monastéres occupez dans le Duché de Wirtemberg seroient remis en la disposition de ce Duc; que dans les Eglises Cathédrales il y auroit des Chanoines de l'une & de l'autre Religion; & enfin que le Roi de Suéde seroit élu Roi des Romains, en considération de la liberté qu'il avoit procurée à l'Empire. Quoiqu'il en soit cette négociation n'eut aucune suite; & le Roi de Suéde perdit peu après la vie en 1632. en la bataille de Lutzen: après sa mort la guerre continua avec différens succès; mais les Suédois reçurent un grand échec en 1634. par la perte de la bataille de Nortlingue, & encore un plus grand en 1635. par la paix de Prague qui fut acceptée par la plus grande partie des Princes de l'Empire qui se réconciliérent ainsi avec l'Empereur.

Dès le tems que l'Electeur de Saxe traitoit encore sa paix avec l'Empereur, le Chancelier Oxenstiern qui assistoit alors à la Diette des Etats Protestans alliez de la Suéde qu'on tenoit à Wormes, l'avoit fait prier de différer la conclusion de son Traité jusqu'à ce qu'il eût été le joindre; afin qu'on pût faire la paix générale d'un commun consentement: l'Electeur ne laissa pas de conclure son Traité, dont les Suédois témoignérent être fort mécontens; parce qu'il portoit entr'autres choses que ceux qui accepteroient cette paix se joindroient à l'Empereur pour chasser les Suédois & les autres étrangers de l'Empire: de sorte qu'ils prétendoient que c'étoit bien mal reconnoître l'obligation que les Princes Protestans d'Allemagne avoient à la Suéde de leur avoir procuré la liberté.

Le Chancelier s'en plaignit à l'Electeur qui déclara que le Roi Gustave étant mort, il n'étoit plus engagé avec les Suédois par aucun Traité qui l'empêchât de conclure la paix avec l'Empereur pour rétablir le calme dans l'Empire; & qu'il étoit prêt de contribuer pour y faire aussi comprendre la Suéde, en sorte qu'elle ne pût être recherchée par l'Empereur ni par l'Empire pour tout ce qui s'étoit passé pendant cette guerre, & qu'on lui donnât une satisfaction convenable en argent pour les frais qu'elle avoit faits, & il fit dire au Chancelier de déclarer ce qu'il souhaitoit.

Cette proposition obligea le Chancelier Oxenstiern de dresser un projet de Traité dans lequel il demanda que la paix & le commerce fussent rétablis entre l'Empereur, le Roi de Hongrie son fils, les Princes de la Ligue Catholique, & le Roi d'Espagne d'une part, & la Reine & le Royaume de Suéde d'autre: que les prisonniers fussent délivrez de part & d'autre sans rançon: que la Couronne de Suéde fût satisfaite de tous les frais qu'elle avoit faits pendant cette guerre; & que jusqu'au payement elle retînt quelques places dans l'Empire pour son assurance: qu'il y eût une amnistie générale pour tout ce que les Alliez des Suédois avoient fait depuis 1618: qu'il y eut une alliance entre le Royaume de Suéde & les Etats Protestans, avec obligation de se secourir mutuellement: qu'on payât à leurs troupes ce qui leur étoit dû de leur solde, & que le Roi de France & les Etats Généraux fussent compris dans ce Traité si bon leur sembloit.

L'Electeur répondit à ces propositions, que la plus grande partie de ces articles avoit déja été accordée par le Traité de Prague, ou ne regardoit point l'Empereur, comme le commerce avec l'Espagne: qu'à l'égard de la satisfaction des Suédois, les Protestans ne devoient pas rembourcer tous les frais qu'ils avoient faits, puis que le Roi de Suéde avoit déclaré qu'il étoit entré en Allemagne non seulement pour leur intérêt, mais aussi pour vanger ses injures particuliéres: que la plus grande partie des troupes des armées de Suéde étoit composée d'Allemans, & avoit été payée par l'Allemagne: qu'outre cela les Suédois devoient rabattre sur leur prétendue satisfaction tout ce qu'ils avoient reçu des péages & des contributions: qu'ainsi ils devoient fixer une somme pour leur satisfaction: que quand il la sauroit, il la communiqueroit à ceux qui y avoient intérêt; parce qu'à son égard cela ne le regardoit point, ayant été déchargé de cette satisfaction par le Roi Gustave-Adolphe, & ne s'étant point servi des troupes Suédoises depuis la mort de ce Roi: que néanmoins pour faire avancer la paix, il tâcheroit de faire consentir les Etats Protestans à payer aux Suédois en quatre ou cinq années un million de florins; à condition qu'ils n'exigeroient plus rien dans l'Empire sous quelque prétexte que ce fût, & ne demanderoient rien pour la solde de leurs troupes: & qu'il tâcheroit de faire que Stralsund fût laissé pour assurance à la Couronne de Suéde jusqu'à l'entier payement: que la ligue que ce Chancelier proposoit, étoit contraire à la paix, & donneroit de l'ombrage à l'Empereur & aux Catholiques; & qu'il ne falloit pas attendre pour établir cette paix qu'elle eût été approuvée par le Roi d'Espagne, qui étoit trop éloigné, & n'étoit point partie dans la guerre d'Allemagne.

Le Chancelier Oxenstiern ayant refusé ces offres, l'Electeur lui fit offrir jusqu'à deux millions & demi de florins; & les esprits s'étant aigris pendant ces négociations, il fit agir ses troupes contre les Suédois pour les faire sortir de quelques places de son voisinage. Adolphe-Frédéric Duc de Meckelbourg fit ce qu'il put pour empêcher qu'on n'en vînt aux armes, proposant qu'on choisît quelque lieu où les Plénipotentiaires de l'Empereur & de l'Empire s'assemblassent avec ceux de Suéde pour traiter de la paix dans les formes ordinaires: mais l'Electeur n'ayant pas voulu embrasser cette voye qu'il trouvoit trop longue, la guerre continua avec différens succès durant treize années.

Nous avons vu dans le premier Chapitre, que le Pape, le Roi de Danemarc, & la République de Venise s'étant offerts pour Médiateurs de la paix entre toutes les Puissances qui étoient en guerre, on convint des Villes de Cologne & de Lubec pour y traiter une paix générale, savoir à Cologne celle entre l'Empereur & la France & l'Espagne; & à Lubec celle entre l'Empereur & la Suéde: les Suédois n'ayant pas voulu traiter leur paix en un même lieu que les François à cause qu'ils ne vouloient pas que leurs Ambassadeurs cédassent le pas à ceux de France. On commença donc au Printems de 1638. de travailler sur les Préliminaires, particuliérement sur les passeports qu'on devoit donner de part & d'autre: sur quoi le Comte Curtz Chancelier & Plénipotentiaire de l'Empereur déclara qu'il avoit plein pouvoir d'accorder des passeports à tous ceux qui voudroient venir à Lubec pour les conférences qui s'y tiendroient; non que Sa Majesté Impériale voulût traiter la paix avec ses vassaux ou ceux de l'Empire, mais afin qu'ils pussent instruire les Suédois de leurs prétentions. Mr. Salvius Plénipotentiaire des Suédois ayant su que l'intention de l'Empereur étoit d'accorder seulement des passeports aux Princes de l'Empire qui s'étoient réconciliez avec lui, voulut qu'il fût dit expressément que ces passeports seroient donnez tant aux Princes qui n'étoient pas encore réconciliez avec l'Empereur, qu'à ceux qui avoient accepté la paix de Prague, & que les Députez de ces Princes ne fussent pas exclus d'y traiter directement avec les Ministres de l'Empereur : l'Empereur n'y voulant pas donner les mains, le Roi de Danemarc proposa pour expédient qu'on lui mît les passeports entre les mains, promettant de ne les remettre qu'à ceux qu'il sauroit ne venir à la conférence qu'avec un esprit de paix : mais l'Empereur ne voulut point non plus accepter ce tempérament & prétendit qu'étant le Souverain des Princes de l'Empire, il n'y avoit point d'autre parti à prendre que de recourir à sa clémence. Ainsi le bon état où il vit que ses affaires se mettoient, l'ayant affermi dans la résolution de dénier ces passeports; & d'ailleurs la France & la Suède voulant absolument que leurs alliez qui portoient alors les armes contre l'Empereur, comme le Landgrave de Hesse-Cassel & le Duc de Weymar eussent leurs Ministres en ces Assemblées pour y soutenir leurs intérêts, on ne conclut rien, & le Roi de Danemarc se déporta de cette Médiation.

Banier Général de l'armée Suédoise ayant proposé en 1639. de faire la paix pourvû qu'on accordât une amnistie générale dans l'Empire, qu'on y rétablît toutes choses comme elles étoient en 1617. & qu'on laissât à la Suéde pour satisfaction & pour sa sureté les places maritimes de Poméranie, moyennant quoi elle satisferoit ses Troupes de ses deniers, l'Empereur rejetta cette proposition, ne voulant pas que les choses fussent rétablies en l'état auquel elles étoient en 1617. tant parce qu'il auroit fallu ôter à l'Electeur de Baviére la dignité Electorale & le haut Palatinat, moyennant quoi cet Electeur l'avoit déchargé de treize millions de florins qu'il lui devoit, que parce qu'il auroit été obligé de remettre l'exercice de la Religion Protestante dans la Bohême & dans l'Autriche, dont l'Empereur son pére l'avoit bannie : outre cela il ne pouvoit se résoudre à laisser aux Suédois ces places de Poméranie qui leur auroient donné une entrée facile dans l'Empire.

Néanmoins en l'année suivante le Roi de Danemarc ayant écrit aux Electeurs assemblez à la Diette de Ratisbonne pour les prier de persuader à l'Empereur de vouloir bien accorder des passeports au Duc de Lunebourg & au Landgrave de Hesse-Cassel, ces Electeurs obtinrent cette facilité de l'Empereur, qui voyoit ses affaires un peu déchues; & même comme l'Electeur de Saxe & les autres Protestans avoient offert de payer à la Suéde en six années deux millions & demi de florins, & cependant de lui laisser Stralsund & l'Isle de Rugen pour sa sureté, l'Empereur fit passer à la Diette un décret par lequel on approuva cette proposition : à condition que les Protestans auroient dix années pour payer cette somme, après lesquelles si elle n'étoit point acquittée la Reine de Suéde & ses descendans posséderoient cette Isle

& cette Ville comme un fief de l'Empire, qui retourneroit à l'Electeur de Brandebourg, en cas que cette Reine mourût sans enfans mâles. Les Etats de l'Empire écrivirent ensuite à la Reine & aux Etats de Suéde pour les exhorter à une bonne paix; & comme cette Princesse & les Etats s'y témoignérent fort disposez, le Baron de Lutsaw Plénipotentiaire de l'Empereur & Mr. Salvius Plénipotentiaire de Suéde s'assemblérent à Hambourg avec le Comte d'Avaux Plénipotentiaire de France, & y conclurent le 15. Décembre 1641. les Traitez préliminaires pour la paix entre l'Empire & ces deux Couronnes, dont on fit deux instrumens presque dans les mêmes termes, & qu'ainsi je ne répéterai point, en ayant rapporté les conditions dans le premier Chapitre, me contentant de marquer qu'on y convint qu'on s'assembleroit à Osnabrug pour y traiter la paix entre l'Empereur & la Reine de Suéde; que l'Empereur fourniroit à la Suéde des passeports pour les Ambassadeurs de la Reine de Suéde, pour le Résidentde France à Osnabrug, pour les Députez des Maisons Palatine, de Lunebourg, & de Hesse-Cassel, & pour les Etats de l'Empire Alliez du Royaume de Suéde; que la Reine de Suéde fourniroit des passeports pour les Ambassadeurs de l'Empereur & des Electeurs de Mayence & de Brandebourg; & qu'enfin les conférences commenceroient le 25. Mars de l'année suivante.

Diverses difficultez qui survinrent pour les titres qu'on mettroit dans les passeports & sur la forme de les échanger empêchérent que les Plénipotentiaires ne se pussent rendre à Munster & à Osnabrug pendant toute l'année 1642. Enfin toutes ces difficultez & plusieurs autres ayant été levées, l'Empereur envoya à Osnabrug les Comtes de Trautmansdorff & de Lamberg, & le Docteur Crane; & la Reine de Suéde y envoya de sa part le Comte Oxenstiern fils du Chancelier de Suéde & Jean-Adler Salvius Sénateur de ce même Royaume. Ils commencérent leurs conférences en 1643. mais les différens intérêts des Princes & les divers événemens de la guerre qui faisoient de tems en tems changer les résolutions qui avoient été prises, furent cause que le Traité ne fut conclu & signé que cinq ans après, savoir le 24. Octobre 1648. le même jour que le Traité entre l'Empire & la France fut aussi signé.

Ce Traité fut passé entre l'Empereur & ses Alliez d'une part, & la Reine de Suéde & ses alliez d'autre : de sorte qu'on n'y régla pas seulement ce qui pouvoit regarder les intérêts entre l'Empire & la Suéde, mais aussi ceux de plusieurs Princes & Etats de l'Empire, tant en général qu'en particulier. Ainsi la connoissance de ce Traité est une des choses les plus nécessaires pour bien savoir l'état de l'Empire, & pour régler plusieurs contestations qui y peuvent arriver journellement. Je ne traiterai en ce Chapitre que des articles de ce Traité qui regardent particuliérement la satisfaction de la Suéde, réservant à traiter dans les deux Chapitres suivans des articles de ce Traité qui regardent les Etats de l'Empire tant en général qu'en particulier.

Lorsque Gustave-Adolphe entra en Allemagne, il paroit par le manifeste qu'il fit publier & par les lettres qu'il écrivit à l'Empereur & aux Electeurs, qu'il ne demandoit autre chose pour sa satisfaction que le rétablissement de ses parens & de ses alliez qu'on avoit dépouillez de leurs biens & de leurs priviléges, la sureté de son Royaume, & le commerce de la Mer Baltique : cependant il y a

appa-

apparence que dans la suite les grands succès qui lui arrivérent en Allemagne, & qui passérent sans doute ses espérances, lui donnérent la pensée de conserver une partie des conquêtes qu'il y avoit faites, & de les incorporer à la Suéde. En effet on voit que dans son entrée en Allemagne, il mit dans le Traité qu'il fit avec le Duc de Poméranie, des clauses qui lui pouvoient donner lieu de retenir cette Province; & que depuis, lorsqu'il prenoit des Villes, il les obligeoit de lui faire serment de fidélité & à la Couronne de Suéde.

Aussi-tôt après sa mort, le Chancelier Oxenstiern s'en expliqua plus nettement dans le Traité qu'il fit en 1633. à Hailbron avec les Etats Protestans des quatre Cercles; où il stipula que jusqu'à ce que la Suéde eût eu satisfaction, elle retiendroit les places qu'elle avoit prises, & qu'elle prendroit encore à l'avenir sur les ennemis communs. Depuis en la Diette de Francfort de l'année 1634. on traita plus amplement de cette satisfaction, que les Etats Protestans vouloient être prise dans les Provinces conquises sur les Ennemis; ce que ce Chancelier refusa, parce qu'elles n'avoient aucune communication avec la Suéde: ainsi il demanda les Provinces situées sur la Mer Baltique, particuliérement la Poméranie: les Ministres de l'Electeur de Brandebourg & du Duc de Poméranie s'y opposérent, & se retirérent de l'assemblée; les premiers ayant instruit les Députez qui composoient la Diette, du droit de leur maitre, persuadérent aux Etats de présenter un écrit au Chancelier pour lui montrer l'injustice qu'il y avoit de priver l'Electeur de Brandebourg du droit qu'il avoit sur ce Duché, & tous les inconvéniens qu'il y auroit de céder cette Province à la Suéde: le Chancelier témoigna un extrême chagrin de cette opposition, & ne fit point alors davantage d'instance sur la demande qu'il avoit faite.

Ce furent en partie les desseins que les Suédois témoignérent avoir de mettre le pied en Allemagne, qui obligérent l'Electeur de Saxe à se séparer d'eux, & à faire avec l'Empereur le Traité de Prague, par lequel il fut dit que cet Electeur & les autres Princes qui voudroient accepter cette paix, joindroient leurs armes à celles de l'Empereur pour chasser les Suédois des places qu'ils avoient occupées dans l'Empire: cet Electeur les sollicita d'en sortir paisiblement, prétendant qu'ils n'en pouvoient pas faire difficulté, puisqu'ils avoient déclaré plusieurs fois qu'ils n'étoient entrez en Allemagne que pour faire obtenir aux Princes Protestans le rétablissement dans leurs biens & dans la liberté de leur Religion qu'ils obtenoient par ce Traité: mais les Généraux de Suédois se moquérent de cette proposition, & déclarerent que ces avantages qu'ils avoient seuls procurez aux Princes de l'Empire méritoient bien quelque récompense; & qu'ils ne quitteroient point les armes ni les places qu'ils occupoient en Allemagne, qu'ils n'eussent été satisfaits. Cette satisfaction fut la plus grande difficulté du Traité d'Osnabrug à cause des différens intérêts de ceux qui avoient droit aux Provinces que les Suédois demandoient, & de l'impossibilité où on étoit en Allemagne de payer la somme qu'ils prétendoient pour la satisfaction de leur milice.

Les Plénipotentiaires de Suéde ne s'expliquérent point autrement dans leur première proposition du 4. Décembre 1644. sinon qu'ils étoient disposez à continuer la négociation qui avoit été entamée pour la satisfaction de la Couronne de Suéde entre l'Electeur de Saxe & le Chancelier Oxenstiern. Dans la suite ils firent dans leur seconde proposition plusieurs demandes qui regardoient le rétablissement des Princes de l'Empire dans leurs droits, & demandérent qu'on donnât à la Couronne de Suéde & à sa milice une satisfaction convenable: mais dans la replique qu'ils firent le 7. Janvier 1646. à la réponse que les Impériaux avoient faite le 16. Octobre 1645. à cette proposition, après avoir marqué la justice qu'il y avoit de donner une satisfaction convenable à la Suéde qui avoit été obligée d'entrer en une guerre dans laquelle elle avoit dépensé des sommes immenses & perdu un grand nombre de gens de qualité & son Roi même, dont la mort étoit inestimable; & que cette satisfaction ne se pouvoit donner en argent, l'Empire n'étant pas en état de fournir la somme qu'il conviendroit pour réparer ces dépenses & ces pertes, ils marquoient que pour faire connoître le desir qu'ils avoient pour le rétablissement de la paix, ils vouloient bien rendre plusieurs places considérables qu'ils tenoient en Autriche & en Moravie, & garder en échange tant pour leur dédommagement que pour leur satisfaction toute la Silesie, la Poméranie, l'Evêché de Camin, Vismar, avec le Bailliage de Poel, le fort de Walfisch, & les Evêchez qu'ils tenoient, entre lesquels ils tiendroient l'Archevêché de Brême, & l'Evêché de Verden en fief de l'Empire; & pouroient avec Osnabrug, Minden, Halberstat & d'autres lieux contenter les intéressez: ils demandérent encore qu'on songeât à satisfaire leur milice, & dans la suite ils fixérent cette satisfaction à vingt millions de Richedales.

L'Empereur ne voulut point absolument céder à la Suéde la Silesie qui lui appartenoit; l'Electeur de Brandebourg s'opposa à la cession de la Poméranie, sur laquelle il avoit un droit incontestable; les Ducs de Mecklebourg redemandérent Vismar qui étoit leur patrimoine; le Roi de Danemarc ne put souffrir qu'on ôtât à son fils l'Archevêché de Brême & l'Evêché de Verden, auxquels il avoit été élu, & dont il avoit eu l'investiture de l'Empereur; & tous les Catholiques s'opposoient à la sécularisation tant de ces deux Eglises que des trois autres, en quoi ils étoient secondez par la France qui prétendoit que cette demande étoit contraire aux Traitez qu'elle avoit faits avec la Suéde, & qui portoient expressément qu'il ne seroit rien fait au préjudice de la Religion Catholique, & que les biens d'Eglise seroient conservez aux Ecclesiastiques: mais l'envie que l'Empereur avoit de faire la paix avec la Suéde, pourvû qu'il ne lui en coutât rien, le porta à accorder aux Suédois presque tout ce qu'ils avoient demandé, hormis la Silesie; savoir la Poméranie Citérieure, Vismar & ses dépendances, l'Archevêché de Brême, l'Evêché de Verden, & le Bailliage de Wilshusen, qui lui furent cédez avec cinq millions de Richedales pour la satisfaction de sa milice.

Il a été marqué dans le premier Chapitre que les articles qui composent le Traité avec la Suéde furent arrêtez à Osnabrug au mois d'Aout 1648. mais que comme les Plénipotentiaires de Suéde ne les voulurent point signer qu'au même tems qu'on signeroit le Traité de paix avec la France, il ne fut signé que le 24. Octobre suivant à Munster le même jour

que

que celui avec la France: mais on le data comme ayant été signé à Ofnabrug; & on l'appelle toûjours le Traité d'Ofnabrug, parce qu'on étoit convenu par le Traité d'Hambourg de 1641. que la paix entre l'Empereur & la Reine de Suéde feroit traitée à Ofnabrug.

Je crois convenable pour éviter la confufion, de marquer en différens articles les difficultez qui fe rencontrérent fur chacune des Provinces qui furent accordées à la Suéde, & les conditions auxquelles chacune d'elles lui a été cédée.

POMERANIE.

Pour bien entendre ce qui eft porté par le Traité au fujet de la Poméranie, il eft néceffaire de préfuppofer que cette Province, qui contient la côte de la Mer Baltique depuis le Duché de Mecklebourg jufqu'à la Pruffe, eft divifée en deux parties par le fleuve Oder, qui après avoir formé une Mer ou Lac nommé Frifch-haff, fe divife en trois bras qui fe rendent dans la Mer par trois embouchures nommées Pein, Suine, & Dievenau, & forment ainfi deux Ifles defquelles la plus Orientale eft celle qui eft entre les deux bras qui fe rendent dans ces deux derniéres embouchures, & eft nommée Wollin: les derniers Ducs de Poméranie en la partageant entr'eux avoient divifé cette Province en Citérieure & Ultérieure; la Citérieure étoit limitrophe du Duché de Mecklebourg & contenoit entr'autres Villes celle de Stralfund & l'Ifle de Rugen fituée vis-à-vis de cette Ville: cette Poméranie Citérieure s'étendoit feulement jufqu'à l'embouchure de l'Oder nommée Pein, & n'alloit pas jufqu'au fleuve même de l'Oder, puifque Stetin & Gartz qui font fituez fur la rive Occidentale de ce fleuve du côté de Mecklebourg, étoient néanmoins dans la Poméranie Ultérieure. Cette Poméranie Ultérieure étoit donc bien plus confidérable que la Citérieure, contenant l'Evêché de Camin & les quatre Duchez de Stetin, de Poméranie proprement dite, de Caffubie, & de Wenden ou des Vandales.

La Poméranie avoit dès il y avoit long-tems des Ducs particuliers qui vers la fin du douziéme fiécle ayant quelques différends avec les Marquis de Brandebourg, convinrent avec eux que fi la Maifon des Ducs de Poméranie venoit à manquer fans enfans mâles, les Marquis de Brandebourg hériteroient de leurs Etats: cette convention fut encore confirmée par plufieurs Traitez fubféquens, entr'autres par un de l'an 1525. de forte que depuis près de deux cens cinquante années les Electeurs de Brandebourg prenoient les qualitez de Ducs de tous les Duchez qui compofoient la Poméranie & de Princes de Rugie. Quand l'Empereur donnoit à un Duc de Poméranie l'inveftiture de ce Duché, l'acte portoit auffi qu'en cas qu'il mourût fans enfans mâles, le Duché pafferoit aux Electeurs de Brandebourg. Enfin lors qu'un nouveau Duc de Poméranie fe faifoit rendre hommage par fes fujets, les Electeurs de Brandebourg fe le faifoient auffi rendre par les Etats de ces Provinces, à caufe du droit qu'ils avoient d'en devenir un jour Seigneurs, en cas que ces Ducs mouruffent fans enfans mâles.

Ainfi il paroît par le Traité que Boguflas XIV du nom Duc de Poméranie fit en 1630. avec le Roi de Suéde, que l'Electeur de Brandebourg qui étoit fon héritier préfomptif à caufe qu'il n'avoit point d'enfans, s'étoit déja fait reconnoître & rendre hommage par les Etâts de Poméranie en cette qualité: cependant ce Duc confentit par ce Traité que le Roi de Suéde retînt la Poméranie après fa mort, jufqu'à ce que l'Electeur l'eût rembourcé de fes frais, à moins qu'il ne fe fût joint au Roi de Suéde dans cette guerre: le Roi de Suéde en conféquence de ce Traité s'empara de toutes les places de la Poméranie, & y mit fes garnifons; laiffant néanmoins toujours au Duc fes revenus & fes honneurs. Boguflas étant mort en 1637. fans enfans mâles l'Electeur de Brandebourg qui s'étoit réconcilié avec l'Empereur, obtint l'inveftiture de ce Duché; & lors qu'on traita la paix à Ofnabrug, il s'oppofa extrémement à ce que la Poméranie fût comprife parmi les Etats qu'on céderoit à la Suéde pour fa fatisfaction: l'Efpagne le follicitoit de tenir bon, afin d'empêcher la paix d'Allémagne qu'elle ne fouhaitoit point; & l'Empereur & l'Empire avoient bien de la peine à fe réfoudre de difpofer du bien de l'Electeur fans fon confentement.

Ces difficultez firent enfin réfoudre la Reine de Suéde qui vouloit la paix, à une alternative, qui étoit qu'on lui cédât ou toute la Poméranie fans le confentement de l'Electeur & avec la garentie de l'Empereur & de l'Empire, ou la Poméranie Citérieure avec Stetin, Gartz, Colnow & l'Ifle de Wollin de fon confentement. L'Empereur voyoit bien que le premier parti étoit dangereux, laiffant une femence de guerre dans l'Empire; néanmoins ayant déclaré à l'Electeur qu'il y donneroit les mains, s'il ne vouloit confentir au dernier chef de la propofition de la Suéde, il fut obligé de fe rendre, & moyennant un ample dédommagement qu'on lui donna, il confentit qu'on laiffât la Poméranie Citérieure à la Reine de Suéde avec les places qu'elle avoit demandées, auxquelles elle ajouta encore enfuite celle de Dam qui eft fituée vis-à-vis & à une lieue de Stetin, l'Oder entre deux. Ainfi la Reine & l'Electeur firent un Traité qui portoit les conditions auxquelles la Couronne de Suéde auroit cette partie de la Poméranie; après quoi on dreffa conformément à ce Traité les articles de celui d'Ofnabrug qui concernent cette affaire.

Par ces articles on abandonna à la Reine de Suéde, à fes héritiers, & à fes fucceffeurs Rois de Suéde pour être tenue en fief de l'Empire, la Poméranie Citérieure avec l'Ifle de Rugen fuivant les limites qu'elle avoit eus du tems des Ducs de Poméranie, & dans la Poméranie Ultérieure Stetin, Gartz, Dam, Colnow, & l'Ifle de Wollin avec le lit de l'Oder qui coule entre les deux Poméranies, la Mer de Frifch-Haff, fes trois embouchures, & les deux rives de ce fleuve depuis le territoire Royal jufqu'à la Mer Baltique; & defquelles celle du côté de l'Orient feroit de la largeur dont il feroit convenu entre les Commiffaires de la Reine de Suéde, & ceux de l'Electeur. On convint que les Rois de Suéde joüiroient du Duché de Poméranie & de la Principauté de Rugen aux mêmes honneurs & droits dont les précédens Ducs de Poméranie en avoient joüi; qu'ils conféreroient les dignitez & les prébendes du Chapitre de Camin que les Ducs de la Poméranie Citérieure conféroient, avec faculté d'en réünir les revenus à leur Manfe Ducale, après la mort de ceux qui en étoient alors pourvus; que les Rois de Suéde prendroient les titres & les armes de la Poméranie; ce que l'Electeur & ses descendans mâles pourroient aussi faire, hormis de la Principauté de Rugen, & sans que cela leur donnât aucun droit sur les lieux cédez à la Suéde; qu'au défaut d'enfans mâles dans la ligne masculine de la Maison Electorale de Brandebourg, aucun autre que les Rois de Suéde ne prendroit plus les titres & armes de Poméranie; & qu'alors toute la Poméranie Ultérieure & l'Evêché & Chapitre de Camin seroient réünis à la Poméranie Citérieure & appartiendroient aux Rois & au Royaume de Suéde; qu'enfin les Rois de Suéde auroient à perpétuité dans les côtes & ports de Poméranie les nouveaux péages communément nommez licences. Moyennant ces conditions la Reine de Suéde promit de remettre à l'Electeur, Colberg, l'Evêché de Camin, & toutes les autres places que ses troupes occupoient dans la Poméranie Ultérieure & dans la Marche de Brandebourg.

C'est en conséquence de cette expectative de la Poméranie Ultérieure que les Rois de Suéde se disent non seulement Ducs de Poméranie & de Stetin & Princes de Rugen; mais aussi Ducs de Cassubie, & de Vandalie qui sont deux Provinces dans la Poméranie Ultérieure possédées par les Electeurs de Brandebourg.

WISMAR.

Cette place est dans le Duché de Mecklebourg à l'extremité d'un golfe de mer qui entre dans les terres, & sur lequel est encore un Fort nommé le fort de Walfisch, c'est-à-dire de la Baleine. Lors que le Roi Gustave voulut rétablir les Ducs de Mecklebourg ses cousins dans leurs Duchez que l'Empereur avoit donnez au Comte de Walstein; il prit cette place avec le fort qui en dépendoit au commencement de l'année 1632. & ayant rétabli ces Ducs dans leurs Etats, il laissa toujours sa garnison dans Wismar & dans ce fort. Ces Ducs ayant depuis accepté la paix de Prague & abandonné le parti de la Suéde, comme Wismar & son port sont très-considérables sur la Mer Baltique, la Reine Christine comprit cette ville, ce fort, & quelques lieux circonvoisins dans ce qu'elle demandoit pour sa satisfaction: ces Ducs s'y opposérent le plus qu'ils purent; Wismar étant la seule place forte qu'ils eussent dans leurs Etats, & paroissant déraisonnable qu'ils fussent dépouillez par ceux même qui avoient déclaré être entrez en Allemagne pour les rétablir dans leurs Etats: néanmoins comme les choses avoient changé de face, ils furent obligez d'y acquiescer, moyennant un dédommagement qu'on leur donna.

On convint donc à l'égard de cet article que la Reine de Suéde & ses Successeurs joüiroient en fief immédiat de l'Empire du port & de la Ville de Wismar, avec le fort de Walfisch & les Bailliages de Poel & de Newenclofter qui sont voisins de cette Ville; le premier sur le bord de la Mer & le second dans l'Evêché de Swerin: que les Villages de Schedorf, de Weidendorff, de Brandenhausen, & de Wangern dépendans du Bailliage de Poel demeureroient néanmoins toujours à l'hopital du St. Esprit à Lubec auquel ils appar-

tenoient: que la Suéde joüiroit dans cette Ville & dans les autres lieux cédez, des droits que les Ducs de Mecklebourg y avoient: que les priviléges de la Ville de Wismar lui seroient conservez: enfin que les Rois de Suéde joüiroient aussi à perpétuité dans les côtes & ports de Mecklebourg des nouveaux Péages ou Licences. Cette derniére clause a donné lieu aux Suédois de conserver un Péage à Varnemund dans les Etats des Ducs de Mecklebourg; & où ils ont bâti un fort pour la sureté de ceux qui y exigent ce droit: ces Ducs s'y sont toujours opposez; mais leurs oppositions n'ont pas empêché que les Suédois ne l'ayent conservé.

BREME, WERDEN, & WILSHUSEN.

L'Archevêché de Brême fut ôté aux Catholiques en 1585. par Adolphe Duc de Holstein qui fit publiquement profession de la Confession d'Ausbourg, & se maria: la même chose arriva aussi à Werden lors que Evrard de Hall en devint Evêque en 1566. Jean-Ferdinand Duc de Holstein succéda à l'un & à l'autre, & eut pour Coadjuteur, ensuite pour Successeur, Frédéric fils ainé & Successeur de Christian quatriéme du nom Roi de Dannemarc.

Wilshusen est dans l'Evêché de Munster. Les Suédois s'étant emparé de l'Archevêché de Brême & de l'Evêché de Werden sous prétexte que Frédéric avoit pris le parti du Roi son pére dans la guerre qu'ils eurent contre lui en 1644. ils les conservérent, & ensuite demandérent qu'ils fissent partie de leur satisfaction. J'ai déja remarqué que les Rois de France & de Dannemarc firent ce qu'ils purent pour différentes raisons pour empécher que ces Eglises ne servissent à cette satisfaction: mais ils n'en purent venir à bout, les Suédois prétendant d'une part qu'il y avoit longtems que ces biens n'avoient plus que le nom d'Ecclésiastiques, étant possédez par des Princes Protestans qui ne faisoient aucune fonction Episcopale; d'autre part soutenant le droit qu'ils avoient eu d'en dépouiller le Prince Frédéric: l'Empereur & ses Ministres furent ceux qui y firent le moins de difficulté, voulant contenter les Suédois, & leur faisant même entendre pour les détacher de la France, qu'eux qui étoient leurs ennemis étoient plus faciles dans ce qui regardoit leur satisfaction que les François qui étoient leurs alliez. Ainsi l'Empereur du consentement de l'Empire accorda à la Reine de Suéde l'Archevêché de Brême & l'Evêché de Werden, & la Ville & le Bailliage de Wilshusen, & tous les droits que les derniers Archevêques de Brême avoient eus sur le Chapitre & le dioceze de Hambourg; sans préjudice des droits de la Maison de Holstein & de la liberté de la ville & du Chapitre de Hambourg; & à condition que le Duc de Holstein-Gottorp & ses descendans retiendront à perpétuité quatorze villages dont il joüissoit & qui étoient situez dans les Bailliages de Trittow & de Rheinbeck dans le Holstein en faisant la rente qu'il en payoit. On convint que les Rois de Suéde tiendroient cet Archevêché & Evêché de l'Empire sous le titre de Duchez; & que les Chapitres n'auroient plus droit d'y élire ni postuler d'autres Archevêques ni Evêques, ni administrer les biens dépendans de

ces

ces Duchez: que la Ville de Brême, son territoire, & ses sujets demeureroient dans leur liberté
& dans leurs droits; & que si cette Ville avoit
quelques différends avec le Duché ou avec les
Chapitres de Brême, la chose seroit terminée à
l'amiable ou par justice; chacun demeurant cependant en la possession où il étoit alors.

En considération de ces Duchez qu'on céda à
la Couronne de Suéde, on convint que les Rois
de Suéde auroient comme Ducs de Brême suffrage aux Diettes de l'Empire & séance en la cinquiéme place du Banc des Princes séculiers: qu'ils auroient encore leurs suffrages à cause des Duchez
de Werden & de Poméranie au même rang que
l'avoient eu les anciens Evêques de Werden & les
Ducs de Poméranie: que dans l'assemblée du Cercle de la haute Saxe, ils auroient séance immédiatement au-dessus des Ducs de la Poméranie Ultérieure: que dans l'assemblée des Cercles de Westphalie & de la basse Saxe l'administration de la basse Saxe appartiendroit alternativement à Magdebourg & à Brême sans préjudice du droit de con-
direction que prétendoient les Ducs de Brunswick
& de Lunebourg: que la Reine de Suéde & l'E-
lecteur de Brandebourg envoyeroient l'un & l'autre des Députez aux Diettes comme Ducs de Poméranie; mais que comme ils n'y avoient qu'une
voix en cette qualité, elle seroit donnée par les
Rois de Suéde, après avoir pris l'avis des Electeurs de Brandebourg: qu'ils auroient en chacun
de ces fiefs droit de justice sans appel; & que
pour cet effet ils établiroient en Allemagne une
Cour Souveraine, où les procès se jugeroient suivant les loix de l'Empire: que si quelqu'un apelloit les Rois de Suéde en jugement à cause de leurs
Etats d'Allemagne, ils pourroient répondre au Conseil Aulique ou à la Chambre de Spire; ce qu'ils
seroient tenus d'opter trois mois après que l'ex-
ploit leur auroit été donné: qu'ils auroient le
privilége de fonder une Université où bon leur
sembleroit: que les Rois de Suéde reconnoîtroient
tous ces fiefs de l'Empire, & en demanderoient
l'investiture, & prêteroient le serment de fidélité,
lorsque le cas y écherroit: qu'ils conserveroient
les priviléges aux sujets de ces Duchez, particuliérement à ceux de Stralsund, & les leur confir-
meroient lors qu'ils leur prêteroient hommage; &
qu'ils leur permettroient le commerce avec les Villes Anséatiques & autres Etats, ainsi qu'ils en a-
voient usé jusqu'alors.

Nonobstant la clause qui conserve à la Ville de
Brême sa liberté & sa dépendance immédiate de
l'Empire, les Rois de Suéde ont prétendu qu'elle
dépendoit d'eux comme Ducs de Brême; & cette ville a été obligée de leur prêter foi & hommage: elle a cessé de prendre la qualité de ville libre
& Impériale; & par un Traité conclu à Habenhau-
sen en 1666. elle est convenue de ne point envoyer jusqu'en 1700. des Députez aux assemblées
de l'Empire; sans que cela lui pût porter préjudice: en sorte que s'il n'intervenoit aucun accord
ou jugement elle recommenceroit à avoir séance
& suffrage dans ces assemblées, & qu'elle n'auroit point séance ni suffrage dans les assemblées
circulaires, jusqu'à ce qu'il y eût un accord
arrêté.

Comme il n'est intervenu aucun accord ni jugement sur ce sujet, la Ville de Brême pourroit
recommencer d'envoyer des Députez aux Diettes.

Charles XI. du nom Roi de Suéde fils de Char-

les-Gustave de la Maison Palatine branche des
Deux-ponts & Successeur de la Reine Christine,
ayant fait une alliance offensive & défensive avec
le Roi attaqué en 1675. Frédéric-Guillaume Electeur de Brandebourg: ce Prince s'en plaignit à la
Diette de l'Empire; qui procéda contre le Roi de
Suéde comme contre un Membre de l'Empire coupable de l'infraction de la paix publique: & en
exécution des Decrets de cette Diette le Roi de
Danemarc; l'Electeur de Brandebourg, les Ducs
de Brunswick & de Lunebourg, & l'Evêque
de Munster, attaquérent par différens côtez les E-
tats que les Suédois possédoient dans l'Empire, &
les en chassérent entiérement.

Le Roi obligea tous ces Princes à rendre à la
Suéde presque tout ce qu'ils avoient occupé de ses
Etats, à l'exception de quelques lieux que les Ministres de Suéde consentirent qu'on leur laissât pour
le bien de la paix: attendu la difficulté qu'il y auroit eu de les chasser malgré eux de toutes les places qu'ils avoient occupées.

Premiérement par les Traitez passez à Zell le 5.
Février 1679. George-Guillaume, Rodolphe-Au-
guste, & Ernest-Auguste Ducs de Brunswick & de
Lunebourg promirent de rendre au Roi de
Suéde tout ce qu'ils occupoient dans le Duché de Brême; à l'exception du Bailliage de Tedinghausen dont
les dépendances étoient mêlées avec celles de leur
Comté de Hoya, de la Prévôté de Dortwein, d'une
langue de terre qui est entre les Riviéres de Wezer
& d'Aller confinant aux terres de cette Maison
& des rentes des terres que les Duchez de Brême
& de Verden avoient dans les Etats de ces Princes.

Secondement par les Traitez passez à Nimégue
le 29. Mars 1679. Ferdinand de Furstemberg E-
vêque de Munster & de Paderborn s'obligea de
rendre au Roi de Suéde tout ce que ses troupes a-
voient occupé dans les Duchez de Brême & de
Verden, à l'exception du Bailliage de Wilshusen
que cet Evêque retiendroit par engagement jusqu'à ce que le Roi de Suéde lui eût payé cent
mille écus, ainsi qu'il a fait peu après.

Troisiémement par un Traité passé à St. Germain-en-Laye le 29. Juin 1679. l'Electeur de Brandebourg promit de remettre au Roi de Suéde tout
ce qu'il avoit occupé dans la Poméranie, nommement les Villes de Stralsund & de Stetin, & généralement tout ce qu'il occupoit de terres &
d'Etats qui avoient été cédez à la Couronne de
Suéde par les Traitez de Westphalie; & cependant pour empêcher les différends qui pourroient
survenir à l'avenir, on convint que toutes les terres possédées par la Couronne de Suéde au delà
de l'Oder appartiendroient dorénavant à cet Electeur, à l'exception de Dam & de Colnow; &
que l'Electeur jouïroit même de cette derniére place jusqu'à ce que le Roi de Suéde lui eût payé
cinquante mille écus. Le Roi de Suéde céda pareillement les péages qui se levoient à Colberg &
dans les autres ports & havres de la Poméranie
au delà de l'Oder; ensorte que le lit de cette riviére appartiendroit à la Suéde, & que l'Electeur
ne pourroit bâtir aucune forteresse dans l'étendue
du Pays qui lui étoit cédé par ce Traité.

Enfin par un Traité passé à Fontainebleau le
2. Septembre 1679. Christian V. Roi de Danemarc promit de rendre au Roi de Suéde Wismar, l'Isle de Rugen, & généralement tout ce
qu'il possédoit dans les Etats cédez à la Suéde par
les Traitez de Westphalie.

CHA-

CHAPITRE QUATRIE'ME.

Négociation pour les Affaires générales de l'Empire, & surtout au sujet de la Religion. A Osnabrug.

LEs troubles qui ont agité l'Allemagne pendant environ cent trente années, & qui n'ont été terminez que par le Traité passé à Osnabrug en 1648. ont eu pour principale cause l'audace de Martin Luther Religieux Augustin & Docteur de Wittemberg qui ayant été commis par ses Supérieurs pour faire connoître les abus que les Jacobins & les Quêteurs commettoient dans la distribution des Indulgences, passa jusqu'à attaquer les Indulgences mêmes, l'autorité que le Pape avoit de les accorder, & ensuite successivement plusieurs autres Dogmes capitaux de la Religion Catholique : ce qui obligea le Pape Léon X. à condamner ses opinions en 1520. & l'Empereur Charles-Quint à le mettre au Ban de l'Empire avec ses adhérans dans la Diette de Wormes en 1521.

Plusieurs Electeurs, Princes, & Comtes de l'Empire & diverses Villes Impériales ayant embrassé les opinions de Luther qui leur étoient d'autant plus agréables qu'elles leur donnoient un prétexte pour s'emparer des biens d'Eglise, empêchérent que l'Edit de Vormes ne fût exécuté dans les lieux où ils étoient les plus forts : plusieurs poussant encore le Schisme plus loin, se firent Anabaptistes, ou embrassérent l'opinion de Zuingle. Ferdinand frére & Lieutenant de Charles-Quint ayant mis la division entre les Luthériens & les Zuingliens qu'on appelloit aussi Sacramentaires, fit ensorte que dans une Diette qui se tint à Spire en 1529. il fut ordonné qu'il ne seroit permis à personne de se faire Luthérien dans les lieux où l'Edit de Vormes avoit été reçu, mais que le Luthéranisme subsisteroit jusqu'au Concile dans les endroits où cet Edit n'avoit point été reçu ; à condition que les Catholiques y auroient libre exercice de leur Religion, & que les Sacramentaires & les Anabaptistes seroient banis de l'Empire, à peine de mort s'ils continuoient d'y demeurer. Comme ce Decret empêchoit le progrès du Lutheranisme, Jean Electeur de Saxe, cinq autres Princes, & quatorze Villes Impériales protestérent au contraire ; ce qui fit donner dans la suite aux Luthériens le nom de Protestans.

L'Empereur Charles V. ayant convoqué l'année suivante une Diette à Ausbourg, ces mêmes Princes lui présenterent leur Confession de Foi ; ce qui est cause qu'on désigne le plus souvent les Luthériens par ceux de la Confession d'Ausbourg : il fit ce qu'il put pour réduire ces Princes par la douceur ; mais n'en pouvant venir à bout, il fit un Decret par lequel il défendit aux Anabaptistes, Zuingliens & Luthériens d'exercer leur Religion dans l'Empire ; & ordonna que tous les biens Ecclesiastiques seroient restituez, & que toutes choses seroient rétablies en leur premier état, jusqu'à ce qu'il en fût disposé autrement par un Concile qu'il promettoit d'obtenir du Pape dans six mois

Ces Princes & quelques autres s'étant liguez en la même année à Smalcalde, l'Empereur pour éviter une guerre civile suspendit jusqu'au Concile l'exécution des Decrets de Vormes & d'Ausbourg.

Le Pape Paul III. ayant convoqué en 1545. un Concile général à Trente, Jean-Frédéric Electeur de Saxe, Philipe Landgrave de Hesse, & plusieurs autres Princes Protestans déclarérent qu'ils ne s'en rapporteroient point à la décision d'une Assemblée où le Pape présideroit : l'Empereur en fut si irrité qu'il mit ces deux Princes au Ban de l'Empire ; les défit en 1546. à la bataille de Mulberg, & fit prisonnier l'Electeur de Saxe : il donna son Electorat à Maurice qui étoit de la même Maison & Luthérien, fit ordonner dans une Diette qui se tint à Ausbourg la même année, que tous les Princes & Etats de l'Empire se conformeroient aux décisions du Concile de Trente ; & ayant obligé en 1547. Philippe Landgrave de Hesse à lui venir demander pardon à genoux, il le retint prisonnier, à ce qu'on a prétendu, contre la parole qu'il avoit donnée. Maurice Electeur de Saxe gendre de Philipe, après avoir sollicité inutilement son élargissement pendant près de cinq années, se ligua contre l'Empereur avec plusieurs Princes de l'Empire, & même avec le Roi Henri II. comme il a été marqué dans le premier Chapitre : il pensa surprendre ce Prince dans Insprk. Ferdinand Roi des Romains frére de Charles V. & les Princes qui ne s'étoient point liguez avec Maurice, s'étant entremis pour accommoder ler parties, les firent convenir à Passaw d'une transaction par laquelle il fut dit que le Landgrave seroit élargi, & qu'on convoqueroit une Diette générale, où avec l'avis de quelques Docteurs des deux Religions, on traiteroit des moyens de terminer les différends au sujet de la Religion.

Ferdinand assembla en conséquence de ce Traité une Diette générale à Ausbourg où on convint le 25. Septembre d'un decret par lequel on établit la paix entre les Etats de l'ancienne Religion & ceux de la Confession d'Ausbourg, sans qu'ils pussent se troubler les uns les autres dans l'exercice de leur Religion & dans la joüissance de leurs biens : il fut dit que ceux qui ne professeroient ni l'une ni l'autre de ces deux Religions seroient exclus de cette paix ; que si un Prélat ou autre Ecclesiastique se séparoit de l'ancienne Religion, il seroit tenu d'abandonner son bénéfice, sans préjudice de son honneur ; & il seroit permis à ceux qui avoient droit d'élire ou de pourvoir à ce bénéfice, de choisir en sa place un nouveau Prélat de l'ancienne Religion ; & que les biens d'Eglise occupez avant la transaction de Passaw sur autres que sur des Etats immédiats, seroient compris dans cette paix ; sans qu'on pût rechercher ceux qui s'en seroient emparez.

Nonobstant ce decret plusieurs Prélats s'étant faits Luthériens, se maintinrent en la possession de leurs bénéfices ; de sorte qu'outre le nombre d'Abbayes, de Prieurez, de Canonicats, & autres moindres bénéfices qui passérent de cette maniére entre les mains des Protestans, plusieurs Princes de cette Religion envahirent successivement les Archevêchez de Magdebourg & de Brême, & les Evêchez de Minden, d'Halberstat, de Werden, & de Lubeck, de Ratzebourg, de Meissen ou Misnie, de Mersbourg, de Naumbourg, de Brandebourg, d'Hawelberg, de Libin ou Levin &
de

de Camin , & diverses Abbayes, entr'autres celles de Hirsfeld, de Walkenriet, de Ridterhus , de Quedlimbourg, d'Hervord, & de Generwad : enfin plusieurs Villes Impériales , s'emparérent aussi des biens d'Eglise qui étoient à leur bienséance ; & contre les termes de la paix interdirent dans leur enceinte l'exercice de la Religion Catholique.

Les Catholiques se plaignirent diverses fois, particuliérement à la Diete de Ratisbonne de l'année 1613. des entreprises des Protestans , & les firent souvent appeller à la Chambre de Spire pour les obliger à se délaisir des biens Ecclésiastiques dont ils s'étoient emparez : mais comme les Protestans ne vouloient point reconnoître la jurisdiction de ce Tribunal, qu'ils étoient puissans dans l'Empire , & qu'ils se liguérent ensuite entr'eux pour leur commune défense , les Empereurs ni les Etats Catholiques n'osérent entreprendre de les obliger par la force à remettre ces biens d'Eglise aux Prélats de l'ancienne Religion.

Ferdinand II. ayant chassé Frédéric V. Electeur Palatin & ses partisans de l'Allemagne , & ensuite obligé Christian IV. Roi de Danemarc à lui demander la paix , crut qu'il pouvoit entreprendre ce à quoi ses prédécesseurs n'avoient jamais osé penser; & qu'ayant sur pied cent cinquante mille hommes il viendroit facilement à bout de tous ses desseins. Ainsi il fit publier en 1629. un Edit par lequel il ordonna que les Protestans rendroient aux Catholiques les bénéfices médiats qu'ils leur avoient ôtez depuis la transaction de Passaw , & généralement tous les bénéfices immédiats qu'ils possédoient , soit que les Archevêques, Evêques, & autres Prélats eussent renoncé à la Religion Catholique depuis leur élection, ou qu'il ne fussent déja plus Catholiques lorsqu'ils avoient été élus : il déclara outre cela que les Etats Catholiques avoient autant de droit que les Protestans de chasser de leur Pays ceux qui n'étoient pas de leur Religion ; & que la paix de Religion ne comprenoit que ceux qui étoient Catholiques, ou qui suivoient la Confession présentée à Ausbourg à Charles-Quint , sans y avoir fait aucune altération : ensorte que les autres en étoient exclus.

La publication & l'exécution de cet Edit causérent bien des plaintes en Allemagne de la part des Protestans qui se voyoient ainsi dépouillez de ces biens d'Eglise qu'ils regardoient comme faisant partie de leur patrimoine.

L'Electeur de Saxe qui étoit regardé comme le Chef du Parti Protestant , fit ce qu'il put pour obliger l'Empereur de suspendre l'execution de son Edit , & de remettre ces différends à une Diette; mais ne le pouvant démouvoir de sa résolution , il convoqua au commencement de 1631. une assemblée à Leipsic , où ils se liguérent ensemble pour se défendre contre ceux qui les attaqueroient ; & ensuite avec le Roi de Suéde Gustave-Adolphe qui déclaroit que la Religion Protestante étoit le principal motif qui lui avoit fait prendre les armes : ainsi la guerre s'alluma en Allemagne avec l'Empereur & ces Princes assistez du Roi de Suéde , qui eut des succès si avantageux qu'il réduisit l'Empereur à ne conserver presque plus que l'Autriche sous son obéïssance.

Gustave ayant été tué en 1632. à la bataille de Lutzen, ces Princes suivirent encore quelque tems le parti contraire à l'Empereur ; & plusieurs d'entr'eux firent des Traitez particuliers avec Louïs XIII. & la Reine Christine fille de Gustave : mais l'Electeur de Saxe voyant dans la suite que les étrangers se rendoient tellement maitres en Allemagne qu'il seroit impossible de les en chasser si les Membres de l'Empire ne se réünissoient avec leur Chef , écouta les propositions que l'Empereur lui fit faire d'oublier le passé , & de suspendre pendant un très-long-tems l'exécution de son Edit. De sorte que les Députez de l'Empereur & de cet Electeur conclurent à Prague le 30. Mai 1635. un Traité par lequel on convint entr'autres choses que les Protestans conserveroient à perpétuité les biens Ecclesiastiques qui ne relevoient que médiatement de l'Empire, & dont ils s'étoient emparez avant la paix de Passaw : qu'ils conserveroient durant quarante années les bénéfices dont ils étoient possesseurs le 12. Novembre 1527. excepté ceux pour lesquels les Catholiques avoient obtenu avant ce jour-là des arrêts particuliers qui n'étoient point encore exécutez : qu'on rendroit de même aux Catholiques les bénéfices dont ils étoient en possession le 12. Novembre 1527. que l'exercice de la Religion Catholique, les mois du Pape , les premiéres priéres , les Canonicats , les Monastéres , & les Religieux subsisteroient dans ces bénéfices immédiats au même état qu'ils étoient au jour ci-dessus marqué : que les élections ou postulations aux Prélatures demeureroient toujours libres pendant ces quarante années ; & que soit qu'on y élût un Catholique ou un Protestant, l'état de la Religion Catholique ou les autres choses ci-dessus marquées demeureroient au même état qu'elles étoient le 27. Novembre 1527. : que les Prélats Protestans auroient pendant les quarante années séance dans les assemblées particuliéres des Cercles , comme ils l'avoient eue ci-devant ; mais qu'ils ne l'auroient point dans les Diettes générales de l'Empire : qu'avant l'expiration des quarante années on tâcheroit de terminer cette affaire à l'amiable ; & que si on n'en venoit pas à bout, chacun demeureroit dans ses droits, & les affaires qui surviendroient après les quarante années sur ce sujet seroient jugées dans la Chambre de Spire ou dans le Conseil Aulique par un nombre égal de Juges des deux Religions : que l'Empereur & ceux de la Ligue Catholique & leurs Alliez rendroient aussi aux propriétaires tout ce qu'ils auroient pris sur eux depuis l'année 1630. qu'il y auroit de part & d'autre une amnistie générale & réciproque de tout ce qui s'étoit passé depuis l'année 1630. en laquelle le Roi de Suéde étoit entré en Allemagne ; pourvû que ceux qui voudroient jouïr de cette amnistie, acceptassent cette paix dix jours après la publication : que néanmoins l'Empereur excepteroit de cette amnistie les affaires de Bohéme , celle qui concernoit le Palatin , & ce qui s'en étoit ensuivi ; comme aussi ceux qui étoient compris dans un acte particulier qu'il dressa sur ce sujet. La plus grande partie des Princes de l'Empire accepta ce Traité, & se réconcilia avec l'Empereur.

Les François & les Suédois se plaignirent extrémement de ce qu'encore qu'ils n'eussent pris les armes que pour conserver la liberté des Etats de l'Empire , on les avoit exclus de cette paix ; & que l'Electeur de Saxe étoit convenu que lui & tous ceux qui accepteroient cette paix, se joindroient à l'Empereur & à ses Alliez pour les chasser de l'Empire. Ainsi ils continuérent la guerre contre l'Empereur & contre les Princes qui tenoient son parti, & firent encore de grands progrès en Allemagne , conservant dans leur alliance le Landgrave de Hesse-Cassel, le Marquis de Bade-Dourlac , & quelques autres Princes de l'Empire.

Lorsqu'on commença à traiter de la paix entre l'Empereur & les deux Couronnes , l'Empereur ne vouloit point d'abord que les Princes d'Allemagne prissent aucune part à ces Traitez , prétendant , comme il a été marqué dans le premier Chapitre , qu'étant leur Souverain & eux ses sujets, ils n'avoient point d'autre parti à prendre que de recourir à sa clémence : mais le Roi Louïs XIII. & les Ministres de la Reine Christine n'ayant point voulu séparer leurs intérêts de ceux de leurs Alliez , ni envoyer leurs Plénipotentiaires aux lieux d'assemblée , à moins que l'Empereur n'accordât aussi des passeports pour les Députez des Princes de l'Empire , il fut enfin obligé d'y donner les mains.

Les Plénipotentiaires de France & de Suéde s'étant rendus à Munster & à Osnabrug, où on étoit convenu de traiter de la paix , invitérent par des lettres circulaires tous les Etats de l'Empire de s'y joindre incessamment ; puisqu'ils avoient tous intérêt à tout ce qui s'y décideroit , & qu'il étoit bien plus avantageux aux uns & aux autres de faire une paix générale qu'une particuliére. Ils demandérent & obtinrent même dans la suite que les Villes Médiates comme Stralfund, Erfort, & autres qui avoient intérêt à ce qui se décideroit en cette assemblée , y pussent aussi envoyer des Députez , & que les Etats pussent s'assembler à Munster & à Osnabrug.

Les trois Colléges de l'Empire, ainsi que tous les Députez des Etats de l'Empire, se rendirent dans ces deux Villes ; la plupart des Catholiques s'assemblérent à Munster , où les Plénipotentiaires François résidoient ; & presque tous les Protestans qui espéroient particuliérement à la protection des Suédois se tenoient d'ordinaire à Osnabrug.

J'ai parlé dans le premier Chapitre , des articles du Traité de Munster qui regardent les intérêts de la France ; & dans le troisiéme de ceux du Traité d'Osnabrug qui concernent les intérêts de la Suéde ; & je conserve pour le Chapitre cinquiéme les Articles des Traitez de Munster & d'Osnabrug, qui concernent en particulier les intérêts des Princes & Etats d'Allemagne & d'Italie. Ainsi je ne prétens traiter en celui-ci que des articles de ces deux Traitez qui concernent les affaires générales de l'Empire & qui peuvent se reduire à quatre chefs, savoir premiérement l'Amnistie, & la restitution d'un chacun dans ses biens ; secondement les griefs proposez par les Protestans au sujet de la Religion ; troisiémement les droits des Etats de l'Empire ; enfin le commerce. Je suivrai cet ordre en commençant par l'Amnistie.

AMNISTIE.

Lorsque Frédéric V. Electeur Palatin se fit élire Roi de Bohéme, plusieurs Princes, Comtes, & Gentils-hommes Protestans des Cercles du haut Rhin, de Suabe, de Franconie, & autres Voisins, même plusieurs sujets de l'Empereur embrasserent son parti ; & après qu'ils eurent perdu la bataille de Prague , ils furent aussi bien que lui chassez de leurs Pays & dépouillez de leurs biens, que l'Empereur donna à qui bon lui sembla.

La plus grande partie des proscrits entra depuis dans la Ligue de Leipsic, embrassa le parti du Roi Gustave , & après sa mort se ligua à Hailbron avec le Roi Louïs XIII. & la Reine Christine : plusieurs rentrérent dans leurs biens ; mais ils en furent encore chassez par les Impériaux après la bataille de Nortlingue, & furent exceptez de l'Amnistie portée par le Traité de Prague.

L'Empereur Ferdinand III. convint à la Diette tenue à Ratisbonne en 1641. que l'Amnistie seroit générale de tout ce qui s'étoit passé depuis l'année 1630. il n'en excepta que le Palatin & les Etats & sujets du Royaume de Bohéme & des Provinces héréditaires de la Maison d'Autriche. Ainsi lorsqu'on traita la paix en Westphalie, les Plénipotentiaires de l'Empereur consentirent que tout ce qui s'étoit passé depuis l'année 1630. fût oublié ; mais ils insistérent à ce que tous ceux qui avoient été exceptez de l'Amnistie par le decret de la Diette de Ratisbonne de l'année 1641. en fussent exclus.

Les Suédois prétendirent au contraire que les troubles de Bohéme ayant été l'origine de la guerre de Suéde , cette amnistie comprit tout ce qui s'étoit passé depuis l'année 1618. en laquelle ces troubles avoient commencé ; qu'elle fût générale sans exception de ceux qui en avoient été exclus par la Diette de Ratisbonne , & sans aucune condition ; & qu'elle s'étendît aussi à ceux des Pays héréditaires de l'Empereur qui avoient porté les armes contre lui depuis les troubles de Bohéme.

Les Impériaux proposérent en 1646. de fixer cette Amnistie & cette restitution à l'année 1627. & puis à l'année 1628. mais les François & les Suédois rejettérent cette proposition : enfin pour établir une paix entiére dans l'Empire, on convint d'une Amnistie générale & illimitée , & d'établir chacun dans les biens qu'il avoit avant les guerres, à l'exception de ceux que l'Empereur avoit banis de ses Etats patrimoniaux avant le commencement de la guerre avec la Suéde ; & il ne promit de rétablir dans leurs biens que ceux qui avoient été banis pour s'être mis au service de la France ou de la Suéde.

Ainsi on convint à cet égard par les articles second & troisiéme du Traité d'Osnabrug, qu'il y auroit de part & d'autre une Amnistie perpétuelle & générale de toutes les hostilitez commises depuis le commencement des troubles : que tous les Electeurs, Princes, & Etats de l'Empire y compris la Noblesse Immédiate , leurs vassaux , & sujets, qui à l'occasion des troubles de Bohéme & d'Allemagne ou de diverses alliances qu'ils avoient faites, avoient souffert quelque dommage tant en leurs biens qu'en leurs dignitez, droits, & priviléges, y seroient rétablis dans le même état pour le spirituel & pour le temporel, qu'ils en jouïssoient avant qu'ils y fussent troublez : que cette restitution ne porteroit point préjudice au droit d'autrui qui seroit examiné après que la restitution auroit été faite : que les contrats de vente & les promesses & obligations extorquées par violence seroient annullées : qu'on pouroit faire revoir six mois après la paix les sentences données en tems de guerre, touchant les affaires séculiéres : qu'on pouroit

roit

roit après la paix demander l'inveftiture des fiefs dont on n'avoit point rendu l'hommage depuis l'année 1618.: que tous ceux qui avoient fuivi l'un & l'autre parti feroient rétablis dans leurs biens & honneurs dont ils jouïffoient avant ces mouvemens: que cette amniftie auroit auffi lieu à l'égard des vaffaux & fujets héréditaires de la Maifon d'Autriche, en ce qui concernoit leurs perfonnes, leur renommée, & honneurs; & qu'ils pouroient retourner en toute fureté en leur patrie, pourvû qu'ils fe conformaffent aux loix du Pays: qu'ils ne feroient point néanmoins rétablis dans les biens qui leur avoient été ôtez avant qu'ils priffent le parti de la France ou de la Suéde, mais feulement dans ceux qu'ils avoient perdus pour l'une ou l'autre de ces Couronnes; fans néanmoins aucun dédommagement ni reftitution des fruits ni des édifices détruits par l'autorité des parties qui étoient en guerre.

Griefs Eccléfiaftiques au fujet de la Religion.

On étoit convenu dans la Diette de Ratisbonne de l'année 1641. que les Députez des deux Religions termineroient à l'amiable les griefs qui étoient propofez de part & d'autre au fujet de la Religion: cela n'ayant point été fait, une des principales chofes que les Suédois demandérent en 1645. dans leur propofition & dans leur réplique, fut qu'on fit juftice aux Proteftans fur leurs griefs, après qu'ils les auroient communiquez aux Catholiques. Les Impériaux y ayant confenti, les Proteftans les communiquérent le 25. Décembre de la même année tant aux Plénipotentiaires de l'Empereur qu'aux Députez de l'Electeur de Mayence pour les Catholiques.

Ceux-ci donnérent au commencement de Fevrier 1646. leur réponfe à ces griefs; & en même tems expoférent auffi les fujets de plaintes qu'ils avoient contre les Proteftans: les uns & les autres ayant enfuite été propofez pour remédier aux griefs qu'ils fouffroient dans les chofes Ecclefiaftiques, ils entrérent en négociation à Osnabrug au commencement du mois d'Avril fuivant pour trouver un tempérament fur leurs différentes prétentions: on fut long-tems fans pouvoir s'accommoder; les Proteftans appuyez par les Suédois, faifant des demandes exorbitantes que les Catholiques rejettoient avec beaucoup d'aigreur; fi bien que les Députez Catholiques furent exclus de ces conférences. Les Miniftres de l'Empereur traitérent de ces griefs avec les Plénipotentiaires de Suéde & les Proteftans; & le Comte de Trautmansdorff dans le deffein de détacher les Proteftans des intérêts des deux Couronnes, & de les engager de faire une paix particuliére avec l'Empereur, leur accorda presque tout ce qu'ils fouhaitoient: mais comme le Nonce du Pape, les Miniftres du Roi d'Efpagne, & la plûpart des Etats Catholiques s'oppoférent à ce que la paix fût conclue à ces conditions, la négociation traina encore jufqu'en 1648. que les Députez des Electeurs de Mayence & de Baviére & des Evêques les plus puiffans en Allemagne, qui étoient abfolument determinez à faire la paix pour fe délivrer des grandes incommoditez & dépenfes que la guerre leur apportoit, en arrétérent les conditions à Osnabrug avec les Plénipotentiaires de Suéde & les Députez des Proteftans; nonobftant les oppofitions faites par les

Députez de près de cinquante Etats Catholiques, entr'autres par ceux d'Autriche & de Bourgogne, de feize Evêques, du Duc de Newbourg, de huit ou neuf Prélats, & de quatorze Villes qui réitérérent encore leurs proteftations le 24. Octobre 1648. lorsque le Traité, quoi que datté d'Osnabrug, fut figné à Munfter.

Entre les griefs que les Proteftans propoférent aux affemblées de Weftphalie, le premier fut ce qu'on apelloit la réfervation Ecclefiaftique, c'eft à dire, que lorsqu'un Archevêque, un Evêque, ou tout autre Prélat ou Bénéficier embrafferoit la Confeffion d'Ausbourg, il devoit perdre fon bénéfice, & n'avoir point de voix délibérative dans les Diettes de l'Empire: ils prétendoient que cette privation de leurs bénéfices & de leurs fuffrages dans les Diettes de l'Empire étoit injurieufe à leur Religion, contraire à la paix faite à Ausbourg en 1555. par laquelle il étoit porté que perfonne ne fouffriroit aucun dommage pous s'être rendu de leur Religion; & ils rejettoient l'autre article de cette même paix concernant la refervation dont nous avons parlé ci-devant, comme n'ayant point été approuvée par tous les Etats.

Les Catholiques dans la réponfe qu'ils firent à ce grief, fe tinrent au contraire fermes à l'obfervation de cet article, qu'ils juftifiérent avoir été confenti par les prédéceffeurs des Proteftans; foutenant que fuivant les conftitutions de l'Empire, des Prélats ne pouvoient avoir féance & voix délibérative dans les Diettes qu'après avoir été légitimement élus & confirmez, ce que les Proteftans ne pouvoient être: qu'aurefte cette privation des dignitez Eccléfiaftiques n'étoit pas plus honteufe aux Proteftans qu'aux Evêques Catholiques qui n'étant point engagez dans les Ordres Sacrez venoient à fe marier; ce qu'ils pouvoient faire fans bleffer leur honneur, mais non pas fans perdre leurs Evêchez. Ainfi ils fe plaignirent de leur côté de ce que nonobftant ce qui étoit porté par cette paix, les Proteftans s'étoient maintenus en la poffeffion de plufieurs Evêchez & autres Prélatures.

Il y eut diverfes propofitions faites par les Catholiques & par les Proteftans pour accommoder ce différend: les Catholiques demandérent qu'on leur laiffât à perpétuité les bénéfices qu'ils poffédoient en 1627. & offrirent que les Proteftans confervaffent pendant quarante ans ceux qu'ils poffédoient le 12. Novembre 1627. à moins qu'ils ne fuffent revenus à bon titre aux Catholiques: ils progérent depuis cette poffeffion jufqu'à foixante ans, à condition qu'ils n'auroient point cependant de féance dans leur Diette; qu'après ces cent années la queftion feroit réglée par les voyes de la juftice; que cependant le Pape pourvoiroit aux bénéfices qui vacqueroient dans fix mois; & que l'Empereur uferoit du droit des premiéres priéres, & qu'on payeroit à l'Empereur ce qu'on payoit auparavant au Pape pour les droits d'Annates & de Pallium.

Les Proteftans propoférent de leur part que les uns & les autres rentraffent dans les bénéfices qu'ils poffédoient en 1618.; que pour rétablir une parfaite paix dans l'Empire, les Proteftans auffi bien que les Catholiques poffédaffent à perpetuité les bénéfices qu'ils poffédoient en cette année-là; que l'Empereur ne pût dans les Chapitres qui profeffoient la Religion Proteftante ufer qu'en faveur des Proteftans du droit des pre-

I 2   miéres

miéres priéres, en vertu duquel il nomme au premier bénéfice qui vaceque après l'Election des Evêques; que les Papes ne puffent prétendre dans ces Evéchez la nomination aux Bénéfices dans les mois qui leur font réfervez par les Concordats, ni les droits du Pallium, ou autres; & que les Etats Proteftans euffent dans les Diettes féance & la voix que leurs prédéceffeurs Catholiques y avoient eue. Ils fixérent enfuite le terme de la reftitution à l'année 1621. & enfin acceptérent la propofition que firent les Catholiques de la fixer au premier Janvier 1624.

Enfin les Impériaux & les Suédois convinrent par le 5. Article du Traité d'Osnabrug qui fut confirmé par celui de Munfter à l'égard des Bénéfices Immédiats, que, jufqu'à ce quon fût convenu au fujet de la Religion, la transaction de Paffaw de l'année 1552. & la Paix de la Religion de l'année 1555. feroient obfervées inviolablement, hormis dans les articles qui feroient changez par ce Traité : qu'on ne s'arrêteroit point fur ce fujet aux contradictions ou conteftations qui pouroient être faites au contraire par qui que ce fût : qu'il y auroit une égalité exacte & réciproque entre les Etats de l'Empire; enforte qu'ils feroient traitez également fans avoir égard à la Religion : que le terme de la reftitution dans les chofes Ecclefiaftiques & dans ce qui auroit été changé en conféquence dans les politiques, feroit le premier jour de Janvier 1624. que le rétabliffement de tous les Etats de l'Empire de l'une & de l'autre Religion, y compris la Nobleffe Immédiate, fe feroit de ce jour-là; que pour cet effet tous jugemens & transactions feroient nulles; que ce terme ne porteroit point préjudice à ceux qui feroient rétablis du chef de l'amniftie ou d'ailleurs : que les Etats Catholiques ou de la Confeffion d'Ausbourg qui poffédoient le premier Janvier 1624. des Archevêchez, Evêchez, Abbayes, ou autres Biens d'Eglife Immédiats, les pofféderoient jufqu'à ce qu'on fût d'accord fur la Religion : que fi un Archevêque, Evêque, Prélat, ou autre Eccléfiaftique Catholique ou de la Confeffion d'Ausbourg changeoit à l'avenir de Religion, il feroit au même tems déchu de fon droit fur fon bénéfice, fans préjudice neanmoins de fon honneur; & ceux à qui il appartenoit d'élire ou de poftuler à ce bénéfice, y en nommeroient auffi-tot un autre de leur Religion, en conféquence de ce Traité; fans néanmoins aucune reftitution de fruits & de revenus reçus par l'Archevêque, Evêque, & Prélat qui auroit changé de Religion : que les Etats Catholiques ou de la Confeffion d'Ausbourg feroient rétablis dans tous les Biens Eccléfiaftiques Immédiats, qui étoient poffédez par ceux de leur Religion le premier Janvier 1624. fans pouvoir répéter aucuns fruits ni dédommagement : que les droits d'élire & de poftuler démeureroient dans tous les Bénéfices Immédiats, entant qu'ils étoient conformes aux conftitutions de l'Empire, à la transaction de Paffaw, à la paix de la Religion, & au préfent Traité : que dans les Bénéfices qui demeureroient à ceux de la Confeffion d'Ausbourg, ces droits ne contiendroient rien qui fût contraire à cette Confeffion : que dans les Eglifes où ceux des deux Religions feroient admis, on ne feroit aucun nouveaux ftatuts qui puffent bleffer la confcience ou les intérêts des uns & des autres : que ceux qui feroient élus ou poftulez promettroient de ne point rendre leurs Bénéfices héréditaires : que l'Empereur continueroit de jouïr du droit de pre-

miéres priéres dans les lieux où de tout tems il avoit exercé ce droit; pourvû qu'il nommât une perfonne de la Confeffion d'Ausbourg dans les Evêchez de cette Religion ou dans les mixtes, lorfque celui par la mort duquel le Bénéfice vacqueroit, auroit été de cette Religion : que dans les Bénéfices Immédiats appartenans à la Confeffion d'Ausbourg, la pourfuite pour les droits d'Annates, du Pallium, de confirmation des mois du Pape, & autres ne pouroit être appuyée par le bras feculier : que les mois du Pape auroient lieu dans les Chapitres mixtes en cas qu'ils y fuffent en ufage en 1624. que le Chanoine décédé fût du nombre défini pour les Catholiques, que la provifion du Pape émanât directement de la Cour de Rome, & qu'elle fût infinuée aux Chapitres dans le tems légitime : que ceux qui feroient élus ou poftulez aux Archevêchez, Evêchez, & Prélatures de la Confeffion d'Ausbourg feroient inveftis par l'Empereur après qu'ils auroient prêté la foi & hommage & le ferment de fidélité pour les fiefs Royaux, & payé outre la taxe ordinaire la moitié de la même taxe pour l'inféodation : qu'eux ou leurs Chapitres, quand le fiége feroit vacant, feroient appellez aux Diettes générales & particuliéres de l'Empire : qu'ils fe qualifieroient élus ou poftulez Archevêques, Evêques, Abbez, ou Prévôts, & prendroient leur féance dans un banc qui feroit mis de travers entre les Eccléfiaftiques & les Seculiers : qu'il y auroit à perpétuité en chaque Chapitre autant de Chanoines de chacune des deux Religions qu'il y en avoit le premier Janvier 1624. enforte qu'on n'en fubrogeroit à ceux qui mourroient que de leur même Religion : que lorfque les Surnuméraires mourroient, on ne leur fubrogeroit que de ceux de l'autre Religion, jufqu'à ce que le nombre fût reduit au même état qu'il étoit en 1624. & que dans les Evêchez mixtes l'exercice de la Religion feroit rétabli tel qu'il y étoit publiquement reçu en 1624.

Le fecond grief des Proteftans étoit qu'encore que chaque Prince de l'Empire eût droit de régler l'exercice de la Religion dans fon territoire, & de gouverner fuivant qu'il le trouvoit plus à propos les biens confacrez à Dieu qui y étoient fituez, les Catholiques vouloient rentrer dans les Monaftéres & autres Bénéfices Médiats qu'ils poffédoient lors de la tranfaction de Paffaw, quoi qu'elle ordonnât feulement que les Religieux ou autres Eccléfiaftiques qui fe retiroient de ces Bénéfices à caufe de la Religion, continueroient de jouïr des revenus qu'ils recevoient lors de cette tranfaction. Ainfi ils demandoient de rentrer dans les Bénéfices de cette même nature que les Catholiques leur avoient ôtez.

Les Catholiques prétendirent au contraire que les Proteftans devoient rendre aux Catholiques les Bénéfices Médiats qu'ils avoient ufurpez depuis la tranfaction de l'Empire, à ou au moins leur permettre d'en difpofer fuivant qu'il étoit permis à tous les fujets qui changeoient de domicile à caufe de la Religion : ils redemandoient ces Bénéfices, & furtout ceux qui étoient fituez dans la dépendance des Villes libres de l'Empire, dans lefquelles les Proteftans avoient réglé la Religion au préjudice de leurs Concitoyens Catholiques; & ceux qui étoient dans le territoire des Nobles Immédiats de l'Empire, qui avoient bani de leurs terres l'exercice de la Religion Catholique; encore qu'ils n'euffent point non plus que ces Villes droit de réfor-

réformée la Religion dans leurs dépendances, mais seulement liberté d'exercer chez eux la Confession d'Ausbourg.

Les Catholiques & les Proteſtans firent à peu près les mêmes propoſitions au ſujet des Bénéfices Médiats que celles qu'ils avoient faites au ſujet des Immédiats ; & la choſe fut auſſi à peu près terminée de même.

On convint dans le même article du Traité d'Oſnabrug que juſqu'à ce que les différends pour la Religion fuſſent terminez, les Etats de la Confeſſion d'Ausbourg conſerveroient les Monaſtéres, Colléges, Bailliages, Commanderies, Temples, Fondations, Ecoles, Hopitaux, & autres biens d'Egliſe Médiats qu'ils poſſédoient le premier Janvier 1624. ſoit qu'ils euſſent été reſtituez aux Catholiques ou non ; nonobſtant tous les arrêts, transactions, & autres actes qui pourroient être alléguez au contraire : que les Catholiques poſſéderoient auſſi ces Monaſtéres, Colléges, & autres biens d'Egliſe Médiats qu'ils poſſédoient effectivement en 1624. quoi que ſituez dans les territoires de la Confeſſion d'Ausbourg : que ces biens demeureroient à l'Ordre auquel ils avoient été premiérement donnez, à moins que cet Ordre ne fût éteint ; auquel cas on n'y pourroit mettre que des Religieux d'un Ordre qui eût été en uſage en Allemagne avant les différends pour la Religion ; ce que les Proteſtans firent mettre, afin d'en exclure les Jéſuites, pour lesquels ils ont une averſion particuliére, & dont l'Ordre a commencé depuis la naiſſance du Luthéraniſme : que ſi les Catholiques & ceux de la Confeſſion d'Ausbourg étoient reçus les uns & les autres dans ces Monaſtéres, Egliſes, & hopitaux, ils continueroient d'y vivre de même au même nombre qu'ils y étoient le premier Janvier 1624. que l'exercice de la Religion démeureroit auſſi tel qu'il étoit en chaque lieu ce même jour : que les droits des premiéres priéres appartenans à l'Empereur & les mois du Pape auroient lieu dans les Bénéfices Médiats, où ils étoient en uſage le premier Janvier 1624. que les Archevêques & autres qui en auroient le droit, y conféreroient les Bénéfices dans les mois extraordinaires : que ſi ceux de la Confeſſion d'Ausbourg, avoient auſſi quelques droits de prétention ou autres dans les Bénéfices poſſédez par les Catholiques, ils continueroient d'en uſer : que ſi les élections pour les Prébendes vacantes ne ſe faiſoient pas dans le tems requis en faveur des perſonnes de la même Religion dont étoit le mort, ceux de cette Religion y pourvoiroient par forme de dévolution ; pourvû que ce fût ſans préjudice de la Religion Catholique, & des droits appartenans au Supérieur Eccleſiaſtique des Catholiques ſur les Religieux : que la Nobleſſe libre auroit dans ce qu'elle poſſede immédiatement de l'Empire, pareil droit que les Etats de l'Empire en ce qui concerne les droits de la Religion & leurs dépendances : que les Nobles qui y auroient été troublez ſeroient rétablis : que les Villes libres de l'Empire auroient en leur territoire à l'égard de leurs ſujets auſſi bien que dans l'enceinte de leurs murailles, le même droit qu'avoient les autres Etats ſupérieurs de l'Empire, tant à l'égard du droit de réformer, que des autres cas concernans la Religion : que néanmoins l'exercice de la Religion Catholique ſubſiſteroit dans les Monaſtéres & Chapitres ſituez dans les Villes de la Confeſſion d'Ausbourg, au même état qu'il y étoit le premier Janvier

1624. & que les Bourgeois Catholiques qui s'y trouvoient alors, y continueroient leur demeure.

Le troiſiéme grief que les Proteſtans propoſérent fut qu'on refuſoit à ceux de leur Religion qui étoient ſujets des Catholiques la liberté de l'exercice de leur Religion que l'Empereur Ferdinand I. avoit accordé par une Déclaration préciſe à ceux qui en jouïſſoient lors de la paix d'Ausbourg ; qu'on ne leur permettoit pas d'aller faire leurs dévotions dans des lieux voiſins, où on exerçoit leur Religion, ni de faire venir des Miniſtres chez eux ; & qu'on leur faiſoit journellement pluſieurs mauvais traitemens, & pluſieurs injuſtices dans les Tribunaux en haine de leur Religion.

Les Catholiques répondirent à ce grief, que par la paix d'Ausbourg la liberté de conſcience n'avoit été accordée qu'aux Etats de l'Empire & non aux ſujets des Catholiques ; que Ferdinand I. n'avoit jamais fait la déclaration dont les Proteſtans faiſoient mention ; & que même ſuivant les termes dans lesquels elle étoit conçue, elle ne regardoit que les Etats de l'Empire : mais en tout cas ils ſoutenoient que ſuivant même les principes des Proteſtans, elle ne pouvoit pas avoir lieu, puisqu'elle n'avoit pas été faite du conſentement des Etats Catholiques ; qu'il ne ſeroit pas juſte que les Princes Proteſtans euſſent l'autorité de chaſſer de leur Pays ceux qui perſiſtoient dans l'ancienne Religion, & que les Catholiques n'euſſent pas le même pouvoir à l'égard de ceux qui avoient embraſſé la nouvelle.

Il y eut de part & d'autre beaucoup de propoſitions pour accommoder ce différend, qui fut enfin terminé le 18. Mars 1648.

On convint qu'aucun Etat Immédiat ne ſeroit traverſé dans le droit qui lui appartenoit dans ce qui concerne la Religion, à cauſe du territoire : que cependant les Vaſſaux & Sujets des Etats tant Catholiques que Proteſtans qui avoient eu l'exercice public ou privé de leur Religion pendant quelque partie de l'année 1624. y ſeroient réciproquement conſervez ; quoi que leurs Princes fuſſent de différente Religion : que ceux qui auroient été troublez en cet exercice ſeroient rétablis en même état qu'ils étoient en 1624. que les transactions faites entre les Etats de l'Empire & leurs ſujets touchant l'exercice de la Religion, n'auroient lieu qu'autant qu'elles ne ſeroient point contraires à l'époque de l'année 1624. à moins que les parties ne vouluſſent s'en départir d'un commun conſentement : que les Vaſſaux & Sujets d'un Etat d'une autre Religion qui n'avoient point en 1624. l'exercice de la leur, pourroient vaquer à leurs dévotions dans leurs maiſons, & en particulier, ſans être ſujets à aucune inquiſition : qu'ils pourroient auſſi aſſiſter dans leur voiſinage à l'exercice public de leur Religion, & faire inſtruire leurs enfans chez eux & dans des Ecoles étrangeres de leur Religion : qu'ils ne ſeroient point exclus des Communautez des marchands & artiſans, des ſucceſſions, legs, hopitaux, & cimetiéres publics ; & ſeroient traitez comme les autres Citoyens : qu'en cas qu'ils vouluſſent changer de demeure, ou que leurs Seigneurs le leur ordonnaſſent, ils pourroient vendre leurs biens ou les retenir ; & en ce dernier cas revenir dans ſes Etats en toute liberté pour vacquer à leurs affaires : que les Seigneurs des territoires donne-

I 3   roient

roient au moins cinq ans pour se retirer à leurs sujets qui seroient de contraire Religion lors de la publication de la paix , & qui n'avoient point en 1624. liberté d'exercice public ni particulier de leur Religion ; & qu'ils ne donneroient pas moins de trois ans à ceux qui changeroient de Religion après la paix jurée ; & qu'on ne leur feroit en ce cas aucunes vexations : que la qualité de fief ou d'arriére-fief dépendant du Royaume de Bohême ou de quelque Etat de l'Empire , ni la jurisdiction criminelle , le patronage , ou la filiation , ne donneroient point le droit de réformer : que tout ce qui auroit été changé dans l'exercice de la Religion par ceux qui n'auroient que ces droits seroit cassé ; & que toutes choses seroient rétablies en l'état auquel elles étoient le premier jour de Janvier 1624. qu'en cas que le droit de territoire duquel dépend celui de réformer eût été contesté avant ou depuis le terme de 1624. la possession de ce droit demeureroit tel qu'il étoit au jour marqué ci-dessus : que jusqu'à ce que ce différend fût terminé , un Seigneur ne pouroit obliger ses sujets à quitter le Pays pour avoir changé de Religion : enfin que dans les lieux où les Etats Catholiques & Protestans jouïssoient également du droit de territoire , les choses demeureroient en l'état auquel elles étoient le premier Janvier 1624.

Les Suédois & les Protestans faisoient de grandes instances pour la liberté de conscience & d'exercice de leur Religion dans les Provinces héréditaires de la Maison d'Autriche ; quoi que l'Empereur soutînt toujours qu'ils ne lui pouvoient imposer de loi sur ce sujet , ni l'empêcher de régler en ses Etats ce qui concernoit la Religion ; à moins qu'ils ne prétendissent qu'il eût moins d'autorité dans ces Provinces que les Ducs de Brunswick & de Mecklenbourg & les autres Princes Protestans de l'Empire n'en avoient dans leurs Etats : à quoi les Protestans répondirent que les Princes de la Maison d'Autriche s'étoient départis de leurs droits par les permissions qu'ils avoient accordées aux Protestans ; & qu'ainsi ils ne pouvoient plus leur ôter l'exercice de leur Religion , encore moins la liberté de conscience.

L'Empereur se tint néanmoins extrêmement ferme sur ce point , & protesta plusieurs fois de rompre plutot tout le Traité que de rien relâcher : il demeura ferme à l'égard de la Bohême , de la Moravie , & de l'Autriche ; & ne s'étant relâché qu'à l'égard de la Silésie , il consentit que les Ducs de Brieg , de Legnitz , de Munsterberg , & d'Oels , comme aussi la Ville de Breslaw seroient maintenus dans leurs priviléges & dans l'exercice de la Confession d'Ausbourg qui leur avoit été accordé par les Empereurs & par les Rois de Bohême : & quoi que le droit de réformer l'exercice de la Religion n'appartint pas moins à Sa Majesté Impériale qu'aux autres Rois & Princes , elle voulut bien en considération de la Reine de Suéde & des Etats de l'Empire de la Confession d'Ausbourg , que ceux qui demeuroient dans les autres Duchez de Silésie qui dépendoient immédiatement de la Chambre Royale ou dans la basse Autriche ne feroient pas obligez de sortir des lieux où ils demeuroient , ni d'abandonner leurs biens , & qu'ils ne seroient point empêchez de fréquenter l'exercice de leur Religion dans les lieux voisins hors du territoire ; pourvû que dans les autres choses ils ne troublassent point la tranquilité publique & se montrassent tels qu'ils devoient être

à l'égard de leur Prince Souverain : enfin que ceux de cette Confession pouroient encore bâtir trois Temples en Silésie hors & proche les Villes de Schweinits, de Jaur , & de Glogaw. On ajouta que la Reine de Suéde & les Etats de l'Empire se réservoient la faculté d'intercéder humblement auprès de l'Empereur , pour obtenir dans les Duchez & les autres Royaumes & Provinces de Sa Majesté Impériale & de la Maison d'Autriche une plus grande liberté & exercice de la Religion ; la paix subsistant toujours , & toute voye de fait étant interdite.

En effet la Reine Christine & les Etats présentérent en 1653. & en 1654. à l'Empereur pendant la Diette de Ratisbonne des requêtes très-pressantes en faveur des Protestans de ses Provinces héréditaires ; mais ils ne purent obtenir qu'on leur donnât plus de liberté qu'ils n'en avoient par les Traitez de Westphalie : l'Empereur ayant seulement consenti qu'en Silésie tous les Luthériens pussent assister au service divin dans les Temples qu'il y avoit accordez par le Traité de Westphalie.

Le quatriéme grief des Protestans étoit que d'une part on ne payoit point aux Eglises & aux Monastéres possédez par les Protestans les revenus qui leur étoient dus dans les Etats des Catholiques ; & que d'autre part dans les Villes où les habitans étoient de l'une & de l'autre Religion , on ne faisoit point part aux Protestans des revenus que les Eglises & Ecoles de ces Villes tiroient des Etats des Protestans.

Les Catholiques répondirent d'abord à ce grief, que les Protestans ne pouvoient rien prétendre à ces revenus dépendans des Bénéfices qu'ils avoient occupez même avant la paix de Passaw : mais depuis dans les moyens qu'ils proposérent pour remédier aux griefs des Protestans , comme ils consentoient de leur laisser pendant quarante années les Bénéfices qu'ils possédoient en 1627. ils convinrent de les assister aussi pendant ce nombre d'années des revenus qu'ils tirent des Etats des Protestans ; ainsi qu'il avoit été pratiqué jusqu'alors.

On convint qu'on observeroit les articles de la paix de la Religion suivant lesquels les Etats Catholiques & les Bénéfices situez en leur Pays devoient jouïr de tous leurs revenus ; à la charge que ces revenus seroient sujets à la jurisdiction de celui sous la justice duquel ils étoient situez : qu'on prendroit sur ces revenus de quoi payer ceux qui satisfaisoient aux charges de quelque Religion qu'ils fussent : que ceux de la Confession d'Ausbourg jouïroient des revenus qui leur étoient dus dans les Provinces des Catholiques , à cause des fondations Ecclésiastiques médiates qu'ils avoient acquises avant ou après la paix de la Religion ; pourvû qu'ils jouïssent de ces Revenus en l'année 1624. que si les Etats de l'une des deux Religions jouïssoient alors de quelque droit de protection , de douaire , ou autres , sur des biens d'Eglise possédez par ceux de l'autre Religion , soit au dedans ou au dehors de leur territoire , ils les retiendroient ; pourvû que les revenus de ces biens d'Eglise n'en fussent point trop chargez : que les revenus dus par d'autres territoires aux Etats de la Confession d'Ausbourg pour les Bénéfices qui se trouvoient présentement démolis , seroient payez à ceux qui en jouïssoient le premier Janvier 1624. que les revenus dépendans des Monastéres détruits de-

depuis l'année 1624. ou qui feroient détruits à l'avenir, appartiendroient au Seigneur du lieu où ces Monaftéres étoient fituez : enfin que les Bénéfices qui étoient le premier Janvier 1624. en poffeffion des dixmes fur les Monaftéres dans un autre territoire, le feroient encore à l'avenir; mais qu'il ne feroit demandé aucun nouveau droit.

Le cinquiéme grief que les Proteftans propoférent, étoit qu'on avoit rétabli la Jurisdiction Eccléfiaftique & les droits du Pape qui avoient été fufpendus par la paix d'Ausbourg; qu'on attiroit aux Tribunaux des Evêques les fujets des Princes Proteftans dans les caufes de mariage & autres femblables; que les Princes Catholiques obligeoient leurs fujets Proteftans à fuivre le nouveau Calendrier, ce qui aportoit du dèsordre dans la célébration des fêtes; & que des Nonces du Pape avoient fait citer devant eux des Evêques Proteftans pour les voir déclarer déchus de leurs Evêchez.

Les Catholiques répondirent d'abord à ce grief, que la Jurisdiction Eccléfiaftique n'avoit été fufpendue que dans les chofes qui concernoient le culte divin; & que cependant les Proteftans s'étoient attribué toutes les autres caufes; & que fi les Evêques Proteftans rendoient les Evêchez qu'ils avoient ufurpez, ils ne feroient pas dans la peine d'être affignez pour ce fujet. Mais dans la fuite ils convinrent dans les moyens d'accommodement qu'ils propoférent, que les Evêques ne fe mêleroient point des caufes de mariage entre deux Proteftans; mais feulement quand une des parties ou toutes deux feroient Catholiques: & ils prétendirent que c'étoit encore aux Evêques à juger les caufes de patronage, des dixmes & autres qui ne concernoient point le culte divin.

On convint à cet égard que jufqu'à ce que les différends touchant la Religion fuffent accommodez, le droit diocezain & toute Jurisdiction Eccléfiaftique demeureroient fufpendus contre les Etats de la Confeffion d'Ausbourg, y compris la Nobleffe Immédiate; & contre leurs fujets, foit que l'affaire fût entre des Etats Catholiques & de la Confeffion d'Ausbourg: que le droit diocezain & la Jurisdiction Eccléfiaftique fe renfermeroient dans les bornes du territoire de ceux qui l'exerceroient: qu'afin que les Catholiques puffent être payez des revenus qu'ils avoient dans les domaines des Etats de la Confeffion d'Ausbourg, ceux qui étoient en 1624. en poffeffion de la Jurisdiction Eccléfiaftique, en joüiroient pour la perception de leurs revenus; à condition qu'il ne feroit procédé à aucune excommunication, finon qu'après la troifiéme fommation les Etats Provinciaux & fujets qui en 1624. reconnoiffoient la Confeffion d'Ausbourg, demeureroient fujets à cette Jurisdiction, dans les cas qui ne convenoient point à la Confeffion d'Ausbourg; & pourvû qu'on ne leur enjoignît point à l'occafion des procès aucune chofe contraire à cette Confeffion & à leur confcience: que les Magiftrats de la Confeffion d'Ausbourg auroient ce même droit fur les Sujets Catholiques qui avoient en 1624. l'exercice public de leur Religion; fauf le droit diocezain, tel que les Evêques l'avoient exercé paifiblement fur eux en 1624. enfin que dans les Villes où il y avoit exercice des deux Religions, les Evêques n'auroient aucune Jurisdiction fur les Bourgeois de la Confeffion d'Ausbourg; mais que les Catholiques fe pourvoiroient en juftice fuivant l'ufage de l'année 1624.

J'ajoute à ces articles concernant la Religion, celui qui regarde en particulier les Calviniftes qu'on nomme en Allemagne Réformez, & qui ne fuivant point la pure Confeffion d'Ausbourg avoient été confidérez jufqu'alors comme des gens exclus de la paix de la Religion, laquelle ne comprenoit que les Catholiques & ceux de cette Confeffion.

Comme les Electeurs Palatin & de Brandebourg, le Landgrave de Heffe-Caffel, plufieurs Princes Palatins, la plupart de ceux d'Anhalt, & quelques autres Comtes, Gentils-hommes, & Villes de l'Empire profeffoient la Religion Calvinifte, les Suédois pour fe concilier leur amitié demandérent dans leur propofition de l'année 1645. que la paix de la Religion eût auffi lieu en faveur des Réformez: nous avons vu que les Impériaux y confentirent dans leur réplique; pourvû qu'ils le vouluffent, & qu'ils vécuffent paifiblement. Depuis dans le fecond projet du Traité que les Impériaux propoférent au mois d'Avril 1647. ils mirent les Réformez en même claffe que ceux de la Confeffion d'Ausbourg; ce qui deplut à plufieurs Luthériens qui confentoient à la vérité que le bienfait de la paix s'étendît auffi aux Calviniftes, afin qu'en cas de befoin ils puffent s'unir enfemble contre les Catholiques leurs ennemis communs: mais ils ne vouloient pas que ces Prétendus Réformez euffent autant de pouvoir que les Confeffioniftes à l'égard des chofes de la Religion; étant irritez de ce que les Electeurs Palatin & de Brandebourg & les Landgraves de Heffe-Caffel avoient chaffé les Luthériens de partie de leurs Etats, & de ce qu'ils y défendoient l'exercice de cette Religion, quoique d'ailleurs ils fe vantaffent de fuivre auffi bien que les Luthériens la Confeffion d'Ausbourg prife dans fon véritable fens. Ainfi les Luthériens demandérent qu'en même tems qu'on accorderoit aux Réformez qu'ils fuffent compris dans la paix de Religion, ils promiffent par un acte féparé de laiffer à ceux de la Confeffion d'Ausbourg l'exercice de leur Religion tant dans les Etats qu'ils poffédoient alors, que dans ceux qu'ils pourroient poffeder à l'avenir: les Calviniftes ne furent pas contens de cette reftriction qui leur ôtoit le droit de réformer qu'on accordoit aux Luthériens, & qu'ils prétendoient être une fuite de la fupériorité ou droit de territoire: outre cela ils ne vouloient point qu'on inférât dans le Traité cette condition, *s'ils vivoient paifiblement*, prétendant que ce bienfait leur fût accordé purement & fimplement.

On convint par l'article feptiéme du Traité d'Osnabrug du confentement de l'Empereur & de tous les Etats de l'Empire, que ceux qu'on nommoit Réformez joüiroient des priviléges accordez aux Catholiques & à ceux de la Confeffion d'Ausbourg, fans préjudice des pactes & autres difpofitions que les Etats foi difant Proteftans avoient faits entr'eux & avec leurs Sujets touchant l'exercice de la Religion; & auffi fans préjudice de la liberté de confcience d'un chacun.

On ajouta que, comme les différends de la Religion qui étoient entre les Proteftans n'étoient pas encore terminez, & étoient réfervez à un accommodement futur, & qu'ainfi ils formoient

deux

deux partis, on étoit convenu entre l'un & l'autre parti à l'égard du droit de Réformation que si un Prince ou Seigneur de territoire ou patron de quelque Eglise qui étoit d'un parti passoit à l'autre ou acqueroit par Succession ou en vertu du présent Traité de paix ou autrement une Principauté ou Seigneurie dans laquelle la Religion de l'autre parti seroit exercée publiquement, il pouroit avoir avec lui ou dans sa résidence des Prédicateurs de sa Religion; sans que cela fût à charge à ses Sujets: mais qu'il ne pouroit rien changer dans ces Pays en l'exercice public de la Religion, ni aux loix & constitutions Ecclésiastiques qui avoient été reçues jusqu'alors; ni ôter aux premiers des Temples, des Ecoles, ou des Hopitaux, ni les revenus qui y étoient attachez pour les donner à ceux de sa Religion; ni obliger ses Sujets sous prétexte du droit territorial, Episcopal, de Patronage, ou autre, de recevoir des Ministres d'une autre Religion: qu'afin que cette convention fût plus fermement observée, il seroit permis aux Communautez au cas d'un pareil changement de présenter ou nommer des Ministres de leur Religion qui seroient examinez & ordonnez par le Consistoire, & ensuite confirmez par le Prince ou Seigneur sans aucune difficulté: que si quelque Communauté embrassoit en ce cas la Religion de son Seigneur, & en demandoit l'exercice à ses dépens, il seroit permis au Prince ou Seigneur de le lui accorder, sans préjudice des autres; & que ses Successeurs ne le lui pouroient plus ôter: que les Consistoriaux, les Visiteurs pour les choses sacrées, les Professeurs des Ecoles & des Universitez de Théologie & de Philosophie ne seroient point d'autre Réligion que de celle qui seroit alors exercée publiquement dans chaque lieu: que cependant comme ces dispositions ne regardoient que les changemens à venir, elles n'apporteroient aucun préjudice aux droits que les Princes d'Anhalt & autres Princes avoient sur ce sujet: enfin qu'on ne souffriroit que ces trois Religions dans l'Empire.

On ajouta à la fin du Traité d'Osnabrug pour sa plus grande validité, qu'on ne pouroit alléguer contre cette transaction aucun Droit Canonique ou Civil, ni aucuns Decrets des Conciles, priviléges, rescrits, & concordats faits avec les Papes, ni aucuns statuts politiques, ou decrets Ecclésiastiques.

Le Sr. Chigi Nonce Apostolique à l'assemblée de Munster, après s'être opposé de tems en tems à tous les articles qu'il jugeoit préjudiciables à l'autorité du Pape & à l'avantage de la Religion Catholique, fit encore le 26. Octobre 1648. une protestation solemnelle contre ces Traitez.

Le Pape Innocent X. témoigna aussi dans un Bref qu'il fit publier à Rome au mois de Novembre suivant, qu'il avoit eu un sensible déplaisir de ce qu'on avoit mis dans ces Traitez tant d'articles désavantageux au Saint Siége & à la Religion Catholique; particuliérement de ce qu'on avoit abandonné pour jamais des biens Ecclesiastiques aux hérétiques; de ce qu'on avoit accordé à ceux de la Confession d'Ausbourg l'exercice de leur Religion avec la faculté de bâtir des Temples; de ce qu'on leur ouvroit l'entrée aux charges, même aux Archevêchez, Evêchez, & autres Dignitez Ecclésiastiques; de ce qu'on les faisoit participans des premiéres priéres que le Saint Siége avoit accordées aux Empereurs; de ce qu'on avoit dé-

chargé les Bénéfices attribuez à ceux de la Confession d'Ausbourg des droits d'Annates, du Pallium, de confirmation des mois du Pape, & autres droits & réserves; de ce qu'on y avoit attribué à la Puissance Séculiére le droit de confirmer ceux de cette Confession qui avoient été élus à ces Archevêchez, Evêchez, & autres Bénéfices; de ce que tous ces Bénéfices avoient été donnez en fiefs perpétuels à des hérétiques, pour les posséder en titre de Principautez Séculiéres; & de ce qu'on y avoit stipulé qu'aucunes décisions des Conciles ni des Papes ni quelques autres statuts que ce fussent, ne pouroient être alléguez au contraire. Ainsi il déclara que toutes ces conventions étoient nulles; attendu que l'autorité du Saint Siége n'y étoit point intervenue; & il les cassa entant que besoin étoit; & rétablit toutes choses en leur force & état, ainsi qu'elles devoient être suivant les anciennes constitutions & les réglemens.

Griefs Politiques Ecclésiastiques.

Outre les Griefs appellez Ecclésiastiques, parce qu'ils regardoient précisément la Religion, les Biens d'Eglise, & la Jurisdiction Ecclésiastique, les Protestans rapportérent encore deux autres sortes de Griefs, dont les uns furent qualifiez Politiques Ecclésiastiques, parce qu'ils regardoient les affaires civiles par rapport à la Religion; & les autres seulement Politiques, parce qu'ils ne regardoient que la police de l'Empire, sans aucune relation à la Religion. Je parlerai des premiers dans cet article, & des autres dans le suivant.

Le premier de ces Griefs Politiques Ecclésiastiques étoit que les Etats Catholiques étant en plus grand nombre que les Protestans, vouloient l'emporter sur ceux-ci dans les Dietes par la pluralité des voix, lors même qu'il s'agissoit de la Religion, des taxes, & d'autres affaires, où les Etats étoient divisez en Catholiques & en Protestans: desorte que les Catholiques pouvoient ainsi ruiner & accabler les Protestans par leur nombre, s'il falloit que les choses passassent à la pluralité des voix.

Le second Grief de cette même nature étoit que parmi ceux qui composoient la Députation ordinaire de l'Empire, il y avoit plus de Catholiques que de Protestans. Ainsi ils demandérent que dans les affaires où les Catholiques ou les Protestans avoient intérêt, & où la passion pouvoit faire agir les uns ou les autres; les choses ne fussent pas réglées à la pluralité des voix, mais par un accord amiable entre les Députez des deux Religions en nombre égal, qu'il n'y eût pas plus de Catholiques que de Protestans dans les Députations ordinaires de l'Empire; & que même on prît garde que ceux qui composoient cette Députation se tinssent dans les bornes qui leur étoient prescrites; & qu'ils ne touchassent point aux choses dont la connoissance étoit réservée aux Diettes de l'Empire.

Les Catholiques répondirent à ces Griefs & à ces demandes, que ce seroit vouloir abolir les loix & la forme de l'Empire, que de prétendre que dans les points où les opinans étoient de différens

avis,

avis, & où il etoit néanmoins néceſſaire de ſe déterminer, la choſe ne fût pas décidée dans les Diettes à la pluralité des Voix, ou remiſe à ce que l'Empereur en ordonneroit; à moins qu'il n'y eût une loi expreſſe qui en ordonnât autrement: & qu'à l'égard de la Députation ordinaire de l'Empire, on avoit réglé dans la même année de la paix d'Ausbourg, ceux qui la compoſeroient; & qu'on n'y pouvoit apporter de changement que dans une Diette.

On convint par le Traité d'Osnabrug que les Magiſtrats de l'une & l'autre Religion empêcheroient qu'on n'impugnât la transaction de Paſſaw, la paix de la Religion, & particuliérement ce préſent Traité; qu'on rendît ces Traitez douteux; & qu'on tirât des conſéquences contraires: que tout ce qui avoit été publié juſqu'alors au contraire ſeroit nul: que s'il s'élevoit quelque doute au ſujet de ces Traitez, il ſeroit réglé à l'amiable dans les Diettes ou dans d'autres aſſemblées de l'Empire par une transaction entre les Etats des deux Religions: que le nombre de ceux de l'une & de l'autre Religion ſeroit égal dans les aſſemblées ordinaires des Députez de l'Empire: que l'on conviendroit en la prochaine Diette de ceux que l'on joindroit à ceux qui la compoſoient alors: que s'il étoit néceſſaire de députer dans ces aſſemblées, ou dans les Diettes générales, le nombre de ces Députez ſeroit égal de l'une ou de l'autre Religion: qu'en cas qu'il fallût décider quelques affaires dans l'Empire par commiſſion extraordinaire, ſi l'affaire n'étoit qu'entre ceux d'une même Religion, on ne députeroit que de ceux de cette Religion; mais que ſi l'affaire regardoit des Etats de l'une & de l'autre Religion, on nommeroit des Commiſſaires des deux Religions en nombre égal: que les Commiſſaires ſeroient leur rapport de ce qu'ils auroient fait, & y ajouteroient leurs avis; mais qu'ils ne pouroient rien décider par forme de jugement: que dans les affaires de la Religion & en toutes les autres où les Etats ne pourroient être conſidérez comme un Corps, ou quand les Etats de l'une ou de l'autre Religion ſe diviſeroient en deux partis, la choſe ſeroit terminée à l'amiable, & non à la pluralité des ſuffrages: qu'enfin on décideroit à la prochaine Diette, ſi les affaires concernant les taxes & contributions que les Etats payoient pour les néceſſitez de l'Empire, ſeroient réglées à la pluralité des Voix.

Le troiſiéme grief regardoit les Tribunaux où on rend la Juſtice en Allemagne, tant les Subalternes dont on appelle, que les Souverains des jugemens desquels il n'y a point d'appel. Les Subalternes ſont les Auſtregues ou Arbitres de la qualité des parties plaidantes, le Tribunal de Rotweil en Suabe dont la jurisdiction s'étend ſur la Franconie & une partie des Cercles de Suabe, du haut Rhin, & de l'Autriche, le Tribunal Provincial de Suabe qui ſe tient alternativement dans les Villes de Ravensperg, de Wangen, & d'Iſni, & dans le bourg d'Aldorf, & le Bailliage d'Haguenau dont la Juriſdiction s'étendoit ſur les dix Villes Impériales d'Alſace, & qui a été cédé à la France par le Traité de Munſter. Les deux Tribunaux Souverains où ſe plaident les affaires entre les Etats de l'Empire & les appels des Juſtices de ceux qui n'ont point de priviléges pour empêcher qu'on apelle des jugemens rendus par leur Juges, ſont la Chambre Impériale dont la réſi

dence a été fixée à Spire par Charles-Quint, & le Conſeil Aulique qui ſuit la Cour de l'Empereur.

Les Proteſtans propoſérent pour griefs au ſujet des Tribunaux, qu'il y avoit bien plus de Catholiques que de Proteſtans dans la Chambre de Spire, & qu'il n'y avoit que fort peu de Proteſtans dans le Conſeil Aulique: ils ſe plaignirent encore des malverſations qui ſe commettoient dans les Bailliages de Rotweil, de Suabe, & d'Haguenau; & demandérent que ces trois Tribunaux ſubalternes fuſſent ſupprimez, & que pour éviter la longueur des procès, on créât deux autres Chambres de l'Empire ou au moins une; qu'attendu que la Ville de Spire eſt à une des extrêmitez de l'Empire, on la transférât en une autre Ville ſituée au milieu de l'Allemagne, où les parties puſſent ainſi ſe rendre plus commodément; & que les Catholiques & les Proteſtans fuſſent en nombre égal dans toutes ces Chambres & dans le Conſeil Aulique.

Les Catholiques ſoutinrent au contraire que l'établiſſement d'une ou de deux nouvelles Chambres, & la ſuppreſſion de ces trois Bailliages étoit inutile; & qu'il devoit ſuffire aux Proteſtans que l'Empereur promît de mettre encore de nouveaux Aſſeſſeurs de leur Religion dans le Conſeil Aulique; & que dans les affaires qui concernoient la Religion, on leur donnât des Juges Catholiques & Proteſtans en nombre égal. L'Empereur leur confirma en 1647. que les cauſes des Proteſtans ne ſeroient jugées que par des Aſſeſſeurs en nombre égal des deux Religions tant à la Chambre de Spire qu'au Conſeil Aulique; & il promit de mettre dans ce dernier huit ou dix Aſſeſſeurs Proteſtans; & que la Chambre de Spire ſeroit compoſée de pareil nombre d'Aſſeſſeurs de l'une & de l'autre Religion.

Ainſi on convint à cet égard par le Traité d'Osnabrug, qu'on traiteroit à la prochaine Diette de la translation de la Chambre Impériale en un autre lieu plus commode: qu'en attendant que ce point & divers autres concernant cette Chambre fuſſent terminez, outre le Juge & les quatre Préſidens de cette Chambre desquels l'Empereur en établiroit deux de la Confeſſion d'Ausbourg, il y auroit encore cinquante Aſſeſſeurs desquels les Etats Catholiques en préſenteroient vingt-ſix, y compris les deux dont la préſentation appartenoit à l'Empereur, & les Etats de la Confeſſion d'Ausbourg en préſenteroient vingt-quatre: qu'il y auroit un égal nombre d'Aſſeſſeurs de l'une & de l'autre Religion; & que lorsqu'il s'agiroit de cauſes entre deux Etats de différente Religion, ou lorsque deux Etats d'une même Religion plaideroient enſemble, un Tiers de l'autre Religion y interviendroit: que l'Empereur mettroit auſſi dans le Conſeil Aulique quelques Sujets de la Confeſſion d'Ausbourg en nombre ſuffiſant pour faire que, le cas arrivant, il pût y avoir égalité de Juges de l'une & de l'autre Religion: que la partie lezée pouroit préſenter requête à l'Empereur, à ce qu'il lui plût faire revoir le procès par d'autres Conſeillers en nombre égal des deux Religions, qui n'euſſent point aſſiſté au premier arrêt, ou qui du moins n'euſſent point été Rapporteurs ou Corrapporteurs du procès; & que l'Empereur pouroit dans les affaires importantes prendre l'avis de quelques Electeurs & Princes de l'une & de l'autre Religion: que l'Electeur de Mayence viſiteroit le Conſeil Aulique lorsqu'il ſeroit néceſ faire : que fi dans les chofes Ecclefiaftiques ou Politiques , ou lorfqu'il s'agiroit de l'explicatinn des Conftitutions , ou des Decrets ou Recès de l'Empire , après que l'affaire auroit été examinée en plein Sénat avec un égal nombre de Juges de chaque Religion , tous les Catholiques fe trouvoient d'un avis & les Proteftans de l'autre, l'affaire feroit renvoyée à une Diette générale de l'Empire ; mais que fi l'affaire fe trouvoit partagée , enforte que dans chacun des deux avis il y en eût de l'une & de l'autre Religion ; elle ne feroit point renvoyée à la Diette, mais terminée par l'ordonnance de la Chambre : que cela n'auroit lieu que dans les procès des Etats de l'Empire , y compris la Nobleffe immédiate ; mais que fi les procès étant entre les Médiats de différente Religion, auxquels on avoit donné des Juges en nombre égal de l'une & de l'autre Religion , ils fe trouvoient partagez ; ils feroient terminez fuivant l'ordonnance de la Chambre: que les priviléges & droits de premiére inftance des Auftregues & des Juges fans appel, feroient laiffez aux Etats de l'Empire en leur entier : qu'on examineroit en la prochaine Diette s'il étoit à propos de fupprimer les Tribunaux de Rotweil, de Suabe, & autres: qu'à l'égard des Affeffeurs de la Confeffion d'Ausbourg dans la Chambre Impériale , les Electeurs de Saxe & de Brandebourg, & le Palatin en nommeroient chacun deux ; les deux Cercles de Saxe qui étoient tous Proteftans chacun quatre ou un autre qu'ils nommeroient alternativement ; & les Etats Proteftans des Cercles de Franconie, de Suabe, du haut Rhin, & de Weftphalie, qui étoient mixtes , chacun deux outre un autre qu'ils nommeroient,& qu'encore qu'on ne fît aucun mention des Etats de la Confeffion d'Ausbourg qui étoient dans le Cercle de Baviére, cette obmiffion ne pouroit leur faire préjudice.

Les Proteftans demandérent encore que les charges de Procureur & d'Avocat du Fifc fuffent poffédées alternativement par les Catholiques & par les Proteftans ; & que les autres Charges fuffent poffédées par des perfonnes de l'une & de l'autre Religion : mais les Impériaux, & les Députez de l'Electeur de Mayence éludérent cette demande avec adreffe ; enforte que les Proteftans n'y infiftérent pas.

DROITS

Des Etats de l'Empire.

Lorsque Guftave-Adolphe Roi de Suéde entra en Allemagne , il prit pour principal prétexte de la guerre qu'il fit à l'Empereur , les entreprifes qu'il avoit faites contre les Droits des Electeurs, Princes , & Etats de l'Empire, dont il en avoit mis quelques uns de fa feule autorité au Ban de l'Empire, en avoit dépouillé d'autres de leurs dignitez & de leurs biens , & avoit encore fait lui feul diverfes autres chofes qu'il ne pouvoit réfoudre que dans une Diette générale de l'Empire.

Le Roi Louïs XIII. & ce Prince s'alliant enfemble à Bernwald le 31. Janvier 1631. déclarérent dans le premier article de leur Traité que leur Confédération avoit pour objet le rétabliffement des Etats de l'Empire qui étoient opprimez.

Lorsque ce même Roi de France traita à Vifmar le 20. Mars 1636. avec la Reine de Suéde, il fut dit encore qu'ils s'allioient pour la défenfe de leurs Royaumes , & pour conferver les franchifes & libertez de l'Allemagne.

L'Empereur Ferdinand II. ayant vers la fin de cette même année fait élire fon fils Roi des Romains , les François, les Suédois, & plufieurs Princes Proteftans de l'Empire en furent extrêmement choquez , jugeant que cet exemple étoit d'une périlleufe conféquence ; parce que comme il eft difficile que la plus grande partie des Electeurs refufent à un Empereur vivant d'élire fon fils pour fon Succeffeur , cette pratique étoit un moyen prefque infaillible de perpétuer la Dignité Impériale dans la Maifon d'Autriche , qu'ils confidéroient les uns & les autres comme leur ennemie.

Ainfi lorsque les François & les Suédois poférent le 11. Juin 1645. les conditious auxquelles ils confentoient de faire la paix , & dans lesquelles ils déclaroient avoir autant de foin des intérêts des Etats de l'Empire que des leurs propres, ils demandérent entre autres chofes que tous les Princes & Etats de l'Empire fuffent rétablis dans leurs droits , prérogatives , libertez & priviléges, fans qu'ils puffent ci-après y être moleftez fous quelque prétexte que ce fût ; qu'ainfi ils jouïffent fans aucun empêchement du droit de fuffrage qui leur appartenoit dans toutes les affaires de l'Empire , principalement quand il s'agiffoit de conclure la paix , de déclarer la guerre , d'impofer des contributions , d'ordonner des levées & logemens de Soldats , de mettre des garnifons, d'élever de nouvelles fortifications dans les Etats de ces Princes , de conclure des Alliances & Confédérations, de faire de nouvelles loix , & d'interpréter les anciennes, & d'autres affaires de pareille nature qu'on ne pouroit à l'avenir traiter & décider que dans une affemblée générale des Etats de l'Empire , & réfoudre que du confentement unanime de ces Etats ; que tous ces Princes & Etats en général & en particulier fuffent maintenus en tous les droits de Souveraineté qui leur appartenoient , principalement en celui de faire des Traitez d'Alliance tant entr'eux qu'avec les Princes voifins pour leur confervation & fureté ; & que toutes les louables coutumes , les anciennes conftitutions , & les loix fondamentales de l'Empire fuffent religieufement obfervées , particuliérement le contepu de la Bulle d'or , fans qu'il y pût être contrevenu par qui que ce fût fous quelque prétexte que ce pût être ; que particuliérement à l'égard des élections des Empereurs , on obfervât inviolablement les formes prefcrites par cette Bulle & par les autres conftitutions , déclarations, actes, & capitulations réfolues fur ce fujet, fans pouvoir jamais procéder à l'élection d'un Roi des Romains pendant la vie des Empereurs ; attendu que ce feroit un moyen pour rendre la Dignité Impériale perpetuelle dans une feule famille , en exclure tous les autres Princes , & anéantir le droit des Electeurs.

Dans la réponfe que les Plénipotentiaires de l'Empereur fournirent à cette propofition , ils déclarérent qu'encore que les étrangers n'euffent point d'intérêt de fe mêler des affaires de l'Empire, néanmoins l'Empereur confentoit que les Etats ne puffent être dépouillez de leurs honneurs ni de leurs biens , que fuivant les formalitez portées

par

par les conftitutions de l'Empire ; que les affaires de l'Empire fuffent réglées dans les Diettes conjointement par l'Empereur & par les Etats, hormis dans les cas qui appartenoient à l'Empereur & aux Electeurs feuls; enfin que les Etats puffent faire des Traitez d'Alliance avec les étrangers, pourvû que ces Traitez ne fuffent point faits contre l'Empereur, ni contre l'Empire, ni contre la paix publique; & que les Etats y exceptaffent le ferment qu'ils avoient prêté à l'Empereur & à l'Empire: mais à l'égard de l'article qui concernoit l'élection du Roi des Romains, les Miniftres déclarèrent qu'ils n'y pouvoient confentir, comme étant contraire aux droits de l'Empire & à la liberté des Electeurs.

Les Plénipotentiaires de France dans la réplique qu'ils donnèrent au commencement de l'année 1646. fe reftraignirent fur ce dernier point à demander que, lorfqu'on éliroit un Roi des Romains, on le prît d'une autre Maifon que de celle de l'Empereur vivant. Il paroiffoit clairement que les François vouloient par ce moyen ôter la Dignité Impériale de la Maifon d'Autriche, où elle étoit depuis plus de deux fiécles; mais les Princes de l'Empire, même les Proteftans, n'approuvèrent pas qu'on s'obligeât d'exclure de la Dignité Impériale des Princes, qui pouroient d'ailleurs la mériter, par la feule raifon qu'ils feroient iffus d'une Maifon illuftre qui la poffédoit depuis un fi long-tems: mais les Proteftans vouloient qu'avant que d'élire un Roi des Romains, il fût dit que les Etats de l'Empire jugeroient s'il étoit convenable d'en élire un; les Catholiques furent d'avis que cette queftion fût renvoyée à la prochaine Diette de l'Empire.

Les Suédois prétendirent dans leur réplique que ces Couronnes avoient grand intérêt dans les affaires de l'Empire, puifqu'elles mettoient une partie de leur fureté dans fon rétabliffement en fon ancien état; & ils foutinrent que quand l'Empereur faifoit quelque chofe contre les loix fondamentales de l'Empire, il perdoit la qualité d'Empereur, & que s'il faifoit une injuftice manifefte aux Etats, il leur étoit permis de faire des Alliances contre lui.

Les Proteftans entroient dans le fentiment des Suédois, & cependant trouvoient auffi, bien que les Catholiques, qu'il étoit dangereux pour le repos de l'Empire d'établir pour maxime que, fi l'Empereur paffoit les bornes de fa puiffance, les Etats pouroient s'allier avec des étrangers, & fe fervir de leurs forces contre lui; eftimant qu'en ce cas les Electeurs, les Princes & les autres Etats de l'Empire fuffifoient pour le faire fouvenir de fon devoir, s'il venoit à l'oublier; & qu'il feroit très-difficile de régler pour quelles fautes l'Empereur perdoit le droit de regner, & les Etats de l'Empire pouvoient légitimement ne lui plus obéir.

Les Plénipotentiaires de l'Empereur dans leur replique prétendirent que fuivant l'ufage & les conftitutions de l'Empire, les Traitez faits par les Etats avec les étrangers n'étoient valables que lorfque l'Empereur & les Etats de l'Empire les avoient permis & approuvez, & qu'ils ne pouvoient pas prétendre le contraire, puifqu'ils obligeoient l'Empereur lui même à la même chofe par fa capitulation.

Les Proteftans préfentèrent encore le 22. Mars 1646. leurs griefs qu'on qualifia Politiques & par

lefquels ils demandoient le rétabliffement de la liberté de l'Empire qu'ils difoient avoir été diminuée & prefque anéantie en plufieurs maniéres.

Premiérement ils prétendoient qu'une des principales caufes de toutes les injuftices qui leur avoient été faites, avoit été la longue intermiffion à des affemblées des Diettes fans lefquelles le repos & la paix ne fe pouvoient maintenir en Allemagne: ainfi ils demandoient qu'on les affemblât tous les trois ans ou même plus fouvent fi le bien de l'Empire le requeroit.

Secondement ils demandérent que non feulement on corrigeât la matricule de l'Empire qui marque les taxes que chaque Etat doit payer en cas de guerre déclarée par l'Empire, & qu'on diminuât les taxes exorbitantes dont les Etats étoient chargez; mais auffi que l'on pourvût à ce qu'eux ni leurs Pays ne fouffriffent aucune extorfion ni violence par le paffage & les quartiers des gens de guerre.

Troifiémement ils repréfentèrent que les Electeurs s'attribuoient une trop grande autorité à l'égard de la capitulation qu'ils dreffoient feuls, & dont ils faifoient jurer l'obfervation aux Empereurs; qu'il n'y avoit quafi point d'article où ils n'euffent fait quelque changement au grand dommage de l'Empire: de forte qu'il feroit néceffaire de faire de l'avis de l'Empereur & de tous les Etats de l'Empire une capitulation perpétuelle à laquelle on ne pût rien changer, que lorfqu'il s'agiroit du falut de l'Empire. Ils demandérent auffi que les Electeurs ne traitaffent dans leurs affemblées que des matiéres dont la Bulle d'or & les anciennes coutumes leur attribuoient la connoiffance; & qu'on pourvût à ce qu'ils n'envahiffent pas les droits des Etats; qu'ils n'attiraffent pas à eux ce qui appartenoit à la connoiffance des Diettes, & n'ordonnaffent rien au préjudice des autres Etats.

Quatriémement ils fe plaignirent de ce que dans les affemblées des Députez de l'Empire, les Députez des Electeurs vouloient s'affembler à part, & qu'on les traitoit d'Excellence, afin de diminuer la dignité des Princes.

Cinquiémement ils fe plaignirent de ce qu'on avoit contefté aux Villes Impériales le droit de donner collégialement leurs voix dans les Diettes.

Siziémement de ce que l'Empereur de fa feule autorité avoit attribué certains droits à des Etats de l'Empire, & en avoit exempté d'autres de la fujettion qu'ils devoient à leurs Princes.

Et enfin de ce que l'Empereur avoit fouvent donné des dignitez & la Nobleffe à des gens qui étoient indignes de cet honneur; ce qui étoit honteux à la Nobleffe de l'Allemagne.

Les Suédois dans le projet de Traité de paix qu'ils préfentérent le 14. Avril 1647. demandérent entr'autres chofes qu'on ne nommât point de Succeffeur à un Empereur vivant que par l'autorité de la Diette; qu'on y dreffât du confentement de tous les Etats de l'Empire une capitulation perpétuelle, que tous les Empereurs feroient obligez d'obferver; qu'aucun Etat ne pût être dépouillé de fa dignité ni de fes biens que du confentement de toute la Diette; & qu'elles s'affemblaffent tous les trois ans, & ne duraffent pas plus de trois mois.

On régla par le Traité d'Ofnabrug une partie

 des

des articles qui avoient été proposez tant par les François & les Suédois que par les Protestans; & les autres furent remis à la prochaine Diette. Ainsi on convint que tous les Electeurs, Princes, & Etats de l'Empire seroient rétablis dans leurs droits & privileges : qu'ils jouïroient du droit de suffrage dans toutes les délibérations de l'Empire; surtout quand il s'agiroit de faire ou d'interpréter des loix, de résoudre une guerre, d'établir des impôts, d'ordonner des levées & logemens de gens de guerre, de construire au nom du public des forteresses nouvelles dans les terres des Etats, ou de renforcer de garnisons les anciennes, de faire la paix ou des alliances, ou d'autres semblables affaires : qu'aucune de ces choses ou de semblables ne seroit résolue que par l'avis & le consentement d'une assemblée libre de tous les Etats de l'Empire : que chacun des Etats pourroient faire des alliances entr'eux & avec les étrangers pour leur propre conservation ; pourvû qu'elles ne fussent point contre l'Empereur, ni contre l'Empire, ni contre la paix publique, ni contre cette transaction, & qu'elles fussent faites sans préjudice du serment que chacun des Etats avoit prêté à l'Empereur & à l'Empire : que l'on assembleroit une Diette six mois après la ratification de la paix, & ensuite toutes les fois qu'il seroit nécessaire : qu'on corrigeroit dans la prochaine Diette les deffauts des précédentes, & qu'on y traiteroit & seroit les réglemens convenables touchant l'élection des Rois des Romains, une capitulation perpétuelle & invariable, la procedure qu'on observeroit pour mettre les Etats au Ban de l'Empire, le rétablissement des Cercles, le renouvellement de la matricule, le moyen d'y remettre ceux qui en avoient été ôtez, la modération & remise des taxes de l'Empire, la réformation de la Police & de la Justice, la taxe des Epices qui se payoit à la Chambre Impériale, les instructions qu'on devoit donner aux Députez ordinaires, la fonction des Directeurs des Colléges de l'Empire, & autres semblables affaires qui n'avoient pu être terminées.

A l'égard des Villes Libres de l'Empire, il fut dit qu'elles auroient voix décisive dans les Diettes générales & particuliéres, comme les autres Etats de l'Empire : qu'on ne toucheroit point à leurs droits régaliens, libertez, & priviléges de confisquer & de lever des impôts; & à tous les droits qu'elles avoient possédez par un long usage avant ces troubles : qu'elles auroient une entiére jurisdiction dans l'enclos de leurs murailles & dans leur territoire; & que toutes les choses qui avoient été faites ou qui seroient faites à l'avenir au contraire, seroient cassées & annullées.

Il fut aussi ordonné que toutes les louables coutumes, les constitutions, & les loix fondamentales de l'Empire seroient à l'avenir observées religieusement, & que toutes les confusions qui s'étoient introduites pendant la guerre, seroient ôtées.

Commerce.

Le quatriéme & dernier chef du Traité d'Osnabrug concernant les affaires de l'Empire en général regarde le Commerce qui avoit été extrêmement troublé & interrompu pendant la guerre.

Il est porté par le Traité d'alliance fait à Bernwald en 1631. entre les Rois Louïs XIII. & Gustave-Adolphe, que cette alliance avoit aussi pour but la sureté des Mers Baltique & Oceane, & la liberté du Commerce.

Ainsi les Plénipotentiaires de France & de Suéde dans leur proposition du 11. Juin 1645. demandérent que le Commerce tant par eau que par terre fût rétabli dans tout l'Empire en la même manière qu'il étoit avant les présens mouvemens; & que tous les péages, exactions, & impôts qui avoient été établis pendant la guerre, fussent révoquez & abolis.

Il y eut peu de contestation sur ce sujet, tous les Etats de l'Empire y ayant pareil intérêt.

Les Protestans se plaignirent particuliérement de quatre choses à cet égard; la premiére qu'il y avoit un grand nombre de personnes qui par le malheur des guerres ou par les extorsions & usures de leurs créanciers, étoient si chargez de dettes que si après la paix les créanciers les vouloient presser sans relâche, ils en seroient absolument ruinez; la seconde que pendant la guerre diverses personnes avoient de leur seule autorité, & sans permission de l'Empereur, ni consentement des Electeurs, établi plusieurs péages, où ils exigeoient de grands droits & faisoient un extrême préjudice au Commerce; la troisiéme que l'Empereur Charles IV. ayant accordé à un Duc de Brabant un privilége ou Bulle, en vertu de laquelle on ne pouvoit évoquer un Brabançon hors de son Pays, les Brabançons avoient étendu ce privilége, ensorte qu'ils vexoient tous leurs voisins sous ce prétexte, & usoient de represailles sur les biens des Sujets de l'Empire si on les appelloit ailleurs que pardevant les Juges, ou si on ne vouloit pas comparoître aux assignations qu'ils donnoient pardevant les Juges de Brabant; enfin qu'on avoit beaucoup rehaussé les frais des postes.

Pour remédier à ces inconveniens on convint que dans la prochaine Diette, après que l'Empereur auroit pris les avis de la Chambre Impériale & du Conseil Aulique, on feroit une Constitution pour le soulagement des débiteurs accablez de Dettes, & que cependant ils ne seroient point par trop chargez d'exécutions; sans préjudice de la Constitution de Holstein qui permet d'arrêter prisonniers les débiteurs en vertu d'une seule promesse : que pour rétablir le Commerce, on aboliroit les péages établis depuis peu sans le consentement de l'Empereur & des Electeurs ; comme aussi les abus de la Bulle Brabantine, les représailles & saisies qui s'en étoient ensuivies, les frais excessifs des postes, & toutes les autres charges & empêchemens inusitez qui troubloient le Commerce : que les droits, priviléges des territoires arrosez de riviéres, & autres, comme aussi les péages accordez par l'Empereur du consentement des Electeurs à divers Etats, entr'autres au Comte d'Oldembourg sur le Weser, demeureroient en leur force : enfin qu'il y auroit une entiére liberté de commerce, & un passage libre par toutes sortes de lieux; qu'ainsi les sujets & vassaux des Alliez de part & d'autre auroient la liberté d'aller & de trafiquer en Allemagne, ainsi que chacun l'y avoit avant ces troubles; & que les Magistrats des lieux protégeroient les passans & Marchands contre les violences qu'on leur voudroit faire.

Recès de la Diette de Ratisbonne de 1654.

Divers incidens qui retardérent la sortie des
trou-

troupes étrangéres hors de l'Allemagne & l'évacuation des places qu'on devoit se rendre réciproquement , empêchérent que l'Empereur Ferdinand III. ne pût convoquer que vers la fin de 1652. la Diette qu'on étoit convenu d'assembler six mois après la conclusion des Traitez de Westphalie pour régler les articles qui étoient demeurez indécis. Il s'y rendit en personne le 11. Décembre avec l'Archiduc Ferdinand son fils; mais la plupart des Electeurs , Princes, & Etats de l'Empire ne s'y rendirent qu'en 1653. peu en personne , & la plus grande partie par leurs Députez.

L'indisposition de l'Empereur , & l'absence de la plus grande partie des Députez, furent la cause ou le prétexte de ce qu'on passa plusieurs mois sans que l'Empereur fit l'ouverture de la Diette par sa proposition : cependant les Députez qui étoient arrivez, & qui portoient fort impatiemment ce délai, s'occupérent à disputer entr'eux sur plusieurs différends qui se mûrent entr'eux; entr'autres sur ce que les Députez des Electeurs, à ce qu'on disoit, à l'instigation de ceux de Baviére renouvellérent la prétention qu'ils avoient formée à Munster & à Osnabrug d'être traitez d'Excellence à l'exemple des Ambassadeurs de Venise & de Mantoue, auxquels ils croyoient n'être point inférieurs: ainsi ils refusoient de conférer avec les Députez des Princes , à moins que ceux-ci ne leur donnassent ce titre, ce qu'ils refusoient de faire.

L'Empereur agréa ensuite que les Députez s'assemblassent pour traiter des affaires de l'Empire: mais, comme sa santé étoit fort foible , il s'étoit déclaré de souhaiter que l'on élût son fils ainé Roi des Romains , & l'avoit fait agréer aux Electeurs qu'il avoit assemblez pour cet effet à Prague. La première chose que les Députez mirent sur le tapis fut de savoir si le consentement des seuls Electeurs suffisoit pour qu'ils procédassent à cette élection : presque tous les Protestans & quelques Catholiques soutinrent que c'étoit à tous les Etats de l'Empire assemblez en une Diette générale , à juger s'il convenoit ou non d'élire un Roi des Romains; & comme on tenoit que le fils ainé de l'Empereur alloit épouser l'Infante d'Espagne , plusieurs craignoient que, si le Roi Catholique mouroit sans enfans mâles , ce jeune Prince joignant les Etats de la Monarchie d'Espagne à ceux de la Maison d'Autriche , ne devînt trop puissant , & ne les privât de leur liberté : mais les Electeurs soutinrent au contraire que suivant l'ancien usage qui n'avoit point été aboli par les Traitez de Westphalie, c'étoit aux seuls Electeurs à juger de la nécessité d'élire un Roi des Romains & à le choisir.

Cette contestation émut un grand différend entre les Electeurs & les Princes Protestans qui se fondoient sur ce que cette question ayant été renvoyée par les Traitez de Westphalie à la prochaine Diette, on devoit l'y juger, & menaçoient de s'opposer formellement à l'élection du Roi des Romains , si on vouloit la précipiter: mais comme dans la suite tous les Etats Catholiques & même quelques. Protestans opinérent qu'il falloit s'en tenir à l'ancien usage , en attendant que la Diette l'eût aboli, ce différend fut assoupi. Pendant que les Députez s'occupoient à dresser une capitulation perpétuelle, les Electeurs se rendirent tous ou en personne ou par Députez au mois de Mai 1653. à Ausbourg , où l'Empereur se rendit aussi avec son fils ainé qui y fut peu après élu Roi des Romains , & nommé Ferdinand IV.

Cette affaire étant consommée, l'Empereur & les Electeurs revinrent à Ratisbonne où la Diette fut ouverte le 30. Juin avec les formalitez ordinaires : l'Empereur proposa aux Etats de l'Empire de délibérer sur les moyens d'affermir la paix & de régler les points dont les Traitez de Westphalie avoient renvoyé la connoissance & la décision à cette Diette.

On convint premiérement de nommer en nombre égal des deux Religions les Députez des Etats qui devoient travailler à presser l'expédition des affaires de la Diette , & à régler ce qui regardoit la Chambre de Spire.

II. On traita de la voix décisive que les Traitez de Westphalie avoient accordée aux Villes Impériales; on la leur conserva: mais on la leur rendit presque inutile en leur refusant ce qu'on apelle la Correlation Simultanée ; & on régla qu'on ne demanderoit point dans les Diettes au College des Villes son sentiment sur une affaire qu'après que les deux Colléges supérieurs, savoir celui des Electeurs & celui des Princes, seroient convenus d'un même avis; parce qu'autrement si, lorsque les deux Colléges Supérieurs étoient d'avis différent , on avoit demandé l'avis des Villes qui d'ordinaire ont pour principal objet l'avantage de leur Commerce, on auroit rendu ce Collége, quoi qu'inférieur, maitre de toutes les délibérations de la Diette, en se rangeant à l'avis de l'un ou de l'autres des Colléges Supérieurs.

III. On nomma douze Députez, savoir quatre des Electeurs, six des Princes, & deux des Villes en nombre égal des deux Religions pour examiner les plaintes de ceux qui n'avoient pas été rétablis dans leurs biens suivant les Traitez de Westphalie, & les griefs proposez par les Catholiques & par les Protestans au sujet des contraventions à ces mêmes Traitez.

IV. Les Protestans firent plusieurs fois, comme il a été marqué ci-devant , de grandes instances à l'Empereur pour qu'il voulût traiter ses Sujets de leur Religion plus favorablement qu'il ne l'avoit promis par le Traité d'Osnabrug. Mais il a été marqué ci-devant qu'elles furent presque entiérement inutiles.

V. On agita ce qu'il falloit faire à l'égard des débiteurs malaisez qu'on ne pouvoit obliger à payer leurs créanciers, à moins que de les dépouiller de ce qui leur restoit de bien; sur quoi les Officiers de la Chambre de Spire & du Conseil Aulique jugérent que l'article du Traité d'Osnabrug en faveur des débiteurs ne regardoit que ceux qui se trouvoient presque ruinez par les malheurs des guerres, ou par les grosses usures qu'on avoit exigées d'eux , & nullement ceux qui s'étoient ruinez par leur faute , & qu'il seroit injuste de protéger contre leurs créanciers légitimes.

VI. Les Protestans s'étant plaints qu'il y avoit plus de Catholiques que de ceux de leur Religion dans la Députation ordinaire de l'Empire, il fut résolu d'augmenter le nombre des Députez jusqu'à vingt-huit, ensorte qu'il y en eût autant d'une Religion que de l'autre.

Les Protestans firent de grandes instances pour que les Députez des Electeurs s'assemblassent plus à part , comme ils avoient accoutumé , mais avec les Députez des Princes & des Villes : mais comme les Députez des Electeurs tinrent ferme à conferver l'ancien ufage , on convint qu'ils en uferoient comme il leur plairoit ; mais comme il y en avoit quatre Catholiques & trois Proteftans, les derniers demandérent que pour conferver l'égalité dans le Collége Electoral, s'ils s'affembloient féparément des autres Députez, le Député de Magdebourg s'affemblât avec eux : mais ces Electeurs ayant refufé d'admettre parmi eux un étranger, on convint que chacun des Electeurs Proteftans auroit à fon tour un double fuffrage.

VII. On propofa fi on auroit égard à la pluralité des voix lorfqu'il s'agiroit des Collectes ou Contributions que chacun devoit payer : il fut réfolu que lorfqu'il s'agiroit de Contributions néceffaires, c'eft à dire pour la défenfe de l'Empire, l'avis qui feroit foutenu par les deux tiers ou les trois quarts des Députez , eu égard non pas au nombre des opinans mais à la fomme à laquelle ils étoient cottifez dans la matricule de l'Empire , l'emporteroit fur l'autre avis ; mais que lorfqu'il s'agiroit de contributions volontaires, chacun ne donneroit que ce qu'il lui plairoit.

VIII. On régla enfuite les procédures de la Chambre de Spire & les appointemens qui feroient donnez à chacun de ceux qui la compofoient ; ainfi qu'il fera marqué ci-après dans le Recès.

Les Proteftans demandérent que les Miniftres de la Chancellerie fuffent auffi bien que les Préfidens & les Affeffeurs en nombre égal de l'une & de l'autre Religion : mais l'Electeur de Mayence s'y oppofa, prétendant que , comme Grand-Chancelier , il avoit la difpofition de ces emplois ; que c'étoit lui qui leur payoit leurs appointemens ; & qu'ainfi il n'étoit point obligé d'obferver cette égalité. En effet il fut réglé que cette égalité feroit obfervée feulement à l'égard des Miniftres de la Chancellerie qui ne dépendoient point de cet Electeur.

IX. Après plufieurs délais on fe mit en devoir au mois de Janvier 1654. de travailler à la capitulation perpétuelle : mais la chofe fut arrêtée dès fon commencement par la difficulté qui furvint au fujet de la maniére dont cette affaire fe traiteroit ; la plupart des Catholiques voulant que les articles que les Commiffaires choifis pour le dreffer avoient inférez dans leur projet , fuffent agitez & réglez dans une affemblée générale de la Diette de l'Empire ; & la plupart des Proteftans demandant que la décifion en fût renvoyée à ces Commiffaires choifis. L'Empereur fe déclara pour le premier de ces deux avis : mais les Proteftans perfiftérent dans leur fentiment, & la chofe en demeura là.

X. Les Etats fe plaignirent que dans les Diocezes de Cologne , de Munfter , & de Liége, & dans plufieurs autres lieux les parties plaidantes appelloient fouvent indifféremment des fentences des Officiaux pardevant le Pape & fes Nonces, & ainfi confondoient les Jurisdictions & entrainoient les procès hors de l'Empire dans des Tribunaux étrangers ; les Nonces caffoient les défenfes qu'on faifoit à la Chambre de Spire de procéder devant eux , & ordonnoient aux parties d'y venir à peine d'amende & de cenfures Eccléfiaftiques : l'Empereur promit d'agir auprès du Pape pour faire apporter un reméde à cet abus.

XI. Les Proteftans renouvellérent la demande de l'abolition du Tribunal de Rotweil que l'Empereur Conrad III. avoit érigé , & dont il avoit

donné la préfidence héréditaire aux Comtes de Sults qui la poffédoient depuis cinq cens ans, & l'exerçoient comme Lieutenans de l'Empereur : ils fe plaignoient de ce qu'on attiroit à ce Tribunal des perfonnes de Provinces fort éloignées tant Etats de l'Empire que leurs Sujets ; qu'ils y étoient jugez par des Confeillers fouvent ignorans & de baffe naiffance , & que ce Tribunal étoit inutile , puifqu'on en appelloit à la Chambre de Spire. Cependant les Catholiques ayant égard à fon ancienneté & à ce que proprement l'Empereur en étoit le Chef, furent d'avis d'en corriger les abus , s'il y en avoit , mais non pas de le fupprimer.

On propofa encore diverfes autres affaires, comme des réglemens pour le Confeil Aulique où les Proteftans fe plaignoient qu'on ne leur rendoit point de juftice, la réformation de la matricule de l'Empire dans laquelle plufieurs prétendoient être furchargez , le rétabliffement d'un chacun dans fes biens que quelques uns fe plaignoient de n'avoir pu encore obtenir, & diverfes autres matiéres : les Députez des Etats de l'Empire étoient fort difpofez à y travailler férieufement ; mais comme l'Empereur vouloit s'en retourner à Vienne, il fouhaita abfolument qu'on conclût la Diette, & que toutes ces affaires fuffent remifes à une autre occafion.

Ainfi le 17. Mai 1654. on lut en préfence de l'Empereur dans une affemblée générale de tous les Etats de l'Empire le Recès ou Décret contenant ce qui avoit été réfolu dans cette Diette.

L'Empereur y prit entr'autres qualitez celles de Comte de Ferrette & de Landgrave d'Alface, & du confentement des Etats de l'Empire confirma les Traitez de paix de Munfter & d'Osnabrug & ceux qui avoient été faits enfuite à Nuremberg pour leur exécution : pour cet effet il les fit inférer tout du long dans le Recès. Il ordonna qu'à l'avenir les Affeffeurs de la Chambre de Spire qui feroient au nombre de cinquante tant Nobles que Jurisconfultes auroient chacun mille Richedales par an d'appointemens : que le Juge en auroit quatre mille cinq cens , les quatre Préfidens chacun treize cens foixante onze , le Procureur-Fifcal mille , l'Avocat du fifc cinq cens, & à proportion les autres moindres Officiers : que cette fomme feroit levée fur tous les Etats de l'Empire par les Directeurs de chaque Cercle : que ceux de la Religion Reformée auroient droit d'y préfenter des Affeffeurs : que pour abréger les procès on obferveroit en cette Chambre divers réglemens marquez dans ce Décret dont je ne parlerai point ici , parce qu'ils ne regardent que la procédure qu'on y devoit obferver dans les affaires qui y font portées en premiére inftance ou par Appel : qu'on traiteroit en une autre occafion de la translation de cette Chambre en une autre Ville : que Sa Majefté Impériale s'employeroit à Rome auprès du Pape pour qu'il défendît à fes Nonces de recevoir les Appellations , & de faire les procédures marquées ci-deffus fous peine de nullité : que les premiéres inftances & les Auftregues feroient obfervées : que l'Empereur, les Electeurs de Mayence, de Tréves , de Cologne , & de Baviére, les Cercles d'Autriche, de Bourgogne , & de Franconie , de Suabe, du haut Rhin, & de Weftphalie y nommeroient chacun deux Affeffeurs Catholiques , & le Cercle de Baviére

qua-

quatre : que l'Article des Traitez de Westphalie en faveur des débiteurs n'auroit lieu qu'à l'égard de ceux qui avoient été ruinez par la précédente guerre, ou par les gros intérêts qu'ils devoient : que les affaires qui regardoient le rétablissement d'un chacun dans ses biens, seroient jugées par la Députation ordinaire de l'Empire qui devoit tenir ses séances à Francfort ; excepté dans les cas douteux qu'elle renvoyeroit à la prochaine Diette : que jusqu'à cette Diette un des trois Electeurs Protestans auroit alternativement double voix dans le Collége Electoral de la Députation : que pour mettre l'égalité des deux Religions dans cette Députation, on joindroit au Collége Electoral & aux Députez de l'Autriche, de Bourgogne, de Wirtemberg, de Constance, de Munster, de Baviére, de Brunswick, de Poméranie, de Hesse, de Weingarten, de Furstemberg, de Cologne, & de Nuremberg, les Députez de Saxe-Altembourg, de Brandebourg-Culembach, de Mecklebourg, des Comtes de Veteravie, d'Aix-la-Chapelle, d'Uberlingue, de Strasbourg, & de Ratisbonne, qui sont en tout vingt-huit Députez, quatorze de chaque Religion : enfin que les Directeurs de chaque Cercle prendroient de nouvelles informations pour régler les points de la matricule de l'Empire & de la monnoye.

Le Sr. Ilci Nonce du Pape en Allemagne ayant appris que dans le Recès de cette Diette on avoit confirmé & ratifié de nouveau les Traitez de Munster & d'Osnabrug, signa ce même jour 17. Mai 1654. & remit à la Chancellerie de Mayence un acte, par lequel il réitera les oppositions & protestations faites ci-devant contre ces Traitez par les Nonces, Evêques, & autres Personnes Ecclésiastiques, spécialement par le Pape Innocent X. le 26. Novembre 1648. & protesta de nouveau au nom de Sa Sainteté & du Saint Siége contre tous les articles de ces Traitez qui pouvoient porter préjudice à l'intégrité de la Religion Catholique, à l'autorité de l'Eglise Romaine, & aux droits, priviléges, libertez, & immunitez Ecclésiastiques ; lesquelles il voulut conserver par là en leur entier autant qu'il étoit en son pouvoir.

CHAPITRE CINQUIE'ME.

Des articles des Traitez de Westphalie qui regardent en particulier les intérêts de quelques Electeurs, Princes, Etats, & vassaux de l'Empire.

APrès avoir parlé dans le Chapitre précédent des articles des Traitez de Westphalie qui regardent les affaires générales de l'Empire, je traiterai dans celui-ci des articles de ces mêmes Traitez qui regardent en particulier les intérêts de quelques Electeurs, Princes, & Etats de l'Empire, même de quelques Princes d'Italie Vassaux de l'Empire. Comme je prétens suivre l'ordre auquel chacun des Princes d'Allemagne ont séance dans les Diettes de l'Empire, je commencerai par les Electeurs qui composent le premier Collége.

Electeur de Mayence.

Suivant la Bulle d'or il n'y avoit que sept Electeurs ; mais par les Traitez de Westphalie on en établit un huitiéme. Je parlerai de ces huit Electeurs, suivant leur rang, en commençant par l'Electeur de Mayence qui est le Doyen du Collége Electoral.

Dieter d'Isembourg Electeur de Mayence ayant été déposé de son Archevêché par le Pape Pie Second, parce qu'il n'avoit pas eu soin d'en payer l'Annate dans le tems qu'il avoit promis, recourut à Frédéric premier Electeur Palatin qui prit hautement son parti contre Adolphe de Nassau que le Pape avoit fait substituer à Dieter, & dépensa cent mille florins à lever des troupes qu'il mena au secours de ce Prélat. Dieter ne pouvant alors lui rendre cette somme, lui engagea en 1462. les Bailliages de Starkemberg, d'Heppenheim, de Bensheim, de Morlebach, & de Lorsch, qui dépendoient de son Evêché, & sont situez dans le Bergstrats, c'est à dire chemin des montagnes, qui est entre Francfort & Heidelberg ; à condition de les pouvoir retirer en lui rendant ces cent mille florins.

Ces cinq Bailliages demeurérent entre les mains des Electeurs Palatins jusqu'en 1621. car alors Frédéric V. Electeur Palatin qui s'étoit fait couronner Roi de Bohéme, ayant été défait à la bataille de Prague, le Palatinat fut attaqué par Ferdinand II. & par les Princes de la Ligue Catholique ; & comme chacun des Princes & Prélats voisins se saisirent de ce qu'ils prétendoient que les Electeurs Palatins leur détenoient, l'Electeur de Mayence se remit en possession de ces Bailliages du Bergstrats, & les garda jusqu'à ce que l'on traita en Westphalie de la paix générale.

Lorsqu'on agita à Munster & à Osnabrug les conditions du rétablissement de l'Electeur Palatin, l'Empereur demanda entr'autres choses que ces Bailliages du Bergstrats demeurassent aux Electeurs de Mayence : l'Electeur Palatin en fit longtems difficulté, prédendant qu'en tout cas l'Electeur de Mayence auroit dû lui rendre outre le prix de l'engagement les jouïssances depuis que ses Prédécesseurs s'en étoient mis en possession. Cependant on n'eut pas d'égard à ces demandes ; & par les Traitez de Munster & d'Osnabrug on convint, que ces Bailliages demeureroient à l'Electeur de Mayence en rendant au Palatin le prix de l'engagement & les autres choses auxquelles il étoit obligé par le contrat.

Cela fut ainsi exécuté, Jean-Philipe de Schomborn Electeur de Mayence fit délivrer en 1651. au Palatin les cent mille florins, qui étoient le prix de l'engagement ; & demeura possesseur de ces Bailliages, hormis qu'il voulut bien échanger trois Villages dépendans de ces Bailliages qui étoient trop voisins de Heidelberg, contre quelques autres qui étoient à sa bienséance.

Amelie de Hanau veuve de Guillaume VI. Landgrave de Hesse-Cassel demanda entr'autres choses dans cette assemblée que pour partie de sa satisfaction, l'Electeur de Mayence eût à lui délaisser les Villes & Bailliages de Fritzlar, de Nerembourg, de Neufstat, & d'Amensberg, qui étoient à sa bienséance : mais cette demande fut rejettée.

Electeur de Tréves.

Il a été marqué dans le premier Chapitre que Philipe-Chriftophe de Soeteren Electeur de Tréves & Evêque de Spire s'étant mis fous la protection de la France encourut l'indignation de l'Empereur Ferdinand II. qui s'empara de presque tous fes Etats, & engagea les Espagnols à le faire prifonnier en 1635. dans la Ville de Tréves qu'ils furprirent, & le fit conduire à Vienne.

Il a été auffi marqué que lorsqu'on s'affembla à Munfter pour y traiter la paix générale, les François y demandérent dans leur premiére propofition qu'avant toutes chofes l'Electeur de Tréves fût mis en liberté: cette fermeté de la France obligea l'Empereur de relâcher cet Electeur en 1645. après dix ans de prifon; mais ce ne fut pas fans lui avoir fait figner le 11. Avril de cette même année un acte par lequel entr'autres chofes il accepta la paix de Prague. Mais quand il fut en liberté, il protefta qu'il avoit figné cet acte par force, & qu'il feroit toute fa vie attaché à la France; auffi s'allia-t-il de nouveau avec le Roi en 1647.

Cette nouvelle liaifon que l'Electeur contracta avec la France fut caufe que le Roi eut un foin particulier de fes intérêts dans le Traité qu'il paffa à Munfter avec l'Empereur.

Il s'y rencontra deux difficultez; la premiére fur ce que les Espagnols furprirent en 1635. la Ville de Tréves , & enlevérent l'Electeur : ils tranfportérent fes meubles dans Luxembourg, où l'Empereur les fit faifir par ordonnance du Confeil de cette Province. Ferdinand III. mettant l'Electeur en liberté avoit annullé cet arrêt; mais depuis cela le Confeil Provincial de Luxembourg avoit de nouveau permis à quelques particuliers de faifir ces meubles , & même le Bailliage de Druch dépendant de l'Archevêché de Tréves, & la moitié de la Seigneurie de St. Jean appartenante à Jean-Rheinard de Soeteren frére ou neveu de l'Electeur; ce qui étoit contraire aux concordats paffez à Ausbourg en 1548. par l'intervention de l'Empire entre l'Archevêché de Tréves & le Cercle de Bourgogne , & fuivant lesquels lorsqu'il y a procès entre des particuliers dont l'un eft domicilié dans cet Archevêché & l'autre dans les Etats de ce Cercle , il faut que le demandeur fuive le domicile du défendeur.

La feconde difficulté étoit fur ce que le Chapitre de Tréves craignant que cet Electeur ne remît à la France la forterefe d'Hermenftein lorsque l'Empereur la lui auroit rendue, s'oppofa à ce que cette place lui fût remife entre les mains: à quoi les François ne voulurent point abfolument confentir ; déclarant qu'ils retiendroient toutes les places qu'ils occupoient dans l'Archevêché de Mayence jufqu'à ce qu'Hermenftein fût remis en la puiffance de l'Electeur de Tréves.

Pour accommoder toutes ces difficultez , on convint premiérement que l'Electeur auroit mainlevée des arrêts & faifies de fes biens meubles & des immeubles qui lui appartenoient, tant en qualité d'Electeur que comme faifant partie de fon patrimonie: qu'il pourroit toucher de fon auroient été féqueftrez; & que fi on en avoit fouftrait quelque chofe, il lui feroit rendu fauf à ceux qui auroient fait faire ces arrêts à fe pourvoir par

devant les Juges de l'Electeur.   En fecond lieu pour concilier l'Electeur & fon Chapitre on convint que l'Empereur remettroit à l'un & à l'autre les châteaux d'Hermenftein & de Hamerftein; & que le Gouverneur & la Garnifon que l'Electeur y mettroit prêteroit ferment de fidélité tant à lui qu'au Chapitre : enfin qu'il lui feroit libre de pourfuivre les droits qu'il avoit comme Evêque de Spire fur quelques Biens d'Eglife fituez dans le bas Palatinat ; à moins qu'il ne s'accordât fur ce fujet avec l'Evêque de Vormes qui y avoit auffi quelques prétentions.

On lui conferva auffi par le même Traité de Munfter en Weftphalie , le droit qu'il avoit de Métropolitain fur les Evêchez de Metz, Toul, & Verdun , quoi que cédez à la France.

Electeur de Cologne.

L'Archevêché de Cologne a entr'autres fuffragans l'Evêché d'Osnabrug qui par le Traité paffé en cette même Ville entre l'Empereur & la Reine de Suéde fut rendu alternatif entre des Evêques Catholiques & des Proteftans , qui doivent néanmoins toujours être pris dans la Maifon de Brunswick : & afin que pendant que ces Princes pofféderoient cet Evêché , il n'arrivât aucune difficulté au fujet des cenfures & de la jurisdiction fur les Eccléfiaftiques Catholiques , de l'ufage & adminiftration des Sacremens , & des autres chofes qui dépendent de l'Ordre ; on ftipula expreffément que la difpofition de toutes ces chofes feroit réfervée à l'Archevêque de Cologne comme Métropolitain ; fans qu'il pût avoir aucune jurisdiction fur ceux de la Confeffion d'Ausbourg.

La Landgrave de Heffe-Caffel demanda encoré qu'on lui cédât pour partie de la fatisfaction qu'elle demandoit à l'Empereur , le Comté d'Aversberg , les Villes de Madenbach , d'Haleinberg , & celle de Wirtemberg, & les bourgs de Marsberg, de Wolkmarfen, de Reverung, & de Rugelsberg, qui dépendent de l'Archevêché de Cologne : mais on ne lui accorda rien de cette demande.

Roi de Bohéme.

Les Rois de Bohéme font les premiers entre les Electeurs féculiers,quoi qu'ils ne contribuent point depuis près de trois cens ans aux néceffitez de l'Empire, & par conféquent n'affiftent point aux Diettes , fi ce n'eft à l'affemblée qui fe tient pour l'élection des Empereurs ou Rois des Romains.

La Bohéme avoit autrefois des Ducs qui relevoient de l'Empereur : elle fut érigée en Royaume par l'Empereur Henri IV. en 1086. & a eu entr'autres Rois Charles IV. Venceslas, & Sigismond qui ont auffi été Empereurs.   Ce dernier eut pour gendre Albert Second de la Maifon d'Autriche qui fuccéda à fon beau-pére au Royaume de Bohéme auffi-bien qu'à celui de Hongrie & à l'Empire.   Cette Couronne fortit enfuite de fa Maifon & y rentra de même que celle de Hongrie, après la mort de Louïs dernier Roi de Hongrie qui étoit auffi Roi de Bohéme: Ferdinand frére de l'Empereur Charles-Quint ayant époufé Marie fœur du Roi Louïs , fut auffi élu Roi de Bohéme en 1526. & ce Royaume étoit
paffé

paſſé à ſes deſcendans par élection juſqu'à Ferdinand II. qui l'ayant reconquis ſur Frédéric Electeur Palatin que les Proteſtans de Bohême avoient élu en ſa place, ſoutint qu'il étoit héréditaire dans la Maiſon d'Autriche.

Cela fut ainſi décidé par les articles quatriéme & ſeiziéme du Traité d'Osnabrug, où la Bohême eſt comptée parmi les Provinces Héréditaires de l'Empereur & de la Maiſon d'Autriche: deſorte que la choſe eſt à préſent ſans difficulté.

Depuis la création d'un neuviéme Electorat, comme n'y ayant aux Diettes que huit Electeurs dans le Collége Electoral, il peut arriver qu'on n'y concluroit rien ſi quatre Electeurs étoient d'un avis & les quatre autres d'un autre avis; les Empereurs Léopold & Joſeph ont fait leur poſſible pour faire agréer aux Electeurs & aux autres Etats de l'Empire la réadmiſſion du ſuffrage de Bohême dans le Collége Electoral : ce qui n'a pas encore été établi.

Le Duché de Sileſie & les Marquiſats de Moravie & de Luſace dépendent de la Bohême: mais ce dernier a été engagé par l'Empereur Ferdinand II. à Jean-George premier du nom Electeur de Saxe dont les deſcendans en jouïſſent encore.

Electeur de Baviére.

Les Electeurs Palatin & de Baviére ſont Chefs des deux Branches d'une même Maiſon, étant l'un & l'autre iſſus de Louis le Sévére Comte Palatin du Rhin & Duc de Baviére, qui laiſſa deux fils dont l'ainé nommé Rodolphe fut Electeur & Comte Palatin du Rhin, & le ſecond nommé Louïs fut Duc de Baviére. Les Comtes Palatins du Rhin deſcendent du premier, & ſont ce qu'on apelle la Branche Rodolphine; & les Ducs de Baviére du ſecond.

Louïs étant devenu Empereur en 1313. dépouilla ſon frére Rodolphe de ſes Etats pour avoir tenu le parti de Frédéric Duc d'Autriche ſon compétiteur à l'Empire, & il ne rendit le Palatinat à ſes enfans qu'après leur avoir fait paſſer à Pavie en 1339. un Traité par lequel l'Electorat fut rendu alternatif entre la Maiſon Palatine & celle de Baviére à commencer par la Palatine : mais depuis l'Empereur Charles IV. étant ennemi de la Maiſon de Baviére & allié de la Palatine, caſſa cette transaction, & aſſura encore l'Electorat aux Comtes Palatins par la Bulle d'or.

Il ne paroît pas que les Ducs de Baviére ayent réclamé alors contre cette Bulle qui leur faiſoit un ſi grand préjudice, & ils ſe contentérent du titre de Ducs.

Guillaume IV. Duc de Baviére fut le premier qui renouvella ſes prétentions ſur l'Electorat, ayant en conſéquence de la transaction de Pavie proteſté en 1545. contre l'inveſtiture de cette Dignité que l'Empereur Charles-Quint donna en cette année au Comte Palatin Othon. Le Duc Albert V. ſon fils fut pére entr'autres enfans de deux qui ont laiſſé poſtérité, ſavoir Guillaume V. qui a donné ſon nom à la Branche Guillelmine, & Ferdinand duquel ſont iſſus les Comtes de Wartemberg.

Guillaume V. s'étant retiré en un convent de Chartreux laiſſa le gouvernement de ſes Etats à ſon fils Maximilien qui fut élu en 1610. Chef de la Ligue Catholique.

Les Bohémiens qui étoient pour la plus grande partie Proteſtans s'étant révoltez contre l'Empereur Ferdinand II. qu'ils avoient déja reconnu pour leur Roi, lui firent la guerre, s'emparérent de la plus grande partie de l'Autriche, & élurent pour Roi Frédéric V. Electeur Palatin qui étoit Calviniſte. L'Empereur ſe voyant réduit à cette extrêmité, recourut à ce Duc Maximilien, qui connoiſſant le peril où étoit la Religion Catholique, s'il n'en entreprenoit la défenſe, voulut bien prendre les armes à condition d'être rembourſé de tous les frais qu'il feroit dans cette guerre, & indemniſé de toutes les pertes qu'il en pourroit ſouffrir : l'Empereur y ayant conſenti, ce Prince ſe mit à la tête de l'armée de la Ligue Catholique, & s'étant d'abord rendu maitre de l'Autriche ſupérieure, y pacifia toutes choſes ; ayant enſuite joint ſon armée à celle du Comte de Buquoi Général de l'Empereur, il marcha vers Prague, & ayant au mois de Novembre 1620. défait près de cette Ville l'armée des Bohémiens & de leurs Alliez, il rétablit l'Empereur dans la poſſeſſion du Royaume de Bohême & des Provinces qui en dépendent.

Il chaſſa l'année ſuivante le Comte de Mansfeld & les Garniſons de l'Electeur Palatin du haut Palatinat & du Comté de Cham qui y eſt enclavé, & qui avoit été autrefois engagé par les Empereurs aux Electeurs Palatins; & l'année ſuivante le Comte de Tilli ſon Lieutenant-Général après avoir défait le Marquis de Dourlac à Wimpfen, & enſuite le Duc Chriſtian de Brunswick près de Hochſt, prit Heidelberg & Manheim & toute la partie du bas Palatinat qui eſt au delà du Rhin du côté de l'Allemagne ; pendant que d'autre part les troupes de l'Archiduc Albert ſe ſaiſirent auſſi par ordre de l'Empereur de la partie du bas Palatinat qui eſt au deça du Rhin.

L'Empereur ayant aſſemblé en 1623. une Diette générale de l'Empire à Ratisbonne pour remettre la tranquilité dans l'Allemagne, y propoſa de transférer au Duc de Baviére en conſidération de ſon mérite & des ſervices qu'il avoit rendus à l'Empire, la Dignité Electorale de laquelle le Palatin étoit dechu en conſéquence de ſa rébellion & de toutes les violences qu'il avoit exercées & fait exercer dans l'Empire. Les Electeurs de Saxe, & de Brandebourg, & Louïs Landgrave de Heſſe-Darmſtat firent pluſieurs remontrances à l'Empereur pour le porter à différer cette translation de la Dignité Electorale juſqu'à ce que Frédéric eût été cité & condamné dans les formes : d'autre part les enfans de Frédéric, Philipe Duc de Simmeren ſon frére, & Wolfgang-Guillaume Duc de Neubourg demandérent que, ſi on privoit Frédéric de cette Dignité, on les en inveſtir, puis qu'elle leur appartenoit au deffaut de Frédéric dans le crime duquel ils n'avoient point trempé.

Mais comme Frédéric continuoit toujours ſes hoſtilitez dans l'Empire, l'Empereur prétendit que ſa rébellion étant manifeſte & obſtinée, il n'étoit point néceſſaire d'obſerver aucune formalité contre lui, & qu'étant d'ailleurs impoſſible de juger ſitot auquel de ces Princes la Dignité Electorale devoit appartenir à ſon deffaut, il étoit à propos de remplir inceſſamment le Collége Electoral ſans préjudice des droits des Princes Palatins. Ainſi il donna le 25. Fevrier 1623. à Maximilien l'inveſtiture de l'Electorat Palatin, de l'Office de Grand-Maître, du Vicariat, & de la ſéance ce, voix délibérative & droit d'élection qui appartenoient à Frédéric ; ensorte néanmoins que cette investiture ne porteroit aucun préjudice à l'Empereur ni à l'Empire, ni aux enfans de Frédéric, ni au Comte Palatin Louïs-Philipe son frére, ni à Wolfgang-Guillaume Duc de Neubourg, ni aux autres qui y prétendoient avoir droit, pour être ces différends terminez au plutot à l'amiable ou par la voye de la justice devant l'Empereur & le Collège Electoral.

L'Empereur n'étant pas content d'avoir ainsi récompensé le Duc Maximilien, voulut encore suivant le Traité de Munick lui donner une assurance pour le remboursement des sommes qu'il avoit débourcées dans la poursuite de cette guerre : c'est pourquoi Maximilien lui ayant présenté en la même Ville de Ratisbonne vers la fin de l'année 1622. un compte de tous les frais qu'il avoit été obligé de faire pendant cette guerre, & qui montoient à quinze millions de florins valeur du Rhin tant en principal qu'intérêts ; l'Empereur ayant obtenu de Duc une remise de deux millions arrêta ce compte à la somme de treize millions, & passa avec lui en 1623. en ce même lieu un Traité pour lui engager la haute Autriche en attendant qu'il l'eût satisfait.

Ce Traité fut exécuté : Maximilien entra en possession de la haute Autriche, & l'Empereur fit si bien que les Electeurs de Saxe & de Brandebourg qui d'abord s'étoient opposez à la translation de la Dignité Electorale faite par l'Empereur en faveur de ce Prince, y donnérent enfin leur consentement : si bien qu'il fut reçu en 1624. dans le Collége Electoral.

L'Empereur voulant dans la suite dégager la haute Autriche & prétendant que tous les Etats de l'Electeur Palatin qu'il avoit mis au Ban de l'Empire lui appartenoient, vendit en 1628. à l'Electeur Maximilien avec toute garantie, moyennant treize millions de florins qu'il reconnut avoir reçus de lui, premièrement la Principauté du haut Palatinat avec tous ses droits, revenus, & fiefs, à l'exception des Bailliages de Barktein, de Veiden, & de Bleyenkein ; à condition que ces Etats demeureroient à tous les mâles de la Branche Guillelmine, c'est à dire à ceux qui seroient issus de Guillaume V. Duc de Baviére pére de Maximilien ; & que s'ils retournoient à l'Empire ou aux Princes de la Maison Archiducale de l'Empereur Ferdinand au deffaut de mâles dans la Branche Guillelmine, on rembourceroit les héritiers du Duc du prix de l'aquisition & des augmentations : secondement les Bailliages du bas Palatinat qu'il tenoit au deça du Rhin du côté de l'Allemagne, & même les Bailliages d'Heidelheim, de Wingarten, & de Hockenheim qui dépendoient des Bailliages de Heidelberg, & de Bretten situez dans le bas Palatinat, & qui étoient alors sous la direction de l'Electeur de Tréves en qualité d'Evêque de Spire ; comme aussi le Château de Stein ou la Pierre, aussi situé dans le bas Palatinat avec tous leurs revenus & droits au deça du Rhin, sans que l'Electeur pût rien prétendre au delà de ce fleuve, & à condition qu'il porteroit sa part des Dettes du bas Palatinat & des redevances qu'il payoit à l'Empire. L'Empereur remit encore à l'Electeur le prix pour lequel ses prédécesseurs avoient engagé le Comté de Cham aux Electeurs Palatins avec toutes les augmentations qui avoient été faites dans ce Pays ; & on convint

que si on ôtoit à l'Electeur par force ou autrement le haut Palatinat, ou ces Bailliages du Bas Palatinat, excepté ceux de Heidelheim, de Wingarten, & de Hockenheim dont l'Empereur ne vouloit pas être garent, l'Electeur ou ses héritiers rentreroient en possession de la haute Autriche, & le Traité de Ratisbonne de 1623. seroit exécuté en toutes choses : que moyennant cette vente l'Electeur remettroit à l'Empereur la haute Autriche, sans y plus prétendre aucune chose : moyennant cela l'Empereur rentra en possession de la haute Autriche qu'il s'obligea encore par un acte particulier de rendre à cet Electeur, en cas qu'il fût troublé en la possession des choses qu'il lui avoit vendues.

Par le Traité de Prague qui fut conclu en 1635. entre Ferdinand II. & Jean-George premier du nom Electeur de Saxe, il fut dit que l'Electorat demeureroit non seulement à Maximilien, mais aussi à toute la Ligne Guillelmine ; ensorte qu'il devoit non seulement passer aux fils de Maximilien, mais aussi, s'il n'en avoit point, à son frére Albert & à ses fils : ainsi au lieu que l'Electorat n'avoit été d'abord donné que personnellement à Maximilien jusqu'à ce qu'on eût vu à qui il devoit appartenir des enfans ou des fréres de Frédéric V, ou du Duc de Neubourg, ou des autres Princes de la Branche Palatine, il fut par ce Traité entiérement ôté à cette Branche & transféré à celle de Baviére.

Il y avoit une autre difficulté au sujet de la Ville de Donavert située sur le Danube qui avoit été mise au Ban de l'Empire par l'Empereur Rodolphe II. parce que les habitans de la Ville qui étoient presque tous Protestans, avoient maltraité en 1606. l'Abbé & les Religieux de Sainte Croix & les Catholiques de cette Ville qui les accompagnoient hors de la Ville à une procession : l'execution de ce Ban ayant été commise à Maximilien Duc de Baviére, il s'en étoit emparé en 1607. & l'avoit retenue sous sa puissance : il fut dit par le Traité de Prague qu'il rendroit cette Ville à l'Empire, qu'il seroit satisfait aussi-tot des frais qu'il avoit faits pour la prendre.

Lorsqu'on traita la paix générale dans l'assemblée de Westphalie, les Protestans mirent parmi leurs griefs la précipitation avec laquelle ils prétendoient qu'on avoit dépouillé cette Ville de ses priviléges : ainsi ils demandérent qu'on exécutât la promesse que l'Empereur Rodolphe II. avoit faite de la rétablir en l'état auquel elle avoit été avant que d'être mise au Ban Impérial.

Les Catholiques répondirent à cela que Donavert avoit été mis au Ban avec justice, à cause de son opiniatreté dans sa désobéïssance ; qu'on ne pouvoit parler de son rétablissement que l'Electeur de Baviére n'eût été remboursé de ses frais ; & que les promesses de l'Empereur Rodolphe, dont même ils n'avoient aucune connoissance, ne pouvoient faire préjudice à cet Electeur.

Cette affaire fut renvoyée, ainsi que plusieurs autres, à la prochaine Diette, & on convint qu'on examineroit s'il étoit à propos de remettre Donavert en liberté, & qu'en ce cas cette Ville jouïroit des mêmes droits que les autres Villes libres de l'Empire avoient par ce Traité, sans préjudice néanmoins des prétentions que les intéressez y pouvoient avoir.

Les Etats de l'Empire n'ayant pas jugé à propos dans la Diette de Ratisbonne qui fut tenue en 1653. de toucher à l'affaire de Donavert ni de contribuer de leurs deniers pour rembourcer l'Electeur de ses frais ; il en est demeuré posseffeur ainsi qu'il est encore à présent.

Pour ce qui est de l'Electorat, les Ministres de l'Empereur demandérent dans le premier projet de paix qu'ils proposérent en 1646. que la Dignité Electorale & le haut Palatinat demeurassent à Maximilien & à toute la Branche Guillelmine ; que le Palatin eût un huitiéme & dernier Electorat : & que la dette des treize millions de florins que l'Empereur devoit à Maximilien fût éteinte. Les Suédois, les enfans de Frédéric, le Duc de Neubourg, plusieurs Princes Protestans, & surtout l'Electeur de Brandebourg, s'opiniatrérent durant un long-tems à vouloir que les Palatins jouïssent de l'Amnistie, de même que les autres Princes de l'Empire, & fussent rétablis dans leur Dignité & dans leurs Etats, ainsi qu'ils les possédoient avant les troubles de Bohéme.

Cela ayant été absolument rejetté, on proposa plusieurs moyens de concilier les choses ; savoir de rendre l'Electorat alternatif dans les deux Maisons : & comme les deux Princes rejettérent cet expédient, on proposa de créer un huitiéme Electorat : mais ce fut une nouvelle difficulté de savoir qui posséderoit l'ancien ; les Palatins le prétendant pour eux, & l'Electeur de Baviére ne le leur voulant pas céder & ne leur voulant même pas accorder l'alternative du premier Electorat, ainsi que les Suédois l'avoient proposé dans leur projet, par lequel ils ne vouloient laisser à l'Electeur de Baviére que le Comté de Cham par engagement ; prétendant que le Palatin eût tout le haut Palatinat, aussi-bien que le bas. Enfin le Roi & tous les Etats de l'Empire étant entrez dans les intérêts de l'Electeur de Baviére, l'article qui le concerne fut conclu à sa satisfaction.

On convint que la Dignité Electorale que les Electeurs Palatins avoient ci-devant possédée avec tous les droits régaliens, offices, préséances & droits appartenans à cette Dignité, sans en excepter aucun, comme aussi tout le haut Palatinat avec le Comté de Cham & ses appartenances & droits, demeureroient à Maximilien Duc de Baviére, à ses enfans, & à toute la Ligne Guillelmine, tant qu'il y auroit des mâles de cette Ligne : que l'Electeur de Baviére renonceroit tant pour lui que pour ses héritiers à la dette de treize millions & à toute prétention sur la haute Autriche, & qu'incontinent après la publication de la paix il rendroit à l'Empereur les obligations qui avoient été passées sur ce sujet : enfin qu'en cas que les mâles de la Ligne Guillelmine vinssent à manquer en un tems que ceux de la Ligne Palatine subsisteroient encore, la Dignité Electorale & le haut Palatinat retourneroient aux Palatins ; ensorte néanmoins que les droits & actions des héritiers de l'Electeur de Baviére leur seroient conservez pour les biens Allodiaux : ce qui signifie apparemment qu'ils pouroient demander les treize millions de florins, moyennant lesquels l'Empereur Maximilien avoit acquis cette Principauté.

Lorsque l'Empire vaqua en 1656. par la mort de Ferdinand III. il y eut contestation entre les Electeurs de Baviére & Palatin au sujet du Vicariat qui appartenoit aux Electeurs Palatins dans les Provinces de l'Empire qui se gouvernent par le droit de Franconie, & qui avoit été exprimé nommément dans la translation qui avoit été faite à Maximilien en 1623. mais dont il n'avoit

point été parlé dans le Traité de Westphalie, le premier prétendant que ce Vicariat étoit un droit attaché à l'Electorat du Palatinat qui lui avoit été transféré, & le second que ce droit dépendoit du Comte Palatin du Rhin qui lui avoit été laiffé. Tous les deux firent pendant la vacance ce qui dépendoit de cette charge; mais on eut dans l'Empire plus de déférence aux mandemens de l'Electeur de Baviére, qu'à ceux de l'Electeur Palatin.

Depuis que l'Electeur de Baviére d'à présent a pris le parti du Roi, l'Empereur, après l'avoir mis au Ban de l'Empire, l'a déclaré privé de tous ses Etats & a rétabli l'Electeur Palatin en la possession de l'Electorat de ses prédécesseurs & dans le haut Palatinat.

Par les Traitez de Rastat & de Bade l'Electeur de Baviére a été rétabli dans sa Dignité & dans tous ses Etats, même dans le haut Palatinat ; ainsi qu'il les possédoit avant la derniére guerre.

Electeur de Saxe.

Jean-George premier du nom Electeur de Saxe avoit assisté puissamment l'Empereur Ferdinand II. contre Frédéric Electeur Palatin qui avoit été élu Roi de Bohéme ; & l'Empereur lui avoit engagé la Lusace, jusqu'à ce qu'il l'eût remboursé des frais qu'il avoit faits pendant cette guerre : mais ces deux Princes se brouillérent en 1628. à l'occasion de l'Archevêché de Magdebourg.

Les Chanoines de l'Eglise Cathédrale qui étoient presque tous Luthériens, sachant que l'Empereur vouloit faire subroger un Successeur à Christian-Guillaume Marquis de Brandebourg Administrateur de cet Archevêché, parce qu'il s'étoit ligué avec le Roi de Danemarc contre lui, eurent peur qu'il ne les obligeât d'élire quelque Archevêque Catholique : ainsi espérant que l'Empereur agréroit l'Election ou postulation d'un fils de l'Electeur de Saxe qui avoit toujours été jusqu'alors dans ses intérêts, ils le postulérent avec précipitation au commencement de l'année 1628. & obtinrent que cet Electeur acceptât aussi-tot cette postulation. L'Empereur pressa extrêmement l'Electeur de renoncer à la postulation qu'on avoit faite de son fils; & comme il n'en voulut rien faire, il obtint en Cour de Rome des provisions de cet Archevêché en faveur de l'Archiduc Léopold-Guillaume son fils; & publia l'année suivante son Edit pour la restitution des Biens d'Eglise usurpez par les Luthériens au préjudice de la transaction de Passaw.

L'Electeur de Saxe tant pour l'intérêt commun de tous ceux de sa secte que pour le sien particulier, fit ce qu'il put par ses remontrances auparavant & pendant la Diette de Ratisbonne de l'année 1630. pour porter Ferdinand à suspendre l'exécution de son Edit ; & n'en ayant pu venir à bout, il se ligua à Leipsic avec les autres Princes Protestans pour s'y opposer. L'Empereur le fit attaquer dans son Pays pour l'obliger de se départir de cette Ligue; mais il apella à son secours Gustave-Adolphe Roi de Suéde avec lequel il se ligua contre l'Empereur, & contribua extrêmement au gain de la bataille de Leipsic où il se trouva : après quoi il se rendit maitre de Prague, & d'une grande partie de la Bohéme, & poursuivit la guerre contre l'Empereur durant plusieurs années : mais dans la suite étant jaloux des grands progrès qu'avoient faits dans l'Empire les Fran-

çois

çois & les Suédois qu'il croyoit encore plus dangereux que l'Empereur, il témoigna être difposé de s'accommoder avec ce Prince : & comme il a été marqué ci-devant leurs Députez conclurent la paix à Prague le 30. Mai 1635.

On convint par ce Traité que l'Archevêché de Magdebourg demeureroit à Augufte fils de cet Electeur : qu'il feroit tenu de payer une penfion de douze mille écus par an à Chriftian-Guillaume Marquis de Brandebourg ci-devant Adminiftrateur de Magdebourg : qu'il donneroit en fief à l'Electeur de Saxe les Bailliages de Querfurt, de Juterbock, de Dam, & de Borck, dépendans de cet Archevêché jufqu'à ce qu'on convînt d'une compenfation équivalente.

Il fut dit par le Traité d'Osnabrug qu'après la mort du Duc Augufte fils de l'Electeur de Saxe, l'Archevêché de Magdebourg pafferoit à l'Electeur de Brandebourg en titre de Principauté pour l'indemnifer en partie de la partie de la Poméranie qu'on étoit obligé de laiffer à la Suéde; mais enforte néanmoins que cet Electeur ne feroit point tenu des dettes contractées par le Duc Augufte : enfin on laiffa par ce Traité à l'Electeur de Saxe les Bailliages de Querfurt, de Juterbock, de Dam, & de Borck qui lui avoient été cédez par celui de Prague; à condition qu'on diminueroit à proportion de cette diftraction ce que l'Archevêché de Magdebourg avoit accoutumé de payer pour les charges de l'Empire, & que l'Electeur s'en chargeroit.

Electeur de Brandebourg.

Il a été marqué ci-devant que par d'anciens Traitez paffez entre les Electeurs de Brandebourg & les Ducs de Poméranie, ce Duché devoit échoir à ces Electeurs au deffaut d'enfans mâles dans la Maifon de ces Ducs: ainfi, comme Boguslas dernier Duc de Poméranie étoit fans efpérance d'avoir des enfans, George-Guillaume Electeur de Brandebourg avoit lieu d'efpérer d'hériter de ce Duché, s'il n'avoit point été alors entre les mains des Suédois. L'Empereur Ferdinand II. & Jean-George I. du nom Electeur de Saxe fouhaitant attirer cet Electeur dans leur parti, & chaffer les Suédois de l'Allemagne, inférérent dans le Traité de Prague que fi l'Electeur de Brandebourg acceptoit la paix portée par ce Traité, il joüiroit en fureté au nom de l'Empereur du droit de fucceffion aux Provinces de Poméranie.

Cet Electeur accepta ce Traité, & fut invefti de la Poméranie en 1637. incontinent après la mort du Duc Boguslas.

Il a auffi été marqué dans le Chapitre troifiéme comment Frédéric-Guillaume Electeur de Brandebourg fon fils fut obligé de confentir que la Poméranie Citérieure & une partie de l'Ultérieure fuffent avec l'Ifle de Rugen cédées à la Couronne de Suéde pour partie de fa fatisfaction : il avoit demandé d'abord, & perfifta long-tems à vouloir avoir pour fon dédommagement, l'Archevêché de Magdebourg, les Evéchez d'Halberftat, d'Hildesheim, d'Osnabrug, & de Minden, & les Duchez de Glogaw, de Jeggerndorff, & de Sagan en Silefie : mais comme il vit dans la fuite que les Etats de l'Empire trouvant fes demandes exorbitantes fe difpofoient à donner malgré lui aux Suédois toute la Poméranie fans lui donner aucun

dédommagement, il confentit de leur céder la Poméranie Citérieure avec Stetin & les Ifles de Rugen & de Wollin, ainfi que je l'ai expliqué ailleurs; d'autre part on le fit réfoudre de fe contenter pour fon dédommagement des Evéchez d'Halberftat & de Camin, & de l'expectative de l'Archevêché de Magdebourg : à quoi les Miniftres de l'Empereur ajoutérent encore enfuite l'Evêché de Minden pour gagner d'autant plus l'amitié de cet Electeur, & l'attacher davantage aux intérêts de Sa Majefté Impériale.

Ainfi par l'Article XI. du Traité d'Osnabrug l'Empereur pour le bien de la paix & du confentement des Etats de l'Empire, & furtout des parties intéreffées, céda à l'Electeur Frédéric-Guillaume & fes defcendans, fucceffeurs, & héritiers mâles, nommément au Marquis Chriftian-Guillaume ci-devant Adminiftrateur de l'Archevêché de Magdebourg, à Chriftian Marquis de Culembach, & à Albert Marquis d'Onolsbach ou Anfpach, & à leurs fucceffeurs & héritiers mâles,

Premiérement l'Evêché d'Halberftat avec tous fes droits, régales, & bien féculiers & Eccléfiaftiques; à condition que lui & fes fucceffeurs le pofféderoient comme un fief perpétuel & immédiat de l'Empire : qu'ils auroient en conféquence voix & féance dans les Diettes générales de l'Empire & dans celles de la baffe Saxe: qu'il laifferoit la Religion & les Biens Eccléfiaftiques en l'état auquel les chofes avoient été mifes par la transaction entre l'Archiduc Léopold-Guillaume qui avoit ci-devant poffédé cet Evêché, & le Chapitre de la Cathédrale : que l'Evêché feroit héréditaire pour les héritiers mâles de l'Electeur : que le Chapitre de la Cathédrale n'auroit plus droit d'élire ni de poftuler un Evêque ni de gouverner l'Evêché: que l'Electeur & fes héritiers auroient pareille autorité en cet Evêché que les autres Princes de l'Empire avoient dans leurs territoires : qu'il pourroit éteindre la quatriéme partie des Prébendes après la mort des Chanoines de la Confeffion d'Ausbourg, & en incorporer les revenus à la Manfe Epifcopale : que la Prévôté ne feroit point comprife dans cette fuppreffion ni dans ce compte: que fi les Chanoines de la Confeffion d'Ausbourg ne faifoient pas le quart du Chapitre fans y compter le Prévôt, le nombre feroit fuppléé par des Prébendes de Chanoines Catholiques quand ils mourroient: que l'Electeur joüiroit & pourroit difpofer fans aucun empêchement de la partie du Comté de Hohenftein qui avoit été réünie à cet Evêché par l'Archiduc Léopold-Guillaume, & qui confiftoit aux Bailliages de Lora & de Klettemberg & de leurs dépendances: enfin qu'il laifferoit au Comte de Tattembach le Comté de Rheinftein, & lui renouvelleroit l'inveftiture qui lui en avoit été donnée par ce même Archiduc en qualité d'Evêque d'Halberftat.

Secondement l'Evêché de Minden pour en joüir dans fes droits de même que de l'Evêché d'Halberftat; qu'il auroit voix & féance dans cette confidération aux Diettes de l'Empire & à celles de la baffe Saxe: que la Ville de Minden feroit confervée dans fes régales & dans fes droits pour les chofes facrées & profanes, en fa jurisdiction dans les affaires civiles & criminelles, & dans tous fes priviléges: que les bourgs, villages, & maifons fituées dans cette Ville & dans fon territoire qui appartenoient au Prince, au Chapitre, au Clergé & à la Nobleſſe, ſeroient néanmoins exceptez, & que du reſte les droits du Prince & du Chapitre demeureroient en leur entier.

Troiſiémement l'Evêché de Camin pour le tenir en -fief perpétuel & avec les mêmes droits que ceux d'Halberſtat & de Minden; & encore à condition qu'il lui ſeroit permis d'éteindre tous les Canonicats de cet Evêché après la mort de ceux qui les poſſédoient alors, & ainſi de joindre avec le tems tout l'Evêché à la Poméranie Ultérieure, ce qui devoit s'entendre néanmoins des Prébendes de cet Evêché, auxquelles les Ducs de la Poméranie Ultérieure avoient droit de nomination; car pour celles qui étoient à la nomination des Ducs de la Poméranie Citérieure, nous avons vu ailleurs qu'on les céda au Roi de Suéde avec pareille faculté de les éteindre & d'en joindre le revenu à leur Manſe: comme auſſi nous avons vu que cet Evêché, ainſi que le reſte de la Poméranie Ultérieure, doit par le même Traité paſſer à la Couronne de Suéde au deffaut de mâles dans la Maiſon Electorale de Brandebourg.

Quatriémement on convint qu'arrivant vacance de l'Archevêché de Magdebourg, ſoit par la mort du Duc Auguſte, ou en cas qu'il ſuccédât à l'Electorat de Saxe, ou de quelqu'autre maniére que ce fût, il paſſeroit à l'Electeur de Brandebourg & à ſes héritiers & parens mâles avec tous ſes droits régaliens pour le poſſéder en fief perpétuel de l'Empire, nonobſtant toutes les élections & poſtulations qui pourroient être faites: que cependant le Chapitre & les Etats de cet Archevêché rendroient à l'Electeur la foi & hommage pour avoir lieu quand le cas ſeroit arrivé: que la Ville de Magdebourg jouïroit de tous les priviléges qui lui appartenoient dans les choſes Eccléſiaſtiques & Politiques: que pour indemniſer l'Electeur de Brandebourg de la diſtraction des quatre Bailliages dépendans de l'Archevêché, qu'il a été marqué ci- devant que l'Electeur de Saxe pouvoit retenir, il jouïroit incontinent après la conclusion de la paix, du Bailliage d'Eglen qui appartenoit au Chapitre ſans avoir égard aux prétentions que les Comtes de Barbi avoient ſur ce Bailliage; & que lorsqu'il ſeroit poſſeſſeur de l'Archevêché il pouroit ſupprimer le quart des prébendes de la Cathédrale, à meſure que les Chanoines mourroient, & en appliquer les revenus à la Chambre Archiépiſcopale.

Outre cela on convint que les Etats Sujets de cet Archevêché & des Evêchez d'Halberſtat, de Minden, & de Camin conſerveroient leurs priviléges & l'exercice de la Confeſſion d'Ausbourg, comme il s'y pratiquoit alors; ce qu'on inféra à cauſe que l'Electeur étoit Calviniſte: que les conventions entre les Catholiques & les Proteſtans y auroient lieu, à moins qu'elles ne fuſſent contraires à la régle de l'époque de l'année 1624. enfin que l'Electeur & tous les Princes de ſa Maiſon prendroient la qualité de Ducs de Magdebourg & de Princes d'Halberſtat & de Minden.

Il fut dit enſuite que la Reine de Suéde reſtitueroit à cet Electeur pour lui & ſes Succeſſeurs héritiers & parens mâles du côté paternel,

Premiérement le reſte de la Poméranie Ultérieure avec toutes ſes dépendances, biens & droits ſéculiers & Eccléſiaſtiques, à l'égard des domaines utile & direct, & faculté de prendre les titres &

les armes de Poméranie, comme faiſoient les anciens Ducs; hormis qu'ils ne pourroient ſe dire Princes de Rugen. Ainſi cet Electeur prend entr'autres qualitez celles de Duc de Stetin, de Poméranie, de Caſſubie, & de Vandalie, Prince d'Halberſtat, de Minden, de Camin, & Seigneur de Lewembourg & de Buttow qui ſont deux Seigneuries ſituées en Pomérellie & qui dépendent de la Pologne.

Secondement Colberg avec tout l'Evêché de Camin, les droits que les Ducs de la Poméranie Ultérieure avoient eus juſqu'alors à l'égard de ſa collation des Prélatures & des Prébendes du Chapitre de Camin; enſorte que les droits qui, comme il a été marqué ci-devant, avoient été accordez à Sa Majeſté Suédoiſe, lui demeureroient en leur entier, & que les habitans de la partie de la Poméranie Ultérieure qui devoit être reſtituée, & de l'Evêché de Camin conſerveroient leur liberté, biens, & priviléges, & le libre exercice de la Confeſſion d'Ausbourg, & que l'Electeur le leur confirmeroit lorsqu'ils lui rendroient hommage.

Troiſiémement tous les lieux ſituez dans la Marche de Brandebourg où il y avoit garniſon Suédoiſe.

Quatriémement toutes les Commanderies & biens appartenans à l'Ordre des Chevaliers de St. Jean ſituez hors des territoires cédez à Sa Majeſté Suédoiſe avec tous les actes & titres concernans ces lieux, & tous les autres qui devoient être reſtituez.

L'Electeur de Brandebourg entra peu après la conclusion de la paix de Weſtphalie en poſſeſſion des Evêchez d'Halberſtat & de Minden; mais il ſe paſſa quelques années avant que la Reine de Suéde lui reſtituât ſa part de la Poméranie Ultérieure & l'Evêché de Camin.

Il avoit été dit par le Traité d'Osnabrug, premiérement que la Reine de Suéde auroit ſur le bord oriental de l'Oder, de la Mer nommée Frichchaff & de ſon embouchure orientale l'étendue de terre dont il ſeroit convenu entre des Commiſſaires nommez par Sa Majeſté Suédoiſe & par l'Electeur de Brandebourg: & en ſecond lieu qu'elle auroit auſſi à perpétuité ſur les côtes de Pomeranie les nouveaux péages appellez Licences. Il y eut après la conclusion de la paix de grandes conteſtations ſur ces deux points entre les Commiſſaires de la Reine de Suéde & ceux de l'Electeur de Brandebourg qui ne purent s'accorder ſur l'étendue de territoire que la Suéde devoit avoir ſur le bord oriental dont il vient d'être parlé, ni au ſujet de ces Licences que l'Electeur de Brandebourg ne vouloit point conſentir que la Reine de Suéde perçût dans les ports de la partie de la Poméranie qui lui devoit être reſtituée, mais ſeulement dans la partie qui demeuroit à la Suéde.

Cette conteſtation fut cauſe que la Reine de Suéde ne voulut point remettre à l'Electeur de Brandebourg les lieux qu'elle lui devoit reſtituer ſuivant le Traité d'Osnabrug; & il fut dit par le Traité conclu à Nuremberg le 26. Juin 1650. pour l'exécution de ceux de Weſtphalie, que les lieux que l'Electeur de Brandebourg devoit avoir en exécution de ce Traité, ne ſeroient point évacuez par les Suédois, & ne lui ſeroient remis qu'après que les Commiſſaires Députez par Sa Majeſté Suédoiſe & par cet Electeur ſeroient con-

L 3   venus

venus au sujet du réglement des limites & d'autres détails.

La Reine de Suéde fit ensuite offrir à l'Electeur de Brandebourg de lui laisser la jouïssance de la moitié de ces péages : celui-ci ne jugeant pas qu'il lui convînt de laisser à cette Princesse la jouïssance de la moitié de ces péages dans ses Etats, lui offrit cent trente mille Richedales pour qu'elle les lui abandonnât entiérement ; mais elle refusa son offre, & l'Electeur de Brandebourg s'étant plaint à l'Empereur du refus que la Reine de Suéde faisoit de lui restituer la partie de la Poméranie qu'elle lui devoit remettre suivant la Paix de Westphalie, l'Empereur refusa de donner à cette Princesse l'investiture des Etats qui lui avoient été cédez par cette même paix, & déffendit qu'on l'appellât en 1652. à la Diette de Ratisbonne jusqu'à ce qu'elle eût fait cette restitution.

Il y eut en conséquence divers écrits faits de part & d'autre sur le sujet des péages que la Reine de Suéde prétendoit lui avoir été cédez dans toute la Poméranie : l'Empereur lui écrivit le 12. Avril 1653. pour la presser de satisfaire l'Electeur de Brandebourg, attendu que le refus qu'elle en faisoit étoit cause qu'on n'avoit point encore fait l'ouverture de la Diette.

La chose fut peu après accommodée par la transaction passée à Stettin le 14. Mai 1653. par des Commissaires de la Reine de Suéde & de l'Electeur de Brandebourg, & par laquelle on fixa les limites des deux Poméranies Royale & Electorale, particuliérement sur la rive orientale de l'Oder. On convint que la Reine & l'Electeur recevroient chacun par moitié les Licences à Colberg & dans tous les autres ports & havres de la Poméranie Electorale : les Suédois l'évacuérent en conséquence de ce Traité ; mais cet Electeur n'étant pas content, présenta peu après un mémoire à la Diette, par lequel il demandoit que la Reine de Suéde fût condamnée à lui payer une grosse somme pour le dédommager de ce qu'elle avoit différé pendant quatre années à lui rendre la Poméranie Ultérieure, & l'Evêché de Camin : mais comme cela avoit été ainsi réglé par le Traité de Nuremberg, on n'eut aucun égard à sa demande.

Les choses demeurérent en cet état jusqu'à ce que l'Electeur de Brandebourg ayant en 1675. & dans les années suivantes chassé les Suédois de toute la Poméranie, on rétablit ensuite la paix par le Traité de St. Germain-en-Laye le 29. Juin 1679. après avoir obligé cet Electeur à promettre de rendre à la Couronne de Suéde tout ce qu'il avoit occupé sur elle dans la Poméranie & généralement tout ce qu'il occupoit des terres & Etats cédez à la Suéde par les Traitez de Westphalie. Cependant pour empêcher les différends qui pouroient survenir à l'avenir, on convint que toutes les terres possédées par la Couronne de Suéde au delà de l'Oder appartiendroient dorénavant à cet Electeur, à l'exception de Dam & de Gollaw qui resteroient à la Suéde, à qui le lit de cette riviére appartiendroit pareillement ; & à condition que l'Electeur ne pouroit bâtir aucune forteresse dans l'étendue du Pays qui lui étoit cédé par ce Traité. Le Roi de Suéde céda encore à cet Electeur la moitié des péages qui se levoient à Colberg, & dans les autres ports & havres de la Poméranie, au delà de l'Oder qui lui appartenoit par le Traité de Stetin.

Le Duc Auguste de Saxe Administrateur de l'Archevêché de Magdebourg étant mort en 1680. l'Electeur de Brandebourg à qui les Etats de cet Archevêché avoient déja rendu un hommage éventuel, en prit possession comme d'un Duché à lui appartenant, & se fit prêter un nouveau serment par les habitans de Magdebourg & de ses dépendances.

Electeur Palatin.

Il a été marqué ci-devant que Frédéric V. Electeur Palatin s'étant fait élire Roi de Bohéme, & étant entré en guerre contre l'Empereur Ferdinand II. fut non seulement chassé de ce Royaume, mais aussi mis au Ban de l'Empire & dépouillé de la Dignité Electorale & de tous ses Etats patrimoniaux : Maximilien Duc de Baviére s'étant emparé au nom de l'Empereur du haut Palatinat & d'une partie du bas, & les Espagnols ayant occupé le reste du bas Palatinat sous la conduite du Marquis Ambroise Spinola, sans que Christian Duc de Brunswick, Frédéric Marquis de Bade-Dourlac, Ernest Comte de Mansfeld, & les autres qui avoient embrassé le parti de l'Electeur Palatin, le pussent empêcher, ces Princes ayant été défaits en divers combats & obligez de se retirer de l'Allemagne.

Nous avons aussi vu que l'Empereur investit en 1623. Maximilien de l'Electorat du Palatin, & qu'en 1628. pour se libérer des grandes sommes qu'il lui devoit, il lui vendit le haut Palatinat & quelques Bailliages situez dans le bas, & lui délaissa le Comté de Cham, & que Jean Swicard de Cronberg Electeur de Mayence se mit en possession de cinq Bailliages situez dans le Bergstras dépendans de son Eglise, que les Electeurs Palatins possédoient par engagement ; plusieurs Prélats & Princes voisins s'emparérent aussi de quelques lieux du bas Palatinat qu'ils prétendoient leur appartenir ; entr'autres Philipe-Christophe de Socteren Electeur de Treves & Evêque de Spire se mit en possession des Bailliages de Heidelberg & de Bretten qu'il prétendoit appartenir à son Eglise de Spire. L'Empereur croyant avoir droit de disposer du bas Palatinat comme d'un Pays de conquête, donna à Léopold d'Autriche Archiduc d'Inspruck le Bailliage de Germersheim, & à Louïs Landgrave de Hesse-Darmstat qui avoit toujours été fort attaché à son parti, & à qui on a donné pour cela le surnom de fidelle, le Bailliage d'Umstat & quelques autres qui étoient à sa bienséance : il vendit ou donna encore d'autres terres en fief à Jean Comte de Schaumbourg, à Gerard de Schenkhern Baron de Waldembourg, à Henri Brombser Baron de Rudesheim, & à Nicolas-George de Reigersperger Chancelier de Mayence : l'Electeur de Baviére en conféra aussi quelques uns à Jean-Adolphe Wolff Baron de Meternich.

L'Empereur & l'Electeur de Baviére rétablirent l'exercice de la Religion Catholique dans le bas Palatinat, aussi bien que dans le haut ; cédérent à l'Evêque de Wormes les Eglises de Neuhaus & de Lintsheim, & remirent des Religieux dans les Monastéres d'Herd & de Euffersthal situez dans le Bailliage de Germersheim & dans les anciennes Abbayes de Limbourg, de Nort, de Hornbach & de Spanheim.

Il y eut fur les inftances des Rois d'Angleterre Jacques I. & Charles I. le premier beau-pére & le fecond beau-frére de Frédéric, diverfes négociations & conférences fur fes intérêts; mais on n'y conclut rien, l'Empereur n'ayant point voulu retracter ce qu'il avoit fait en faveur de Maximilien Duc de Baviére, & ayant feulement offert de donner à Frédéric pour fa fubfiftance une penfion confidérable de laquelle il ne voulut point fe contenter.

Guftave-Adolphe Roi de Suéde le rétablit en 1632. dans Heidelberg & dans une bonne partie du bas Palatinat, & le traita même comme Roi de Bohéme. Il mourut quelque tems après laiffant de fon mariage avec Elifabet fille de Jacques I. du nom Roi de la Grande-Bretagne entr'autres enfans Charles-Louïs fon aîné qui fuccéda à fes droits, & fut obligé après la perte de la bataille de Nortlingue de fe retirer d'Allemagne, où il rentra quelques années après, & s'empara de la Ville de Meppen: mais il en fut encore chaffé, & fe retira en Angleterre.

Le bas Palatinat continua d'être un des théâtres de la guerre d'Allemagne, & toutes les Puiffances qui étoient en guerre en occupérent chacune quelque partie; enforte que les Efpagnols n'y poffédérent prefque plus que la forterefle de Frankendal.

Les chofes étoient en cet état lorfqu'on s'affembla à Munfter & à Osnabrug pour y traiter d'une paix générale: les Suédois y demandérent d'abord le rétabliffement entier du Palatin dans fa Dignité & dans fes Etats, ainfi qu'il en jouïffoit avant les troubles de Bohéme; les Impériaux n'y voulant point confentir, offrirent en 1646. de lui rendre le bas Palatinat, à condition qu'il n'y changeroit rien dans l'exercice de la Religion Catholique qui y avoit été introduite; & à l'exception du chemin des montagnes ou Bergftras, qui demeureroit à l'Electeur de Mayence, du Bailliage Impérial de Germersheim qu'il laifferoit aux enfans de l'Archiduc Léopold, & des autres biens qui avoient été vendus ou donnez au Landgrave de Heffe-Darmftat, à Jean Comte de Schaumbourg, & au Baron de Brombfer, & defquels il laifferoit jouïr les donataires ou acquereurs: à quoi ils ajoutérent encore depuis, que l'exercice de la Religion Catholique feroit confervé dans les Monaftéres d'Herd & d'Euffersthal fituez dans le Bailliage de Germersheim; que les couvents de Limbourg, de Nort, de Hombach, & de Spanheim demeureroient à leurs anciens poffeffeurs; que les donations & inféodations faites par l'Empereur & par l'Electeur de Baviére fubfifteroient comme auffi les transactions & difpofitions des Eglifes de Neuhaus & de Lintsheim en faveur de l'Evêque de Wormes; & que la Nobleffe Immédiate & les Gentils-hommes feroient maintenus dans leurs biens & priviléges. Enfin les Miniftres de l'Empereur propoférent que la Dignité Electorale & le haut Palatinat demeuraffent au Duc de Baviére & à toute la Branche Guillelmine, & qu'on créât un huitiéme & dernier Electorat qu'on donneroit au Palatin.

Le Palatin ne voulut point de tous ces tempéramens, demandant une entiére reftitution, & prétendant que quand fon pére auroit péché, cela ne devoit pas nuire à fes enfans ni aux autres Princes de fa Maifon qui n'avoient point eu de part à fon entreprife: mais les Impériaux lui objectérent qu'il avoit auffi lui même porté les armes contre l'Empereur à Meppen, & avoit fuivi les traces de fon pére.

Les Suédois pour ne point augmenter le nombre des Electeurs propoférent d'abord que l'Electorat fût alternatif entre les Maifons de Munick & d'Heidelberg: enfuite quand ils virent qu'on étoit réfolu de créer un huitiéme Electorat, ils demandérent que ces deux Maifons poffédaffent l'une après l'autre le premier Electorat, & que le Palatin rentrât dans tous fes Etats, hormis dans le Comté de Cham qui demeureroit engagé au Duc de Baviére pour une fomme d'argent, moyennant laquelle les Palatins le pourroient toujours retirer; & que le bas Palatinat ne fût point diminué par les donations faites par l'Empereur, ni chargé de l'obligation de fouffrir l'exercice de la Religion Catholique.

Le Duc de Baviére demeura ferme à vouloir toujours conferver le premier Electorat & tout le haut Palatinat avec le Comté de Cham; en quoi il fut fecondé par la France, quelques efforts que les Suédois & les Palatins fiffent pour gagner le fuffrage de cette Couronne: mais tous les Etats de l'Empire & la Nobleffe même Immédiate ayant opiné pour l'Electeur de Baviére, & député vers les Suédois pour avoir leur confentement, ils ne purent réfifter à ce que tout l'Empire fouhaitoit; fi bien que la chofe fut conclue à cet égard, malgré les Palatins, de la maniére que l'Electeur de Baviére le fouhaitoit.

Ainfi on laiffa à l'Electeur de Baviére, comme je l'ai marqué ci-devant, la Dignité Electorale que les Palatins avoient poffédée ci-devant, le haut Palatinat & le Comté de Cham: & à l'égard de la Maifon Palatine, l'Empereur & l'Empire confentirent pour le bien de la paix que l'on créeroit un huitiéme Electorat pour Charles-Louïs & fes héritiers & coufins paternels de toute la Branche Rodolphine, fuivant l'ordre de la fucceffion établi par la Bulle d'or: que Charles-Louïs & fes Succeffeurs n'auroient cependant point d'autre droit que celui d'inveftiture fimultanée fur les chofes qui avoient été attribuées avec la Dignité Electorale à l'Electeur de Baviére & à toute la Branche Guillelmine: qu'il rentreroit dans le bas Palatinat avec tous les biens & droits Eccléfiaftiques & féculiers dont les Electeurs & les Princes Palatins avoient jouï avant les troubles de Bohéme; caffant & annullant les chofes contraires: que l'Empereur feroit enforte que le Roi Catholique & les autres qui en occupoient quelque chofe ne s'oppoferoient point à cette reftitution: qu'au deffaut d'enfans mâles dans la Branche Guillelmine, la Palatine fubfiftant encore, le haut Palatinat & la Dignité Electorale qui avoient été cédez aux Ducs de Baviére reviendroient aux Palatins, qui jouïroient cependant de l'inveftiture fimultanée; & le huitiéme Electorat feroit fupprimé: que fi on juftifioit par la voye de droit qu'il y eût dans le Pays de Julliers quelques fiefs ouverts au profit des Palatins, ils leur feroient remis: que toute la Maifon Palatine & tous ceux qui avoient été bannis du Palatinat, jouïroient de l'amniftie: que Charles-Louïs & fes fréres promettroient obéïffance & fidélité à l'Empereur, ainfi que les autres Electeurs & Princes de l'Empire; & renonceroient au haut Palatinat pour eux & leurs héritiers, tant

qu'il

qu'il y auroit des héritiers mâles légitimes de la Branche Guillelmine : que les fiefs conférez par l'Empereur aux Barons de Waldembourg & de Rudesheim & à Nicolas George de Reigersberger Chancelier de Mayence , & par l'Electeur de Baviére au Baron de Meternich leur demeureroient ; à la charge de prêter serment de fidélité, & de demander le renouvellement de leurs fiefs à Charles-Louïs & à ses Successeurs : enfin que ceux de la Confession d'Ausbourg , entr'autres ceux d'Oppenheim jouïroient de l'exercice de leur Religion , suivant l'état de l'année 1624. & que ceux qui souhaiteroient d'exercer cette Religion , le pourroient faire tant en public qu'en particulier.

Mr. Servien Plénipotentiaire de France avoit aussi obtenu que les Catholiques auroient l'exercice de leur Religion dans le bas Palatinat ; il se tint durant quelques jours ferme sur ce point , lorsqu'il fallut signer le Traité : mais comme les Impériaux s'étoient relâchez sur ce point dans le Traité d'Osnabrug , en considération de ce que l'Electeur de Baviére n'avoit point voulu souffrir de Protestans dans le haut Palatinat , ce Plénipotentiaire voyant qu'il falloit absolument rompre le Traité , s'il vouloit se tenir ferme sur ce sujet, fut aussi obligé de s'en départir.

Un des principaux sujets de plaintes du Pape Innocent X. dans la protestation qu'il fit contre les Traitez de Westphalie , fut qu'on avoit augmenté en faveur d'un hérétique le nombre des Electeurs qui avoit été fixé à sept par le Saint Siége.

Le Sr. Weimbs Député du Roi d'Espagne pour le Cercle de Bourgogne allégua d'autre part entr'autres choses dans sa protestation contre ces Traitez, qu'il y étoit porté que le Roi d'Espagne évacueroit les places qu'il occupoit dans le bas Palatinat ; encore qu'il ne s'en fût emparé que sur les instances que le feu Empereur lui en avoit faites.

Charles-Louïs fut long-tems sans vouloir approuver ces articles ; mais enfin ne pouvant faire mieux , il en envoya en 1649. sa ratification au Directoire de l'Empire avec sa renonciation au haut Palatinat.

Il fut dit par le premier Traité passé à Nuremberg le 21. Septembre 1649. entre l'Empereur & la Reine de Suéde pour l'exécution des Traitez de Westphalie , que Sa Majesté Impériale évacueroit dans le premier terme le bas Palatinat.

Par le second Traité de Nuremberg du 26. Juin 1650. il fut dit que dans le terme prochain les Suédois évacueroient les places qu'ils tenoient dans le haut Palatinat ; & qu'on délivreroit à l'Electeur de Baviére la ratification que l'Electeur Palatin avoit faite de la paix de Westphalie, & sa renonciation au haut Palatinat : que moyennant cela cet Electeur restitueroit en même tems Heidelberg & les autres Bailliages qu'il possédoit dans le bas Palatinat : que l'Electeur Palatin pourroit prendre le titre & les armes de Grand-Maitre de l'Empire jusqu'à ce qu'on lui eût accordé une autre charge nouvelle conforme à la Dignité d'un Electeur : que l'Empereur & les Electeurs, Princes, & Etats de l'Empire feroient leur possible pour faire rendre Frankendal à l'Electeur Palatin : qu'en attendant cette restitution l'Empereur lui feroit payer trois mille Richedales par mois pour lui tenir lieu des revenus qu'il auroit dû recevoir de cette

Ville : que cet Electeur pouroit mettre dans la Ville Impériale d'Hailbron une garnison qui lui prêteroit serment de fidélité , & seroit entretenue aux dépens des Cercles de Franconie & de Suabe, à raison de huit mille Richedales par mois.

Enfin par le Traité passé aussi à Nuremberg pour la même fin le 2. Juillet 1651. entre les Plénipotentiaires de l'Empereur & du Roi , il fut dit que Sa Majesté Très-Chrétienne restitueroit le 24. Juillet Creutzenach , Altzeim , Baccarak , & quelques autres places que ses troupes occupoient dans le bas Palatinat.

Cela fut ainsi exécuté ; mais les Espagnols ne remirent point Frankendal à l'Electeur Palatin qu'au moyen de la cession que l'Empereur leur fit le 15. Mai 1651. de la Ville de Bezançon.

Dans la suite on a donné à l'Electeur Palatin la charge de Grand-Trésorier de l'Empire.

Il a déja été marqué ci-devant que l'Electeur de Baviére s'étant déclaré dans l'affaire de la succession d'Espagne pour la Maison de France contre celle d'Autriche , & ayant été pour ce sujet mis au Ban de l'Empire & dépouillé de ses Etats, l'Empereur Léopold sans avoir égard aux Traitez de Westphalie avoit rendu à l'Electeur Palatin son beau-frére la Dignité Electorale & le haut Palatinat qui avoient ci-devant appartenu à ses prédécesseurs & avoient été transférez aux Ducs de Baviére : mais que par les Traitez de paix de Rastat & de Bade l'Electeur de Baviére a été retabli dans sa Dignité & dans ses Etats , ainsi qu'il les possédoit avant la derniére guerre.   Cela a été ainsi exécuté , & l'Electeur Palatin en poursuit son dédommagement.

Succession de Cléves & de Juliers.

Comme trois Electeurs prétendent que cette succession leur appartient , & que les Etats qui en dépendent sont possédez par deux Electeurs , je crois devoir parler de l'article des Traitez de Westphalie qui concerne cette succession avant que de passer à ceux qui regardent les Princes de l'Empire.

Le Etats qui composent cette succession consistent aux Duchez de Cleves , de Juliers , & de Berg ou Mons , aux Comtez de la Marck & de Ravensperg & en la Seigneurie de Raveftein. Tous ces Fiefs étoient autrefois possédez par différens Seigneurs ; mais ensuite il arriva que par le moyen de divers mariages le Duché de Juliers & les Comtez de la Mark & de Ravensperg furent unis ensemble , & que les Ducs de Cléves devinrent aussi Ducs de Mons & Seigneurs de Ravestein.

Les choses étoient en cet état lorsque Guillaume Duc de Juliers se trouva vers la fin du quinziéme siécle n'avoir qu'une fille nommée Marie : cela fut cause qu'Albert de Saxe neveu de Frédéric III. croyant que ces Fiefs étoient masculins & reviendroient à cet Empereur au deffaut d'enfans mâles , obtint de lui en 1483. l'expectative du Duché de Juliers & des autres Etats du Duc Guillaume, en cas qu'ils vacassent par sa mort ou autrement : cela fut confirmé par l'Empereur Maximilien I. en 1486. & 1495. & etendu à Ernest Electeur de Saxe fréré aîné d'Albert.

Le Duc Guillaume prétendit que cette expectative

tative étoit nulle, attendu que fon Duché & fes deux Comtez étoient des Fiefs féminins qui a-voient fouvent été poffédez par des femmes: ainfi mariant fa fille en 1496. à Jean Duc de Cléves, il la déclara fon héritiére, & ftipula par le Contrat de mariage que les Etats de la Maifon de Juliers ne fe pouroient point divifer. Il fit enforte que l'Empereur Maximilien I. confirma cette difpofition en 1508. & en même tems , pour ôter toutes les conteftations qui auroient pu furvenir, il habilita cette Princeffe & fes enfans à pouvoir poffeder les Etats du Duc Guillaume fon pére après fon dé-cès : ainfi ce Duc étant mort en 1511. Jean Duc de Cléves fon gendre lui fuccéda du chef de fa femme, & moyennant la remife du Duché de Gueldres qu'il fit à Charles-Quint, il obtint de cet Empereur en 1521. l'Inveftiture du Duché de Juliers & des Etats qui y étoient unis.

Les Princes de la Maifon de Saxe eurent un fenfible déplaifir que l'Empereur les eût abandonnez en cette rencontre; cependant tout ce qu'ils purent obtenir pour réparer cela, fut que Jean Duc de Cléves & de Juliers , & la Ducheffe Marie fa femme mariérent en 1526. leur fille Sibille à Jean-Frédéric Electeur de Saxe petit-fils d'Erneft ; & convinrent par le Contrat de mariage qu'au deffaut de defcendans mâles iffus de Jean & de Marie, leurs Etats pafferoient à leur fille Sibille & à fes defcendans. Ce Contrat de mariage fut confirmé en 1544. par l'Empereur Charles-Quint qui avoit alors intérêt de gagner les bonnes graces de cet Electeur.

Guillaume II. du nom fils de Jean & de Marie époufant à Ratisbonne en 1546. Marie fille de Ferdinand Roi des Romains & frére de Charles-Quint , obtint de cet Empereur , qui étoit a-lors en guerre contre Jean- Frédéric, & qui ne fe foucioit plus ainfi de le ménager, un privilége qui portoit qu'en cas que le Duc Guillaume n'eût point d'enfans mâles de Marie ou que fes enfans mâles mouruffent fans enfans mâles , les filles qu'il auroit de ce mariage & leurs defcendans hériteroient de fes Etats. Ferdinand étant parvenu à l'Empire confirma ce privilége en 1559. y ajoutant que tous les Etats de la Maifon de Cléves & de Juliers ne pouroient point ê-tre féparez; ce qui fut encore confirmé par les Empereurs Maximilien Second & Rodolphe Second.

Guillaume fecond eut deux fils & quatre filles, l'aîné de fes fils mourut fort jeune & l'autre nommé Jean-Guillaume fuccéda à fon pére en 1592. l'aînée des filles nommée Marie Eléonor époufant en 1572. Albert-Frédéric Duc de Pruffe, le Duc Guillaume ftipula par le Contrat de mariage qu'elle & fes enfans recueilliroient fa fucceffion , fi fon fils mouroit fans enfans ; & qu'on ne pouroit en ce cas rien innover dans fes Etats au préjudice de la Religion Catholique dont il faifoit profeffion. Cette Princeffe mourut avant fon frére Jean-Guillaume, laiffant une fille unique nommée Anne qui fut mariée à Jean-Sigifmond Electeur de Brandebourg.

La feconde fille de Guillaume II. nommée Anne fut mariée à Philipe-Louïs Duc de Neubourg : & la troifiéme nommée Magdelaine à Jean Duc des Deux-Ponts. Ces deux Princeffes, moyennant les dotes qu'on leur donna, renoncérent au profit de leur fœur aînée à la fucceffion de leur pére, qui fubftitua néanmoins tous fes Etats à Anne au deffaut d'enfans iffus de Marie-Eléonor , & enfuite

à Magdelaine au deffaut d'enfans iffus d'Anne : comme les deux Princes auxquels il maria fes deux filles étoient Proteftans auffi-bien que le Duc de Pruffe , il prit encore dans leurs Contrats de mariage la même précaution en faveur de la Religion Catholique. Enfin la quatriéme fille de ce Duc nommée Sibille fut mariée après fa mort à Charles Marquis de Burgau qui étoit de la Maifon d'Autriche, & ne fit point de renonciation comme les autres avoient fait.

Le Duc Jean-Guillaume étant mort le 25. Mars 1609. Wolfgang-Guillaume fils aîné de Philipe-Louïs Duc de Neubourg fe rendit à Duffeldorp dès le 5. Avril fuivant pour fe mettre en poffeffion de tous les Etats de cette fucceffion du chef de la Ducheffe Anne fa mére ; & le 12. du même mois il fit publier un écrit pour juftifier fon droit lequel il fondoit particuliérement fur les priviléges accordez au Duc Guillaume Second en 1546. & 1559. & par lesquels au deffaut d'enfans mâles ces Etats devoient paffer aux filles de ce Duc fans pouvoir être féparez; fi bien que la fille aînée du Duc Guillaume Second étant morte, il prétendoit que fa mére qui étoit la Seconde fille, devoit recueillir toute fa fucceffion, puifqu'elle étoit l'aînée des fœurs du dernier Duc, qui étoient a-lors en vie.

Jean - Sigifmond Electeur de Brandebourg fit presque en même tens publier un autre écrit dans lequel il foutenoit que par divers actes & par les Conftitutions des Empereurs Ferdinand I. Maximilien Second , & Rodolphe Second tous les E-tats de la fucceffion de Cléves & de Juliers étoient indivifibles; & que par le Contrat de mariage de Marie-Eléonor fa belle-mére ils avoient été fubfti-tuez à cette Princeffe & à fes defcendans , en cas que le Duc Jean-Guillaume mourût fans enfans : fi bien que l'Electrice fa femme étant fille de Marie-Eléonor, il prétendit que les autres fœurs Cadettes ne pouvoient rien prétendre à cette fucceffion; furtout les Ducheffes de Neubourg & des Deux-Ponts qui y avoient renoncé par leurs Contrats de mariage.

Cet Electeur ayant envoyé incontinent après dans ces quartiers fon frére Erneft pour foutenir fes droits, Maurice Landgrave de Heffe-Caffel & quelques autres Princes s'entremirent de les accommoder : pour cet effet ils les engagérent de fe rendre à Dortmund pour y conférer enfemble fur leurs prétentions refpectives & fur les moyens de les accommoder.

Pendant que ces Princes expliquoient chacun leurs raifons en cette Ville , l'Empereur Rodolphe Second fit publier le 24. Mai de la même année un Mandement par lequel il défendoit à tous les Princes qui prétendoient à cette Succeffion, de s'en mettre en poffeffion, jufqu'à ce qu'il eût prononcé auquel d'entr'eux elle devoit appartenir : il leur ordonna en même tems de comparoître dans quatre mois pardevant lui en perfonne pour lui expliquer leurs raifons & voir prononcer l'arrêt. Ce mandement fit craindre à l'Electeur de Brandebourg & au Duc de Neubourg que, s'ils fe divifoient , ils ne donnaffent lieu à un troifiéme qui feroit favorifé par l'Empereur, de leur enlever cette Succeffion à l'un & à l'autre : ainfi par l'avis de leurs amis communs, ils pafférent en cette Ville de Dortmund le dernier Mai 1609. un Traité provifionel par lequel en attendant que leur différend pût être terminé définitivement à l'amiable & par arbitres , ils convinrent d'adminiftrer conjointe-ment ces Provinces fans fe faire tort à l'un ni à l'autre ; & auffi fans préjudice des Maifons des Deux-Ponts & de Burgau, & de la Religion & liberté de leurs Sujets.

En conféquence de ce Traité ces deux Princes fe transportérent à Duffeldorp , où les Etats de ces Provinces étoient affemblez , & nonobftant les op-pofitions du Comte de Zollern Envoyé de l'Em-pereur, les Etats eurent tant d'égard pour les let-tres d'Henri IV. qui témoignoit approuver cette transaction , qu'ils l'approuvérent auffi : deforte que ces Princes fe mirent en poffeffion fans aucune difficulté de presque toutes les places dépendantes de cette Succeffion.

Jean Comte Palatin du Rhin & Duc des Deux-Ponts fils de Magdelaine troifiéme fœur du dernier Duc de Cléves & de Juliers , prétendoit que par la Conftitution de Charles-Quint de l'année 1548. toutes les filles du Duc Guillaume étoient égale-ment appellées à fa fucceffion au deffaut de fes fils ; & qu'on ne devoit point avoir égard aux Conftitutions contraires des Empereurs fuivans, qui avoient uni tous ces Etats. Ainfi il deman-da que les Etats de cette Succeffion fuffent par-tagez entre les trois fœurs du dernier Duc qui étoient vivantes lors de fon décès.

Plufieurs Princes Proteftans s'entremirent pour accommoder la Ducheffe des Deux-Ponts avec l'Electeur de Brandebourg & le Duc de Neu-bourg , s'étant affemblez à Halle en Suabe pour cet effet ; & ils agirent fi efficacement qu'ils lui perfuadérent d'approuver le Traité de Dortmund, moyennant une déclaration plus précife de la con-fervation de fon droit.

Ainfi cet Electeur, ce Duc, & le Prince Wolf-gang-Guillaume donnérent à cette Princeffe le 14. Janvier 1610. un acte qu'ils fignérent dans cette même Ville de Hall , par lequel ils déclarérent que leur intention étoit que fon droit demeurât en fon entier, comme fi le Traité de Dortmund n'avoit point été fait : & ils promirent que lorf-qu'ils pouroient terminer leur différend foit par une amiable compofition ou en juftice, ils y ap-pelleroient cette Ducheffe pour que la chofe fût faite avec elle.

L'Electeur de Brandebourg , le Duc de Neu-bourg , & la Ducheffe des Deux-Ponts n'étoient pas les feuls qui prétendiffent à cette Succeffion : car outre le Marquis de Burgau qui avoit épou-fé la quatriéme fœur du dernier Duc de Cléves & de Juliers, Chriftian Second Electeur de Saxe, des Branches de Coburg & de Weymar, le Duc de Nevers , & le Comte de la Mark préten-doient auffi que ces Etats leur devoient apparte-nir en tout ou en partie.

Je ne répéterai rien des titres fur lesquels l'Elec-teur & les Ducs de Saxe fe fondoient, il me fuffit de marquer que l'Electeur defcendoit d'Albert, auquel l'expectative de ces Etats avoit été premiérement don-née par l'Empereur Frédéric III. & que les Ducs de Coburg & de Weymar étoient iffus de l'Electeur Er-neft , auquel Maximilien l'avoit auffi donnée dans la fuite, & de l'Electeur Jean-Frédéric & de Sibil-le de Cléves ,aux defcendans desquels nous avons vu que ces Etats avoient encore été affurez au deffaut d'enfans mâles du Duc Guillaume.

Chriftian II. Electeur de Saxe fit plufieurs ins-tances près des Etats de Cléves & de Juliers, afin qu'ils le reçuffent pour leur Prince ; & près de l'Electeur de Brandebourg, afin qu'ils vouluffent s'en rapporter au jugement de l'Empereur fur leurs prétentions refpectives : mais ni les uns ni les autres n'en voulurent rien faire.

Charles de Gonzague Duc de Nevers étoit fils de Louïs de Gonzague Cadet de la Maifon de Mantoue & de Henriette de Cléves héritiére d'un cadet de la Maifon de Cléves qui étoit venu s'é-tablir en France : comme il avoit pris le nom & les armes de la Maifon de Cléves , il prétendoit que le Duché de Cléves & les Etats qui en dépen-doient lui devoient appartenir ; & fit demande de fon droit incontinent après la mort du Duc Jean-Guillaume. Mais les Etats du Pays lui répondi-rent qu'ils s'en rapporteroient à ce que la juftice en ordonneroit.

Enfin le Comte de la Mark-Maulevrier deman-doit le Comté de la Mark comme étant iffu des anciens Comtes de la Mark.

Ces deux derniers prétendans étant foibles & voyant que le Roi Henri IV. & après fa mort la Reine Régente fa Veuve s'étoient déclarez pour l'Electeur de Brandebourg & pour le Duc de Neubourg, n'employérent point les voyes de fait pour maintenir leurs droits , & fe contentérent de les faire repréfenter au Confeil de l'Empereur, afin qu'il y eût égard lorsqu'il jugeroit ce grand différend.

Tous ceux qui prétendoient à cette Succeffion à l'exception de l'Electeur de Brandebourg & du Duc de Neubourg, offrant de s'en rapporter au jugement de l'Empereur , il decerna contre ces deux Princes divers Mandemens desquels ils appel-lérent à l'Empereur même quand il feroit mieux informé des chofes : & cependant nous avons vu qu'ils continuérent nonobftant fes défenfes à fe mettre en poffeffion de tous les Etats de la Succef-fion de Cléves & de Juliers.   L'Empereur vo-yant cette défobéïffance , affembla à Prague au mois d'Avril 1610. les Princes de l'Empire qui lui étoient bien affectionnez , & après avoir confé-ré avec eux, il donna le 7. Juillet à l'Electeur & aux Ducs de Saxe l'inveftiture des Etats du feu Duc Jean-Guillaume , à la charge que la Maifon de Saxe montreroit qu'elle y avoit plus de droit que les autres prétendans , & que l'Electeur fa-tisferoit aux demandes du Duc de Nevers & du Marquis de Burgau.

Les Princes affemblez à Prague ayant prié Lou-is Landgrave de Heffe-Darmftat & les Ambaffa-deurs de l'Electeur de Mayence & du Duc de Brunswick, de vouloir fe rendre à Cologne pour conjointement avec l'Electeur de Tréves & le Comte de Hohenzolleren Commiffaires de l'Em-pereur tâcher d'accommoder ce différend à l'amia-ble, tous ces Commiffaires de l'Empereur & de l'Empire fe rendirent au commencement du mois de Septembre à Cologne, où l'Electeur de Bran-debourg & le Duc de Neubourg envoyérent aufli leurs Ambaffadeurs.

Le Landgrave & fes Collégues firent d'abord inftance auprès de ces Ambaffadeurs à ce que les Etats de cette Succeffion fuffent remis en la puif-fance de l'Empereur : & fur leur refus ils propo-férent qu'ils fuffent mis en fequeftre entre les mains de deux Princes de l'Empire l'un Catholi-que & l'autre Proteftant , qui en rendroient comp-te à celui auquel la Succeffion feroit adjugée. Mais les Ambaffadeurs des Princes qui poffédoient ne voulurent point confentir au fequeftre, ni même que l'Electeur & les Princes de la Mai-

fon

fon de Saxe joüïffent de ces Etats conjointement avec leurs maitres.

L'Electeur de Brandebourg confentit depuis par un Traité paffé à Jutroboch le 18. Mars 1611. d'admettre l'Electeur de Saxe dans la joüïffance des Etats de cette Succeffion, & de s'en rapporter au jugement qui feroit rendu par l'Empereur affifté par fix Electeurs ou Princes, dont ces trois Princes en choifiroient chacun deux. Mais comme le Duc de Neubourg ne voulut point approuver cette transaction, elle ne fut point exécutée. L'Electeur de Brandebourg & le Duc de Neubourg continuèrent de joüïr feuls des Etats de cette Succeffion, & les autres prétendans fe contentèrent d'en mettre tous les titres parmi leurs qualitez.

L'Electeur de Brandebourg & le Duc de Neubourg s'étant enfuite broüïllez enfemble, entrèrent en guerre l'un contre l'autre ; l'Electeur affifté par les Etats-Généraux & le Duc de Neubourg par le Roi d'Efpagne : ces deux Princes qui étoient pour lors tous deux Luthériens embraffèrent chacun la Religion de leurs Protecteurs ; forte que l'Electeur de Brandebourg fe fit Calvinifte & le Duc de Neubourg Catholique. Cette guerre fut terminée par un Traité provifionel conclu à Duffeldorp en 1629. par lequel ils convinrent qu'ils prendroient l'un & l'autre les titres & les armes des Duchez de Juliers, de Mons, & de Cléves, & des Comtez & Seigneuries qui en dépendoient ; que cependant l'Electeur joüïroit du Duché de Cléves & des Comtez de la Mark & de Ravensperg & de tous les droits qui en dépendoient ; & que d'autre part le Duc de Neubourg joüïroit des Duchez de Juliers & de Mons, & des Seigneuries de Ravenftein & de Brexant. Les Ducs de Saxe & les Princes de la Maifon des Deux-Ponts portoient fort impatiemment que l'Electeur de Brandebourg & le Duc de Neubourg les euffent exclus par la feule force des armes & fans aucune formalité de juftice d'une Succeffion à laquelle ils prétendoient avoir autant & plus de droit que ces deux Princes : ainfi lorfqu'on s'affembla dans la Weftphalie pour rétablir une paix générale dans l'Empire, ils euffent bien fouhaité qu'on y eût terminé le différend concernant cette Succeffion ; l'Electeur & les Ducs de Saxe prétendant qu'on leur adjugeât tous les Etats des Maifons de Cléves & de Juliers, & les Ducs des Deux-Ponts prétendant que la Marquife de Burgau étant morte fans enfans, la moitié des Etats de cette Succeffion leur appartenoit, & l'autre moitié au Duc de Neubourg : mais au moins ils demandoient qu'en attendant le jugement de cette affaire, ils fuffent tous admis concurremment à la Succeffion de ces Etats. Comme ce différend n'étoit point du nombre de ceux qui avoient caufé la guerre, que cette Affemblée prétendoit terminer par les Traitez qu'on y négocioit, elle ne voulut point entrer dans la difcuffion des divers droits des parties : ainfi elle fe contenta de pourvoir à ce que cette affaire ne renouvellât point la guerre dans l'Empire.

Par un article qui fut inféré dans les Traitez de Munfter & d'Ofnabrug il fut dit que, comme l'affaire de la Succeffion de Juliers pouvoit un jour caufer de grands troubles dans l'Empire, à moins qu'on ne les prévînt, on étoit convenu qu'après la paix faite elle feroit terminée fans délai par un procès ordinaire devant Sa Majefté Impériale, ou par une amiable compofition ou par quelque autre moyen légitime.

Tout ce qui avoit jufqu'alors retardé la conclufion des Traitez de Weftphalie ayant été ajufté, la fignature en fut arrêtée pendant quelques jours, fur ce què Mr. Salvius Plénipotentiaire de Suéde ayant obfervé que dans l'Article XV. du Traité d'Ofnabrug en parlant d'une transaction qui avoit été paffée à Caffel le 14. Avril 1648. pour terminer les différends qui étoient entre les Landgraves de Caffel & de Darmftat par l'entremife d'Erneft Duc de Saxe-Gotha, on avoit donné à ce Prince les qualitez de Duc de Saxe, de Juliers, de Cléves, & de Mons ; il fit inftance qu'on rayât ces qualitez qui pouvoient porter du préjudice aux droits qu'avoit fur ces Duchez Charles-Guftave Comte Palatin de la Branche des Deux-Ponts, qui étoit alors Généraliffime des Armées de Suéde en Allemagne, & qui fut fix années après Succeffeur de leur Reine. Le Miniftre de l'Electeur de Brandebourg avoit incité Mr. Salvius à faire cette difficulté ; mais comme les Députez de la Maifon de Saxe tinrent ferme à ce que ces qualitez du Duc Erneft demeuraffent dans le Traité, cet article fut laiffé comme il avoit été dreffé.

Peu après la conclufion des Traitez de Weftphalie, le Duc des Deux-Ponts fit publier un écrit dans lequel il expliquoit les droits qu'il avoit à cette Succeffion : mais les chofes n'en ont pas été plus loin ; & il ne paroît pas que les parties ayent, en conféquence de cet article des Traitez de Weftphalie, fait aucune procédure devant l'Empereur.

Le Duc de Neubourg fit inftance en 1653, à la Diette de Ratisbonne pour y avoir voix & féance comme Duc de Juliers ; attendu qu'il payoit les charges à l'Empire en cette qualité : mais les Electeurs de Saxe & de Brandebourg s'y étant oppofez, les Etats de l'Empire ne firent point droit fur fa demande.

Les Electeurs de Brandebourg & les Ducs de Neubourg ne joüïrent pendant plus de cinquante ans des Etats de la Succeffion de Cléves & de Juliers, que par des Traitez provifionels ; chacun d'eux prétendant que tous ces Etats lui appartenoient à lui feul : mais enfin ces deux Princes voyant qu'étant fortifiez l'un & l'autre par de fortes alliances, il étoit impoffible qu'un d'eux parvînt à pouvoir obtenir pour lui feul tous les Etats de cette Succeffion, ils réfolurent d'en faire entr'eux un partage définitif, & de s'unir enfemble par une ligue défenfive & héréditaire : pour y parvenir chacun de ces deux Princes nomma trois Commiffaires qui après avoir travaillé enfemble dans plufieurs conférences, vinrent à bout de leur deffein par un Traité qu'ils conclurent à Cléves au mois de Septembre 1666.

Par ce Traité ils convinrent qu'il y auroit entr'eux une alliance perpétuelle & une confraternité héréditaire : qu'il y auroit une amniftie générale de toutes les chofes paffées : que cette convention ne porteroit point préjudice à ceux qui prétendoient à cette Succeffion, auxquels il feroit permis d'agir par les voyes de la juftice : que tous ces Pays ne feroient qu'un corps ; enforte qu'ils feroient obligez de s'affifter mutuellement : que les différends qui pouroient arriver fur l'exécution de ce Traité ou fur d'autres articles, ne feroient point terminez par les armes, mais par les voyes

de

de la juftice ou de l'arbitrage : que le Duché de Cléves & les Comtez de la Mark & de Ravensperg appartiendroient à l'Electeur de Brandebourg ; & les Duchez de Juliers & de Mons & les Seigneuries de Monenthal & de Brexant au Duc de Neubourg : que chacun de ces deux Princes joüiroit des honneurs, & acquitteroit les charges des Etats qui lui étoient échus en partage : qu'ils fe délivreroient réciproquement & de bonne foi les titres concernans leurs Seigneuries ; que les titres communs feroient mis en un lieu dont on conviendroit : que des arbitres régleroient à qui appartiendroit Raveftein : qu'ils porteroient l'un & l'autre les titres & les armes de toutes ces Seigneuries : que dans le Directoire du Cercle de Weftphalie l'Electeur & le Duc ne repréfenteroient qu'une perfonne : que conformément au Traité de Dorften on fuivroit en ce qui concernoit l'exercice de la Religion & la reftitution des Biens d'Eglife la régle de l'année 1624. établie par les Traitez de Weftphalie ; enforte néanmoins que le Duc de Neubourg donnât les mains à quelques explications de cette régle, qui étoient un peu favorables aux Proteftans : enfin qu'ils prieroient l'Empereur de vouloir ratifier ce Traité : qu'ils requereroient la Chancellerie Impériale de leur donner les titres de toutes ces Seigneuries, & qu'ils feroient inftance à ce que l'Empire leur donnât féance & voix dans les Diettes de l'Empire, comme Ducs de Cléves, de Juliers, & de Mons.

Depuis ce Traité la Seigneurie de Raveftein a été adjugée au Duc de Neubourg ; mais à l'égard de la féance dans les Diettes aucun des Princes poffeffeurs ni des prétendans ne l'a pour raifon de ces Duchez dépendans de la Succeffion de Cléves & de Juliers.

Archevêchez & Evêchez de l'Empire en général.

Le Collége des Princes eft compofé des Eccléfiaftiques & des Séculiers, entre lesquels les Eccléfiaftiques occupent le côté droit qui eft la place d'honneur. Ainfi j'en parlerai avant que de parler des Princes Séculiers.

Je ne prétens pas répéter ici ce que j'ai dit ci-devant des Archevêchez & Evêchez d'Allemagne, au fujet de ce qui fut réglé par les Traitez de Weftphalie touchant les biens d'Eglife Immédiats : je dirai feulement qu'au moyen de la ceffion faite par ce Traité à divers Princes des Archevêchez & Evêchez occupez par les Proteftans avant l'année 1624. l'Archevêché de Brême & l'Evêché de Verde ont été abandonnez à la Suéde, & l'Archevêché de Magdebourg & les Evêchez d'Halberftat, de Minden, & de Camin aux Electeurs de Brandebourg ; outre ceux de Brandebourg, d'Havelberg, & de Libus ou de Levin dont ils s'étoient déja emparez : de plus les Evêchez de Naumbourg, de Meiffen ou Misnie, & de Mersbourg demeurérent à l'Electeur & aux Princes de Save ; & les Evêchez de Swerin & de Ratzebourg furent cédez aux Ducs de Mecklebourg : enforte que tous ces Evêchez ont été fupprimez ou convertis en Principautez féculiéres : outre cela Lubec eft demeuré en titre d'Evêché aux Proteftans, lesquels ont encore l'alternative dans l'Evêché d'Osnabrug avec les Catholiques :

enfin les Evêchez de Metz, Toul, & Verdun ont été par ces mêmes Traitez féparez de l'Empire & mis fous la domination de la France: la Ville de Bezançon fut peu après cédée au Roi d'Efpagne, qui l'a cédée à la France par le Traité de Nimégue, & Strasbourg a auffi été cédé à la France par le Traité de Ryswick. Ainfi les Catholiques ne poffédent plus en Allemagne que les trois Archevêchez des Electeurs Eccléfiaftiques, & l'Archevêché de Saltzbourg ; & dix-huit Evêchez favoir, ceux de Bamberg, de Wurtzbourg, de Wormes, d'Aichftet, de Spire, de Conftance, d'Ausbourg, d'Hildesheim, de Paderborn, de Freifingen, de Ratisbonne, de Paffaw, de Trente, de Brixen, de Bâle, de Liége, de Munfter, & de Coire: outre celui d'Osnabrug qu'ils poffédent alternativement avec la Maifon de Brunswick.

Non feulement ces Traitez ont diminué le nombre des Evêchez qui font demeurez aux Catholiques ; ils leur ont auffi ôté leur Jurisdiction fur les Proteftans, ainfi qu'on peut voir dans le Chapitre IV. de ce Livre, où j'ai marqué ce qui fut réglé par le Traité d'Osnabrug au fujet de la Jurisdiction Eccléfiaftique.

Comme la plus grande partie des Etats Eccléfiaftiques n'avoient point confenti à la féculerifation de tant d'Evêchez, & que le Traité n'avoit été fait que par un petit nombre d'entr'eux qui étant les plus puiffans prétendirent donner la loi aux autres, l'Archevêque de Bezançon, François-Guillaume de Vartemberg Evêque d'Osnabrug, de Minden, & de Verden, & les Députez du Grand-Maitre de l'Ordre Teutonique & des Evêques d'Aichftet, de Strasbourg, d'Ausbourg, d'Hildesheim, de Paderborn, de Ratisbonne, de Liége, de Munfter, de Verden, & de Coire proteftérent au mois d'Août 1648. contre ce Traité. Je vais parler de ce qui fut ordonné par le Traité au fujet de chaque Evêque en particulier.

Evêques de Spire & de Worms.

Lorsque Frédéric V. Electeur Palatin fut mis au Ban de l'Empire & obligé de fe retirer d'Allemagne, les Evêques de Spire & de Worms rentrérent dans quelques biens fituez dans le bas Palatinat, qu'ils prétendoient dépendre de leurs Evêchez, & avoir été ufurpez par les Comtes Palatins: entr'autres l'Electeur de Tréves comme Evêque de Spire fe mit en poffeffion des Bailliages d'Heidelberg & de Bretten : & l'Evêque de Worms des Eglifes de Neuhaus & de Lintsheim.

Il fut dit par les Traitez de Weftphalie que les Princes Palatins feroient rétablis dans leurs Etats, ainfi qu'ils en joüiffoient avant les troubles: mais en même tems on permit à ces deux Evêques de pourfuivre leurs droits devant un Juge compétent ; à moins qu'ils ne s'accommodaffent à l'amiable avec le Palatin.

Mr. Servien Plénipotentiaire de France fit encore fes efforts pour faire conferver par le Traité de Munfter à l'Evêque de Spire les droits qu'il avoit fur quelques Abbayes du Duché de Wirtemberg ; mais il fut fi peu foutenu en cette rencontre par les Miniftres de l'Empereur, & le Duc de Wirtemberg demeura fi ferme à n'y vouloir

point

point confentir , que Mr. Servien fut obligé de s'en défifter pour ne pas mettre tout le Traité en danger d'être rompu.

L'Empereur eut plus de foin de conferver à l'Evêque de Spire par ce même Traité fes droits fur la place de Philisbourg dont on cédoit le droit de protection aux François. Cette place n'étoit originairement qu'un Village nommé Udenheim dont les Evêques de Spire étoient Seigneurs, & où ils avoient un Château : Philipe-Chriftophe de Soeteren Electeur de Tréves & Evêque de Spire en ayant fait un place confidérable par fes fortifications la nomma de fon nom Philisbourg : nous avons vu ailleurs comme on céda au Roi & à fes Succeffeurs par le Traité de Munfter un droit per-pétuel de protection & de garnifon dans cette place.

On ftipula en même tems par ce Traité, que la propriété, la jurisdiction, les droits régaliens, & autres qui appartenoient auparavant à l'Evêque & au Chapitre de Spire dans cette place, leur feroient confervez fans préjudice du droit de protection qui étoit cédé à la France par ce Traité.

Evêques de Bamberg & de Wurtz-bourg.

La Ville & le Bailliage de Kitzingen fur le Mein en Franconie, qui dépendoit de l'Evêché de Wurtz-bourg, furent engagez par un Evêque en l'an 1406. aux Burgraves de Nuremberg Autheurs des Mar-quis de Brandebourg ; & faifoient partie de ce qui avoit été donné aux Marquis d'Anfpach & de Culembach pour leur partage, lorfqu'un autre Evêque les retira en 1628. en rendant à ces Mar-quis le prix de l'engagement, & il retira en mê-me tems de leurs mains une Abbaye fituée en cet-te même Ville, dont ils s'étoient emparé & un Château nommé Wiltzbourg. Ces Marquis pré-tendoient qu'ils ne tenoient en engagement de l'Evêque de Wurtzbourg que les deux tiers de la Ville & du Bailliage de Kitzingen, & que l'au-tre tiers avoit été donné à Jean Burgrave de Nu-remberg par l'Empereur Venceslas après la mort du nommé Godefroi dernier de la famille de Brau-nek ; deforte que l'Evêque de Wurtzbourg n'a-voit point eu droit de retirer ce tiers qui n'avoit jamais appartenu à fes prédéceffeurs : ils prou-voient outre cela que le Château de Wurtz-bourg dont l'Evêque de Wurtzbourg s'étoit auffi emparé, n'étoit point compris dans le Bailliage de Kitzingen. L'Evêque de Bamberg avoit auffi quelque droit fur ces Bailliages, contraire à la prétention de ces Marquis.

Cette affaire ayant été traitée dans l'affemblée de Weftphalie il fut dit par les Traitez d'Ofna-brug & de Munfter, que le différend qui étoit entre les Evêques de Bamberg & de Wurtzbourg & les Marquis d'Anfpach & de Culembach au fujet du Château, de la Ville, du Bailliage, & du Monaftére de Kitzingen feroit terminé dans deux ans par juftice ou par une amiable compofi-tion ; à peine contre ceux qui reculeroient, de dé-choir de leur droit ; & que cependant le Château de Wiltzbourg feroit rendu à ces Marquis au mê-me état auquel il étoit lorfqu'il avoit été mis en-tre les mains de l'Evêque de Wurtzbourg.

Lorfqu'on conclut ces Traitez Jean-Philipe de Schonborn étoit Electeur de Mayence & Evêque de Wurtzbourg : il pourfuivit fi vivement le ju-gement de cette affaire, que comme les Marquis ne mirent point leur affaire en état dans les deux ans portez par le Traité, il obtint à Prague vers la fin de l'année 1650. un Arrêt du Confeil Aulique par lequel ils furent déboutez de leurs préten-tions : ils voulurent fe pourvoir en 1653. à la Diette de Ratisbonne contre cet Arrêt ; mais ce fut inutilement.

Evêques de Strasbourg & de Bâle.

Les Evêques de Strasbourg & de Bâle poffé-dent en Alface plufieurs terres & Seigneuries qui relevoient immédiatement de l'Empire, avant que l'Empereur & l'Empire euffent cédé à la France par le Traité de Munfter le Landgraviat d'Alface en toute Souveraineté. L'Archiduc Léopold qui étoit alors Evêque de Strasbourg & l'Evêque de Bâle croyant exempter de la Souveraineté de la France les dépendances de leurs Evêchez qui font fituées en Alface, firent inférer dans le même Trai-té que le Roi Très-Chrétien feroit tenu de les laif-fer l'un & l'autre dans leur liberté & dans la pof-feffion où ils étoient de leur dépendance immédia-te de l'Empire : mais en même tems on ajouta que ce feroit fans préjudice du droit de fouverain do-maine qui avoit été cédé à Sa Majefté, laquelle ainfi a prétendu avec raifon que cette claufe ne lui ôtoit point le droit de Souveraineté fur toute l'Alface que tout l'Empire lui avoit cédé. L'E-vêque de Strasbourg protefta contre les Traitez de Weftphalie peu avant leur fignature.

François-Egon de Furftemberg Succeffeur de l'Archiduc Léopold à l'Evêché de Strasbourg, re-connut fi bien que cette claufe ne l'exemptoit pas de la Souveraineté de la France, que dans la ha-rangue qu'il fit au Roi lorfque Sa Majefté prit poffeffion en 1681. de la Ville de Strasbourg, il reconnut & déclara expreffément que lui & fon Chapitre étoient fujets de Sa Majefté.

Il a été marqué dans le premier Chapitre que l'Evêque de Bâle s'oppofa autant qu'il put à la ceffion du Comté de Ferrette au Roi en toute Sou-veraineté, attendu qu'il relevoit de fon Evêché ; & que Mr. Servien foutint que fi cela étoit ainfi c'étoit à l'Empereur & à la Maifon d'Autriche à l'en indemnifer.

L'Evêque de Bâle fit encore de grandes plain-tes en 1653. à la Diette de Ratisbonne de ce que la France s'étoit emparé de ce Comté qui ne lui a-voit point été cédé nommément, & ne faifoit point partie du Suntgau qui lui avoit été feule-ment cédé avec les deux Alfaces : il foutint que les Princes de la Maifon d'Autriche n'avoient pu en transporter la propriété à la France, & qu'en tout cas on lui en devoit donner un dé-dommagement. Mais la Diette ne ftatua rien fur ce fujet.

Evêché d'Hildesheim.

Jean de la Maifon de Saxe-Lawembourg Evê-que d'Hildesheim ayant commis diverfes violen-ces contre fes voifins, fut mis en 1519. au Ban de l'Empire par l'Empereur Charles-Quint qui en

M 3

con-

commit l'exécution aux Ducs de Brunswick : ces Ducs se mirent en conséquence en possession de la plus grande partie de cet Evêché qu'ils retinrent jusqu'à ce qu'ils en furent dépouillez par un Arrêt de la Chambre Impériale de l'année mil six cens vingt-neuf.

S'étant pourvus contre cet Arrêt par révision, ils firent à Hildesheim en 1643. avec Ferdinand de Bavière Electeur de Cologne & Evêque d'Hildesheim une transaction par laquelle entr'autres choses il fut dit en premier lieu que les Gentilshommes de cet Evêché qui avoient professé jusqu'alors la Confession d'Ausbourg, en conserveroient encore l'exercice durant soixante & dix ans; & que les Villes, Bourgs, & Villages le conserveroient durant quarante ans : en second lieu que les Ducs remettroient à cet Evêque plusieurs Bailliages de cet Evêché dans lesquels étoient situez neuf Monastéres qu'ils avoient possédez jusqu'alors.

Comme ces deux articles étoient contraires à la maxime génézale établie dans le Traité d'Osnabrug, suivant laquelle les Protestans devoient conserver à perpétuité l'exercice de leur Religion dans les lieux où ils l'avoient exercée en 1624. & rentrer dans les Monastéres qu'ils avoient possédez en cette même année, ils demandérent qu'on n'eût point d'égard à cette transaction, ni à toutes les autres qui étoient contraires à ce qui étoit disposé par ce Traité.

On ordonna par le Traité d'Osnabrug que l'article de ce Traité d'Hildesheim concernant l'exercice de la Religion des Etats & Sujets de cet Evêché seroit nul; & qu'on n'y auroit aucun égard : mais en même tems comme l'Electeur de Cologne se tint extrêmement ferme à vouloir conserver ces neuf Monastéres, on déclara qu'ils seroient exceptez de la régle générale, & demeureroient aux Catholiques.

Evêché de Paderborn.

Amelie de Hanau Veuve de Guillaume Landgrave de Hesse-Cassel demanda entr'autres choses aux assemblées de Munster & d'Osnabrug qu'on lui cédât pour partie de sa satisfaction l'Evêché de Paderborn : mais on ne lui en accorda rien, les Protestans même ayant blâmé l'avidité de cette Princesse qui avoit voulu envahir tous les Biens d'Eglise qui étoient à sa bienséance.

Evêché de Munster.

Elle demanda encore que l'Evêque de Munster lui cédât le Landgraviat de Stromberg & la Ville & le Bailliage de Bucholt qui dépendoient de son Eglise : mais elle n'en put non plus rien obtenir.

Evêché d'Osnabrug.

Le Cardinal de Hohenzoleren Evêque d'Osnabrug étant mort en 1625. encore que Christian IV. Roi de Danemarc fît son possible pour lui faire élire son fils pour Successeur, l'Electeur de Cologne agit si puissamment auprès des Capitulaires, que François-Guillaume de Vartemberg qui étoit aussi-bien que cet Electeur de la Maison de Bavière, fut élu Evêque d'Osnabrug : il en demeura possesseur jusqu'à ce que le Roi Gustave se rendit maître de cette Ville; & depuis Gustave Comte de Wasembourg fils naturel de ce Roi en obtint la Seigneurie en l'année 1634.

Les Catholiques & les Protestans disputérent long-tems à l'assemblée d'Osnabrug pour savoir à qui cet Evêché demeureroit, soit de François-Guillaume de Wartemberg, ou du Comte de Wasembourg, ou des Princes de Brunswick qui le demandoient pour partie du dédommagement qu'ils prétendoient leur devoir être donné pour les raisons que je marquerai dans la suite de ce Chapitre.

Enfin sans avoir égard aux protestations & oppositions de l'Evêque d'Osnabrug, on convint que cet Evêché seroit alternatif entre des Evêques Catholiques & des Evêques de la Confession d'Ausbourg, qui seroient néanmoins toujours pris dans la Maison des Ducs de Brunswick, ainsi que je l'expliquerai ci-après encore plus amplement : qu'en considération de la renonciation faite par le Comte Gustave de Wasembourg à ses droits sur cet Evêché, l'Evêque François-Guillaume, ses Successeurs, le Chapitre, & ses Sujets payeroient à ce Comte en quatre ans & quatre payemens égaux quatre-vingts mille Richedales : que cet Evêché seroit restitué avec toutes ses dépendances à l'Evêque François-Guillaume qui en joüiroit suivant une Capitulation perpétuelle qui seroit dressée du consentement de cet Evêque, des Princes de la Maison de Brunswick, & des Capitulaires de l'Evêché d'Osnabrug : que l'état de la Religion, des Compagnies Ecclésiastiques, & de tout le Clergé des deux Religions, tant dans la Ville d'Osnabrug que dans les lieux dépendans de l'Evêché demeureroit & seroit rétabli tel qu'il étoit le premier Janvier 1624. qu'on feroit un mémoire de tout ce qui avoit été changé depuis l'année 1624. à l'égard des Ministres de la Parole de Dieu & du Culte divin; & que ce mémoire seroit inséré dans la capitulation perpétuelle : qu'après que l'Evêque auroit reçu l'hommage de ses Sujets suivant l'ancienne coutume, il les assureroit par des lettres patentes de leur conserver leurs droits & leurs priviléges : que si, lorsque ce seroit le tour d'élire un Evêque Catholique, les Chanoines négligeoient d'en élire un, ou ne s'accordoient pas ensemble, on suivroit la disposition du Droit Canon & la coutume d'Allemagne, sans préjudice de la capitulation perpétuelle & du présent Traité d'Osnabrug : que les Evêques Protestans ne pourroient rien changer à ce qui concernoit la Religion, & observeroient à cet égard ce qui est marqué ci-dessus, & la capitulation perpétuelle : que l'Archevêque de Cologne exerceroit dans cet Evêché tout ce qui dépendoit de l'ordre, pendant que les Evêques seroient de la Confession d'Ausbourg : qu'enfin les Evêques Catholiques d'Osnabrug n'auroient aucun pouvoir sur ce qui concernoit la Religion de ceux de la Confession d'Ausbourg.

Des Prélats Princes de l'Empire.

Outre les Archevêques & Evêques Princes de l'Empire, il y avoit ci-devant douze Prélats qui avoient aussi voix & séance dans les Diettes comme Princes, savoir le Grand-Maître de l'Ordre Teutonique qui a séance après l'Archevêque de Saltz-

Saltzbourg & devant tous les Evêques d'Allemagne , & les Abbez de Fulde , de Hirfchfeld & de Kempten, le Prévôt d'Elwangen , les Abbez de Murbach & de Luders ou Lure , le Grand-Prieur de Malte en Allemagne , les Prévôts de Bergtolsgaden & de Weiſſembourg , & les Abbez de Prum , de Stablo , & de Corwei qui ont féance au deſſous des Evêques, & ont chacun leur voix dans les Diettes de l'Empire.

Tous ces Bénéfices ayant été poſſedez par les Catholiques en 1624. qui étoit l'époque établie par les Traitez de Weſtphalie , leur ſont demeurez, excepté l'Abbaye d'Hirchfeld dont les Landgraves de Heſſe-Caſſel s'étoient emparé en 1606. & qui, comme il ſera marqué ci-après, leur a été cédée & convertie en une Principauté Séculiére.

La Landgrave de Caſſel avoit encore demandé qu'on lui cédât pour partie de ſa ſatisfaction les Villes & Bailliages de Geiſen , de Furſteneck & de Rogkenſtul , & d'autres lieux enclavez dans la Principauté de Hirchfeld qui dépendent de l'Abbaye de Fulden : mais elle n'en put rien obtenir.

Les Abbayes de Murbach & de Luders ſont ſituées en Alſace , & avoient été compriſes dans le Traité de Munſter parmi les Etats qui devoient demeurer dans la dépendance immédiate de l'Empire ; ſans préjudice cependant du Souverain domaine qui avoit été cédé au Roi en Alſace : c'eſt pourquoi les Abbez ont été condamnez par le Conſeil Souverain féant à Briſac à reconnoître la Souveraineté du Roi qui y a nommé & choiſi plus d'une fois un Abbé entre trois perſonnes que les Religieux de ces deux Abbayes qui ſont unies lui ont préſentées. La Prévôté de Weiſſembourg qui eſt unie à l'Evêché de Spire , eſt auſſi ſituée en Alſace : c'eſt pourquoi elle a auſſi été déclarée dépendre de la Souveraineté du Roi.

Les Députez du Prévôt de Weiſſembourg, de l'Abbé de Prum dont l'Abbaye eſt unie à l'Archevêché de Tréves, comme auſſi ceux du Grand-Maitre de l'Ordre Teutonique, & des Abbez ou Prévôts d'Hirchfeld, de Kempten , de Murbach, de Luders , d'Elwangen , de Bergtolsgaden, & de Stablo proteſtérent auſſi au mois d'Août 1648. contre les Traitez de Weſtphalie , qu'on étoit ſur le point de conclure.

Des Prelats immédiats qui ne ſont pas Princes.

Au deſſous de tous ces Princes Eccléſiaſtiques il y a dans les Diettes générales de l'Empire deux Bancs pour les Prélats qui relévent immédiatement de l'Empire qui ne ſont point Princes : l'un eſt appellé le Banc de Suabe & l'autre le Banc du Rhin : quatorze Abbez ou Prévôts du Cercle de Suabe occupent le premier, & huit du Cercle du Rhin occupent le ſecond : chacun de ces Bancs n'a qu'une voix dans les Diettes. Comme tous ces Abbez ou Prévôts étoient Catholiques en 1624. ces Monaſtéres ſont demeurez à ceux de cette Religion.

Il y a auſſi quinze Abbeſſes qui relévent immédiatement de l'Empire, & qui envoyent des Députez qui prennent féance dans les Bancs de ces Prélats, ſavoir cinq dans celui de Suabe & dix dans celui du Rhin.

Entre ces Abbeſſes celles d'Eſſen , de Quedlimbourg, de Hervord , & celles du haut & du bas Monaſtére à Ratisbonne ſe diſent Princeſſes de l'Empire.

Elles ſont toutes Catholiques à l'exception des Abbeſſes de Quedlimbourg, d'Hervord & de Grandersheim, qui profeſſent la Religion Proteſtante , laquelle s'exerçoit dans ces Abbayes long-tems avant l'année 1624.

L'Abbeſſe de Grandersheim a embraſſé depuis peu la Religion Catholique & ainſi a perdu ſon Abbaye.

Mére, Fréres, & Sœurs de Charles-Louïs Electeur Palatin.

Comme les Princes des Maiſons Electorales, & entre ceux-ci les Cadets de la Maiſon Palatine occupent le premier rang entre les Princes Séculiers de l'Empire, je paſſe préſentément aux articles des Traitez de Weſtphalie qui concernent leurs intérêts : je paſſerai enſuite aux Princes des Maiſons de Saxe & de Brandebourg.

Charles-Louïs Electeur Palatin étoit chargé de ſa mére Eliſabeth qui étoit fille de Jacques I. du nom Roi de la Grande-Bretagne , de quatre fréres, ſavoir les Princes Robert, Maurice , Edouard, & Philipe, & de quatre ſœurs nommées Elizabet, Louïſe, Henriette, & Sophie. Comme on lui ôtoit par les Traitez de Weſtphalie le haut Palatinat , & que le bas Palatinat étoit preſque entiérement ruiné, il lui étoit difficile , à moins que de s'incommoder extrêmement, de pourvoir à la ſubſiſtance de ſa mére , & de donner à ſes fréres des Appanages, & à ſes ſœurs des dotes proportionnées à leur qualité : outre cela il étoit néceſſaire que pour affermir le Traité, les fréres du Palatin le ratifiaſſent ; ce qu'ils n'étoient pas dans le deſſein de faire, à moins que l'Empereur , qui par la renonciation de ces Princes au haut Palatinat ſe libéroit des treize millions qu'il devoit à l'Electeur de Baviére, ne leur donnât quelques ſommes qui puſſent leur tenir lieu d'appanages. Ainſi il promit par ces Traitez de donner aux quatre fréres de l'Electeur, quatre cens mille Richedales payables en quatre ans , & cependant l'intérêt au denier vingt ; vingt mille Richedales à leur Mére une fois payées, & dix mille Richedales à chacune de leurs ſœurs quand elles ſe marieroient : moyennant quoi ces Princes promettroient d'être fidelles à l'Empereur & renonceroient pour eux & leurs deſcendans au haut Palatinat tant qu'il y auroit des Princes de la Branche Guillelmine.

Louïs-Philipe Duc de Simmeren.

Louïs-Philipe Comte Palatin du Rhin & fréré Cadet de Frédéric V. Electeur Palatin avoit eu pour ſon partage le Duché de Simmeren, la Principauté de Lautern, & le Comté de Spanheim dans le Bas Palatinat : il commanda un régiment dans l'armée de ſon frére lorſqu'il entreprit de ſe faire Roi de Bohéme; cela fut objecté à ce Prince lorſqu'il fit demander en 1623. qu'on lui donnât l'Electorat ſi on le vouloit abſolument ôter à ſon frére : ainſi tout ce qu'on fit pour lui, lorſque

que l'Empereur conféra la Dignité Electorale au Duc de Baviére, fut que dans l'acte d'inveſtiture qu'on en donna à Maximilien, on inféra que ce feroit ſans préjudice des droits que ce Prince y pouvoit avoir.

Le malheur de ſon frére alla juſqu'à lui ; en ſorte que tous ſes biens furent occupez par les Eſpagnols: ainſi il fut obligé de ſe retirer, & ce ne fut qu'après avoir été dix ans en exil avec ſon frére qu'il revint au Palatinat en 1632. il en fut durant quelque tems Adminiſtrateur après la mort de ſon frére, à cauſe de la minorité de ſes neveux ; & il entra en cette qualité pendant ce tems-là dans les Traitez que les Proteſtans des quatre Cercles firent à Hailbron & à Francfort avec la France & la Suéde.   Mais après la perte de la bataille de Nortlingue il fut encore obligé de ſe retirer, & ſe tint en France :   & quoi qu'il fît ſouvent de grandes inſtances pour obtenir ſon rétabliſſement dans ſon Duché, il ne le put jamais obtenir avant l'Aſſemblée de Weſtphalie.

Les Proteſtans demandant dans cette aſſemblée que chacun fût rétabli dans les biens qu'on lui avoit ôtez depuis l'année 1621. ils ajoutérent qu'on ne laiſſât pas nonobſtant ce terme d'avoir égard à ceux qui auroient ſouffert avant cette année ; particuliérement au Prince Palatin Louïs-Philipe : ainſi on inféra dans les Traitez de Munſter & d'Oſnabrug un article particulier pour le rétabliſſement de ce Prince.

Par ce Traité il fut dit que le Prince Louïs-Philipe Comte Palatin recouvreroit tous les Pays, dignitez, & droits tant dans les choſes ſacrées que profanes qui lui étoient échus avant les troubles, ſoit par ſucceſſion ou par partage.

Ce Prince trouva de l'obſtacle à ſon rétabliſſement de la part de l'Electeur Charles-Louïs ſon neveu, qui prétendoit qu'on n'avoit pu lui donner pour ſon partage des Etats qui faiſoient partie de la Principauté Electorale Palatine ; & qui n'en pouvoient être ſéparez ſuivant la Bulle d'or. Ils s'accommodérent enſuite, enſorte que Louïs-Philipe céda Lautern à l'Electeur qui lui laiſſa Simmeren pour le tenir immédiatement de l'Empire : de ſorte qu'il fut inſtalé en 1654. à Ratisbonne dans le Collége des Princes.   Il ne laiſſa qu'un fils nommé Louïs-Herman qui mourut en 1673. ſans enfans : de ſorte que ſes Etats furent rejoints au reſte du Palatinat.

Ducs de Neubourg.

Lorſqu'on traita la paix à Munſter les Ducs de Neubourg étoient les aînez de la Branche Cadette Palatine ; de ſorte que ſuivant la Bulle d'or & pluſieurs Traitez de famille confirmez par les Empereurs, ils devoient ſuccéder à l'Electorat au deffaut de mâles dans la Branche des Palatins de Heidelberg, de laquelle étoient alors les Electeurs Palatins.

Wolfgang - Guillaume Duc de Neubourg s'étant fait Catholique réforma, en vertu du droit de ſupériorité ou de territoire, la Religion, non ſeulement dans ſon Duché, mais auſſi dans les Bailliages que les Princes de Sultzbach ſes Cadets avoient eus pour leur appanage, & y introduiſit l'exercice de la Religion Catholique.

Lorſque l'on traita de la paix dans l'aſſemblée de Weſtphalie, les Proteſtans ſe plaignirent entr'autres choſes de ce que le Duc de Neubourg avoit ſupprimé l'exercice de leur Religion dans l'appanage de ſes neveux les Palatins de Sultzbach ; & demandérent que les choſes y fuſſent rétablies dans l'état auquel elles étoient du tems de leur pére & de leur Oncle Jean-Frédéric : d'autre part ce Duc demanda que pour les raiſons que je viens de marquer l'Electorat du Palatin lui fût donné & à ſa famille plutôt qu'au Duc de Baviére & à la Branche Guillelmine.   Les Etats Catholiques demandérent en 1647. qu'au deffaut d'enfans mâles dans la Branche Guillelmine le haut Palatinat paſſât au Duc de Neubourg ; qu'il fût auſſi maintenu dans ſon droit de ſucceſſion à l'Electorat & aux Etats des Palatins de Heidelberg, & dans le droit de régler les choſes de la Religion dans le territoire des Palatins de Sultzbach.

Par les Traitez de Weſtphalie on ne prononça rien de particulier touchant ce que les Proteſtans avoient demandé au ſujet de la Religion dans l'appanage des Palatins de Sultzbach : la choſe devant être réglée à cet égard ſuivant les maximes générales établies dans ce Traité. On n'accorda pas non plus au Duc de Neubourg l'Electorat du Palatin, ni même le droit de ſuccéder au haut Palatinat au deffaut d'enfans mâles dans la Branche Guillemine, ayant été ordonné qu'en ce cas cet Electorat retourneroit aux Electeurs Palatins.   Ainſi tout ce que le Duc de Neubourg obtint, fut que les Traitez de famille entre la Maiſon Electorale de Heidelberg & celle de Neubourg touchant la Succeſſion à l'Electorat, furent confirmez ; & il fut dit qu'ils ſeroient maintenus en leur entier.   Cet article a eu lieu après la mort de Charles Electeur Palatin fils de Charles - Louïs décédé en 1684. ſans enfans, le dernier mâle de la Branche de Heidelberg : car Philipe - Guillaume Duc de Neubourg fils de Wolgang- Guillaume lui ſuccéda ſuivant ce qui avoit été réglé par le Traité de Munſter ; & a eu pour Succeſſeur à l'Electorat Jean-Guillaume l'aîné de ſes fils.

La conteſtation pour l'exercice de la Religion Catholique dans l'appanage des Palatins de Sultzbach, a auſſi été terminée heureuſement : ces Princes ayant embraſſé la Religion Catholique.

Ducs des Deux-Ponts.

Jean ſecond du nom Comte Palatin & Duc des Deux-Ponts Chef de la ſeconde Branche des Cadets de la Maiſon Palatine ayant pris le parti de Frédéric V. Electeur Palatin pendant la guerre de Bohême, reſſentit après la bataille de Prague les effets de l'indignation de l'Empereur : il fut dépouillé en 1628. de la quatriéme partie du péage de Wiltzbach ; & l'Electeur de Tréves obtint en même tems un Mandement de l'Empereur pour rétablir des Religieux dans l'Abbaye de Hornbach, dont les prédéceſſeurs de ce Duc Wolfgang ſon ayeul avoit érigé un Collége au ſiécle paſſé.

Frédéric ſon fils & ſon Succeſſeur outre le bienfait de l'amniſtie générale & du rétabliſſement dans ſes biens dont il jouït, ainſi que les autres, par les Traitez de Munſter & d'Oſnabrug, obtint encore par un article particulier de ces deux Traitez, qu'il ſeroit rétabli dans le péage de Wiltzbach & dans
l'Ab-

l'Abbaye de Hornbach & ſes dépendances avec les mêmes droits que ſon pére y avoit eus. Le Roi de Suéde eſt préſentement par droit de ſucceſſion Duc des Deux-Ponts.

Ducs de Lautrec.

George-Guſtave Duc de Lautrec étoit auſſi un Prince cadet de la Maiſon Palatine ; & ayant pris pareillement les intérêts de l'Electeur Frédéric V. il fut dépouillé du Comté de Veldentz ſur la Mozelle qui lui appartenoit.

Par un article des Traitez de Munſter & d'Oſnabrug il fut dit que ſans avoir égard à tout ce qui avoit été fait contre ce Duc, Léopold-Louïs ſon fils ſeroit entiérement rétabli dans le Comté de Veldentz au même état que ſon pére en avoit jouï en 1624. tant dans les choſes Eccléſiaſtiques que dans les Politiques.

Léopold-Louïs étant mort ſans enfans mâles, cette Branche eſt préſentement éteinte, & ſes Etats ſont poſſédez par l'Electeur Palatin.

Auguſte de Saxe Archevêque de Magdebourg.

Il a été marqué ci-devant qu'Auguſte ſecond fils de Jean-George Electeur de Saxe, fut élu en 1625. Coadjuteur & poſtulé en 1628. Adminiſtrateur de l'Archevêché de Magdebourg, & que l'Empereur Ferdinand II. conſentit par le Traité de Prague que cet Archevêché lui demeurât : cela fut encore confirmé par le Traité d'Oſnabrug, à condition qu'en cas qu'il vînt à mourir, ou qu'il ſuccédât à l'Electorat, ou que cet Archevêché vînt à vaquer d'une autre maniére, l'Electeur de Brandebourg poſſéderoit cet Archevêché en qualité de fief perpétuel : qu'en ce cas les revenus de l'Archevêché ne ſeroient point chargez des dettes du Duc Auguſte, & que ce Duc ne pouroit auſſi charger l'Archevêché de nouvelles dettes, ni en rien aliéner, ni engager, au préjudice de l'Electeur de Brandebourg ou de ſes Succeſſeurs.

Auguſte a jouï de cet Archevêché juſqu'à ſa mort arrivée en 1680. après laquelle l'Electeur de Brandebourg s'en eſt mis en poſſeſſion, conformement aux Traitez de Weſtphalie.

Chriſtian-Guillaume Marquis de Brandebourg, ci-devant Adminiſtrateur de l'Archevêché de Magdebourg.

Joachim-Frédéric Electeur de Brandebourg laiſſa entr'autres enfans trois fils, Jean-Sigiſmond qui ſuccéda à l'Electorat ; Jean-George qui eut pour ſon partage le Duché de Jagerndorff en Sileſie, & qui pour avoir perſiſté dans le parti de Frédéric V. Electeur Palatin élu Roi de Bohéme, & avoir commis de grands ravages en Sileſie, fut mis au Ban de l'Empire & dépouillé de ſon Duché, que l'Empereur Ferdinand II. donna par engagement au Prince de Lichtenſtein dont les deſcendans le poſſédent encore ; & Chriſtian-Guillaume qui fut Adminiſtrateur de l'Archevêché de Magdebourg.

Cet Adminiſtrateur étant entré avec le Roi de Danemarc & les autres Princes de la baſſe Saxe dans une ligue contre l'Empereur, les Chanoines de la Cathédrale de Magdebourg lui élurent en 1625. pour Coadjuteur le Duc Auguſte de Saxe lequel ils poſtulérent enſuite en 1628. pour Adminiſtrateur de l'Archevêché ſous prétexte que Chriſtian-Guillaume avoit contrevenu en pluſieurs choſes à la capitulation qu'ils avoient faite avec lui, lorſqu'ils l'avoient élu. Cet Adminiſtrateur s'étant de nouveau déclaré contre l'Empereur, rentra dans Magdebourg, y fut fait priſonnier lorſque cette Ville fut priſe en 1631, par le Comte de Tilli Général de l'armée de l'Empereur ; ſe fit Catholique étant priſonnier, perſiſta dans cette Religion, même après avoir été élargi, & ſe maria trois fois.

Cela fut apparemment cauſe que pour donner moyen à ce Prince de vivre plus commodément avec ſa famille, l'Empereur eut ſoin de ſtipuler expreſſément par le Traité de Prague de l'année 1635. que le Duc Auguſte fils de l'Electeur de Saxe qui avoit été poſtulé pour Succeſſeur à Chriſtian-Guillaume, lui payeroit tous les ans ſa vie durant ſur les revenus de l'Archevêché de Magdebourg la ſomme de douze mille Richedales.

Cette penſion n'ayant pas été payée toujours fort exactement, on jugea à propos à l'aſſemblée de Weſtphalie de lui aſſigner quelques Bailliages dans l'Archevêché de Magdebourg dont il pouroit jouïr ſa vie durant, & de laiſſer encore la jouïſſance de ces Bailliages pendant quelques années à ſes héritiers après ſa mort, afin de les indemniſer en quelque maniére des arrérages de ſa penſion qu'il n'avoit point touchez.

Ainſi on convint par le Traité d'Oſnabrug Article 14. qu'au lieu de la ſomme de douze mille Richedales qu'on devoit payer par chacun an au Marquis Chriſtian-Guillaume, on lui mettroit inceſſamment entre les mains l'Abbaye & le Bailliage de Zinna, le Bailliage de Lobourg, & toutes leurs dépendances : que le Marquis auroit dans ces lieux toute juriſdiction, excepté le droit de territoire ; ce qu'on ajouta apparemment de peur qu'étant Catholique, il n'y prétendît le droit de réformer la Religion que les Allemands regardent comme une ſuite du droit de territoire : qu'il jouïroit de cette Abbaye & de ces deux Bailliages ſa vie durant, ſans pouvoir néanmoins faire aucun préjudice aux habitans tant pour les choſes Politiques que pour les Eccléſiaſtiques : qu'attendu que cette Abbaye & ces deux Bailliages étoient fort ruinez par le malheur des tems, ainſi que le reſte de l'Archevêché, le Duc Auguſte lui payeroit ſans délai trois mille Richedales qu'on léveroit dans l'Archevêché, & que le Marquis ni ſes héritiers ne ſeroient point obligez de rendre : qu'après la mort de ce Marquis ſes enfans & leurs héritiers, en conſidération de ce qu'on ne lui avoit pas payé tous les arrérages de ſa penſion, jouïroient encore durant cinq années de cette Abbaye, & de ces deux Bailliages avec toutes leurs dépandances, ſans en rendre aucun compte : qu'après ces cinq ans paſſez cette Abbaye & ces deux Bailliages ſeroient reſtituez ſans aucun délai à l'Archevêché, ſans qu'on pût demander aucune choſe pour raiſon des arrérages qui pouroient être dus de la penſion de douze mille écus : enfin que tout cela ſeroit obſervé encore que l'Archevêché fût échu à l'Electeur de Brandebourg, ou à ſes héritiers & Succeſſeurs.

On nomma auſſi dans le Traité d'Osnabrug ce Marquis Chriſtian-Guillaume le premier de ceux auxquels les Etats qu'on cédoit pour récompenſe à l'Electeur de Brandebourg devoient paſſer au deffaut d'enfans mâles deſcendans de cet Electeur.

Ce Marquis monrut en 1665. dans l'Abbaye de Zinna où il avoit établi ſa réſidence.

Marquis de Culembach & d'Anſpach.

Jean-George Electeur de Brandebourg qui mourut en 1598. laiſſa d'un premier mariage Joachim-Frédéric qui lui ſuccéda à l'Electorat , & d'un troiſiéme Chriſtian Marquis de Culembach ou de Barreuth , & Joachim-Erneſt Marquis d'Onolsbach ou Anſpach , autheurs des Marquis de Culembach & d'Anſpach d'à préſent.

Comme au deffaut de mâles dans la Branche Electorale ils doivent parvenir en leur rang à l'Electorat & aux Etats de la Maiſon de Brandebourg, il fut dit par le Traité d'Osnabrug que l'Archevêché de Magdebourg & les Evêchez d'Halberſtat & de Minden qu'on cédoit à l'Electeur de Brandebourg pour équivalent de la partie de la Poméranie cédée à la Suéde, paſſeroient à ſes Succeſſeurs & Couſins ; entr'autres à Chriſtian Marquis de Culembach , & à Albert Marquis d'Onolsbach.

Nous avons auſſi vû dans ce même Chapitre ce qui fut ordonné par ces mêmes Traitez touchant le différend entre ces Marquis & les Evêques de Bamberg & de Wurtzbourg ; lesquels on obligea de rendre à ces Marquis le Château de Wiltzbourg.

Ducs de Brunswick & de Lunebourg.

Après les Princes des Maiſons Electorales les Ducs de Brunswick & de Lunebourg ont la préféance ſur les autres Princes de l'Empire.

Erneſt Duc de Brunswick & de Lunebourg qui ſouſcrivivit à la Confeſſion d'Ausbourg en 1530. laiſſa deux fils dont l'ainé étoit Henri pére d'Auguſte Duc de Wolfembuttel , qui , lorsqu'on fit les Traitez de Weſtphalie , avoit trois fils nommez Rodolphe-Auguſte, Antoine-Ulric, & Ferdinand-Albert.

Guillaume ſecond fils d'Erneſt fut pére de George qui mourut en 1641. laiſſant quatre fils nommez Chriſtian-Loüis , George-Guillaume, Jean-Frédéric & Erneſt-Auguſte.

Les Ducs de Brunswick & de Lunebourg ayant par le moyen de la France obtenu des paſſeports pour envoyer des Députez à l'Aſſemblée de Weſtphalie , firent enſorte pendant la négociation de la paix que les Chapitres de Magdebourg & d'Halberſtat poſtulérent le Duc Erneſt-Auguſte pour Coadjuteur , ſous prétexte d'empêcher que cet Archevêché & cet Evêché ne tombaſſent entre les mains de l'Electeur de Brandebourg qui étoit Calviniſte; ils prétendoient encore que le Duc George-Guillaume étoit Coadjuteur de l'Archevêché de Brême , & le Duc Jean-Frédéric Coadjuteur de l'Evêché de Ratzebourg. Ainſi quand l'Empereur & les Etats de l'Empire furent convenus de céder l'Archevêché de Magdebourg & l'Evêché d'Halberſtat à l'Electeur de Brande-

bourg, l'Archevêché de Brême à la Couronne de Suéde, & l'Evêché de Ratzebourg aux Ducs de Mecklenbourg , les Ducs de Brunswick s'y oppoſérent formellement , prétendant qu'on ne pouvoit leur ôter ſans leur conſentement des droits qui leur étoient légitimement acquis: ils proteſtérent qu'ils ne renonceroient point aux droits qu'ils avoient ſur ces Archevêchez , & ces Evêchez , à moins qu'on ne leur donnât les Evêchez d'Osnabrug, de Minden , & d'Hildesheim pour leur dédommagement.

Les François & les Suédois étoient perſuadez que ces poſtulations étoient abuſives & frauduleuſes; cependant comme ces Ducs perſiſtoient dans leur prétention , ils empêchérent la concluſion de la paix générale, juſqu'à ce que l'Empereur pour les contenter convint de leur donner

Premiérement l'alternative dans l'Evêché d'Osnabrug ; enſorte que cet Evêché ſeroit poſſédé alternativement par un Evêque Catholique & par un de la Confeſſion d'Ausbourg, qui ſeroit toujours pris dans la famille des Ducs de Brunswick & de Lunebourg : que l'Evêque François-Guillaume venant à mourir , il auroit pour Succeſſeur Erneſt-Auguſte Duc de Brunswick & de Lunebourg, &, s'il étoit mort , un autre deſcendant du Duc George : que ſi les deſcendans du Duc George venoient à manquer , on éliroit quelque deſcendant du Duc Auguſte, & que ces Princes laiſſeroient les choſes concernant la Religion au même état qu'elles étoient au commencement de l'année 1624. Cela a été ainſi exécuté: le Duc Erneſt-Auguſte a ſuccédé à l'Evêque François-Guillaume de Wartemberg, & a eu pour Succeſſeur un frére du Duc de Loraine.

Secondement l'Abbaye ou Prévôté de Walkenried qui eſt ſituée dans l'Evêché d'Halberſtat; enſorte que ces Evêques & les Comtes d'Hohenſtein y prétendoient droit. Ces derniers en avoient été long-tems Avoyers; & Erneſt dernier Comte d'Hohenſtein en avoit auſſi été Adminiſtrateur: après ſa mort les Ducs de Brunswick qui étoient auſſi alors Evêques d'Halberſtat ,s'emparérent de cette Abbaye & de ce Comté ; enſorte que le Duc Chriſtian-Loüis étoit Adminiſtrateur de Walkenried , lorsqu'on fit le Traité de Munſter. Nous venons de voir que par ce Traité l'Evêché d'Halberſtat & le Comté d'Hohenſtein furent cédez à l'Electeur de Brandebourg ; mais en même tems on ſtipula que l'Abbaye de Walkenried , & la terre de Schauven qui en dépend, ſeroient conférées en fief perpétuel aux Ducs de Brunswick & de Lunebourg ; & que les droits d'Avoyerie, protection, & autres prétendus ſur cette Abbaye par les Evêques d'Halberſtat & par les Comtes d'Hohenſtein ſeroient éteints. Cet article a été exécuté ; enſorte que les Ducs de Brunswick ont fondé un Collége en cette Abbaye.

Troiſiémement l'Abbaye de Groeningen dans la Ville du même nom qui eſt auſſi dans le dioceze d'Halberſtat; & qui après avoir été poſſédée par les Ducs de Brunswick avoit été réünie à cet Evêché, lequel par le Traité d'Osnabrug fut cédé à l'Electeur de Brandebourg. Cependant on convint par le même Traité que les Ducs de Brunswick demeureroient poſſeſſeurs de cette Abbaye: & comme ces Ducs avoient donné en fief à Guillaume Comte de Tettembach la moitié de la terre de Weſterbourg , & quatre autres terres dépendantes de leur Comté de Blankembourg ; & que par une

convention-

convention paffée en 1644. ils y avoient encore ajouté quelques autres terres fur lesquelles les Evêques d'Halberftat avoient des prétentions: on ajouta une réferve des droits que les Ducs de Brunswick avoient fur le Château de Wefterbourg; & on maintint en fon entier l'infeodation faite par ces mêmes Ducs au Comte de Tettembach, & les conventions faites fur ce fujet, de même que les droits de créance & d'engagement qui appartenoient fur Wefterbourg à Frédéric Schencken de Winterftet Lieutenant du Duc Chriftian-Louïs. Cette reftitution de l'Abbaye de Groeningen aux Ducs de Brunswick n'empêche pas que l'Electeur de Brandebourg ne foit Seigneur de la Ville; enforte que le Gouverneur du Duché d'Halberftat pour l'Electeur y fait fa réfidence. Enfin on promit aux Ducs Antoine-Ulric, & Ferdinand-Albert, les deux premiéres Prébendes qui vacqueroient dans le Chapitre de Strasbourg.

Les Ducs de Brunswick & de Lunebourg renoncérent en échange aux Poftulations & Coadjutoreries fur les Archevêchez de Magdebourg & de Brême, & fur les Evêchez d'Halberftat & de Ratzebourg.

Ducs de Wirtemberg.

Comme les Ducs de Wirtemberg & de Mecklebourg, les Marquis de Bade, & les Landgraves de Heffe, alternent entr'eux pour la féance dans les Diettes, je parlerai ici d'eux fans préjudice de leur rang fuivant qu'il en eft fait mention dans le Traité d'Osnabrug.

Lorfqu'on traita la paix générale en Weftphalie Eberard III. du nom Duc de Wirtemberg y avoit deux intérêts différens, l'un pour raifon des Biens d'Eglife qu'il avoit occupez avant l'année 1624. deforte que mettant à cette année l'époque de cette reftitution, on ne pouvoit fe difpenfer de les lui rendre : les Miniftres de l'Empereur & même ceux de France firent bien tout ce qu'ils purent pour le faire réfoudre à laiffer au moins deux ou trois Couvents aux Religieux qu'on y avoit remis ; mais il n'y voulut jamais confentir ; & même les François ne purent obtenir qu'on réfervât à l'Electeur de Tréves en qualité d'Evêque de Spire le droit qu'il avoit fur quelques uns de ces Monaftéres.

L'autre intérêt lui étoit particulier avec l'Empereur , lequel comme Archiduc d'Autriche avoit droit I. fur la Baronie de Blaubeuren qu'il prétendoit lui devoir revenir , attendu que la Branche des Comtes de Wirtemberg auxquels les Princes de la Maifon d'Autriche l'avoient donnée en qualité de fief mafculin, étoit éteinte dès 1595. en la perfonne de Louïs Duc de Wirtemberg mort fans enfans mâles. II. Sur le Comté d'Achalm & fur la Baronie de Hohenftauffen dans lesquels l'Empereur vouloit rentrer en rendant le prix de l'engagement. Enfin fur la fortereffe de Hohentweil qu'il prétendoit être une dépendance du Landgraviat de Nellembourg apartenant à la Maifon d'Autriche.

Ainfi dans le projet de paix que les Impériaux proposérent en 1646. ils demandérent que l'Empereur gardât la Baronie de Blaubeuren comme lui étant revenue par la condition du fief ; & qu'il pût rentrer dans le Comté d'Achalm & dans la Baronie de Hohenftauffen ; en rendant le prix de l'engagement, par lequel l'un & l'autre avoient été engagez, & qu'on rafât la fortereffe de Hohentweil.

Les Députez du Duc de Wirtemberg s'oppoférent à ces demandes de l'Empereur , prétendant qu'avant toutes chofes il devoit en conféquence de l'amniftie & de la reftitution générale rentrer dans Achalm, Blaubeuren, & Hohenftauffen, & dans leurs dépendances , que fes ancêtres poffédoient il y avoit plus de deux cens ans; & dont les Impériaux ne s'étoient emparé que depuis la bataille de Nortlingen. A l'égard de Hohentweil, ils foutenoient que cette place n'appartenoit point à la Maifon d'Autriche , & ne dépendoit point du Landgraviat de Nellembourg ; qu'on n'en pouvoit accorder la démolition fans faire un extrême tort au Duc de Wirtemberg , & en même tems faire une grande bréche aux droits des Princes de l'Empire.

Il fut dit par le quatriéme article du Traité d'Osnabrug, que la Maifon de Wirtemberg pofféderoit paifiblement les Seigneuries de Weinsberg, de Neuftadt, & de Meckmulhe , qu'elle avoit recouvrées : qu'elle feroit rétablie dans tous les biens & droits tant féculiers qu'Eccléfiaftiques qu'elle poffédoit avant ces troubles ; particuliérement dans les Seigneuries de Blaubeuren, d'Achalm , & de Hohenftauffen & dans leurs dépendances ; entr'autres dans la Ville & territoire de Coppingen & la Ville de Pflumeren ; fans préjudice néanmoins des droits de la Maifon d'Autriche, & de celle de Wirtemberg : qu'elle recouvreroit auffi les Bailliages d'Heidenheim , & d'Oberkirch , les Villes de Balingen, de Tutlingen, d'Ebingen , & de Rofenfeld , le Château & le Village de Neitlingen & fes dépendances, de même que Hohentweil, Hohenafperg, Hohenaurach, Hohentubingen, Albeck, Hornberg, Schiltach, & la Ville de Schorndorf.

On convint auffi qu'on lui reftitueroit les Eglifes Collégiales de Stutgard , de Tubingen, d'Hornberg, de Coppingen , & de Bafchnang: comme auffi les Abbayes , Prévôtez, & Monaftéres d'Anhaufen , de Lorch , d'Adelberg , de Denckendorf , d'Hirfchau , de Konigsbrun, de Blaubeuren , & autres femblables.

Princes de Montbelliard.

Le Comté de Montbelliard relevoit anciennement du Comté de Bourgogne; il entra dans la Maifon de Wirtemberg par le mariage d'Eberard Comte de Wirtemberg avec une fille de Henri de Monfaucon Comte de Montbelliard : il eft depuis long-tems poffédé par les cadets de la Maifon de Wirtemberg qui depuis quelques fiécles n'ont reconnu que l'Empire.

Le Cardinal Infant ayant voulu obliger les Comtes de Montbelliard à reconnoître le Roi d'Efpagne pour leur Seigneur , ils recoururent à l'Empereur Ferdinand III. qui leur promit feulement de prendre connoiffance de la chofe, fans fe déclarer davantage. L'envie que les Efpagnols témoignérent de fe rendre maitres de cette place, fut caufe que les François y mirent garnifon à la priére des Princes de Montbelliard , & s'emparérent encore de Clerval & de Paffavant que ces Princes poffédoient auffi dans la Franche-Comté.

                                                    On

On ordonna par un article particulier des Traitez de Weftphalie, que ces Princes rentreroient dans leurs biens fituez en Alface & ailleurs; nommément dans Clerval & dans Paffavant qu'ils poffédoient dans le Comté de Bourgogne.

Enfin on ordonna que les Princes des deux Branches de la Maifon de Wirtemberg feroient rétablis dans tous leurs droits , particuliérement dans leur dépendance immédiate de l'Empire , dont ils avoient jouï avant les troubles : ce qui fut mis expreffément pour confirmer le Traité de Prague de 1599. par lequel Rodolphe Second avoit remis au Duc Frédéric Premier l'hommage de fon Duché , que par un précédent Traité il devoit rendre aux Archiducs d'Autriche , & avoit confenti qu'il relevât immédiatement de l'Empire.

Mais pour empêcher que l'Empereur ne pût plus prétendre que les Ducs de Wirtemberg relevaffent de la Maifon d'Autriche, par Arrêt du Parlement de Bezançon du 16. Août 1680. le Duc George de Wirtemberg Comte de Montbelliard fut condamné à rendre foi & hommage de ce Comté au Roi en qualité de Comte de Bourgogne: il fatisfit à cet Arrêt en 1681. mais par le troifiéme article du Traité de Riswick , il fut tant pour lui que pour fes Succeffeurs rétabli, eu égard à la Principauté & Comté de Montbelliard, dans tous les droits, fpécialement dans la dépendance immédiate de l'Empire , dont il avoir jouï ci-devant: & on caffa la reconnoiffance qu'il avoit faite en 1681. à la France en qualité de Vaffal.

Marquis de Bade.

Dans le fiécle paffé Bernard & Erneft fils de Chriftophe Marquis de Bade & d'Hochberg embrafférent l'un & l'autre la Confeffion d'Ausbourg , & formérent les deux Branches de cette Maifon, dont celle des ainez defcendus de Bernard eut pour fon partage entr'autres chofes le haut Marquifat de Bade , où eft la Ville de Baden : ce qui eft caufe qu'on appelle ceux de cette Branche Marquis de Bade-Baden. Celle des cadets eut le bas Marquifat de Bade, où eft la Ville de Dourlach ; ce qui les fit appeller Marquis de Bade-Dourlach : elle eut encore le Marquifat d'Hochberg & les Seigneuries de Saufemberg , de Badenweiller , & de Rœteln. La première de ces deux Branches a toujours été attachée à l'Empereur; au lieu que l'autre a d'ordinaire fuivi le parti oppofé: ce qui commença dès l'année 1552. en laquelle le Marquis Erneft Chef de cette Branche fe ligua avec Maurice Electeur de Saxe contre Charles-Quint pour obtenir la liberté de Philipe Landgrave de Heffe.

Le Marquis Edouard-Fortuné petit-fils de Bernard s'étant fait Catholique, & ayant époufé Marie d'Eicken fille du Sr. de la Riviére Gouverneur de Breda pour le Roi d'Efpagne , Erneft-Frédéric Marquis de Dourlac fon Coufin s'empara du haut Marquifat de Bade , fous prétexte qu'il laiffoit dépérir fon bien fans payer fa part des dettes auxquelles l'un & l'autre Marquifat étoient obligez.

Edouard - Fortuné mourut en 1600. laiffant trois fils dont l'ainé s'appelloit Guillaume. Erneft-Frédéric mourut en 1604. fans enfans laiffant le haut Marquifat avec le refte de fes Etats à George-Frédéric fon frére qui en demeura poffeffeur pendant plufieurs années.

Edouard-Fortuné & après fa mort fes enfans s'étant plaints de cette entreprife , ce différend fut Traité pardevant trois Empereurs fans être terminé ; George-Frédéric prétendant que fon Coufin s'étant méfallié par fon mariage avec une fimple Demoifelle , fes enfans n'étoient pas capables de pofféder une Principauté de l'Empire : mais enfin le Marquis George-Frédéric , ayant levé pour le fervice de Frédéric V. Electeur Palatin une armée de feize mille hommes qui fut défaite à Wimpfen le 6. Mai 1622. l'Empereur Ferdinand II. fit prononcer en fa préfence à Vienne le 26. Août fuivant un jugement par lequel après avoir fait revoir tout ce procès en fon Confeil , il condamna George-Frédéric à délaiffer tout le haut Marquifat de Bade , aux enfans du Marquis Edouard ; & à leur en reftituer tous les fruits depuis qu'il en avoit jouï avec tous dépens, dommages , & intérêts.

L'Archiduc Léopold en vertu d'une Commiffion Impériale mit le Marquis Guillaume en poffeffion du haut Marquifat, fans avoir égard à trois appellations, que le Marquis de Dourlach interjetta de l'Empereur mal informé au même Empereur mieux informé. Le Marquis Guillaume faifoit montera à fix millions de florins la reftitution de fruits, & les dépens qui avoient été adjugez par le jugement dont nous venons de parler , & prétendoit pour le payement de cette fomme abforber prefque tout le bas Marquifat de Bade appartenant au Marquis Frédéric fils & Succeffeur de George-Frédéric.

L'Empereur voulant empêcher que le différend entre ces deux Princes ne troublât de nouveau l'Allemagne, à caufe de la part que les Princes de l'une & l'autre Religion auroient prife , deputa des Commiffaires qui obligérent le Marquis Guillaume à paffer à Etlingen en 1629. un Traité avec le Marquis Frédéric, par lequel Frédéric entr'autres chofes lui céda le Bailliage de Stein & celui de Renchinghen ; il fe reconnut fon débiteur pour raifon de la reftitution des fruits & des dépens , dommages , & intérêts auxquels fon pére avoit été condamné par le jugement de l'année 1622. & promit qu'à l'avenir le bas Marquifat payeroit par chacun an pour ce fujet une rente confidérable au haut Marquifat.

Lorfqu'on traita la paix générale à l'Affemblée de Weftphalie, le Marquis Frédéric déclara qu'il ne vouloit plus s'en tenir à cette transaction , & prétendit rentrer dans tous les Etats que fon pére poffédoit avant les troubles ; foutenant toujours que les enfans du Marquis Edouard étoient incapables de poff020éder des Principautez dans l'Empire : il étoit appuyé dans fes prétentions par les Suédois & par les Proteftans , qui tendoient à augmenter la puiffance des Princes de leur Religion , & à diminuer les forces des Princes Catholiques, tel qu'étoit le Marquis Guillaume. Mais comme les François ne foutenoient point le Marquis Frédéric en cette rencontre , & au contraire témoignérent de l'inclination pour le Marquis Guillaume en confidération de ce qu'il étoit Catholique , & avoit toujours témoigné beaucoup d'égard pour les intérêts de la France, les Suédois ni les Proteftans ne purent furmonter la réfiftance des Impériaux & des Catholiques qui vouloient conferver au Marquis Guillaume le haut Marquifat de Bade; confentant feulement pour le bien de la paix de rendre au Marquis Frédéric les Bailliages qu'il avoit cédez au Marquis Guillaume par le Traité d'Etlingen, & décharger le bas Marquisat de la rente qu'il devoit payer par chacun an au haut Marquisat.

Il fut dit par le quatriéme article du Traité d'Osnabrug, que le Marquis Frédéric, ses enfans, ses héritiers, & tous ceux qui les avoient servi, jouïroient de l'amniftie générale accordée par les précédens articles de ce Traité, & feroient rétablis dans tous les droits tant pour les chofes Ecclésiaftiques que pour les Séculiéres dont le Marquis George-Fréderic avoit jouï avant les troubles de Bohéme, à l'égard du bas Marquisat de Bade appellé communément de Bade-Dourlach, comme aussi du Marquisat d'Hochberg & des Seigneuries de Rœteln, de Badenweiller, & de Saufenberg, fans avoir égard aux changemens arrivez au contraire : qu'on lui reftitueroit les Bailliages de Stein & de Renchinghen, fans qu'il fût chargé des dettes que le Marquis Guillaume avoit contractées pendant qu'il en avoit jouï : que toute l'action concernant les dépens, dommages, & intérêts & la reftitution des fruits adjugée au Marquis Guillaume feroit éteinte : que la rente annuelle que le bas Marquifat devoit payer au haut Marquifat fuivant le Traité d'Etlingen, demeureroit amortie : que la préféance dans les Affemblées générales & particuliéres de l'Empire feroit alternative entre les deux Branches de la Maifon de Bade : que la préféance demeureroit néanmoins au Marquis Frédéric fa vie durant : enfin qu'on ne pouroit alléguer contre cet article aucunes actions, transactions, exceptions générales ou particuliéres, ni aucunes claufes de ce Traité de paix.

Le Marquis Frédéric fit beaucoup de difficulté de confentir à la difpofition de cet article : cependant il y acquiefça dans la fuite aussi-bien que le Marquis Guillaume.

Le Marquis Frédéric étoit alors marié en quatriémes noces à Anne-Marie fille unique de Jacques dernier Baron de Hohengerolseck en Suabe, après la mort duquel elle prétendit hériter de cette Baronie : mais l'Empereur Ferdinand II. foutenant au contraire qu'elle étoit venue à fa difpofition faute d'enfans mâles, la donna en 1634. en fief à Adam-Philipe Comte de Cromberg & à fes defcendans mâles. Cette Princeffe ayant renouvellé fes prétentions à l'Affemblée de Weftphalie, il fut dit que fi elle juftifioit par des titres autentiques entre ci & deux ans, fes droits fur la Baronie de Hohengerolseck, elle y feroit rétablie auffi-tot qu'il feroit intervenu un Arrêt en fa faveur. Cette Princeffe mourut en 1649. fans enfans, laiffant fon mari fon héritier : le procès n'a point été jugé, & le Comte de Cromberg eft demeuré en la poffeffion de la Baronie de Hohengerolseck.

Ducs de Mecklenbourg.

Jean Duc de Mecklebourg mourut en 1592. laiffant deux fils Adolphe-Frédéric auteur de la Branche de Schwerin, & Jean-Albert auteur de celle de Guftrow. Ces Ducs qui étoient Luthériens furent les principaux promoteurs de la Ligue que les Princes de la baffe Saxe firent en 1625. à Lawembourg pour chaffer de leur Cercle les troupes de Ferdinand II. cet Empereur prétendit que c'étoient eux qui avoient empêché l'accommodement qu'on négocia en cette même année à Brunswick, qu'ils avoient enfuite donné leurs troupes & fourni des fommes confiderables au Roi de Dannemarck, qu'ils avoient retiré dans leurs places les débris de fon armée après la perte de la bataille de Luther, & qu'enfin ils avoient voulu engager le Turc à faire une invafion dans l'Empire. Toutes ces démarches irritérent tellement l'Empereur que s'étant emparé de leur Duché, il les en déclara déchus à caufe de leur obftination dans la révolte, & en inveftit en 1628. Albert de Walftein Duc de Fridland & Général de fes armées, pour jouïr de ce Duché par maniére d'engagement, jufqu'à ce qu'il eût été rembourcé des frais qu'il avoit faits dans cette guerre. Ces Ducs firent ce qu'ils purent pour excufer ce qu'ils avoient fait, & en obtenir le pardon de l'Empereur, mais il fut inexorable à leur égard ; deforte qu'étant ainfi banis de leurs Pays & cherchant tous fortes de voyes pour les recouvrer, ils entrérent dans la Ligue de Leipfic, & eurent recours à Guftave-Adolphe Roi de Suéde qui étoit leur coufin germain, & qui les rétablit dans leurs Etats en 1631.

Lorfque l'Electeur de Saxe fit en 1635. le Traité de Prague avec l'Empereur, il eut un foin particulier des intérêts de ces Ducs ; ayant ftipulé expreffément que pourvû qu'ils acceptaffent la paix aux conditions portées par le Traité, l'Empereur à la priére de l'Electeur, & pour l'amour de la paix, leur pardonneroit & confentiroit qu'ils jouïffent de leurs Etats.

Ils acceptérent volontiers ce parti, & rentrérent ainfi dans les bonnes graces de l'Empereur.

Jean-Albert Duc de Mecklebourg-Guftrow, mourut en 1636. & eut pour Succeffeur fon fils Guftave-Adolphe qui avoit été defigné Adminiftrateur de Ratzebourg.

Nous avons vu dans le troifiéme Livre, que la Suéde après avoir pris pour prétexte de la guerre qu'elle portoit en Allemagne, qu'on avoit dépouillé les Ducs de Mecklebourg de leurs Etats, fe fit céder par le Traité d'Osnabrug la ville & le port de Vismar avec quelques villages voifins : ces Ducs fe plaignirent extrémement de ce qu'on leur ôtoit ainfi leur meilleure place ; mais ne pouvant empêcher la chofe, ils fe réduifirent à demander qu'on leur donnât un dédommagement raifonnable de cette perte, qu'ils vouloient bien faire pour obliger les Suédois à donner la paix à l'Empire ; & que pour éviter la conteftation qu'on leur pouvoit faire au fujet des péages qu'ils levoient fur l'Elbe, favoir le Duc de Schwerin à Domitz, & le Duc de Guftrow à Ratzebourg, on leur donnât une confirmation entant que befoin en feroit. Ainfi on convint par le Traité d'Osnabrug Article 12. qu'Adolphe-Frédéric Duc de Mecklebourg-Schwerin qui avoit dans fon partage Vismar & les Bailliages qu'on cédoit à la Suéde, pofféderoit & fes defcendans mâles après lui en fief perpétuel & immédiat de l'Empire, les Evêchez de Schwerin & de Ratzebourg ; fans préjudice des droits du Duc de Saxe-Lawembourg & autres : qu'il auroit la faculté de fupprimer & d'appliquer à la Manfe Ducale, les revenus des Prébendes des Chanoines qui viendroient à mourir : qu'il auroit pour ce fujet féance & double voix de Prince aux Diettes de l'Empire, & du Cercle de la baffe Saxe : que comme Guftave-

Adol-

Adolphe Duc de Mecklebourg-Guftrow étoit ainfi obligé de céder cet Evêché à fon neveu, il auroit par manière de dédommagement un Canonicat dans la Cathédrale de Magdebourg, & un autre dans la Cathédrale d'Halberftat, du nombre des Canonicats qui, fuivant ce Traité, devoient demeurer à ceux de la Confeffion d'Ausbourg: que les Ducs de Mecklebourg auroient encore deux Canonicats dans la Cathédrale de Strasbourg, fi ceux de la Confeffion d'Ausbourg avoient droit d'y en avoir: que fi la famille de Schwerin venoit à manquer, celle de Guftrow lui fuccéderoit: que les Commanderies de Mirow & de Nemerow, l'une & l'autre de l'Ordre de St. Jean de Jerufalem, fituées dans le Duché de Mecklebourg, feroient cédées à ces Ducs; la première à celui de Schwerin & la feconde à celui de Guftrow; à condition qu'ils obtiendroient le confentement de l'Ordre, & qu'ils lui payeroient & à l'Electeur de Brandebourg en qualité de Patron, les droits qu'on leur avoit payez jufqu'alors, lorsque le cas étoit arrivé: que l'Empereur leur confirmeroit à perpétuité les péages qu'ils avoient obtenus fur l'Elbe: qu'hormis ce qu'il falloit payer pour la fatisfaction de la Milice Suédoife, ils feroient déchargez de toutes les contributions de l'Empire jufqu'à la compenfation de deux cens mille Richedales: enfin que la prétendue dette de Wingerfchin qui avoit été contractée pendant les guerres, feroit éteinte, avec tout ce qui s'en étoit enfuivi; fans que ces Ducs ni la Ville de Hambourg puffent être inquiettez fur ce fujet.

Il fut encore dit par l'Article X. de ce même Traité qui contient la fatisfaction de la Suéde, que la Reine de Suéde joüiroit à perpétuité fur les côtes & fur les ports de Mecklebourg auffi-bien que de la Poméranie, des nouveaux droits ou péages appellez communement Licences, qui feroient réduits & modérez, enforte qu'ils ne feroient point tomber le commerce de ces lieux-là.

Comme les Suédois continuérent d'exiger un péage à Varnemonde qui eft au deffous de Roftock à l'embouchure de la riviére de Varne, les habitans de cette Ville que ce péage incommodoit fort dans leur commerce, en firent de grandes plaintes à Stockholm: mais comme elles furent inutiles, les Suédois fe fondant fur la claufe du Traité, qui vient d'être rapportée; ils s'en plaignirent fortement en 1653. à la Diette de Ratisbonne, & les Ducs de Mecklebourg fe joignirent à eux, foutenant que les Suédois ne pouvoient exiger ces péages que dans les lieux de ce Duché qui leur avoient été cédez. L'Empereur & les Etats de l'Empire déclarérent en 1654. qu'on n'avoit jamais eu intention, en traitant la paix, de permettre aux Suédois de continuer l'exaction de ces péages qui avoient été établis par la force, pendant la guerre: & l'Empereur fe chargea d'en écrire à la Reine pour qu'elle ceffât cette vexation. Mais toutes ces repréfentations furent inutiles; les Suédois fe font confervé ce péage, tant que leurs affaires ont été floriffantes en Allemagne.

L'Ordre de Malte fe plaignit à cette même Diette de la ceffion qui avoit été faite aux Ducs de Mecklebourg des Commanderies de Mirow & de Nemerow; que ces Ducs n'avoient point demandé le confentement de l'Ordre, ni payé les responfions que les Commandeurs avoient accoutumé de payer, encore qu'ils y fuffent obligez expreffément par le Traité: ainfi il demanda qu'on lui rendît ces Commanderies dont il n'avoit point mérité d'être dépouillé; ou qu'on lui donnât un dédommagement par un équivalent: mais il ne paroît pas qu'on ait rien ftatué fur les demandes de l'Ordre.

Landgraves de Heffe.

Philipe furnommé le Magnanime duquel descendent tous les Landgraves de Heffe, & qui fut un des principaux partifans de Luther, eut quatre fils, Guillaume fon ainé duquel defcend la Branche de Caffel, Louïs Landgrave de Marspourg, Philipe Landgrave de Rhinfels, & Georges duquel font iffus les Landgraves de Darmftat. Guillaume eut pour fa part la baffe Principauté de Heffe, & la plus grande partie du Comté de Ziegenheim: Louïs eut Marpurg, la haute Principauté de Heffe qui eft fur la Lahn & le Comté de Nidda: Philipe eut le bas Comté de Catzenelnbogen, & George le haut. Philipe & Louïs mourant l'un & l'autre fans enfans mâles laifférent leurs parts à leurs neveux, Maurice fils de Guillaume, & Louïs fils de George: mais comme Louïs étoit très-attaché à la Religion Luthérienne, & craignant que Maurice qui étoit Calvinifte, ne contraignît fes fujets à embraffer fa Religion, il mit une claufe dans fon teftament, par laquelle il vouloit que celui d'entre fes neveux qui obligeroit fes fujets à changer de Religion, fût privé de tout ce qu'il auroit recueilli de fa fucceffion.

Maurice en acceptant les legs de fon Oncle promit de fuivre fa volonté en ce point; mais il ne laiffa pas dans la fuite d'obliger les habitans de la partie du Landgraviat de Marpurg qui lui étoit échue, à embraffer la Religion Calvinifte: ce qui donna lieu au Landgrave Louïs de prétendre que Maurice devoit être privé de la fucceffion de leur Oncle. Ils convinrent d'abord de s'en rapporter à des arbitres, qui jugeant que ce Prince n'avoit pu priver Maurice du droit de Réformation qui, fuivant l'ufage d'Allemagne, eft une fuite inféparable de la Souveraineté territoriale, cafférent cette claufe de fon teftament: mais Louïs n'ayant point voulu déférer à cette fentence arbitrale, appella fon Coufin en jugement devant l'Empereur, & voulut que Sa Majefté Impériale décidât elle même leur différend.

Maurice avoit embraffé hautement le parti de l'Electeur Palatin contre Ferdinand II. & ne l'avoit point quitté que par force: il avoit même envahi depuis ce tems-là les Etats des Comtes de Waldeck, à caufe qu'ils avoient tenu le parti de l'Empereur. Ainfi comme d'autre part Louïs Landgrave de Darmftat avoit toujours été attaché aux intérêts de l'Empereur, & qu'il avoit même été fait prifonnier à caufe de cela par les Princes liguez avec le Palatin, l'Empereur étant à Ratisbonne en 1623. après avoir fini la Diette, où il transféra la Dignité Electorale de Frédéric à Maximilien Duc de Baviére, donna au mois d'Avril de cette année, avant que de partir de cette Ville, trois arrêts contre Maurice: par ces arrêts ce Landgrave pour avoir contrevenu à ce qu'il avoit promis en acceptant le legs à lui fait par le feu Landgrave Louïs, fut condamné à reftituer à celui de Darmftat le Comté & les Seigneuries dont il joüiffoit dans

le

le Landgraviat de Marpurg , avec tous les fruits qu'il en avoit perçus; tous les Vassaux de ce Landgraviat furent déclarez absous du serment qu'ils pouvoient avoir prêté au Landgrave Maurice. L'exécution de cet Arrêt fut commise aux Electeurs de Cologne & de Saxe : il fut enjoint à Maurice d'en avertir l'Empereur dans vingt-un jours à peine d'être procédé contre lui , & il fut condamné aux dépens.

L'année suivante le Landgrave Louïs prit possession du Landgraviat de Marpurg , & s'empara même de plusieurs lieux du Landgraviat de Cassel pour sureté des sommes auxquelles la restitution de fruits & les dépens qui lui avoient été adjugez par cet Arrêt se trouvérent monter.

Guillaume V. du nom fils de Maurice & Georges fils & Successeur de Louïs réglérent en 1629. leur différend par une transaction passée à Darmstat que tous les Princes de la Maison de Hesse promirent d'observer , & qui fut confirmée par l'Empereur.

Les Landgraves de Hesse-Cassel s'étoient emparé depuis l'année 1606. de la riche Abbaye d'Hirchfeld située dans leur voisinage : ainsi ce fut un grand chagrin à Guillaume V. quand il sut que Ferdinand II. en avoit fait pourvoir son fils l'Archiduc Léopold en Cour de Rome , & que ce Prince s'en étoit mis en possession en conséquence de l'Edit que l'Empereur son pére fit en 1629. pour la restitution des Biens d'Eglise usurpez par les Protestans. Cela fut cause qu'il joignit ses troupes en 1630.à celles du Roi de Suéde , qu'il entra l'année suivante dans la Ligue de Leipsic , & qu'il persista dans le parti contraire à l'Empereur : mais il ne réüssit pas dans son projet; & ayant été dépouillé d'une partie de ses Etats , il mourut en Ost-Frise en 1637.

Après sa mort Amelie-Elisabet de Hanau sa veuve & tutrice de Guillaume VI. son fils renouvella ses alliances avec la France & avec la Suéde, & poussa la guerre avec tant de bonne conduite & de bonheur, que , lorsqu'on traita la paix générale à l'Assemblée de Westphalie , ses troupes occupoient plusieurs places dans l'Archevêché de Cologne, dans les Evêchez de Munster & de Paderborn , & dans le territoire de l'Abbaye de Fulde : elle entra aussi en guerre contre le Landgrave de Darmstat, commit beaucoup de désordres dans ses Etats, s'y empara de quelques places , & déclara ne vouloir point s'en tenir à la transaction de Darmstat qu'elle prétendoit n'avoir été passée par son mari que par force , & pour s'exempter des persécutions violentes dont on le menaçoit.

Lorsqu'on commença de traiter la paix générale en Westphalie , la Landgrave demanda que l'Empereur & l'Empire l'assurassent expressément qu'elle joüiroit des bienfaits des loix de l'Empire, & de la paix d'Ausbourg , laquelle elle prétendoit devoir s'étendre aux Réformez aussi-bien qu'aux Luthériens; que l'Empereur approuvât le droit d'ainesse qui avoit été établi entre les Princes de Hesse, & leurs Traitez de famille concernant les successions , sans avoir égard à la transaction entre les Landgraves de Hesse touchant la succession de Marpurg ; qu'elle fût rétablie dans tous les Etats que les Landgraves de Cassel possédoient en 1618.; qu'elle ne pût être inquietée par le Comte de Waldeck ni autres pour les dommages qu'ils prétendoient que les troupes de Hesse avoient commis dans leurs Pays ; & qu'attendu les grands ravages que la Ligue Catholique avoit commis dans ses Etats , où, selon elle , ses troupes avoient tout ruiné , excepté les Villes de Cassel & de Ziegenheim , on lui cédât pour dédommagement l'Evêché de Paderborn , les Villes & Prévôtez de Frislar , de Naumbourg, de Neustadt , & d'Odembourg qui dépendent de l'Archevêché de Mayence , & sont enclavées dans la Hesse , le Comté d'Arnberg , les Villes de Metelzbach, de Hallemberg , & de Weinsterberg , & les bourgs de Marsberg , de Wolckmars, de Revering, de Rugelsberg situez dans l'Archevêché de Cologne , & qu'elle prétendoit avoir autrefois dépendu de la Hesse , le Landgraviat de Stromberg & la Ville & le Bailliage de Bucholtz dans l'Evêché de Munster , les Villes de Geissen , de Furfteneck, & de Borkental dans le territoire de l'Abbaye de Fulde , & d'autres lieux situez dans la Hesse & dans la Principauté d'Hirchfeld.

Depuis elle se restraignit à la partie de l'Evêché de Paderborn qui est située entre les petites riviéres de Nette & de Dimule avec les autres choses ci-dessus marquées : mais aussi elle demanda encore le droit de domaine direct que l'Evêque de Minden pouvoit prétendre sur le Comté de Schaumbourg; enfin deux cens mille Richedales avec une somme pour payer ses troupes en les congédiant.

Ces propositions choquérent tous les Députez des Etats de l'Empire qui étoient à Osnabrug & à Munster, surtout les Etats Catholiques qui représentoient que la Landgrave , traitant avec la France, avoit promis qu'elle n'apporteroit aucun préjudice à la Religion Catholique , & qu'ils auroient dû plutôt eux mêmes lui demander un dédommagement du grand ravage que ses troupes avoient fait dans leurs Pays, où elles s'étoient particuliérement signalé par leurs sacriléges & par la profanation des Eglises; & qu'il lui devoit suffire qu'on lui accordât une amnistie générale de tout ce qui s'étoit fait pendant cette guerre. On eut bien de la peine à réduire cette Princesse à modérer ses prétentions; & ce ne sut que sur les instances des Ministres de France qu'elle voulut bien enfin se contenter de la cession de l'Abbaye d'Hirchfeld , de quatre Bailliages du Comté de Schaumbourg , & d'une somme de six cens mille écus. Ainsi il fut dit par les Traitez de Munster & d'Osnabrug que la Maison & les Princes de la Maison de Hesse-Cassel & ses Successeurs retiendroient l'Abbaye d'Hirchfeld avec toutes ses dépendances , entr'autres la Prévôté de Gollingen, sans préjudice des droits que la Maison de Saxe y possédoit de tems immémorial ; & que les Landgraves de Hesse en demanderoient l'investiture à l'Empereur , & lui prêteroient serment de fidélité: que ces Princes auroient encore le Domaine utile & direct sur les Bailliages de Schaumbourg, de Buckenbourg , de Saxenhagen , & de Stattenhagen qui appartenoit ci-devant à l'Evêché de Minden ; sans préjudice néanmoins d'une transaction passée entre Christian-Louïs Duc de Brunswick & de Lunebourg , cette Landgrave de Hesse , Philipe Comte de Lippe , & d'une autre convention entre cette Landgrave & ce même Comte: que les Archevêchez de Cologne, & de Mayence, les Evêchez de Paderborn & de Munster , & l'Abbaye de Fulde payeroient à cette Princesse six cens mille Richedales neuf mois a-

près

près la ratification de ce Traité : qu'elle rendroit toutes les autres places qu'elle avoit occupées pendant ces guerres : que jufqu'à l'actuel payement, elle pouroit retenir Nuis dans l'Archevêché de Cologne , Coesfeld dans l'Evêché de Munfter, & Newhaus dans celui de Paderborn : qu'après qu'on lui auroit payé trois cens mille Richedales, elle rendroit Nuis; qu'elle rendroit les deux autres places quand le refte de cette fomme lui auroit été payé : qu'enfin les Etats voifins desquels elle tiroit des contributions depuis le premier Mars de l'année courante, fourniroient auffi leur cottepart de cette fomme, à proportion des contributions qu'ils avoient payées pendant ce temslà.

Pour ce qui eft du Landgrave George de Darmftat fils de Louïs , il s'étoit déclaré ouvertement pour l'Empereur ; deforte que les Miniftres de l'Empereur firent leur poffible pour lui faire conferver par les Traitez les Bailliages de Wirtzbourg, de Winftat , & autres appartenans cidevant à l'Electeur Palatin , & que l'Empereur lui avoit cédez à titre onéreux: ils tâchérent auffi de ménager fes intérêts à l'égard de la Landgrave de Caffel; mais ils ne purent rien obtenir pour le premier point : & quant au fecond ce Prince désavoua les offres qu'on avoit faites en fon nom, & aima mieux faire avec la Landgrave un Traité particulier qui fut confirmé par les Traitez de Weftphalie.

Par ce Traité qui fut fait à Caffel le 14. Avril 1648. par l'entremife du Duc de Saxe-Gotha, ils convinrent que la Maifon de Caffel auroit le quart de la Succeffion de Louïs l'aîné , c'eft à dire la moitié de ce qu'elle avoit eu autrefois dans la fucceffion de ce Landgrave: que fur l'autre quart qui demeureroit à la Maifon de Darmftat, & qui , fuivant l'eftimation faite en 1605. valoit 25065. florins de rente , il en feroit donné à la Maifon de Caffel cinq mille florins de rente en fond de terres & hommes avec toute juftice, Seigneurie, profits , & droits : que ce partage fait fur le pied de l'eftimation de l'année 1605. feroit exécuté dans quinze jours : que les Sujets de chacune de ces parts feroient renvoyez à prêter ferment à qui ils appartiendroient: que le Château & la Ville de Marpurg appartiendroient à la Maifon de Caffel qui payeroit pour ce fujet dans quinze mois foixante mille florins à celle de Darmftat : enfin le Landgrave de Darmftat confirma le Traité fait le 11. Avril 1635. entre Guillaume VI. Landgrave de Caffel & Chriftian-Wolrard Comte de Waldeck.

Ce Traité fut confirmé par ceux de Munfter & d'Osnabrug ; & il fut dit que le droit d'aineffe qui avoit été introduit dans les Maifons de Heffe-Caffel & de Darmftat, feroit obfervé inviolablement.

Ducs de Holftein.

Les Ducs de Holftein ont diverfes prétentions fur la ville & le territoire de Hambourg, qui étoit ci-devant compris dans le territoire de l'Archevêché de Brême , dont les Archevêques ont autrefois donné à bail amphitéotique aux Ducs de Holftein-Gottorp quatorze Villages fituez dans les Bailliages de Holftein nommez Tritow & Reimbeck.

Lorfqu'on céda à la Couronne de Suéde par les Traitez de Weftphalie l'Archevêché de Brême avec toutes fes dépendances, nommément avec les droits que les derniers Archevêques avoient fur le territoire de Hambourg , Feédéric Duc de Holftein fit inftance à ce que cette ceffion ne fît point préjudice à fes droits, & que les Suédois ne puffent fous prétexte de dépendance de l'Archevêché de Brême retirer les villages qui étoient fort à la bienféance de ce Duc.

On ftipula expreffément que cette ceffion faite à la Couronne de Suéde feroit fans préjudice des droits de la Maifon de Holftein, & qu'ils demeureroient dans leurs droits, & en la poffeffion où ils étoient alors; enforte que les quatorze villages fituez dans les Bailliages de Tritow & de Reimbeck demeureroient à perpétuité à Frédéric Duc de Holftein-Gottorp & à fes defcendans, en payant annuellement le canon au prix du bail.

L'Evêché de Lubec eft depuis plus d'un fiécle dans la Maifon des Ducs de Holftein ; & lorsque les Traitez de Weftphalie furent paffez, il étoit poffédé par Jean de Holftein frére du Duc Frédéric. Ainfi comme par ces Traitez les Proteftans ont confervé à perpétuité les Biens d'Eglife qu'ils poffédoient en 1624. cet Evêché eft demeuré aux Proteftans: & comme on prétendit que le Duc Frédéric auroit pu , s'il avoit voulu , à l'exemple de plufieurs autres Princes Proteftans, le faire convertir en une Principauté Séculiére héréditaire dans fa Maifon , le Chapitre de Lubec pour reconnoître cette obligation qu'il croyoit avoir à ce Prince, paffa en 1637. un Traité avec ce Duc & les Princes de Sa Maifon par lequel il s'obligea qu'après la mort de Jean Evêque Régent, de Chriftian-Albert fils du Duc Frédéric qu'il avoit poftulé pour Coadjuteur , il éliroit ou poftuleroit fucceffivement fix Princes de la Maifon de Holftein-Gottorp pour Evêques ou Coadjuteurs de Lubec.

Ainfi l'Evêque Jean étant mort , Chriftian-Albert qui étoit Coadjuteur fut élu Evêque; & l'Evêché ayant vaqué par fon abdication , Augufte-Frédéric fon frére fut élu en fa place & eft encore Evêque de Lubec & Adminiftrateur du Duché de Holftein pendant la minorité du Duc fon neveu. Les Rois de Dannemarck ont contefté ce Traité fait entre les Ducs de Holftein-Gottorp & le Chapitre de Lubec comme irrégulier , & ont tâché par deux fois de faire élire un de leurs enfans pour Evêque, mais cela n'a pas eu lieu.

Princes d'Anhalt.

Tous les Princes de cette Maifon ont abandonné la Religion Luthérienne pour embraffer la Calvinifte , à la réferve de ceux de la Branche de Zerbft , qui eft toujours demeurée attachée à la Confeffion d'Ausbourg. Comme donc tous ces Princes embraffant la Religion Calvinifte l'avoient introduite dans leur Pays, & avoient aboli l'exercice des autres Religions , ils craignirent qu'en vertu de l'article d'Osnabrug par lequel il eft dit que les Princes d'une des deux Religions qui partagent les Proteftans venant à profeffer l'autre ne pourront rien innover dans leurs Etats pour l'exercice de la Religion, on ne voulût faire préjudice aux droits des Réformez & autres qu'ils prétendent avoir dans leurs Etats pour l'exercice de la Religion , ainfi que les autres Princes de l'Empire.

Pour

Pour leur ôter cette peine, on stipula expreſſément dans la fin de cet article du Traité d'Osnabrug, que comme il ne regardoit que les changemens qui ſe pouroient faire à l'avenir, il ne ſeroit aucun préjudice aux droits des Princes d'Anhalt.

Ducs de Croy.

Jean de Ligne Comte d'Aremberg fut fait Prince de l'Empire en 1568. par l'Empereur Maximilien Second & eut un fils qui épouſa l'héritiére du Duc d'Arſchot & de Croy.

Erneſt de Croy un de ſes deſcendans s'étant fait Luthérien épouſa en 1610. une Princeſſe de la Maiſon de Poméranie , & fut pére du Duc Erneſt-Boguslas de Croy qui fut poſtulé Evêque de Camin : mais il ne put jouïr de cet Evêché qui fut ſéculariſé par le Traité d'Osnabrug & cédé à l'Electeur de Brandebourg , qui ne voulut pas conſentir que ce Duc de Croy en jouît ſa vie durant.

Ce Duc avoit hérité de ſes ancêtres d'une partie de la Seigneurie de Winſtingen , en François, Feneſtranges, qui eſt ſituée près de Sarwerde, & dont la Princeſſe ſa mére jouïſſoit à titre de Douaire conjointement avec les Rhingraves, auxquels le reſte de cette terre appartient , & qui prennent à cauſe de cela le titre de Seigneurs de Winſtingen. Comme le Duc de Loraine prétendoit droit ſur cette Seigneurie, il avoit voulu s'en emparer; ce qui avoit obligé le Duc de Croy de ſe mettre ſous la protection de Louïs XIII. croyant qu'elle le garentiroit des entrepriſes de ce Duc : cependant comme cette terre relève de l'Empire , les Impériaux avoient voulu imputer à crime le recours que ce Duc avoit eu à la protection de la France , & les Catholiques dans le projet de Traité qu'ils propoſérent en 1647. avoient demandé entr'autres choſes que le Duc de Loraine fût maintenu dans ſes droits ſur Winſtingen.

Par l'Article IV. du Traité d'Osnabrug confirmé par celui de Munſter il fut ſtipulé , que ce Duc jouïroit de l'effet de l'amniſtie générale : que la protection du Roi Très-Chretien ne lui tourneroit à aucun préjudice : qu'il poſſéderoit paiſiblement la part de la Seigneurie de Winſtingen que ſes ancêtres avoient autrefois poſſédée , & dont la Dame de Croy ſa mére jouïſſoit encore à titre de Douaire , ſans préjudice néanmoins des droits que l'Empire avoit ſur cette terre avant les troubles.

Comtes de Weteravie.

Après le Princes qui ont chacun une voix dans les Diettes générales, les Comtes qui relévent immédiatement de l'Empire y ont ſéance & ſont diviſez en quatre Bancs ou Corps , dont chacun n'a qu'une voix , ſavoir de Weteravie , de Suabe, de Franconie , & de Weſtphalie. J'en parlerai ſuivant cet ordre , qui eſt auſſi celui qu'ils tiennent dans les Diettes , & celui auquel il eſt parlé d'eux dans le Traité d'Osnabrug.

On appelle Comtes de Weteravie ceux dont les Etats ſont ſituez dans le Cercle du haut Rhin, & pour la plus grande partie dans un canton de ce Cercle appellé Weteravie. Comme ils étoient preſque tous entrez pendant les troubles de Bohé-

Tom. II.

me & d'Allemagne dans les partis contraires à celui de l'Empereur , & qu'ils avoient été à cauſe de cela dépoſſédez d'une partie de leurs Etats, ils eurent beſoin pour y rentrer, de l'amniſtie générale portée par les Traitez de Weſtphalie; mais outre cela je trouve dans ces Traitez des articles qui ordonnent nommément le rétabliſſement des Comtes de Naſſau-Sarbruck , de Hanau , de Solms, d'Iſembourg, des Rhingraves ou Comtes de Sain, de Falckenſtein, & de Waldeck dont les Comtez ſont ſituez dans la Weteravie , & quelques autres articles qui concernent les Comtes de Leiningen, de Fleckenſtein , & d'Oberſtein, qui ſont auſſi de ce même Cercle. Je dirai de chacun de ces Comtes ce que je crois néceſſaire pour faire mieux entendre les articles qui les regardent.

Comtes de Naſſau-Sarbruck.

Tout ce qu'il y a à préſent de Comtes de Naſſau, deſcend de Henri ſurnommé le Riche qui laiſſa deux fils nommez Walram & Othon Auteurs des deux Branches dans leſquelles cette Maiſon eſt diviſée : ceux de la Branche de Weilbourg qui a pris dans la ſuite le ſurnom de Sarbruck ſont iſſus de Walram ; & ceux de la Branche de Dillembourg , qui a enſuite pris le ſurnom de Catzenelnbogen, deſcendent d'Othon.

Walram fut pére d'Adolphe qui fut élu Empereur en 1292. & duquel les Comtes de Naſſau-Sarbruck ſont iſſus.

Louïs Comte de Naſſau-Sarbruk ayant épouſé en 1500. Catherine fille du Comte de Meurs & héritiére d'un Comte de Sarwerde , les Evêques de Metz deſquels les Comtes de Sarwerde relévent, prétendirent que c'étoit un fief maſculin qui ne pouvoit paſſer aux filles : ſi bien que Jean de Loraine Evêque de Metz en inveſtit en 1527. Antoine Duc de Loraine ſon frére comme d'un fief direct & maſculin dépendant de ſon Evêché. Les Comtes de Naſſau qui prétendoient que ce Comté étoit un fief féminin , s'en étant plaints à l'Empereur Charles-Quint, il renvoya en 1530. cette affaire à la Chambre de Spire.

Après environ un ſiécle de procédures, il intervint en cette Chambre le 7. Juillet 1629. un Arrêt par lequel il fut ordonné que les Comtes de Naſſau-Sarbruck abandonneroient au Duc Charles de Loraine la Ville & le Château de Sarwerde avec la Ville de Bockenheim & la tour de Wieberſweiller qui faiſoient partie du Comté de Sarwerde , & dépendoient de l'Evêché de Metz avec reſtitution de fruits & ſans dépens.

En conſéquence de cet Arrêt le Duc de Loraine s'empara non ſeulement des lieux ſpécifiez dans l'Arrêt, mais auſſi des autres dépendans du Comté de Sarwerde , entr'autres de Hombourg : les Comtes de Sarbruck d'autre côté ſe croyant leſez par cet Arrêt demandérent & obtinrent la réviſion de ce procès à la Chambre.

Les Suédois chaſſérent depuis les Lorains de ces places, où le Duc de Loraine rentra après la bataille de Nortlingue , & il les conſerva juſqu'à la négociation de la paix de Weſtphalie.

Il fut dit par ce même quatriéme article du Traité d'Osnabrug confirmé par celui de Munſter, que l'on reſtitueroit aux Comtes de Naſſau-Sarbruck, leurs Comtez , Seigneuries, Territoires, & Biens Eccléſiaſtiques & Séculiers Féodaux &

O   Allo-

Allodiaux , nommément les Comtez de Sarbruck & de Sarwerde en leur entier, & la forteresse de Hombourg avec l'artillerie & les meubles qui y étoient ; sauf de part & d'autre les droits & actions qui étoient à terminer suivant les loix de l'Empire, tant au révisoire pour raison des choses adjugées par Arrêt du 7. Juillet 1629. que pour les dommages soufferts ; à moins que les parties n'aimassent mieux accommoder l'affaire à l'amiable ; comme aussi sauf le droit, que les Comtes de Lainingen-Daxbourg avoient dans le Comté de Sarwerde. Le Duc de Loraine nonobstant ce Traité ne se désaisit de ces places , que moyennant une grosse somme d'argent que les Etats de l'Empire lui donnérent.

Comtes de Hanau.

La Maison de Hanau prend son nom d'une Ville située à deux lieues de Francfort ou environ : elle étoit divisée en deux Branches, celle de Munzenberg & celle de Luchtemberg. Comme les Comtes de ces deux Branches avoient embrassé la Religion Luthérienne , ils entrérent en 1610. dans l'Union Protestànte , & en 1634. dans la Ligue que les Etats Protestans des quatre Cercles firent avec la France & la Suéde : ce qui porta l'Empereur Ferdinand Second l'année suivante à excepter nommément les deux Branches de cette Maison de l'amnistie portée par la paix de Prague. Depuis cela la Branche de Munzenberg s'est éteinte en 1641. ensorte que ses biens sont passez à celle de Luchtemberg.

On les avoit pendant ces troubles dépouillez des Bailliages de Baubenhauffen , de Bischoffsheim, d'Amsteeg & de Wistat: mais par un article particulier du Traité d'Osnabrug confirmé par celui de Munster , il fut dit que ceux de cette Maison seroient rétablis dans ces trois Bailliages.

Les Comtes de Hanau-Luchtemberg possédent encore en fief de l'Eglise de Metz les terres & Seigneuries de Bouchewiller, Inchwiller & Oezeinstein, avec plusieurs Villages qui en dépendent , & diverses autres terres en Alsace. Comme le Roi pouvoit prétendre la Souveraineté sur les terres de ces Comtez en vertu de la cession qui lui étoit faite par le Traité de Munster de la Souveraineté sur le district de l'Evêché de Metz, & sur l'Alsace , l'Empereur comprit dans le Traité les Comtes de Hanau parmi ceux que le Roi seroit tenu de laisser en possession de leur liberté & de leur dépendance immédiate de l'Empire ; sans préjudice néanmoins du droit de souverain domaine qui avoit été cédé à la France.

Cette restriction a été cause que la Chambre Royale de Metz & le Conseil Souverain de Brisac n'ont pas laissé de les condamner par des Arrêts des 15. Juillet & 9. Août 1680. à faire reprise de l'Eglise de Metz pour les Seigneuries de Bouchweiller , d'Inchweiller , & d'Oezeinstein & leurs dépendances , & à reconnoître le Roi pour leur Souverain tant pour raison de ces Seigneuries que des autres qu'ils possédoient en Alsace.

Les Comtes de Hanau sont nommez dans l'article quinziéme du Traité fait à Riswick entre le Roi & l'Empereur parmi ceux qui suivant l'article quatriéme du même Traité doivent être rétablis dans leurs Etats : mais comme l'article quatriéme porte que ce rétablissement ne regarde que les lieux & droits situez hors de l'Alsace , il semble qu'il ne doive point avoir lieu à leur égard.

Comtes de Solms.

Comme ces Comtes , qui s'étoient fait Protestans, avoient toujours été dans les partis contraires à l'Empereur, ils souffrirent pendant la guerre d'Allemagne plusieurs dommages qui furent réparez par les Traitez de Westphalie.

Pour bien entendre les articles de ces Traitez qui concernent ces Comtes , il est nécessaire de savoir que la Maison de Solms s'est divisée en plusieurs Branches dont entr'autres il y en a une qui a sa résidence à Braunfeltz & une autre à Hohen-Solms.

Jean-Albert qui avoit sa résidence à Braunfeltz, avoit le quart de la Ville de Butzbach & quatre villages dans le voisinage de cette Ville , dont les autres trois quarts appartenoient aux Landgraves de Hesse-Darmstat & aux Comtes de Canigstein : cependant Louïs Landgrave de Hesse-Darmstadt se rendit maitre de toute cette Ville en 1623. pendant que le Comte de Solms étoit dans les intérêts de l'Electeur Palatin ; & la Landgrave de Hesse-Cassel s'en empara encore depuis en 1645.

Il fut dit par un article du Traité d'Osnabrug confirmé par celui de Munster, que le Comte Jean-Albert seroit rétabli dans la quatriéme partie de la Ville de Butzbach & dans les quatre Villages voisins.

La Branche de Solms-Hohensolms avoit aussi été dépouillée en 1637. par George Landgrave de Hesse-Darmstat de plusieurs biens & droits qui lui appartenoient , & au sujet desquels elle avoit depuis été obligée de transiger avec ce Landgrave.

Il fut dit par ces mêmes Traitez que la Maison de Solms-Hohensolms seroit rétablie dans tous ses biens & droits , sans avoir égard à cette transaction , & sans préjudice des droits de ce Landgrave.

Comtes d'Isembourg.

Les Comtes d'Isembourg & de Budingen ont leur Pays partie dans le Cercle du haut Rhin & on apelle ce canton le haut Isembourg ; l'autre partie qu'on appelle le bas Isembourg est dans le Cercle Electoral du Rhin.

Ces Comtes suivirent différens partis pendant les guerres d'Allemagne : il y avoit en 1621. & dans les années suivantes un Comte d'Isembourg qui avoit un Régiment dans les troupes d'Espagne , qui vinrent dans le Palatinat & dans la Westphalie pour le service de l'Empereur : mais les Comtes qui portoient le surnom de Budingen, suivirent le parti contraire à celui de l'Empereur : ce qui fut cause que l'Empereur Ferdinand II. excepta nommément par le Traité de Prague les Comtes d'Isembourg-Budingen de l'amnistie ; & les ayant déclarez déchus de leurs Etats tant par caducité que pour le crime de Leze-Majesté qu'ils
avoient

avoient commis , il les donna en la même année à George Landgrave de Darmſtat qui y avoit déja quelques droits ; & d'autres Seigneurs voiſins s'emparérent auſſi ſous divers prétextes de presque tout le reſte de leur Pays.

Par une transaction paſſée en 1642. ce Landgrave rendit aux Comtes d'Iſembourg leur Comté , à la réſerve de trois Villages & demi : il ſe réſerva auſſi-bien qu'à ceux de ſa Maiſon l'expectative au deffaut d'enfans mâles dans la Maiſon d'Iſembourg avec faculté d'en prendre cependant les qualitez. Lorsqu'on traita la paix de Weſtphalie les Comtes d'Iſembourg firent leur poſſible pour faire annuller cette transaction , comme ayant été extorquée par la force : mais ils n'en purent venir à bout.

Il fut dit par le Traité d'Oſnabrug confirmé par celui de Munſter , que les Comtes d'Iſembourg jouïroient de l'amniſtie générale accordée par les ſecond & troiſiéme articles de ce Traité , ſans préjudice néanmoins des droits que George Landgrave de Heſſe & autres pouvoient avoir contr'eux.

Ainſi les Landgraves de Darmſtat ſont demeurez poſſeſſeurs d'une partie du bas Comté d'Iſembourg , & mettent entre leurs qualitez celles de Comtes d'Iſembourg & de Budingen.

Rhingraves.

Les Rhingraves , c'eſt à dire Comtes du Rhin , ſont ainſi nommez parce que leurs ancêtres étoient Comtes d'un petit Pays ſitué près de Vormes qu'on appelloit particuliérement le Rhingau ou Canton du Rhin. Les Comtes de Salm Chefs d'une des Branches de cette Maiſon ont toujours été fort attachez aux intérêts de l'Empereur , & ont mérité que Ferdinand Second les élevât à la Dignité de Princes.

Au contraire les Rhingraves de la Branche de Morchingen , Othon-Louïs & Jean-Philipe furent toujours dans le parti contraire à l'Empereur ; ils entrérent dans le Traité d'Hailbron & dans les autres qui furent faits enſuite par les Etats des quatre Cercles avec la France & la Suéde ; & moururent au ſervice de ces deux Couronnes.

Charles Duc de Loraine prit ce prétexte pour dépouiller le Rhingrave Jean fils d'Othon-Louïs de la plus grande partie des terres de ſa Maiſon ; entr'autres des Bailliages de Troneck & de Wildembourg , & de la Seigneurie de Morchingen.

Il fut dit par le Traité d'Osnabrug confirmé par celui de Munſter que ces Comtes ſeroient rétablis dans ces deux Bailliages & dans cette Seigneurie & leurs dépendances , & dans tous les droits que les voiſins avoient uſurpez ſur eux.

Le Duc Charles tarda long-tems à faire cette reſtitution ; ce qui obligea le Rhingrave à préſenter un mémoire aux Députez de l'Empire aſſemblez en 1652. à Ratisbonne pour les prier d'écrire au Roi , afin qu'il obligeât ce Duc à exécuter en ce point les Traitez de Weſtphalie : les Députez ayant fait ce que le Rhingrave ſouhaitoit , il rentra enfin dans la poſſeſſion de ſon bien.

Comtes de Sain & de Witgenſtein.

Louïſe-Julienne Comteſſe d'Erbach ayant épou-ſé Erneſt Comte de Sain , dont le Pays eſt ſitué dans le Cercle du haut Rhin , en eut outre pluſieurs filles un fils nommé Louïs duquel elle fut tutrice après la mort de ſon mari. Ce jeune Comte étant mort en 1636. il y eut conteſtation pour ſa Succeſſion entre les fréres d'Erneſt , Comtes de Witgenſtein oncles paternels de Louïs , qui prétendoient le devoir recueillir , & la Comteſſe ſa mére qui s'en mit en poſſeſſion tant comme Douairiére qu'au nom de ſes filles Erneſtine & Jeanne ſœurs &c , à ce qu'elle prétendoit , héritiéres de Louïs.

D'autre part les Electeurs de Tréves & de Cologne s'emparérent de la plus grande partie des terres de Louïs qu'ils prétendirent être revenues à leurs Egliſes par ſa mort. Le premier de ces Electeurs conſerva par une transaction Sain & quelques autres Bailliages , & rendit le reſte à la Comteſſe. L'Electeur de Cologne duquel les Comtes de Sain tenoient en fief le Bailliage & le Château de Hackenbourg , prétendit auſſi que ce fief étoit ouvert par la mort de Louïs , & s'en étant emparé par la force des armes , il en donna l'inveſtiture à François-Guillaume de Wartemberg Evêque d'Osnabrug. Les Comtes de Sain & de Witgenſtein , & la Comteſſe Douairiére ſe plaignirent en 1636. de cette invaſion , & obtinrent un Mandement pour être rétablis en la poſſeſſion de ce Bailliage & de ce Château : cependant les choſes demeurérent toujours au même état juſqu'à l'aſſemblée de Weſtphalie , où la Comteſſe demanda ſon rétabliſſement dans les lieux dont elle avoit été dépoſſédée.

Il fut dit par un article ſpécial de ces Traitez , que cette Comteſſe ſeroit rétablie dans la Ville , Château , & Bailliage de Hackenbourg avec leurs appartenances , & dans le Village de Bendorf ; ſans préjudice des droits que d'autres y pouvoient avoir.

Le procès entre les Comtes de Witgenſtein & leurs niéces a depuis été jugé au profit de ces derniéres ; enſorte que Erneſtine a eu Hackenbourg & Jeanne Altenkircher.

Comtes de Falkenſtein.

Les Comtes de Falkenſtein étoient diviſez en deux Branches ; celle qui prenoit le ſurnom de Broich , parce que les Comtes de cette Branche faiſoient leur réſidence dans un Château de ce nom ; & celle appellée particuliérement de Falkenſtein , parce que ceux de cette Branche avoient dans leur partage le Comté de Falkenſtein qui eſt ſitué en Alſace , & reléve en fief du Duc de Loraine.

Emicon étant mort le dernier mâle de cette Branche , ſa ſucceſſion fut diſputée entre les enfans de ſa ſœur Sidonie & d'Axel Lewenhaupt Comte de Raibourg Suédois de nation , qui prétendoient que Falkenſtein étoit un fief féminin ; & Guillaume-Ulric de la Branche de Broich qui le prétendoit maſculin. Ce dernier en fut inveſti par le Duc de Loraine en 1642. qui l'en dépouilla l'année ſuivante ſous prétexte de quelque droit qu'il y avoit : ce différend donna lieu à un Comte de Manderſcheid-Kail qui avoit épouſé une petite-fille d'Axel Lewenhaupt & de Sidonie de Falkenſtein de renouveller les prétentions des Lewenhaupt ſur ce Comté ; & ayant fait appeller Guillaume-Ulric au Parlement de Loraine ſéant à

Sirck,

Sirck, il y obtint en 1646. un Arrêt par lequel ce Comté fut adjugé aux Lewenhaupt.

Dans le projet de Traité que les Etats Catholiques proposérent en 1647. ils demandérent entr'-autres chofes que ce Duc fût confervé dans les droits qu'il avoit fur Falkenftein : mais on ne voulut point juger ce procès dans les affemblées de Weftphalie ; fi bien que comme on vouloit feulement rétablir les chofes en l'état auquel elles étoient avant les troubles , laiffant à un chacun la liberté de pourfuivre fes droits par la voye de la juftice , on fe contenta par un article du Traité d'Osnabrug confirmé par celui de Munfter , de dire que les Château & le Comté de Falkenftein feroient rendus à qui ils appartenoient de droit.

Le Comte de Manderfcheid n'ayant pas laiffé de fe mettre en poffeffion de ce Comté, Guillaume-Ulric s'en plaignit en 1653. à la Diette de Ratisbonne ; mais fes plaintes ayant été inutiles , & ayant perdu un fils unique qu'il avoit , il vendit vers l'an 1667. fon Comté au Duc de Loraine qui le donna au Prince de Vaudemont fon fils qui en jouït jufqu'à ce que les Comtes de Lewenhaupt & de Manderfcheid-Kail obtinrent en 1681. un Arrêt de la Chambre Royale de Metz , en vertu duquel ils furent mis en poffeffion du Comté de Falkenftein.

La Baronie de Reipoltz-Kirken fituée dans le Hunsdruck , & la Seigneurie de Bretzenheim fituée près de Crucenak appartenoient auffi aux Comtes de Falkenftein : les Comtes de Lewenhaupt-Raibourg, & de Manderfcheid-Kail plaidérent auffi contre le Comte Guillaume-Ulric pour raifon de cette Baronnie & de cette Seigneurie; & ce dernier vendit en 1642. à Alexandre Comte de Velen la Seigneurie de Bretzenheim qui eft un fief de l'Archevêché de Cologne. Ce Comte fe mit en poffeffion de cette Seigneurie par la faveur de l'Electeur de Cologne.

Il fut encore dit par ces mêmes Traitez que les Comtes de Raibourg furnommez Lewenhaupt feroient maintenus dans les droits qu'ils avoient fur le Bailliage de Bretzenheim & fur la Baronie de Reipoltz-Kirken fituée dans le Hunsdruk , & fur leurs dependances.

Les Comtes de Velen iffus d'Alexandre fe maintirent en la poffeffion de Bretzenheim , jufqu'à ce qu'ils en furent chaffez en 1681. par les Comtes de Lewenhaupt & de Manderfcheid en vertu d'un Arrêt de la Chambre Royale de Metz.

Comtes de Waldeck.

Il paroît par la lettre que les Proteftans affemblez à Leipfic écrivirent à l'Empereur Ferdinand II. en l'année 1631. que les Comtes de Waldeck fe plaignoient de plufieurs injuftices & exactions qu'on leur avoit faites de fa part , & de l'autorité que fes Généraux & autres s'attribuoient dans l'Empire pour l'exécution de l'Edit de cet Empereur pour la reftitution des Biens d'Eglife ufurpez par les Proteftans, en vertu duquel on avoit dépouillé ces Comtes de plufieurs Biens d'Eglife dont ils s'étoient emparé : c'eft pourquoi ils entrérent en cette année dans la Ligue qui fut faite en cette même Ville de Leipfic.

Par le Traité d'Osnabrug confirmé par celui de Munfter, cette Maifon fut rétablie en poffeffion des droits qu'elle avoit fur la Seigneurie de Didinghaufen , & dans les Villages de Niedernau, de Lichtenfcheid , de Defeld , & de Nidernfchleidern , de même qu'elle en jouïffoit en 1624.

Ce Traité termina encore un différend qui provenoit de ce que les Comtes de Waldeck étant demeurez attachez aux intérêts de l'Empereur Ferdinand II. Maurice Landgrave de Heffe-Caffel leur avoit caufé bien des dommages, ce qui les avoit obligez à intenter à la Chambre Impériale une action pour l'infraction de la paix publique, & pour être dédommagez de toutes les pertes qu'il leur avoit caufées.

Guillaume V. fils & Succeffeur de Maurice termina en quelque maniére ce différend par une transaction qu'il paffa avec Chriftian & Wolrard de Waldeck le 11. Avril 1635. cependant il faut bien que cette action ne fût pas entiérement éteinte , & que George Landgrave de Darmftat eût intérêt qu'elle fe pourfuivît toujours ; puisque nous venons de voir que la Landgrave de Caffel demanda qu'on arrêtât ces pourfuites, & que l'Empereur le lui promit dans les conditions d'accommodement qu'il propofa en 1647. pour affoupir les différends d'entre les Maifons de Caffel & de Darmftat.

Le Landgrave George ayant ratifié cette transaction par le Traité qu'il fit avec la Landgrave le quatorziéme jour du mois d'Avril 1648. on inféra dans les Traitez de Weftphalie que cette transaction feroit exactement obfervée en vertu du Traité de paix , & obligeroit les Princes de Caffel & les Comtes de Waldeck.

L'Empereur Léopold a eu tant de fatisfaction de la conduite de George-Frédéric Comte de Waldeck , qu'il lui donna en 1682. la qualité de Prince de l'Empire.

Comtes de Linange & de Daxbourg.

Les Comtes de Linange font divifez en deux Branches, celle de Linange-Daxbourg qui eft Catholique ,& celle de Linange-Wefterbourg qui eft de la Religion Proteftante. Les premiers ont toujours été fort attachez aux Empereurs; ce qui obligea l'Empereur Ferdinand III. d'avoir foin de leurs intérêts dans deux articles des Traitez de Weftphalie.

La liberté de ces Comtes eft fi bien établie qu'il n'y a qu'eux , les Barons de Limbourg , & les Seigneurs de Reis qui prennent le titre de *Semperfrey* c'eft à dire toujours libres. Ils avoient leurs Biens dans le Pays qu'on nomme à préfent le bas Palatinat avant même que les Comtes Palatins fuffent venus s'y établir, & y euffent fait les acquifitions qui lui ont fait donner dans la fuite le nom de Palatinat : ainfi comme les terres de ces Comtes font mêlées avec celles de l'Electeur Palatin, ils avoient lieu de craindre qu'il ne les voulût troubler dans la poffeffion de plufieurs droits confidérables , dont ils jouïffent depuis plufieurs fiécles, & qui leur ont été confirmez par les Empereurs.

Par un article du Traité de Munfter & d'Osnabrug il fut dit expreffément que l'Electeur Palatin & fes Succeffeurs ne troubleroient point les Comtes de Linange & de Daxbourg dans la poffeffion seffion de leurs droits. Ces Comtes avoient encore des prétentions sur le Comté de Sarwerde du chef de Catherine Comtesse de Naffau-Sarwerde qui avoit épousé Emicon VII. du nom un de leurs ancêtres: ils s'étoient pour ce sujet rendus parties intervenantes dans l'inftance pendante en la Chambre de Spire entre les Ducs de Loraine & les Comtes de Naffau-Sarbruck.

En même tems qu'il fut dit par un article des Traitez de Weftphalie que les Comtes de Naffau-Sarbruck feroient rétablis dans le Comté de Sarwerde, on réferva expreffément les droits que les Comtes de Linange-Daxbourg y pouvoient avoir, & auxquels on marqua que cette reftitution ne feroit point préjudice.

Comtes ou Barons de Flekenftein.

Les Comtes ou Barons de Flekenftein poffédent dans l'Alface des terres qui avant les troubles d'Allemagne relevoient immédiatement de l'Empire: c'eft pourquoi ils fouhaitérent d'être compris dans le Traité de Munfter parmi ceux que le Roi devoit laiffer dans leur liberté, & dans leur dépendance immédiate de l'Empire: mais comme on ajouta, ainfi qu'aux autres, que cette déclaration ne feroit aucun préjudice au droit de fouverain domaine qui avoit été cédé au Roi par ces mêmes Traitez, cela fut caufe que le Confeil féant à Brifac condamna le Baron de Flekenftein à reconnoître le Roi pour Souverain par l'Arrêt du 9. Août 1680.

Comtes d'Oberftein.

Les Comtes d'Oberftein relévent de l'Evêché de Metz; cependant ils furent nommez dans l'article du Traité de Munfter qui comprend ceux qui doivent être maintenus dans leur dépendance immédiate de l'Empire: mais comme d'une part ils n'avoient jamais relevé de l'Empire, mais de l'Evêché de Metz, dont la Souveraineté a été cédée au Roi par ce même Traité; & que d'autre part, comme je l'ai marqué plufieurs fois, il eft porté dans le même article que cette déclaration ne fera point de préjudice au droit de fouverain domaine cédé à Sa Majefté, cela n'a pas empêché qu'Emich Comte de Linange & de Daxbourg Adminiftrateur de ce Comté n'ait été condamné par Arrêt de la Chambre Royale de Metz du 7. Novembre 1680. de rendre la foi & hommage à cette Eglife, & de reconnoître le Roi pour fon Souverain.

Comtes de Suabe.

Les Comtes de Furftemberg & de Fugger qui font du Cercle de Suabe & Catholiques portérent les armes pour le fervice de l'Empereur pendant les troubles d'Allemagne: il y a apparence que l'Empereur fut auffi très-content du procédé des Comtes de Sultz qui font auffi de ce Cercle, & tiennent en fief de l'Empereur la charge de Préfidens du Bailliage de Rotweil; puisque nous voyons que Ferdinand III. fe tint ferme à ne point vouloir confentir à l'abolition de ce Tribunal, particuliérement pour l'intérêt de ces Comtes, auxquels il ne voulut point ôter cette Dignité. Mais à l'égard des autres Comtes de Suabe, comme ils font la plupart Proteftans, ils fuivirent presque tous le parti contraire à l'Empereur, qui excepta nommément de l'amniftie de Prague les Comtes d'Eberftein, d'Oetingen, & de Juftingen qui font de ce Cercle: cette exclufion fut levée par l'amniftie générale accordée par la paix de Weftphalie, à laquelle on trouva encore néanmoins à propos de mettre un article particulier pour le rétabliffement des Comtes d'Oetingen.

Comtes d'Oetingen.

La Maifon des Comtes d'Oetingen a fon bien dans le Cercle de Suabe, & eft divifée en deux Branches dont la première a confervé le nom d'Oetingen & eft Luthérienne, & la feconde a pris le furnom de Wallerftein & eft Catholique.

Ceux de la première Branche avoient toujours été dans le parti contraire à l'Empereur, pour cela ils avoient été exceptez de l'amniftie accordée en 1635. par le Traité de Prague, & dépouillez d'une grande partie de leurs biens.

Par un article exprès des Traitez de Weftphalie on convint que le Comte Joachim-Erneft d'Oetingen feroit rétabli dans toutes les chofes Eccléfiaftiques & féculiéres dont fon pére jouïffoit avant les troubles d'Allemagne.

L'Empereur Léopold a élevé en 1674. à la dignité de Prince Albert-Erneft Chef de cette Branche, fon frére, & leurs defcendans.

Comtes de Franconie.

Les principaux Comtes de Franconie font ceux de Caftel, d'Hohenloe, de Louveftein, d'Erbach, de Limsbourg, & de Schwartzembourg: ces derniers ont été apparemment plus attachez que les autres aux intérêts des Empereurs, puisque l'Empereur Léopold leur a donné en 1697. le titre de Princes; mais à l'égard des autres ils font Proteftans. Ils entrérent dans les Traitez de Hall, de Leipfic, & d'Hailbron; ce qui leur fit perdre une grande partie de leurs biens: ils furent rétablis par l'amniftie, & la reftitution générale portée par les Traitez de Weftphalie: mais il y en eut quelques uns d'entr'eux qui crurent qu'il étoit néceffaire de faire mettre en ces Traitez des articles particuliers fur leur fujet; à caufe de quelques difficultez qui auroient pu faire obftacle à leur entier rétabliffement dans les biens qu'ils poffédoient avant les troubles.

Comtes de Hohenloe.

Ces Comtes ayant toujours été dans les partis contraires à l'Empereur, furent dépouillez d'une grande partie de leurs biens, entr'autres de la Seigneurie de Weickersheim fituée fur le Tauber, laquelle

quelle étoit entrée dans leur Maison par un mariage ; & de l'Abbaye de Scheffersheim dont ils s'é-
toient emparé avant les troubles.

On stipula par un article des Traitez de Westphalie, que cette Maison seroit rétablie dans tout
ce qui lui avoit été ôté ; nommément dans la Seigneurie de Weickersheim & en l'Abbaye de
Scheffersheim.

Comtes de Lœwestein.

Les Comtes de Lœwestein dont les terres sont
situées en Suabe & en Franconie, descendent de
Frédéric premier Electeur Palatin surnommé le
Victorieux ; & cependant ils n'ont point la qualité de Princes, parce que la femme de laquelle Frédéric eut leur auteur, n'étoit qu'une simple De-
moiselle : ils ne prenoient même le titre de Comtes que parce qu'il leur fut donné par l'Empereur
Frédéric III.

Cette Maison étoit ci-devant divisée en deux
Branches dont l'une conserva le nom de Lœwestein, & l'autre prit celui de Wertheim. Les deux
derniers Comtes de la Branche de Lœwestein nommez George-Louïs, & Jean-Casimir suivirent le
parti contraire à l'Empereur ; ils furent pour cela
dépouillez de leurs biens , que ce Prince fit confisquer & donna à d'autres : ils moururent, le premier ne laissant qu'une fille nommée Marie-Chris-
tine qui épousa Gabriel Oxenstiern Maréchal de
Suéde ; & l'autre mourut sans enfans d'une Dame Angloise qu'il avoit épousée.

Louïs Chef de la Branche de Wertheim mourut en 1611. laissant deux fils, dont l'un nommé
Christophe-Louïs prit le surnom de Wirnbourg
à cause d'un Comté de ce nom situé sur les confins des diocezes de Tréves & de Cologne que sa
femme lui apporta en mariage, professa toujours
la Religion Protestante, & fut dépouillé en vertu
de l'Edit de Ferdinand II. de quelques biens
d'Eglise qu'il possédoit : cela fut cause qu'il entra dans le parti contraire à l'Empereur, & fut pour
ce sujet dépouillé d'une grande partie de ses biens
que l'Empereur fit saisir, & donna à diverses personnes : il laissa entr'autres enfans un fils nommé
Frédéric-Louïs.

Le second fils de Louïs fut Jean-Théodoric qui
fut auteur de la Branche qui prend le surnom de
Rochefort : il se rendit Catholique , fut fort attaché au service de l'Empereur , & laissa un fils
nommé Ferdinand-Charles.

Lorsque l'on agita dans l'assemblée de Westphalie le rétablissement de ces Comtes, il y eut bien
de la difficulté sur ce sujet : Frédéric-Louïs &
Ferdinand-Charles contestant entr'eux & avec les
donataires la succession de leurs Cousins George-
Louïs, & Jean-Casimir : outre cela la fille du premier demandoit la succession de son pére ; & la
Veuve du second ses conventions sur les biens de
feu son mari.

Par les Traitez de Westphalie on convint que
Frédéric-Louïs seroit rétabli tant au temporel qu'au
spirituel dans tous ses Comtez & Seigneuries qui
avoient été séquestrées, confisquées , & cédées à
d'autres pendant la derniére guerre : que Ferdinand-
Charles seroit pareillement rétabli tant au spirituel
qu'au temporel dans tout ce qui avoit été séques-
tré, confisqué, & donné à d'autres , appartenant
à ses cousins George-Louïs, & Jean-Casimir, sans

préjudice des biens & des droits que Marie-Chris-
tine fille de George-Louïs pouvoit avoir dans l'hé-
ritage de ses pére & mére , & dans lesquels elle seroit pareillement rétablie : que la Veuve de Jean-
Casimir seroit aussi rétablie dans ses biens dotaux
& hipotéques ; & que ce seroit sans préjudice du
droit que Frédéric-Louïs avoit sur ces biens , en
cas qu'il en eût quelqu'un : ce qui seroit réglé par
une amiable composition ou par la voye de la
justice.

Maximilien-Charles Comte de Lœwestein fils de
Ferdinand-Charles a été suivant quelques uns élevé
par l'Empereur d'à présent à la Dignité de Prince,
& est depuis peu son principal Commissaire à la
Diette.

Comtes d'Erbach.

Les Comtes d'Erbach ont leur Comté situé en
Franconie : ils avoient conjointement avec la Maison de Lœwestein la moitié de la Seigneurie de
Breuberg qu'une fille d'un Comte de Lœwestein
avoit apportée en mariage à Eberard Comte d'Erbach ; mais George-Albert son fils fut dépouillé
de ces droits pour être entré pendant les troubles
d'Allemagne dans le parti contraire à l'Empereur, particuliérement en 1633. dans le Traité
d'Hailbron.

Par un Article du Traité d'Osnabrug il fut stipulé que la Maison d'Erbach , sur tout les héritiers du Comte George-Albert seroient rétablis dans
tous les droits qu'il y avoit conjointement avec
le Comte de Lœwestein tant à l'égard de la garnison & de son commandement , que des autres
droits civils.

Comtes de Westphalie.

Les Comtes d'Ost-Frise ou de la Frise Orientale, de Nassau-Hadamar & de Dillembourg , de
Benthem , de Barbi , d'Oldembourg , de Rheinstein, & de Lippe , sont du Cercle de Westphalie : mais ces trois premiers ont été tirez du Banc
des Comtes de l'Empire ayant été élevez à la Dignité de Princes par l'Empereur Ferdinand III. Les
Comtes de Nassau-Dillembourg & de Benthem entrérent en 1610. dans l'Union Protestante ; mais
lorsque tous les Comtes de ce Cercle s'assemblérent en 1619. pour voir s'ils se rangeroient du
parti de l'Electeur Palatin , comme presque tous
les Comtes des autres Bancs avoient fait : ceux-ci
ne conclurent rien & demeurérent ainsi dans la
neutralité : cependant dans la suite les Comtes de
Barbi & de Lippe entrérent en 1631. dans la Ligue de Leipsic. On n'inséra pas dans les Traitez
de Westphalie des articles particuliers pour leur rétablissement ; ces Comtes s'étant contentez de la
clause générale de l'amnistie : cependant il y a eu
dans ces Traitez des articles qui regardent les intérêts des Comtes de Nassau-Siegen, de Barbi,
d'Oldembourg, de Rheinstein, & de Lippe ; lesquels je crois nécessaire d'expliquer les uns après
les autres en peu de mots.

Comtes de Nassau-Siegen.

Tous les Comtes de la Branche de Nassau-Dil-
lem-

lembourg issus d'Othon second fils de Henri le Riche, descendent de Guillaume surnommé le Vieux fils de Jean surnommé le Jeune, & d'Elizabeth fille de Henri Landgrave de Hesse, & d'Anne héritiére du Comté de Catzenelnbogen & d'une partie de celui de Diets.

Guillaume eut deux fils qui laissérent postérité, savoir Guillaume & Jean. Guillaume est le fameux Prince d'Orange Fondateur de la République des Provinces-Unies, duquel & de ses descendans il sera parlé au commencement du sixiéme & dans tout le septiéme Chapitre de cet Ouvrage, & duquel il ne reste plus de mâles issus de lui.

Jean surnommé le Vieux laissa quatre fils nommez Jean, George, Casimir, & Jean-Louïs Auteurs des Branches de Siegen, de Dillembourg, de Diets, & d'Hadamar.

Jean surnommé le Mitoyen Auteur de la Branche nommée de Siegen, à cause d'une ville de ce nom située dans le Comté de Dillembourg où il établit sa demeure, eut plusieurs fils : il fit d'abord en 1607. un testament par lequel il établit le droit d'ainesse dans sa Maison ; mais en 1621. il révoqua ce premier testament, & en fit un autre par lequel il partagea ses Etats en trois portions, & laissa la première à Jean son fils ainé surnommé le Jeune, les deux autres à Guillaume son second fils & à Jean-Maurice son troisiéme fils, & des appanages aux autres avec faculté de succéder à ceux des trois ainez qui mourroient sans enfans. Jean surnommé le Jeune se fit Catholique, intenta action pour casser le second testament que son pére avoit fait au préjudice du droit d'ainesse qu'il avoit établi dans sa Maison, & mourut en 1638. laissant un fils nommé Jean-François-Desiré, & plusieurs autres enfans, dont la mére reprit cette instance, après que Guillaume leur oncle étant mort sans enfans, Jean-Maurice opta sa portion suivant qu'il lui étoit permis par le testament de leur pére, délaissa la sienne à Jean-Frédéric son frére cadet, & obtint en 1643. de l'Empereur des Commissaires pour juger cette affaire qui n'étoit point encore terminée, lorsqu'on passa les Traitez de Westphalie.

Il fut dit par l'article quatriéme du Traité d'Osnabrug, que l'on reprendroit la Commission Imperiale pour décider cette affaire par un accommodement à l'amiable, ou par une sentence juridique par devant un Juge compétent, & que cependant le Comte Jean-Maurice & ses fréres demeureroient sans aucun trouble dans la possession par eux prise pour leur cotte-part.

Le Conseil Aulique donna en conséquence le 15. Novembre 1649. un Arrêt définitif par lequel il déclara que le second testament de Jean le Mitoyen n'avoit aucun deffaut visible ; & qu'ainsi les parties devoient joüir chacune suivant qu'il y étoit porté, des parts qui leur y avoient été assignées : de sorte que chacun des trois fréres joüit de la portion qui lui étoit assignée par le testament de leur pére, & d'un tiers par indivis dans la Ville de Siegen.

Tous ces Comtes de la Branche de Dillembourg ont été faits Princes par l'Empereur Ferdinand III. en 1654. entr'autres Jean-Louïs Comte de Nassau-Hadamar qui embrassa la Religion Catholique, & fut un des Plénipotentiaires de l'Empereur à Munster.

Comtes de Barbi.

Les Comtes de Barbi étoient en procès contre le Chapitre de Magdebourg pour raison du Bailliage d'Eglen que ces Comtes prétendoient leur appartenir, & dont le Chapitre étoit en possession.

Nous avons vu ci-devant que pour indemniser en quelque maniére l'Electeur de Brandebourg de ce que l'Archevêché de Magdebourg dont on lui donnoit l'expectative, étoit diminué de quatre Bailliages qu'on cédoit à l'Electeur de Saxe, on lui attribua par le Traité d'Osnabrug le Bailliage d'Eglen pour en joüir aussi-tot après la paix conclue.

On décida par ce même Traité que le procès intenté depuis quelques années par les Comtes de Barbi pour raison de ce Bailliage demeurcroit éteint & supprimé ; desorte que ces Comtes déchurent ainsi de tout le droit qu'ils avoient.

Auguste-Louïs Comte de Barbi étant mort en 1659. le dernier de sa Maison, son Comté revint à Auguste Duc de Saxe-Querfurt & Administrateur de Magdebourg, dont les descendans le possédent encore.

Comtes d'Oldembourg.

Le Comté d'Oldembourg est situé sur la rive occidentale du Veser qui le sépare de l'Archevêché de Brême. Ces Comtes avoient souvent demandé aux précédens Empereurs qu'il leur plût leur permettre d'établir quelques péages sur le Veser ; mais ils ne l'avoient pu obtenir par les oppositions qu'y avoit formé la Ville de Brême qui est située sur cette même riviére, & qui prétendoit être en possession depuis plus de cinq cens ans du droit de défendre les chemins publics des deux côtez du Veser, & de conduire & reconduire les Marchands sur cette riviére jusqu'à la Mer : enfin l'Empereur Ferdinand Second du consentement des Electeurs accorda le dernier Mars 1623. à Antoine-Gontier d'Oldembourg un nouveau droit de péage sur le Veser, à la charge de le tenir en fief de l'Empire.

Ce Comte ayant commencé l'année suivante à lever ce péage à Elsflett où est le confluent du Veser & de la riviére de Hunte qui passe à Oldembourg, la Ville de Brême s'y opposa, & obtint une évocation de cette affaire au Conseil Aulique, où on plaida sur ce sujet avec chaleur de part & d'autre.

Enfin les Rois de Suéde & de Dannemarc ayant donné les mains à l'établissement de ce péage on convint par un article précis du Traité d'Osnabrug que les péages établis par l'Empereur du consentement des Electeurs, entr'autres celui qui avoit été accordé sur le Veser au Comte d'Oldembourg, demeureroient en leur force.

Les Villes Impériales voulurent protester contre cet article, lorsqu'on fit en 1649. l'échange des ratifications de ce Traité : mais l'Electeur de Mayence refusa de recevoir & d'enregistrer leur protestation ; & l'Empereur envoya en 1650. à la Ville de Brême un Mandement portant défense de

plus

plus troubler ce Comte en la poffeffion de ce péage ; & fur ce qu'elle prit les armes pour continuer de s'y oppofer, elle fut mife au Ban de l'Empire en 1652. & n'en fut déchargée qu'au mois de Septembre de l'année fuivante, après avoir donné caution de ne plus inquietter ce Comte fur ce fujet.

Le Comte Antoine-Gontier étant mort en 1696. fans enfans légitimes, ce péage paffa avec le Comté d'Oldembourg au Roi de Dannemarc qui en joüit préfentement.

Comtes de Reinftein.

Le Comté de Reinftein eft un fief de l'Evêché d'Halberftat ; néanmoins ce Comte avoit féance, ainfi que plufieurs autres de même nature, parmi les Comtes de l'Empire, contribuoit aux charges de l'Empire, & envoyoit aux Diettes.

La race de ces Comtes étant prête à manquer, le Chapitre d'Halberftat en accorda en 1583. l'expectative en fief à Henri-Jules Duc de Brunswick, qu'il avoit poftulé pour Evêque : cependant on prétendoit qu'il y avoit plufieurs deffauts dans cette conceffion ; & lorfque ce Comté vint à vaquer par l'extinction de la Maifon des Comtes, l'Archiduc Léopold qui étoit alors Evêque d'Halberftat fans avoir égard à cette expectative en inveftit en 1643. du confentement du Chapitre Guillaume Comte de Tattembach en Stirie.

On convint par le Traité d'Osnabrug que l'Electeur de Brandebourg auquel on cédoit l'Evêché d'Halberftat, feroit tenu de maintenir le Comte de Tattembach en la poffeffion de ce Comté, & de lui en renouveller l'inveftiture.

Guillaume Comte de Reinftein & de Tattembach comparut en conféquence de ce Traité par fes Députez à la Diette de Ratisbonne de l'année 1652. mais Jean Comte de Tattembach neveu & héritier du Comte Guillaume, ayant conjuré contre l'Empereur, & été condamné & exécuté à mort en 1670. comme criminel de Leze-Majefté, l'Electeur de Brandebourg fe mit en poffeffion du Comté de Reinftein, & s'y eft maintenu nonobftant les oppofitions des Ducs de Brunswick.

Nobleffe Immédiate.

Il y a deux fortes de Nobleffe en Allemagne, celle qu'on apelle Immédiate, parce qu'elle reléve immédiatement de l'Empire, & celle qu'on nomme Médiate, parce qu'elle reléve immédiatement de quelques Princes, & ne reléve ainfi que médiatement de l'Empire. Cette derniere Nobleffe eft répandue dans tous les Cercles de l'Empire, mais l'Immédiate ne fe trouve que dans les Cercles de Franconie, de Suabe, & du haut Rhin ; ce qui eft caufe que ces Nobles fe divifent en trois claffes fuivant ces trois Cercles : outre cela chaque claffe fe divife en cinq ou fix quartiers, qui ont chacun des noms & des Directeurs différens. Autrefois ces Nobles dépendoient des Ducs de Suabe, & de Franconie, ainfi que les Nobles répandus dans les autres Cercles dépendent des Princes de chaque Pays où ils font leur réfidence : mais les familles de ces Ducs étant péries fans que ces Duchez a-

yent été donnez à d'autres Princes, ces Nobles n'ont plus depuis ce tems-là relevé que de l'Empire.

Cette Nobleffe avoit deux principaux intérêts dans la négociation de la paix de Weftphalie ; le premier étoit le rétabliffement de ceux qui avoient été dépouillez de leurs biens pour avoir fuivi le parti contraire à l'Empereur pendant les troubles de Bohême & d'Allemagne, & pour avoir fait divers Traitez avec les étrangers : le fecond regardoit le pouvoir de réformer l'exercice de la Religion dans leur territoire ; lequel les Etats Catholiques leur conteftoient.

La plupart de ces Nobles étant Proteftans, étoient entrez dans le parti de Frédéric V. Electeur Palatin, & enfuite en 1631. dans la Ligue de Leipfic, & en 1633. à Haiibron dans un Traité avec la Couronne de Suéde.

Toutes ces démarches ayant extrémement déplu à l'Empereur, il leur en avoit fait fentir la peine, lorfqu'après la bataille de Nortlingue il étoit devenu maître de la campagne dans ces quartiers, ayant ôté les biens à plufieurs de cette Nobleffe, & les ayant donnez à d'autres.

Lorfqu'on s'affembla en Weftphalie pour y traiter de la paix générale les Nobles y envoyérent des Députez pour folliciter leur rétabliffement dans leurs biens, & ils l'y obtinrent de la même maniére que les autres Etats de l'Empire.

Il fut auffi dit que la Nobleffe libre & immédiate de l'Empire joüiroit, à l'égard de fes fujets & de fes biens immédiats en ce qui concernoit la Religion & les avantages qui en defcendent, des mêmes droits que les Electeurs, Princes, & Etats de l'Empire.

J'ai déja marqué ailleurs que l'Empereur ftipula encore dans ce même Traité, que l'Electeur Palatin laifferoit la Nobleffe Libre de l'Empire qui demeuroit en Franconie, en Suabe, & au Cercle du Rhin, dans leur dépendance immédiate de l'Empire. On ftipula auffi dans le Traité de Munfter en faveur de la Nobleffe Immédiate d'Alface, qu'elle feroit maintenue dans la poffeffion de fa liberté & de fa dépendance immédiate de l'Empire : mais, par la même raifon que j'ai déja marqué dans ce Chapitre au fujet des Comtes de Hanau, de Flekenftein, & autres, cela n'a pas empêché qu'elle n'ait été condamnée le 9. Août 1680. par un Arrêt Souverain de Brifac à réconnoître la Souveraineté du Roi, qui lui étoit confervée par le même article du Traité de Munfter que je viens de citer.

Villes de l'Empire en général.

Lorfque les Plénipotentiaires de France & de Suéde furent arrivez à Munfter & à Osnabrug en l'année 1645. ils invitérent les Villes Impériales même les Médiates d'y envoyer leurs Députez, puifqu'elles avoient auffi-bien que les autres Etats de l'Empire intérêt à ce qui feroit réfolu dans ces affemblées. Ces Députez s'étant donc rendus en Weftphalie y maintinrent le mieux qu'ils purent les droits des Villes, & obtinrent qu'on inférât dans les Traitez de paix les articles dont je vais parler, en commençant par ceux qui regardent toutes les Villes de l'Empire tant Impériales que Médiates ; après quoi j'expliquerai fucceffivement

ceux

ceux qui concernent les seules Villes Impériales en général, puis ceux qui regardent les Villes Médiates tant en général qu'en particulier.

Plusieurs Villes de l'Empire Impériales & autres avoient été prises & reprises pendant les guerres tantôt par les Impériaux, tantôt par les François, les Suédois, les Bavarois, les Hessiens, & autres : plusieurs avoient suivi le parti contraire à celui de l'Empereur ou de leurs Seigneurs : enfin plusieurs de ces Villes avoient été privées pour ce sujet de partie de leurs priviléges :

Ainsi elles craignoient que quelques uns de ces Princes qui les avoient prises pendant les guerres, ne prétendissent avoir acquis en conséquence quelque droit sur elles ; que l'Empereur ou leurs Seigneurs ne les punissent un jour de leur rébellion ; enfin qu'elles ne demeurassent privées de leurs priviléges qui leur avoient été ôtez pour ce sujet.

Pour ôter à ces Villes ces Sujets de crainte, on inséra dans les Traitez d'Osnabrug & de Munster un article portant qu'aucune Ville ne souffriroit de préjudice pour avoir été prise ou occupée par l'une ou par l'autre des parties qui étoient alors en guerre : qu'elles joüiroient toutes tant de l'amnistie générale que des autres avantages qui leur étoient accordez par ces Traitez : enfin qu'elles seroient maintenues dans la possession & joüissance des droits & priviléges tant dans les choses sacrées que profanes, dont elles joüissoient avant ces troubles ; sans préjudice néanmoins du droit de Supériorité & de ses dépendances, qui appartenoient à chacun de ceux qui en étoient Seigneurs.

Villes Impériales en général.

Plusieurs prétendent qu'avant le tems de l'Empereur Sigismond qui parvint à l'Empire en 1410. les Villes Impériales n'avoient point séance dans les Diettes de l'Empire : mais, quoi qu'il en soit, on convient que depuis cet Empereur ces Villes y firent un troisiéme Collége, & que leurs Députez y opinérent de même que les Députez des Electeurs & des Princes font dans leurs Colléges : cela dura ainsi jusqu'à ce que du tems de Charles-Quint les Electeurs & les Princes commencérent de contester aux Villes le droit de voix décisive, voulant qu'elles n'eussent que celui de voix consultative ; & la chose n'avoit point été décidée définitivement jusqu'à l'assemblée de Westphalie, où les Protestans soutenant les intérêts de ces Villes qui ont embrassé pour la plupart la Confession d'Ausbourg, mirent entre leurs griefs, qu'on leur avoit disputé le droit de donner leur suffrage décisif par Collége.

Comme les Villes Impériales s'attachent ordinairement dans les Diettes aux sentimens des Empereurs, à cause de la protection qu'elles en espérent contre les Princes de la domination desquels elles se sont soustraites, l'Empereur Ferdinand III. ne résista pas à maintenir les Villes dans ce droit non plus que dans les autres droits qui leur appartiennent légitimement.

Ainsi on convint par le Traité d'Osnabrug que les Villes Impériales auroient voix décisive dans les Diettes générales & particuliéres, de même que les autres Etats de l'Empire : qu'il ne seroit point

touché à leurs droits régaliens ni à leurs revenus, libertez, priviléges de confisquer & de lever des impôts, & aux autres droits qu'elles avoient obtenus des Empereurs & de l'Empire, ou possédez avant ces troubles pendant un long-tems : qu'elles auroient une entiére jurisdiction dans l'enclos de leurs murailles & dans leurs territoires : enfin que toutes les choses qui avoient été faites ou pouroient être faites au contraire à l'avenir par représailles, arrêts, empêchemens de passage ou autrement, seroient annullées.

Lorsqu'on tint en 1653. la Diette de Ratisbonne, le Collége des Villes y demanda en vertu de ce Traité, d'être admis à la relation & correlation, de même que les deux Colléges Supérieurs en usent entr'eux : mais les Electeurs ni les Princes ne voulurent point les admettre à ce droit, de peur que lorsqu'ils seroient de contraire avis, les Villes se mettant de l'un des deux côtez ne prétendissent emporter la résolution de la Diette de ce côté-là par la pluralité des voix : ils ont seulement consenti que le Collége des Villes joüiroit de la voix décisive ; en sorte que quand les deux Colléges Supérieurs seroient d'accord, il n'y auroit rien de conclu à la Diette, à moins que le Collége des Villes ne fût aussi de même avis.

La chose en est demeurée en ces termes, si bien que lorsque le Collége des Villes est d'un avis différent de celui des deux autres nomme Supérieurs, il faut s'en rapporter à l'Empereur, ou terminer la chose par accommodement.

Nous avons encore vu ci-devant que les Villes Impériales furent confirmées dans le droit de réformer la Religion dans leurs territoires. Ainsi je ne répéterai rien de tout ce qui est porté par le Traité d'Osnabrug sur ce sujet.

Les Villes Impériales avoient aussi demandé que les Princes ne pussent fortifier aucune nouvelle place ni y mettre garnison, & qu'on démolît toutes les forteresses bâties depuis l'année 1618. & qui étoient suspectes aux voisins pour leur sureté, & aux Sujets pour la conservation de leurs priviléges : mais les Princes rejettérent cette proposition trouvant extrêmement mauvais de ce que les Villes qui pour la plupart avoient usurpé leur liberté, voulussent à présent donner la loi à leurs Seigneurs dans leurs propres territoires. Ainsi on ne mit rien sur ce sujet dans les Traitez de Westphalie.

Villes Impériales du Banc du Rhin.

Les Villes de l'Empire se divisent en deux Bancs celui du Rhin & celui de Suabe. Je commencerai par les Villes du Banc du Rhin qui sont au nombre de vingt-quatre ou vingt-cinq ; entre lesquelles sont Cologne, Aix-la-Chapelle, Strasbourg, Lubec, Spire, Haguenau, Colmar, Schelestat, Weissembourg sur le Rhin, Landau, Oberenheim, Kaisersberg, Munster au Val St. Grégoire, Rosheim, Turcheim, & Brême. Il est parlé de toutes ces Villes dans les Traitez de Westphalie, hormis de Cologne & d'Aix-la-Chapelle ; cependant je ne laisserai pas de faire mention de la conduite que la première tint pendant la guerre d'Allemagne, & de ce qui fut agité dans la négociation de Westphalie au sujet de la seconde.

Cologne.

Cologne.

Cette Ville doit à l'Empereur Orhon III. sa liberté & les priviléges dont elle joüit; elle s'est toujours confervée très-ferme dans la Religion Catholique, & a perpétuellement refufé aux Proteftans l'exercice de leur Religion dans l'enceinte de fes murailles & dans fon territoire : elle n'entra pas néanmoins dans la Ligue Catholique, & refufa dès le commencement de la guerre d'Allemagne les troupes que les Efpagnols lui offrirent pour fa défenfe. C'eft ce qu'elle fit remontrer en 1632. au Roi Guftave pour obtenir de lui la neutralité; mais il n'y eut point de Traité fait avec ce Roi pour ce fujet, parce qu'il vouloit qu'avant toute chofe elle permît à ceux de la Confeffion d'Ausbourg l'exercice de leur Religion dans l'enclos de fes murailles & dans tout fon territoire, à quoi elle ne voulut jamais confentir : ainfi cette Ville leva des troupes pour fa défenfe particuliére, & témoigna pendant la guerre plus d'inclination pour le parti de l'Empereur que pour celui de fes Ennemis.

Aix-la-Chapelle.

Les Proteftans qui demeuroient dans cette Ville s'étant foulevez en 1613. contre le Sénat qui étoit Catholique, lui abrogérent fon autorité, & créérent un nouveau Sénat qui étoit Proteftant : cela obligea l'Empereur Mathias de mettre cette Ville au Ban de l'Empire, & de commettre l'exécution du Ban à fon frére l'Archiduc Albert qui envoya en 1614. le Marquis Ambroife Spinola avec une armée confidérable pour réduire cette Ville, comme il fit : après quoi il rétablit le Sénat Catholique, & interdit aux Proteftans l'exercice de leur Religion dans cette Ville.

Lorfqu'on traita de la paix générale à Osnabrug, quoi qu'on fût convenu de rétablir les chofes concernant la Religion en l'état auquel elles étoient en 1624. les Proteftans demandérent au mois de Mars 1647. que ce terme n'empêchât pas qu'on n'eût auffi égard à ceux qui avoient souffert avant cette année ; & que nommément l'exercice de leur Religion fût rétabli à Aix-la-Chapelle : les Catholiques confentirent à la suite que les Proteftans y puffent bâtir un Temple hors la Ville ; cependant il n'y en a eu rien d'écrit dans le Traité : de forte qu'il femble que l'exercice de la Religion y doive, ainfi que dans les autres Villes, être réglé fuivant l'état de l'année 1624. pendant laquelle il n'y avoit point en cette Ville d'autre exercice que celui de la Religion Catholique.

Strasbourg.

Cette Ville fituée dans l'Alface craignit que le Roi acquerant en toute Souveraineté par le Traité de Munfter le droit que l'Empire & la Maifon d'Autriche avoient fur le Landgraviat d'Alface, fa Majefté ne prétendît devenir par ce moyen Souverain de leur Ville : ainfi fes Magiftrats voulurent qu'elle fût expreffément nommée dans le Traité parmi celles qui devoient demeurer dans la liberté & dans la dépendance immédiate de l'Empire dont elles avoient joüi jufqu'alors; mais en même tems la force de cette claufe fut détruite par l'addition que Mr. Servien fit inférer à la fin de ce même article, portant que cette déclaration ne diminueroit en rien le fouverain Domaine qui avoit été cédé au Roi. Ainfi cette Ville reconnut en 1681. comme il a été marqué ci-devant, le Roi pour fon fouverain Seigneur & Protecteur, & reçut fes troupes : elle fut laiffée au Roi pendant vingt ans par le Traité de tréve conclu à Ratisbonne le 14. Août 1684. enfin elle lui fut cédée abfolument par le Traité de Riswick.

Lubec.

Lorfqu'on céda par le Traité d'Osnabrug la Ville de Vismar & les Bailliages de Poel & de Newen-Clofter à la Couronne de Suéde, l'Empereur eut foin d'excepter nommément de cette ceffion les Villages de Schedorf, de Weidendorf, de Brandenhaufen, & de Wangern qui dépendent de l'Hôpital du St. Efprit de la Ville de Lubec.

Spire, Veiffembourg fur le Rhin, & Landau.

Ces trois Villes & quelques autres fe plaignirent à l'affemblée de Weftphalie que plufieurs perfonnes d'autorité les avoient obligées par force pendant les guerres de paffer à leur profit des obligations pour des fommes confidérables qu'elles ne devoient point, & demandérent d'être déchargées des fommes contenues dans ces obligations.

On convint par un Article du Traité d'Osnabrug que toutes les promeffes & obligations que ces Villes & autres avoient paffées par force, feroient nulles, & que ceux au profit desquels elles avoient été faites ne s'en pourroient fervir. Les Proteftans fe plaignirent même que ceux de Weiffembourg qui étoient de leur Religion, ne tiroient aucune utilité des revenus des Biens d'Eglife fituez dans les Etats Proteftans.

Villes d'Alface.

Nous avons vu ailleurs que l'Empereur, l'Empire, & la Maifon d'Autriche cédérent à la France en toute Souveraineté la Préfecture Provinciale des dix Villes d'Alface, qui font Haguenau, Colmar, Schekeftat, Weiffembourg fur le Rhin, Landau, Oberenheim, Rosheim, Munfter au Val St. Grégoire, Kaifersberg, & Turkeim. Ces Villes s'oppoférent le plus qu'elles purent à cette ceffion ; mais tout ce qu'elles obtinrent fut qu'on mit dans le Traité une claufe pour la confervation de leur liberté & de leur dépendance immédiate de l'Empire, pareille à celle que nous venons de voir au fujet de Strasbourg : cependant comme il fut auffi marqué que cette claufe ne feroit pas néanmoins

moins préjudice au droit de souverain domaine qui avoit été cédé au Roi, encore que Ferdinand IV. & l'Empereur Léopold se fussent obligez par leurs capitulations de conserver ces dix Villes dans la dépendance immédiate de l'Empire, le Roi n'a pas laissé en vertu du Traité de Munster de s'en faire connoître pour Souverain, & de les conserver.

Brême.

Il y à long-tems que les Archevêques de Brême prétendent que cette Ville reléve d'eux : elle entra dans le siécle passé dans la Ligue de Smalcade ; ce qui fut cause que Charles-Quint lui ordonna en 1550. de s'accommoder avec son Archevêque. Cela n'ayant pu se faire à l'amiable, ils entrérent en un procès qui n'est point encore terminé ; ce qui n'empêcha pas que l'Empereur Ferdinand III. ne donnât en 1641. place à cette Ville dans la Diette de Ratisbonne, & ne l'appellât à l'assemblée de Westphalie, ainsi que les autres Villes Impériales.

Lorsque l'Empereur & l'Empire cédérent par le Traité d'Osnabrug à la Couronne de Suéde l'Archevêché de Brême pour le posséder en titre de Duché, ils stipulérent expressément que la Ville de Brême, son territoire, & ses sujets, seroient laissez dans l'état où elle étoit alors, & dans la liberté, les droits, & les priviléges tant dans les choses Ecclésiastiques que Politiques dont elle jouïssoit : que si elle avoit quelques différends avec le Duché ou les Chapitres, ils seroient terminez à l'amiable ou par voye de justice, chacun demeurant cependant dans la possession dans laquelle il étoit alors.

Lorsqu'on s'assembla en 1653. à la Diette de Ratisbonne, les Ministres de Suéde s'efforcérent d'empêcher que cette Ville n'y eût séance parmi les Villes Impériales ; mais les Etats lui adjugérent cette séance pour le possessoire, ainsi que cette Ville l'avoit éue dans les précédentes Diettes, mais sans préjudice du pétitoire.

Les Suédois ont continué de contester à cette Ville sa dépendance immédiate de l'Empire ; & il a été marqué ci-devant vers la fin du Chapitre troisiéme que ceux de cette Ville convinrent en 1666. de s'abstenir d'envoyer des Députez pendant le reste du siécle passé.

L'Empereur faisant en 1627. un Traité de Ligue avec l'Electeur de Brandebourg, ils stipulérent entr'autres choses que la Ville de Brême seroit maintenue en l'état auquel elle étoit alors, & dans sa liberté : ce qui fait connoître l'intérêt que l'Empereur prenoit à ce que les Suédois ne réduisissent pas cette Ville sous leur obéïssance.

Ceux de Brême auroient pu, suivant le Traité de 1666. envoyer des Députez à la Diette depuis la fin du siécle précédent ; mais ils ne l'ont pas voulu faire par considération pour la Couronne de Suéde.

Villes Impériales du Banc de Suabe.

Lorsque la Suabe avoit des Ducs particuliers, ainsi que les autres Provinces de l'Empire, les Villes de ce Cercle relevoient de ces Ducs, & ne dépendoient que médiatement de l'Empire : mais lorsque le Duché de Suabe fut réuni à l'Empire par la mort de Conradin dernier Duc de Suabe, ces Villes ne relevérent plus que de l'Empire, & firent un Banc particulier d'environ trente Villes, entr'autres, Ausbourg, Kaufbeuren, Biberac, Wangen, Lindau, Ravensbourg, Pfulendorf, Reutlingen, Gemond, Weillestat, Hailbron, Dunkelspiel, Buchau, Offenbach, Gengenbach, Zell sur Hammerspach, & Rotweil : dans la suite quinze ou seize autres Villes ayant aussi acquis la liberté, on les aggregea à celles de Suabe ; ensorte qu'on les compte aussi parmi les Villes du Banc de Suabe, quoi qu'elles soient situées hors du Cercle de Suabe, comme Ratisbonne, Nuremberg, Weissembourg dans le Nortgau, & autres.

Je marquerai successivement ce qui fut ordonné dans les Traitez de Westphalie au sujet des Villes du Banc de Suabe que je viens de nommer.

Ausbourg.

Comme ce fut à Ausbourg que les Protestans présentérent en 1530. à l'Empereur Charles-Quint leur Profession de foi, à laquelle ils donnérent pour cela le nom de Confession d'Ausbourg, ils ont toujours eu beaucoup de considération pour cette Ville, dont presque tous les habitans, surtout ceux de moindre considération, se firent Luthériens en 1533.

L'Empereur Charles-Quint fit en 1548. une Constitution appellée de son nom Caroline, par laquelle il rendit aux Patriciens le gouvernement de cette Ville que le peuple leur avoit ôté ; si bien que comme la plus grande partie des Patriciens étoient Catholiques, le Sénat & presque tous les Magistrats se trouvérent de cette Religion. Maurice Electeur de Saxe chassa de cette Ville en 1552. le Sénat Catholique qui fut peu après rétabli par Charles-Quint : ensorte qu'on y laissa aux Luthériens l'exercice de leur Religion ; ce qui leur fut encore confirmé par des transactions passées en 1584. & 1591. entre les habitans de l'une & de l'autre Religion.

Le Roi de Suéde étant entré dans Ausbourg en 1631. y rémplit tout le Sénat de Luthériens ; mais Ferdinand II. s'étant rendu maître de cette place, y rétablit le Sénat Catholique : & la chose resta en cet état jusqu'à l'assemblée de Westphalie, où le Député d'Ausbourg prit place parmi les Catholiques. Cela déplut extrêmement aux Protestans qui prétendoient que n'y ayant à peine que la diziéme partie des habitans de cette Ville qui fût Catholique, elle devoit plutôt être regardée comme Luthérienne que comme Catholique : ainsi sous prétexte que les Protestans y avoient souffert diverses vexations de la part des Catholiques, ils demandérent comme l'unique reméde à ce mal, que le Sénat fût mi-parti en nombre égal des deux Religions. Les Impériaux & les Etats Catholiques résistérent long-tems à cette demande, offrant seulement que les Luthériens occupassent autant de places dans le Sénat & dans les autres charges qu'ils en occupoient en 1529. lorsque la Ville avoit été réformée, ou même en 1555. lorsque la paix d'Ausbourg avoit été faite : mais comme les Suédois & les Protestans tinrent ferme à leur propo-

posipofition, les Impériaux furent obligez d'accorder cet article nonobftant les oppofitions des Catholiques.

Ainfi on convint que des deux Préfidens & des cinq Sénateurs qui compofent le Confeil fecret de cette Ville, il y auroit un Préfident & trois Sénateurs Catholiques & un Préfident & deux Sénateurs de la Confeffion d'Ausbourg : de forte que les Catholiques y auroient une voix de plus que les Proteftans ; ce que les Suédois & les Proteftans voulurent faire croire qu'ils avoient accordé en faveur de l'Empereur : mais ils y firent en même tems ajouter cette claufe, que fi les Catholiques abufoient de la pluralité des voix au préjudice de ceux de la Confeffion d'Ausbourg, on rendroit cette place de cinquiéme Sénateur alternative entre les deux Religions. Du refte on ordonna que le petit Sénat & les autres Jurifdictions dont les offices feroient en nombre pair, feroient mipartis de l'une & de l'autre Religion : que lorsque des charges demanderoient des offices en nombre impair, il y auroit une des charges alternative entre les deux Religions : qu'il en feroit ufé de même, lorsque les charges feroient uniques : que chaque parti auroit foin de fes Temples & de fes Ecoles : que les Sénateurs Catholiques furnuméraires conferveroient l'honneur & les profits de leur Dignité ; mais n'auroient plus de voix dans le Sénat : que les Officiers feroient élus par ceux de leur Religion : qu'on n'auroit point d'égard à la pluralité des voix dans les affaires concernant l'élection des Magiftrats ; & que les tranfactions des années 1584. & 1591. feroient obfervées entant qu'elles ne feroient point contraires à cette difpofition.

Les Sénateurs d'Ausbourg firent plufieurs oppofitions à cette égalité qu'ils foutenoient n'avoir jamais été pratiquée dans leur Corps ; & ils prétendirent que leur Ville n'étoit pas de pire condition que les autres qui avoient droit de fe gouverner elles mêmes fuivant qu'elles le jugeroient à propos : mais les Luthériens trouvant que leur parti avoit acquis un grand avantage en obtenant cette égalité dans Ausbourg, ne s'en voulurent point relâcher. Ainfi la chofe fut exécutée au mois d'Août 1649. & les Senateurs Catholiques furnuméraires furent dépoffédez.

Dunkefpiel, Biberac, & Ravensbourg.

La Ville de Biberac entra en 1530. dans la Ligue de Smalcade ; mais depuis cela les Catholiques devinrent les plus forts dans le Sénat de cette Ville auffi-bien que dans ceux des Villes de Dunkelfpiel & de Ravensbourg ; quoi que la plus grande partie des habitans fuffent Luthériens. Les Proteftans voulant donc favorifer ceux de leur fecte, & empêcher, à ce qu'ils difoient, qu'ils ne fuffent opprimez par les Magiftrats Catholiques, demandérent que le Sénat de ces Villes fût auffi-bien que celui d'Ausbourg compofé d'un nombre égal de ceux des deux Religions.

Les Impériaux y ayant donné les mains, on convint qu'à l'égard des biens, des droits, & de l'exercice de la Religion, on fuivroit l'état auquel les chofes étoient au premier Janvier 1624. mais que pour les dignitez des Sénateurs & autres charges publiques, il y auroit nombre égal de chaque Religion. Ces trois Villes proteftérent contre les Traitez de Weftphalie un peu avant qu'ils fuffent fignez.

Kaufbeuren.

Les habitans de cette Ville qui eft fituée en Suabe, avoient pour la plus grande partie embraffé la Confeffion d'Ausbourg avant la tranfaction de Paffaw : mais Maximilien Electeur de Baviére en avoit par ordre de Ferdinand II. chaffé les Magiftrats & les Miniftres Luthériens, & établi que le Sénat fût à l'avenir compofé de Catholiques.

Lorsqu'on traita la paix de Weftphalie, les Proteftans s'étant plaints que ceux de leur Religion y étoient maltraitez par les Magiftrats Catholiques, il fut ordonné par le Traité d'Osnabrug que cette Ville & les autres où les deux Religions s'exerçoient, & qui avoient fouffert quelque chofe par la voye de la juftice ou autrement depuis l'année 1624. foit à l'égard de l'exercice de la Religion ou des Biens d'Eglife dont elles s'étoient emparé avant ou depuis la paix de la Religion, ou même au fujet de leur gouvernement où on auroit apporté du changement à caufe de la Religion, feroient rétablies en l'état auquel elles étoient au premier Janvier 1624. tant pour les chofes facrées que profanes : & qu'un des deux partis ne pourroit plus troubler l'autre dans l'exercice de fa Religion.

Kaufbeuren ne fut pas nommé dans les Traitez de Weftphalie parmi les Villes dont le Sénat devoit être mi-parti des deux Religions : cependant quelques Auteurs tiennent que cela ne laiffe pas de s'y obferver à l'exemple des autres Villes dont je viens de parler. Cette Ville protefta contre les Traitez de Weftphalie, ainfi que les précédentes.

Lindau & Weiffembourg dans le Nortgau.

Les Electeurs & les autres Etats de l'Empire voulant empêcher que l'Empereur ne devienne plus puiffant, l'obligent par les Capitulations de confirmer les engagemens faits par les autres Empereurs aux Electeurs & aux autres Etats de l'Empire, de plufieurs biens & droits régaliens qui appartenoient cidevant aux Empereurs ; & de laiffer les Etats dans une paifible poffeffion de ces biens & droits : cependant les Députez de Lindau & de Weiffembourg dans le Nortgau fe plaignirent aux affemblées de Weftphalie que les derniers Empereurs étoient rentrez dans plufieurs biens & droits autrefois engagez à ces Villes, lefquelles ils avoient obligé de reprendre les fommes pour lefquelles ces engagemens leur avoient été faits.

On convint par le Traité d'Osnabrug que cet article des Capitulations feroit obfervé, jufqu'à ce qu'il en fût ordonné autrement du confentement des Electeurs, Princes, & Etats de l'Empire ; & que les Villes de Lindau & de Weiffembourg dans le Nortgau feroient inceffamment rérablies dans ces biens & droits engagez qui leur avoient été ôtez.

On défigne ce Weiffembourg de Franconie par le Nortgau où il eft fitué, pour le diftinguer de l'autre Weiffembourg fur le Rhin qui eft fitué dans

dans le Wasgau , & est du nombre des dix Villes Impériales d'Alsace.

J'ajouterai encore au sujet de Lindau que dans le projet de paix que l'Empereur fit proposer en 1646. il demanda entr'autres choses qu'il lui fût permis de tenir garnison dans Lindau , tant que Brisac , l'Alsace, & le Suntgau demeureroient aux François auxquels il ne les offroit alors que tant que la Maison de Bourbon subsisteroit : mais les Protestans s'y opposérent , disant que les Princes de la Maison d'Autriche , tenant en ces quartiers les Villes foreftiéres , Willengen , Constance & plusieurs autres Villes, avoient assez de force pour arrêter les progrès des François, sans qu'il fût nécessaire de leur abandonner cette Ville Impériale. Ainsi elle fut nommée dans le Traité de Nuremberg parmi les premiéres places dont l'Empereur devoit retirer sa garnison, en exécution des Traitez de Westphalie.

Reutlingue & Hailbron.

Ces deux Villes sont encore nommées dans le Traité d'Osnabrug parmi celles qui avoient été obligées de passer des obligations qu'on déclara nulles ; de même que celles de Spire , & d'autres Villes sur le Rhin dont je viens de parler.

Offembourg , Gengenbach, Zell sur Hamersbach.

Quoique ces trois Villes soient Impériales, elles ne laissent pas de dépendre de la Préfecture d'Ortnau qui appartient à la Maison d'Autriche : les François s'en étoient saisis pendant la guerre d'Allemagne , & les tenoient encore lorsqu'on fit le Traité de Munster.

On convint par ce Traité que le Roi les remettroit à Ferdinand-Charles Archiduc d'Infpruck, en conséquence de leur dépendance de cette Préfecture : que le Roi n'y pouroit prétendre à l'avenir aucun droit , & que cette restitution n'apporteroit aucun nouveau droit sur ces Villes aux Princes de la Maison d'Autriche.

Ces trois Villes furent encore du nombre de celles qui protestérent contre les Traitez de Westphalie. Celles d'Uberlingue, de Rotweil, de Gemond , de Pfulendorf , de Wangen , de Weillestat, & de Buchau sur le Tederfée protestérent aussi contre ces Traitez, tant pour avoir été conclus sans leur participation , que parce que ces Villes étant presque toutes Catholiques elles voyoient avec beaucoup de regret & de douleur le désavantage que leur Religion trouvoit dans cette paix.

Villes Médiates.

Les Plénipotentiaires François & Suédois ne se contentent pas d'avoir obtenu que tous les Etats de l'Empire pussent envoyer des Députez à l'assemblée de Westphalie, demandérent que les Villes Médiates, comme Stralsund , Stetin , Vismar, Erfort , & autres pussent aussi y envoyer des Députez pour y proposer leurs demandes. Les Impériaux furent long-tems sans vouloir leur ac-

corder des saufconduits ; mais comme les François & les Suédois tinrent ferme à vouloir avoir des passeports pour ces Villes, qu'ils prétendoient aussi être comprises sous le nom de leurs alliez, & avoir autant d'intérêt à ces Traitez que les autres, le Comte de Trautmansdorff consentit à la fin de 1645. d'en donner à tous ceux qui en demanderoient , & on en mit en même rems entre les mains des Suédois pour les Villes d'Erfort & de Stralsund dont la première dépend des Electeurs de Mayence , & la seconde des Ducs de Poméranie.

Villes Hanséatiques.

Les Ministres de France & de Suéde ayant invité les Villes de Lubec, de Brême , & de Hambourg d'envoyer quelques personnes de leur part à l'assemblée de Westphalie, ces Villes auxquelles la Société des Villes Hanséatiques est à présent réduite , y envoyérent des Députez pour y avoir soin de leurs intérêts communs.

Ce fut particuliérement à l'instance de ces Députez qu'on inséra dans les Traitez de Westphalie les articles concernant le Commerce , desquels j'ai parlé ailleurs ; & un autre article spécial par lequel il fut dit que les Rois de Suéde laisseroient aux Villes Hanséatiques la liberté du Commerce & de la Navigation dans les Royaumes, Républiques, & Provinces étrangéres, tout ainsi qu'elles en avoient joüi avant cette guerre.

Les Princes se plaignirent en cette assemblée, que les Villes Hanséatiques avoient reçu dans l'association des Villes qui dépendoient des Princes, dans les Etats desquels elles sont situées : mais ces Villes prétendirent que cette réception ne faisoit aucun préjudice aux droits que ces Princes avoient sur elles ; de sorte qu'on n'en parla pas davantage.

Hambourg.

Je mets ici cette Ville entre les Villes Médiates , parce qu'elle n'a point de place parmi les Villes Impériales dans les Diettes , & qu'elle est obligée de rendre hommage aux Ducs de Holstein qui prétendent qu'elle reléve d'eux. Cette Ville ayant embrassé la Religion Luthérienne entra en 1535. dans la Ligue de Smalcade ; & elle se ligua encore en 1622. avec le Roi de Dannemarc contre l'Empereur.

Il y avoit autrefois dans cette Ville un Archevêque duquel les Evêques de Dannemarc dépendoient; mais dans la suite cet Archevêché ayant été transféré ailleurs, cette Ville n'eut plus qu'un Chapitre, lequel , ainsi que le territoire de Hambourg , dépendoit de l'Archevêché de Brême. L'Archevêché de Brême ayant été cédé à la Suéde avec tous ses droits, entr'autres ceux que les derniers Archevêques de Brême avoient sur le Chapitre & sur le dioceze de Hambourg, on stipula expressément par le Traité d'Osnabrug, que ce seroit sans préjudice du Chapitre & de la Ville de Hambourg qui conserveroient les priviléges, la liberté, & les droits dont ils étoient alors en possession.

Magde-

Magdebourg.

La Ville de Magdebourg eſt d'ancienneté ſujette à ſes Archevêques; mais comme elle étoit puiſſante, elle fit de tems en tems pluſieurs efforts pour ſe ſouſtraire à leur domination: elle entra dans la Ligue que les Villes Hanſéatiques avoient faite entr'elles, & prétendit être libre, au moyen d'un privilége qui lui avoit été donné par Othon I. le 7. Juin de l'année 940. & par lequel entr'autres cet Empereur lui donnoit droit de marché, de battre monnoye, de lever un péage, d'avoir un port ſur l'Elbe, & pluſieurs autres droits: & quoi que ce titre ſe ſoit perdu par le malheur des tems, cette Ville en a conſervé la tradition, & s'eſt toujours maintenue dans la poſſeſſion des droits qu'elle prétend y être contenus.

Les Archevêques Erneſt de Saxe & Albert de Brandebourg dans le ſiécle paſſé firent quelques transactions avec cette Ville; mais elle ne les obſ.rva point, ne voulant point s'aſtreindre à ſuivre ce que les Archevêques ordonnoient du conſentement de tous les Etats de l'Archevêché: & même depuis l'Archevêque Albert de Brandebourg, ils n'avoient point voulu rendre hommage à leurs Archevêques, & avoient toujours agi en Ville libre; en ſorte qu'elle envoyoit des Députez aux Diettes de l'Empire. Elle fit en 1615. avec les Etats Généraux un Traité d'alliance, qui fut néanmoins caſſé, parce que l'on jugea qu'une Ville Provinciale & ſujette à un Prince n'avoit pu faire un pareil Traité.

Cette Ville s'étant ſoulevée contre Ferdinand II. fut priſe d'aſſaut & preſque entiérement ruinée par le feu en 1631. la compaſſion qu'eut cet Empereur de la ruine de cette Ville qui étoit une des plus belles d'Allemagne, fut cauſe qu'il lui donna un privilége par lequel il lui permit de ſe fortifier, & lui accorda toute juriſdiction dans ſes fortifications & dans le territoire d'alentour juſqu'à un quart de lieue d'Allemagne: en ſorte qu'on ne pouroit point rebâtir les Fauxbourgs de cette Ville à ſon préjudice.

On fit de grandes plaintes à l'aſſemblée de Weſtphalie de ce privilége que l'Empereur avoit donné de ſon propre mouvement au préjudice de l'Archevêque de Magdebourg, qu'on privoit ainſi d'une partie des droits qu'il avoit ſur cette Ville; & même ſur les deux Villes de Neuſtadt & de Suiderbourg qui dépendoient de lui, & ſont fort proches de celle de Magdebourg, qui les vouloit compter au nombre de ſes Fauxbourgs. Cependant il fut dit par le Traité d'Oſnabrug que la Ville de Magdebourg conſerveroit ſon ancienne liberté, & que l'Empereur, après avoir été prié humblement par cette Ville, renouvelleroit les priviléges qui lui avoient été accordez par Othon I. & Ferdinand II. & qu'elle conſerveroit tous les autres droits, & priviléges dont elle jouiſſoit tant dans les choſes Eccléſiaſtiques que Politiques.

La Ville de Magdebourg prétendit en vertu de cet article la démolition de ces deux Villes qu'elle vouloit faire paſſer pour ſes Fauxbourgs, à cauſe qu'elles en ſont fort proches; mais elles s'en ſont défendues, ſoutenant qu'elles ont obtenu le privilége d'être des Villes particuliéres, & qu'elles

ne dépendent point de la Ville de Magdebourg, mais de l'Archevêque.

Lorsqu'on fit la paix de Weſtphalie, Auguſte ſecond fils de l'Electeur de Saxe étoit Adminiſtrateur de Magdebourg. On confirma par ces Traitez les droits & les priviléges de cette Ville; & on donna à l'Electeur de Brandebourg l'expectative de cet Archevêché, après la mort du Duc Auguſte. Il y eut une grande diſpute en 1653. à la Diette de Ratisbonne entre le Député de cette Ville qui ſe plaignoit de ce que l'Adminiſtrateur de cet Archevêché & les habitans de ſes Fauxbourgs Neuſtadt & Suiderbourg l'empêchoient de jouïr de ſes priviléges: mais ſur les repréſentations de l'Adminiſtrateur & des Députez de ces deux Villes, la Diette jugea que cette Ville devoit jouïr des priviléges que l'Empereur Othon lui avoit accordez; mais qu'elle devoit rendre hommage à ſon Prince, & qu'elle ne pouvoit empêcher que les habitans de Neuſtadt & de Suiderbourg réparaſſent leurs maiſons; pourvû que cela ne fit point de préjudice à ſes fortifications.

Cet Adminiſtrateur voulant rétablir ſon autorité dans cette Ville, obtint premiérement en 1663. qu'elle ne ſeroit plus apellée aux Diettes: mais ne pouvant en réſoudre les habitans à lui rendre hommage, il ſe mit en devoir en 1666. d'aſſiéger la Ville avec une armée commandée par le Général Spar & compoſée de ſes troupes & de celles de l'Electeur de Brandebourg qui y avoit auſſi intérêt à cauſe de cette expectative.

La Ville de Magdebourg n'étant pas en état de ſoutenir le ſiége, paſſa au mois de Juin avec le Général Spar un Traité, par lequel elle reconnut l'Adminiſtrateur & après lui l'Electeur de Brandebourg pour ſes Souverains; & elle promit de leur rendre hommage à l'un & à l'autre dans dix jours: elle s'obligea de recevoir une garniſon de mille hommes de troupes de l'Electeur de Brandebourg & de leur payer douze cens écus par mois pour leur ſubſiſtance. Moyennant cela ces Princes lui accordérent la plus grande partie de ce qu'elle demanda pour le rétabliſſement de ſon Commerce & la conſervation de ſes priviléges.

Ce Traité fut exécuté; la Ville reçut garniſon & rendit le 4. Juillet ſuivant l'hommage à l'Adminiſtrateur & aux Commiſſaires de l'Electeur de Brandebourg.

Minden.

La Ville de Minden reléve de ſon Evêque auquel elle rend hommage; & cependant elle jouïe de regales, de tous les droits tant dans les choſes ſacrées que profanes, de toute juſtice & juriſdiction dans les affaires civiles & criminelles, & particuliérement du droit de diſtrict ou banlieue. Comme l'on céda à l'Electeur de Brandebourg par le Traité d'Oſnabrug l'Evêché de Minden qui fut converti en une Principauté ſéculiére, cette ville craignit que ce nouveau Prince ne la laiſſât pas jouïr paiſiblement de ſes droits: mais on eut ſoin de les lui aſſurer par ce même Traité.

Il y fut dit que la Ville de Minden ſeroit maintenue dans tous ſes droits, dans l'exercice de ſa juriſdiction, & dans les uſages, immunitez, & priviléges qui lui appartenoient légitimement, touchant

chant ses anciens droits : que néanmoins les Villages & les Maisons situées dans l'enceinte de la Ville & dans son district, & qui appartenoient au Prince, au Chapitre, au Clergé, & aux Gentilshommes seroient exemts de la jurisdiction de cette Ville : & que d'ailleurs les droits du Prince & du Chapitre ne seroient point blessez.

Cette Ville rendit hommage à l'Electeur de Brandebourg au mois de Fevrier 1650.

Stralsund.

Cette Ville est dépendante du Duché de Poméranie qui avoit néanmoins obtenu de ses Ducs des priviléges fort considérables; en sorte qu'elle vivoit en une maniére de liberté. Elle fut la seule Ville d'Allemagne qui osa résister au Duc de Fridland Généralissime des armées de Ferdinand II. & lui refuser de recevoir une garnison : ce refus obligea ce Duc à assiéger cette Ville dont les habitans ayant appellé le Roi Gustave-Adolphe à leur secours & reçu garnison Suédoise, fournirent à ce Roi un prétexte pour porter la guerre en Allemagne.

Cette Ville demeura toujours entre les mains des Suédois jusqu'à la paix de Westphalie par laquelle on céda à la Couronne de Suéde la Poméranie Citérieure dans laquelle Stralzund est située : mais on stipula par le Traité d'Osnabrug que les habitans de cette Province particuliérement ceux de Stralzund seroient maintenus dans leur liberté telle qu'ils l'avoient alors, dans les droits & priviléges qui leur avoient été accordez ou qu'ils avoient acquis par un long usage, & dans l'exercice de la Confession d'Ausbourg.

Egra.

Egra étoit autrefois une Ville Impériale que l'Empereur Loüis V. engagea avec son territoire à Jean Roi de Bohéme moyennant vingt mille marcs d'argent : depuis cela elle est toujours demeurée unie au Roi de Bohéme.

Les Suédois dans leur replique & dans un projet de Traité de paix qu'ils proposérent, demandérent que cette Ville fût remise au nombre des Villes Impériales : mais l'Empereur s'y opposa, & cette Ville est restée entre ses mains en qualité de Roi de Bohéme.

Erfort.

La Ville d'Erfort est la Capitale du Landgraviat de Turinge; & a pour Souverains les Electeurs de Mayence qui lui ont donné le titre de la fille fidelle de l'Eglise de Mayence. Cependant ils ne purent empêcher que la plus grande partie de ses habitans n'embrassassent dans le seizième siécle la Religion Luthérienne.

Gustave-Adolphe Roi de Suéde s'étant emparé de cette Ville au commencement de la guerre d'Allemagne, les Protestans y tinrent pendant un longtems les Catholiques fort bas, & ne reconnurent cependant l'Electeur de Mayence qu'autant que bon leur sembla.

Les Protestans voulant tâcher de s'exemter à l'avenir de la domination d'un Prince Catholique, firent en sorte que lorsqu'on traita de la paix générale dans l'assemblée de Westphalie, les Suédois demandérent entr'autres choses que la Ville d'Erfort fût remise au nombre des Villes Impériales : mais Jean-Philipe de Schomborn Electeur de Mayence s'y étant opposé, la chose ne réüssit pas; & toutes choses ayant été remises en l'état auquel elles étoient avant les guerres, les Catholiques furent rétablis dans Erfort, & l'Electeur de Mayence rentra dans les droits de la Souveraineté qui lui appartenoit dans cette Ville.

L'origine des différends que cet Electeur eut avec cette Ville fut au sujet des priéres qu'il voulut que l'on fît publiquement au Prêche pour lui en qualité de Souverain; à quoi les Luthériens s'opposérent, prétendant que cela étoit contraire à leur liberté de conscience.

Lamprech un des principaux Magistrats de la Ville étant convenu de cette formule, à peu près comme l'Electeur le souhaitoit, en dressa & fit sceller un acte au nom du Sénat le 30. Novembre 1660. mais le peuple rejetta cet accord, & quoi que l'Empereur fit souvent avertir cette ville d'obéir, à peine du Ban, les habitans demeurérent fermes dans leur refus : ce qui obligea l'Empereur à la sollicitation de cet Electeur de mettre enfin cette Ville au Ban de l'Empire. Mais cela ne fit encore qu'aigrir le mal; car le Héraut étant venu dans la Ville pour y publier le Ban dans les formes ordinaires, il fut abbatu de son cheval, maltraité, & presque assommé par le peuple, qui fit couper la tête à Lamprech pour avoir approuvé la formule des priéres, & chassa quelques autres Magistrats qui avoient été d'avis que l'on obéît aux ordres de l'Empereur.

Ces emportemens furent cause qu'encore que les habitans se fussent dans la suite soumis à tout ce que l'Electeur souhaitoit d'eux, il ne voulut point recevoir leurs excuses, & résolut en conséquence du Ban Impérial de se rendre maitre de leur Ville, & de s'y faire effectivement reconnoître pour Souverain.

L'Electeur de Saxe envoya quelques troupes en garnison dans cette Ville qu'il déclara avoir prise sous sa protection; cependant l'Electeur de Mayence se confiant principalement à un Corps d'Armée que le Roi lui avoit envoyé sous la conduite du Sr. Pradel, ne changea point la résolution qu'il avoit prise, & fit assiéger cette Ville vers le milieu du mois de Septembre 1664. avec une armée composée tant de troupes Françoises que des siennes propres & de celles de l'Evêque de Munster & du Duc de Loraine.

Tous les Princes qui avoient promis de protéger la Ville d'Erfort, s'y entremirent plutôt pour l'accommoder avec son Prince que pour la secourir : ainsi les habitans ne voyant aucune apparence de recevoir promtement le secours qui leur étoit nécessaire, furent obligez d'envoyer dans le camp des assiégeans des Députez qui y conclurent le 15. Octobre leur Capitulation avec le Sr. Pradel Commandant les troupes du Roi & de l'Electeur, pour l'exécution du Ban Impérial, & le Baron de Reiffenberg Plénipotentiaire de l'Electeur.

Par cette Capitulation ces Députez convinrent qu'ils remettroient incessamment entre les mains de l'Electeur la forteresse de Kiriasbourg & deux portes

tes de la Ville: que les Srs. Pradel & Reiffenberg donneroient toute affurance aux habitans de la liberté de confcience: qu'ils intercéderoient auprès de l'Electeur pour en obtenir le pardon pour les perfonnes, excepté quelques uns qu'on réferva pour être remis à la difcrétion de l'Empereur & de l'Electeur: que ces conditions fignées de part & d'autre feroient préfentées à genoux à l'Electeur par les Députez, & que moyennant cela tous les actes d'hoftilité cefferoient, & les prifonniers feroient rendus fans rançon.

En conféquence de ce Traité les habitans ayant demandé pardon à l'Electeur & promis de fe foumettre à ce qu'il fouhaitoit d'eux, la Ville lui rendit hommage comme à fon fouverain Seigneur; lui fit & au Siége de Mayence le ferment de fidélité, & s'obligea de payer les frais du fiége: d'autre part l'Electeur & fon Chapitre confirmérent l'exercice de la Religion Luthérienne dans la Ville & dans le territoire d'Erfort en la maniére qu'il y étoit alors obfervé.

L'Electeur fit peu après bâtir une forte Citadelle dans cette Ville pour la tenir en bride, & il y rétablit l'exercice de la Religion Catholique avec toute la liberté & la pompe convenable, fans néanmoins troubler les Lutheriens dans l'exercice de leur Religion.

Oppenheim.

La Ville d'Oppenheim eft fituée dans le Palatinat au deçà du Rhin, & a autrefois été engagée par les Empereurs aux Electeurs Palatins. Comme la plûpart de fes habitans avoient dès avant l'année 1624. embraffé la Religion Luthérienne, les Luthériens craignirent que l'Electeur Palatin qui étoit Calvinifte, rentrant dans fes Etats, ne les troublât dans l'exercice de leur Religion: ainfi ils firent mettre expreffément dans l'article IV. du Traité d'Osnabrug que les habitans de cette Ville feroient confervez dans l'état Eccléfiaftique de l'année 1624.

Osnabrug.

Enfin cette Ville réléve de fon Evêque qui en eft Seigneur; en forte néanmoins qu'elle jouït de plufieurs priviléges, qui lui ont été accordez ou qu'elle a acquis par une longue poffeffion.

Les Suédois qui étoient fort libéraux de ce qui ne leur coutoit rien, demandérent dans le projet du Traité de paix qu'ils propoférent à l'affemblée de Weftphalie, qu'en confidération de ce que le grand ouvrage de la paix avoit été conclu en cette Ville, elle fût mife au nombre des Villes Impériales; mais les Ducs de Brunswick & les Catholiques qui devoient poffédér alternativement l'Evêché d'Osnabrug, s'y oppoférent; enforte qu'on ne toucha point à cet article.

Tout ce qui fut donc réglé par le Traité au fujet de cette Ville, fut que l'Evêque, après avoir reçu l'hommage des habitans, leur donneroit des lettres patentes par lefquelles il leur promettroit de leur conferver leurs droits & leurs priviléges.

Suiffes.

J'ajouterai encore ici l'article du Traité de Munfter qui regarde les Suiffes.

Lorfque la Monarchie Françoife fut démembrée dans la décadence des Rois iffus de Charlemagne, le Pays des Suiffes fit partie du Royaume de Bourgogne avec lequel il paffa enfuite aux Empereurs, lorfque Raoul dernier Roi d'Arles inftitua en 1033. pour fon héritier l'Empereur Conrad le Salique Duc de Suabe fon neveu: depuis ce tems-là quelques Villes qui relevoient immédiatement de l'Empire & des Cantons qui avoient fecoué le joug de leurs Seigneurs, s'étant liguez enfemble, rendirent hommage aux Empereurs & en obtinrent divers priviléges, entr'autres une exemption de la Jurisdiction de la Chambre de Spire, de celle de Rotweil, & du Confeil Aulique: enforte néanmoins qu'ils ne laifférent pas de reconnoître toujours la Souveraineté de l'Empire. Ainfi les Cantons Suiffes prêtérent encore en 1521. ferment de fidélité à l'Empereur Charles-Quint pendant la Diette de Vormes, & Zuric, Berne, Soleure, Fribourg, & les autres anciens Cantons y reçurent la confirmation de leurs priviléges: mais les Villes qui ne purent juftifier leurs exemtions, comme entr'autres les Villes de Bâle & de Schaffoufe furent inférées dans la matricule de l'Empire.

Ce fut apparemment ce qui donna lieu à la Chambre de Spire de décerner quelques Mandemens contre les habitans de Bâle & de quelques autres Cantons: tous les Cantons Suiffes, furtout les Proteftans témoignant avoir de l'indignation de cette entreprife, prirent ce prétexte en 1646. pour propofer d'envoyer à Munfter, où on traitoit alors la paix générale, des Députez pour fe plaindre de cet attentat. Mais leur plus grande inquiétude étoit fur le voifinage des François auxquels on parloit de céder l'Alface; ce qui leur étoit devenu fufpect: ainfi ils vouloient demander en même tems d'être compris dans le Traité de paix, & prendre garde qu'on n'y conclût rien à leur préjudice. Monfieur de Caumartin Ambaffadeur de France en Suiffe divertit alors ce coup, leur déclarant que le Roi qui étoit leur ancien allié, prendroit foin de leurs intérêts, & que n'y ayant que lui qu'on parlât d'approcher de leurs frontiéres, ils en devoient avoir de la joye, puifqu'il feroit plus en état de les protéger.

Néanmoins comme la Chambre de Spire continuoit fes procédures contre des habitans de Bâle, cette Ville envoya un de fes Magiftrats à Munfter pour vaquer à les faire ceffer: il y eut quelques Etats de l'Empire qui y formérent plufieurs difficultez, & voulûrent apporter diverfes modifications à l'exemption que les Suiffes demandoient; mais les Plenipotentiaires de l'Empereur & des Couronnes de France & de Suéde les rejettérent; & même l'Empereur publia le 14. Mai 1647. un Decret par lequel il déclara que la Ville de Bâle & les autres Cantons Suiffes étoient en poffeffion d'une pleine liberté & exemption de l'Empire, & n'étoient point fujets à fes Tribunaux ni à fes Juges.

Ce Decret ayant tranché toute la difficulté, il fut inféré & approuvé dans un article du Traité de Munfter entre l'Empereur & le Roi, par lequel on caffa tous les Arrêts donnez par la Chambre de Spire contre les Sujets des Cantons.

La Chambre de Spire ayant nonobftant cet article fait encore quelques procédures en 1650. contre les habitans de la Ville de Bâle, & donné des Mandemens en vertu defquels on arrêta de

leurs

leurs marchandifes, les Cantons s'en plaignirent à l'Empereur & à plufieurs autres Princes, & faifirent auffi par forme de repréfailles des marchandifes appartenantes à des fujets de l'Empire : mais l'Empereur appaifa encore ce différend, ayant donné des Mandements par lesquels il ordonna fous de grandes peines la reftitution des chofes faifies fur les Suiffes ; lesquels jouïffent ainfi préfentement d'une pleine exemption de l'Empire : enforte néanmoins qu'ils ont foin de l'excepter dans les Traitez qu'ils paffent avec d'autres Princes comme avec la France.

Ducs de Savoye.

Je paffe préfentement aux Princes d'Italie vaffaux de l'Empire, dont il eft parlé dans le Traité de Munfter, favoir les Ducs de Savoye, de Mantoue, & de Modéne.

Le Duc de Savoye reléve de l'Empire d'ancienneté pour la plus grande partie de fes Etats, & a féance dans le Colliége des Princes entre le Duc de Holftein-Gottorp & le Landgrave de Leuchtemberg.

Vincent de Gonzague II. du nom Duc de Mantoue fe voyant prêt de mourir, & voulant empêcher que les Duchez de Mantoue & de Montferrat ne fe féparaffent, maria la veille de fa mort qui arriva vers les fètes de Noel de l'année 1627. le Duc de Retel fils aîné de Charles de Gonzague Duc de Nevers fon héritier préfomptif avec la Princeffe Marie fa niéce qui étoit fille du feu Duc François fon frére aîné & de Marguerite fille de Charles-Emanuel premier du nom Duc de Savoye. Ce Duc eut un extrême chagrin qu'on eût ainfi difpofé de fa petite-fille fans fa participation ; d'autant plus qu'il avoit fait deffein de la marier avec fon fecond fils, & de fe rendre par ce moyen maître du Montferrat fur lequel il avoit déja plufieurs prétentions.

Le Roi Louïs XIII. fit ce qu'il pût pour appaifer le chagrin du Duc, & pour le porter à un accommodement raifonnable avec le nouveau Duc de Mantoue : cependant fes offices ne le purent empêcher de faire avec Dom Gonzales de Cordoue Gouverneur du Milanois un Traité par lequel le Roi d'Efpagne Philipe IV. & ce Duc partagérent entr'eux le Montferrat, dans lequel ils entrérent en même tems. Ce Duc fe faifit d'Albe, de Trin, & de plufieurs autres places ; & Dom Gonzales affiégea Cafal.

Le Roi voulant tirer d'oppreffion le Duc de Mantoue qui étoit né fon fujet, prit le chemin d'Italie pendant les premiers mois de l'année 1629. & ayant forcé le 7. Mars les retranchemens que le Duc de Savoye avoit faits pour lui empêcher le paffage des Alpes, il prit la Ville de Sufe, où il conclut le 11. Mars un Traité par lequel le Duc promit de ne plus rien attenter contre les Etats de Montferrat & de Mantoue, & d'entrer dans une Ligue avec le Pape, ce Roi, la République de Venife, & ce Duc de Mantoue pour la défenfe de leurs Etats & le repos de l'Italie : le Roi de fa part promit de lui faire céder par le Duc de Mantoue quinze mille écus de rente en fonds de terres dans le Montferrat, de la même condition que les douze mille que le Duc de Mantoue lui avoit offerts avant cette guerre.

Une armée de l'Empereur étant enfuite entrée en Italie, & les Efpagnols ayant remis en 1630. le fiége devant Cafal, le Cardinal de Richelieu fe mit en marche pour aller fecourir cette place, & fomma le Duc de Savoye de fe joindre à lui pour cet effet : mais ce Duc l'ayant refufé, & même de lui donner paffage & des vivres pour la fubfiftance de l'armée Françoife, le Cardinal craignant d'afamer l'armée s'il la faifoit paffer plus avant rompit avec le Duc, & s'empara de Pignerol.

Cette prife abbatit extrêmement l'humeur altiére du Duc, qui fit faire plufieurs propofitions pour la reftitution de Pignerol : mais le Cardinal lui fit déclarer que le Roi prétendoit retenir cette place, en conféquence des droits qu'il y avoit ; & que tout au moins il la garderoit durant quelques années pour la fureté des Traitez qu'on feroit avec lui. Les François s'emparérent enfuite de plufieurs places du Piémont, & de presque tout le Duché de Savoye, & ce Duc mourut plutôt de chagrin que de maladie vers la fin du mois de Juillet 1630. étant dépouillé de presque tous fes Etats.

La paix pour les affaires d'Italie ayant été conclue à Ratisbonne le 30. Octobre de la même année, l'Empereur & le Roi envoyérent à Querasque en Piémont leurs Plénipotentiaires pour régler les différends entre Victor-Amédée fils & Succeffeur de Charle-Emanuel & le Duc de Mantoue.

Ce nouveau Duc voyant tous les malheurs qui étoient arrivez à fon pére pour avoir abandonné le parti de la France, réfolut par les confeils de la Ducheffe fa femme & du Sr. Jules Mazarin Miniftre du Pape Urbain VIII. de fe réconcilier tout à fait avec cette Couronne, dont il reconnoiffoit par plufieurs exemples que les bonnes ou mauvaifes influences avoient toujours fait le bonheur ou le malheur de fes Etats : il trouva la Cour de France difpofée à fe réconcilier avec lui ; mais enforte néanmoins que le Roi vouloit retenir pour gage de fa bonne volonté la place de Pignerol que le Roi Henri III. avoit rendue avec beaucoup d'imprudence à fon ayeul Philibert-Emanuel, & qui donne aux François toutes les fois que bon leur femble une facile entrée dans le Piémont & dans toute l'Italie. Ce Duc après plufieurs difficultez y confentit ; à condition qu'outre les terres qu'il devoit avoir par les Traitez de Sufe & de Ratisbonne, le Roi lui en feroit avoir d'autres dans cette même Province pour la valeur de Pignerol, & dont fa Majefté donneroit au Duc de Mantoue un dédommagement en argent.

Le Roi ayant agréé cette propofition, ce Duc paffa à Querasque le 31. Mars 1631. avec le Maréchal de Toiras & Monfieur Servien Plénipotentiaires du Roi un Traité fecret, par lequel le Roi & ce Duc firent ensemble une Ligue défenfive : le Duc confentit que le Roi confervât en propriété & Souveraineté Pignerol, la Péroufe, & leurs dépendances ; à condition que par le Traité qu'on moyenneroit entre lui & le Duc de Mantoue, on lui adjugeroit en échange Albe & fon territoire : que ce que l'on donneroit au Duc dans le Montferrat vaudroit autant de revenu que Pignerol ; & que fi Pignerol valoit davantage le Roi payeroit au Duc la plus value : que le Roi fe chargeroit de récompenfer le Duc de Mantoue de ce que le Pays qu'on attribueroit au Duc fe trouveroit plus valoir que les quinze mille écus de rente

Q   que

que le Duc de Savoye devoit avoir dans le Montferrat : qu'il défendroit la personne & les Etats du Duc, & le maintiendroit en la possession de tous ses Etats, même de ceux qui lui seroient adjugez par les Traitez qu'on alloit faire à Querasque : que les deux fréres du Duc de Savoye viendroient en France & demeureroient pour otages, jusqu'à ce que ce Traité fût entièrement exécuté ; enfin qu'ils feroient la guerre conjointement à la République de Génes dans le tems & aux conditions portées plus au long dans ce Traité ; entr'autres que le Roi fourniroit au Duc à ses dépens douze mille hommes de pied & mille chevaux pour cette expédition.

En conséquence de ce Traité qu'on tint dans le dernier secret, les Plénipotentiaires du Roi maintenant foiblement les intérêts du Duc de Mantoue, passérent le 6. Avril suivant avec le Baron de Galas Plénipotentiaire de l'Empereur le Traité public de Querasque, par lequel ils convinrent que le Duc de Savoye se contenteroit pour toutes ses prétentions sur le Montferrat de terres & Seigneuries de la valeur de quinze mille écus d'or de rente en revenus anciens : qu'il auroit aussi les revenus nouveaux qui étoient dans ces mêmes terres, en payant leur prix au Duc de Mantoue suivant l'estimation qui en seroit faite , à raison de trois pour cent : que toutes les places seroient restituées de part & d'autre ; & que particuliérement les troupes du Roi sortiroient de Pignerol : que l'on mettroit de part & d'autre des otages entre les mains du Pape pour sureté des évacuations qu'on devoit faire réciproquement.

Ces mêmes Ministres dressérent & signérent au même lieu & le même jour un état des terres qui étoient assignées au Duc de Savoye dans le Montferrat conformément au précédent Traité ; elles étoient au nombre de soixante quinze, entre lesquelles les Villes de Trin & d'Albe étoient les principales : ils marquérent qu'elles valoient quinze mille cinquante écus de rente annuelle, & convinrent que le Baron Galas en feroit mettre le Duc de Savoye en possession.

En exécution de ces Traitez & des autres qui furent passez au même lieu de Querasque, toutes les places furent évacuées de part & d'autre ; & même tout le monde crut que Pignerol avoit aussi été évacué par les François suivant le certificat que le Comte de Verrue leur en donna : cependant comme le Cardinal de Richelieu ne vouloit point que le Roi se défaisît absolument du Château de Pignerol, il y demeura trois cens François si bien cachez que les Commissaires de l'Empereur & du Roi d'Espagne ne les apperçurent point ; desorte qu'ils signérent l'acte de remise de cette Ville, en conséquence duquel les otages François qu'on avoit mis entre les mains du Pape furent mis en liberté. Les terres que le Duc de Savoye devoit payer à celui de Mantoue, furent depuis estimées quatre cens quatre-vingts quatorze mille écus.

Pour trouver un prétexte à mettre Pignerol entre les mains des François, le Roi fit faire de grandes plaintes de ce que les Espagnols conservoient dans le Milanois un plus grand nombre de troupes que celui qu'ils avoient accoutumé d'y tenir pendant la paix, & contre ce qui étoit porté par le Traité de Querasque : il témoigna que cela lui donnoit lieu de juger qu'ils avoient dessein de faire bientôt une troisiéme invasion dans les Etats du Duc de Mantoue, & qu'il soupçonnoit le Duc de Savoye d'être de concert avec eux, & avec la Reine Mére & Monsieur le Duc d'Orleans son frére, qui s'étoient depuis peu retirez de France. Ainsi il fit faire par ses Ministres de fortes instances auprès du Duc de Savoye à ce qu'il lui promît de ne point prendre part à ces mauvais desseins, & qu'il lui mît entre les mains par forme de dépôt quelques places de Piémont qui lui pussent faciliter le passage quand il voudroit revenir au secours du Duc de Mantoue : & pour cacher le secret, il lui proposa de lui remettre Suse & Veillane, ou Pignerol & la Perouse, ou Savillan avec les terres qui sont sur le chemin pour y venir de France, ou Demont & Coni.

Le Duc de Savoye fit savoir au Gouverneur de Milan les demandes que le Roi lui faisoit, & le sollicita de lui envoyer incessamment des secours qu'il savoit bien qu'il n'étoit pas en état de lui donner : ainsi ce Gouverneur lui ayant fait connoître son impuissance, il assembla son Conseil & par son avis il conclut à Mire le 19. Octobre 1631. avec le Maréchal de Toiras & Monsieur Servien un Traité par lequel ils convinrent que le Duc n'assisteroit point ceux qui viendroient troubler le Royaume pendant l'absence de la Reine Mére & de Monsieur : qu'il livreroit passage aux François pour aller en Italie, si on attaquoit de nouveau le Duc de Mantoue, ou les Grisons : & que pour sureté de ce que dessus le Duc déposeroit le 21. du même mois la Ville & la Citadelle de Pignerol, les forts de la Perouse & de Ste. Brigite entre les mains des Suisses, auxquels on avoit consigné Suse en 1629. & qui jureroient de les tenir au nom du Roi par forme de dépôt pendant six mois, & de les rendre au Duc après ce terme ; à moins qu'il ne fût prorogé d'un commun consentement ; & que le Roi y pourroit mettre un Gouverneur François qui feroit le même serment.

Le lendemain de ce Traité le dépôt de Pignerol fut fait suivant qu'il y étoit porté ; & par un acte particulier on convint que le Roi pourroit mettre des François en garnison dans Pignerol au lieu de Suisses, dont on n'avoit parlé que pour moins effaroucher les Espagnols qui avoient approuvé deux ans auparavant qu'on mît une garnison Suisse dans Suse, & pour leur faire ainsi croire que le Roi n'étoit point pleinement maitre de cette place.

Tous les Princes d'Italie, & particuliérement les Venitiens ayant témoigné bien de la joye que Pignerol fût entre les mains des François, & souhaité que le Roi achetât cette place, afin qu'il pût contrepointer l'autorité du Roi d'Espagne en Italie, Sa Majesté ordonna au Maréchal de Toiras & à Mr. Servien de passer le contrat d'achat de Pignerol, de la Perouse, & de leurs dépendances ; ainsi qu'ils firent à Turin le 5. Juillet 1632. On prit pour prétexte de ce Traité que le Gouverneur de Milan augmentoit plutôt ses troupes que de les diminuer, & qu'il faisoit ainsi assez connoître qu'il prétendoit encore troubler le repos de l'Italie : de sorte que le Roi & le Duc jugeant nécessaire que Sa Majesté eût quelques places qui lui donnassent une libre entrée en Italie pour pouvoir empêcher l'exécution des desseins des Espagnols, le Duc par cet acte vendit au Roi la Ville & le Château de Pignerol avec son finage, y compris l'Abbaye, le Val de Lenise & le

fort

fort & vallée de la Perouse jusqu'à la riviére de Cluzon; à condition que cette riviére appartiendroit au Roi le long de ce confinage: que le Duc ne pourroit bâtir aucun fort entre Pignerol & la vallée de Pragelas au deça ni au delà du Cluzon: que le Roi acquitteroit le Duc de Savoye envers le Duc de Mantoue des quatre cens quatre-vingts quatorze mille écus qu'il lui devoit en exécution du Traité de Querasque; consentant que le Duc retirât les pierreries qu'il avoit consignées pour sureté du payement de cette somme, qu'il payeroit encore le surplus du prix de ces terres suivant l'estimation qui en seroit faite par des Commissaires nommez de part & d'autre, à raison de deux pour cent.

Par des articles secrets étant au bas de ce Traité, les Parties reconnurent qu'il étoit simulé & seulement pour le montrer au public, & qu'il n'y avoit que le Traité de Querasque du dernier Mars 1631. qui dût avoir lieu.

Cette vente de Pignerol déplut extrêmement à l'Empereur & aux Espagnols, dont le premier prétendoit que la Savoye étant un fief de l'Empire, le Duc de Savoye n'en avoit pu rien aliéner que de son consentement; & le Roi soutenant au contraire qu'il lui avoit été aussi bien permis d'acquérir Pignerol en Italie, qu'aux Espagnols d'y acquérir Final.

Le Comte de St. Maurice Ambassadeur de Savoye fit en 1633. de fréquentes instances à ce que le Roi payât les quatre-vingts quatorze mille écus qui étoient dus au Duc de Mantoue; qu'il payât aussi au Duc de Savoye cent soixante-huit mille quatre cens écus d'or auxquels la plus value de Pignerol avoit été liquidée, suivant les Traitez; & qu'il fît faire au plutôt le réglement des limites du territoire de Pignerol.

Ces instances ne plurent pas à la Cour de France qui s'excusa de payer les quatre cens quatre-vingts quatorze mille écus au Duc de Mantoue, sur ce que ne voulant point approuver les Traitez de Querasque, il ne vouloit point non plus les recevoir: elle fit naître encore diverses difficultez sur la valeur des écus qu'on devoit donner au Duc de Savoye pour la plus value de Pignerol, sur les termes & la maniére du payement qu'on lui en feroit, & sur les mots dans lesquels la quittance seroit conçue, le Duc voulant y inférer diverses clauses qui faisoient soupçonner qu'il avoit quelques vues de rentrer un jour dans la possession de Pignerol.

Cependant le Duc de Savoye se ligua en 1635. avec le Roi pour chasser les Espagnols du Milanois, duquel on lui promettoit de lui faire avoir une partie considérable: il vint en conséquence au siége de Valence que le Maréchal de Créqui assiégeoit, & mourut en même annnée, laissant la tutelle de François-Hiacinthe son fils ainé & son Successeur à Madame Royale sa femme, au préjudice du Cardinal de Savoye & du Prince Thomas ses fréres, qui prétendoient que la tutelle du petit Duc leur devoit appartenir.

Cette Princesse renouvella le 13. Juin 1636. le Traité de Ligue avec le Roi son frére: la Ville de Verceil fut prise par les Espagnols; & ce malheur fut suivi de la mort du Duc François-Hyacinthe.

Les Princes Maurice Cardinal & Thomas contestérent à la Duchesse la tutelle du nouveau Duc Charles-Emanuel second du nom son second fils,

& furent soutenus dans leur prétention non seulement par les Espagnols, mais aussi par l'Empereur Ferdinand III. qui après avoir envoyé à la Duchesse des lettres monitoriales par lesquelles il lui commandoit de renoncer à l'alliance de la France & de chasser les François de ses Etats, voyant qu'elle n'en faisoit rien, donna un Decret par lequel il adjugea la tutelle & la régence du jeune Duc au Cardinal Maurice & au Prince Thomas ses oncles. Ainsi nous avons vu que cet Empereur fut long-tems sans vouloir consentir qu'on donnât à cette Duchesse le titre de tutrice du Duc de Savoye & de Régente de ses Etats, qu'il désavoua le Baron de Lutzow son Plénipotentiaire pour lui avoir laissé donner cette qualité dans le Traité préliminaire de Hambourg de l'année 1641. & que cette difficulté fut cause qu'il ne ratifia ce Traité que l'année suivante après que les Princes Maurice & Thomas effrayez par les grands progrès des armées Françoises, & dégoutez des Ministres du Roi d'Espagne en Italie, qui leur faisoient chaque jour de nouvelles injures, eurent fait en 1642. un Traité avec la Duchesse leur belle-Sœur par lequel ils convinrent entr'autres choses qu'elle demeureroit seule Tutrice du Duc son fils & Régente de ses Etats. Les choses étant en cet état, l'Empereur accorda ses passeports avec ces qualitez; & le Prince Thomas ayant pris les armes pour le service de la France, & commandant les armées du Roi prit sur les Espagnols, Ast, Villeneuve-d'Ast, Trin & diverses autres places: il acheva en 1644. par la prise de St. Agathe de les chasser de toutes les places qu'ils occupoient dans le Montferrat & en Piémont à l'exception de Verceil.

Lorsqu'on s'assembla à Munster pour y traiter une paix générale, la Duchesse de Savoye y envoya le Comte de St. Maurice en qualité d'Ambassadeur pour y soutenir les intérêts du Duc son fils: il en avoit trois principaux, le premier concernoit l'exécution du Traité de Querasque, contre lequel le Duc de Mantoue s'écrioit incessamment, parce que ce Traité l'avoit presque dépouillé de la moitié du Duché de Montferrat; en second lieu elle se plaignoit que l'Empereur n'avoit point encore donné au Duc son fils l'investiture de ses Etats, & elle demandoit qu'il lui donnât l'investiture non seulement des anciens Etats de sa Maison, mais aussi de ceux qu'il avoit acquis par le Traité de Querasque, & surtout de Trin, d'Albe, & de leurs territoires, & des fiefs de Montfort le neuf, de Sine, de Montcheri, & du Câtelet que le Duc Victor-Amédée avoit acquis par un contrat passé le 13. Octobre 1634. enfin elle se plaignoit de ce que l'Empereur la troubloit dans la Souveraineté des fiefs de la Rocheveran, d'Olmes, & de Cesole qui ne relevoient point de l'Empire; & de ce qu'il avoit cependant donné ces fiefs à quelques particuliers.

Mr. Servien Plénipotentiaire de France agit si puissamment pour les intérêts du Duc de Savoye qu'il obtint une entiéte satisfaction sur tous ces chefs.

On convint par le Traité de Munster que le Traité de Querasque du 6. Avril 1631. & l'exécution qui s'en étoit ensuivie à l'égard du Duché de Montferrat, demeureroient en leur force & vertu; à l'exception toutefois de Pignerol & de ses dépendances, ainsi qu'il en avoit été décidé entre le Roi T. C. & le Duc de Savoye, & qui étoient acquis au Roi & à la Couronne de France par des Traitez particuliers qui demeureroient ftables en ce qui regardoit la ceſſion de Pignerol & de ſes dépendances : que ſi toutesfois il y avoit quelque choſe dans ces Traitez particuliers qui pût troubler la paix de l'Empire ou exciter de nouveaux troubles en Italie, après que la guerre qui ſe faiſoit préſentement en cette Province ſeroit finie, cela ſeroit nul & ſans effet, cette ceſſion demeurant cependant en ſa force, ainſi que les autres conditions dont on étoit convenu en faveur du Roi & du Duc de Savoye : que l'Empereur & le Roi ne contreviendroient jamais à tous les autres articles de ce Traité, nommement en ce qui concernoit Trin, Albe & les autres lieux qui y étoient mentionnez ; & qu'au contraire ils employeroient leur autorité afin que d'autres ne le violaſſent : que le Roi payeroit au Duc de Mantoue les quatre cens quatre-vingts quatorze mille écus qu'il s'étoit obligé de lui payer à la décharge du Duc de Savoye qui ne pouroit être inquietté par le Duc de Mantoue pour ce ſujet : que l'Empereur accorderoit au Duc de Savoye, outre l'inveſtiture des anciens Etats de ſa Maiſon, celle des lieux qui lui avoient été attribuez par le Traité de Queraſque, & de ceux que le feu Duc Victor-Amédée avoit acquis le 13. Octobre 1634. qu'il confirmeroit les priviléges des Ducs de Savoye : qu'il empêcheroit qu'ils ne fuſſent troublez dans la Souveraineté de la Rocheveran, d'Olme & de Ceſoles, & de leurs dépendances : que les donations & inveſtitures de ces Fiefs faites à d'autres ſeroient revoquées : que le Comte de Verue ſeroit retabli dans les Fiefs d'Olme & de Ceſoles, & dans la quatriéme partie de la Rocheveran : enfin que le Duc de Savoye ne ſouffriroit aucun dommage de ce qu'il avoit fait, & faiſoit encore la guerre en Italie pour le Roi Très-Chrétien.

Mr. Servien fit mettre l'article qui annulloit les clauſes des Traitez particuliers paſſez avec le Duc de Savoye qui pouvoient troubler le repos de l'Italie, afin de décharger le Roi de l'obligation de faire la guerre à la République de Génes portée par le Traité ſecret de Queraſque.

L'Ambaſſadeur de Savoye n'étant pas encore content de ces articles, fit de grandes inſtances pour les faire réformer demandant premiérement que l'exécution du Traité de Ratisbonne de l'année 1630. fût nommément ſtipulée ; mais comme la France avoit toujours dèſavoué ce Traité, Mr. Servien ne voulut point changer de conduite en demandant qu'il fût exécuté. Le Comte de St. Maurice voyant donc qu'il s'en falloit tenir au Traité de Queraſque, demanda qu'on obligeât l'Empereur à prendre les armes contre ceux qui violeroient ce Traité : mais Mr. Servien s'excuſa encore de demander cela à l'Empereur qui ne pouvoit y être obligé, & que l'on vouloit même empêcher de faire la guerre ſans le conſentement des Etats de l'Empire ; outre que la Maiſon de Savoye avoit plutôt intérêt d'empêcher l'Empereur de prendre les armes pour ce ſujet que de l'y vouloir obliger. Ainſi ces articles furent laiſſez tranſcrits dans le Traité entre l'Empereur & le Roi, ſuivant qu'ils avoient été dreſſez, & que nous venons de les rapporter.

Il a été marqué à la fin du Chapitre premier, que l'Ambaſſadeur de Savoye fit une proteſtation que la ceſſion que l'Empire avoit faite au Roi par le Traité de Munſter des droits qu'il avoit ſur

Pignerol & ſes dépendances, n'auroit lieu que ſur cette Ville & ſur les lieux que Victor-Amédée avoit cédez au Roi Louïs XIII.

Peu après la concluſion de ce Traité, le Duc de Savoye envoya demander à l'Empereur l'inveſtiture de la partie du Montferrat qui lui avoit été cédée par le Traité de Queraſque : mais comme ce Prince avoit épouſé depuis peu en ſecondes noces Léonore de Gonzague ſœur du Duc de Mantoue, il refuſa d'accorder cette inveſtiture au Duc de Savoye ; à moins qn'il n'eût payé au Duc de Mantoue la ſomme qui lui avoit été promiſe par le Traité de Queraſque. L'Empereur perſiſta dans ſon refus, quoi que l'Agent du Duc de Savoye lui eût repréſenté que ſuivant les termes du Traité de Munſter ſon Maitre ne devoit rien au Duc de Mantoue ; que c'étoit le Roi de France qui avoit été chargé du payement de cette Dette ; & que le Duc de Mantoue avoit refuſé de recevoir la ſomme en queſtion, quoi qu'elle lui eût été offerte pluſieurs fois.

Lorſqu'on aſſembla la Diette à Ratisbonne en 1653. le Duc de Savoye y envoya le Comte de Lucerne qui repréſenta aux Electeurs & à tous les Etats de l'Empire la juſtice qu'il y avoit d'accorder cette inveſtiture à ſon Maitre, conformément au Traité de Munſter : mais quoi que les Miniſtres des Electeurs de Baviére & de Saxe, & de pluſieurs autres Princes de l'Empire trouvaſſent ſa demande raiſonnable, jamais il ne put obtenir qu'on mît ſon affaire ſur le tapis, qu'après que le Duc de Mantoue auroit été payé. On avoit encore alors de plus grands égards pour ce Duc à la Cour de l'Empereur, parce qu'il s'étoit déclaré pour l'Eſpagne contre la France, & avoit contribué à chaſſer les troupes du Duc de Savoye de Trin & les François de Caſal.

Mr. de Vautorte étant arrivé à Ratisbonne de la part du Roi, ſe plaignit auſſi fortement & avec quelques menaces, de ce qu'on contrevenoit à cet égard au Traité de Munſter : il offrit de faire payer au Duc de Mantoue en tel tems & en tel lieu qu'il lui plairoit, la ſomme qui lui étoit due. Mais quoi que la plus grande partie des Etats de l'Empire trouvaſſent qu'il étoit juſte de donner au Duc de Savoye l'inveſtiture qui lui avoit été promiſe, l'Impératrice s'y oppoſa ſi fortement que la Diette fut rompue avant qu'on eût délibéré ſur cette affaire.

Ferdinand III. étant mort, le Duc de Savoye envoya à Francfort un Ambaſſadeur qui demanda que le Duc de Mantoue fût obligé de rendre au Duc ſon Maitre la Ville de Trin que les Eſpagnols prétendoient lui avoir remiſe, & qu'on fît promettre au futur Empereur de donner ſans délai au Duc de Savoye l'inveſtiture de ſes Etats, conformément au Traité de Munſter.

Les Miniſtres de France concourant avec l'Ambaſſadeur de Savoye demandérent auſſi les mêmes choſes ponr ce Duc dans le mémoire qu'ils préſentérent aux Electeurs qui inſérérent dans la Capitulation de l'Empereur Léopold Article IV. qu'auſſi-tôt après que le Duc de Savoye auroit demandé en la maniére accoutumée l'inveſtiture du Fief du Montferrat, l'Empereur la lui donneroit ſans condition, comme elle lui avoit été promiſe par le Traité de Munſter, & celle que Ferdinand II. avoit donnée au Duc Victor-Amédée : qu'il aſſiſteroit ce Duc pour le faire joüir de tout ce qui avoit été promis à la Maiſon de Savoye par

les

les Traitez de Querasque ; & sans avoir égard à ce que le Roi de France n'avoit point payé les quatre-vingts quatorze mille écus qu'il devoit au Duc de Mantoue, & dont la Maison de Savoye étoit presque entiérement déchargée, qu'il s'employeroit auprès du Roi d'Espagne à ce qu'il rendît incessamment Trin au Duc de Savoye, & qu'il défendroit au Duc de Mantoue de plus exercer aucune jurisdiction à Trin & dans les lieux du Montferrat adjugez au Duc de Savoye par le Traité de Querasque.

Encore que le Traité passé à Nimégue entre l'Empereur & le Roi, confirmant en tous ses points celui de Munster, il ne semblât pas nécessaire de faire une mention particuliére des articles qui concernoient le Duc de Savoye, le Roi voulut néanmoins pour une plus grande assurance que par le 31. Article de ce Traité, il fût dit expressément qu'on étoit convenu que tout ce qui avoit été arrêté par le Traité de Munster touchant l'affaire du Montferrat, demeureroit à l'avenir dans sa force & vertu; principalement ce qui avoit été accordé concernant le Duc de Savoye.

Duc de Mantoue.

Après la mort de Vincent second du nom Duc de Mantoue & de Montferrat, outre le Duc de Savoye qui, comme il a été marqué dans l'article précédent, forma de grandes prétentions sur le Montferrat, Ferdinand de Gonzague Duc de Guastalle, quoi que parent plus éloigné du dernier Duc que Charles de Gonzague Duc de Nevers, demanda le Duché de Mantoue, sous un faux prétexte que le Duc de Nevers & son pere s'étoient rendus indignes de le posséder en portant les armes contre l'Empire duquel le Duché de Mantoue est un Fief.

On convint par le Traité conclu à Suse le 11. Mars 1629. que le Duc de Mantoue céderoit au Duc de Savoye quinze mille écus d'or de rente en fonds de terres dans le Montferrat pour toutes ses prétentions sur ce Duché; mais par le Traité de Ratisbonne du 30. Octobre 1630. ce que le Duc de Mantoue devoit céder au Duc de Savoye, fut augmenté jusqu'à dix-huit mille écus: il fut outre cela dit qu'afin que le Duc de Guastalle renonçât à ses prétentions sur le Duché de Mantoue en faveur du Duc Charles & de ses descendans mâles, on lui assigneroit une ou plusieurs des terres nommées Bozolo, Luzzara, Suzara, & Reggiolo jusqu'à la concurrence de six mille écus de rente. Le Roi Louïs XIII. ne voulut point ratifier ce Traité; & cependant le Duc de Guastalle se mit en conséquence en possession de Luzzara & de Reggiolo.

J'ai marqué dans l'article précédent que les différends entre les Ducs de Savoye & de Mantoue furent réglez en 1631. par le Traité de Querasque; ensorte qu'on convint qu'outre les quinze mille écus d'or de rente que le Duc de Savoye devoit, suivant le Traité de Suse, avoir dans le Montferrat pour ses prétentions en revenus anciens, il y auroit encore plusieurs revenus nouveaux, dont il payeroit le prix au Duc de Mantoue; & que ce prix fut ensuite fixé à quatre cens quatre-vingts quatorze mille écus que le feu Roi s'obligea par le contrat d'aquisition de Pigne-

rol de payer au Duc de Mantoue à la décharge du Duc de Savoye.

Le Duc de Mantoue fut très-mécontent qu'on l'eût obligé de rendre au Duc de Savoye une si grande partie du Montferrat: ainsi il ne voulut point recevoir les quatre cens quatre-vingts quatorze mille écus que le feu Roi lui fit offrir plusieurs fois de lui donner.

Lorsqu'on traita la paix générale à Munster, le Duc de Mantoue y envoya un Ambassadeur qui s'opposa autant qu'il put, à ce qu'on y confirmât le Traité de Querasque: mais comme le Roi pour conserver Pignerol avoit intérêt de faire maintenir le Duc de Savoye dans la possession des terres qui lui avoient été données par le Traité de Querasque, il obtint par le Traité de Munster que le Traité de Querasque fût confirmé expressément, hormis dans l'article concernant Pignerol, que le Roi Louïs XIII. devoit par ce Traité rendre au Duc de Savoye, & qu'il avoit acquis depuis par un titre particulier. D'autre part pour indemniser le Duc de Mantoue de la distraction de cette partie du Montferrat qui avoit été cédée au Duc de Savoye, Sa Majesté s'obligea de lui payer les quatre cens quatre-vingts quatorze mille écus qu'on avoit obligé le Duc de Savoye de lui donner; & il obtint encore en sa faveur que l'Empereur déclareroit que les Châteaux de Reggiolo & de Luzzara étoient compris dans l'investiture du Duc de Mantoue, & que le Duc de Guastalle seroit tenu de les remettre au Duc sans préjudice de ses droits pour les six mille écus de rente qu'il prétendoit, & pour lesquels il pouroit plaider contre le Duc par devant l'Empereur.

Le Roi a encore offert depuis de payer ces quatre cens quatre-vingts quatorze mille écus aux Ducs de Mantoue, qui ont toujours refusé de les recevoir : ainsi Sa Majesté les doit encore; mais elle s'obligea encore de les payer, & les offrit lorsqu'elle remit Pignerol au Duc de Savoye en 1696.

Le Duc de Guastalle possédoit encore Luzzara & Reggiolo lorsqu'en 1702. il en fut dépossédé par le Roi d'Espagne Philipe V. après la victoire de Luzzara.

Duc de Modéne.

Lorsque les Allemands descendirent en Italie en l'année 1629. pour faire la guerre au Duc de Mantoue, ils s'emparérent de Correggio qui étoit une petite Principauté enclavée dans le Duché de Modéne que les ancêtres du Prince Jean Sira avoient possédée pendant plus de sept cens ans. Quelques Officiers de l'Empereur ayant accusé ce Prince d'avoir autrefois fait de la fausse monnoye, lui firent donner assignation à comparoître dans un mois devant l'Empereur; & faute d'avoir comparu il fut condamné à deux cens mille écus d'amende, & privé de l'administration de son Etat, avec faculté à Dom Mauritio son fils d'y rentrer en payant cette somme. Dom Mauritio n'étant pas en état de fournir une somme si considérable, l'Empereur vendit la Principauté de Correggio à Philipe IV. Roi d'Espagne, moyennant la même somme; & comme cet Etat étoit à la bienséance de François d'Est Duc de Modéne qui avoit été jusqu'alors fort attaché à la Maison

 d'Aud'Autriche, le Roi d'Espagne le céda à ce Prince qui s'en mit en possession, même des biens allodiaux des Princes de Corregio.   Ce Duc avoit espéré que les Espagnols lui cédant cette Principauté retireroient aussi leur garnison de cette place : ainsi voyant qu'ils empêchoient même que l'Empereur ne lui en donnât l'investiture, il en conçut un tel chagrin qu'il se ligua en 1647. avec le Roi contre le Roi d'Espagne par un Traité, par lequel le Roi promit de faire ensorte que Corregio demeurât à ce Prince sans garnison Espagnole : ce Traité finissoit par une déclaration que ce Duc ne prétendoit point préjudicier par ce Traité à ce qu'il étoit obligé envers l'Empereur.

En conséquence de ce Traité le Duc de Modéne fit plusieurs courses dans le Milanois & assiégea en 1648. la Ville de Cremone : l'Empereur trouva extrêmement mauvais que le Duc de Modéne qui étoit vassal de l'Empire, eût commis des hostilitez dans le Duché de Milan qui est un autre fief de l'Empire.   Ainsi ce Duc craignant qu'on ne le voulût punir comme un infracteur de la paix publique, & le mettre au Ban de l'Empire, obtint que le Roi stipula expressément par le dernier article du Traité de Munster passé entre l'Empereur & Sa Majesté, qu'on ne lui pouvoit faire souffrir aucun dommage, à cause qu'il avoit porté & portoit encore les armes pour le service de la France contre l'Espagne.

Les troubles qui survinrent peu après en France empêchérent qu'on ne pût secourir ce Duc, comme il eût été nécessaire ; desorte qu'il fut obligé de faire la paix avec les Espagnols, & de consentir qu'ils continuassent de tenir garnison dans Corregio, & que Dom Mauritio joüit des biens allodiaux jusqu'à ce que l'Empereur eût décidé à qui ils devoient appartenir.

Le Duc pour terminer cette contestation s'accommoda peu après avec Dom Mauritio.

Les Espagnols continuant d'empêcher l'Empereur de donner à ce Duc l'investiture de l'Etat de Corregio, & même ayant formé une entreprise pour lui surprendre sa place de Bersel qui est sur les limites du Cremonois, il fut obligé de faire au mois de Fevrier 1655. un nouveau Tratié avec la France, par lequel il promit d'agir contre le Duché de Milan ; déclarant néanmoins encore qu'il ne prétendoit que ce qu'il devoit à l'Empereur reçût aucune atteinte par ce Traité. Le Roi promit qu'il le défendroit si l'Empereur ou le Roi d'Espagne faisoient quelque chose au préjudice de sa Maison & de ses Etats :   qu'il conserveroit Corregio à ce Duc, & ne souffriroit point que par aucun Traité de paix les Espagnols eussent droit d'y tenir garnison.

Le Duc s'étant donc déclaré pour la France, l'Empereur Ferdinand III. qui n'avoit dit mot lorsque les Espagnols avoient commis des hostilitez dans le Duché de Modéne qui est aussi-bien que celui de Milan un Fief de l'Empire, voulut empêcher ce Duc par ses lettres monitoriales d'agir contre le Milanois comme étant un Fief de l'Empire ; & ne l'en pouvant détourner, il envoya contre lui le Général Enkenfort avec une armée de douze mille hommes pour le ranger à son devoir & l'empêcher d'attaquer le Milanois : ensuite il donna au Duc de Mantoue la qualité de Vicaire de l'Empire en Italie pour agir avec cette armée contre celui de Modéne.

Ferdinand III. étant mort peu après, & le Roi de Hongrie son fils persistant dans les sentimens de son pére contre le Duc Alphonse fils & Successeur du Duc François,   les Ambassadeurs Plénipotentiaires de France à l'Assemblée de Francfort y présentérent au mois de Mars 1658. le mémoire dont j'ai déja parlé, dans lequel après s'être plaints de ce que l'Empereur Ferdinand III. avoit ainsi violé le Traité de Munster, ils demandérent que les Electeurs obligeassent par la capitulation le futur Empereur à rappeller d'Italie les troupes Allemandes que le deffunt Empereur y avoit envoyées, d'annuller les Mandemens & autres actes qui pouroient avoir été faits contre le Duc de Modéne, & de donner à ce Prince l'investiture de Corregio.

Le Roi de Hongrie répondit au mémoire des François par un autre dans lequel il prétendit justifier ce que l'Empereur son pére & lui avoient fait, & montrer qu'ils avoient pu & dû défendre un Fief de l'Empire contre un des Vassaux du même Empire qui avoit eu la témérité de l'attaquer.   Cependant il fut obligé peu après de promettre par la Capitulation qui lui fut présentée par les Electeurs avant que de l'élire Empereur, que ni en qualité d'Empereur ni comme étant de la Maison d'Autriche il n'envoyeroit aucunes troupes en Italie, ni dans le Cercle de Bourgogne contre la Couronne de France, ni contre ses alliez ; & que la Ligue que le Duc de Modéne avoit faite avec la France n'empêcheroit point qu'il ne lui donnât l'investiture de Corregio ; pourvû qu'il satisfît aux droits féodaux, & qu'il n'y eût point d'autre obstacle.

Le Roi stipula encore peu après dans le Traité des Pirénées que le Roi d'Espagne n'envoyeroit plus de garnison dans Corregio, & qu'il feroit des offices très-pressans auprès de l'Empereur, à ce qu'il accordât au Duc de Modéne l'investiture de cet Etat, comme l'avoient eue les précédens Princes de Corregio : ce qui fut fait peu après.

CHAPITRE SIXIE'ME.

Négociation de la paix conclue à Munster, entre le Roi d'Espagne & les Etats-Généraux des Provinces-Unies.

LEs Pays-Bas étoient originairement divisez en plusieurs Provinces gouvernées par divers Princes sous le nom de Ducs, de Comtes, ou de Seigneurs, qui ne faisoient néanmoins rien lever sur leurs Sujets sans le consentement des trois Etats de chaque Province, à savoir du Clergé, de la Noblesse, & du Peuple. Ces Provinces s'étant unies successivement par quelques mariages les unes avec les autres, & étant tombées dans la Maison d'Autriche, premiérement par le mariage de Marie de Bourgogne avec Maximilien qui fut depuis Empereur premier de ce nom, ensuite par d'autres voyes, elles échurent à Philipe second Roi d'Espagne & fils de l'Empereur Charles-Quint.

Philipe se voyant Souverain de tant de Royaumes

mes qu'il gouvernoit avec une autorité abfolue, voulut en ufer auffi de même en ces Provinces : il fut néanmoins obligé, fur les inftances des Etats, de rappeller les troupes Efpagnoles & le Cardinal de Granvelle qu'il y avoit laiffé en 1559. en allant en Efpagne, & de modérer la rigueur des Edits contre les Calviniftes. Mais ayant voulu rétablir l'Inquifition en 1565. plufieurs de la Nobleffe fe liguérent enfemble en 1566. & préfentérent une requête à la Ducheffe de Parme Gouvernante des Pays-Bas pour en demander l'abolition : ils prirent eux mêmes le nom de Gueux qu'on leur avoit d'abord donné par mépris, & donnérent la hardieffe au même Peuple de fe foulever, & de commettre une infinité de dèfordres & de facriléges dans les Eglifes du Pays.

Ces troubles furent peu après appaifez tant par la force des armes que par l'abolition de l'Inquifition & par l'amniftie que la Gouvernante fut obligée d'accorder aux Gentils-hommes liguez qui moyennant cela renoncérent à la Ligue qu'ils avoient faite entr'eux : mais le Roi d'Efpagne n'étant pas content de cette facilité, qu'il croyoit avec raifon de périlleufe conféquence, envoya en 1567. dans les Pays-Bas avec une puiffante armée Ferdinand Duc d'Albe qui y ayant établi un Confeil Souverain pour punir ceux qui avoient été auteurs ou fauteurs de ces dèfordres, fit mourir plufieurs Seigneurs du Pays, entr'autres les Comtes d'Egmont & de Horn qui étoient bons Catholiques; mais qu'on accufoit de ne s'être pas oppofez affez vigoureufement aux féditieux. Ayant enfuite chaffé fucceffivement le Comte Ludovic de Naffau & Guillaume Prince d'Orange fon frére ainé, qui après s'être retirez de ces Provinces y étoient rentrez avec de puiffantes armées, toutes chofes étoient tranquiles, lorsque le Duc d'Albe s'avifa de vouloir faire payer le centiéme denier de ce que chacun poffédoit en fonds, le vingtiéme denier des immeubles, & le dixiéme des meubles & des denrées qu'on vendoit en détail.

Les Etats de ces Provinces confentirent au premier impôt comme à une chofe qui ne fe payeroit qu'une fois : mais ayant refufé les deux autres qu'ils jugérent capables de ruiner le Commerce, le Duc d'Albe après une année de difpute, fit publier l'Edit fans le confentement des Etats.

Comme tous les Marchands avoient fermé leurs boutiques, & que le Peuple refufoit abfolument de payer ces impôts, le Duc d'Albe fe difpofoit à les faire lever par force par fes Soldats, & à faire punir févérement ceux qui y feroient de la réfiftance, lorsqu'en 1572. quelques Gueux ayant Commiffion du Prince d'Orange furprirent la Brille en Hollande : après quoi le Comte Ludovic de Naffau furprit Mons en Hainaut; & toutes les Villes de Hollande hormis Amfterdam, toutes celles de Zélande hormis Middelbourg, & quelques autres places circonvoifines s'étant foulevées, chafférent les garnifons Efpagnoles, & déclarérent le Prince d'Orange leur Gouverneur.

Le fiége que le Duc d'Albe fut obligé de mettre devant Mons, donna le loifir au Prince d'Orange de régler la forme du Gouvernement de ces Provinces, de fe faifir de quelques places voifines, & de fe mettre en état de réfifter aux Efpagnols.

Ainfi le fils du Duc d'Albe étant venu les attaquer, il n'y put faire de plus grands progrès que de prendre les Villes des Malines, de Zutphen, de Naerden, & de Harlem; où les Efpagnols commirent des cruautez qui affermirent les autres dans le deffein de fe défendre jufqu'à l'extrémité.

Le Roi d'Efpagne chagrin de ce que les cruautez du Duc d'Albe & les nouveaux impôts qu'il avoit voulu établir, avoient fait révolter ces Provinces, le rappella, & lui fubftitua le Commandeur de Requefens, qui n'ayant pu faire la paix avec les Provinces d'Hollande & de Zélande dans une conférence qui fe tint à Breda en 1575. continua la guerre contre le Prince d'Orange avec différens fuccès, ce Prince ayant pris Middelbourg en Zélande, & perdu Ziriczée en la même Province.

Le Commandeur de Requefens étant mort en 1576. fans que le Roi d'Efpagne lui eût nommé un Succeffeur, les foldats Efpagnols & Allemans n'étant point payez, commirent d'extrêmes dèfordres dans le Pays, pillérent Maftricht & Anvers, & traitérent fi mal les Provinces foumifes au Roi d'Efpagne qu'elles appellérent à leur fecours le Prince d'Orange : & plufieurs Seigneurs du Pays étant entrez en conférence avec lui, ils convinrent de tenir une Affemblée des Etats de toutes les Provinces des Pays-Bas pour y établir la paix entr'elles. Cette affemblée ayant été tenue à Gand en cette même année, les Etats de Hollande & de Zélande qui fuivoient le parti du Prince d'Orange firent un Traité qu'on appella la Pacification de Gand, avec les Etats de Brabant, de Flandres, d'Artois, de Hainaut, & des autres Provinces des Pays-Bas, hormis du Luxembourg, dont la Nobleffe & le Peuple avoient une attache particuliére pour le Roi d'Efpagne.

Par ce Traité on convint que les Efpagnols & les autres étrangers fortiroient du Pays : qu'il y auroit une amniftie générale de toutes les injures que ceux des différens partis s'étoient faites les uns aux autres : qu'on n'inquiéteroit perfonne pour fa Religion : que les jugemens donnez fur ce fujet feroient annullez, & les biens immeubles rendus à ceux fur lesquels ils avoient été confifquez, finon le prix qui en avoit été payé, & qu'on rétabliroit l'ancienne forme de Gouvernement.

En conféquence de ce Traité toutes ces Provinces firent à Bruxelles une étroite alliance entr'elles pour chaffer les Efpagnols du Pays; & le Roi d'Efpagne même cédant à la néceffité du tems, fut obligé de confirmer l'année fuivante cette pacification, & de donner ordre à Dom Jean d'Autriche fils naturel de Charles-Quint qu'il envoya pour gouverner dans les Pays-Bas, de renvoyer tous les étrangers hors du Pays, ainfi qu'il fit.

Dom Jean s'ennuyant de n'avoir que le feul titre de Gouverneur fans en avoir l'autorité, ou bien ayant reçu de nouveaux ordres d'Efpagne fe faifit en 1577. de la citadelle de Namur : cela obligea les Etats-Généraux de ces Provinces de lui déclarer la guerre, d'élire le Prince d'Orange pour Gouverneur du Brabant, & enfuite de déférer le gouvernement général des Pays-Bas à l'Archiduc Mathias frére de l'Empeur Rodolphe II. auquel ils donnérent le Prince d'Orange pour Lieutenant.

La Ville d'Amfterdam fe rendit aux Etats au commen-

commencement de l'année 1578. mais d'autre part Dom Jean ayant défait l'armée des Etats à Gemblours, reprit Louvain, Limbourg, Philipeville, & plufieurs autres places : il mourut en cette même année , & eut pour Succeffeur Alexandre Farneze Prince & depuis Duc de Parme qui continua la guerre avec d'heureux fuccès.

Le Prince d'Orange voyant que l'union entre ces Provinces commençoit à fe diffoudre, voulut lier plus étroitement enfemble celles qui étoient attachées à fon parti : ainfi ayant affemblé à Utrecht au commencement de l'année 1579. les Etats de Gueldres , de Zutphen , de Hollande , de Zélande , d'Utrecht, de Frife, & des Ommelandes , elles firent entr'elles le 23. Janvier une confédération qu'on appella l'Union d'Utrecht.

Par ce Traité ces Provinces firent entr'elles une étroite union ; en forte qu'elles ne pouroient être féparées par teftament ni par quelqu'autre Traité ou accord que ce fût : que chaque Province , même chaque Ville , auroit une pleine poffeffion de fes droits : que quand il arriveroit quelques différends entre quelques Provinces , les autres ne s'en pouroient mêler que pour les porter à s'accommoder entr'elles : qu'elles s'affifteroient l'une l'autre contre ceux qui les attaqueroient fous quelque prétexte que ce fût : que les fortifications que l'on feroit aux Villes frontiéres , feroient faites moitié aux dépens de la Généralité & moitié aux dépens de la Province : que les nouvelles fortereffes , que la Généralité voudroit faire faire, fe feroient à fes dépens : que le revenu du domaine du Roi feroit employé à la défenfe commune: qu'on ne pouroit faire ni paix, ni tréve , ni aucune nouvelle guerre , ni contracter aucune nouvelle alliance avec les étrangers , ni établir aucuns nouveaux impôts, que du confentement de toutes les Provinces : que lorfqu'il s'agiroit de faire d'autres affaires , les chofes feroient réglées à la pluralité des voix : que les différends qui naitroient fur ce fujet entre les Provinces , feroient réglez par le Confeil ou par les Gouverneurs: que les Provinces, Etats, & Villes du voifinage pouroient être reçues dans l'union du confentement des Provinces : que les Hollandois & Zelandois conferveroient l'exercice public de leur Religion fuivant qu'il étoit établi ; & que les autres Provinces en uferoient comme bon leur fembleroit , confervant à un chacun la liberté de fa Religion : qu'au cas qu'il arrivât quelque différend entre les Provinces , s'il n'en regardoit qu'une feule , les autres le régleroient ; mais que fi elles y étoient toutes intéreffées , les Gouverneurs en décideroient: que les Etats feroient convoquez comme auparavant : enfin que les Etats , finon les Gouverneurs , expliqueroient les difficultez qui interviendroient fur ces articles.

Les Etats de ces Provinces ayant déclaré en 1581. le Roi d'Efpagne déchu de la Souveraineté qu'il avoit fur elles , confirmérent encore deux années après cette union ; hormis qu'ils convinrent que la feule Religion Proteftante qu'ils nommérent la Réformée, feroit prêchée & enfeignée publiquement.

Ce font ces Traitez qui ont établi l'union entre ces Provinces qu'on nomme à caufe de cela les Provinces-Unies : plufieurs autres Provinces & Villes des Pays-Bas s'y étoient auffi jointes d'abord , mais Alexandre Farneze ramena à l'obéiffance du Roi d'Efpagne plufieurs grands Seigneurs du Pays , qui étoient jaloux de la trop grande puiffance du Prince d'Orange ; & réduifit par la force ou autrement Anvers , le Hainaut , l'Artois , & la plus grande partie du Brabant & de la Flandre : deforte qu'après plufieurs prifes & reprifes de Villes , il n'y a eu que la Province d'Overiffel & la Ville de Groningue qui foyent demeurées unies avec les fix Provinces qui s'étoient confédérées à Utrecht. Ainfi les Provinces-Unies font préfentement au nombre de fept, favoir Gueldres & Zutphen, qui ne font comptées que pour une Province, qui ne comprend pas même tout le Duché de Gueldres,dont une partie eft demeurée aux Rois d'Efpagne, la Hollande ,la Zelande, les Provinces d'Utrecht, de Frife,d'Overiffel, enfin celle de Groningue & des Ommelandes qui ne font auffi qu'une Province : & hormis le Pays de Drente qui paffe pour allié fans envoyer des Députez à l'Affemblée des Etats-Généraux , tout ce que les Etats poffédent en Brabant , en Flandres , & ailleurs hors des fept Provinces , paffe pour un Pays de Conquête , & dépend de la Généralité , c'eft à dire des fept Provinces en général.

Le Roi Philipe II. donna en 1598. les Pays-Bas pour dot à l'Infante Claire-Ifabelle fa fille qu'il maria à l'Archiduc Albert fils de l'Empereur Maximilien II. & la guerre continua avec différens fuccès entre ces Princes & les Etats-Généraux des Provinces-Unies , jufqu'à ce qu'elle fut interrompue par le Traité conclu à Anvers le 9. Avril 1609. par lequel après que les Archiducs Albert & Ifabelle tant en leur nom qu'en celui du Roi Philipe III. eurent déclaré qu'ils étoient contens de traiter avec les Etats Généraux comme avec des Etats libres , fur lefquels ils ne prétendoient rien, on convint qu'il y auroit entre ce Roi , les Archiducs , & les Etats Généraux , une tréve de douze ans tant par mer que par terre dans tous leurs Royaumes , & que chacun demeureroit cependant faifi des places dont il jouïffoit alors & de leurs dépendances.

L'Archiduc Albert mourut au commencement de l'année 1621. & les douze années de la tréve étant expirées en cette même année , la guerre recommença entre le Roi d'Efpagne, à qui l'Infante Claire-Eugenie avoit remis le foin des Pays-Bas , & les Etats Généraux auxquels le Roi Louïs XIII. fournit chaque année des fubfides pour leur donner moyen de la continuer avec vigeur : enfin il fit avec eux un Traité paffé à Paris le 8. Fevrier 1635. par lequel il fut dit qu'il entreroit en guerre ouverte avec l'Efpagne: qu'ils partageroient entr'eux les Provinces des Pays-Bas poffédées par le Roi d'Efpagne; marquant ce qui en appartiendroit à chacun d'eux : & qu'après la rupture le Roi ni les Etats ne pouroient faire ni paix ni tréve que d'un commun confentement.

En conféquence de ce Traité il déclara au mois de Mai fuivant la guerre au Roi d'Efpagne, & fit entrer fon armée dans les Pays-Bas Efpagnols. Ce Prince étant dans la fuite convenu de faire la paix avec Philipe IV. Roi d'Efpagne , & ne la voulant point faire que conjointement avec les Etats Généraux , ftipula par le Traité préliminaire qui fut paffé en 1641. à Hambourg , & dont il a été fouvent parlé ci-devant, que le Roi d'Efpagne fourniroit des paffeports pour les Plénipoten-

nipotentiaires que les Etats Généraux envoyeroient à l'Assemblée de Munster. Après la mort
de Louïs XIII. le Roi son fils & son Successeur
envoyant vers la fin de l'année 1643. Mrs. d'A-
vaux & Servien en qualité de ses Plénipotentiaires
à cette Assemblée , voulut qu'ils passassent par la
Haye pour prendre avec les Etats Généraux les
mesures nécessaires pour parvenir à une paix sure
& honnête , & pour renouveller l'alliance qui a-
voit été faite en 1635. entre les Provinces-Unies
& la France , & que les Etats prétendoient être
expirée par la mort du feu Roi. Ces Ministres
du Roi trouvérent beaucoup de difficultez dans
leur négociation , tant parce que le Prince d'O-
range & les Etats Généraux aimoient mieux faire
une tréve avec le Roi d'Espagne , qu'une paix
ainsi que le Roi l'eût souhaité ; que parce qu'ils
ne se montroient par disposez à renouveller le
Traité de 1635. depeur d'être obligez de rompre
avec l'Empereur, comme ce Traité les y obligeroit.

La principale difficulté fut sur la garentie des
Traitez de paix & de tréve qu'on prétendoit faire
à Munster ; parce que d'une part les François vouloient que les Etats leur garentissent toutes les
conquêtes qu'ils avoient faites en quelques lieux
que les places conquises fussent situées , & qu'ils
ne fussent point obligez de rentrer en guerre avec
l'Espagne après l'expiration de la tréve qu'on seroit entre cette Couronne & les Provinces-Unies,
offrant seulement en ce cas de fournir aux Etats
douze cens mille livres de subsides par chacun an ;
d'autre part les Etats Généraux ne se contentant
pas de la promesse de ces subsides , vouloient que
la France s'obligeât de rentrer en guerre avec le Roi
d'Espagne , s'il ne vouloit pas continuer cette
tréve aux mêmes conditions , & ils ne vouloient
point s'obliger de soutenir la conservation d'autres conquêtes que de celles faites dans les Pays-
Bas , attendu que selon eux le Traité de 1635.
n'avoit eu d'autre but que de chasser les
Espagnols de ces Provinces.

Enfin après beaucoup de contestations ils convinrent le 1. Mars 1644. d'un Traité qui fut appellé le
Traité de garentie& par lequel ils confirmérent les précédens Traitez,sinon en ce qui y seroit dérogé par ce-
luici : ils convinrent que le Roi & les Etats défendroient chacun leurs propres intérêts ; mais qu'ils
s'entraideroient avec pareille vigueur pour les intérêts des uns & des autres : qu'ils ne concluroient
aucun Traité que conjointement & d'un commun consentement ; & n'avanceroient pas plus
leurs négociations avec les Espagnols les uns que
les autres : qu'ils le déclareroient aux Ministres
d'Espagne toutes les fois qu'ils en seroient requis :
que les Plénipotentiaires du Roi & des Etats s'entraideroient à ce qu'ils ne restituassent rien de
toutes les conquêtes qu'ils avoient faites dans cette guerre : qu'au cas que le Roi ou les Etats fissent une paix ou une tréve , & que le Roi d'Espagne , l'Empereur , ou quelqu'autre Prince de
la Maison d'Autriche les attaquât , on exécuteroit
le Traité de 1635. que si le Roi & les Etats ne
faisoient qu'une tréve , ils seroient tenus les uns &
les autres de recommencer la guerre , si la tréve
n'étoit continuée d'un commun consentement :
qu'ils ne pouroient faire aucun Traité de paix
ni de tréve , ni même aucune suspension d'armes,
que conjointement & d'un commun consentement ; & que si ce Traité étoit encore violé, ils

ToM. II.

entreroient conjointement en guerre ouverte contre les infracteurs.

Les Etats Généraux nommérent huit Ambassadeurs Plénipotentiaires qui ne se rendirent à Munster qu'au commencement de l'année 1646. & y
furent reçus avec de grands honneurs , & traitez
d'Excellence par le Comte de Pegnaranda , l'Archevêque de Cambrai , & le Sr. Brun Plénipo-
tiaires d'Espagne , qui tâchoient par ces maniéres
obligeantes de les engager à séparer les intérêts
de leur République de ceux de la France.

Peu après les Plénipotentiaires d'Espagne propoférent à ceux des Provinces-Unies de faire avec
eux une tréve de douze ou de vingt années , aux
conditions de celle de 1609. promettant que le
Roi d'Espagne la ratifieroit dans trois mois ; &
demandant qu'après que le Traité seroit conclu,
les hostilitez cessassent , & qu'ils ne pussent assister les ennemis les uns des autres. Les Plénipotentiaires des Etats furent long-tems sans vouloir
répondre à cette proposition , à moins que les
Plénipotentiaires Espagnols n'eussent fait réformer leur pouvoir dans lequel ils prétendoient qu'il
y avoit plusieurs deffauts : les Espagnols ayant promis d'en faire venir un nouveau , & ayant signé
un acte par lequel ils convinrent de s'assembler
alternativement dans les logis les uns des autres,
& que ceux chez qui se tiendroit la conférence cé-
deroient la préféance aux autres , on recommença
de traiter , & les Plénipotentiaires des Etats Généraux présentérent un autre mémoire par lequel
après avoir déclaré que leur intention étoit
que leur Traité avec l'Espagne allât de même
pas que celui de la France , laquelle ils prétendoient devoir être satisfaite , ils proposérent
soixante onze articles pour être inférez dans un
Traité de tréve , & desquels le dernier portoit
qu'on y pouroit changer ce qu'on jugeroit à
propos.

Il y eut pendant le mois de Mai plusieurs ré-
ponses , repliques , & dupliques sur ces articles ;
desorte que les Ambassadeurs de France voyant
que les choses alloient si vite , & que les Espagnols
se voyant prêts de conclure avec les Provinces-U-
nies ne se soucioient plus d'avancer le Traité avec
la France , où les difficultez se réduisoient pour
la plus grande partie aux articles concernant les
conquêtes de la France en Catalogne & en Italie ,
ils s'en phignirent aux Plénipotentiaires des Etats
Généraux même à la Haye , soutenant que les
Traitez faits entre la France & les Provinces-U-
nies obligeoient celles-ci à maintenir les François
dans la possession non seulement des places qu'ils
avoient prises dans les Pays-Bas , mais aussi de
celles qu'ils occupoient par tout ailleurs , comme
Casal , la Catalogne , Piombino , Portolongone
& autres.

Cependant les Plénipotentiaires d'Espagne &
trois de ceux des Provinces-Unies signérent ces
articles à peu près comme les Plénipotentiaires de
ces Provinces les avoient proposez, hormis qu'on
mit deux articles en un, & qu'il n'y en eut ainsi que
soixante dix dont ils marquérent dans l'Intitulé
qu'ils étoient convenus par provision pour les insérer dans le Traité de Munster.

Je ne m'arrêterai point à marquer tout au long
ce que contenoient ces articles , parce que ce sont
presque les mêmes que ceux qui furent depuis in-
sérez dans le Traité de paix , dont je vais parler :

R   je

je marquerai feulement que les autres Plénipotentiaires des Etats Généraux ne voulurent point figner ces articles , & que les Miniftres de France en firent de fi grandes plaintes que les Etats Généraux déclarérent à Mr. de la Thuillerie Ambaffadeur de France en Hollande le 21. Août 1646. que cet Ecrit n'étoit point un Traité , mais un fimple mémoire des chofes qui s'étoient traitées à Munfter entre les Plénipotentiaires d'Efpagne & les Provinces-Unies ; qu'ils ne feroient aucun Traité que conjointement avec le Roi , fuivant qu'on en eft convenu en 1644. & qu'ils donneroient cet ordre à leurs Plénipotentiaires.

Les Miniftres de France foutinrent toujours que le Roi n'étoit point obligé par les précédens Traitez qu'il avoit faits avec les Etats, de rompre avec l'Efpagne , fi , après l'expiration de la tréve entre cette Couronne & les Provinces-Unies, le Roi Catholique ne vouloit pas renouveller la tréve : ainfi les Etats Généraux voyant qu'en ce cas ils auroient fur les bras tout l'effort des armes d'Efpagne , réfolurent de ne plus fonger à faire feulement une tréve avec les Efpagnols, mais plutôt une paix qu'ils crurent plus avantageufe à leur Etat & à leur liberté.

Ainfi ayant dreffé les articles qu'ils vouloient ajouter à ceux qui avoient été fignez, leurs Plénipotentiaires préfentérent aux Plénipotentiaires d'Efpagne ces articles corrigez, par lesquels ils demandoient entr'autres chofes , premiérement que le haut quartier du Duché de Gueldres, où la Ville même de Gueldres qui donne le nom à toute la Province, & celles de Ruremonde & de Venlo & la fortereffe de Stevenswert font fituées, qui étoit encore entre les mains des Efpagnols , fût confolidé aux trois autres quartiers de cette Province appellez de Nimégue , d'Arnhem , & de Zutphen qui obéiffoient aux Etats ; fecondement que les Bailliages de Dalem , de Fauquemont, & de Rolduc fituez au delà de la Meufe dans le Duché de Limbourg , & dont ils prétendoient être en poffeffion , de quoi les Efpagnols ne convenoient pas, leur fuffent livrez ; ou tout au moins que le différend pour ces Bailliages fût renvoyé à une Chambre mi-partie; troifiémement que les Etats euffent un fouverain pouvoir pour les chofes Eccléfiaftiques dans la Mairie de Bois-le-Duc ; enforte qu'ils y puffent interdire l'exercice de la Religion Catholique; enfin que leurs fujets euffent pleine liberté de naviger & de trafiquer dans les Indes Occidentales.

Les Plénipotentiaires d'Efpagne refuférent d'abord d'accorder ces quatre articles ; mais dans la fuite ils y trouvérent des tempéramens qui firent craindre aux Plénipotentiaires de France que ce Traité ne fe conclût avant que le leur avec l'Efpagne fût auffi avancé : Mr. Servien un de ces Plénipotentiaires jugea à propos de fe transporter à la Haye pour empêcher que les Etats ne fiffent une paix particuliere ; & pour obtenir d'eux une garentie réciproque & générale des Traitez qui feroient faits avec l'Efpagne, même de la tréve de trente années qu'on propofoit de faire pour la Catalogne ; à la charge d'entrer même en rupture fi le Roi d'Efpagne ne la vouloit pas continuer aux mêmes conditions.

On a prétendu que Mr. Servien s'étoit conduit dans cette négociation avec une hauteur peu capable de gagner les efprits de ces Républiquains, qui faifant gloire de leur liberté veulent être conduits doucement où on veut qu'ils aillent : quoi qu'il en foit ayant préfenté aux Commiffaires des Etats un projet de Traité fuivant fes intentions, & toutes les Provinces hormis la Hollande paroiffant lui être favorables , celle-ci s'y oppofa, & donna fa réfolution qui portoit qu'on obferveroit ponctuellement les Traitez précédens, furtout celui de 1644. & qu'à l'égard de la rupture après les trente années de la tréve de Catalogne, les Etats avoient pour s'en difpenfer les mêmes raifons que les François avoient alléguées pour ne point rompre avec l'Efpagne , fi les Etats n'avoient fait qu'une tréve. La même Province déclara dans le mois de Mars fuivant, que la garentie portée par le Traité de 1635. ne concernoit que ce que la France poffédoit en cette année-là , & ce qu'elle avoit depuis conquis dans les Pays-Bas.

Enfin elle offrit de donner à la France un fecours dont on conviendroit pour la défenfe de fes conquêtes étrangéres ; proteftant que , fi elle ne fe contentoit pas de ces offres , les Etats demeureroient en leur liberté.

Pendant que Mr. Servien negocioit ce Traité à la Haye, le Duc de Longueville & Mr. d'Avaux qui étoient reftez à Munfter , faifoient de grandes inftances près des Plénipotentiaires des Etats à ce qu'ils ne fignaffent rien que le Traité entre la France & l'Efpagne ne fût auffi en état d'être figné : mais quoi que les Plénipotentiaires des Etats euffent déclaré aux Efpagnols , & qu'ils affuraffent encore les François qu'ils ne feroient aucun Traité que conjointement avec la France, ils ne laifférent pas de figner le 5. Fevrier 1647. foixante treize articles dont ils étoient convenus : enforte qu'il ne reftoit plus à réfoudre que la confolidation du haut quartier de Gueldres, le réglement pour les chofes Eccléfiaftiques dans la Mairie de Bois-le-duc , & le différend pour les trois Bailliages d'Outre-Meufe. Néanmoins, pour contenter la France en quelque maniére , ils mirent au bas de leurs fignatures une claufe expreffe que cette fignature feroit nulle fi la paix entre la France & l'Efpagne ne fe concluoit point.

Mr. Servien & Mr. de la Thuillerie firent leur poffible pour obtenir des Etats Généraux qu'ils défavouaffent ce que leurs Plénipotentiaires avoient fait , & s'obligeaffent expreffément à ne point faire la paix que conjointement avec la France : mais ils ne le purent obtenir ; & tout ce que firent les Plénipotentiaires des Etats , fut d'agir comme Entremetteurs entre les François & les Efpagnols, pour tâcher de les faire convenir des articles qui étoient encore indécis.

Mais comme les Efpagnols fe tenoient plus fiers qu'auparavant à l'égard des François dont ils efpéroient de venir facilement à bout, quand ils n'auroient affaire qu'à eux , on ne put convenir de la paix entre la France & l'Efpagne : & les Etats de Hollande déclarérent au mois d'Avril 1647. qu'ils avoient fait affez pour la France; qu'ainfi il falloit conclure le Traité, & ils envoyérent dans les autres Provinces des Députez pour les attirer à leur avis.

Cela n'empêcha pas que Mrs. Servien & de la Thuillerie ne continuaffent à faire leur poffible pour obtenir des Etats Généraux ce qu'ils fouhaitoient ; mais n'en pouvant venir entiérement à bout, principalement à caufe de l'oppofition de la Hollande , ils fe contentérent de paffer avec les Commiffaires des Etats le 29. Juillet 1647. un

Traité,

Traité, pour assurer l'exécution de ce qui seroit accordé par les Traitez de paix entre la France & l'Espagne & entre l'Espagne & les Provinces-Unies. Et pour affermir l'amitié & l'union entre la France & les Provinces - Unies ils convinrent que le Roi seroit tenu de rompre généralement & d'entrer en guerre ouverte contre le Roi d'Espagne, l'Empereur, ou quelqu'autre Prince de la Maison d'Autriche que ce fût, en cas qu'ils attaquassent quelque Pays ou place que les Etats posséderoient, ou dans laquelle ils auroient garnison lors de la signature de ce Traité; ou en cas que le Roi d'Espagne contrevînt au Traité qu'ils feroient avec lui : que les Etats feroient tenus de même de rompre généralement & d'entrer en guerre ouverte avec ces mêmes Princes, en cas qu'ils attaquassent quelque place appartenante au Roi Très-Chrétien, ou qui lui resteroit par le Traité de paix en France, y compris Pignerol, dans le Roussillon, dans la Loraine, & dans toutes les conquêtes des Pays-Bas: que les Etats romproient aussi généralement si pendant la tréve de trente années qu'on avoit faite pour la Catalogne, quelques uns de ces Princes attaquoient quelques places dont le Roi demeureroit en possession par ce Traité.

Les Plénipotentiaires des Etats continuérent à s'entremettre pour la conclusion du Traité entre la France & l'Espagne ; mais n'en ayant pu venir à bout, ils réglérent avec les Espagnols, ou remirent à une Chambre mi-partie les articles dont ils n'étoient pas encore convenus, & leur Traité avec le Roi d'Espagne fut signé le 30. Janvier 1648. par sept Députez des Provinces-Unies, n'y ayant eu que le seul Nederhorst Député de la Province d'Utrecht qui ne le voulut point signer, croyant que les Traitez entre le Roi & les Etats Généraux ne le permettroient pas. Le Roi se plaignit de cette signature : la Province d'Utrecht s'opposa long-tems à la Ratification de ce Traité ; & celle de Zélande n'y voulut jamais consentir : mais tout cela n'empêcha pas qu'il ne fût ratifié, & que les ratifications n'en fussent échangées à Munster le 14. Mars suivant.

Par ce Traité le Roi d'Espagne reconnut les Provinces-Unies pour des Provinces libres, sur lesquelles ni lui ni ses Successeurs ne prétendroient jamais rien. On convint que les Etats Généraux demeureroient saisis de la Mairie de Bois-le-Duc, du Marquisat de Berg-op-Zom, de la Baronie de Breda, de Mastricht & de son territoire, du Comté de Vroonhoff, de la Ville de Grave, du territoire de Kuick, de Hulst, d'Axel, & de leurs Bailliages. Qu'il y auroit une ferme & perpétuelle paix entre le Roi d'Espagne & les Etats en toutes les parties du monde : Que chacune des parties conserveroit les lieux qu'elle possédoit alors avec leurs dépendances ; qu'ainsi les Etats retiendroient les Forts qu'ils possédoient dans le Pays de Waes & toutes les autres places qu'ils tenoient dans le Brabant, la Flandres, & ailleurs ; qu'ils y auroient une pleine autorité tant pour les choses Civiles qu'Ecclésiastiques, de même que dans les territoires des Provinces-Unies ; (à quoi la version Françoise ajoute que le Pays de Waes à l'exception de ses Forts appartiendroit au Roi d'Espagne, & que les trois territoires au delà de la Meuse, savoir de Fauquemont, de Dalem, & de Roleduc demeureroient en l'état auquel ils étoient alors ; & qu'en cas qu'il survînt quelque diffé-

rend sur ce sujet, il seroit terminé par une Chambre mi-partie : ce qui n'est point dans l'exemplaire Latin.) Que le Roi d'Espagne & les Etats Généraux pouroient continuer leur Commerce dans les lieux où'ils l'exerçoient alors : Qu'ils joüiroient de toutes les Villes, Châteaux, & autres lieux qu'ils possédoient dans les Indes Orientales & Occidentales, comme dans le Bresil & sur les côtes de l'Asie, de l'Afrique, & de l'Amérique : Que parmi les places des Etats Généraux on y comprendroit même celles que les Portugais avoient occupées sur eux depuis 1641. Que les Vaisseaux des Etats Généraux trafiqueroient dans les Pays du Roi d'Espagne en Europe ; mais que cela ne leur seroit pas permis dans ceux qui lui étoient soumis dans les Indes Orientales : Que de même les Vaisseaux Espagnols n'étendroient point leur navigation plus qu'à l'ordinaire dans les Indes Orientales; & qu'ils n'entreroient point dans les ports des Indes Occidentales occupez par les Etats Généraux, ni même dans ceux que les Portugais leur avoient ôtez depuis 1641. Que les sujets d'un des deux Etats ne payeroient les impôts dans l'autre que de même que les naturels du Pays : Que le Roi d'Espagne ne léveroit plus sur la Meuse & sur le Rhin les péages qui auparavant la guerre dépendoient des Provinces-Unies, particuliérement celui de Zélande qu'on levoit à Anvers ; à condition que les Etats Généraux payeroient les rentes assignées sur ces péages avant l'année 1570. Que les Etats Généraux entretiendroient les chaussées de l'Escaut, du Canal de Saas, de Zwin, & des autres embouchures de la Mer qui y aboutissent : Que les habitans des Villes Hanséatiques joüiroient dans les Etats du Roi d'Espagne des mêmes priviléges que les habitans des Provinces-Unies : Que ceux-ci joüiroient aussi en Espagne des priviléges qui avoient été accordez aux habitans des Villes Hanséatiques : Que les sujets des Etats Généraux joüiroient de la liberté de conscience dans les Etats du Roi d'Espagne, comme elle avoit été accordée aux Anglois par les Traitez, & les articles secrets passez avec le Connétable de Castille : Qu'on établiroit dans les Pays-Bas une Chambre mi-partie qui jugeroit toutes les contraventions qui pourroient être faites à ce Traité, & régleroit tous les impôts qu'on léveroit de part & d'autre sur les marchandises : Que le haut quartier de Gueldres seroit changé contre quelqu'autre équivalent ; & que si on n'en pouvoit convenir, la Chambre mi-partie régleroit la chose : Que le Roi d'Espagne procureroit la continuation de la neutralité, amitié, & bon voisinage entre l'Empereur & les Etats, & en obtiendroit la confirmation de la part de l'Empereur & de l'Empire : Que chacun rentreroit dans les biens qui avoient été confisquez à l'occasion de la guerre : Que les exhérédations & les dispositions faites en haine de cette même guerre seroient nulles : que les habitans des Pays sujets au Roi Catholique, & de ceux sujets aux Etats, se succéderoient les uns aux autres par testament ou ab intestat, suivant la coutume des lieux : Que les limites seroient réglées en Flandres & ailleurs : Que le Roi d'Espagne feroit démolir près de l'Ecluse les forts de St. Job, de St. Donat, de l'Etoile, de Ste. Thérèse, de St. Frédéric, de Ste. Isabelle, & de St. Paul, & la redoute de Papemuts : Que les Etats Généraux feroient aussi démolir les forts d'Orange & de Frédéric dans l'Isle de Casant, les deux forts de Pas,

R 2

tous

tous ceux qui étoient situez sur la rive Orientale de l'Escaut ; excepté Lillo & le fort nommé Spinola situé près de Kieldrecht ; ensorte qu'on en démoliroit un égal nombre de chaque côté : Que la jurisdiction sur les eaux seroit laissée à la Ville de l'Ecluse , ainsi qu'elle lui appartenoit : que la digue qui bouchoit la riviére de Soute seroit ôtée, en y continuant un Sas , de la garde duquel on conviendroit : Que le Château de Leut seroit rendu au Comte de Flodrof.

Comme les Etats Généraux pouvoient craindre que les Espagnols vouluss ent troubler leurs Sujets dans le Commerce avec la France, & qu'il n'avoit rien été décidé sur ce sujet dans le Traité de paix, ils souhaitérent que la chose fût réglée par un article particulier : ainsi le 4. Février 1648. les Plénipotentiaires d'Espagne & des Provinces-Unies signèrent un article séparé par lequel ils convinrent que les habitans des Provinces-Unies pouroient naviger & trafiquer dans tous les Pays qui seroient en amitié ou en neutralité avec les Etats-Généraux , encore qu'il y eût guerre entre le Roi d'Espagne & ces Pays ; à condition que ces habitans n'y porteroient point de marchandises défendues : que pour cet effet lorsqu'ils partiroient de quelque port du Roi d'Espagne pour aller dans un port de ses Ennemis, ils montreroient aux Officiers de ce Roi un passeport en bonne forme contenant le dénombrement de ce qui seroit dans leurs Vaisseaux ; moyennant quoi on ne les visiteroit point davantage : qu'en pleine mer ou près des rades lorsqu'ils ne voudroient point entrer dans les ports, ils ne seroient point tenus de montrer leurs passeports : que les Etats-Généraux défendroient à leurs Sujets de porter des marchandises défendues chez leurs ennemis :   que les habitans des Provinces-Unies pouroient continuer leur Commerce en France , comme par le passé ; pourvû qu'ils n'y apportassent aucunes marchandises provenantes des Royaumes du Roi d'Espagne, ou qu'on pouroit employer contre lui : que s'il se trouvoit dans ces Vaisseaux des marchandises défendues , elles seroient seules enlevées , & que les Vaisseaux & les marchandises permises ne seroient point jugées de bonne prise : enfin que les Sujets du Roi d'Espagne joüiroient aussi de cette même liberté de la Navigation & du Commerce dans les Pays qui vivoient dans la neutralité & amitié avec Sa Majesté Catholique.

Ils convinrent que cet article seroit exécuté de même que s'il étoit inséré dans le Traité de paix, & que le Roi d'Espagne & les Etats le ratifieroient.

Comme l'article séparé duquel nous venons de parler, paroissoit conçu en des termes obscurs qui pouvoient donner matiére à procès , Mr. le Brun qui avoit été Plénipotentiaire à Munster & étoit allé à la Haye en qualité d'Ambassadeur, passa le 17. Décembre 1650. avec les Députez des Etats Généraux un Traité pour l'éclaircissement de cet article.

Par ce Traité ils mirent plus distinctement en divers articles ce qui avoit été mis dans un seul en 1648. outre cela ils convinrent que toutes les armes offensives & défensives passeroient pour marchandises défendues ; & que les Sujets des Etats ne pouroient point non plus mener chez les Ennemis du Roi d'Espagne des Soldats ni toutes sortes d'équipages de guerre : que les choses qui servent pour la nouriture ne passeroient point pour

marchandises défendues, à moins qu'on ne les voulût conduire dans des places assiégées : qu'en pleine mer ou près des rades , si les Espagnols soupçonnoient que les Sujets des Etats voulussent mener des marchandises défendues à leurs ennemis, ils seroient tenus de montrer leurs passeports en bonne forme à deux ou trois hommes qu'on leur envoyeroit dans une chaloupe : enfin que les marchandises des Sujets des Etats étant sur des Vaisseaux ennemis seroient confisquées.

Il a été marqué ci-devant qu'une des principales difficultez entre les Plénipotentiaires du Roi d'Espagne & ceux des Etats Généraux avoit été au sujet des Bailliages de Falkemberg ou Fauquemont , de Dalem, & de Hertzogenrod ou Roleduc , situez au delà de la Meuse dans le Duché de Limbourg , & dont la possession n'étoit pas bien constante de part ni d'autre ; le Roi d'Espagne & les Etats ayant fait depuis l'année 1644. divers actes pour se maintenir en la possession de ces Bailliages & pour punir ceux qui ne les vouloient pas reconnoître. Ainsi nous avons vu qu'ils convinrent par le Traité que la chose seroit terminée par la Chambre mi-partie ; & que cependant chacun demeureroit en possession de ce qu'il possédoit alors : la Chambre mi-partie n'ayant point terminé ce différend , Dom Estevan de Gamarra Ambassadeur d'Espagne en Hollande & les Commissaires des Etats Généraux convinrent à la Haye les 25. Février & 27. Mars 1658. que le Roi d'Espagne & les Etats Généraux tiendroient chacun en pleine propriété & souveraineté la juste moitié des trois Pays d'Outre-Meuse , aux conditions dont on conviendroit dans la suite de part & d'autre.

Cette affaire fut terminée définitivement par un Traité passé à la Haye le 26. Décembre 1661. entre le même Dom Estevan de Gamarra & les Commissaires des Etats, par lequel ils convinrent que le Roi d'Espagne auroit en libre propriété & Souveraineté dans le Pays de Fauquemont les Seigneuries & Villages de Nuth , le vieux Fauquemont, Schinn sur la Geule, le Couvent de St. Gerlach dans l'enclos de ses murailles , & onze autres Seigneuries ou Villages, quatorze Fiefs étrangers dénommez dans le Traité , plus douze Villages ou Seigneuries dépendantes de Dalem , nommez dans le Traité : Enfin qu'il auroit la Ville & le Château de Roleduc avec cinq Seigneuries ou Villages qui en dépendent , & tous les Fiefs étrangers qui en relévent : Que d'autre part les Etats Généraux auroient la Ville & le Château de Fauquemont , & vingt Villages & Seigneuries, & quatorze Fiefs étrangers qui en dépendent ; plus la Ville & le Château de Dalem avec six Villages & Seigneuries , & tous les Fiefs étrangers qui en relévent : enfin cinq Villages ou Seigneuries dépendans de Roleduc.   Ils convinrent encore qu'ils feroient juger le procès pendant à la Cour de Brabant au sujet des Seigneuries d'Esloo & de Bernauwe qu'ils n'avoient point partagées ; Qu'ils vendroient les fonds de Ravensbosch & partageroient le prix entr'eux : enfin qu'ils commenceroient à joüir des aides & domaines du premier Janvier 1662.

On ne put convenir de l'équivalent que les Etats Généraux donneroient au Roi d'Espagne pour obtenir que le haut quartier de Gueldres fût consolidé & réüni au reste de la Province ; de sorte que le Roi d'Espagne conserva les Villes & places du
Duché

Duché de Gueldres qu'il poffédoit avec leurs dépendances.

Des Commiffaires de part & d'autre réglérent
par un Traité paffé à Bruxelles le 20. Septembre
1664. les limites de ce que le Roi d'Efpagne &
les Etats poffédoient en Flandres : & convinrent
de la fuppreffion de la Chambre mi-partie par un
autre Traité paffé à la Haye le 29. Avril 1665.

CHAPITRE SEPTIE'ME.

Négociation des Traitez conclus à Muns-
ter pour les Intérêts des Princes
d'Orange.

Uillaume de Naffau Prince d'Orange neuviéme de ce nom, qui avoit dès fa jeu-
neffe témoigné de l'inclination pour la
Religion Prétendue Réformée, & étoit
Gouverneur des Comtez de Hollande & de Zélande, voyant qu'il étoit foupçonné par Marguerite
d'Autriche Ducheffe de Parme & Gouvernante
des Pays-Bas, d'avoir été fauteur de ceux qui a-
voient commis dans les Eglifes de ces Provinces
les défordres dont il a été ci-devant parlé, écrivit
à Philipe II. Roi d'Efpagne pour le prier de recevoir la démiffion de fes Gouvernemens, & de
lui permettre de fe retirer en Allemagne. Philipe
lui fit une réponfe fort honnête : cependant Guillaume ne fe fiant pas à cet appas qu'il crut que
l'on lui tendoit pour le faire périr, fe retira dans
le Comté de Naffau ; & n'ayant point voulu
comparoître aux affignations que le Duc d'Albe
lui fit donner, il fut condamné par contumace.
Guillaume fon fils aîné qui étudioit à Louvain fut
emmené en Efpagne, où il fut retenu pendant
plufieurs années en une efpéce de prifon ; & on
confifqua tous les biens qu'il avoit dans les Pays-
Bas qui étoient très-confiderables : outre cela ceux
qu'il avoit dans le Comté de Bourgogne comme
héritier de la Maifon de Chalons, entr'autres un
fiziéme des Salines de ce Comté & des bois
qui en dépendent qu'on apelloit la fixte d'Auxerre.

Après le foulévement arrivé en 1572. dans les
Pays-Bas, ce Prince fut, comme il a été marqué ci-devant, déclaré par les Etats des Provinces des Pays-Bas non feulement Gouverneur de
Hollande, comme il l'étoit auparavant, mais auffi
du Brabant & de la Flandres : il emprunta de
grandes fommes pour foutenir la guerre contre le
Roi d'Efpagne ; de forte que comme il étoit l'ame
du Parti, les Efpagnols tentérent dans l'Affemblée qui fe tint à Cologne en 1579. de faire un
Traité particulier avec lui. Ainfi le Duc de Ter-
ranova lui offrit de la part du Roi d'Efpagne de
le laiffer jouïr de tous fes biens ; pourvû qu'il
fortît des Pays-Bas, & allât paffer le refte de fa
vie en Allemagne ; & de rendre à fon fils la liberté, & les Gouvernemens de Hollande & de
Zélande : mais ce Prince trouvant fon pofte plus
beau que le parti qu'on lui propofoit, ne voulut
point accepter cette propofition ; & ayant peu a-
près induit ces Provinces à déclarer le Roi d'Ef-

pagne déchu de la Souveraineté qu'il avoit fur elles, ce Roi le profcrivit & promit par une proclamation publique de grandes récompenfes à celui qui le tueroit : en effet ce Prince fut affaffiné
à Delft en 1584.

Il laiffa trois fils, favoir Philipe-Guillaume, Maurice, & Frédéric-Henri : le premier fuccéda à
fon pére en la Principauté d'Orange, & en la
plûpart de fes biens, vécut dans la Religion Catholique, & mourut en 1618. fans laiffer d'enfans
de Léonor de Bourbon qu'il avoit épou-
fée.

Maurice fuivit les traces de fon pére, & ayant
fuccédé à fes charges, il continua la guerre avec
beaucoup de bonheur & de valeur contre Philipe II. enfuite contre fon fils Philipe III. & s'oppofa autant qu'il put à la conclufion de la tréve qui
fut fignée à Anvers en 1609. Cependant comme les Etats Généraux avoient obligation de leur
liberté au Prince Guillaume & au Comte Maurice
fon fils, ils eurent auffi en ce Traité un foin particulier des intérêts des Princes de cette Maifon;
ne fe contentant pas des claufes générales du
Traité par lefquelles il étoit porté que ceux fur
lefquels les biens avoient été confifquez à l'occafion de cette guerre, ou leurs héritiers, y rentreroient : mais ils firent ajouter expreffément que
cela auroit lieu en faveur des héritiers du feu
Prince d'Orange, même à l'égard des droits qu'ils
avoient fur les Salines de Bourgogne qui leur feroient remifes avec les bois qui en dépendent :
qu'on leur feroit bonne juftice dans un an d'un
procès qu'ils avoient au Confeil de Malines contre le Procureur-Général du Roi d'Efpagne, pour
raifon de la terre de Châtelbelin, que les Officiers de l'Empereur Charles - Quint avoient fait
faifir lorfque le Prince Guillaume avoit prétendu
s'en mettre en poffeffion comme héritier de fon
coufin René de Naffau : cet Empereur avoit depuis permis au Prince Guillaume de faire juger
au Confeil de Malines le procès touchant cette
terre ; mais lorfque l'affaire étoit fur le point
d'être jugée, Philipe II. en avoit furfeoir le
jugement, & elle étoit demeurée indécife ; enforte que dans l'Apologie que Guillaume fit im-
primer en 1580. il prétendoit qu'il lui étoit dû
plus de trois cens cinquante mille florins d'arrérages des revenus de cette terre depuis qu'il étoit
venu à la fucceffion de fon coufin. Enfin on
convint que les héritiers du Prince Guillaume ne
feroient point pourfuivis pour raifon des dettes
qu'il avoit contractées depuis l'année 1567.

Ce Traité fut exécuté à l'exception de l'article
concernant le procès de Châtelbelin, lequel ne
fut point jugé dans l'année ni depuis.

Maurice fuccéda à la Principauté d'Orange a-
près la mort du Prince Philipe-Guillaume fon frére ; & eut pour Succeffeur Frédéric-Henri fon
Cadet qui à l'exemple de fon pére & de fon frére
fit ce qu'il put pour empêcher la paix entre l'Efpagne & les Provinces-Unies par laquelle il voyoit
tomber fon crédit.

Cependant les foupçons que les Etats Généraux avoient conçus contre lui à caufe de l'alliance
qu'il avoit contractée avec Charles I. Roi d'Angleterre en mariant Guillaume fon fils unique avec
la fille aînée de ce Roi, & au moyen de laquelle
ils s'imaginoient qu'il avoit deffein de fe rendre
Souverain des Pays-Bas ; fa fanté languiffante qui
l'empêchoit d'agir avec la vigueur néceffaire, enfin

 les

les préfens & les promeffes que les Efpagnols a-
voient faites à la Princeffe fa femme, empêchérent
que fes oppofitions à la conclufion de la paix qu'on
traitoit à Munfter, euffent l'effet qu'il prétendoit:
fi bien que les Etats Généraux s'étant déterminez
entiérement à la paix, le Prince d'Orange ne put
faire autre chofe que de fonger à la confervation
de fes intérêts dans cette paix. Ainfi il donna
procuration au Sr. Knuyt fon Confeiller d'Etat &
fon repréfentant aux Etats de Zélande en qualité de
premier Noble de cette Province, pour en traiter avec
le Roi d'Efpagne à l'Affemblée de Munfter, où le Sr.
Knuyt étoit Député de la Province de Zélande.

Les Plénipotentiaires des Etats Généraux donnant à Munfter en 1646. leur propofition dreffée
en forme de Traité, outre les articles concernant
les héritiers du Prince Guillaume qui étoient portez dans le Traité de 1609. y demandérent encore, premiérement que le Prince d'Orange entrât
en poffeffion des biens que le Confeil de Malines
avoit depuis ce Traité adjugez par Arrêt au préjudice du Fifc au Comte Jean de Naffau de la Branche de Siegen, lorfqu'il avoit quitté le parti des
Etats Généraux pour prendre celui du Roi d'Efpagne : enforte que cet Arrêt & la poffeffion de ce
Comte n'auroient aucun effet. Secondement
qu'attendu que le procès de Châtelbelin n'avoit
pas été jugé dans l'année après le Traité de 1609.
le Roi d'Efpagne renonçât à cette terre, & à toutes fes dépendances qui feroient remifes au Prince
d'Orange & à fes héritiers ; fans néanmoins aucune reftitution de fruits. Troifiémement qu'attendu
qu'en 1582. les EtatsGénéraux pour récompenfer le
Prince Guillaume des grandes dépenfes qu'il avoit
été obligé de faire pour leur procurer & leur conferver leur liberté, lui avoient accordé & cédé par
des lettres patentes les Comtez d'Aloft & de Mee-
fien, l'Abbaye de Duyne avec la Prévôté d'E-
verfom, & les Abbayes de Berg St. Vinox, de
Ninove, de Geerberg ou St. Adrien en l'Orme, &
d'Affligem ; de tous lefquels biens fes héritiers
ne jouïffoient que de la Prévôté d'Everfom dépendante de l'Abbaye & du Monaftére de Sanden,
l'un & l'autre fituez dans le territoire d'Hulft,
que les Etats après avoir pris cette place avoient
nouvellement donnez au Prince Frédéric-Henri
en confirmant l'ancienne conceffion ; ce Prince
fût maintenu en la poffeffion paifible de ce Monaftére & de cette Prévôté ; & que le Roi d'Efpagne le fatisfît pour les autres chofes contenues
dans ces mêmes lettres patentes dont il ne jouïffoit pas. Quatriémement que le Roi d'Efpagne
renonçât au profit de ce Prince & de fes héritiers
au droit de retrait & autres prétentions qu'il avoit
fur la Ville de Grave, le Pays de Kuick & fur
fes dépendances ; comme auffi fur l'ancienne Baronie de Brabant, qui avoient été engagez par
l'Empereur Charles-Quint à Maximilien d'Egmont
Comte de Bure & à Guillaume Prince d'Orange:
& que les Etats Généraux avoient en 1611. donnez en propriété au Prince Maurice fon fils & à
fes héritiers. Cinquiémement que le Roi d'Efpagne renonçât pareillement en faveur du Prince
d'Orange & de fes héritiers à fes prétentions fur
la Ville & fur le Comté de Lingen & fur les Villes & Seigneuries de Bevergeerde & de Cloppembourg fituez en Weftphalie dont les Etats Généraux s'étoient emparé & en avoient en 1578. cédé la propriété à Guillaume Prince d'Orange.
Enfin qu'on ne pût inquietter les héritiers de la

Maifon de Naffau pour raifon des dettes contractées par le feu Prince Maurice (ou plutôt Guillaume) depuis l'année 1567. jufqu'à fa mort ; ou
pour les arrérages des rentes hipotéquées fur les
biens de cette Maifon échues pendant les années
qu'ils avoient été faifis.

Le Sr. Knuyt témoigna outre cela que le Prince d'Orange fouhaitoit extrémement de demeurer
poffeffeur incommutable du Marquifat de Berg-
op-Zom, que les Etats Généraux avoient confif-
qué à fon profit fur le Marquis de Berg, à caufe
qu'il fuivoit le parti d'Efpagne : ainfi il demanda que le Roi d'Efpagne eût à procurer un é-
change de ce Marquifat contre plufieurs terres que
ce Prince poffédoit dans les Pays-Bas Efpagnols.

La paffion qu'avoit le Roi d'Efpagne de conclure à quelque prix que ce fût une paix particuliére avec les Etats Généraux, l'obligea de confentir de donner fatisfaction en toutes chofes au
Prince & à la Princeffe d'Orange : de forte que
non feulement il donna les mains à plufieurs articles qui furent depuis inférez dans le Traité de
Munfter entre l'Efpagne & les Provinces-Unies ;
mais, comme on remit à un Traité particulier entre le Roi Catholique & le Prince d'Orange l'é-
quivalent qu'il demandoit au lieu des Comtez &
des Bénéfices qui avoient été cédez au Prince
Guillaume en 1582. & l'échange qu'il propofoit
de plufieurs terres qu'il avoit dans les Pays-Bas
Efpagnols contre le Marquifat de Berg-op-Zom ;
il donna pouvoir au Comte de Pegnaranda fon
Plénipotentiaire d'en traiter avec ce Prince, & lui
fit offrir d'abord Venlo & Ruremonde à la charge
de les tenir en fief des Rois d'Efpagne ; il y auroit
même encore ajouté Gueldres, fi le Prince d'O-
range y avoit voulu entendre : mais comme la
propofition de cette place qui étoit autrefois la
Capitale du Duché de Gueldres avoit en 1644.
effarouché les Etats de cette Province qui s'étoient
imaginez que ce Prince pouroit par ce moyen s'at-
tribuer la propriété du Duché de Gueldres, il ne
voulut point d'aucunes de ces Villes, & fit faire
d'autres propofitions : fi bien que le Comte de
Pegnaranda & l'Archevêque de Cambrai Plénipotentiaires du Roi d'Efpagne conclurent le 8. Janvier 1647. avec le Sr. Knuyt un Traité par lequel ils réglérent les prétentions du Prince d'O-
range qui n'étoient point comprifes dans les articles qui avoient été arrêtez entre les Plénipotentiaires du Roi d'Efpagne & ceux des Etats Généraux.

Par ce Traité le Roi d'Efpagne pour éteindre
toutes les actions que le Prince d'Orange avoit contre lui, lui céda & à fes héritiers les terres & Seigneuries de Montfort près de Ruremonde dans le Duché de Gueldres, & de Turnhout dans le Brabant ; garentiffant Montfort de vingt-cinq mille
florins de rente & Turnhout de douze mille ;
& promettant de fuppléer à ce qui en manqueroit.

En fecond lieu le Roi céda à la Princeffe d'O-
range la Ville & la Seigneurie de SevembErg en
Brabant, & promit d'indemnifer ceux qui avoient
quelques droits fur ces trois Seigneuries & de les
décharger de toutes redevances & hipotéques. On
convint que le Prince & la Princeffe d'Orange
tiendroient ces terres en fief du Roi d'Efpagne,
à moins qu'il n'y en eût qui relevaffent d'autres
Seigneurs ; qu'ils y conferveroient l'exercice de

la

la Religion Catholique & les Eccléfiaftiques dans la jouïffance de leurs révenus & dans leurs fonctions ; & que moyennant cela ils renonceroient à toutes leurs actions contre le Roi d'Efpagne.

En troifiéme lieu le Roi d'Efpagne confentit qu'encore que par le Traité de paix il fût dit que ceux dont les biens avoient été confisquez, y rentreroient de leur propre autorité , néanmoins le Prince d'Orange demeureroit en poffeffion du Marquifat de Berg-op-Zom, ainfi qu'il en avoit joüi jufqu'alors ; & que même ce Roi le mettroit en poffeffion du reftant de ce Marquifat dont il n'avoit point encore joüi : moyennant quoi le Roi d'Efpagne joüiroit des lieux qui fuivent , appartenans au Prince d'Orange, à favoir de la Ville & Baronie de Dieft , de la Ville & Seigneurie de Sichem , & de Montaigu , des Seigneuries libres de Meerhout , Vorft , & Heerftall , de la Baronie de Grimberg , & de la Ville & Baronie de Varneton , & de la Maifon du Prince d'Orange à Bruxelles : ce qui auroit lieu dès que Sa Majefté Catholique auroit moyenné l'échange de toutes ces chofes avec le Marquifat de Berg-op-Zom ; ainfi qu'il promettroit de faire dans dix mois après la ratification du Traité de paix.

En quatriéme lieu le Roi d'Efpagne promit de faire enforte auprés de l'Empereur que le Comté de Mœurs fitué dans l'Archevêché de Cologne que la Comteffe Warburge avoit donné en 1600. au Comte Maurice , fût augmenté de quelques autres terres qui valuffent dix mille florins de rente ; & que le tout fût érigé en un Duché qui réléveroit immédiatement de l'Empire. Enfin comme le Traité du Roi d'Efpagne avec les Etats n'étoit point encore figné, on convint que celui-ci ne feroit point obligatoire qu'après que l'autre auroit été conclu.

Le Prince d'Orange fouhaita que l'Archevêque de Malines, l'Evêque d'Anvers, & plufieurs Abbez comme Membres du premier Etat du Duché de Brabant, promiffent de faire enforte que le Roi d'Efpagne fatisfit à ce qui étoit porté par ce Traité : ce qu'ils firent le 30. Août fuivant à la réquifition de l'Archiduc Léopold Gouverneur des Pays-Bas pour le Roi d'Efpagne.

Le Prince Frédéric-Henri étant mort peu après, le Comte de Pegnaranda & le Sr. le Brun pafférent le 27. Décembre 1647. avec le Sr. Knuyt un nouveau Traité femblable à celui du 8. Janvier de la même année , hormis que par celui-ci le Roi d'Efpagne ne promit à Guillaume nouveau Prince d'Orange que la terre de Montfort qu'il promit d'augmenter jufqu'à trente-deux mille florins de rente, & qu'il promit de mettre la Princeffe d'Orange Douairiere en poffeffion des Villes & Seigneuries de Sevemberg , de Turnhout , de Baucent , de Schoonbrooch aux conditions du précédent Traité.

Toutes les difficultez qui avoient empêché la conclufion de la paix entre l'Efpagne & les Etats Généraux ayant été levées, le Traité, comme il a été marquée ci-devant , fut figné à Munfter le 30. Janvier 1648. & il y fut dit à l'égard du Prince d'Orange qu'il rentreroit en poffeffion premiérement des Salines de Bourgogne & des bois qui en dépendent, hormis de ce que le Roi d'Efpagne en avoit acheté & payé, & de fes autres biens dans le Comté de Bourgogne & dans le Charolois, & de tout ce qu'on ne lui avoit pas encore reftitué,

fuivant les Traitez du 9. Avril 1609. & du 6. Janvier 1610. Troifiémement des biens que le Grand-Confeil de Malines avoit adjugez au Comte Jean de Naffau. Quatriémement des biens demandez par le Prince d'Orange au procès de Châtelbelin ; enforte néanmoins que les fruits appartiendroient au Roi d'Efpagne jufqu'au jour du Traité. Cinquiémement des biens que les Etats-Généraux avoient donnez à ce Prince dans le Bailliage de Hulft & ailleurs , & dont il joüiffoit alors ; fauf à le fatisfaire par un Traité particulier pour raifon de ceux dont il ne joüiffoit point. Sixiémement des terres comprifes dans les deux Traitez particuliers faits l'année précédente entre le Roi d'Efpagne & les Princes d'Orange. Septiémement de la Ville de Grave , du Pays de Kuick & de leurs dépendances , & de l'ancienne Baronie de Brabant. Enfin du Comté de Lingen & des quatre Villages qui en dépendent, & des Seigneuries de Bervergeerd & de Cloppembourg.

Le Roi d'Efpagne remit incontinent après le Traité de Munfter les terres de Turnhout & de Sevemberg à la Princeffe Douairiére d'Orange : mais elle ne put fatisfaire de fa part à la claufe par laquelle elle avoit promis de laiffer à Sevemberg l'exercice de la Religion Catholique : car les Etats Généraux prétendant que ce lieu étoit de leur dépendance ne voulurent point avoir égard aux Traitez entre le Roi d'Efpagne & les Princes d'Orange, & firent avertir la Princeffe de chaffer les Eccléfiaftiques de ce lieu, à faute de quoi ils les chafferoient eux mêmes.

A l'égard des Traitez qui concernoient le Prince d'Orange , le Roi d'Efpagne ne les exécuta point encore fi tôt ; il ne le fit point joüir des bois fituez dans le Comté de Bourgogne , ne lui remit point le Comté de Montfort, n'augmenta point le Comté de Mœurs de dix mille florins de rente, & particuliérement ne put réfoudre le propriétaire du Marquifat de Berg-op-Zom à le céder au Prince d'Orange.

Cela obligea le Roi d'Efpagne d'envoyer un Plein-pouvoir à Mr. le Brun fon Ambaffadeur à la Haye pour traiter avec le Prince d'Orange d'un équivalent au lieu de ce Marquifat , duquel il lui étoit impoffible de le faire joüir. Le Prince Guillaume étant mort avant que cette affaire fût confommée , le Sr. le Brun traita à la Haye le 12. Octobre 1651. avec la Princeffe Douairiere & les autres tuteurs du jeune Prince Guillaume-Henri.

Par ce Traité le Roi d'Efpagne promit d'accomplir ce qui reftoit encore à exécuter des deux Traitez paffez en 1647. avec les Princes d'Orange: & comme il n'étoit pas en fon pouvoir de faire céder au Prince d'Orange le Marquifat de Berg-op-Zom, on convint que le Roi garderoit les terres que les Princes d'Orange lui avoient cédées en échange de ce Marquifat : moyennant quoi il payeroit au jeune Prince cinq-cens mille florins une fois payez , & une rente de quatrevingts mille florins par chacun an ; obligeant au payement de cette fomme & de cette rente toutes les terres & domaines qu'il avoit dans le Duché de Brabant , & dans le Comté de Flandres & ailleurs, pour y avoir recours en cas de contravention.

En conféquence de ce Traité le Roi d'Efpagne paya en même tems à la Princeffe Douairiere deux

cens

cens quatre-vingts mille florins qu'il avoit promis au jeune Prince : mais il n'a point satisfait au reste de cette somme, & a été depuis un très-long-tems sans rien payer des quatre vingts mille florins de rente : il ne remit à ce Prince qu'en 1654. le Comté de Montfort qui même ne s'est trouvé que de vingt mille florins de rente au lieu de trente-deux mille qu'il devoit valoir : les autres articles n'ont point été non plus mieux exécutez.

Le Prince Guillaume-Henri étant rentré en 1672. dans les dignitez de ses Ancêtres, quoiqu'il fît de grandes instances pour le payement des sommes qui lui étoient dues, & qu'il rendît tous les ans de signalez services au Roi d'Espagne, il ne put obtenir aucune satisfaction : ce defaut de payement fut cause qu'on proposa à la Haye vers la fin de l'année 1676. de donner à ce Prince des Lettres de représailles contre le Roi d'Espagne : mais Dom Jean d'Autriche qui avoit été appellé depuis peu au Gouvernement de la Monarchie d'Espagne, envoya, pour éviter ce contre-tems, plusieurs lettres de change à Emanuel de Lira Envoyé d'Espagne en Hollande avec ordre de satisfaire ce Prince.

Cet Envoyé ayant fait connoître au Prince l'impuissance où étoit alors l'Espagne de lui payer à la fois ce qui lui étoit dû, ils passérent à la Haye au mois de Janvier 1677. un Traité par lequel ils convinrent que l'on feroit toucher présentement au Prince cinquante mille écus comptant à Amsterdam ; qu'à l'avenir on lui payeroit par chacun an trente mille reales de huit à l'arrivée des Galions de Terre ferme, & autant à l'arrivée de la flotte de la nouvelle Espagne ; & que cela continueroit jusqu'à l'entier payement.

Les Etats Généraux avoient promis au Roi d'Espagne par le Traité qu'ils passérent avec lui en 1673. de lui céder la Ville de Mastricht que le Roi venoit de prendre & le Comté de Vronhoven comme une reconnoissance des bons offices qu'il leur avoit déja rendus, & qu'ils espéroient qu'il leur rendroit encore à l'avenir. Ainsi dès que les Traitez de paix entre la France d'une part & les Provinces-Unies & l'Espagne d'autre eurent été signez à Nimégue, Dom Emanuel de Lira présenta divers mémoires aux Etats Généraux pour leur demander que Mastricht fût remis entre les mains du Roi son maitre en vertu du Traité de 1673. Les Etats Généraux ne voulurent point s'expliquer de leur dessein, que le Roi ne leur eût remis cette place : enfin au bout de dix mois ils donnérent au mois d'Août 1679. leur réponse, dans laquelle après avoir marqué leur reconnoissance des obligations qu'ils avoient au Roi d'Espagne, ils le prioient d'avoir égard à ce que par le même Traité de 1673. par lequel les Etats lui avoient promis Mastricht, il étoit aussi convenu de sa part d'exécuter le Traité de Munster de l'année 1648. dans lequel il y avoit plusieurs articles en faveur du Prince d'Orange, & qui confirmoit expressément ceux passez en 1647. pour les intérêts de ce Prince : les Etats marquoient ensuite dans le détail les articles qui n'avoient pas encore été exécutez.

Premiérement par les Traitez de 1647. le Roi d'Espagne devoit céder au Prince d'Orange le Comté de Montfort en y ajoutant assez de fiefs pour qu'il valût trente-deux mille florins de rente ; & que le Roi d'Espagne n'avoit remis ce Comté à ce Prince qu'en 1654. & qu'il ne valoit que vingt mille florins de rente : desorte que le Roi d'Espagne lui devoit trente-deux mille florins par an depuis l'année 1648. jusqu'en 1654. & depuis cette année jusqu'en 1679. douze mille florins par an.

En second lieu que le Comté de Mœurs devoit être érigé en Duché relevant de l'Empire & augmenté de dix mille florins de rente ; ce qui n'avoit point été fait : le Roi d'Espagne devoit trente années de cette rente de dix mille florins par an.

En troisiéme lieu que le Roi d'Espagne devoit par ce même Traité payer à ce Prince quatre-vingts mille florins par an dont il n'avoit payé que fort peu de chose ; & devoit aussi le surplus qui montoit à une somme très-considérable.

En quatriéme lieu que le Roi d'Espagne devoit faire jouïr le Prince d'un siziéme dans les bois de Bourgogne dont il devoit revenir au Prince 5000. liv. par an dont il n'avoit rien touché.

Enfin que la terre de Turnhout au lieu de douze mille florins de rente n'en valoit que huit mille ; & que même cette terre avoit payé au Roi d'Espagne depuis l'année 1658. trente mille livres dont la Princesse d'Orange n'avoit point été remboursée : d'où les Etats Généraux concluoient qu'outre le fond des biens que le Roi d'Espagne devoit remettre au Prince d'Orange, il lui devoit encore leurs revenus avec leurs intérêts ; & ils supputoient que le tout faisoit sept millions 732392. florins, jusqu'au payement desquels ils déclarérent ne se pouvoir désaisir de Mastricht : le Roi d'Espagne ayant hipotéqué spécialement à cette dette tous ses biens de Brabant.

Dom Emanuel de Lira fut fort mécontent de cette réponse, prétendant que ces deux affaires n'avoient aucune connexité l'une avec l'autre : que le Roi d'Espagne avoit déja payé de grandes sommes au Prince d'Orange ; qu'il lui avoit donné de grosses assignations pour l'avenir ; que s'il ne l'avoit pas payé plutôt, c'étoit parce que les Ministres des Etats Généraux à la Cour d'Espagne sollicitant publiquement pour ses intérêts, avoient témoigné en particulier que les Etats se soucioient fort peu qu'il fût satisfait ; que le Roi d'Espagne avoit dépensé pour la conservation de leurs Provinces plus de millions qu'il n'en étoit dû au Prince d'Orange ; & qu'il les avoit conservées entiérement par la paix qu'il leur avoit procurée avec l'Angleterre. Pour conclusion il leur déclara que le Roi d'Espagne ne payeroit aucune chose au Prince d'Orange en principal ni intérêts, ni aux Amirautez, qu'on ne lui eût remis Mastricht ; & que même il ne pouvoit pas répondre qu'il n'usât de représailles sur les effets que les Hollandois possédoient en Espagne.

Les Etats Généraux firent une seconde réponse à cette réplique, dans laquelle après avoir diminué les obligations qu'ils avoient au Roi d'Espagne par l'intérêt qu'il avoit dans leur conservation, ils persistérent dans leur refus de lui remettre Mastricht qu'il n'eût satisfait le Prince d'Orange auquel il étoit hipotéqué & les Amirautez : ainsi le Roi d'Espagne ne voulant pas rompre avec les Etats pour ce sujet, ils sont demeurez en possession de cette place qu'ils tiennent encore à présent : & ainsi il n'a plus songé à rien payer au Prince d'Orange envers lequel il s'est tenu pour quitte.

HISTOIRE

DES

TRAITEZ DE PAIX FAITS

PAR LE ROI

DEPUIS CEUX DE

WESTPHALIE.

Près avoir rapporté en sept Chapitres l'Histoire de la Négociation des Traitez de Westphalie, je rapporterai dans les Chapitres suivans l'Histoire des Négociations des Traitez de paix que le Roi a faits depuis avec les Princes & les Puissances de l'Europe contre lesquelles il est entré en guerre, en suivant l'ordre des tems dans lesquels ces Traitez de paix ont été conclus. Ainsi je commencerai par la Négociation de la paix avec l'Espagne qui fut entamée à Madrid en 1656. & conclue aux Pirénées en 1659.

CHAPITRE PREMIER.

Histoire de la Négociation de Mr. de Lionne à Madrid, pour la paix entre la France & l'Espagne. 1656.

DEpuis la rupture de la Négociation de Munster pour la paix entre la France & l'Espagne, les guerres civiles qui déchiroient la France depuis plusieurs années, donnérent moyen aux Espagnols de reprendre un grand nombre de places que les François avoient conquises sur eux depuis le commencement de la guerre; ils commencerent par reprendre en 1649. Saint Venant & Ipres dans les Pays-Bas, & Casal-Maggiore & quelques autres petites places en Italie.

Le Roi ayant jugé à propos pour quelques mécontentemens qu'il avoit de la conduite des Princes de Condé & de Conti & du Duc de Longueville de les faire arrêter prisonniers au commencement de l'année 1650. la Duchesse de Longue-

ville pour tâcher de faire élargir ses fréres & son mari, se ligua conjointement avec le Vicomte de Turenne & avec les Espagnols, leur mit entre les mains Stenai, & leur donna moyen de s'emparer de la Capelle, du Câtelet, de Retel, & de Château-Porcien. L'Archiduc Léopold étant alors en Champagne envoya à Paris un Trompette vers le Duc d'Orleans avec des lettres par lesquelles il lui proposoit une entrevue pour conclure la paix; ce Duc se montra fort disposé à renouer la négociation pour la paix : mais comme il demanda qu'avant toutes choses l'Archiduc eût un plein-pouvoir du Roi d'Espagne pour la traiter & la conclure, la chose traina en longueur, & l'Archiduc ayant encore pris Mousson s'en retourna dans les Pays-Bas, laissant en Champagne le Vicomte de Turenne qui fut défait près de Retel : après quoi l'armée du Roi reprit cette place & Château-Porcien. D'autre part les Espagnols prirent en cette année Tortose en Catalogne & Piombino en Italie.

Le Cardinal Mazarin ayant été obligé en 1651. de délivrer les Princes, se retira dans l'Archevêché de Cologne avec un passeport des Espagnols qui lui donnérent une escorte commandée par Dom Antonio Pimentel. Ce voyage donna lieu au Cardinal & à Pimentel de faire entr'eux quelques propositions de paix qui allérent si avant que le Roi d'Espagne envoya ordre & pouvoir au Comte de Fuensaldagne d'en traiter avec le Cardinal.

Le Roi envoya aussi au Cardinal Mazarin un pleinpouvoir pour traiter la paix avec les Ministres du Roi d'Espagne, à telles conditions qu'il jugeroit à propos : mais lorsque ces deux Ministres étoient sur le point de s'abboucher pour traiter la paix sans autres Médiateurs, le Prince de Condé envoya le Marquis de Silleri à Bruxelles pour y proposer un Traité avec le Roi d'Espagne. Cela fut cause que ce Roi espérant tirer de grands avantages du Prince de Condé révoqua l'ordre qu'il avoit donné au Comte de Fuensaldagne, & lui défendit d'avoir plus aucun commerce avec le Cardinal Mazarin , pour ne point donner de jalousie à ce Prince qui , s'étant retiré à Bordeaux au mois de Septembre aussi-tôt après la déclaration de la Majorité du Roi , sous prétexte qu'on avoit dessein de le faire arrêter de nouveau , & de faire revenir en France le Cardinal Mazarin , conclut peu après son Traité avec le Roi Catholique par le moyen du Sr. Lenet qu'il envoya en Espagne , & par lequel entr'autres choses Sa Majesté Catholique s'obligea de le secourir puissamment d'hommes & d'argent , & de ne point faire sa paix avec le Roi à moins que d'obtenir son rétablissement dans ses biens, ses charges, & ses Gouvernemens. Le Roi d'Espagne lui envoya peu après en exécution de ce Traité, le Baron de Betteville à qui il fit remettre la Ville de Bourg sur la Garonne, où ce Baron mit une garnison Espagnole.

Les Espagnols reprirent encore en 1651. Furnes, Berg-Saint-Vinox , & Bourbourg.

Le Cardinal Mazarin étant rentré en France au commencement de l'année 1652. le Duc d'Orléans s'unit avec le Prince de Condé pour le faire une seconde fois sortir du Royaume , & obtint peu après des Espagnols une armée de sept ou huit mille hommes commandée par le Duc de Nemours & par le Baron de Clinchamp : le Comte de Fuensaldagne vint aussi peu après en France avec six ou sept autres mille hommes. Pendant que les Espagnols fomentoient ainsi les divisions intestines de la France , ils prirent encore en 1652. Barcelone , Gravelines & Dunkerque , & ils assistérent le Duc de Mantoue pour chasser les François de Casal.

La fin de leurs avantages fut la prise de la Ville de Rocroi en 1653. après quoi le Prince de Condé étant passé en Flandres , les François reprirent en la même année Mousson & Sainte Menehout.

Le Nonce du Pape & l'Ambassadeur de Venise à Madrid ayant vers ce même tems demandé à Dom Louïs de Haro premier Ministre du Roi d'Espagne si son Maitre étoit disposé à faire la paix avec la France , il leur répondit que Sa Majesté Catholique la feroit volontiers , pourvû que les Princes de Condé & de Conti y fussent compris. Ces Ministres ayant écrit au Nonce & à l'Ambassadeur de Venise en France pour savoir les sentimens du Roi sur ce sujet , on leur répondit de sa part qu'encore qu'il eût de la peine à se résoudre de traiter avec ses Sujets par le canal d'un Prince étranger , il vouloit bien les comprendre dans le Traité, pourvû que le Roi de Portugal y fût aussi compris. Mais , comme le Roi d'Espagne n'y voulut point absolument consentir, la négociation n'alla pas plus avant.

Le Prince de Conti se soumit peu après aux volontez du Roi , & étant revenu en Cour épousa une des niéces du Cardinal Mazarin : mais comme le Prince de Condé persistoit à porter les armes pour les Espagnols contre le Roi , il fut le 27. Mars 1654. après plusieurs formalitez déclaré par Arrêt du Parlement rendu en présence de Sa Majesté & de plusieurs Ducs & Pairs & Maréchaux de France, atteint & convaincu des crimes de Leze-Majesté & de Felonie à lui imposez ; & pour réparation d'iceux déchu du nom de Bourbon , de la dignité & des priviléges de Prince du Sang , de la Pairie de France , & de toutes autres dignitez, charges , & Gouvernemens , & condamné à souffrir la mort en la forme qu'il plairoit

à Sa Majesté ; ses biens féodaux mouvans du Roi furent réünis à la Couronne , & tous ses autres biens confisquez au profit de Sa Majesté.

Le Roi donna peu après la charge de Grand-Maitre de Sa Maison & le Gouvernement de Guyenne au Prince de Conti , prit en la même année Stenai & Clermont sur les frontiéres de Champagne, St. Paul, & le Quesnoi dans les Pays-Bas, Villefranche & Puicerda en Catalogne , & fit lever le siége que les Espagnols & le Prince de Condé avoient mis devant Arras.

Le Roi n'avoit point voulu, tant que ses affaires avoient été en mauvais état , & que la guerre civile avoit désolé son Royaume , prêter l'oreille à diverses propositions déraisonnables que les Espagnols lui avoient fait faire pour rétablir la paix ; parce que son honneur y auroit été trop intéressé , & que l'on auroit pu imputer à bassesse de cœur ce qui n'auroit eu pour motif que le desir de rétablir la paix publique : mais aussi-tôt que Sa Majesté eut rétabli le calme & son autorité dans son Royaume , ne craignant plus que les démarches qu'elle feroit pour le rétablissement de la paix pussent être expliquées à son désavantage, elle crut n'en pouvoir mieux témoigner sa reconnoissance envers la bonté divine , qu'en faisant des avances pour parvenir à un bon accommodement avec l'Espagne. C'est pourquoi aussi-tôt après la prise de Stenai & la levée du siége d'Arras , elle fit faire par le Cardinal Mazarin diverses propositions d'une paix avantageuse à l'Espagne à deux Gentilshommes Espagnols nommez Dom Gaspard Bonifacio , & Dom Pedro de Baos qui avoient eu occasion de venir à la Cour de France , & qui firent savoir à Dom Louïs de Haro ce que Sa Majesté vouloit bien faire en faveur du repos public. Mais les Ministres d'Espagne ne voulurent répondre rien de positif à toutes les avances faites de la part du Roi , & contre le secret qui avoit été promis de part & d'autre ils découvrirent la plûpart des choses au Prince de Condé qui avoit plus qu'aucun autre intérêt & le desir d'empêcher la conclusion de la paix.

Ainsi la guerre continua : le Roi s'empara encore en 1655. de Landreci , de Condé , & de Saint Guillain dans les Pays-Bas, & de Cadaguez & de Solsone en Catalogne , & attira dans son parti le Duc de Modéne qui se déclara contre les Espagnols , ainsi qu'Oliver Cromwel Protecteur de la République d'Angleterre.

Sa Majesté continua pendant dix-huit mois dans ses mêmes sentimens pour la paix , & sans rien changer aux conditions qu'elle avoit fait proposer en 1654. nonobstant les changemens arrivez en sa faveur par les progrès de ses armes & de celles de ses alliez , & par les nouveaux ennemis qui étoient survenus au Roi Catholique. Se voyant recherché par le Roi de Portugal & par Cromwel d'entrer avec eux dans une ligue contre l'Espagne, dont la première condition auroit été de ne pouvoir plus faire après cela la paix que de leur consentement , elle résolut avant que de s'y engager, d'envoyer en Espagne Mr. de Lionne , qu'elle avoit peu auparavant rappellé d'Italie , pour voir si on ne pouroit point trouver moyen de conclure la paix en peu de jours avec le Roi Catholique, à des conditions raisonnables : lui ordonnnat de se tenir incognito à la Cour d'Espagne, de n'y rester que huit jours , & si on rompoit le Traité de le faire sur l'article du Prince de Condé. Pour mieux

garder

garder le secret de cette négociation le Roi écrivit de sa main & signa à Compiegne le premier Juin 1656. en présence de Dom Pedro de Baos un acte par lequel il donna à Mr. de Lionne pouvoir de traiter, de conclure, & de signer les articles de la paix avec le Roi d'Espagne ; & promit en foi & parole de Roi d'approuver & ratifier tout ce que Mr. de Lionne auroit accordé en son nom en vertu de ce pouvoir.

Dans l'instruction que le Roi lui donna, il lui marqua que les points qui étoient demeurez indécis dans la négociation de Munster regardoient principalement les conquêtes faites par la France dans les Pays-Bas, dans la Franche-Comté, la Catalogne, la Loraine, & le Portugal ; & que les Espagnols y avoient depuis ajouté les intérêts du Prince de Condé : desorte que Sa Majesté lui fit savoir ses intentions sur ces cinq points.

En premier lieu elle lui marqua qu'il avoit été résolu à Munster, du consentement même des Ministres d'Espagne, que l'on ne feroit aucune restitution de part ni d'autre, & que chacun demeureroit en possession de ce qu'il se trouveroit occuper lorsqu'on concluroit la paix ; que cela avoit été ainsi pratiqué à l'égard des Hollandois, & que quand Sa Majesté garderoit les conquêtes que le feu Roi & elle avoient faites pendant le cours de cette guerre, ce seroit un très-petit dédommagement des grandes pertes que ses prédécesseurs avoient faites dans les précédens Traitez qui avoient tous confirmé celui de Madrid, par lequel le Roi François Premier pour sortir de prison avoit été obligé de renoncer aux droits légitimes que la Couronne de France avoit sur divers Royaumes & Etats, même à la Souveraineté sur la Flandre & sur l'Artois, qui n'avoit jamais été contestée ; que cependant Sa Majesté pour faire connoître son affection pour le Roi Catholique & le desir qu'elle avoit d'un bon accommodement, vouloit bien lui rendre dans les Pays-Bas, Thionville, Damvilliers, la Bassée, Bethune, Saint Guillain, & tout ce qu'elle tenoit dans la Franche-Comté, à l'exception du Comté de Joux qu'elle avoit donné au Duc de Longueville : à condition que l'on lui rendroit en même tems les places occupées par le Prince de Condé, savoir Rocroi, la Capelle, le Câtelet, & Limchamp, & que toutes les autres places que Sa Majesté possédoit ou posséderoit quand on concluroit la paix, lui demeureroient avec leurs Bailliages, Châtellenies, & dépendances. On lui marqua sur ce sujet que les Espagnols n'avoient fait à Munster la difficulté de joindre la cession des Châtellenies, des Bailliages, & des dépendances, à celles des Villes & places principales que lorsqu'ils avoient resolu de rompre la paix ; étant notoire qu'il est impossible de conserver une place & de la fournir de toutes les choses nécessaires pour sa subsistance & sa défense si on n'est aussi maitre du territoire qui en dépend. Sa Majesté chargea Mr. de Lionne de proposer que l'Espagne lui cédât tout le Comté d'Artois avec toutes les Villes & les Bailliages qui le composoient ; moyennant quoi elle rendroit tout ce qu'elle occupoit dans les Pays-Bas & dans la Franche-Comté, à l'exception de Joux, & même la Bassée, & à toute extrémité, Bethune, quoi que ces deux places fussent de l'Artois : secondement Sa Majesté consentit de rendre encore au Roi d'Espagne toutes les places qu'elle tenoit en Catalogne, à l'exception des Comtez de Roussillon & de Cerdagne, de Rozes,

de Cadaguez, & d'une lieue le long de la côte de la mer entre le Roussillon & Roses ; elle lui permit même d'abandonner les dépendances du Comté de Cerdagne qui étoient au delà des Monts Pirénées, voulant seulement qu'il prît les suretez nécessaires pour les intérêts des Catalans, afin qu'ils fussent rétablis dans la jouïssance de tous leurs biens & honneurs, dignitez, & priviléges, sans pouvoir être recherchez pour raison de tout ce qui s'étoit passé depuis le commencement de cette guerre.

Le Roi vouloit en troisiéme lieu retenir la Loraine qu'il prétendoit lui appartenir, non seulement par le droit d'une juste guerre, mais aussi par divers Traitez, particuliérement par celui passé à Paris le 29. Mars 1641. par lequel le feu Roi avoit remis le Duc Charles en possession de presque tous ses Etats ; moyennant quoi ce Duc avoit renoncée de sa part aux Traitez d'alliance qu'il avoit faits avec la Maison d'Autriche, & s'étoit soumis à la perte de tous ses Etats, en cas qu'il vînt dans la suite à contrevenir à ce Traité ; il avoit ensuite juré solemnellement l'observation de ce Traité, & cependant y avoit contrevenu formellement peu après, ayant joint ses armes à celles des Espagnols contre Sa Majesté qui avoit ensuite été obligée de conquerir de nouveau la Loraine. Ainsi elle prétendoit de retenir ce Duché ; mais en même tems, nonobstant l'évidence de ses droits, elle consentoit qu'après que le Duc Charles & tous ses adhérans auroient désarmé, des Commissaires nommez de sa part & de celle du Duc examinassent les droits de sa Majesté sur la Loraine, & les prétentions contraires du Duc : ensorte que ce Duc, ni aucun Prince de Sa Maison, ni de ses adhérans, ne pourroient plus reprendre les armes sur ce sujet ; & que s'ils le faisoient le Roi Catholique ne pourroit point les assister, à l'exemple des Etats de l'Empire qui avoient tellement reconnu la justice des droits de Sa Majesté, qu'encore qu'ils fussent obligez par la transaction de Nuremberg de l'année 1542. de défendre la Loraine, ils avoient jugé qu'ils ne pouvoient plus se mêler de ce différend, sans autoriser un parjure, & s'étoient obligez par le Traité de Munster à ne lui donner jamais aucune assistance contre Sa Majesté.

Cependant comme le Roi avoit fait offrir à Dom Gaspard Bonifacio & à Dom Pedro de Baos de donner à ce Duc pour lui & pour les Princes de Sa Maison quatre-cens mille livres de rente en fonds de terres dans les lieux dont on conviendroit : en cas qu'on aimât mieux en Espagne s'en tenir à cette offre, Sa Majesté vouloit bien encore prendre ce parti ; encore que dans le tems qu'elle avoit fait cette offre le Duc François & les troupes de Loraine fussent au service de l'Espagne, & qu'ils fussent tous présentement passez au service de Sa Majesté : elle étoit même disposée de lui donner pour lui & les Princes de sa Maison jusqu'à cinq cens mille livres de rente pour tous leurs droits sur la Loraine.

Quatriémement le Roi vouloit bien promettre de ne se point mêler dans l'affaire de Portugal, & ne donner aucune assistance ni directement ni indirectement au Prince qui possédoit alors ce Royaume : en cas que les Ministres d'Espagne demandassent quelque clause plus expresse pour s'assurer que Sa Majesté ne donneroit aucune assistance au Roi de Portugal par mer ni par terre, elle

 voulut

voulut bien que Mr. de Lionne l'accordât, pourvû qu'elle ne contînt rien qui fût contraire à son honneur.

Encore que le Roi de Portugal eût donné à Sa Majesté un juste sujet de ne se pas beaucoup soucier de ses intérêts par la mauvaise conduite qu'il avoit tenue pendant les derniers troubles de la France, n'ayant point voulu faire aucun effort contre les Etats du Roi Catholique, & par cette diversion l'empêcher d'employer, comme il avoit fait, toutes ses forces contre Sa Majesté, & s'étant tenu en un plein repos, quoi qu'il fût obligé, par le Traité qu'il avoit été fait avec lui, de faire la guerre à l'Espagne avec de grandes forces en même tems que Sa Majesté agiroit de son côté; cependant comme il lui importoit de sortir le plus honorablement qu'il se pourroit de l'engagement dans lequel le feu Roi étoit entré avec lui, elle souhaita qu'on tâchât d'engager le Roi Catholique à accorder au Portugal une tréve d'un an ou même de six mois pendant lesquels elle tâcheroit d'ajuster les choses à la satisfaction de Sa Majesté Catholique: à condition que si la chose ne réüssissoit pas, Sa Majesté ne s'en mêleroit plus directement ni indirectement, ni pour un accommodement, ni pour la guerre.

Sa Majesté recommanda aussi à Mr. de Lionne sur ce sujet qu'en cas que le Roi de Portugal voulût bien remettre sans guerre ce Royaume au Roi Catholique, il fît instance pour qu'on lui accordât, outre tous les honneurs, biens, & dignitez dont ses prédécesseurs avoient joüi, la plus grande récompense qu'il se pourroit, comme le Royaume de Sardaigne, suivant la proposition qui en avoit été faite à Munster; & que cette récompense fût au moins égale à ce que le Roi prétendoit de faire pour le Prince de Condé.

Enfin le Roi en considération de la paix & des instances du Roi Catholique voulut bien rétablir le Prince de Condé dans tous ses biens, honneurs, & dignitez; sans y comprendre néanmoins ses charges & ses Gouvernemens, ni même ceux de Rocroi, de la Capelle, du Câtelet, & de Linchamp.

Après que ces cinq points qui étoient les plus importans auroient été ajustez, le Roi chargea Mr. de Lionne de régler aussi les autres sur lesquels Sa Majesté croyoit qu'il ne pouvoit pas y avoir de difficulté, comme la renonciation du Roi d'Espagne aux droits qu'il prétendoit avoir sur l'Alsace, Brisac, le Brisgau, & le Comté de Ferrette, qui avoient été cédez à Sa Majesté par le Traité de Munster; l'exécution du Traité de Querasque à laquelle Sa Majesté étoit engagée; la sureté de Casal qui avoit causé tant de combats & de dépense; la satisfaction des Ducs de Savoye, de Modéne, & du Prince de Monaco; l'affaire des Grisons & de la Valteline qui avoient fait si souvent prendre les armes; & d'autres semblables, dont on lui donna un mémoire. On l'avertit aussi de ne pas oublier de mettre dans le Traité une clause expresse pour la conservation des droits de Sa Majesté sur la Navarre.

Le Roi recommanda de mettre à la fois sur le tapis toutes les clauses & conditions qui étoient à l'avantage de Sa Majesté; afin que, si elle étoit obligée dans le cours de la négociation à venir à quelque tempérament, ce fût plutôt en se relâchant qu'en faisant de nouvelles propositions, qu'on a accoutumé de mal interpréter, & qui, quoique souvent très-nécessaires, font d'ordinaire un mauvais effet; donnant lieu de croire qu'après qu'on avoit accordé une chose, on en demandoit encore une autre, & qu'on éternisoit ainsi la négociation.

On lui recommanda sur tout le secret, afin que ce voyage ne donnât point d'ombrage aux amis & alliez du Roi; & la diligence pour ne point perdre les occasions favorables qui se présentoient de fortifier le parti de Sa Majesté, en cas qu'on ne pût obtenir une paix honnête & sûre.

On lui marqua qu'il devoit faire connoître aux Espagnols les grands avantages qu'ils retiroient de ce Traité; en ce que les affaires de la Valteline & de Casal seroient terminées comme ils le pouvoient desirer; que le Roi Catholique recouvreroit la Catalogne, qui s'étoit donnée au Roi, comme elle s'étoit donnée auparavant aux Rois d'Espagne, au préjudice des droits indubitables des Rois de Naples de la Maison d'Anjou, auxquels les Rois de France avoient succédé; qu'il assureroit au Roi d'Espagne le recouvrement du Portugal; que le Prince de Condé qui étoit un sujet rebelle, rentreroit dans tous ses biens qui appartenoient légitimement au Roi à cause de sa félonie; & que la décision de la validité des droits que Sa Majesté avoit acquis sur la Loraine par plusieurs Traitez, entr'autres par celui de Paris de 1641. seroit remise à des Commissaires nommez de part & d'autre, encore qu'ils fussent indubitables; & qu'on ne convînt point de la même chose pour le Portugal: ajoutant que la satisfaction que le Roi accordoit au Roi Catholique & à ses Alliez méritoit bien qu'il cédât à Sa Majesté une partie des conquêtes qu'elle avoit faites; & que si le Roi vouloit continuer la guerre, l'Angleterre, le Portugal, & plusieurs Princes de l'Empire étoient disposez à se liguer avec lui; ce qui ne manqueroit pas d'être suivi de conquêtes très-considérables.

Le Roi voulut que Mr. de Lionne, avant que de s'expliquer de ses ordres, demandât & fît promettre aux Ministres d'Espagne premiérement qu'ils garderoient religieusement le secret, sur tout à l'égard du Comte de Fiesque qui étoit un esprit turbulent & du Prince de Condé qui avoit intérêt d'empêcher la paix: secondement que les intérêts de ce Prince ne seroient point traitez qu'avec les Ministres d'Espagne; & qu'après qu'ils auroient été ainsi ajustez, on les publieroit dans une entrevue des deux Rois, ou dans une conférence publique entre leurs premiers Ministres qu'on tiendroit pour la forme: Troisiémement qu'aucun Député du Prince de Condé n'assisteroit à l'entrevue des deux Rois ou à cette conférence publique, alléguant l'exemple du Duc Charles auquel le feu Roi ni Sa Majesté n'avoient jamais voulu accorder des passeports pour envoyer des Députez à l'assemblée de Munster; encore qu'étant Prince Souverain il eût plus de droit de le prétendre que le Prince de Condé qui étoit un sujet rebelle: Quatriémement que la négociation seroit conclue ou rompue dans les huit jours que Mr. de Lionne avoit pouvoir de rester à la Cour du Roi Catholique: Cinquiémement que les Ministres d'Espagne lui donneroient une réponse positive à la fois sur tous les articles du Traité; afin que, si la paix ne se pouvoit pas conclure, on pût connoître les points & les intérêts qui en auroient empêché la conclusion: Sixiémement qu'ils déclareroient ce qu'ils desiroient au sujet du lieu, du tems, & de la forme de l'entrevue des deux Rois;

ce qui devoit être réglé suivant ce qui avoit été pratiqué lors de l'échange des deux Reines de France & d'Espagne: Septiémement que si on convenoit de toutes choses on donneroit pouvoir de part & d'autre de convenir d'une suspension d'armes générale , qui seroit conclue sur la frontiére des Pays-Bas dans une conférence avec le Cardinal Mazarin & Dom Jean d'Autriche.

Deplus que pour ôter aux Espagnols la pensée qu'on pût assister le Portugal ou l'Angleterre contre eux, il mît dans le Traité un article qui porteroit que le Roi ne pouroit assister les Rois, Princes, & Etats, qui étoient alors en guerre contre l'Espagne; qu'il tachât de ne se point exclure nommément d'assister le Portugal, mais de le comprendre sous cet article général , & de ne le nommer au plus que dans un article secret ; mais que si les Espagnols ne s'en contentoient pas il le nommât & l'Angleterre aussi dans le Traité plutôt que de le rompre: qu'il exagérât les offres de vaisseaux, d'argent, & de places que le Portugal faisoit au Roi , en cas qu'il voulût s'obliger de ne point faire la paix, à moins qu'il n'y fût compris; offrant en outre la carte blanche en cas que le Roi voulût épouser la Princesse sa fille , ce qu'on pourroit faire craindre à Madrid.

Enfin qu'après avoir ajusté toutes choses Mr. de Lionne fît instance pour que le Roi d'Espagne envoyât à Dom Jean d'Autriche & au Marquis de Caracene un pleinpouvoir de signer le Traité avec l'intervention du Nonce du Pape & de l'Ambassadeur de Venise comme Médiateurs ; après néanmoins que le Pape auroit satisfait le Roi au sujet du Cardinal de Retz : ce qui n'empêcheroit pas que leurs Majestez ou au moins la Reine ne s'abouchât sur la frontiére avec le Roi Catholique, ou le Cardinal Mazarin avec Dom Louïs de Haro.

Mr. de Lionne se mit en chemin avec cette instruction, beaucoup de mémoires , & un projet de Traité ; il étoit seulement accompagné de cinq personnes , prétendant passer sans être connu de qui que ce fût : il avoit cependant obtenu la permission du Cardinal Mazarin de voir en passant le Duc de Grammont son ami particulier qui étoit dans son château de Bidache. Il arriva le soir bien tard chez ce Maréchal qui avoit déja été averti de son passage par un Maitre de Poste qui l'avoit reconnu dans les Landes ; & quoi qu'on l'eût fait entrer secretement par une porte du jardin, & conduit dans un appartement séparé, où il n'entra que le Maitre d'Hotel de ce Maréchal , les autres domestiques ne laissérent pas de le connoître à la voix, & la chose s'étant divulguée dans la Maison , on crut devoir le mander au Cardinal Mazarin qui jugea à propos de le faire savoir à Cromwel, de peur que s'il l'avoit appris d'ailleurs il ne soupçonnât qu'il y avoit là du mistére. Ainsi il lui envoya un courier pour lui donner avis qu'il avoit envoyé Mr. de Lionne en Espagne pour faire des propositions de paix , & ainsi se laver de ce qu'on lui imputoit dans toute l'Europe de vouloir éterniser la guerre : mais qu'assurement il reviendroit en France sans avoir rien conclu, & que tout le monde rejetteroit sur les Espagnols le blâme de n'avoir point voulu faire la paix. Cromwel éleva jusqu'au Ciel cette pensée que le Cardinal Mazarin avoit eue , & l'évenement prouva la prédiction que ce Cardinal avoit faite du mauvais succès de ce voyage.

Mr. de Lionne arriva le 7. Juillet vers minuit incognito à Madrid dans un carosse de Dom Louïs de Haro qui avoit été averti de sa mission : il fut conduit au Buen-Retiro où il se tint caché vêtu à l'Espagnole. Dom Louïs l'alla voir dès le lendemain 8. & quoi qu'il n'eût point de caractére, il lui donna la main & l'Excellence qu'il ne donnoit pas à l'Ambassadeur de Venise : après les premiers complimens Mr. de Lionne lui montra son pleinpouvoir que Dom Louïs prit pour le porter au Roi d'Espagne : il promit à Mr. de Lionne un secret inviolable, & celui-ci lui témoigna qu'il ne pouvoit rester que huit jours à Madrid , & qu'il vouloit lui parler de tous les articles du Traité sans y laisser de queue. Dom Louïs l'agréa & promit de répondre de même.

Mr. de Lionne divisa ensuite les articles en trois classes ; il mit dans la première ceux qui avoient été arrêtez à Munster , & qui étoient d'un avantage ou désavantage commun ; comme la cessation des hostilitez, le rétablissement du commerce , & autres semblables, sur lesquels il ne pouvoit pas y avoir de difficulté : il mit dans la seconde ceux qui concernoient le Portugal, la Catalogne, la Loraine, & les Conquêtes, & y ajouta pour cinquiéme les intérêts du Prince de Condé ; & dans la troisiéme les autres points moins importans, & qu'il étoit néanmoins nécessaire d'ajouter , comme l'exécution du Traité de Querasque , la renonciation à l'Alsace , les intérêts des Ducs de Savoye & de Modène, & du Prince de Monaco, & les affaires des Grisons, & de Casal. Il parla sur tous ces points conformément à son instruction sans s'expliquer des relâchemens qu'il avoit pouvoir de faire.

Dom Louïs lui répondit que l'abandonnement du Portugal avoit toujours été offert , & que le Roi son maitre n'auroit jamais sans cela écouté aucune proposition d'accommodement ; qu'il ne feroit point de difficulté sur la sureté & le rétablissement des Catalans dans leurs biens, quand on seroit convenu des autres points; qu'il lui parleroit mieux le lendemain des intérêts du Prince de Condé , quand il auroit lu un mémoire qu'il avoit dans sa cassette ; que le Roi son maitre ne consentiroit jamais qu'un Prince Souverain son allié , tel que le Duc de Loraine fût réduit à la condition d'un Gentil-homme particulier , & qu'il faudroit communiquer la proposition à ce Duc, pour qu'il vît si elle lui agréoit, dont Mr. de Lionne ne convint pas. Il ajouta que pourvû que les Alliez d'Espagne fussent satisfaits, le Roi Catholique ne romproit pas la paix pour une ou deux places ; que l'on ne lui offroit que la restitution de cinq places ; qu'on demandoit trois places & un poste, & que Rocroi seul valoit mieux que deux des meilleurs places que la France offroit. Il déclara qu'il n'y avoit pas lieu de traiter à moins que de rendre Arras ; à quoi Mr. de Lionne répliqua de sa part qu'il n'y avoit plus rien à traiter, si on s'arrêtoit à la restitution d'Arras.

Dans la seconde conférence qui se tint le lendemain 9. Dom Louïs déclara que le Roi son maitre étoit content du pleinpouvoir de Mr. de Lionne, & lui en donneroit un pareil. En passant aux intérêts du Prince de Condé, il soutint que Bellegarde étoit un bien propre de ce Prince; qu'il possédoit Stenai, Clermont, & leurs dépendances à titre onéreux & comme par achat , les ayant eus par récompense de l'Amirauté ; que la

char-

charge de Grand-Maitre étoit une charge de la Couronne qui ne se perdoit que par la mort ; que c'étoit plutôt par un principe d'honneur que par aucun autre intérêt que ce Prince faisoit instance pour son rétablissement ; & qu'il avoit assez bien servi la France pour mériter que le Roi lui donnât pour récompense ce qu'il lui vouloit ôter. Mr. de Lionne soutint que comme l'Amirauté n'appartenoit point au Prince de Condé par la mort du Duc de Brezé son beau-frére, le don de Clermont & de Stenai avoit été une pure grace dont il étoit déchu par sa rébellion ; que le Prince de Condé étoit mort civilement , en conséquence de la condamnation de mort rendue contre lui par le Parlement de Paris ; & qu'ainsi sa charge de Grand-Maitre étoit devenue vacante, de même que s'il étoit mort d'une mort naturelle ; qu'aucune personne juste & prudente ne conseilleroit au Roi en l'état où étoient alors les choses , de confier sa bouche & le Gouvernement de Guyenne au Prince de Condé ; que lorsque par le Traité de Madrid on avoit extorqué du Roi François I. qui étoit alors prisonnier en Espagne, les conditions les plus rigoureuses qu'on avoit pu s'imaginer , on ne lui avoit pas demandé le rétablissement du Duc de Bourbon en sa charge de Connétable de France , & on s'étoit contenté de stipuler qu'il rentreroit dans la jouïssance de tous ses biens ; que dans le Traité de Vervins Henri IV. promettant par l'article 28. le rétablissement de ses sujets qui avoient servi dans le parti contraire, avoit excepté expressément leurs Gouvernemens ; que si on vouloit songer à la conservation de l'honneur du Prince de Condé, il falloit songer encore davantage à celui du Roi auquel son intérêt étoit aussi joint ; que si ce Prince pouvoit rétablir les choses en l'état auquel elles étoient lorsque par son ambition particuliére il avoit troublé le Royaume , le Roi remettroit aussi volontiers les choses en leur premier état à son égard , mais que sa révolte ayant fait perdre à Sa Majesté en une seule année Graveline , Dunkerque , Barcelone, & Casal, elle ne commettroit jamais l'indignité de lui donner encore pour récompense les Gouvernemens & les charges qu'il avoit perdus légitimement par sa rébellion ; que c'étoit assez que pour le bien de la paix & en considération des puissans offices du Roi Catholique, Sa Majesté le rétablît en cinq ou six cens mille écus de rente , & en sa qualité de premier Prince du Sang qui lui donneroit droit de pouvoir lui ou ses descendans être un jour Rois de France; enfin qu'à l'égard de Clermont & de Bellegarde le Roi le rétabliroit dans la jouïssance de tout ce qui se trouveroit lui appartenir, mais que Sa Majesté mettroit dans ces places des Gouverneurs & des garnisons telles qu'il lui plairoit ; ou qu'elle feroit démolir Bellegarde ; ou qu'en gardant cette place elle lui donneroit autant de revenu ailleurs; ou enfin le remboursement de ce qu'elle lui avoit couté, & que cela seroit à l'option de Sa Majesté. Dom Louïs en parut content , & dit que le Roi son maitre employeroit toujours auprès du Roi son neveu les offices les plus pressans en faveur du Prince de Condé ; mais que s'il n'en pouvoit obtenir davantage , il remettroit le surplus à la générosité de Sa Majesté Très-Chrétienne.

Ils parlérent ensuite d'Arras & de la Loraine, comme dans la premiére conférence, sans rien conclure ; Mr. de Lionne traita la demande d'Arras, comme si on avoit demandé au Roi Paris ou Tours: expliqua le droit du Roi sur la Loraine en vertu du Traité de Paris de l'an 1641. & promit d'envoyer à ce Ministre un projet de Traité conforme à ses instructions.

Dom Louïs présenta le 8. Juillet Mr. de Lionne au Roi d'Espagne, auquel il fit les complimens du Roi & de la Reine que ce Prince reçut fort obligeamment : il témoigna qu'il aimoit le Roi comme s'il étoit son propre fils , & qu'il falloit faire une paix qui ôtât toutes les occasions de nouveaux embaras.

Dans la troisiéme conférence qui se tint le 10. Juillet on examina le projet de Traité que Mr. de Lionne avoit envoyé à Dom Louïs : ce Ministre déclara que le Roi son maitre ne pouvoit consentir à ce que le Roi prétendoit au sujet de la Loraine, du Prince de Condé, & des conquêtes ; témoignant qu'encore que , lorsqu'on traitoit la paix à Munster , les affaires d'Espagne fussent en bien plus mauvais état qu'elles n'étoient alors , il avoit bien voulu délaisser à la France toutes les conquêtes qu'elle avoit faites , mais n'avoit jamais voulu par un point d'honneur se relâcher sur les intérêts du Duc de Loraine ; quoi que la France offrît alors de lui rendre une partie de ses Etats : & qu'à plus forte raison il ne consentiroit jamais qu'il en fût entiérement dépouillé , présentement que les affaires d'Espagne étoient en meilleur état; qu'il seroit étrange que la France ne voulût accorder à un aussi grand Prince que le Prince de Condé rien davantage que ce qu'elle prétendoit que l'Espagne accordât à Marguerit & à Dardene & autres Catalans; qu'il ne pouvoit point consentir que le Prince de Condé fût obligé de séjourner au lieu que le Roi lui prescriroit , parce que ce seroit le mettre en prison pour le reste de ses jours ; enfin qu'à l'égard des conquêtes , la France ne restituoit rien à proprement parler, puisque ce qu'elle demandoit qu'on lui rendît valoit au moins ce qu'elle offroit de rendre ; qu'en effet le Roi ne restituoit rien vers la Catalogne, ne possédant de places considérables que celles qu'il prétendoit y retenir; que les quatre places qu'il vouloit qu'on lui rendît en France valoient mieux que les cinq qu'il offroit de retenir en Flandres ; qu'il importoit peu aux Espagnols que le Roi rendît ou non la Citadelle de Turin au Duc de Savoye qui étoit leur ennemi , & qu'ainsi si Sa Majesté vouloit qu'ils rendissent Verceil à ce Duc , elle leur en devoit donner une récompense proportionée en Flandres : il convint que les dépendances & les Bailliages ou Châtellenies des places que l'Espagne céderoit , en suivroient la condition.

Il témoigna que le Roi son maitre ne pouvoit renoncer sans aucune raison aux droits légitimes qu'il avoit sur l'Alsace, Brisac, le Suntgau , & le Comté de Ferrette qui étoient l'ancien patrimoine de la Maison d'Autriche, sur lesquels il avoit des droits incontestables , & que le Roi ne possédoit qu'en vertu d'un Traité contre lequel Sa Majesté Catholique avoit protesté; qu'il ne pouvoit point non plus approuver le Traité de Querasque qui étoit très-préjudiciable à la Maison de Mantoue avec laquelle il avoit depuis fait des Traitez contraires par lesquels il s'étoit obligé de faire rendre au Duc de Mantoue la Ville de Trin ; desorte qu'il ne pouvoit avec honneur remettre cette place au Duc de Savoye.

Mr. de Lionne lui répondit que véritablement les mouvemens qui étoient arrivez les derniéres an-

nées

nées en France, l'avoient privée de quelques a-vantages qu'elle avoit remportez ; mais que les choses étoient alors dans un meilleur état qu'elles n'étoient pendant la négociation de Munster ; que le Roi étoit présentement Majeur, & alloit en personne à l'armée ; que le Royaume & le Conseil n'étoient plus partagez par des factions contraires, comme ils l'avoient été ci-devant, & que l'Espagne avoit pour ennemis les Anglois qui ne pouvoient manquer de lui causer bien du préjudice dans tous les Etats dépendans de la Monarchie d'Espagne : que cependant le Roi ne proposoit à l'Espagne que les mêmes conditions qu'ils lui avoient fait offrir dix-huit mois auparavant ; que si le Roi étant présentement tranquille dans son Royaume se lioit avec les Anglois & les Portugais, les Espagnols ne trouveroient plus tant de facilitez aux conditions du Traité à l'égard de la Loraine ni des autres points convenus à Munster, suivant lesquels la France pouvoit assister le Portugal, & conservoit toutes ses conquêtes, & on établissoit une tréve de trente ans pour la Catalogne ; desorte que les Espagnols devoient être contens des relâchemens du Roi qui vouloit bien abandonner le Portugal & restituer tant de places : qu'il étoit de l'intérêt de Sa Majesté que dans le même tems que le Prince de Condé remettroit dans le fourreau son épée teinte du sang de ses Sujets ; il n'établît pas sa demeure en un lieu qui lui donnât moyen de susciter de nouveaux troubles : que la paix devant ôter toutes les occasions de nouveaux différends, elle ne se pouvoit faire surement sans une renonciation du Roi d'Espagne à ses droits sur l'Alsace. Que le Roi étoit obligé de faire rendre Trin au Duc de Savoye : qu'il importoit à toute la Chrétienté de faire finir une bonne fois les différends qui étoient entre les Maisons de Savoye & de Mantoue ; ce qui ne se pouvoit mieux faire qu'en ordonnant l'exécution du Traité de Querasque, par lequel l'Empereur & les Rois de France & d'Espagne les avoient terminez : que les engagemens que le Roi avoit pris avec le Duc de Savoye, l'obligeoient à lui faire rendre Verceil, & que quand les Espagnols lui rendroient cette place, tout ce qu'ils restitueroient, seroit encore bien moins considérable que ce que le Roi leur rendroit.

Dans la quatriéme conférence qui se tint le 11. Juillet Mr. de Lionne s'étendit à faire connoître à Dom Louïs les grands avantages que l'Espagne retireroit de la paix par le moyen de laquelle elle se tireroit de deux grandes affaires qui avoient si souvent allumé la guerre en Italie, savoir celle des Grisons & celle de Casal ; elle s'assureroit le recouvrement de la Catalogne ; elle ne s'embarasseroit plus des entreprises des Anglois dans les Indes & ailleurs ; elle conserveroit tous ses Etats dont elle pouvoit craindre de perdre chaque campagne quelque partie, si elle étoit obligée de soutenir trois guerres différentes à la fois ; elle recouvreroit assurément le Portugal, le Bresil, & les Indes Orientales, & les ôteroit à un Prince qui y avoit des droits héréditaires très-clairs, & qui les possédoit depuis seize années ; elle obligeroit le Roi de rendre au Prince de Condé les biens dont il avoit été justement dépouillé à cause de sa rébellion manifeste ; enfin elle feroit renvoyer à les Commissaires les prétentions du Duc de Loraine qui étoit depuis long-tems dépouillé de ses Etats, quoi qu'on ne fît pas la même chose pour le Prin-

ce possesseur du Portugal. Dom Louïs convint de l'état avantageux où la France se trouvoit alors ; mais il se plaignit en même tems que pour faire jouïr l'Espagne de la paix, il n'y avoit point d'article, où on ne lui tînt le pied sur la gorge à l'exception de celui de Portugal qui étoit un préliminaire sans lequel on n'avoit pu entrer en négociation, puis qu'autrement ce n'auroit pas été faire la paix d'un lieu à un autre.

Ils examinérent ensuite de nouveau tous les articles dont ils avoient déja parlé sans en convenir d'aucun : Dom Louïs témoigna que le plus court moyen pour finir les différends au sujet de Casal seroit de le raser, si le Duc de Mantoue y vouloit consentir : mais que l'Espagne ne pouvoit avec honneur le demander à ce Prince, étant une chose contraire aux Traitez qu'elle avoit faits avec lui : que nonobstant les injures que le Duc de Modéne avoit faites à l'Espagne, elle ne laisseroit pas pour le bien de la paix & en considération du Roi de le rétablir dans les biens qu'il avoit dans le Duché de Milan & au Royaume de Naples, mais non pas dans Corregio, se faisant un point d'honneur pour l'Espagne qu'un petit Prince comme ce Duc, après avoir rompu deux fois sans sujet avec un grand Monarque tel que le Roi son maitre, en eût tiré de l'avantage ; au lieu qu'il devoit être très-content que les choses fussent rétablies dans l'état où elles étoient avant la rupture ; & que l'on rétabliroit aussi le Prince de Monaco dans ses biens patrimoniaux qu'il avoit achetez ou dont il avoit hérité dans le Royaume de Naples & dans l'Etat de Milan ; mais non pas dans ceux que les Rois d'Espagne lui avoient donnez en conséquence de ce qu'il s'étoit mis lui même & sa place sous leur protection : il ne pouvoit pas demander ce qui en avoit été la récompense.

Dans la cinquiéme conférence qui se tint le 12. Dom Louïs insista à ce que le Roi rendît au Duc Charles l'ancienne Loraine avec Nanci fortifié & les places de Stenai, de Clermont, & de Jametz ; en retenant le Duché de Bar & les dépendances des trois Evêchez : & sur ce que Mr. de Lionne lui dit que ce Duc avoit cédé au feu Roi Stenai, Clermont, & Jametz, & consenti à la démolition de Nanci par le Traité de 1641, il proposa que Sa Majesté rendît la Loraine & le Duché de Bar en démolissant Nanci & retenant les dépendances des trois Evêchez, Stenai, Clermont, & Jametz. Mr. de Lionne lui déclara que le Roi n'accepteroit ni l'un ni l'autre parti ; sur quoi Dom Louïs lui dit que le Roi son maitre croyoit tellement son honneur intéressé à ce qu'un Prince son allié ne fût pas réduit à la condition d'un particulier, qu'il choisiroit plutôt de perdre tous les ans deux places que d'y consentir : ils parlérent ensuite des conquêtes, & Dom Louïs offrit de laisser au Roi Arras ou Perpignan à son choix, mais non les deux ensemble. Mais Mr. de Lionne lui déclara que la France ne feroit jamais la paix sans avoir l'une & l'autre de ces places.

Ils disputérent encore sur la renonciation de l'Alsace que Dom Louïs traitoit de cession de deux Provinces, & pour laquelle il prétendoit que le Roi devoit rendre quelque place au Roi son maitre.

Dans la siziéme conférence qui se tint le 13. Juillet Dom Louïs convint qu'il s'étoit trompé en demandant qu'on rendît au Duc de Loraine Stenai, Clermont, & Jametz qui avoient été don-

ne x

nez au Prince de Condé pour recompenfe de l'A-
mirauté: Mr. de Lionne lui répondit que cette er-
reur ne lui donnôit aucune peine; parce que ces
trois places ne feroient jamais ni pour le Prince
de Condé ni pour le Duc Charles.

Il fe plaignit enfuite que les Efpagnols vouloient
que tous leurs Traitez avec le Prince de Condé,
avec les Ducs de Loraine & de Mantoue, & a-
vec les Grifons, fuffent exécutez, & qu'on n'eût
aucun égard à ceux que le Roi avoit faits avec les
Ducs de Savoye & de Modéne, avec le Portugal,
ni même avec l'Empereur & l'Empire: il foutint
que l'Efpagne demandant le rétabliffement du Duc
de Loraine fon allié dans deux Duchez, ne devoit
point prétendre d'autre compenfation pour la reftitution des deux places que le Roi demandoit qu'-
elle rendît au Duc de Savoye allié de Sa Majefté.

Mr. de Lionne dit le 14. à Dom Louïs dans
la 7. conférence qu'il venoit ou prendre congé de
lui s'il perfiftoit dans fes précédentes maximes, ou
mettre la derniére main à la conclufion de la paix.
Ils commencérent enfuite à repaffer les articles, &
demeurérent long-tems à traiter celui du rétabliffement entier du Prince de Condé: Dom Louïs
témoigna pour cela que le Roi fon maitre vouloit
bien auffi accorder au Duc de Bragance non feulement tous les biens qu'il poffédoit ci-devant,
mais auffi des Gouvernemens confidérables, même
la charge de Mayordome-Mayor qui étoit alors
vacante: fur quoi Mr. de Lionne lui dit qu'on
avoit parlé à Munfter de donner au Duc de Bra-
yance le Royaume de Sardaigne, qu'il croyoit
que fi le Roi pour le bien de la paix étoit obligé
de l'abandonner, on ne le réduiroit pas à la condition d'un particulier; que quand il auroit perdu
plufieurs batailles & qu'il ne lui refteroit que Lisbonne, les Efpagnols lui feroient encore les offres
dont il venoit de parler, & que poffedant encore
tout le Royaume de Portugal & plufieurs autres
Etats, cela méritoit bien qu'ils lui propofaffent
des avantages plus confidérables.

A l'égard du Prince de Condé il dit qu'il avoit
regardé cet article ajufté, puifque Dom Louïs lui
avoit engagé fa parole que le Roi Catholique ne
demanderoit point au Roi fur ce fujet ce que Sa
Majefté regarderoit comme préjudiciable à fon fervice, & qu'il lui déclaroit qu'elle trouvoit très-préjudiciable à fon fervice le rétabliffement de ce Prince dans fa Charge de Grand-Maitre, & dans le
Gouvernement d'une Province frontiére de la conféquence de la Guyenne, & habitée par des peuples auffi capricieux & remuans que les Gafcons.
Dom Louïs propofa de donner l'un & l'autre au
Duc d'Anguien; mais Mr. de Lionne le refufa tant
à caufe que le Roi les avoir donnez au Prince de
Conti, que parce que ç'auroit été les donner au
pére que de les donner au fils: Dom Louïs repartit que l'Efpagne s'étoit engagée par un Traité
au Prince de Condé de ne point faire la paix fans
y comprendre fes intérêts, & que fi le Roi ne
vouloit pas confentir à fon rétabliffement entier,
elle prendroit le parti d'indemnifer ce Prince plutôt que de rompre la paix: il fit entendre qu'elle
lui donneroit quelques places en propre comme
Thionville & Damvilliers.

Mr. de Lionne lui répondit que pourvû que le
Roi ne fût point obligé de récompenfer le Prince
de Condé des pertes qu'il lui avoit caufées, il lui
importoit peu de quelle part il reçût fa recompenfe.

On paffa enfuite à l'article des conquêtes, &
Dom Louïs prétendant faire un grand effort offrit
que le Roi d'Efpagne céderoit au Roi les deux
Alfaces; que Thionville, Damvilliers, Bethune,
& la Baffée, feroient rendus à l'Efpagne pour Rocroi, la Capelle, le Câtelet & Limchamp; que
l'on raferoit St. Guilain, Condé, & la Baffée;
que le Roi d'Efpagne céderoit à la France Hesdin,
Arras, Bapaume, Landreci, & le Quesnoï, &
rendroit Verceil au Duc de Savoye, à condition
que fi le Roi prenoit Valencienne que fon armée
affiégoit alors, il le rendroit auffi à l'Efpagne.
Mais moyennant cela il prétendit que le Roi rendroit Perpignan, tout le Rouffillon, Rozes &
Cadaguez; ce que Mr. de Lionne rejetta fortement.

Ils n'avancérent rien dans la huitiéme conférence qui fe tint le 15. Dom Louïs ayant encore infifté fur la reftitution du Rouffillon & fur l'article de la Loraine.

Ils convinrent dans la 9. conférence qui fe tint
le 17. que Mr. de Lionne envoyeroit en France
un courier pour y faire favoir l'état où étoit la
négociation, & que Dom Louïs écriroit par le
même courier au Prince de Condé pour favoir fes
derniéres réfolutions au fujet de fon rétabliffement:
ils examinérent le projet d'une lettre du Prince de
Condé au Roi, où Dom Louïs trouva à redire
que ce Prince demandât pardon à Sa Majefté de
fes fautes.

Ils drefférent leurs lettres & mémoires les deux
jours fuivans, & les envoyérent le 20. Juillet.

Mr. de Lionne envoya au Roi une ample relation de tout ce qui s'étoit paffé & dit de part &
d'autre dans les neuf conférences qu'il avoit eues
avec Dom Louïs de Haro; un mémoire qui lui
avoit été remis des prétentions du Prince de Condé & dans lequel il demandoit non feulement qu'-
on le rétablît dans tous fes biens, charges, & Gouvernemens, & qu'on lui payât des fommes que
la Princeffe fa mére & lui avoient prêtées au Roi
en 1648. mais auffi qu'on lui payât tous les arrérages des revenus de fes terres & de fes penfions
& des appointemens de fes charges & de fes gouvernemens; qu'on le dédommageât de toutes les
pertes qu'il avoit fouffertes, & qu'on lui rendît
les canons qui avoient été pris dans fes places. Mr.
de Lionne joignit encore deux mémoires de questions pour favoir les derniéres intentions du Roi
fur divers points concernant les conditions & la
forme du Traité qu'il pouroit conclure avec le
Roi d'Efpagne. Dom Louïs chargea auffi le courier de Mr. de Lionne de lettres pour Dom Juan
d'Autriche & pour le Prince de Condé, & manda au premier tout ce qui s'étoit paffé dans les conférences avec Mr. de Lionne, le chargeant de garder & d'exiger du Prince de Condé le fecret fur
l'envoi de ce Miniftre en Efpagne, & de favoir
de lui quelles étoient fes intentions fur fes intérêts,
étant difpofé à rompre plutôt la négociation de la
paix que de la faire d'une maniére dont ce Prince
ne fût pas fatisfait.

En attendant la réponfe du Roi & du Prince
de Condé Dom Louïs & Mr. de Lionne demeurérent quelques femaines fans conférer fur les conditions du Traité; cependant on reçut à Madrid
le 31. Juillet la nouvelle de la levée du fiége de
Valencienne & de la déroute du Maréchal de la
Ferté. Dom Louïs affura Mr. de Lionne que cet

avanta-

avantage n'apporteroit aucun changement à la résolution qu'ils avoient prise de faciliter la conclusion de la paix.

Le Comte de Fiesque & le Sr. Nicolas Secretaire du Duc de Loraine ayant appris par des lettres écrites de Paris, que l'étranger caché à Buen-Retiro étoit Mr. de Lionne qui étoit venu pour traiter secrettement la paix entre les deux Couronnes, ils en prirent une forte allarme & la donnérent au Nonce & aux Ambassadeurs de l'Empereur & de Venise. L'Ambassadeur de l'Empereur fit de grandes plaintes qu'on traitât une affaire de cette conséquence sans en avertir son maitre, d'autant plus qu'il craignoit qu'on ne traitât aussi du mariage du Roi avec l'Infante : & le Nonce & l'Ambassadeur de Venise s'écriérent fort sur ce qu'après toutes les peines que le Pape & la République avoient prises pour moyenner la paix, on leur faisoit l'affront de la conclure sans leur en rien communiquer.

Dès qu'on vit le courier de Mr. de Lionne arriver à la Cour de France, on y crut d'abord que la paix étoit faite ou peu s'en falloit; parce que le Roi ne lui avoit ordonné de rester que huit jours à Madrid, & de ne point dépêcher en France qu'en cas qu'il ne restât que quelque chose de peu d'importance à ajuster : ainsi après qu'on eut lu les dépêches dont il étoit chargé, on fut fort surpris que Mr. de Lionne fût resté en cette Ville & eût envoyé son courier vers Sa Majesté; puisque, outre les demandes sur le point de la Loraine; qui étoient bien éloignées des prétentions du Roi, & l'article qui concernoit le Prince de Condé & qui n'étoit ajusté qu'en cas qu'il ne vînt rien de Flandres qui l'empêchât, Dom Louïs de Haro lui avoit déclaré que le Roi son maitre ne laisseroit pas à Sa Majesté par ce Traité un seul pouce de tout ce qu'elle possédoit dans les Comtez de Roussillon & de Cerdaigne, dans la Catalogne & dans le Lampourdan, & qu'il ne promettroit point non plus l'exécution du Traité de Querasque : ces deux points étant de telle nature que Sa Majesté ne pouvoit pas s'en departir.

En attendant que le Roi eût pris sa derniére résolution sur tous les points contenus dans la dépêche & dans les mémoires de Mr. de Lionne, le Cardinal Mazarin envoya à Bruxelles par un courier accompagné d'un trompette le paquet du Roi d'Espagne; & on y écrivit en même tems à un homme de confiance de tâcher de pénétrer & demander comment le Prince de Condé auroit reçu la nouvelle de la négociation de la paix à Madrid, & s'il se tenoit ferme ou non à vouloir être rétabli dans ses charges & dans ses gouvernemens, ainsi que dans ses biens.

Le courier & le trompette que le Cardinal Mazarin avoit envoyez à Bruxelles ayant rendu à Dom Juan la lettre du Roi d'Espagne, le Prince en exécution des ordres qui y étoient portez, fit part au Prince de Condé de toute la négociation de Mr. de Lionne, en lui laissant la lettre que Sa Majesté Catholique lui avoit écrite sur ce sujet, & en lui exagérant la constante & immuable résolution du Roi d'Espagne de protéger ses intérêts en laquelle il devoit avoir confiance; il le pressa de dire nettement ses intentions : le Prince de Condé témoigna être fort obligé aux bontez du Roi d'Espagne, à la volonté duquel il déclara qu'il remettroit ses intérêts, & dit qu'il avoit écrit amplement sur cette matiére au Comte de Fiesque,

& lui avoit envoyé un mémoire dont il ne croyoit pas que Sa Majesté Catholique eût connoissance, lorsqu'elle avoit écrit cette derniére lettre : il ajouta qu'il écriroit au Roi d'Espagne & à Dom Louïs de Haro sur ce sujet; qu'il remettroit tous ses intérêts au pied de Sa Majesté Catholique, & lui offriroit jusqu'à la derniére goutte de son sang; il promit à Dom Juan de garder le secret sur le nom de l'Envoyé de France qui étoit à Madrid.

Le Prince de Condé écrivit au Roi d'Espagne & à Dom Louïs des lettres dans lesquelles il leur marqua qu'il se tenoit fort obligé de la sincérité avec laquelle on procédoit avec lui; qu'il remettoit tout à Sa Majesté Catholique; que sa fortune, celle de sa Maison, & celle de tous ses amis, étant sous la protection de Sa Majesté Catholique, il n'en avoit aucune inquiétude; qu'il étoit assuré sous l'appui d'un si grand Monarque d'avoir toute la satisfaction qu'il pouvoit prétendre, & où il ne s'agissoit pas de moins que de son honneur & de sa sureté pour le reste de sa vie, & du repos de sa Maison. Il ajouta dans sa lettre à Dom Louïs qu'il se promettoit jusqu'à la fin la fermeté avec laquelle ce Ministre avoit commencé d'agir pour lui; que ses prétentions étoient reconnues de tout le monde pour justes; qu'il ne croyoit pas qu'on se voulût relâcher sur ses intérêts; que toutefois, s'il le falloit, il étoit prêt de les sacrifier aussi bien que sa vie, ainsi qu'il avoit fait jusqu'alors.

Il écrivit en même tems au Comte de Fiesque une lettre qui n'étoit remplie que de raisons pour empêcher qu'on ne vînt à une conclusion sans lui faire donner une entiére satisfaction sur tous ses intérêts & sur ceux de ses amis, tant pour la restitution de leurs biens que de leurs charges & gouvernemens; disant que sans cela il ne pouvoit jamais vivre avec honneur ni avec sureté : qu'il en avoit été usé ainsi dans toutes les brouilleries du Royaume, où l'on avoit toujours remis les choses au même état qu'elles étoient auparavant; que le même avoit été pratiqué à l'égard du Prince de Conti qui s'étoit mis sous la protection du Roi d'Espagne, aussi bien que lui, & que s'il ne rentroit pas dans le Gouvernement de Guyenne, il y verroit tous ses amis exposez aux persécutions qu'on leur feroit pour avoir suivi son parti.

Toutes ces particularitez furent mandées au Roi par le Confident qu'on avoit à Bruxelles.

Le Roi fit réponse à Mr. de Lionne le 16. Août, dans laquelle il lui témoigna sa surprise de ce qu'après la déclaration faite par Dom Louïs qu'il ne pouvoit rien céder à Sa Majesté du côté de l'Espagne ni promettre l'exécution du Traité de Querasque, au lieu de partir à l'heure même pour revenir en France, il y avoit dépêché un courier, & ainsi donné lieu aux Espagnols de croire que Sa Majesté pouvoit se départir de deux prétentions si justes & si importantes, dont la première contenoit presque toute la fortune d'une si longue guerre, & l'autre touchoit son honneur. Sa Majesté lui marquoit ensuite que dans toutes les instructions qui avoient été faites du tems du feu Roi & depuis sa mort au sujet de la paix, il avoit toujours été présupposé que les Comtez de Roussillon & de Cerdaigne demeureroient à la France, & que les Ministres d'Espagne n'en avoient pas fait la moindre difficulté à Munster; que les Espagnols ne pouvoient avec raison mettre en doute les conditions du Traité de Querasque, qu'ils avoient fait accorder à la Maison de Savoye lorsqu'elle étoit dans leur alliance, & que Sa Majesté s'étant obligée à son observation lorsque cette Maison étoit rentrée dans la sienne, elle ne pouvoit avec honneur ni avec justice la priver d'un avantage que l'Empereur & le Roi d'Espagne lui avoient procuré au préjudice des instances contraires que le feu Roi avoit fait faire par ses Ambassadeurs, & qui avoit été confirmé par le Traité de Munster par l'Empereur & par les Etats de l'Empire. Sa Majesté ajouta qu'elle avoit lieu de croire que le Roi d'Espagne ne vouloit pas la paix, puis qu'outre les difficultez qu'il faisoit sur ces deux points, sur celui de la Loraine, & sur les intérêts du Prince de Condé, il paroissoit que Dom Louïs établissoit des maximes dans les intérêts de la Monarchie d'Espagne, & ne vouloit pas que Sa Majesté les suivît dans ce qui la regardoit, comme si elle devoit être moins soigneuse de son honneur que le Roi Catholique : que l'on ne vouloit pas que le Roi de Portugal fût compris dans la paix, ni même nommé dans le Traité, quoi que Sa Majesté fût obligée par un Traité passé entre le feu Roi & ce Prince de ne point faire d'accommodement sans conserver la liberté de le secourir, en cas qu'il n'y pût être compris; alléguant pour toute raison que c'étoit un sujet rébelle qui pourtant avoit des prétentions légitimes sur ce Royaume qu'il avoit recouvré & possédoit depuis près de seize années, & qu'en même tems on vouloit qu'elle rétablît le Prince de Condé dans tout ce qu'il avoit perdu par sa felonie, encore qu'il fût notoirement convaincu de tous les crimes dont un sujet pouvoit se rendre coupable envers son Souverain, & qu'il n'eût plus ni crédit ni Etats; que l'Empereur Charles-Quint & le Roi Philipe Second n'avoient jamais voulu consentir que le Prince de Melphe & les autres Napolitains & Milanois qui avoient suivi le parti de la France contr'eux, rentrassent dans leurs biens par les Traitez de paix; & que cependant le Roi d'Espagne vouloit que le Prince de Condé & ceux qui l'avoient suivi rentrassent même dans les charges & dans les Gouvernemens qu'ils avoient eus; qu'il n'étoit pas juste qu'on confiât les charges ni les Gouvernemens d'un Etat à ceux qui avoient manqué à leur Souverain; que cette exception avoit toujours été faite dans les Traitez précédens, & qu'outre les exemples qui avoient été rapportez du Duc de Bourbon qui n'avoit point été rétabli dans sa charge de Connétable par le Traité de Madrid, & des François qui avoient suivi le parti de l'Espagne, qui avoient été expressément exclus par le Traité de Vervins du rétablissement dans leurs gouvernemens, on pouvoit encore alléguer qu'à Munster les Ministres d'Espagne avoient bien consenti que le Comte d'Egmont, le Prince d'Epinoi, le Duc de Bournonville, & leurs domestiques fussent rétablis dans leurs biens, mais n'avoient jamais voulu permettre qu'il fût parlé de leurs charges.

Le Roi trouva aussi fort étrange que les Espagnols refusassent d'exécuter des Traitez dans lesquels ils étoient intervenus, & qu'ils voulussent que ceux qui avoient été faits depuis secretement pendant la guerre sur les mêmes différends, servissent de régle à son égard; sans en apporter d'autre raison sinon qu'ils s'y étoient engagez par

des Traitez qu'ils vouloient qu'il exécutât contre lui même.

Il trouva qu'ils n'étoient pas moins injustes en l'affaire du Duc Charles, en demandant qu'il rendît à ce Duc tous ses Etats, encore qu'ils appartinssent légitimement à Sa Majesté, en vertu du Traité de Paris de l'année 1641. dont il a été fait mention ci-dessus, & dont ce Duc avoit juré deux fois l'observation; ensorte que c'étoit autoriser le parjure que de vouloir prendre le parti de ce Prince contre Sa Majesté.

Enfin le Roi ne trouvoit pas plus de facilité & de justice de la part du Roi d'Espagne au sujet des conquêtes dont il ne vouloit laisser presque rien à Sa Majesté, pendant qu'il retenoit la Navarre qui étoit le patrimonie du Roi Henri le Grand, & qu'il ne faisoit point justice à Sa Majesté à cet égard, ainsi qu'il y étoit obligé par les testamens de l'Empereur Charles-Quint & du Roi Philipe Second.

Sa Majesté marquoit donc à Mr. de Lionne qu'elle ne pouvoit point se départir de tous ces points sans manquer à ses intérêts & à son honneur; & ainsi vouloit qu'après avoir fait savoir ses intentions aux Ministres du Roi Catholique & les raisons dont elle les accompagnoit, il prît congé de lui pour s'en revenir trois jours après la reception de cette dépêche, puis qu'il ne pouvoit demeurer qu'inutilement à Madrid, y ayant apparence que le succès de Valencienne avoit rendu les Espagnols moins traitables, & que son séjour ne pouroit produire que de mauvais effets en plusieurs endroits.

Le Roi envoya encore à Mr. de Lionne outre cette dépêche des mémoires particuliers dans lesquels il lui fit savoir ses intentions sur les points au sujet desquels ce Ministre avoit souhaité d'être éclairci, & consentit même pour le bien de la paix à divers tempéramens & relâchemens.

Premiérement à l'égard des conquêtes, si le Roi d'Espagne ne se contentoit pas de la restitution des places que le Roi tenoit en Catalogne, Sa Majesté vouloit bien lui rendre encore Roses & le Fort de la Trinité, même Cadaquez; & en cas que le Roi d'Espagne ne fût pas encore satisfait de ce relâchement, & ne voulût pas consentir que Sa Majesté gardât aucune de ses conquêres en Catalogne, elle lui permit de se relâcher à toute extrémité de ce que ses armes possédoient dans le Conflans & dans la Cerdaigne en faisant son possible pour conserver les Châteaux limitrophes avec la France; & enfin les sacrifiant aussi pour le bien de la paix, en prenant garde de ne rien relâcher de ce qui étoit du Roussillon : mais si Dom Louïs ne vouloit point absolument consentir à ce que le Roi gardât le Roussillon, Sa Majesté voulut qu'après avoir fait tous ses efforts pour retenir cette conquête, & lui avoir fait voir les avantages que Sa Majesté en tireroit en la gardant, moyennant une récompense convenable, qu'il écoutât les propositions que Dom Louïs lui feroit, même qu'on donnât à Sa Majesté en échange Cambrai & ce qui en dépend, & le reste du Comté d'Artois qui ne consistoit plus alors qu'en St. Omer & Aire, ou bien en second lieu le Duché de Luxembourg qui ne consistoit plus qu'en la place de Luxembourg & Montmedi outre Thionville que le Roi garderoit moyennant cela, ou enfin la Franche-Comté & Bezançon.

Sa Majesté approuva même qu'au cas que Dom Louïs se tînt ferme à ne lui vouloir rien accorder

de

de ce côté-là, Mr. de Lionne sans faire tous ces relâchemens l'un après l'autre, proposât d'abord cet échange en faisant connoître combien il seroit avantageux au Roi d'Espagne.

Le Roi permit à Mr. de Lionne d'offrir de rendre au Duc de Loraine toute la Loraine après avoir démoli les fortifications de Nanci, & de lui remettre même les dépendances des trois Evêchez, à condition de retenir le Duché de Bar, les Comtez de Clermont, Stenai & Jametz, & un chemin pour aller de France en Alsace.

Sa Majesté trouva bon à l'égard du Portugal que Mr. de Lionne consentît aux clauses que les Espagnols pouvoient lui demander pour sureté de l'exécution de la promesse qu'elle faisoit de ne lui donner aucun secours; pourvû qu'elles ne fussent point préjudiciables à la dignité de Sa Majesté ni à la bienséance: elle voulut qu'il insistât pour une trève d'un an ou de six mois pour lui donner moyen de se dégager honorablement d'avec le Portugal; & qu'il tâchât d'engager Dom Louïs à faire quelques offres plus grandes que celles qu'il avoit faites en faveur du Roi de Portugal, en cas qu'il s'accommodât aux desirs du Roi Catholique pour la restitution de ce Royaume, comme pouroit être lui céder la Sardaigne, la Franche-Comté, ou quelque chose semblable; sans s'arrêter à des offres de charges qui pouvoient être données à des particuliers, parce que cela passeroit plutôt pour une offense, ou un mépris qu'on feroit de lui que pour une marque d'aucune intention qu'on eût de le satisfaire: ainsi elle voulut qu'il pressât Dom Louïs d'offrir un Royaume, parce que quand même le Roi d'Espagne auroit été pris au mot, ce qui n'étoit pas croyable, il ne devoit pas en être fâché, puis qu'il en recouvreroit aussi beaucoup d'autres plus considérables, & se délivreroit d'une guerre dont il avoit lieu d'appréhender le succès, à cause de l'intérêt que l'Angleterre y prenoit: en cas que Dom Louïs offrît un Royaume, Sa Majesté jugea qu'il seroit bon d'en faire mention dans le Traité, mais qu'il ne le falloit point faire s'il offroit quelque chose de moindre.

Elle lui marqua à l'égard des intérêts du Prince de Condé, qu'elle ne vouloit s'obliger à lui payer les revenus de ses terres, ni les arrérages de ses pensions & des appointemens des gouvernemens & des charges qu'il avoit eus, parce que les revenus de ses terres avoient été employez au payement de ses créanciers; qu'il ne pouvoit demander les appointemens des charges & des gouvernemens pendant qu'il portoit les armes contre Sa Majesté; qu'on n'avoit jamais payé des arrérages de pensions ni fait autre chose que de rendre les biens en l'état qu'ils se trouvoient sans faire mention des revenus; qu'on avoit encore moins donné des récompenses & des dédommagemens à des sujets pour s'être rendus criminels; ni même qu'on eût été obligé de rapporter des meubles ou autres choses reputées meubles; & que s'il y avoit quelques mauvais exemples pour les simples brouilleries du Royaume, on n'en trouveroit point dans les Traitez précédens en faveur de ceux qui au préjudice du devoir de leur naissance avoient pris le parti d'une Couronne ennemie de la France; que cependant Sa Majesté feroit payer ce que feue Madame la Princesse de Condé lui avoit prêté en 1648. & dégageroit les pierreries que ce Prince avoit prêtées la même année, & qui étoient entre les mains du Sr. Her-

vart; que ce Prince étoit notoirement déchu par sa rébellion & sa félonie de toutes les graces qu'il avoit reçues du feu Roi & de Sa Majesté; que cependant elle vouloit bien tout ce que Mr. de Lionne avoit promis sur ce sujet, à condition que le Prince de Monaco fût aussi rétabli dans tous ses biens, même dans ceux qu'il tenoit de la libéralité des Rois d'Espagne, & que le Duc de Modéne jouît de même de la Terre de Correggio qu'il possédoit légitimement; que Sa Majesté vouloit retenir Chantilli & en donner une juste récompense suivant l'estimation de ce que cette terre valoit de revenu; & qu'en tout cas elle lui accorderoit sous le prétexte de Chantilli trois ou quatre cens mille écus pour la récompense de toutes ses prétentions, quoi que mal fondées; qu'elle n'avoit pas intention de releguer le Prince de Condé dans un certain lieu, mais qu'il fût pendant un tems dans quelque Royaume ou Etat, où il pût par sa bonne conduite mériter l'entiére liberté d'aller & de venir où bon lui sembleroit, & qu'il étoit bon d'en faire mention dans le Traité; qu'encore que Sa Majesté ne pût pas s'opposer à ce que Sa Majesté Catholique donnât à ce Prince des places en Souveraineté ou en les relevant de la Couronne d'Espagne, il étoit nécessaire d'être informé des sommes qui lui seroient données pour pension, ou pour payer les garnisons de ces places; & que sur tout il ne failoit donner aucun consentement ni prendre aucune part à ces graces; que les places de Bellegarde, & de Clermont seroient rasées; que le Prince jouïroit du domaine de Bellegarde comme de ses autres biens; que Mr. de Lionne fît son possible pour qu'il ne fût point parlé des domaines de Stenai & de Clermont, attendu qu'ils faisoient partie des prétentions du Duc de Loraine avec qui il falloit ajuster ce point, & qu'en tout cas il réservât à Sa Majesté la liberté de lui donner ailleurs un domaine de pareil revenu; qu'il stipulât que le Château de Montrond dont le Roi avoit fait raser les fortifications, demeureroit en l'état qu'il étoit alors sans y faire de nouvelles fortifications nonplus qu'à Clermont & à Bellegarde; qu'il se gardât bien de promettre la restitution des canons trouvez dans les places du Prince de Condé, attendu que toute sorte d'artillerie appartenoit au Roi suivant les loix du Royaume, & à plus forte raison celles dont un sujet s'étoit servi contre lui; que Sa Majesté vouloit bien aussi accorder que les domestiques du Prince de Condé & autres qui l'avoient suivi fussent rétablis dans leurs biens, sans que cela se pût entendre de leurs charges ni de leurs gouvernemens; & qu'à toute extrémité il promît que le Roi feroit rembourcer au Président Viole & au Sr. Trancars Conseiller au Parlement de Bordeaux le prix de leurs charges; qu'on ne s'arrêteroit pas aux termes de la lettre que le Prince de Condé devoit écrire au Roi, pourvû que la bienséance y fût gardée, & que tout se passât avec le respect qu'un sujet devoir à son Souverain; & qu'il étoit inutile que le Prince de Condé demandât qu'il ne fût point obligé d'aller à la Cour quand même le Roi l'y appelleroit, puisqu'on lui ôteroit cette peine pendant quelque tems.

A l'égard des intérêts du Duc de Savoye, Sa Majesté consentit que si l'on prenoit Valence dans le Milanois on le rendît au Roi d'Espagne, en échange de ce qu'il restitueroit Trin à ce Duc dont Sa Majesté ne pouvoit se dispenser d'appuyer les

préten-

prétentions ; attendu que fi l'honneur du Roi d'Efpagne demandoit qu'il confervât cette place au Duc de Mantoue, on devoit avoir autant d'égard à celui du Roi pour la faire rendre au Duc de Savoye, fuivant que Sa Majefté y étoit obligée, à moins qu'elle ne lui voulût rendre Pignerol ; & que fi on ne prenoit point Valence on pourroit rendre le Quesnoi au Roi d'Efpagne qui feroit obligé de faire rendre Trin au Duc de Savoye, & d'indemnifer le Duc de Mantoue en lui donnant quelque place du Duché de Milan.

Le Roi confentit auffi que l'on conviât le Duc de Mantoue à confentir à la démolition de Cafal.

Le Cardinal Mazarin trouva que Mr. de Lionne avoit trop avancé la négociation, l'ayant conduite fur le bord de la conclufion : il lui écrivit par raillerie qu'il s'imaginoit déja le voir revenir de Madrid triomphant & couronné d'une branche d'olivier, à caufe de la conclufion de la paix, lui voulant faire connoître qu'un fi grand progrès ne lui plaifoit pas. C'eft pourquoi il lui ordonna de quitter promtement l'Efpagne, & lui manda que fi on rompoit la négociation, il fît enforte que cela arrivât fur l'article concernant le Prince de Condé, & que pour y parvenir il falloit mettre fes intérêts fur le tapis dès le commencement, parce que ne convenant point fur cet article il éviteroit de s'ouvrir fur les relâchemens auxquels le Roi vouloit bien confentir du côté de la Catalogne.

Mr. Servien avertit fecrettement Mr. de Lionne que le Cardinal le chargeoit d'infifter fur l'article du Prince de Condé, parce qu'il voyoit bien fur la connoiffance qu'il avoit de l'humeur des Efpagnols que la négociation fe romproit fur cet article-là, & qu'il avoit eu intention dans cet envoi de Madrid de détruire le bruit qu'on avoit fait courir qu'il n'avoit point d'inclination pour le rétabliffement de la paix, & que cela ne convenoit point à fes intérêts : qu'ainfi il vouloit faire rejetter fur les Efpagnols le blâme de la rupture de cette négociation en même tems qu'il feroit connoître les avances qu'il auroit faites pour la paix, & chargeroit le Prince de Condé de la haine publique que la continuation de la guerre lui attireroit.

Le courier de Mr. de Lionne étant revenu à Madrid le 30. Septembre au matin, Mr. de Lionne paffa tout ce jour-là à lire les dépêches & les mémoires qui lui avoient été envoyez pour bien concevoir & fuivre les intentions du Roi fur chaque article du Traité : il fut fort embaraffé par l'ordre qui lui étoit donné de faire enforte que fi on rompoit la négociation ce fût fur l'article concernant le Prince de Condé ; il craignoit de tomber dans un inconvénient contraire à ce que le Roi fouhaitoit, en cas qu'il recommençât la négociation par les intérêts de ce Prince, pouvant arriver & étant même très-vraifemblable que l'on conviendroit fur cet article, & que paffant enfuite à celui des conquêtes il n'en conviendroit pas avec Dom Louïs ; & que ce Miniftre ne voudroit ni céder à la France le Rouffillon ni lui en donner une récompenfe ailleurs ; auquel cas il ne pourroit pas dire après cela que la rupture feroit arrivée fur les intérêts du Prince de Condé, puifqu'on en feroit déja auparavant tombé d'accord. Mais il confidéroit d'autre part que fi on commençoit par

l'article des conquêtes, & qu'on n'accordât pas, on ne pourroit pas dire qu'on auroit rompu pour les intérêts du Prince de Condé, puis qu'on n'en auroit point encore parlé.

Mr. de Lionne prit donc pour expédient de recommencer la négociation par l'article des conquêtes, & fi on n'en convenoit pas de paffer à celui du Prince de Condé pour rompre fur celui-là.

Il eut le 4. Septembre fa dixiéme conférence avec Dom Louïs, auquel il expliqua feulement le mécontentement que le Roi avoit eu de ce qu'il lui avoit envoyé un courier après toutes les difficultez que l'on faifoit de la part de l'Efpagne aux articles fur lesquels il auroit dû y avoir moins de conteftation : ils n'entrérent pas ce jour davantage en matiére.

Mr. de Lionne témoigna à Dom Louïs le 5. Septembre dans leur onziéme conférence, que le Roi fe contentoit de ce qui avoit été ajufté du côté de la Flandre ; mais perfiftoit à vouloir du côté de la Catalogne les Comtez de Rouffillon & de Cerdaigne, Rofes, & Cadaguez, à quoi Dom Louïs répondit que le Roi fon maitre n'y confentiroit jamais : il traita cette prétention de déraifonnable & du nombre de celles auxquelles il n'y avoit point de réponfe à faire, & dit que les François fe devoient contenter qu'il perfiftât dans fes premiéres offres fans en rien rabbattre, à caufe du fuccès de Valencienne.

Dom Louïs lui parla enfuite du rétabliffement du Prince de Condé qui felon lui fouhaitoit paffionement le rétabliffement de fon amitié avec le Cardinal Mazarin. Mr. de Lionne prit cette occafion pour déclarer que puifqu'on s'en tenoit encore à cet article il ne vouloit point l'importuner davantage, & qu'il le prioit de lui obtenir le lendemain fon audience de congé du Roi Catholique. Ils fe féparérent fort civilement ; mais l'audiance fût remife après la fête de la Nativité de Notre-Dame, & cependant Mr. de Lionne fit tous les préparatifs néceffaires pour fon départ.

Ce délai donna lieu à une douziéme conférence qui fe tint le 8. & dans laquelle Mr. de Lionne demeura toujours ferme fur l'article du Prince de Condé ; & pour faire valoir le rétabliffement qu'on lui accordoit dans fes biens, dignitez, & honneurs, il dit que fi le Roi d'Efpagne vouloit confentir que le Prince de Condé ne fût point rétabli dans fes biens, Sa Majefté confentiroit volontiers qu'il ne lui rendît point les quatre places qu'elle demandoit, & lui donneroit encore un million d'or.

Dom Louïs infifta encore à ce que ce Prince fût auffi rétabli dans fa charge & dans fes gouvernemens ; & pour avancer la paix, il offrit de rendre Trin au Duc de Savoye après qu'on auroit trouvé les moyens de fatisfaire le Duc de Mantoue, fans manquer à l'honneur du Roi fon maitre.

Dans la treiziéme conférence qui fe tint le 9. Dom Louïs pour diminuer la valeur du relâchement de la France à vouloir bien abandonner le Portugal, dit qu'on l'empêcheroit d'y envoyer les fecours néceffaires, & que le Pays ne pourroit pas les nourir. Il s'attacha en fecond lieu à prouver que quand la guerre continueroit, la France ne pouvoit pas efpérer de faire encore de grandes conquêtes, & que fi cette Couronne prenoit quelques places, on lui en prendroit d'autres, comme il

étoit

étoit arrivé en cette année-là, où, encore que les Espagnols fussent embarassez en une nouvelle guerre contre les Anglois, ils pouroient effectivement perdre Valence, mais aussi ils avoient repris Condé. Mr. de Lionne lui répondit que le Roi étant alors en paix dans son Royaume, & se liguant avec le Portugal & avec l'Angleterre contre l'Espagne, mettroit assurement le Portugal hors d'état de pouvoir être soumis par les Espagnols, & les obligeroit à lui rendre la Navarre, ou au moins à faire la paix à des conditions qui lui seroient moins préjudiciables que celles auxquelles il vouloit bien alors donner les mains; mais qu'il n'y avoit plus lieu de discourir, & qu'il falloit conclure ou rompre la paix en cette séance. Dom Louïs offrit le Roussillon & quelque chose en Flandres pourvû qu'Arras n'y fût pas compris. Mr. de Lionne rejetta cette proposition, & ayant mis sur le tapis l'article concernant le Prince de Condé, afin que la rupture parût être faite sur son sujet, comme Dom Louïs y demeura ferme, disant qu'il croyoit qu'on n'y feroit plus de difficulté, & que la justice du Roi le porteroit à en user comme il avoit été pratiqué en pareils cas, il se leva & pria Dom Louïs qu'il pût le lendemain prendre congé du Roi d'Espagne; ce que l'autre lui promit, & ils se séparérent fort froidement.

Mr. de Lionne prit le 11. congé du Roi le remerciant de toutes les graces qu'il lui avoit faites pendant son séjour à Madrid, & témoignant qu'il avoit bien du regret d'en partir sans avoir pu conclure la paix; quoi que par ordre du Roi & de la Reine il n'eût rien obmis pour y parvenir: le Roi d'Espagne en témoigna aussi bien du déplaisir, mais il dit que son honneur ne lui avoit pas permis de passer plus avant, & qu'il espéroit qu'il se trouveroit une autre fois quelque ouverture à l'accommodement: il le pria d'assurer le Roi & la Reine de la tendre amitié qu'il avoit toujours pour eux.

Mr. de Lionne fit partir le 12. pendant la pluye ses chevaux & ses hardes pour Alcala, afin d'y aller coucher après avoir pris congé de Dom Louïs; il fut en effet dans ce dessein chez ce Ministre, qui le pria de s'expliquer plus nettement sur la restitution de Roses.

Mr. de Lionne lui dit que quand les autres articles seroient ajustez celui-ci ne romproit par la négociation: Dom Louïs dit qu'en parlant de Roses il y comprenoit aussi Cadaguez.

Dom Louïs offrit ensuite de céder au Roi le Duché de Bar, & fit difficulté de consentir au rasement des fortifications de Nanci: il pressa Mr. de Lionne de rester encore trois jours à Madrid pour résoudre les choses plus à loisir, & sur le refus que Mr. de Lionne en fit, il lui offrit le Comté de Roussillon & deux places dans les Pays-Bas de celles que le Roi avoit demandées, pourvû qu'Arras n'en fût pas une. Mr. de Lionne rejetta cette proposition, & lui fit celle de céder au Roi le Duché de Luxembourg, & la Franche-Comté pour Perpignan & Colioure: Dom Louïs les refusa, disant qu'il ne lui donneroit pas seulement la moitié ni même le quart de ces Provinces pour ne point sacrifier des Peuples qui s'étoient bien défendus; mais il offrit Thionville & Damvilliers: ce que Mr. de Lionne rejetta.

Ils passérent ensuite à l'article du Prince de Condé, & Mr. de Lionne après s'en être bien fait prier, consentit enfin sur les instances de Dom Louïs de demeurer encore le lendemain à Madrid, déclarant qu'il romproit ou concluroit la négociation ce jour-là.

Dom Louïs offrit le 13. le Comté de Roussillon avec les deux Alsaces, Hesdin, Landreci, & Bapaume ou avec Arras seul: mais Mr. de Lionne déclara que le Roi ne feroit point la paix sans avoir Arras & Hesdin, & même sans la cession de l'Alsace; parce que ce seroit autrement laisser un levain pour recommencer la guerre: sur cela il se leva & prit congé de Dom Louïs. Dom Christoval Secretaire de ce Premier Ministre accompagnant Mr. de Lionne lui offrit par ordre de son maitre Arras & la cession des deux Alsaces, pourvû que l'on ajoutât l'article du Prince de Condé: mais Mr. de Lionne lui dit que la paix n'étoit pas faisable, si le Roi ne retenoit Arras, Landreci, Hesdin, Bapaume, & le Quesnoi en Flandres, & les Comtez de Roussillon & de Cerdaigne, & Cadaguez du côté de l'Espagne: sur cela il dit au cocher de toucher, & s'en alla au Buen-Retiro où Dom Louïs lui envoya Dom Christoval pour le prier de remettre son départ au lendemain; à quoi Mr. de Lionne consentit avec peine: & ayant été prié de déclarer à quoi il pouvoit se relâcher, il offrit la restitution du Quesnoi pourvû que les quatre autres places demeurassent au Roi: il consentit même de rendre Cadaguez sans s'expliquer du Comté de Cerdaigne, dont il avoit encore pouvoir de se relâcher; ajoutant que si la paix n'étoit pas faite lorsqu'on prendroit Valence, il avoit ordre de demander Thionville en sa place.

Dom Louïs offrit à Mr. de Lionne le 14. Septembre dans leur seiziéme conférence Arras & Hesdin; & comme Mr. de Lionne vouloit les quatre places, sur pas une desquelles il déclara qu'il n'avoit pouvoir de se relâcher, Dom Louïs en offrit encore une, & Mr. de Lionne ne s'en étant pas encore contenté il remit la décision de l'affaire au Conseil d'Etat qui se tiendroit le lendemain: mais il s'en excusa dans la dix-septiéme conférence sur ce que suivant une ancienne & inviolable coutume le Roi donnoit ce jour-là audiance à ses Officiers & aux Magistrats de ses différens Conseils; & ce ne fut qu'avec bien de la peine qu'il obtint de Mr. de Lionne qu'il resteroit encore à Madrid le lendemain sur la promesse qu'il lui fit de lui prêter deux relais pour joindre son équipage à qui il envoya en même tems ordre de partir d'Alcala.

Dom Louïs voulut ensuite le faire expliquer sur le sujet des Comtez de Cerdaigne & de Charolois, afin que s'il obtenoit les quatre places, ce ne fussent de nouvelles difficultez qu'il fallût encore lever. Mr. de Lionne lui dit qu'il n'avoit pas pouvoir de relâcher ces deux Comtez, & que le Roi ne pouvoit pas non plus relâcher celui de Joux qu'il avoit donné au Duc de Longueville. Dom Louïs répliqua que puisque le Roi vouloit que les Espagnols rendissent Trin au Duc de Savoye, quoi qu'ils fussent engagez de le rendre au Duc de Mantoue qui étoit un Souverain, le don que le Roi avoit fait de Joux à un de ses Sujets ne le pouvoit pas dispenser de le rendre à l'Espagne; que Henri IV. avoit rendu le Comté de Charolois à Philipe Second par le Traité de Vervins, & que la paix pouvoit être tenue pour rompue si le Roi s'arrêtoit à retenir le Comté de Cerdaigne dont la plus grande partie étoit en deçà des Monts Pirénées du côté de l'Espagne.

 On

On tint le 16. le Conseil d'Etat, & le soir la dixhuitiéme conférence dans laquelle Dom Louïs offrit à Mr. de Lionne Arras, Hesdin, & Landreci : mais Mr. de Lionne voulut avoir encore la quatriéme place ; & sur le refus qu'en fit Dom Louïs, il prit congé de lui, & se retira plaignant le malheur de la Chétienté de demeurer engagée dans une guerre si sanglante par l'obstination des Espagnols. Comme il alloit monter en carosse Dom Christoval parut pour reprendre la négociation, & Mr. de Lionne offrit que le Duc de Longueville tiendroit Joux à foi & hommage de la Couronne d'Espagne; ce que l'autre refusa, disant qu'on ne vouloit pas laisser à la France un passage en Suisse par la Franche-Comté. Enfin Mr. de Lionne convint de se relâcher de Joux & des Comtez de Cerdaigne & de Charolois, pourvû que l'Espagne cédât au Roi les quatres places des Pays-Bas, à quoi Dom Christoval consentit de la part de son maitre, pourvû que l'on convînt au sujet des alliez.

Ils traitérent de leurs alliez dans la 19. conférence qui se tint le 18. ils convinrent que l'Espagne rendroit Verceil, Trin, & Cencio au Duc de Savoye; & Mr. de Lionne persista à vouloir que cette Couronne rendît aussi Corregio au Duc de Modéne ; Sa Majesté y croyant son honneur intéressé, parce que ce Prince avoit exposé sa vie & ses biens pour son service. Dom Louïs mit ensuite sur le tapis les intéréts du Prince de Condé, sur quoi Mr. de Lionne soutint que n'étant point Souverain, mais un Prince rébelle à son Roi, le Roi d'Espagne ne le pouvoit pas comprendre parmi ses alliez; & que ce Ministre ayant toujours déclaré formellement que Sa Majesté Catholique ne prétendroit rien que le Roi croiroit être préjudiciable à son service, ne pouvoit insister qu'il consiât les charges & les gouvernemens de son Etat à un Prince qui avoit abusé de ses Gouvernemens, & qui portoit encore l'épée contre son service. Dom Louïs prétendit qu'il n'avoit pas dit que le Roi son maitre ne demanderoit rien à Sa Majesté au sujet du Prince de Condé, qu'elle croiroit être préjudiciable à son service, mais qui lui fût véritablement préjudiciable : il soutint que l'entier rétablissement de ce Prince bien loin de porter aucun préjudice au Roi, lui seroit aucontraire très-utile, parce que dès le moment qu'il auroit demandé pardon à Sa Majesté, & qu'elle le lui auroit accordé, elle ne trouveroit point de Sujets à qui elle pût mieux confier des charges & des gouvernemens. Mais Mr. de Lionne soutint que c'étoit au Roi à juger lui même de ce qui pouvoit lui être préjudiciable ou non, & que c'étoit en ces termes que la déclaration avoit été faite ; ce que Dom Louïs nia.

Mr. de Lionne dit encore à l'égard du Prince de Condé, que comme il étoit sujet du Roi & ne pouvoit être allié du Roi d'Espagne, Sa Majesté ne vouloit pas s'engager à aucune dispute sur ses intéréts, mais seulement déclarer ce qu'elle vouloit bien faire pour lui; lui laissant la liberté de l'accepter ou de le refuser, d'autant plus que les Espagnols lui en montroient l'exemple en ne voulant pas qu'on parlât dans le Traité du Prince qui possédoit le Portugal, nonobstant ses droits légitimes & sa proclamation qui l'exemtoit de la qualité de sujet.

A l'égard de la Loraine il déclara que le Roi acceptoit le dernier des deux partis qui lui avoient été proposez, moyennant un petit changement commode à l'un & l'autre ; ainsi il offroit de restituer au Duc Charles toute la Loraine, après avoir démoli les fortifications de Nanci qu'on ne pouroit rétablir, & de lui laisser même les dépendances des trois Evêchez que Dom Louïs avoit consenti que Sa Majesté gardât; à condition qu'elle retiendroit le Duché de Bar, les Comtez de Clermont, Stenai, Jametz, la Ville & les Fauxbourgs de Dun, & un chemin pour aller de France en Alsace.

On disputa encore dans la vingtiéme conférence qui se tint le 20. Septembre, sur les intérêts du Prince de Condé & du Duc de Loraine : Mr. de Lionne s'étendit sur ce que le Roi ne pouvoit faire, ni le Roi d'Espagne demander davantage que ce que Sa Majesté vouloit bien faire pour ce Prince, en considération de la paix ; & sur ce qu'il ne devoit point trouver mauvais que, puisque chacun perdoit & relâchoit de ses droits pour le bien de la paix, on l'obligeât à sacrifier aussi quelque chose pour obtenir son rétablissement dans sa patrie, dans ses biens, & dans ses honneurs.

Il soutint ensuite qu'il seroit plus avantageux au Duc de Loraine de relâcher le Duché de Bar que les dépendances des trois Evêchez, sur lesquelles il naîtroit une infinité de contestations qui retarderoient son rétablissement : & sur ce que Dom Louïs dit que comme c'étoit le lendemain le jour de la naissance de l'Infante, il espéroit qu'il se relâcheroit de cet article, en considération de cette Princesse, Mr. de Lionne lui répondit que s'il vouloit donner à la France la personne qu'il venoit de nommer avec sa seule chemise, il lui engageroit sa parole de signer l'article.

En effet le Cardinal lui avoit ordonné de faire instance sur le mariage du Roi avec l'Infante à quelque condition que ce fût, quand même il auroit fallu sacrifier toutes les conquêtes qu'on avoit faites sans en conserver une seule place : il étoit souvent revenu sur cette matiére dans les conférences qu'il avoit eues avec Dom Louïs de Haro, n'ayant point manqué, lorsqu'il se rencontroit quelque difficulté, de lui dire qu'il pouvoit avec une seule parole surmonter tous les obstacles; & qu'en donnant seulement la personne de l'Infante, il lui offroit la carte blanche pour le reste. Dom Louïs répondit toujours à cette proposition avec beaucoup de respect pour la personne du Roi, convenant qu'il étoit impossible de mieux marier l'Infante si elle n'eût point pu un jour hériter de tous les Royaumes du Roi son pére : mais que comme l'union des deux Couronnes étoit impossible, il y avoit un obstacle insurmontable à ce mariage. Mr. de Lionne pour faire connoître que c'étoit la personne de l'Infante qu'on souhaitoit & nullement la succession qui la regardoit, offrit que l'on fourniroit les mêmes renonciations que la Reine avoit signées lorsqu'elle s'étoit mariée au feu Roi : mais Dom Louïs lui ferma toujours la bouche en disant que, quand outre les conquêtes on leur donneroit encore des Provinces, il ne lui pouroit pas donner d'autre réponse.

Mr. de Lionne ne s'ouvrit point de la résolution que le Roi avoit prise de confiner le Prince de Condé hors du Royaume, parce que l'occasion ne s'en présenta pas, & qu'il savoit que les Espagnols auroient cru leur honneur intéressé à consentir qu'après avoir privé ce Prince de ses charges

&

& de ſes gouvernemens, on ne lui permît pas même de vivre en quelque coin du Royaume qui ne
ſeroit point ſuſpect.

Il ne s'expliqua point non plus, que le Roi voû-
lût retenir Chantilli, & qu'il n'avoit pas ordre de
ſigner à Madrid le Traité en la forme qu'il devoit paroître; de peur que ſi Dom Louïs avoit ſû
que les deux premiers Miniſtres euſſent dû conférer ſur la frontiére, il n'eût remis beaucoup de difficultez à être terminées dans cette conférence; au
lieu que la négociation qu'il avoit preſque toujours faite le pied à l'étrier, lui avoit fait tirer de
grands avantages des Eſpagnols.

Dom Louïs inſiſta dans la vingt-uniéme conférence qui ſe tint le 20. Septembre ſur ce que la
France vouloit ôter au Roi Catholique ſon honneur en le voulant engager à ne pas tenir la parole
qu'il avoit donnée au Prince de Condé de ne point
faire la paix ſans lui faire obtenir un entier rétabliſſement. Mr. de Lionne répondit que les Eſpagnols étoient injuſtes de vouloir que le Roi exécutât ponĉtuellement un Traité qu'ils avoient fait
avec un de ſes ſujets, lorſque Sa Majeſté pour
complaire au Roi ſon oncle vouloit bien de neuf
pans de ce Traité en exécuter huit; ce qu'il diſoit parce qu'il faiſoit monter les biens, charges,
& gouvernemens du Prince de Condé à vingt-ſept
millions, & eſtimoit la charge & les gouvernemens trois millions.

Dom Louïs allégua des Traitez par leſquels le
feu Roi avoit ſur les inſtances du Roi d'Angleterre rétabli le Duc de Rohan dans ſes biens, ſes
charges, & ſes gouvernemens. Mr. de Lionne en
convint; mais il apporta pour différence que le
Duc de Rohan étoit en poſſeſſion des places dont
on lui confirmoit le gouvernement, pour l'obliger
à ſe ſoumettre; au lieu que le Prince de Condé
ne poſſédant pas un pouce de terre en Guyenne,
rien n'obligeoit à lui en rendre le gouvernement.

On diſputa encore ſur le même ſujet dans la
vingt-deuziéme conférence qui ſe tint le 21. Dom
Louïs diſant qu'ils ne pouvoient abandonner celui qui ſeul leur avoit fait recouvrer la Catalogne,
Cazal, Graveline, & Dunkerque; & qu'ayant ſi
maltraité le Duc de Loraine leur autre allié qu'ils
tenoient encore priſonnier, il ne falloit pas que
l'Eſpagne ſongeât à avoir jamais d'alliez, ſi elle
manquoit encore au Prince de Condé: à quoi
Mr. de Lionne répondit qu'en ce cas bien loin
que le Roi gagnât les places que les Eſpagnols lui
cédoient, il perdroit la Guyenne & les autres places qu'il remettroit au Prince de Condé, & qui
ſeroient plus à la diſpoſition de l'Eſpagne qu'à la
ſienne. Dom Louïs offrit que le Roi ſon maitre
& lui ſeroient cautions de la parfaite réconciliation
du Prince de Condé avec le Cardinal Mazarin;
mais Mr. de Lionne témoigna qu'il falloit mettre
les choſes en état que le Cardinal pût faire plaiſir
à ce Prince, & déclara qu'il étoit inutile de parler davantage ſur des propoſitions qu'il n'avoit aucun pouvoir d'écouter. Il lui montra une lettre
par laquelle le Cardinal lui mandoit de rompre le
Traité & de ſe retirer en cas qu'on inſiſtât au rétabliſſement du Prince de Condé dans ſes charges
& dans ſes gouvernemens: ainſi Dom Louïs ſe voyant preſſé d'une réponſe préciſe, dit que s'agiſ-
ſant de priver la Chrétienté du repos qu'elle attendoit de cette négociation, ou de contrevenir à un
Traité ſolemnel que le Roi ſon Maitre avoit ſous-

crit & juré, il ne pouvoit prendre d'autre réſolution que de rapporter au Roi Catholique l'état où
étoient les choſes, afin qu'il ſe déterminât; & il
promit de lui faire ſavoir le lendemain ſa réſolution: à quoi Mr. de Lionne donna les mains.

Le Roi d'Eſpagne trouva la choſe de ſi grande conſéquence qu'il ne voulut pas la réſoudre ſans
avoir aſſemblé ſon Conſeil; ce qu'il ne put faire
que 23. & tous les avis allérent à tout hazarder
plutôt que de manquer à tenir ce que Sa Majeſté
Catholique avoit promis au Prince de Condé, &
à quoi ſon honneur étoit auſſi engagé. Dom
Louïs le déclara ce jour-là même à Mr. de Lionne, diſant que lorſqu'il ne s'étoit agi que des intérêts du Roi ſon maitre, il avoit accordé pour le
bien de la paix toutes les places & les Pays que la
France avoit demandez, & le rétabliſſement de
tous ſes alliez, mais qu'ils ne pouvoient contrevenir
à ce qu'ils avoient promis à leurs alliez: ſur cela
Mr. de Lionne prit congé de lui pour revenir en
France. En effet il partit le 25. de Madrid après
avoir envoyé en Cour un Courier pour donner avis
de la rupture de la négociation: il ſéjourna un jour
à Bayonne avec le Maréchal de Grammont, &
ramena avec lui à Paris l'Abbé Siri à qui il avoüa
confidemment que le Cardinal Mazarin n'avoit jamais eu deſſein de conclure la paix avec l'Eſpagne,
mais ſeulement de découvrir les intentions de Dom
Louïs de Haro au ſujet de la paix, & de la reſtitution des places qu'il pourroit prendre; afin de ſe
ſervir en tems & lieu de cette connoiſſance. Mais
il ſe paſſa près de deux années avant qu'on re-
noüât la négociation de la paix; & cependant les
François prirent Valence & Mortare en Italie, la
Capelle en Picardie, & Mommedi, St. Venant,
Dunkerque, Berg- St. Vinox, Graveline, Oudenarde & Ypres dans les Pays-Bas; & le Roi remit Dunkerque aux Anglois en exécution du Traité d'alliance qu'il avoit fait avec Cromwel.

CHAPITRE SECOND.

*Negociation de Dom Antonio Piméntel
en France, & Concluſion de la paix aux
Pirénees. 1658. & 1659.*

LE péril où le Roi ſe trouva par une grande
maladie dont il fut attaqué à Calais au mois
de Juillet 1658. joint à l'envie qu'il témoigna de ſe marier, y ayant déterminé
la Reine, elle eût bien voulu le pouvoir marier à
l'Infante d'Eſpagne ſa niéce & faire en même tems
la paix avec le Roi Catholique ſon frére: mais
comme les Miniſtres d'Eſpagne avoient toujours
refuſé juſqu'alors d'écouter la propoſition du mariage de l'Infante avec le Roi; la Reine ſongea à
le marier avec la Princeſſe Marguerite ſœur du
Duc de Savoye. Le Roi avoit témoigné pluſieurs fois qu'il vouloit pour femme une parfaite-
ment belle perſonne, & que ſi on lui en amenoit
une qui ne le fût pas, il la renvoyeroit quand elle ſeroit même arrivée au Bourg-la-Reine: cela fut cauſe qu'on jugea à propos que le Roi vît la Princeſſe
Marguerite avant que de conclure le mariage; &
on réſolut pour cet effet de faire un voyage à
Lion

Lion & d'engager la Ducheſſe de Savoye à s'y rendre ſous prétexte de vouloir voir le Roi ſon neveu, & à y amener la Princeſſe ſa fille. Quoi que le Cardinal Mazarin eût ſçu que la Ducheſſe de Savoye faiſoit ſon compte de gouverner la France après ce mariage, il y donna les mains dans l'eſpérance de conclure en même tems le mariage du Duc de Savoye avec une de ſes niéces, ainſi que cette Ducheſſe l'en avoit fait aſſurer.

La Cour arriva le 24. Novembre 1658. à Lion où la Ducheſſe de Savoye ſe rendit le 28. avec les deux Princeſſes ſes filles: le Roi qui fut au devant d'elles, trouva d'abord la Princeſſe Marguerite fort à ſon gré, & en parut même amoureux: mais enſuite la déclaration qu'elle fit au Maréchal de Grammont au ſujet de ce que le Comte Curtz gouvernoit à baguette l'Electeur de Baviére ſon beau-frére, quelle ne comprenoit pas comment une femme ſouffroit qu'un Miniſtre gouvernât ainſi ſon mari; le refus que le Duc de Savoye fit d'épouſer une niéce du Cardinal, à cauſe de l'inégalité des conditions; les railleries que Mademoiſelle Marie Mancini que le Roi aimoit alors, fit de la perſonne de cette Princeſſe, & qui en dégoutérent le Roi, & ſurtout l'arrivée de Dom Antonio Pimentel à Lion empêchérent la concluſion du mariage.

Le Comte de Fuenſaldagne Gouverneur du Milanois jugeant que les affaires de la Monarchie d'Eſpagne ne ſe pouvoient rétablir que par une bonne paix, l'avoit ſouvent mandé au Conſeil d'Eſpagne, & avoit écrit pluſieurs fois au Sr. Lenet de l'inſpirer au Prince de Condé ſon maitre. Ce Prince étoit très-mal avec Dom Juan d'Autriche Gouverneur des Pays-Bas Catholiques, à la négligence duquel il attribuoit les mauvais ſuccès de cette campagne, & croyoit que ces Provinces ne pouvoient éviter de tomber ſous la puiſſance des François, ſi les Eſpagnols ne faiſoient la guerre autrement qu'ils ne l'avoient faite juſqu'alors, ou s'ils ne donnoient les mains à la paix: ainſi il réſolut d'envoyer un Agent en Eſpagne par le Milanois pour y conférer avec le Comte de Fuenſaldagne, & expliquer enſuite toutes choſes au Roi Catholique; afin qu'il ſe déterminât à conclure la paix ou bien à faire la guerre. Ce Députe conféra à Milan avec le Comte de Fuenſaldagne qui jugea à propos d'envoyer auſſi en Eſpagne Dom Antonio Pimentel, afin qu'ils y agiſſent de concert.

Ces deux hommes firent ſi bien connoître à Dom Louïs de Haro & au Conſeil d'Eſpagne la néceſſité où cette Couronne étoit de faire la paix, & l'impoſſibilité où elle ſe trouvoit de ſoutenir en même tems la guerre contre la France, l'Angleterre, & le Portugal, qu'on ſe réſolut non ſeulement à faire la paix avec la France, mais auſſi à offrir au Roi l'Infante d'Eſpagne, afin d'obliger la Reine qui ſouhaitoit paſſionnément ce mariage, à faire accorder des conditions plus favorables au Roi Catholique ſon frére: & comme le Roi étoit alors en marche pour ſe rendre à Lion, afin d'y conclure ſon mariage avec la Princeſſe de Savoye, on jugea qu'il n'y avoit point de tems à perdre, & que puiſque la France avoit bien envoyé il y avoit deux ans Mr. de Lionne à Madrid pour y propoſer la paix, on pouvoit bien alors envoyer quelqu'un en France pour le même ſujet. On choiſit pour cela Dom Pimentel lui même, d'autant plus qu'il étoit bien inſtruit de toutes choſes, qu'il parloit fort bien François, & qu'il étoit très

particuliérement connu du Cardinal Mazarin: il avoit un vieux paſſeport ſuranné ſur la foi duquel il ſe mit en chemin; mais il n'en eut pas beſoin, perſonne ne lui en ayant demandé à ſon entrée en France.

Il arriva en poſte à Lion, & ayant été introduit ſecretement la nuit dans la chambre du Cardinal Mazarin, il l'aſſura que les intérêts du Prince de Condé n'empêcheroient plus la concluſion de la paix, & lui propoſa le mariage de l'Infante avec le Roi & une ſuſpenſion d'armes pendant laquelle on traiteroit la paix. Le Cardinal témoigna beaucoup de joye de la propoſition du mariage; mais il refuſa la ſuſpenſion d'armes, diſant que l'hiver empêchoit aſſez les armées de pouvoir agir, ſans qu'il fût néceſſaire de faire un Traité de ſuſpenſion d'armes dont la négociation tiendroit bien du tems, & qu'il valoit bien mieux qu'il ſe fît venir un Pleinpouvoir de traiter & de conclure la paix, ainſi qu'on feroit commodément à Paris où la Cour alloit retourner.

Le Sr. Pimentel donna les mains à ce parti; & le Roi pour contenter la Ducheſſe de Savoye lui donna un écrit par lequel il lui promit d'épouſer la Princeſſe Marguerite ſa fille, à moins qu'on n'eût conclu entre ci & le mois de Mai ſon mariage avec l'Infante d'Eſpagne, qui entraineroit après lui la paix générale.

La Cour étant revenue à Paris, & le Sr. Pimentel ayant reçu un plein pouvoir de traiter, il entra au commencement de Fevrier 1659. en négociation avec Mr. de Lionne, & on convint d'abord que la France abandonneroit le Portugal ſans le ſecourir ni directement ni indirectement: que les Eſpagnols rendroient au Duc de Savoye Verceil & Trin, & au Prince de Monaco les biens qu'il avoit au Royaume de Naples. Mr. de Lionne offrit de rétablir le Prince de Condé dans ſon patrimoine ſans la charge de Grand-Maitre ni le gouvernement de Guyenne.

Dom Louïs ayant fait ſavoir cela au Député de ce Prince l'aſſura que l'Eſpagne continueroit la guerre au hazard de perdre encore pluſieurs Provinces plutôt que de faire la paix ſans obtenir l'entier rétabliſſement de ſon maître qu'elle s'étoit obligée de lui procurer. Cet Agent lui déclara que ce Prince & ceux de ſon parti ne ſouhaitoient rien plus paſſionnément que d'être rétablis en France au même état qu'ils étoient autrefois; mais qu'ils ſacrifieroient tous leurs intérêts au bien de la paix, & les remettroient à la diſpoſition du Roi Catholique; & que le Prince de Condé plutôt que d'être cauſe de la rupture de la négociation de la paix, ſe contenteroit de rentrer dans ſon patrimoine ſans aucunes charges ni gouvernemens, & de demeurer en quelque Ville comme exilé, quand même il n'y trouveroit pas ſon entiére ſureté. Dom Louïs l'aſſura que ſi la France demeuroit ferme à ne point vouloir rétablir le Prince de Condé dans ſon gouvernement de Guyenne, le Roi ſon maitre lui donneroit un gouvernement plus conſidérable que celui-là, & qu'on romproit plutôt toute la négociation de la paix que de ne le pas ſatisfaire pleinement: il donna à entendre qu'on pourroit donner à ce Prince le gouvernement des Pays-Bas avec quelque place en Souveraineté. Le Miniſtre du Prince fit connoître que ſon Maitre auroit encore préféré ſon entier établiſſement en France à tous ces avantages.

Le Sr. Pimentel eut au commencement du mois de Mars une conférence avec le Cardinal qui demanda St. Omer, Aire, & Cambrai en échange des places plus avancées dans les Pays-Bas que la France possédoit: mais Dom Louïs ayant rejetté cette proposition, il se réduisit à vouloir conserver Graveline, la Bassée, Bethune, Bapaume, Arras, Landreci, Thionville, Montmedi & Damvilliers; & convint de rendre toutes les autres places à condition que les Espagnols lui rendroient Hesdin, Rocroi, Linchamp & le Câtelet. Le Sr. Pimentel convint de ces restitutions réciproques, & insista sur le rétablissement du Prince de Condé avec lequel le Roi d'Espagne étoit expressément obligé par un Traité; offrant de rétablir de même le Duc de Bragance & ses adhérans dans leurs biens, charges, & honneurs: mais Mr. de Lionne lui apporta pour différence que le Duc de Bragance possédoit un Royaume & plusieurs autres Etats, aulieu que le Prince de Condé étoit privé de tous les biens & honneurs qu'on vouloit bien lui rendre, & dit qu'il falloit que ce Prince demandât pardon au Roi, puisque le Roi d'Espagne vouloit que le Duc de Bragance le lui demandât.

Le Cardinal pour démouvoir les Espagnols de leur si grand attachement pour le Prince de Condé, dit au Sr. Pimentel que ce Prince avoit dans ce tems-là même envoyé à Paris une personne pour le solliciter fortement de lui obtenir un accommodement particulier; mais qu'il ne l'avoit pas voulu voir ni écouter, & l'avoit même fait chercher pour le faire mettre en prison: le Sr. Pimentel manda ceci en Espagne, mais on n'y ajouta point foi, & on regarda ce discours comme un artifice pour donner au Roi d'Espagne de la méfiance de ce Prince. C'étoit le Sr. de Guitaut qui étoit venu alors secretement à Paris pour ses affaires particuliéres, & le Cardinal vouloit donner à entendre qu'il y étoit venu par ordre du Prince de Condé pour entamer quelque négociation pour son accommodement particulier à l'insçu des Espagnols qui n'en crurent rien.

Le Cardinal offrit aussi de rendre Thionville, Damvilliers, & Montmedi pour Charlemont: mais on ne fut point d'avis en Espagne de donner Charlemont au Roi pour ces trois places; le Marquis de Los-Balbazes ayant soutenu que cette place valoit seule une Province.

Quelques Ministres du Conseil d'Espagne voyant que la paix étoit absolument nécessaire à leur Monarchie, & que le Roi étoit résolu de ne point rétablir le Prince de Condé dans sa charge ni dans ses Gouvernemens, proposérent de lui en donner la valeur en argent: mais Dom Louïs ayant rebuté cette proposition comme indigne du Roi d'Espagne & du Prince de Condé, & déclaré que plus ce Prince témoignoit de désintéressement, plus il convenoit que le Roi d'Espagne fît paroître sa générosité envers lui, il fut arrêté de lui donner quelques places en Flandres qu'il possédederoit en Souveraineté. Dom Louïs en parla à son Agent qui proposa qu'on donnât au Prince Cambrai & les places entre la Sambre & la Meuse: Dom Louïs ne s'en éloigna pas, & promit de s'employer pour y faire comprendre Charlemont, quoique ce fût une place d'une extrême conséquence.

Les Ministres d'Espagne convenoient que le Roi leur maître ne pouvoit pas espérer de paix plus avantageuse que celle que la France lui offroit; pourvû qu'elle leur permît de donner au Prince de Condé une recompense dont il fût satisfait: ils regardoient l'abandonnement du Portugal comme si on leur avoit donné ce Royaume & les Indes, & jugeoient qu'on ne pouvoit pas donner à l'Infante un mariage plus convenable que celui du Roi Très-Chrétien.

Le Conseil d'Espagne eut de la répugnance à donner Cambrai au Prince de Condé; mais il convint de lui donner Philippeville, Mariembourg, & Charlemont.

Le Député de ce Prince s'emporta extrêmement sur ce que le Cardinal vouloit que le Prince de Condé demandât pardon au Roi, comme s'il avoit été criminel; il prétendit qu'on en devoit user comme dans les précédens accommodemens, où cela ne s'étoit point pratiqué, & où on s'étoit contenté d'accorder une abolition qui avoit été vérifiée au Parlement: il dressa avec Dom Louïs le projet d'un article sur ce sujet.

Les choses étant en cet état, comme le Cardinal pressoit pour avoir une réponse promte & décisive sans vouloir donner le tems que le Conseil d'Espagne pût être informé des sentimens du Prince de Condé, Dom Louïs donna pouvoir au Sr. Pimentel de se relâcher du rétablissement du Prince de Condé dans sa charge & dans ses gouvernemens, en stipulant que Sa Majesté Catholique se chargeoit de le récompenser pour satisfaire à son engagement, sans s'expliquer de ce qu'elle donneroit à ce Prince pour son dédommagement. Dom Louïs convint avec son Agent qu'on en useroit ainsi, & l'assura que le Prince de Condé auroit une récompense dont il seroit content; qu'en tout cas, comme on proposoit de signer la paix aux Pirénées, il espéroit d'y faire venir le Cardinal à son point.

Il écrivit le 14. Avril au Prince de Condé que l'on ne pouvoit pas faire une paix plus avantageuse & plus glorieuse à l'Espagne que celle qu'on lui proposoit; que par ce moyen ils seroient en état de recouvrer le Portugal & toutes les dépendances de cette Couronne dans les Indes Orientales & Occidentales, & de maintenir dans le devoir les Royaumes de Naples & de Sicile: que véritablement le Cardinal Mazarin étoit toujours obstiné à ne point vouloir le rétablir dans sa charge & dans ses gouvernemens, mais qu'il l'assuroit que jusqu'à ce qu'il fût entiérement rétabli en France le Roi d'Espagne lui donneroit le gouvernement des Pays-Bas avec toutes les mêmes prérogatives dont les Princes de la Maison d'Autriche en avoient ci-devant joüi; & qu'outre cela pour un monument perpétuel de la reconnoissance de la Couronne d'Espagne envers sa personne & sa Maison, on avoit résolu de lui donner en Souveraineté Philippeville, Mariembourg, & Charlemont avec leurs revenus & leurs dépendances: on convint avec son Député de ne rien faire savoir de cela au Sr. Pimentel, afin que le Cardinal n'eût pas occasion de s'y opposer & d'apporter un obstacle à la conclusion du Traité. Dom Louïs promit de donner encore au Prince de Condé en faisant la paix une grosse somme d'argent comptant pour payer ses dettes: & comme le Marquis de Caracene & plusieurs autres Ministres écrivirent à Dom Louïs que le Cardinal ne vouloit pas la paix, cela obligea à envoyer aussi-tôt un courier à Dom Pimentel avec ordre de la signer.

Le Prince de Condé n'avoit pas grande inclination pour le gouvernement des Pays-Bas ni pour les places qu'on lui offroit en Souveraineté, & dont le revenu n'égaloit point celui des charges & des gouvernemens qu'il avoit eus en France : & lui & tous ceux qui l'avoient suivi ne souhaitoient rien avec plus de passion que de revenir en leur patrie ; en tout cas il eût mieux aimé avoir en Souveraineté la Franche-Comté, pourvû que le Duc d'Anguien & ceux qui l'avoient suivi fussent rétablis en France au même état qu'ils étoient autrefois, & que son fils retînt en France son rang & la charge de Grand-Maître : mais sans cela il rejettoit toute sorte d'accommodement pour sa personne, prétendant que son fils n'avoit rien fait qui le pût priver de cette charge, & protestoit qu'il n'en donneroit jamais sa démission qu'en sa faveur. On ne put en Espagne se résoudre à lui donner la Franche-Comté qu'on regardoit comme l'ancien patrimoine des Rois d'Espagne ; ainsi son Agent demanda qu'on joignît Cambrai & Avesnes aux trois places qu'on avoit déja offertes au Prince de Condé, ou qu'on lui donnât le Comté de Hainaut, ou celui de Namur, ou le Duché de Luxembourg.

Cependant la Duchesse de Longueville envoya un Gentilhomme au Prince de Condé pour lui proposer de la part du Cardinal que s'il vouloit faire un accommodement particulier sans les Espagnols, on le rétabliroit dans tous ses biens, charges, & gouvernemens, excepté qu'on lui donneroit le gouvernement de Bourgogne au lieu de celui de Guyenne : ce Prince après avoir conféré avec le Marquis de Caracene, témoigna être obligé au Cardinal Mazarin, mais que l'honneur ne lui permettoit pas de traiter sans les Espagnols, & qu'il ne seroit pas moins obligé à ce Cardinal des avantages qu'il lui procureroit par le Traité général, que s'il les lui avoit procuré par un Traité particulier. Ce Prince espéroit alors rétablir ses affaires, sur ce que plusieurs Gentilshommes du Poitou, de l'Orléanois, du Nivernois, & d'Anjou lui avoient envoyé un Député pour lui faire savoir le dessein qu'ils avoient de se saisir de quelques places, demandant seulement soixante mille écus pour faire des levées : ils refusoient néanmoins de signer aucun Traité avec lui, de peur que cela se découvrant, n'empêchât des Gentils-hommes des autres Provinces du Royaume de se joindre à eux pour demander une assemblée des Etats-Généraux, ce qu'ils n'auroient pas fait, s'ils avoient eu quelque connoissance d'un pareil Traité.

Cependant le Cardinal dit au Sr. Pimentel que le Duc de Longueville lui proposoit de la part du Prince de Condé un Traité particulier d'accommodement, mais qu'il n'avoit point voulu écouter ces propositions pendant qu'il traitoit avec lui une paix générale, ni écouter celle pour le mariage du Duc d'Anguien avec une de ses niéces, jusqu'à ce que le Prince fût rentré dans les bonnes graces du Roi : il donna même sa parole que tant que la négociation avec ce Ministre dureroit, il n'en entameroit aucune avec le Prince de Condé que par la voye des Ministres d'Espagne.

On disputa encore pendant le mois d'Avril ce qui restoit à régler à l'égard des conquêtes : la difficulté étoit au sujet de la Bassée, & de Berg-St. Vinox, que le Cardinal ne vouloit point restituer

à l'Espagne, à moins qu'elle ne lui donnât quelque équivalent. Le Sr. Pimentel offrit la Prévôté d'Ivoi, mais le Cardinal lui dit que le Roi & son Conseil ne s'en contentoient point, parce que dépendant de Montmedi elle appartenoit à la France : il demanda la Prévôté de Juvanci & de Merville sur la Lis : le Sr. Pimentel offrit cette derniére ; & sur ce que le Cardinal voulut avoir encore l'autre, il témoigna vouloir se retirer, s'il insistoit davantage sur une chose de si petite conséquence ; enfin le Cardinal convint de remettre le différend pour l'équivalent de la Bassée & de Berg à la conférence qu'il devoit avoir avec Dom Louïs sur la frontiére ; il prétendoit que Merville appartenoit aussi à la France.

Enfin le Sr. Pimentel obtint le 7. Mai une suspension d'armes pour deux mois pendant lesquels les troupes ne pourroient point de part ni d'autre passer de certaines riviéres dans les Pays-Bas, en Catalogne, & en Italie. Le Cardinal connoissoit bien le mauvais état des affaires d'Espagne, & que, si les François l'avoient voulu, ils auroient fait de grandes conquêtes de tous côtez : mais la Reine voulut absolument accorder cette suspension d'armes qui réjouït extrêmement le Conseil d'Espagne, lequel ne s'attendoit pas à cette facilité de la part du Cardinal.

Cependant le Sr. Pimentel continuoit ses instances auprès du Cardinal Mazarin pour le rétablissement entier du Prince de Condé, le voulant toucher tantôt par ses propres intérêts, tantôt par les égards qu'il devoit avoir pour l'honneur du Roi d'Espagne, enfin par les menaces de se retirer : mais il ne put jamais faire changer le Cardinal de sentiment. Ainsi après avoir passé trois ou quatre jours à disputer sur ce point-là, il proposa de donner au Duc d'Anguien les charges & les gouvernemens de son pére : le Cardinal y apporta les mêmes obstacles, marquant que le Roi étoit si déterminé à ne point faire ni au pére ni au fils d'autres graces que celles dont on étoit convenu, que ni lui ni aucun autre n'oseroient pas lui en dire un mot ; qu'il ne doutoit pas qu'après que ce Prince se seroit mis en état d'obtenir des graces du Roi, il n'en obtînt plus qu'il n'en demanderoit ; & qu'il l'aideroit même de ses plus forts offices, afin de faire connoître à tout le monde combien il souhaitoit de recouvrer son amitié.

Le Sr. Pimentel voyant qu'il falloit conclure la paix ou se retirer, déclara le pouvoir qu'il avoit ; & après plusieurs allées & venues, on convint que Mr. de Lionne & le Sr. Pimentel signeroient les articles, réservant à la conférence des Pirénées à les mettre en forme de Traité qui seroit signé par le Cardinal & par Dom Louïs de Haro.

On travailla pendant le mois de Mai à dresser les articles ; le Cardinal voulant qu'on y suivît la forme des anciens Traitez, au lieu que Dom Pimentel eût souhaité que la décision de toutes ces petites difficultez eût été remise à l'entreveue du Cardinal & de Dom Louïs sur la frontiére.

Le Cardinal, ainsi qu'il en fit alors la confidence à Mr. le Tellier, estimoit que pour bien affermir le repos de la Chrétienté, particuliérement celui de la France, il étoit absolument nécessaire de satisfaire pleinement le Prince de Condé ; mais qu'il falloit profiter de l'extrême passion que les Espagnols avoient de son entier rétablissement, pour en tirer des avantages considérables pour la

Fran-

France, en permettant aux Espagnols de lui donner la plus ample récompense qu'ils lui voudroient bien donner; parce que comme ce Prince ne pouvoit en joüir paisiblement & surement à moins que de posséder les bonnes graces du Roi, on pouroit ensuite tirer de lui ce que les Espagnols lui auroient donné & lui rendre en échange les charges & les gouvernemens qu'il avoit ci-devant possédez en France, & qui lui plairoient assurément davantage que tout ce qu'il auroit tiré de la libéralité des Espagnols. Ce fut dans cette vue que lorsque le Sr. Pimentel insistoit pour le rétablissement du Prince de Condé dans ses charges & dans ses gouvernemens, alléguant les services signalez qu'il avoit rendus à la Couronne d'Espagne, qui étoit obligée par reconnoissance, par honneur, & par le Traité qu'elle avoit fait avec lui de lui procurer son entier rétablissement, le Cardinal lui répondit toujours que si le Roi d'Espagne avoit de si grandes obligations au Prince de Condé c'étoit à lui à le payer de ses bons services, & qu'il ne devoit pas prétendre de contraindre la France à le récompenser des services qu'il avoit rendus à ses ennemis, & à acquitter les dettes de Sa Majesté Catholique. Ainsi on convint entr'autres choses que le Roi d'Espagne donneroit au Prince de Condé telle récompense qu'il lui plairoit pour le dédommager de la perte qu'il avoit soufferte de ses charges & de ses gouvernemens.

Mais peu de jours après s'étant répandu un bruit dans Paris que les Espagnols songeroient à donner au Prince de Condé une Souveraineté sur les frontiéres du Royaume, le Cardinal fit de plus sérieuses réflexions qu'il n'avoit fait jusqu'alors sur cette affaire, & connut la faute qu'il avoit faite d'avoir accordé aux Espagnols la liberté de donner à ce Prince telle récompense qu'il leur plairoit, ce qui pouvoit apporter un très-grand préjudice à la France, en ce que cette Souveraineté auroit été un azile de tous les mécontens du Royaume qu'elle auroit ainsi toujours tenu en inquiétude.

A la fête que Mr. de Lionne donna à la Cour en sa maison de Berni, la Reine dit au Sr. Pimentel que tout le monde parloit avec étonnement du dessein qu'avoit le Roi son frére de donner un grand établissement au Prince de Condé; que la chose méritoit bien qu'on y fit réflexion, étant contraire à ce que les Espagnols avoient fait dire au Roi son fils, que le Prince de Condé espéroit mériter par ses soumissions & par ses services ce que le Roi ne vouloit point encore alors lui restituer, & qu'elle solliciteroit elle même son entier rétablissement. Le Cardinal Mazarin parla encore de la même chose au Sr. Pimentel, assurant qu'il avoit fait son possible pour vaincre la répugnance que le Roi y avoit, que ç'avoit été jusqu'alors inutilement, mais qu'il espéroit en venir à la fin à bout; pourvû que ce Prince se conduisit d'une maniére à y porter Sa Majesté.

Le Cardinal ne pouvoit pas alors traiter en droiture avec le Prince de Condé & convenir avec lui de l'échange de cette Soveraineté avec les charges & les gouvernemens qu'il avoit eus ci-devant en France; parce qu'il avoit engagé sa parole à Dom Louïs de Haro par la voye du Sr. Pimentel, que tant que cette négociation dureroit, il n'entreroit en aucune pratique d'accommodement avec ce Prin-

ce que par le canal même des Ministres d'Espagne; ainsi il prit le parti de profiter, quand il seroit avec Dom Louïs de l'extrême passion qu'il avoit de l'entier rétablissement du Prince de Condé, pour l'obliger, moyennant cela, de céder à la France les places qu'il auroit formé le dessein de faire céder au Prince de Condé; il cacha alors ses sentimens, & pour se tirer de cet embarras, il envoya Mr. de Lionne déclarer au S. Pimentel qu'avant que de passer plus avant à la signature du Traité, il falloit prendre les assurances nécessaires que la Couronne d'Espagne ne donneroit point, & que le Prince de Condé n'accepteroit point aucune récompense qui pût causer le moindre soupçon à la France; puisque le Prince de Condé ne la pouvoit recevoir sans la permission du Roi qui ne la pouvoit pas donner pour les raisons que Dom Pimentel connoissoit assez: qu'ainsi il falloit réformer la clause par laquelle on donnoit aux Espagnols la liberté de faire des graces à ce Prince suivant leur bon plaisir, & la changer en une autre qui porteroit que Sa Majesté Catholique ne le pouroit point récompenser que du consentement de la France pour la délivrer de la jalousie que la nature & la qualité de cette récompense lui pouroient donner, insinuant qu'ils lui donnassent en argent. Le Sr. Pimentel rejetta fortement ce changement; & toutes les remontrances & les raisons qu'on lui put dire, ne purent le faire démouvoir de la clause dont on étoit convenu.

Il y eut le 25. Mai une conférence très-aigre sur ce sujet, ensorte que l'on fut sur le point de rompre la négociation; le Sr. Pimentel soutenant qu'on ne devoit point mettre de bornes à la grandeur de la libéralité & de la reconnoissance du Roi son maitre, & voulant au pis aller remettre cet article à la conférence qui se devoit tenir sur la frontiére, & le Cardinal déclarant d'autre part qu'il étoit absolument résolu à la réformation de cet article, & qu'il n'y avoit point d'autre parti à prendre que de passer par-là, ou de rompre la négociation & de reprendre les armes. Le Sr. Pimentel voyant que le Cardinal étoit plus ferme que jamais dans son opposition, & qu'il lui refusoit même la permission d'envoyer un courier à Madrid pour savoir les derniers ordres du Roi son maitre sur ce sujet, ensorte que s'il s'obstinoit au contraire la négociation alloit être rompue sans espérance de la pouvoir renouer, & que cependant il étoit d'une extrême conséquence de continuer la suspension d'armes jusqu'à la conclusion de la paix, & d'engager le Cardinal au voyage des Pirénées, Pimentel, dis-je, donna les mains à ce que le Roi d'Espagne ne pût donner au Prince de Condé une récompense capable de donner de la jalousie à la France.

L'article concernant ce Prince portoit qu'après que le Prince de Condé auroit envoyé au Roi son maitre une personne pour lui demander pardon de la maniére contenue dans un projet de Lettre que Mr. de Lionne avoit dressé, qu'il auroit rendu les places de Rocroi, du Câtelet & de Linchamp, & qu'il auroit congédié toutes ses troupes sans les pouvoir vendre, donner, ni prêter à quelque Prince ou Potentat que ce fût, on lui rendroit tous ses Duchez, Seigneuries, & autres biens meublés & immeubles, terres &c. que si dans six semaines après la publication du Traité de paix il l'approuvoit, la déclaration qu'il en feroit ferviroit de démiſſion de ſes gouvernemens & de ſes charges en cas qu'il fût néceſſaire d'en avoir, qu'à faute de cela & ce tems paſſé ce Prince ſeroit déchu de la grace qui lui étoit accordée en vertu de ce Traité , & il demeureroit au même état qu'il étoit le 22. Mars dernier paſſé, qui étoit le jour auquel les cinq années de ſa contumace étoient finies : qu'il renonceroit tant pour lui que pour le Duc d'Anguien ſon fils à tous les Traitez d'alliance qu'il pouvoit avoir faits avec les Etrangers : qu'il ne pourroit demander aucune récompenſe , dédommagement ni échange pour ſes charges ni pour ſes gouvernemens : que le Roi d'Eſpagne ne lui pourroit donner ni au Duc d'Anguien aucune récompenſe ſuſpecte à la France, comme gouvernemens de Royaumes , ou de Provinces , & des places en Souveraineté, ſoit à titre de recompenſe , de dédommagement , ou autrement : que le Roi d'Eſpagne ne pourroit retirer le Prince de Condé dans ſes Etats ſans contrevenir à la paix : que ce Prince ne pourroit prétendre aucun payement de ce qui lui étoit dû avant de ſortir de France , ni aucun dédommagement pour raiſon des démolitions ou de la coupe de ſes bois : que le Roi retiendroit Chantilli en lui payant la juſte valeur, ou lui donnant des terres en échange : que ſes amis & adhérans ſeroient rétablis dans leurs biens , mais non pas dans les charges & dans les gouvernemens qu'ils avoient auparavant : qu'ils demeureroient en France en toute ſureté , pourvû qu'ils n'euſſent point commis d'autres crimes que d'avoir ſuivi ce Prince ; & qu'ils pourroient demeurer en tels lieux qu'il leur plairoit, pourvû qu'ils ne fuſſent point ſuſpects au Roi.

Après que cet article eut été dreſſé, le Cardinal preſſa le 4. Juin le Sr. Pimentel de ſigner ce Traité avec Mr. de Lionne, & d'y comprendre cet article : le Sr. Pimentel témoigna être diſpoſé à ſigner le Traité , & fit ſon poſſible pour ſe diſpenſer d'y comprendre l'article concernant le Prince de Condé ; mais le Cardinal le preſſa ſi vivement de le ſigner auſſi , le menaçant non ſeulement de ne point prolonger la ſuſpenſion d'armes , mais de faire marcher ſur le champ l'armée pour attaquer inopinément la Flandre , qu'il fut obligé d'y donner les mains , d'autant plus qu'on lui ordonnoit par ſon inſtruction de faire toutes choſes pour empêcher l'action des armes , qu'on ne lui ordonnoit point de réſerver au Roi Catholique la liberté de donner au Prince de Condé telle récompenſe qu'il lui plairoit , & qu'il eſpéroit que quand le Cardinal ſeroit aux Pirénées, il conſentiroit à la réformation de cet article pour n'être point expoſé à la haine publique , s'il fût revenu en France ſans faire la paix.

Ainſi le Traité fut ſigné le même jour 4. Juin : le Cardinal Mazarin déclara en même tems qu'il partiroit dans quinze jours pour ſe rendre ſur la frontiére & y conférer avec Dom Louïs de Haro ; mais que ſi en arrivant à Poitiers il n'y trouvoit point la ratification du Traité comme le Sr. Pimentel le lui promettoit , il retourneroit ſur ſes pas & couvriroit la Flandre de troupes.

Dom Louïs ayant été informé de l'engagement dans lequel le Sr. Pimentel avoit mis le Roi d'Eſpagne par cet article , de ne point donner au Prince de Condé une récompenſe capable de cauſer au Roi quelque ſoupçon ou jalouſie , en fut extrémement en colére contre lui , & aſſura le Député de ce Prince que le Sr. Pimentel l'avoit fait

ſans ordre , mais qu'il feroit tous ſes efforts quand il ſeroit à la conférence pour obliger le Cardinal Mazarin à conſentir à ce que le Roi d'Eſpagne donnât au Prince de Condé une récompenſe proportionnée aux ſervices qu'il lui avoit rendus ; & que ſi le Cardinal vouloit s'en tenir à ce qui étoit porté par cet article , il l'envoyeroit mille fois au diable , & qu'il lui diroit qu'il n'en vouloit rien faire ; qu'il déſavouroit Pimentel , qu'il diſoit que le Cardinal avoit tenu comme priſonnier , & avoit obligé par force à promettre une choſe dont il n'avoit ni pouvoir ni ordre , & qu'il romproit la négociation. Le Député témoigna que le Prince de Condé ſeroit fâché & ne conſentiroit jamais que la paix ſe rompît pour ſes ſeuls intérêts , que tout ſon chagrin ſeroit de n'avoir pu obtenir l'entier rétabliſſement de ſes amis , mais qu'il étoit aſſez généreux pour vendre quelques unes de ſes terres pour en partager le prix entre ceux qui l'avoient ſuivi , afin de les dédommager des pertes qu'ils auroient ſouffertes , que pourvû que toute la terre ſçût qu'il avoit tenu ſa parole au Roi Catholique juſqu'à la fin , il ſeroit fort peu touché d'avoir été abandonné & dépouillé de ſa charge & de ſes gouvernemens , mais que c'étoit au Conſeil d'Eſpagne à voir ce qu'il devoit faire au cas que le Sr. Pimentel eût ſigné cet article ſans ordre , & que toute l'Europe étoit dans l'impatience de voir comment on y prendroit la choſe : il faiſoit ſon poſſible pour donner à Dom Louïs des ſoupçons de la fidélité du Sr. Pimentel qu'il diſoit avoir entretenu des correſpondances ſecretes avec le Cardinal depuis huit ans ; & ſoutenoit qu'à moins de le punir exemplairement tout le monde croiroit qu'il avoit eu ordre de convenir d'une choſe auſſi honteuſe que celle-là au Roi d'Eſpagne.

Le Conſeil d'Etat tenu , tous les Conſeillers furent d'avis que le Sr. Pimentel méritoit qu'on lui fît couper la tête pour avoir fait un pareil Traité ſans ordre ; mais cependant ils firent de grandes réflexions ſur ce que le Roi d'Eſpagne étant avancé en âge & ſujet à des accidens qui le mettoient tous les jours en péril de mort , & les deux Princes ſes fils étant en bas âge, la paix étoit abſolument néceſſaire à l'Eſpagne, que s'ils refuſoient de ratifier ce Traité, la guerre alloit s'allumer plus fort que jamais , & qu'ils n'étoient pas en état de réſiſter aux forces de France : ainſi ils furent tous , à l'exception de Dom Louïs , d'avis qu'il falloit ratifier le Traité, afin d'attirer le Cardinal Mazarin ſur la frontiére , & d'empêcher que l'on ne fît la guerre cette année , que l'Eſpagne n'avoit fait aucuns préparatifs pour la ſoutenir : ils prétendirent que quand on ſeroit à la conférence, on engageroit le Cardinal à conſentir que l'on fît des changemens aux articles qui regardoient les alliez , ſur tout le Prince de Condé ; & qu'ils ne croyoient pas qu'il oſât rompre la paix & le mariage du Roi & s'attirer la haine publique pour des intérêts de cette nature.   Cependant Dom Louïs fit réſoudre que l'on donneroit au Prince de Condé Cambrai & le Cambreſis avec quelques places voiſines ; que ſi le Cardinal ne l'agréoit pas, on lui donneroit le Duché de Luxembourg ; & que ſi le Cardinal n'y vouloit pas encore conſentir , on romproit la négociation , & on feroit couper le cou au Sr. Pimentel pour avoir accordé un tel article ſans ordre.

On écrivit au Sr. Pimentel des lettres très-
aigres

aigres pour lui reprocher la faute confidérable qu'il avoit faite.

Cependant le Cardinal Mazarin partit de Paris le 24. Juin 1659. avec une fuite & un équipage magnifique, accompagné du Sr. Pimentel, du Duc de Créqui, des Maréchaux de Villeroi, de la Meilleraye, & de Clérambaut, du Commandeur de Souvré, & de Mr. de Lionne qui avoit été déclaré depuis peu Miniftre d'Etat. Il étoit fort inquiet du délai qu'on apportoit à lui envoyer la ratification du Traité, craignant que les Efpagnols n'euffent point eu d'autre deffein dans toute cette longue négociation que de l'amufer pour empêcher l'action des armes en Flandre: ainfi il eut une extrême joye lorfqu'étant à Ecures entre Blois & Amboife un courier apporta au Sr. Pimentel les dépêches du Roi d'Efpagne avec la ratification pure & fimple du Traité qu'il avoit figné avec Mr. de Lionne. Cette ratification ayant été remife au Cardinal, il pourfuivit avec plus de fatisfaction fon voyage vers la frontiére.

Le Roi & la Reine partirent auffi de Paris au commencement de Juillet pour aller du même côté, & furent d'abord à Fontainebleau.

Comme la Cour étoit fur le point d'en partir pour Bourdeaux, Mr. le Tellier fit connoître à la Reine que le Cardinal pourroit bien mollir & fe relâcher fur les intérêts du Prince de Condé, & que quand il feroit à la conférence avec Dom Louïs il feroit tant tourmenté pour confentir à fon entier rétabliffement, qu'il auroit bien de la peine à fe difpenfer d'y donner les mains: la Reine s'emporta de colére fur cela, & déclara avec chaleur qu'elle n'y confentiroit jamais, & ne fouffriroit point que le Prince de Condé fe préfentât jamais devant elle. Le Cardinal fut fort embaraffé apprenant ce fentiment de la Reine, qui étoit abfolument contraire au fien.

Il ne paffa point par Bourdeaux, mais il prit le chemin de Libourne où le Parlement de Guyenne qui n'avoit point voulu que fes Députez l'allaffent faluer l'autre voyage qu'il avoit été en ces quartiers-là, lui envoya le 3. Juillet une nombreufe Députation pour lui faire compliment. Le Sr. Pimentel partit de ce lieu-là le 14. pour aller au devant de Dom Louïs: le Cardinal fut de là à Cadillac où il refta le 16. & continua fon voyage par Tartas où la goutte l'arrêta quelques jours; il fut de là à Bidache où le Maréchal de Grammont voulut le régaler; & arriva enfin à Saint Jean-de-Luz. Comme la goutte l'empêchoit encore de fe rendre au lieu de la conférence, on croyoit que Dom Louïs de Haro viendroit le voir le premier; mais cela ne fut point: & en attendant que la fanté du Cardinal fût rétablie, on travailla à mettre en état le lieu où fe devoient faire les conférences, & à régler la maniére dont toutes chofes devoient être pratiquées entre les deux Plénipotentiaires & ceux de leur fuite.

La première conférence fe tint le 13. Août dans une Ifle fituée au milieu de la riviére de Bidaffoa, où les deux Miniftres fe rendirent chacun avec un équipage & une fuite magnifique: le Cardinal paffa dans l'Ifle fur un Pont, & Dom Louïs fur une Barque, ainfi que la plus grande partie de ceux qui l'accompagnoient. Ils entrérent en même tems dans la chambre commune, & après s'être embraffez tendrement, & s'être fait de grands compliments, ils s'affirent dans des chaifes égales ayant une petite table entr'eux: ils demeurérent enfuite feuls, & quand après avoir conféré enfemble ils avoient arrêté quelque chofe, ils appelloient Mr. de Lionne & le Sr. Coloma qui étoient les deux Miniftres fubalternes, pour mettre par écrit les chofes dont ils étoient tombé d'accord. Le Sr. Pimentel fut exclus de la négociation; & comme le Sr. Lenet fe vanta que Dom Louïs l'avoit fait pour faire plaifir au Prince de Condé, le Cardinal fe plaignit fort honnêtement à ce Miniftre Efpagnol qu'il témoignât ainfi préférer l'amitié du Prince de Condé à la fienne, ce qui lui ôtoit l'efpérance de pouvoir venir à bout des grandes chofes qu'il s'étoit propofé de faire dans ces conférences pour l'avantage de la Chrétienté. Dom Louïs répondit que ce n'étoit point pour faire plaifir au Prince de Condé qu'il fe fervoit du Sr. Coloma Secretaire d'Etat, mais que lui ayant été donné par le Roi d'Efpagne pour l'accompagner dans ce voyage, il ne pouvoit fe difpenfer de s'en fervir; & qu'il confentoit que le Sr. Pimentel & lui travaillaffent enfemble aux affaires. Le Sr. Pimentel n'y voulut pas confentir; deforte que le Sr. Coloma travailla feul fous Dom Louïs dans cette première conférence qui dura quatre heures. On lut & on débatit les points qui avoient été remis à être réglez dans l'affemblée des Pirénées, & qu'on avoit compris dans un mémoire: le premier de ces points contenus en ce mémoire étoit fi on feroit mention du Pape dans le préambule du Traité: ils convinrent de n'en point parler pour ne fe point ôter à eux mêmes le mérite d'avoir feuls rétabli le repos dans la Chrétienté.

Ils parlérent enfuite du mariage du Roi & de celui qui iroit à Madrid demander l'Infante: le Cardinal propofa, pour avancer les affaires, que comme il fe pafferoit bien du tems avant que celui qu'on envoyeroit pût avoir mis fes équipages en état, le Roi Catholique fe mît toujours en chemin avec l'Infante pour venir fur la frontiére, & qu'il iroit lui même à fa rencontre au moins cinq ou fix lieues avant en Efpagne pour faire cette demande. Dom Louïs de Haro témoigna qu'il approuvoit cet expédient, mais qu'il craignoit que le Confeil d'Efpagne ne l'acceptât pas: & comme le Duc de Mayenne avoit été la derniére fois jufqu'à Madrid pour demander l'Infante, il croyoit qu'on ne pouvoit éviter d'y envoyer encore un Seigneur faire la même fonction avant que le Roi Catholique fe mît en chemin: mais que pour gagner du tems, ce Seigneur pouroit aller en pofte, & ainfi ne feroit point obligé d'avoir de grands équipages.

On parla enfuite de l'affaire du Prince Condé; & Dom Louïs demanda qu'on lui accordât un traitement plus doux que celui qui étoit porté par le Traité de Paris, & qu'il fût permis au Roi fon maitre de lui donner une récompenfe proportionnée aux fervices qu'il lui avoit rendus, & à la perte qu'il faifoit de fes charges & de fes gouvernemens qu'il poffédoit en France avant qu'il entrât au fervice d'Efpagne, alléguant l'honneur de Sa Majefté Catholique qui étoit intéreffé à tenir à ce Prince ce qu'elle lui avoit promis par un Traité, & la réfolution où il étoit de fervir à l'avenir le Roi avec tout le zéle poffible. Mais le Cardinal rejetta fortement cette propofition; il infifta à ce que le Roi d'Efpagne ne fît au Prince de Condé que des graces qui ne pouroient point donner de jaloufie au Roi, & qui ne feroient point contraires à fon honneur ni au bien de fa Couronne;

&

& il témoigna douter extrêmement des bonnes intentions de ce Prince qui en avoit ci-devant fi mal ufé , quoique comblé des graces du Roi : mais il dit que puisque le Roi d'Efpagne fouhaitoit avec tant de paffion d'améliorer la condition du Prince de Condé , il vouloit auffi y contribuer de fa part , & priéroit le Roi d'agréer la propofition qu'il alloit lui faire pour procurer à ce Prince des avantages encore plus grands que ceux qu'il prétendoit : ainfi il lui offrit que le Roi le rétabliroit & le Duc d'Anguien fon fils dans toutes les charges & gouvernemens qu'ils avoient poffédez avant qu'ils paffaffent au fervice d'Efpagne , leur donneroit des places au lieu de celles qui avoient été démolies , & fi cela ne fuffifoit pas pour leur fatisfaction , leur céderoit encore toutes les conquêtes que le Roi Catholique devoit abandonner à Sa Majefté ; pourvû que l'on laiffât le Portugal en l'état où il étoit alors , & qu'on terminât ainfi la guerre par une paix générale. Le Cardinal fit hardiment cette propofition , fachant bien que les Efpagnols ne confentiroient jamais à abandonner l'efpérance de la conquête du Portugal qu'ils regardoient comme indubitable après la paix ; & que cependant il leur feroit voir combien ils devoient eftimer l'abandonnement du Portugal : ainfi Dom Louïs s'écria extrêmement contre cette propofition difant qu'il y avoit bien de la différence entre le Duc de Bragance & le Prince de Condé ; dont le Cardinal convint , en ce que l'un poffédoit plufieurs Royaumes & que l'autre poffédoit moins que rien.

On tint le 16. Août la feconde conférence dans laquelle on parla encore des intérêts du Prince de Condé : Dom Louïs réïtérant fes inftances pour qu'il fût permis au Roi d'Efpagne de lui donner une récompenfe proportionnée aux pertes qu'il fouffroit pour l'avoir bien fervi , & le Cardinal lui déclarant que c'étoit une chofe reglée , & que quand il lui parleroit cent fois fur ce fujet , il ne lui répondroit point autre chofe. Dom Louïs ne fe rendit point , tant parce qu'il étoit lent & irréfolu de fon naturel , que parce que les Gens du Prince de Condé & même plufieurs autres , entr'autres le Comte de Toulongeon frére du Maréchal de Grammont lui avoient dit ou fait dire que s'il ténoit ferme , le Cardinal donneroit les mains à ce qu'il fouhaitoit pour ne pas avoir la honte & ne point même courir le risque de fe perdre s'il revenoit en France fans avoir conclu la paix. Le Cardinal ayant fçu cela , fe contenta de faire au Comte de Toulongeon une douce remontrance de prendre à l'avenir plus de garde à ce qu'il diroit ; & au lieu de le punir il lui fit donner une penfion de deux mille écus fur un Evêché.

Le Cardinal infifta dans la troifiéme conférence qui fe tint le 19. pour qu'on exécutât le Traité conclu par le Sr. Pimentel & ratifié par le Roi Catholique. Dom Louïs ne le refufa pas , mais il l'éludoit par des difficultez qu'il mettoit en avant ; il témoignoit de l'éloignement d'accorder le mariage de l'Infante , puisque la confidération d'une perfonne fi précieufe ne pouvoit faire obtenir la fatisfaction du Prince de Condé , & foutenoit qu'on ne pouvoit ôter au Roi fon maitre la liberté de donner à ce Prince un Etat en Flandre , ainfi qu'il y étoit obligé , au lieu des charges & des gouvernemens qu'on lui ôtoit : mais le Cardinal cachant fes véritables fentimens y faifoit paroître

une oppofition infurmontable , & foutenoit que le Roi d'Efpagne s'étant privé de cette liberté par un Traité figné & ratifié , on ne pouvoit plus infifter fur la même chofe fans s'attirer le blâme d'avoir rompu la paix.

Dom Louïs écrivit en Efpagne pour faire connoître l'impoffibilité qu'il y avoit à faire rétablir le Prince de Condé dans fes charges & dans fes gouvernemens , attendu l'obftination du Cardinal à n'en vouloir admettre aucun changement : on lui répondit de Madrid de fe fervir de toute fon addreffe pour fauver à quelque prix que ce fût l'honneur du Roi Catholique qui en cette occafion lui étoit plus précieux que la confervation d'un de fes Royaumes.

Le Cardinal fit auffi de fa part favoir au Roi & à la Reine l'état des chofes , & les inftances des Efpagnols : il lui fut répondu que le Roi aimoit mieux ne fe point marier avec l'Infante que de fouffrir qu'un homme convaincu de rébellion fût rétabli en France par le moyen & par l'autorité des Efpagnols.

Cependant le Cardinal voyant jour à pouvoir obtenir pour la France ce que les Efpagnols vouloient bien donner au Prince de Condé pour fon dédommagement , écrivit à Mr. le Tellier de démander au Roi un plein pouvoir par lequel il lui fût permis de convenir avec les Efpagnols du rétabliffement de ce Prince ; marquant qu'il les avoit fait venir au point qu'il s'étoit propofé pour objet de donner à ce Prince une ample récompenfe qui feroit unie à la Couronne moyennant fon rétabliffement dans fes charges & dans fes gouvernemens. Le Roi voulut bien confentir à ce que le Cardinal fouhaitoit , hormis de revêtir ce Prince de la charge de Grand-Maitre , témoignant qu'il ne pouvoit fouffrir d'être fervi à table par un homme dont les mains étoient encore teintes du fang de fes meilleurs fujets : mais il agréa que cette charge paffât au Duc d'Anguien fon fils. Ainfi le plein pouvoir fut envoyé au Cardinal tel qu'il le demandoit.

Le Cardinal ne voulut jamais manquer à la parole qu'il avoit engagée aux Efpagnols de ne point traiter avec le Prince de Condé que par leur canal , pour ne leur point donner lieu de fe défier de lui & de rompre le deffein qu'il avoit formé de lier une étroite union entre les deux Couronnes ; enforte que tous les autres Etats en deviffent dépendans : fans cela il auroit pu traiter immédiatement avec ce Prince & en tirer de grands avantages.

On difputa encore fur les intérêts du Prince de Condé dans la quatriéme conférence qui fe tint le 21. Août. Dom Louïs affura le Cardinal que ce Prince fouhaitoit de renouer une amitié très-étroite avec lui ; & propofa qu'on lui donnât un paffeport pour qu'il vînt en pofte à la conférence avec feulement deux Gentils-hommes ; l'affurant qu'ils ne fe fépareroient point fans une entiére fatisfaction. Le Cardinal promit d'être le meilleur ami du Prince de Condé quand il fe feroit réconcilié avec le Roi ; mais il témoigna qu'il ne convenoit pas que ce Prince , en l'état où étoient les chofes , paffât au travers de la France : & fur ce que Dom Louïs propofa qu'il ne confentiroit jamais qu'un Prince d'un auffi grand mérite hazardât fa perfonne fur un élément inconftant , il tint ferme à foutenir qu'il n'y avoit

plus

plus rien à difcuter fur cet article, qui avoit été arrêté à Paris & ratifié à Madrid.

Dom Louïs voulut faire connoître au Cardinal que refufant d'entrer en matière fur ce fujet, il empêchoit le rétabliffement du repos public, entretenoit la divifion en France, & mettoit même fon Miniftére en péril ; que rien ne lui pouvoit être plus préjudiciable que le retour du Prince de Condé en France quand il feroit encore mécontent ; que l'Infante ne pourroit jamais entrer dans fes intérêts tant qu'elle verroit fon pére qu'elle aimoit fi tendrement, dans la douleur d'avoir été obligé à faire un Traité fi contraire à fon honneur, & qu'en tout cas il falloit examiner que les récompenfes que le Roi Catholique pouroit donner au Prince de Condé feroient fufpectes à la France. Le Cardinal lui dit fur cela qu'il apprenoit qu'on vouloit donner au Prince de Condé le Gouvernement de la Flandre avec la Souveraineté de Charlemont, de Philipeville, de Mariembourg, & d'Avênes, ou de St. Omer & Aire, ou même peut-être de Cambrai ; qu'il ne falloit pas s'attendre que le Roi donnât les mains à ces fortes de récompenfes, & qu'il ne le lui confeilleroit pas : il lui apporta fur cela l'exemple de Sedan, & dit que fi le Comte de Soiffons n'avoit point été tué après avoir gagné la bataille près de Meziéres, toute la France auroit été infailliblement bouleverfée ; que de pareilles places étoient la perte de l'Etat, & qu'ainfi on avoit fait toutes les chofes poffibles pour rétinir Sedan à la Couronne. Dom Louïs repliqua que le Prince de Condé n'avoit jamais fongé à aucune des récompenfes que le Roi d'Efpagne pouroit lui donner, & qu'il n'avoit jamais eu d'autre but que de revenir en France pour y jouïr de fon patrimoine & de fes établiffemens ; qu'il avoit encore le même defir, & fouhaitoit d'en avoir l'obligation au Cardinal, & qu'il avoit refufé, pour n'être point obligé de faire ferment au Roi Catholique, le Gouvernement de la Flandre & le Vicariat de l'Italie qu'on lui avoit offerts depuis long-tems.

Le Cardinal Mazarin l'ayant enfuite preffé de s'expliquer de ce que le Roi d'Efpagne vouloit faire pour le Prince de Condé, comme il vit que le Cardinal n'avoit qu'un fimple foupçon au fujet de Cambrai, & n'avoit aucune connoiffance que le Roi d'Efpagne fongeât à donner le Duché de Luxembourg au Prince de Condé, il ne parla ni de l'un ni de l'autre ; il lui demanda que puifque le Roi ne vouloit pas que Sa Majefté Catholique donnât à ce Prince un Etat dans les Pays-Bas, il agréât qu'elle lui en donnât quelqu'autre ailleurs comme les deux Calabres ou le Royaume de Sardaigne. Le Cardinal s'écria extrêmement contre cette penfée, & déclara que le Roi ne permettroit jamais que le Prince de Condé changeât d'état, & que fa rébellion rendît fa condition meilleure ; que ce feroit donner un mauvais exemple qui pouroit exciter encore d'autres Princes à la révolte dans l'efpérance de pareilles récompenfes ; que cependant il ne s'y oppoferoit pas fi ce Prince vouloit renoncer pour jamais à la France ; mais qu'il falloit qu'il fût tout François ou tout Efpagnol : il ne confentit pas non plus qu'en faifant ces avantages au Prince de Condé, fon fils revînt jouïr en France des biens qu'on lui rendroit par le Traité, & dit que Dom Louïs ne devoit pas fe mettre dans l'efprit que la Maifon de Condé pût être moitié Françoife & moitié Efpagnole : mais

il propofa que le Roi d'Efpagne donnât au Prince de Condé de groffes fommes d'argent dont il pouroit acheter en France de grandes terres qui feroient plus avantageufes à fa Maifon qu'un Gouvernement qui fe perdoit par la mort ; & il propofa qu'il achetât le Comté d'Eu & le Duché de Nevers, Retel, Charleville, & les autres terres que le Duc de Mantoue avoit en France : mais Dom Louïs dit que le déboursement d'une fomme d'argent feroit un payement d'une dette & non pas une récompenfe de fervices ni un dédommagement.

On traita dans la cinquiéme conférence qui fe tint le 24. de la reftitution de la Citadelle de Juliers au Duc de Neubourg. Dom Louïs en témoigna beaucoup d'éloignement, & dit que le Duc de Neubourg après avoir été fi long-tems & fi utilement pour lui fous la protection de l'Efpagne, ayant abandonné fans aucun fujet le parti de cette Couronne pour prendre celui de la France, ne méritoit pas d'améliorer fa condition par ce procédé, & que tout ce qu'il pouroit efpérer feroit que le Roi Catholique oubliât le paffé en confidération du Roi. Le Cardinal foutint au contraire que les Efpagnols ne pouvoient refufer de reftituer à ce Prince après la paix une place qui lui appartenoit conftamment, & que fon pére n'avoit que dépofée entre leurs mains pendant la guerre ; deforte qu'ils ne pouvoient fans injuftice la retenir encore après la paix : il allégua l'exemple de la France qui avoit reftitué au Duc de Savoye les places qu'elle tenoit dans fes Etats, & dont la plûpart lui avoient bien couté du fang & de la dépenfe.

On parla en fecond lieu de la renonciation de l'Infante ; le Cardinal démandant que l'on ne l'exigeât point en confidération des grandes facilitez que le Roi avoit apportées au Traité. Mais Dom Louïs s'excufa de faire aucune propofition fur ce fujet, témoignant qu'encore qu'on n'eût jamais fongé à faire ce mariage qu'avec une renonciation, il n'y avoit eu qu'un autre Miniftre & lui qui euffent été d'avis de le faire ; les autres foutenant que fi le Roi Catholique venoit à perdre fes deux fils, comme il y avoit lieu de l'appréhender, l'aîné n'ayant pas encore vingt mois, on ne devoit pas efpérer que même nonobftant cette renonciation le Roi ne prétendît à la fucceffion d'Efpagne, & ne foutînt fes prétentions par toutes fortes de voyes.

La troifiéme affaire qui fut agitée, fut la reftitution de l'Etat de Corregio que le Comte de Fuenfaldagne avoit promis au Duc de Modéne par un Traité paffé depuis peu ; mais que Dom Louïs n'étoit pas d'avis que le Roi fon maitre ratifiât, attendu que ce Comte n'avoit pas eu pouvoir de promettre cette reftitution, & qu'il ne convenoit pas que le Duc de Modéne rendît fa condition meilleure pour avoir abandonné le parti de l'Efpagne. Cependant comme le Cardinal infifta fur cette reftitution, attendu que par le Traité de Paris que le Roi d'Efpagne avoit ratifié, on avoit confirmé celui que le Comte de Fuenfaldagne avoit fait avec le Duc de Modéne, Dom Louïs fe rendit, voulant faire valoir cette facilité au Cardinal Mazarin, dont ce Duc avoit époufé la niéce.

Le Cardinal parla enfuite des articles qui étoient demeurez indécis, & qui étoient dans un mémoire au nombre de vingt. Ils demeurérent d'accord

cord de tous, à l'exception de cinq ou fix, favoir de la demande que faifoit le Cardinal que le Pays de Conflans fût joint au Rouffillon, de la récompenfe de Berg-St. Vinox, & de la Baffée, des Bailliages d'Artois & des lieux qui ne dépendoient d'aucuns Bailliages, & d'un procès concernant les intérêts du Duc de Loraine.

Ils convinrent que Hesdin feroit remis au Roi un certain jour dont on conviendroit.

Ils parlérent enfuite des affaires de Portugal. Le Cardinal Mazarin propofa à Dom Louïs que le Roi d'Efpagne pour recouvrer fans guerre tous fes Etats de la Couronne de Portugal donnât au Duc de Bragance le Royaume de Sardaigne, qu'il vouloit bien donner au Prince de Condé : Dom Louïs ne s'expliqua point fur cette propofition.

Enfin on parla encore de la récompenfe du Prince de Condé, au fujet de laquelle le Cardinal pour découvrir ce que Dom Louïs avoit dans le cœur, témoigna un extrême chagrin de ce qu'on rebattoit toujours la même matiére, & déclara que quand ils conféreroient cent ans le Roi ne confentiroit jamais que l'on donnât au Prince de Condé une récompenfe, qui ferviroit à la poftérité de monument de fa rébellion, & d'un exemple pernicieux aux perfonnes de fa qualité de fe mettre au fervice d'Efpagne contre leur propre Roi pour obtenir de pareilles récompenfes ; que les intérêts de ce Prince avoient déja empêché il y avoit trois ans la paix qu'on négocioit à Madrid, & qu'il voyoit bien qu'ils romproient encore celle-ci, quoi qu'elle eût été foufcrite & ratifiée. Dom Louïs protefta qu'aucune chofe du monde ne le feroit partir du lieu où ils étoient fans avoir rétabli la paix ; mais il lui demanda un jour pour prendre une derniére refolution fur l'affaire du Prince de Condé. Le Cardinal y confentit ; & pour faire parler Dom Louïs il lui dit qu'il auroit dû confeiller au Roi d'Efpagne de donner une groffe fomme d'argent au Prince de Condé ; que ce Prince avoit déclaré qu'il n'accepteroit point le Gouvernement de Flandre, parce que fon rétabliffement dans les bonnes graces du Roi étoit incompatible avec le ferment de fidélité qu'il feroit obligé de prêter au Roi d'Efpagne; & que le Prince de Condé n'accepteroit les places que le Roi Catholique lui vouloit bien donner, que pour les remettre entre les mains du Roi, afin d'en tirer par l'entremife de ce Miniftre une récompenfe en France qui ne fût point fufpecte à Sa Majefté ; mais que les Miniftres d'Efpagne vouloient prendre des précautions au contraire. Dom Louïs lui dit que l'intention du Roi fon maitre avoit été de ne donner des places au Prince de Condé qu'en prenant les furetez néceffaires pour qu'elles ne fortiffent point de fes mains, & même de ne les lui donner, que jufqu'à ce qu'il fût rétabli en France. Le Cardinal témoigna n'avoir aucune vue fur ce fujet, & qu'il doutoit que le Roi y confentît ; mais que cependant fi les Efpagnols offroient ce parti-là, il fe jetteroit aux pieds de Sa Majefté pour la fupplier d'agréer que moyennant cette ceffion le Prince de Condé rentrât dans fes charges & dans fes gouvernemens.

Dom Louïs ayant voulu exagérer les grands avantages que le Roi tiroit de cette paix qui affuroit fes conquêtes, & étendoit fes limites de tous côtez ; le Cardinal lui offrit que Sa Majefté remettroit au Roi d'Efpagne toutes fes conquêtes, pourvû qu'il lui voulût rendre la Navarre. Dom Louïs lui répondit que fon Eminence ne favoit pas apparemment que la Navarre n'étoit pas fi grande que le Rouffillon ; & changea de difcours.

On traita dans la fiziéme conférence qui fe tint le 27. Aoûft de l'envoi d'un Duc & Pair à Madrid pour y demander l'Infante, & ils convinrent de tous les articles du contrat de mariage. Dom Louïs ayant enfuite renouvellé fes inftances en faveur du Prince de Condé, le Cardinal lui déclara nettement que le Roi faifoit à ce Prince plus de graces qu'il n'auroit dû attendre de fa mauvaife conduite & de l'état floriffant des affaires de Sa Majefté ; qu'on ne devoit point efpérer que Sa Majefté changeât d'avis ; qu'encore qu'il eût bien du déplaifir de s'en retourner fans avoir conclu la paix, il s'en iroit au moins avec la fatisfaction qu'on ne lui pouroit pas imputer la rupture d'une paix déja conclue & ratifiée, & que le Roi pouroit dans la continuation de la guerre efpérer de la bonté divine des avantages peut-être encore plus grands que ceux qu'elle lui avoit accordez, depuis que le feul intérêt du Prince de Condé avoit empêché la conclufion de la paix à Madrid. Cette déclaration vigoureufe du Cardinal Mazarin obligea Dom Louïs à filer doux, & il protefta à ce Cardinal que rien n'étoit capable de les féparer fans avoir conclu la paix, & rétabli entr'eux une amitié fincére : il répéta encore que l'intention du Roi fon maitre, en donnant des places au Prince de Condé, avoit été qu'il ne pût pas les remettre au Roi ni même les garder, que jufqu'à ce qu'il fût rétabli en France dans fa charge & dans fes gouvernemens.

Le Cardinal ordonna à Mr. de Lionne de faire des plaintes à Dom Louïs, de ce que le Prince de Condé continuoit fes correfpondances en Normandie, & dans d'autres Provinces voifines, & faifoit négocier avec le Comte d'Harcourt pour que celui-ci lui donnât un écrit par lequel il s'engageroit dans les intérêts de ce Prince, à quoi il dit que ce Comte avoit confenti : ce qui avoit obligé le Roi de lui envoyer un ordre de fe rendre auprès de fa perfonne.

Dom Louïs preffa encore le Cardinal dans la feptiéme conférence qui fe tint le 30. de faire accorder au Prince de Condé la permiffion de venir aux Pirénées, l'affurant que tout fe finiroit avec une fatisfaction réciproque. Le Cardinal lui répondit que le Prince n'avoit qu'à accepter les graces que le Roi lui faifoit par le Traité de Paris, congédier fes troupes, rendre les places qu'il tenoit, & renoncer aux ligues qu'il avoit faites avec les Efpagnols ; & que s'il vouloit après cela venir en Cour, il auroit l'honneur de le préfenter au Roi & à la Reine, & tâcheroit à porter le Roi à le récompenfer en France, en remettant à Sa Majefté fes gratifications qu'il auroit reçues du Roi Catholique: cette réponfe ferma la bouche à Dom Louïs qui fit affez connoître qu'en remettant ces places au Prince de Condé les Efpagnols n'avoient pas fongé au véritable avantage de ce Prince, qui auroit été de lui donner moyen de rentrer moyennant cela dans fa charge & dans fes gouvernemens : mais qu'ils avoient eu en vue de le conferver dans leur dépendance & de fe fervir de lui contre la France, quand l'occafion s'en feroit préfentée.

Dom

Dom Louïs parla enfuite de la dot de l'Infante, faifant fouvenir le Cardinal qu'il avoit dit à Lion au Sr. Pimentel qu'on en pourroit prendre une partie fur les conquêtes que le Roi avoit faites depuis la rupture de la négociation de Madrid : le Cardinal convint de l'avoir dit dans la croyance que l'on ne prétendroit point que l'Infante fît une renonciation générale de tout ce qui pourroit lui appartenir en certains cas, & qu'on avoit déclaré en même tems que moyennant cela on ne reftitueroit aucune chofe de ce que les François avoient occupé depuis l'année 1656. qu'on étoit encore dans le fentiment de prendre toute la dot fur ces conquêtes, pourvû que l'on n'obligeât point l'Infante à cette renonciation, & que toutes les conquêtes faites depuis l'année 1656. demeuraffent au Roi. Comme il ne convenoit point à l'Efpagne de laiffer aux François Valence & Mortàre dans le Duché de Milan, ni Oüdenarde & Ypres en Flandre, encore moins de marier l'Infante au Roi fans s'obliger à faire cette renonciation, Dom Louïs n'infifta pas davantage fur ce fujet.

Dans la huitiéme conférence qui fe tint le 2. Septembre, on convint que le Cardinal envoyeroit, quand les affaires feroient un peu plus avancées, un Gentil-homme en Portugal pour exhorter la Reine de Portugal à fe foumettre au Roi d'Efpagne ; pourvû qu'il fît de grands avantages à fa Maifon, & que moyennant cela la tréve entre la Caftille & le Portugal qui devoit finir à la fin d'Octobre, dureroit jufqu'à la fin de Décembre : que fi la guerre continuoit entre l'Efpagne & l'Angleterre, la France demeureroit dans une entiére neutralité, & que l'Efpagne en uferoit de même, en cas que la guerre s'allumât entre la France & l'Angleterre.

Dom Louïs ayant remis fur le tapis l'affaire du Prince de Condé, après avoir répété les grands avantages que la France tiroit de ce Traité par la renonciation du Roi d'Efpagne à fes droits fur l'Alface, & fur tant d'autres Provinces & places, prétendit que la générofité devoit obliger le Roi à faire en cette confidération quelque chofe pour le Prince de Condé. Le Cardinal répondit que les grands Rois ne fe gouvernoient pas par ces fortes de générofitez, mais par des motifs d'honneur & d'intérêt.

Dom Louïs propofa enfuite comme un expédient, que fi le Roi vouloit donner au Prince de Condé le Havre de Grace pour place de fureté, le Roi d'Efpagne donneroit au Duc de Bragance la place d'Olivença outre la Charge de Connétable de Caftille & le rétabliffement dans fes biens patrimoniaux : le Cardinal ne fit que rire de cette propofition qui auroit rendu le Prince de Condé plus confidérable qu'il n'étoit auparavant avec toutes fes places & fes gouvernemens ; au lieu qu'on n'auroit donné au Roi de Portugal pour récompenfe de tous fes Royaumes, qu'une place fituée fur la frontiére de la Caftille à quarante lieues de Lisbonne, pendant que cette ville & tout le Portugal auroient été entre les mains des Efpagnols, qui l'auroient tenu enfermé de toutes parts.

Dom Louïs déclara enfuite que puis qu'on vouloit traiter ainfi le Prince de Condé, on feroit la paix, ce Prince fe viendroit profterner aux pieds du Roi, lui préfenteroit fon fils, le laifferoit auprès de Sa Majefté, & enfuite fe retireroit à Venife ou en Hollande pour y vivre honorablement

des fommes que le Roi d'Efpagne lui fourniroit en payement de ce qu'il lui devoit. Mais le Cardinal n'accepta point non plus cette propofition, & prétendit que le Prince acceptant la grace que le Roi lui faifoit par la paix, ni lui ni fa famille n'auroient point befoin de l'argent de l'Efpagne pour vivre, & qu'il n'étoit point convenable qu'il vînt fe jetter aux pieds du Roi ni qu'il lui amenât fon fils, à moins qu'il ne fe mît en état d'accomplir tout ce qui étoit porté par le Traité de Paris ; puis qu'à moins de cela Sa Majefté ne le recevroit point, & qu'il ne joüiroit d'aucune des graces qui lui étoient accordées par ce Traité.

Comme cette conférence dura moins que les autres à caufe du mauvais tems, Dom Louïs pria le Cardinal d'agréer qu'il lui envoyât le Sr. Pimentel pour lui propofer quelque expédient dont il feroit content, tant pour ce qui regardoit le Prince de Condé que fur les autres points. Le Cardinal l'agréa ; mais il fut fort étonné quand il vit que le Sr. Pimentel n'étoit chargé que de lui répéter toutes les mêmes raifons que Dom Louïs lui avoit dites cent fois pour l'engager à accorder au Prince de Condé un entier rétabliffement : il en fit paroître beaucoup de chagrin, & témoigna craindre que ces longueurs & cette maniére de procéder ne portaffent le Roi à lui ordonner de rompre la négociation, & de s'en retourner fur le champ auprès de lui.

Dom Louïs ayant encore fait dans la neuviéme conférence qui fe tint le 5. Septembre, des inftances en faveur du Prince de Condé, s'échapa de dire avec émotion que le Roi fon maitre ne feroit point content de cette paix dans laquelle on excluroit tous les tempéramens capables de le faire fortir avec honneur des engagemens dans lesquels il étoit entré avec ce Prince, qui ne trouvant aucune fureté, & s'en allant où il plairoit à Dieu, il feroit impoffible qu'on joüît fort tranquillement des effets de la paix que le Roi fon maitre fouhaitoit fi paffionnément. Le Cardinal lui répondit fort tranquillement que le Roi & lui lui étoient fort obligez en la déclaration fi franche qu'il faifoit que la paix feroit de peu de durée, & qu'il ne lui reftoit plus qu'à plaindre le malheur de la Chrétienté que les intérêts du Prince de Condé empêchoient de joüir de la paix, quoi qu'elle fût fignée & ratifiée ; mais qu'il efpéroit que Dieu récompenferoit le Roi de fes bonnes intentions pour la paix qu'il avoit dans le plus grand cours de fes profpéritez envoyé chercher jufqu'à Madrid. Cette réponfe étourdit fort Dom Louïs qui s'expliqua qu'il n'avoit pas voulu dire que le Roi fon maitre ne feroit pas content de la paix, mais bien de n'avoir rien pu obtenir pour l'avantage du Prince de Condé, appuyant fur ce qu'il avoit toujours déclaré, que la confidération de ce Prince n'empêcheroit point la conclufion de la paix. Le Cardinal témoigna s'appaifer, & fur ce que Dom Louïs allégua que les rébellions étoient fréquentes en France, & que les rebelles avoient toujours été retablis au même état qu'ils étoient auparavant, le Cardinal pour lui faire connoître la maniére dont on avoit traité les rébelles en France, lui allégua les exemples modernes du Maréchal de Biron, du Duc de Montmorenci, du Grand-Ecuyer de Cinq-Mars, & de Mr. de Thou : & à l'égard du Prince de Condé, l'exemple de fon bifayeul, à qui on auroit tranché la tête, fi le Roi François II. n'étoit pas mort fubitement.

Dom

Dom Louïs voyant la fermeté du Cardinal fut enfin obligé de tomber dans le paneau que ce Miniſtre lui avoit tendu; il le fit ſouvenir qu'il lui avoit témoigné que ſi on offroit au Roi la récompenſe que le Roi d'Eſpagne avoit deſſein de donner au Prince de Condé, il ſe jetteroit aux pieds du Roi pour le ſupplier de vouloir moyennant cela rétablir le Prince de Condé dans ſa charge & dans ſes gouvernemens; ſur quoi le Cardinal l'interrompit, diſant qu'il le prioit de ne point parler de cela, parce qu'il ne voyoit point de jour à l'obtenir du Roi: il dit que véritablement l'envie qu'il avoit de faire plaiſir à Dom Louïs, l'avoit obligé à parler de la ſorte, mais qu'il avoit lieu de croire que le Roi n'accepteroit point cette offre, & que la Reine, dans la connoiſſance qu'elle avoit de l'eſprit du Prince de Condé, l'en détourneroit.

Cette interruption n'empêcha pas Dom Louïs de reprendre ſon diſcours; il commença par dire qu'on n'auroit jamais ſongé à donner des places au Prince de Condé qu'à la charge de ne les pouvoir céder au Roi & de ne s'en pouvoir aider contre l'Eſpagne, & à condition de retour à l'Eſpagne faute de deſcendans de ce Prince; deſorte qu'on ne pouvoit faire au Roi des offres auſſi conſidérables qu'on en auroit faites au Prince: après ce préambule il voulut joindre enſemble ce que le Roi ſon maitre donneroit pour le Prince de Condé & pour Berg-St.-Vinox, ne voulant compter la Baſſée pour rien, à cauſe qu'il avoit deſſein de le démolir: ainſi il offrit Mariembourg & Philipeville avec leurs dépendances, relevant extrêmement la qualité & l'importance de ces deux places. Le Cardinal rejetta cette propoſition, & dit qu'on lui devoit offrir Aire & St. Omer, ou Cambrai & le Cambreſis, ou Avênes, Charlemont, Philipeville, & Mariembourg, qu'il diſoit qu'on avoit offert au Prince de Condé; quoi qu'il ſçût bien qu'on ne lui avoit offert que les trois derniéres.

Dom Louïs témoigna qu'il ne falloit point parler des deux premiers partis ni même du troiſiéme, ſi on vouloit avoir toutes les quatre places: il aſſura qu'il n'avoit jamais offert Avênes, qui valoit mieux pour la France que Cambrai; mais que cependant pour ſortir d'affaire, il écriroit au Roi ſon maitre pour le ſupplier de lui permettre de l'offrir, quoi qu'il ſe doutât bien que tout le Conſeil d'Eſpagne ſeroit contre lui. Encore que le Cardinal connût bien l'importance de cette offre, il la reçut froidement, témoignant qu'elle ne ſuffiſoit pas pour l'obliger à ſolliciter le Roi pour l'entier rétabliſſement du Prince de Condé, & le priant de ne point s'expoſer aux reproches que le Conſeil d'Eſpagne lui pouroit faire d'avoir offert Avênes avec les deux autres places: il continua d'inſiſter ſur l'exécution du Traité de Paris, témoignant que le Roi garderoit Berg & ne ſongeroit point à démolir la Baſſée qui valoit mieux qu'Avênes: qu'il valoit mieux que les Eſpagnols donnaſſent davantage d'argent au Prince de Condé; à quoi Sa Majeſté ne s'oppoſeroit pas, & qu'il ne pouvoit attendre le retour d'un courier, qui employeroit vingt jours à aller & revenir.

Le Cardinal s'étant levé ſur cela, parce que la nuit approchoit, Dom Louïs le fit ſuivre à St. Jean-de-Luz par le Sr. Pimentel, qui lui dit que ce premier Miniſtre pour lui complaire, encore qu'il n'en eût point d'ordre du Roi ſon maitre, & qu'il courût riſque de perdre ſes bonnes graces, & peut-être même de ſe faire faire ſon procès, vouloit bien prendre ſur lui de lui offrir poſitivement Avênes, Philipeville, & Mariembourg, ſans attendre le conſentement de Sa Majeſté Catholique: mais le Cardinal lui dit qu'il falloit encore offrir une quatriéme place, ou reſtituer la Citadelle de Juliers au Duc de Neubourg, & céder Conflans & d'autres lieux vers le Rouſſillon.

Le Cardinal pour hâter Dom Louïs à conclure promtement le Traité, s'étoit fait envoyer par le Roi le Sr. de Montaigu avec ordre de finir au plutôt la négociation de quelque maniére que ce fût, & de retourner en Cour: il le fit ſavoir à Dom Louïs dans la diziéme conférence qui ſe tint le 9. Septembre, ſe plaignit de ſes longueurs affectées & de ſes redites continuelles des mêmes choſes, & déclara que s'il vouloit envoyer des couriers au Roi ſon maitre au ſujet du Prince de Condé & de l'échange de Berg & de la Baſſée, il s'en retourneroit auſſi vers le ſien pour ne point perdre ainſi le tems inutilement. Dom Louïs promit de lui donner le lendemain une réponſe préciſe ſur ces deux points.

Il le fit dans l'onziéme conférence qui ſe tint le 10. & offrit deux différens partis pour l'équivalent de Berg & de la Baſſée, & pour obliger le Roi à faire un meilleur traitement au Prince de Condé: le premier fut que le Roi Catholique donneroit au Roi les places d'Avênes, de Philipeville, & de Mariembourg en pleine Souveraineté avec toutes leurs dépendances, & qu'il reſtitueroit la Citadelle de Juliers au Duc de Neubourg, en retirant la garniſon Eſpagnole qui y étoit; marquant qu'il n'étoit pas vrai que cette place eût été miſe volontairement en dépôt entre les mains des Eſpagnols, puis qu'elle avoit couté pluſieurs millions d'or & beaucoup de ſang des ſujets du Roi d'Eſpagne pour la prendre ſur les Hollandois, ainſi que le Marquis Spinola avoit fait après un ſiége de ſix mois: il ajouta que moyennant cela le Roi ne prétendroit rien ni au Conflans ni au Capſir, ni à la partie de la Cerdaigne qui eſt au deça des Monts, ni à la Prévôté de Chavaney & de Merville dans le Luxembourg, ni à Renti en Artois.

Le ſecond parti fut d'offrir au Roi les mêmes trois places & l'évacuation de Juliers; mais au cas que Sa Majeſté voulût avoir les parties de la Cerdaigne, du Conflans & du Capſir qui ſont en deça des Pirénées, & rendre au Roi Catholique Bethune & St. Venant.

Le Cardinal témoigna être extrêmement ſurpris de ces propoſitions, & témoigna qu'il s'en falloit tenir au Traité de Paris, que le Roi garderoit Berg & la Baſſée, & feroit au Prince de Condé le traitement qu'il lui avoit promis, & que ſi le Roi Catholique vouloit avoir ces deux places & obtenir un meilleur traitement pour le Prince de Condé, il falloit qu'outre les quatre places, y compris celle qu'on devoit rendre au Duc de Neubourg, il cédât encore au Roi le Pays ſitué au deça des Pirénées qui eſt contigu au Rouſſillon, avec la Prévôté de Chavaney, Merville, & Renti: il offrit moyennant cela de faire donner au Prince de Condé le Gouvernement de Bourgogne, non comme le Duc d'Epernon le poſſédoit, mais avec le ſeul château de Dijon & la charge de Grand-Maitre pour le Duc d'Anguien avec la ſurvivance pour le Prince ſon pére; & dit que ſi ce parti ne plaiſoit pas à ce Miniſtre, il s'en falloit tenir au Traité de Paris: qu'il ſouhaitoit qu'il prît ce dernier parti.

parti, & qu'il donneroit deux cens mille écus à celui qui lui en apporteroit la nouvelle. Le Sr. Pimentel fut le lendemain onziéme Septembre trouver le Cardinal Mazarin pour l'obliger à rendre St. Venant ou Bethune pour le Pays qu'on céderoit à la France près du Roussillon ; mais il ne put rien obtenir.

Dom Louïs témoigna au Cardinal dans la douziéme conférence qui se tint le 15. Septembre, qu'il vouloit bien céder au Roi tout le Pays qui est au deça des Monts Pirénées du côté du Roussillon ; pourvû que son Eminence voulût bien ajouter quelque petite chose pour la satisfaction du Prince de Condé; ce qu'il expliqua comme une bagatelle, de lui remettre la Ville & la Citadelle de Stenai dont le domaine lui appartenoit, de laisser au Duc d'Anguien qui n'avoit point péché, la jouïssance du Gouvernement de Champagne dont il avoit les provisions , & de rétablir ceux qui avoient suivi le Prince de Condé, non seulement dans leurs biens, mais aussi dans leurs charges. Le Cardinal rejetta aigrement cette proposition, déclara que le Roi n'ajouteroit rien à tout ce qu'il vouloit bien faire en faveur du Prince de Condé, du Duc d'Anguien son fils , & de ceux qui l'avoient suivi , & le menaça s'il y insistoit davantage, de reprendre sa parole au sujet du meilleur traitement qu'on promettoit de faire au Prince de Condé; si bien que Dom Louïs fut obligé de se départir de tous ces articles , & témoigna qu'on donneroit au Prince de Condé de l'argent pour récompenser ceux qui perdoient leurs charges pour l'avoir suivi.

Dom Louïs fit instance dans la treiziéme conférence qui se tint le 19. pour que le Roi fît payer au Prince de Condé les sommes dont il étoit créancier ou par billets de l'Epargne ou autrement, & que quelques uns des principaux de ceux qui l'avoient suivi fussent rétablis dans leurs charges, & dans leurs gouvernemens ; attendu que le Prince de Condé aimoit mieux qu'ils y fussent rétablis que lui même : mais le Cardinal déclara qu'il s'en falloit tenir pour tout cela au Traité de Paris , & qu'il n'accorderoit rien davantage ; mais qu'en refusant de rendre à ceux qui avoient suivi le Prince de Condé les charges & les gouvernemens qu'ils possédoient auparavant, il ne les excluoit pas d'en pouvoir obtenir à l'avenir, s'ils s'en rendoient dignes : il ajouta que le Roi avoit toujours dit qu'il ne falloit pas que le Prince de Condé s'attendît à avoir le Gouvernement d'aucune place, particuliérement d'une frontiére comme celle de Stenai, dont il avoit déja si mal usé; que la charge de Grand-Maitre qu'on donnoit au Duc d'Anguien le récompensoit suffissamment du Gouvernement de Champagne; & que s'il continuoit la conversation sur ce sujet, il se retireroit.

Le Cardinal refusa même le Gouvernement de Verdun sur Saone que le Prince de Condé avoit eu ci-devant , quoi que ce fût peu de chose ; disant qu'il vouloit se réserver les moyens de gagner les bonnes graces de ce Prince , en faisant quelque chose pour lui quand il seroit rétabli dans celles du Roi.

Ils convinrent ensuite des articles qui concernoient les différends que les Ducs de Parme & de Modéne avoient avec le Pape.

On tint le 21. la quatorziéme conférence dans laquelle Dom Louïs fit difficulté sur ce qu'on avoit mis dans le Traité que le Duc d'Anguien, moyennant la charge de Grand-Maitre que le Roi lui accordoit, ne prétendroit rien au Gouvernement de Berri, ni à l'expectative qu'il avoit sur celui de Champagne ; & dit qu'il valoit mieux ne point parler de ce Duc, puisqu'étant innocent il n'avoit point mérité de recevoir aucune marque de l'indignation du Roi : il trouva encore à redire sur quelques termes , qu'il estimoit peu honorables au Prince de Condé sur la cession des domaines & des dépendances d'Avênes qu'il disoit appartenir au Prince de Chimay , & sur la nomination du Conflans parmi ce que le Roi d'Espagne cédoit au Roi ; voulant qu'on mît seulement qu'on cédoit à Sa Majesté tout ce qui étoit en deça des Pirénées.

Le Cardinal fut extrêmement choqué de toutes ces difficultez, & dit qu'il n'étoit pas venu en ce Pays-là pour faire l'éloge du Prince de Condé dans le Traité de paix , après tout ce qu'il avoit fait contre le service du Roi son maitre ; que puisqu'on donnoit la charge de Grand-Maitre au Duc d'Anguien, & qu'on étoit convenu que le Roi d'Espagne céderoit au Roi le Conflans , il falloit bien nommer l'un & l'autre dans le Traité ; & que Dom Louïs avoit toujours dit que le Roi d'Espagne céderoit au Roi Avênes avec ses dépendances , annexes, & Domaines sans aucune réserve : il finit en déclarant qu'il falloit donc s'en tenir au Traité de Paris, ou le casser, & ne plus songer à la paix.

Le Cardinal commença la quinziéme conférence qui se tint le 27. par demander à Dom Louïs s'il vouloit ou non exécuter le Traité de Paris , afin qu'il prît ses mesures sur sa réponse. Dom Louïs témoigna que les choses étoient trop avancées pour douter qu'ils ne conclussent la paix ; mais que pour se défendre de ce que le Conseil d'Arragon pourroit lui imputer au sujet de la cession du Conflans , il avoit envoyé la veille un courier au Roi son maitre pour lui donner avis de la difficulté qui restoit sur ce sujet, lui marquant qu'il jugeoit à propos de contenter le Cardinal, en déclarant que le Comté de Conflans resteroit au Roi avec la partie de la Cerdaigne qui étoit au delà des Monts Pirénées qui avoient d'ancienneté divisé les deux Royaumes : il proposa qu'en attendant le retour de son courier , on travaillât à mettre au net les points dont on étoit convenu, & qu'on réglât ceux qui étoient encore indécis. Le Cardinal y consentit, & proposa que les deux Rois travaillassent à appaiser la guerre du Nord, le Roi auprès des Rois de Suéde & de Pologne, & le Roi d'Espagne auprès de l'Empereur.

Dom Louïs dit au Cardinal qu'il avoit reçu des lettres du Prince de Condé qui étoit très-fâché que son Eminence n'eût pas agréé qu'il fût venu s'aboucher avec elle, inférant de là qu'elle ne faisoit pas grand cas des offres qu'il lui avoit faites de son amitié, & qu'il demandoit comme une chose très-juste qu'on donnât à son fils qui étoit innocent, le gouvernement du Berri qu'il avoit eu en expectative de celui de Champagne. Le Cardinal témoigna qu'il souhaitoit extrêmement le rétablissement de son amitié avec le Prince de Condé, mais qu'il n'auroit pas été convenable qu'il se fût abouché avec lui, avant qu'il eût accepté la paix & rendu ses soumissions au Roi : à l'égard du gouvernement du Berri, il dit qu'ayant rendu compte au Roi de tout ce qui avoit été résolu au sujet du Prince de Condé , il ne pouvoit pas passer plus avant ; mais il assura qu'il rendroit ser-

X 2

vice

vice au Prince de Condé fur ce fujet le mieux qu'il pouroit.

Le Cardinal avoit eu deffein d'envoyer à Madrid le Comte de Soiffons qui avoit époufé une de fes niéces, pour y demander l'Infante au nom du Roi : mais comme il prétendoit d'être traité d'Alteffe, que l'on jugea que les Grands d'Efpagne ne lui donneroient pas, puisqu'ils avoient eu bien de la peine à fe réfoudre à l'accorder à Charles-Emanuel Duc de Savoye, & l'avoient refufée au Prince Jean-Charles frére du Grand-Duc de Tofcane, on quitta cette penfée, & on choifit en fa place le Maréchal de Grammont qui étoit un Seigneur très-accompli, Gouverneur du Pays où on étoit, & très-aimé & eftimé des Efpagnols, qu'il traitoit magnifiquement lorsqu'ils paffoient dans ces quartiers-là. Ce Duc n'ayant pas pu avoir le tems de fe mettre en un équipage auffi magnifique qu'il eût convenu pour une pareille fonction, réfolut de s'en aller à Madrid en pofte, & fut le 28. coucher à Iron : il croyoit continuer le lendemain fon voyage, mais il reçut le même jour un billet du Cardinal par lequel il le prioit de venir diner le lendemain avec lui à St. Jean-de-Luz.

Le Cardinal ayant fait dreffer un projet d'articles concernant le Prince de Condé, il ne plut pas au Sr. Lenet qui trouvant qu'il étoit conçu en des termes injurieux à ce Prince & au Duc d'Anguien fon fils, déclara à Dom Louïs que le Prince de Condé aimoit mieux en tout n'être point compris dans le Traité que d'y être nommé en des termes qui fuffent contre fon honneur ; qu'il fouhaitoit auffi qu'on en ôtât l'article qui concernoit le Duc d'Anguien, parce qu'il avoit deffein de lui remettre le gouvernement de Champagne ; & que l'on en retranchât toutes les exclufions & tous les termes qui lui étoient dèshonorables ; qu'autrement ce Prince n'approuveroit point le Traité & ne l'exécuteroit point : il fit auffi inftance à ce qu'aulieu de dire que ce Prince demandoit pardon au Roi, on dît qu'il fupplioit le Roi d'excufer & d'oublier ce qui lui avoit pu déplaire dans fa conduite ; qu'aulieu de renoncer aux alliances pour lui & pour le Duc d'Anguien, il dît pour lui & pour les fiens ; qu'aulieu de l'exclufion du gouvernement de Champagne & de ce que le Roi devoit au Prince, on dît ce qu'on lui retenoit, & que pour le refte il ne vouloit que ce que le Roi fon Seigneur lui voudroit bien accorder.

Dom Louïs ayant dreffé un autre projet d'articles de concert avec le Sr. Lenet dans des termes fort honorables au Prince de Condé, le fit donner le 28. par Dom Coloma à Mr. de Lionne. Ce Miniftre le porta auffi-tôt au Cardinal qui en ayant été furpris manda, comme il vient d'être marqué, au Maréchal de Grammont de venir diner avec lui à St. Jean-de-Luz, & de ne point laiffer avancer plus avant perfonne de fa fuite : il dépêcha en même tems fon courier à Bourdeaux pour favoir les fentimens du Roi & de la Reine au fujet de cet article dont il leur envoya une copie.

Dom Louïs reçut le lendemain 29. par un courier que le Prince de Condé lui dépêcha, des lettres par lesquelles ce Prince le prioit de ne plus arrêter la conclufion du Traité pour fes intérêts, témoignant qu'il ne vouloit pas difputer pluslongtems avec fon Maitre.

On tint le 30. la feiziéme conférence dans laquelle le Cardinal dit à Dom Louïs que le Roi, la Reine, & tous ceux à qui il avoit communiqué l'article qu'il avoit dreffé concernant le Prince de Condé, avoient été fi fcandalifez des termes dans lesquels il étoit conçu, que le Roi lui avoit envoyé ordre de fe retirer, s'il infiftoit à vouloir que cet article fût ainfi couché dans le Traité ; Sa Majefté ne croyant pas qu'il fût convenable ni raifonnable de faire durer plus long-tems cette conteftation avec un Sujet, qui mettoit tous les jours des propofitions nouvelles & injuftes fur le tapis : il ajouta que le Roi avoit dit qu'on donnoit dans cet article au Prince de Condé des titres qui n'avoient jamais été donnez qu'au Connétable de Bourbon, lorsque François I. étant prifonnier de Charles-Quint n'étoit pas en état de s'y oppofer ; qu'on faifoit des éloges du Prince de Condé, & qu'on y difoit qu'il avoit toujours fouhaité ardemment la paix entre les deux Couronnes, & les moyens de faire paroître fa paffion pour le fervice de Sa Majefté, quoi qu'il n'eût rien oublié pour lui ôter la Couronne de deffus la tête s'il avoit pu, quoique même après la publication de la fufpenfion d'armes en France, lorsqu'on étoit fur le point de figner la paix à Paris, il eût fait venir à Bruxelles le Cardinal de Retz, & eût eu plufieurs conférences avec lui pour concerter les moyens de l'empêcher, enfin quoi qu'il eût encore fait depuis fon poffible pour gagner le Comte d'Harcourt, & pour foulever par le moyen de quelques Gentils-hommes la Nobleffe de deux ou trois Provinces, afin de rompre la paix qui avoit été fignée à Paris ; & que Sa Majefté avoit ajouté, qu'elle étoit fort furprife de voir que lorsque les armes n'agiffoient en aucun endroit à caufe de la tréve & de la paix fignée à Paris, Dom Louïs entreprît de faire la guerre à fa réputation.

Dom Louïs témoigna un extrême déplaifir de ces derniéres paroles, & dit qu'il aimeroit mieux mourir mille fois que cela fût, & qu'il n'auroit jamais de repos s'il pouvoit croire que le Roi pût concevoir de lui une fi mauvaife opinion.

Le Cardinal répliqua qu'il avoit ordre de ne point difputer, qu'il ne pafferoit jamais un article fi impertinent & contraire à l'honneur du Roi, & qu'il falloit que Dom Louïs s'expliquât s'il vouloit finir l'affaire en la maniére dont on étoit convenu fans rien prétendre pour le Prince de Condé qui fût contre l'honneur du Roi, ou executer le Traité conclu à Paris en la maniére qu'il avoit été figné, en y ajoutant les articles dont ils étoient tombez d'accord, fans y rien ajouter touchant la perfonne & les intérêts de ce Prince.

Dom Louïs fit tout ce qu'il put pour l'adoucir, lui propofa plufieurs expédiens, & voyant qu'il ne répondoit rien, lui protefta que rien n'étoit capable de les féparer mal, & qu'il étoit réfolu de lui donner toutes fortes de fatisfactions ; mais qu'il le conjuroit de laiffer avancer le Maréchal de Grammont qu'on regardoit avec fcandale s'arrêter à Iron : & fur ce que le Cardinal lui déclara que ce Maréchal ne marcheroit pas qu'il ne fût bien affuré de la conclufion de cette affaire, il le pria de bien examiner tout ce qu'il pouroit faire pour ne pas dèfefpérer le Prince de Condé en le traitant avec des termes injurieux, & en faifant paffer fon fils pour criminel ; qu'il n'avoit point

d'autre

d'autre but que de faire retourner le Prince de Condé aux pieds du Roi avec quelque satisfaction dans les points de peu de conséquence, afin qu'il pût servir fidellement Sa Majesté le reste de sa vie ; & que quand son Eminence y auroit pensé, il signeroit ce qu'elle voudroit, & se conformeroit à ce qu'elle auroit décidé sans rien contester. Le Cardinal témoigna être satisfait de ces sentimens de Dom Louïs, & lui promit de voir s'il y auroit lieu de faire quelque chose qui satisfît le Prince de Condé sans blesser la dignité du Roi.

Le Sr. Lenet ayant trouvé moyen de parler ce même jour au Maréchal de Clérembaut dans un coin de l'Isle de la Conférence, l'assura que Dom Louïs ne contesteroit plus rien sur ce sujet, & que le Prince de Condé voulant être à l'avenir ami du Cardinal Mazarin, & étant persuadé que le Cardinal vouloit aussi être le sien, il l'avoit chargé de se remettre sur lui de la conservation de son honneur, espérant qu'il lui donneroit en cette rencontre un essai de l'envie qu'il avoit de renouer leur ancienne amitié.

Le Cardinal Mazarin voyant que Dom Louïs & le Sr. Lenet se remettoient à lui de dresser les articles concernant le Prince de Condé, voulut bien pour gagner son amitié & tâcher de le faire revenir en France avec satisfaction, dresser ces articles dans les termes les plus favorables qu'il lui fut possible en conservant le fond des choses dont on étoit convenu : ainsi il mit comme une maniére de préambule à ces articles, qui portoit que Mr. le Prince de Condé lui ayant fait dire pour le faire savoir au Roi son souverain Seigneur qu'il avoit une extrême douleur d'avoir tenu depuis quelques années une conduite qui avoit été désagréable à Sa Majesté ; qu'il voudroit pouvoir racheter de la meilleure partie de son sang tout ce qu'il avoit commis d'hostilitez dedans & dehors la France ; à quoi il protestoit que son seul malheur l'avoit engagé plutôt qu'aucune mauvaise intention contre le service de Sa Majesté ; & que si elle avoit la générosité d'user envers lui de sa bonté Royale, oubliant tout le passé & le recevant dans l'honneur de ses bonnes graces, il s'efforceroit, tant qu'il auroit de vie, de reconnoître ce bienfait par une inviolable fidélité, & de réparer le passé par une entiére obéïssance à tous ses commandemens ; que cependant pour faire voir par les effets qui pouvoient être alors en son pouvoir, avec combien de passion il souhaitoit de rentrer en l'honneur de sa bienveillance Royale, il ne prétendoit rien en la conclusion de cette paix pour tous les intérêts qu'il y pouvoit avoir, que de sa seule bonté & du propre mouvement du Roi son souverain Seigneur, & desiroit même qu'il plût à Sa Majesté de disposer selon son bon plaisir de tous les dédommagemens que le Roi Catholique voudroit lui accorder, & lui avoit déja offerts soit en Etats & pays, soit en places & argent, qu'il remettoit tout aux pieds de Sa Majesté. On ne parla point du Duc d'Anguien dans l'article qui portoit que le Prince de Condé renonceroit à toutes les ligues & traitez qu'il avoit pu faire avec Sa Majesté Catholique & autres Rois & Potentats étrangers ; & on se contenta de mettre dans un des articles certaines paroles qui l'excluoient, sans le nommer, de ses prétentions pour l'expectative du Gouvernement de Champagne ; il étoit aussi dit que Sa Majesté feroit expédier des Lettres patentes d'abolition de ce que le Prince de Condé, ses parens, serviteurs, adhérans, & domestiques avoient fait & entrepris par le passé contre son service. On verra dans ce qui sera dit ci-après de ce Traité, tous les autres articles concernant le Prince de Condé & ceux qui l'avoient suivi.

On tint le premier Octobre la dix-septiéme conférence qui se passa avec toute la douceur possible. Dom Louïs protesta de nouveau au Cardinal Mazarin qu'il ne diroit pas un mot sur les articles qui regardoient le Prince de Condé, & qu'il les signeroit aveuglement en la maniére que son Eminence les avoit fait rédiger ; & qu'après y avoir bien songé, il croyoit ne pouvoir mieux servir ce Prince que d'en user de la sorte. La chose fut ainsi exécutée, & lorsqu'après avoir réglé quelques autres articles le Cardinal voulut parler de celui concernant le Prince de Condé, Dom Louïs lui dit qu'il lui tiendroit la parole qu'il lui avoit donnée, qu'il ne le vouloit pas lire, & le donnant à Dom Coloma pour le traduire en Espagnol, déclara qu'il le signeroit en telle maniére qu'il pût être.

L'affaire étant ainsi accommodée le Cardinal fit partir le lendemain second Octobre le Maréchal de Grammont pour Madrid, & consentit de recevoir à St. Jean-de-Luz la visite des Srs. Lenet & Caillet, & les y reçut le 4. Octobre fort civilement : il fit paroître une très-grande estime pour le Prince de Condé & une extrême envie de lui faire plaisir & de renouer avec lui leur ancienne amitié, déclarant néanmoins qu'elle ne lui étoit pas nécessaire attendu la confidération que le Roi avoit pour lui ; que si elle venoit à cesser, il se retireroit en même tems hors du Royaume sans y chercher aucun appui, & qu'il laissoit au Prince de Condé la liberté de lui accorder la sienne plus ou moins particuliére, étant disposé de se régler à son égard suivant que ce Prince en useroit avec lui : il ajouta que si le Prince de Condé s'étoit adressé en droiture à lui, il auroit trouvé encore plus d'avantages dans le Traité ; que le meilleur parti qu'il pût prendre étoit de revenir en France avec une ferme résolution de bien servir le Roi ; qu'il lui rendroit service en tout ce qu'il pourroit, & qu'il lui feroit payer ce qui lui étoit dû pour les sommes qu'il avoit prêtées au Roi.

Le Cardinal obtint dans la dix-huitiéme conférence qui se tint le 6. Octobre, que le Prince de Chimai reconnoîtroit le Roi, pour tous les biens qu'il possédoit dans le territoire d'Avênes ; que la France auroit vers le Roussillon ce qui étoit au deça des Monts Pirénées, & que la Ville de Philipeville qu'il s'étoit résolu de relâcher à l'Espagne, demeureroit à la France.

Quoi que Dom Louïs eût promis plusieurs fois de ne plus rien dire au sujet des articles concernans le Prince de Condé, dans lesquels le Cardinal avoit même trouvé scrupule d'avoir, pour lui complaire, eu la facilité de se relâcher en des choses qu'il n'auroit pas dû passer en aucune façon, il ne laissa pas sur les instances du Sr. Lenet d'y faire encore des difficultez : il demanda qu'on ne se servît point du mot d'abolition à l'égard du Prince de Condé ; qu'on lui rendît par le Traité les Compagnies d'ordonnance, les Capitaineries des chasses, & les charges de Bailli qu'il disoit être attachées à celles de Gouverneur de la Province ; & qu'on ôtât le nom du Duc d'Anguien de certains endroits où il sembloit qu'on le dît complice du crime de son pére.

X 3   Le

Le Cardinal fut fort choqué de ces nouvelles difficultez auxquelles il ne s'attendoit pas; il manda à Mr. de Lionne qui étoit chargé de dresser le Traité avec Dom Coloma , que c'étoit une honte que l'on mît en doute si le Roi se serviroit du mot d'abolition , & que ceux qui le vouloient retrancher, n'étoient ni amis ni serviteurs du Prince de Condé qui sçavoit bien que des personnes de qualité qui n'avoient pas tant fait de mal à la France que lui , non seulement n'avoient pas fait une semblable difficulté, mais avoient sollicité que ce terme fût expressément mis dans les lettres : il ne voulut point qu'on parlât ni des Compagnies d'ordonnance , ni des Capitaineries des chasses, ni des Bailliages, & autres choses, parce que c'étoient des nouveautez , & qu'on ne vouloit rien ajouter à ce qui avoit été fait : il lui manda que si on insistoit au contraire il n'avoit qu'à s'en revenir; mais qu'il consentoit qu'on ôtât le nom de Duc d'Anguien des endroits où il sembloit qu'on le dît complice du crime de son pére, pourvû qu'on ne lui laissât aucune prétention au Gouvernement de Champagne , dont la charge de Grand-Maitre lui devoit tenir lieu de récompense.

Dom Louïs s'étant rendu aux raisons du Cardinal Mazarin on tint le 16. Octobre la dix-neuviéme conférence dans laquelle on ne fit point autre chose que de relire les articles sur lesquels il y avoit eu contestation , & de convenir des termes dans lesquels ils seroient mis.

Le Maréchal de Grammont étant arrivé le même jour 16. à Madrid en poste , eut aussi-tôt audiance du Roi d'Espagne : il lui exposa sa commission à laquelle ce Prince répondit fort agréablement ; il fut ensuite saluer la Reine qui étoit accompagnée des deux Infantes, leur fit successivement les complimens du Roi , & fut ensuite traité fort magnifiquement ce jour-là & les jours suivans : on lui apporta le 20. les dépêches de Sa Majesté Catholique , & on l'assura qu'elle accordoit avec plaisir l'Infante au Roi : il l'en fut ensuite remercier, prit congé de leurs Majestez Catholiques & des Infantes, & partit le lendemain pour revenir en France.

Cependant le Duc de Loraine ayant été élargi, se rendit à Fontarabie le 18. & après avoir vu Dom Louïs , il fut voir le Cardinal qui le reçut fort civilement , mais qui lui protesta en même tems qu'il ne pouvoit rien changer à ce qui avoit été réglé sur son sujet.

Encore que tout eût été ajusté dans la dix-neuviéme conférence , ensorte qu'il sembloit qu'il ne restât plus autre chose à faire qu'à rédiger les articles par écrit & mettre le Traité en état d'être signé , Dom Louïs insista encore pour qu'on ôtât d'un des articles qui regardoient le Prince de Condé certains termes que le Cardinal y avoit inférez pour exclure le Duc d'Anguien , sans le nommer , de toutes les prétentions qu'il auroit pu avoir sur l'expectative du Gouvernement de Champagne : le Cardinal lui fit dire trois ou quatre fois par Mr. de Lionne plusieurs raisons pour lui faire connoître la nécessité qu'il y avoit de laisser ces termes , & lui fit déclarer positivement qu'il n'y changeroit pas un seul mot , n'étant pas en son pouvoir de le faire après avoir envoyé au Roi la copie de cet article en la manière qu'il étoit couché , & de laquelle Dom Louïs lui même étoit tombé d'accord : mais comme il ne se rendit point encore , le Cardinal demanda une vingtiéme con-

férence pour régler cet article , & un autre de plus grande importance qui concernoit l'exécution du Traité de Querasque ; lui faisant néanmoins déclarer que quoi qu'ils fussent à la veille de signer la paix , tout seroit renversé en un instant si son Excellence s'arrêtoit à prétendre qu'il changeât un seul mot sur ces deux points.   Cette conférence se tint le 23. & après plusieurs contestations le Cardinal fit ensorte que Dom Louïs convint de l'exécution des Traitez de Querasque, desquels la conservation de Pignerol à la France dépendoit.

Dom Louïs revint dix fois à la charge sur l'expectative du Duc d'Anguien , disant qu'il en avoit écrit au Prince de Condé comme d'une chose qu'il avoit ajustée à sa satisfaction, ayant cru que cela étoit, parce que n'ayant pas vu dans l'article le nom du Duc d'Anguien il n'avoit pas remarqué qu'il en fût exclus par les termes qui étoient inférez dans le même article : mais le Cardinal le fit convenir qu'il lui avoit déclaré toujours que pourvû que dans la substance ce Duc fût exclus du Gouvernement de Champagne , il ne seroit pas difficulté de le contenter dans les apparences , évitant de le nommer dans le Traité pour autre chose que ce qui regardoit la charge de Grand-Maitre ; & qu'en tout cas si l'ayant cru autrement il avoit mandé au Prince de Condé qu'il avoit obtenu sur ce point ce qu'il desiroit , lui Cardinal avoit mandé tout le contraire au Roi; qu'ainsi il lui sembloit qu'il avoit plus de droit de ne souffrir aucun changement dans cet article que lui d'y en prétendre.   Dom Louïs céda à la fin quoi qu'avec beaucoup de peine : le Cardinal fit mettre dans l'article du Traité par lequel le Roi rendoit au Prince de Condé le Gouvernement de Bourgogne avec ceux du Château de Dijon & de St. Jean-de-Laune , que c'étoit pour toutes choses généralement quelconques qui pouvoient concerner les charges & les gouvernemens que ce Prince avoit possédez , & que pouvoient avoir lieu d'attendre ceux qui lui appartenoient sans nul excepter.   Le Cardinal mandant à Mr. de Lionne de mettre cette clause dans cet article , lui marqua de tâcher d'obliger Dom Louïs à expliquer cela encore plus clairement dans un article secret , afin qu'il ne restât pas le moindre prétexte au Prince de Condé de se plaindre , si on lui refusoit ce qu'il croiroit pouvoir demander en faveur de son fils.

On résolut dans la vingt-uniéme conférence qui se tint le 27. Octobre , que vingt jours après la signature du Traité les François restitueroient Valence , Mortare , Oudenarde , & les postes sur la Lis , & les Espagnols Verceil , Hesdin , & le Châtelet : on convint aussi de tous les termes pour la restitution réciproque des autres places.

On dressa dans la vingt-deuziéme conférence qui se tint le 31. d'Octobre , deux articles secrets, l'un pour la sureté d'un million d'or que le Roi d'Espagne devoit donner au Prince de Condé , & un autre par lequel on convint que les expéditions concernant le Prince de Condé & le Duc d'Anguien seroient déposées entre les mains du Duc de Longueville pour y demeurer jusqu'à ce qu'Avênes & Juliers eussent été évacuez , & que le Prince eût fait ses soumissions au Roi.

Les Ministres travaillérent dans la vingt-troisiéme conférence qui se tint le 5. Novembre , sur les
inté-

intérêts du Duc de Loraine, qui se plaignoit fortement qu'après avoir consommé tant d'argent & de troupes pour le service de la Maison d'Autriche, les Espagnols eussent abandonné aux François sans son consentement une partie si considérable de ses Etats : mais le Cardinal ne voulut jamais rien relâcher de ce qui avoit été accordé à cet égard, remettant aux Espagnols à dédommager ce Duc de ce que son attachement à leurs intérêts lui avoit fait perdre, & offrant même de lui rendre le Duché de Bar si le Roi d'Espagne vouloit bien donner ailleurs un équivalent au Roi.

On eut ce jour-là nouvelle que le jeune Infant étoit mort & que le Prince étoit malade.

Dans la vingt-quatriéme conférence qui se tint le 7. Novembre on accorda que le Roi donneroit au Prince de Condé un acte par lequel Sa Majesté déclara que ce Prince ne seroit point réputé criminel, pour recevoir le million d'or que le Roi Catholique lui avoit promis pour payement des arrérages de ses pensions : après quoi les articles du Traité & les autres écrits qui en dépendoient ayant été lus en François & en Espagnol, les deux Plénipotentiaires les signérent chacun sur leur table : on lut aussi le contrat de mariage, mais seulement en langue Espagnole ; & le Cardinal le fut signer sur la table de Dom Louïs : après quoi les Plénipotentiaires & ceux de leur suite s'embrassérent & se firent beaucoup d'amitiez.

Traité de Paix des Pirénées entre la France & l'Espagne conclu le 7. Novembre 1659.

COmme le Traité des Pirénées contient cent vingt-quatre articles il paroît plus commode pour s'en souvenir de les réduire en un moindre nombre en les disposant suivant les différentes matiéres qu'ils concernent.

I. Rétablissement & maintien de la paix depuis l'article I. jusqu'au IV.

On convint qu'il y auroit paix, alliance, & amitié perpétuelle entre les deux Rois, leurs enfans, successeurs, pays, & sujets : que la cessation d'armes arrêtée le 8. Mai continueroit jusqu'à la publication de la paix, & que tout ce qui seroit fait au contraire seroit réparé : Qu'un des deux Rois n'attaqueroit point les alliez de l'autre, sans avoir traité en sa Cour par son Ambassadeur ou autre sur le sujet du différend : Que s'ils ne pouvoient obliger leurs alliez à s'accommoder, chacun pouroit assister ses Alliez, sans néanmoins entrer dans les Etats de l'autre Roi : Que si un des deux Rois attaquoit un allié de l'autre Roi, celui-ci pouroit secourir son allié, sans que ce secours passât pour une contravention à ce Traité ; mais que si un des deux Rois étoit attaqué dans les Etats qu'il possédoit alors ou devoit posséder en vertu de ce Traité, il ne seroit pas permis à l'autre Roi d'assister l'agresseur, quoi qu'il fût son allié : Que l'un des deux Rois ne pouroit assister ceux qui étoient présentement en guerre avec l'autre Roi, ni les sujets qui se révolteroient contre lui : Et que tous sujets d'inimitié seroient oubliez.

II. Commerce depuis l'article V. jusqu'au XXVII.

Que les Sujets d'un des deux Rois pouroient aller demeurer dans les Etats de l'autre, & y trafiquer en gardant les loix du Pays, & payant les droits accoutumez : Que les Sujets d'un des deux Rois joüiroient dans les Etats de l'autre des priviléges accordez aux Anglois & aux Hollandois : Qu'en cas qu'ils y embarquassent des marchandises prohibées, ils ne seroient pas plus punis que les Anglois & les Hollandois en pareil cas : Qu'ils en pouroient transporter le prix des bleds qu'ils y auroient vendus : Qu'on ne pouroit arrêter leurs personnes, vaisseaux, ni marchandises, si ce n'étoit pour dettes : Que les François pouroient naviger & trafiquer en tous les Pays qui étoient en paix avec la France, hormis dans le Portugal & ses conquêtes, tant qu'il demeureroit dans l'état où il étoit alors : Qu'ils s'abstiendroient de porter dans les Etats qui seroient en guerre avec le Roi d'Espagne des marchandises qui proviendroient de ses Etats & pourroient servir contre lui, & bien moins des marchandises de contrebande : Qu'il n'y auroit que les armes offensives & défensives, munitions de guerre, les chevaux & leurs équipages, & les autres assortimens servans à la guerre qui passeroient pour marchandises de contrebande, & nullement les choses qui servent à la nouriture, hormis en Portugal & dans les Villes assiégées : Que les vaisseaux François étant entrez en quelque Havre du Roi d'Espagne montreroient leurs passeports contenant la spécification de leurs charges & des lieux d'où ils seroient partis & où ils seroient destinez : Qu'il en seroit usé de même dans les rades s'il y avoit soupçon qu'ils y portassent des marchandises de contrebande aux Ennemis du Roi d'Espagne : Que dans les rades & en pleine mer les Navires de ce Roi n'aprocheroient des François que de la portée du canon, & pourroient envoyer leur chaloupe avec deux ou trois hommes auxquels les passeports seroient montrez : Que s'il s'y trouvoit des marchandises de contrebande, elles seroient confisquées sans qu'on en pût faire de même du vaisseau & des marchandises libres : Que les marchandises des François seroient confisquées étant trouvées sur un vaisseau des Ennemis du Roi Catholique ; mais que les marchandises de ses Ennemis seroient affranchies sur des vaisseaux François, à moins qu'elles ne fussent de contrebande : Que les François en useroient de même à l'égard des Espagnols dans tous les cas précédens ; & que si l'on contrevenoit à ces articles, les deux Rois seroient réparer le dommage : Que tous les effets qui avoient été arrêtez sur les Sujets des deux Rois lors de la déclaration de la guerre, seroient rendus aux propriétaires s'ils se trouvoient encore en nature ; & qu'on acquitteroit les dettes contractées avant la guerre, qui n'auroient point été payées à d'autres en vertu de Lettres de confiscation : Qu'arrivant ci-après rupture entre les deux Couronnes, les Sujets d'un des deux Rois auroient six mois pour se retirer & emporter leurs effets : Qu'ils pouroient avoir dans le Pays de l'autre tels Avocats & Procureurs, & écrire leurs registres en telle langue que bon leur sembleroit : Que chacun des deux Rois pouroit établir dans les Royaumes de l'autre des Consuls de la Nation de ses Sujets qui joüiroient des priviléges qui leur appartiennent & seroient établis dans les lieux dont on conviendroit : Que toutes lettres de marque & de repré-

repréfailles feroient révoquées, & qu'il n'en feroit plus accordé qu'en cas de deni de juftice, duquel ceux qui les pourfuivroient feroient apparoir.

III. Rétabliſſement dans les biens, depuis l'article XXVIII. juſqu'au XXXII.

Que tous les Sujets des deux Rois feroient rétablis dans les biens, honneurs, dignitez, droits, & bénéfices dont ils jouïſſoient avant la guerre: Que les Napolitains jouiroient auſſi de ce rétabliſſement, à l'exception des charges, offices, & gouvernemens qu'ils poſſédoient & qui étoient encore exiftans, quoi qu'ils euſſent fuivi le parti contraire à leur Roi; fans pouvoir cependant répéter les revenus perçus de leurs biens immeubles ou bénéfices, ni leurs effets meubles qui auroient été confifquez, & nonobftant toutes donations & jugemens contraires, & avec liberté d'établir leur demeure où bon leur fembleroit.

IV. Mariage du Roi avec l'Infante Marie-Théréſe. Article XXXIII.

Que pour rendre la paix plus ftable le Roi épouferoit l'Infante Marie-Théréſe fille ainée du Roi Catholique fuivant le contrat figné le même jour par les deux Plénipotentiaires, & qui feroit de même force que le Traité de paix.

V. Places que le Roi devoit garder, depuis l'Article XXXIV. juſqu'au XLIII.

Que le Roi Très-Chrétien conferveroit en toute Souveraineté & propriété & tout droit de régale, jurisdiction, & nomination aux Evéchez & Bénéfices les lieux qui fuivent; favoir

Premiérement en Artois, Arras, Hesdin, Bapaume, Bethune, Lilers, Lens, Terouane, & Pas & leurs Bailliages; & le Comté de St. Pol, & généralement tout l'Artois à la réferve de St. Omer & de leurs Bailliages, & de Renti s'il fe trouvoit entre des dépendances d'Aire ou de St. Omer; auquel cas le Roi d'Efpagne ne le pouroit point fortifier.

En fecond lieu en Flandre Graveline, les forts Philipe, l'Ecluſe & Hannuin, Bourbourg & fa Châtellenie, & St. Venant, foit qu'il fût d'Artois ou de Flandre, & leurs dépendances.

En troifiéme lieu en Hainaut, Landreci & le Quénoi & leurs Bailliages & Châtellenies.

En quatriéme lieu dans le Luxembourg, Thionville, Mommedi, Damvilliers & leurs dependances, & Ivoi, Chavanci-le-Château, & Marville & leurs Prévôtez & dépendances.

En cinquiéme lieu Mariembourg & Philipeville en échange de la Baſſée & de Berg-St.-Vinox, de fa Châtellenie & de fon fort Royal bâti fur le canal que Sa Majefté rendroit au Roi Catholique.

En fiziéme lieu Avênes & fes dépendances, enforte que la jurisdiction ordinaire & les revenus hors l'enceinte de cette place appartiendroient au Prince de Chimai que le Roi d'Efpagne dédommageroit de ce qui lui feroit ôté dans l'enclos de la place.

On convint par l'Article LIII. que le Roi d'Efpagne ne pouroit fortifier aucun pofte entre Avênes, Philipeville, & Mariembourg, en cas qu'il lui en donnât quelqu'un.

En feptiéme lieu tout le Comté de Rouſſillon & le Comté de Conflans hormis les lieux de ce dernier Comté qui fe trouveroient dans les Monts Pirénées du côté de l'Efpagne.

Enfin les lieux du Comté de Cerdaigne qui feroient dans les Monts Pirénées du côté de l'Efpagne; & que pour la défignation de ces lieux & des limites des deux Royaumes, on députeroit des Commiſſaires de part & d'autre.

VI. Places que le Roi doit reſtituer au Roi d'Efpagne, depuis l'Art. XLIV. juſqu'au XLVIII.

Que le Roi d'Efpagne rentreroit en poſſeſſion du Comté de Charolois pour en jouïr fous la Souveraineté du Roi comme il faifoit avant la guerre.

Que le Roi Très-Chrétien reftitueroit au Roi Catholique dans les Pays-Bas Ypres, Oudenarde, Dixmude, Furnes, avec les poftes fortifiez de la Fintelle & de la Quenocque, Merville fur la Lis, Menin, & leurs dépendances; comme auſſi Berg-St.-Vinox & fon fort Royal & la Baſſée en échange de Mariembourg & de Philipeville.

En fecond lieu en Italie Valence & Mortare.

En troifiéme lieu dans le Comté de Bourgogne les places de St. Amour, Bleterans, & tous les autres poftes qu'il y poſſédoit.

En quatriéme lieu en Catalogne Rofes, le fort de la Trinité, Cap de Quiers, la Seau d'Urgel, Toxen, le Château de la Baftide, Baga, Ripol, & le Comté de Cerdagne où font Belver, Puicerda, Carol, le Château de Cerdanna & leurs dépendances; à moins que ces lieux de la Cerdagne ne fuſſent fituez dans les Monts Pirénées du côté de la France, auquel cas ils demeureroient au Roi Très-Chrétien.

VII. Places que le Roi d'Efpagne doit remettre au Roi, depuis l'Art. XLIX. juſqu'au LIV.

Que le Roi Catholique feroit reftituer au Roi Très-Chrétien Rocroi, le Câtelet, Linchâmp, & leurs dépendances: Qu'en confidération des offices du Roi Catholique qui avoit pris fous fa protection les Officiers & les Soldats de la garnifon de Hesdin qui s'étoient foulevez contre le Roi Très-Chrétien après la mort du Gouverneur, Sa Majefté Très-Chrétienne feroit expédier des lettres d'abolition & de pardon en faveur des dits Officiers & Soldats de Hesdin, qui feroient tenus de lui remettre cette place fans y faire aucun dommage, lorsqu'au jour dont les deux Rois feroient convenus on préfenteroit & on remettroit ces lettres au Commandant; & qu'au cas qu'ils refufaſſent ou différaſſent fous quelque prétexte que ce fût de remettre cette place à celui que le Roi T. C. auroit commis pour la recevoir, ils feroient déchus de cette grace, & le Roi d'Efpagne aſſifteroit le Roi T. C. de fes troupes pour la prendre s'il en étoit requis.

VIII. Intérêts des Catalans, depuis l'Article LV. juſqu'au LIX.

Que tous les Catalans rentreroient dans leurs biens, dignitez, priviléges, & droits, fans pouvoir être recherchez pour ce qui s'étoit paſſé depuis cette guerre: Que le Roi d'Efpagne leur accorderoit des lettres d'abolition & pardon; après
quoi

quoi ils pourroient faire valoir leurs biens par eux
mêmes ou par des personnes non suspectes : Qu'il
pourroit prescrire le lieu du séjour à ceux dont il
n'auroit pas agréable le retour en Catalogne; comme le Roi Très-Chrétien le pourroit prescrire à
ceux dont il n'auroit pas agréable le retour en Roussillon : Que les Habitans de Catalogne & du Roussillon pouroient hériter les uns des autres ou se
donner réciproquement : Que les Bénéficiers de-
meurans dans les Etats d'un des deux Rois jouïroient des revenus de leurs Bénéfices situez dans
les Etats de l'autre : Que ceux qui auroient jouï
des biens confisquez ne restitueroient point ce
qu'ils en avoient perçu , & que l'on nommeroit
de part & d'autre des Commissaires pour régler
à l'amiable les différends qui surviendroient entre
les deux partis.

IX. Intérêts du Portugal. Article LX.

Qu'il seroit accordé au Roi Très-Chrétien trois
mois pendant lesquels il envoyeroit en Portugal
pour tâcher de disposer les choses ensorte que le
Roi Catholique fût satisfait; sinon qu'il ne donneroit aucun secours au Royaume de Portugal,
ne permettroit point qu'il se fît aucunes levées
dans ses Etats, & n'y accorderoit aucun passage
pour les troupes qui viendroient de ce Royaume.

X. Renonciation du Roi d'Espagne à ses droits sur l'Alsace. Article LXI.

Que le Roi d'Espagne renonceroit à ses droits
sur la haute & basse Alsace, le Suntgau, le Comté
de Ferrette & ses dépendances, & sur tous les Pays,
places, & droits cédez au Roi par le Traité de
Munster; moyennant quoi Sa Majesté offriroit de
satisfaire au payement des trois millions de livres
promis aux Archiducs d'Inspruk.

XI. Intérêts du Duc de Loraine. Depuis l'Art. LXII. jusqu'au LXXVIII.

Comme je réserve à parler ci-après dans un Chapitre exprès de tous les Traitez qui concernent les
intérêts du Duc de Loraine , je ne ferai point ici
mention des articles des Traitez des Pirénées qui
concernent le Duc Charles, d'autant plus qu'ils
n'eurent point d'exécution.

XII. Intérêts du Prince de Condé. Depuis l'Art. LXXIX. jusqu'au LXXXVII.

Après le préambule dont il a été parlé ci-devant,
& qui composoit l'Art. LXXIX. il fut dit dans
les suivans que le Prince de Condé licencieroit huit
semaines après la signature du Traité ses troupes
en la manière que le Roi T. C. lui ordonneroit,
hormis les garnisons de Rocroi, du Câtelet, &
de Linchamp , qui ne seroient licenciées qu'au
tems de la restitution de ces trois places : Qu'il
envoyeroit au Roi un acte signé de lui, par lequel il se soumettroit à l'exécution de ce qui auroit été arrêté entre les deux Rois au sujet de sa
personne & de ses intérêts , & des personnes &
des intérêts de ceux qui l'avoient suivi ; déclareroit qu'il se départoit de tous les Traitez par lui
faits avec le Roi Catholique & autres , & promettroit de n'en plus recevoir aucunes pensions ni

bienfaits qui l'obligeassent à dépendre d'autre que
du Roi son souverain Seigneur à peine en cas de
contravention de déchoir du rétablissement qui
lui étoit accordé par ce Traité : Qu'il remettroit
au Roi Rocroi , le Câtelet , & Linchamp : Que
moyennant cela le Roi T. C. usant de sa clémence Royale en contemplation de la paix & en considération des offices du Roi Catholique, le recevroit de bon cœur dans ses bonnes grâces, lui
pardonneroit le passé, & agréeroit qu'il revînt en
France & à sa Cour, & ensuite le remettroit en
tous ses biens , honneurs, dignitez, & privilèges
de premier Prince du Sang ; sans qu'il pût néanmoins pour le passé rien prétendre à la restitution
de ses revenus ni au payement de ses pensions,
appointemens , rentes sur les domaines , ni de
ce qu'il pouvoit prétendre lui être dû par le Roi
avant sa sortie de France , ni pour les dégrada-
tions faites dans ses terres par ordre de Sa Majesté : Que moyennant que le Roi d'Espagne remît au Duc de Neubourg la Citadelle de Juliers
& au Roi la place d'Avênes qu'il avoit intention
de donner entr'autres choses au Prince de Condé,
Sa Majesté T. C. pour toutes choses généralement
quelconques qui pouvoient concerner les charges
& gouvernemens que ce Prince avoit possédez , ou
ceux qui lui appartenoient sans nul excepter , lui
donneroit le gouvernement de Bourgogne & de
Bresse, y compris les Pays de Bugey, Valromey,
& Gex, comme aussi les gouvernemens particuliers du Château de Dijon & de la Ville de St.
Jean-de-Laune ; & au Duc d'Anguien la charge
de Grand-Maître de France & de sa Maison avec
des brevets d'assurance pour ce Prince pour la conserver en cas que ce Duc mourût avant son père :
Que Sa Majesté T. C. feroit expédier des Lettres
patentes d'abolition de tout ce que ce Prince, ses
parens, serviteurs, amis , adhérans & domestiques
avoient fait par le passé contre le service de Sa
Majesté , sans les obliger à restituer les deniers que
lui ou eux avoient pris dans ses receptes ou exigez
du Peuple : Qu'il rentreroit dans toutes ses terres
& domaines , même dans Clermont , Stenai . &
Dun , & dans Jametz en cas qu'il l'eût eu , & dans
tous ses biens meubles & immeubles & droits ,
bien entendu qu'il laisseroit Bellegarde & Montrond en l'état qu'ils étoient alors; c'est à dire sans
en relever les fortifications que le Roi avoit fait
démolir : Qu'au lieu du domaine d'Albret dont
ce Prince jouïssoit avant sa sortie de France &
dont le Roi avoit disposé en faveur du Duc de
Bouillon , le Roi lui donneroit le Domaine de
Bourbonnois aux conditions que l'échange de ces
deux domaines avoit été ajusté avant qu'il sortît
de France : Que l'Arrêt du Parlement de Paris
du 27. Mars 1654. & autres jugemens rendus
contre ce Prince démeureroient de nulle valeur &
comme non avenus : Que tous ceux qui avoient
suivi son parti pouroient en conséquence des par-
dons & abolitions ci-dessus revenir en France, &
rentreroient en possession de leurs biens, honneurs
droits, & dignitez, à l'exception des charges &
des gouvernemens dont ils jouïssoient avant leur
sortie de France ; sans pouvoir prétendre aucune
restitution des jouïssances du passé , & que tous
les jugemens & Arrêts, même celui du Parlement
de Paris du 27. Mars 1654. rendus contre eux,
même les donations & autres actes faits contre
eux seroient de nulle valeur.

XIII. *Intérêts du Duc de Neubourg. Art. LXXXVIII.*

Que le Roi d'Espagne retireroit sa garnison de la Ville, du Château, & de la Citadelle de Juliers, qu'il rendroit au Duc de Neubourg, en lui donnant un écrit par lequel ce Duc s'obligeroit de ne point mettre cette place entre les mains d'aucun autre Prince, & de n'y mettre aucune garnison que de ses propres forces, & d'accorder au Roi le passage pour ses troupes, soit par la Ville, soit par l'Etat de Juliers, quand il en auroit besoin, en prenant par ce Duc les précautions nécessaires pour la sureté de la Ville & de la Citadelle.

XIV. *Réservation des droits des deux Rois. Art. LXXXIX. & XC.*

Que le Roi Très-Chrétien de France & de Navarre, & le Roi Catholique des Espagnes, leurs Successeurs & ayant cause conserveroient, quelque prescription qu'on pût alléguer au contraire, tous leurs droits, actions & prétentions auxquels ni eux ni leurs prédécesseurs n'auroient point renoncé, pour en faire poursuite par les voyes de justice & non par les armes.

XV. *Intérêts du Duc de Savoye, depuis l'Art. XCI. jusqu'au XCV.*

Qu'il y auroit cessation d'hostilitez entre le Roi d'Espagne & le Duc de Savoye, leurs enfans, & successeurs, avec rétablissement d'amitié & de commerce entre leurs Sujets qui seroient rétablis dans leurs biens, droits, & priviléges qu'ils possédoient dans les Etats de l'un & de l'autre, sans restitution de fruits & jouïssances du passé pendant la guerre : Que le Roi d'Espagne rendroit à ce Duc Verceil & ses dependances, & le lieu de Cencio dans les Langues : Qu'à l'égard des arrérages de la dot de l'Infante Catherine qui étoit de quarante-huit mille Ducats de rente assignez sur la Douane de Foggia au Royaume de Naples, Sa Majesté Catholique les payeroit jusqu'au 17. Décembre 1620. que le Duc de Savoye Charles-Emanuel avoit donné cette dot en appanage au feu Prince Philibert son fils, qu'on prétendoit l'avoir laissée par son testament au Duc de Modéne avec lequel le Duc de Savoye étoit en procès pour ce sujet : Que les Traitez de Querasque de l'année 1631. seroient exécutez selon leur forme & teneur, & que le Roi T. C. en pouroit soutenir l'exécution même par les armes, sans que le Roi d'Espagne pût employer les siennes pour l'empêcher : Que les Ducs de Savoye & de Mantoue nommeroient des Commissaires qui s'assembleroient un mois après la signature de ce Traité au lieu qu'il seroit concerté entre le Duc de Navailles & le Comte de Fuensaldagne, pour régler leurs différends au sujet de la dot de la Princesse Marguerite de Savoye.

XVI. *Intérêts du Duc de Modéne, depuis l'Art. XCIX. jusqu'au XCVI.*

Que le Roi d'Espagne recevroit dans ses bonnes graces la Maison du Duc de Modéne qui vivroit désormais en neutralité avec les deux Couronnes : Que le Roi d'Espagne n'envoyeroit plus de garnison à Correggio, & feroit office près de l'Empereur à ce qu'il accordât à ce Duc l'investiture de l'Etat de Correggio : Que si lorsque le payement de la dot de l'Infante Catherine avoit cessé à cause de la prise des armes, les deniers en étoient sequestrez, ils le seroient à l'avenir jusqu'à ce que les différends entre les Ducs de Savoye & de Modéne pour cette dot fussent terminez : Que si le Duc de Modéne en jouïssoit alors, le Roi d'Espagne lui en payeroit les arrérages hormis la jouïssance du tems que la Maison de Modéne avoit porté les armes contre l'Etat de Milan ; & que le Roi d'Espagne payeroit à l'avenir le revenu de la dot à celui auquel elle seroit adjugée par jugement ou par convention entre les deux Ducs : Que les deux Rois feroient instance près du Pape à ce qu'il fît terminer par accord ou par justice le différend que le Duc de Modéne avoit avec la Chambre Apostolique touchant la propriété des vallées de Commachio.

XVII. *Intérêts du Duc de Parme. Art. C.*

Qu'ils prieroient encore le Pape d'accorder au Duc de Parme la faculté d'acquiter en divers tems la dette qu'il avoit contractée envers la Chambre Apostolique ; & qu'en engageant ou aliénant une partie des Etats de Castro & de Ronciglione, il pût trouver l'argent nécessaire pour se conserver la possession du reste.

XVIII. *Rétablissement de la paix entre les Couronnes du Nord & entre les Suisses & les différends pour la Valteline. Art. CI. CII. & CIII.*

Qu'ils procureroient la paix entre les Rois de Suéde & de Danemark : Qu'ils s'employeroient de même pour mettre la concorde entre les Suisses Catholiques & les Protestans : Et qu'après s'être informé de part & d'autre de l'intention des Grisons au sujet des Traitez ci-devant faits touchant la Valteline, il seroit convenu entre les deux Couronnes des intérêts qu'elles pouvoient avoir en cette affaire.

XIX. *Intérêts du Prince de Monaco. Art. CIV.*

Que le Prince de Monaco seroit rétabli en la possession de tous les biens qui lui appartenoient & dont il jouïssoit avant la guerre dans le Royaume de Naples, dans le Duché de Milan, & dans les autres Etats du Roi Catholique ; & qu'il auroit pouvoir de les aliéner comme bon lui sembleroit sans y pouvoir être inquietté, parce qu'il s'étoit mis sous la protection du Roi Très-Chrétien.

XX. *Intérêts de la Duchesse de Chevreuse. Art. CV.*

Que le Roi d'Espagne payeroit à la Duchesse de Chevreuse cinquante-cinq mille Philipins de
dix

dix mille Philipins de dix Réaux piéce pour
le prix des terres de Kerpein & de Lommerſein
que le Roi d'Eſpagne avoit vendues à cette Ducheſſe , & qui en avoit diſpoſé en faveur de
l'Electeur de Cologne.

Article CVI. & ſuivans juſqu'au CXXIV. & dernier.

Ces Articles regardent l'élargiſſement réciproque des priſonniers & galériens; l'exécution des
Traitez de Câteau-Cambreſis & de Vervins; hors
dans les articles auxquels il eſt dérogé par celui-
ci; le réglement des limites; les différends ſur
le rétabliſſement d'un chacun dans ſes biens; les
termes de la reſtitution réciproque des places;
l'échange des ratifications; ceux qui ſeront compris dans ce Traité; & ſon enregiſtrement &
vérification.

Contract de Mariage entre le Roi Louïs XIV. & Marie-Théréſe d'Autriche, du même jour 7. Novembre. 1659.

Il fut dit par le Contract que le Roi d'Eſpagne
donneroit en dot à l'Infante Marie-Théréſe ſa fille
& payeroit au Roi Très-Chrétien à Paris , cinq
cens mille écus d'or ſol , ſavoir un tiers lors de
la conſommation du mariage , un autre tiers un
an après , & le dernier tiers ſix mois après: Que
Sa Majeſté T. C. aſſureroit cette dot ſur de
bons fonds : Qu'en cas de diſſolution du mariage , elle ſeroit rendue à l'Infante ou à celui qui
ſeroit dans ſes droits; & que cependant on lui
en payeroit l'intérêt : Que moyennant le payement effectif de cette dot aux termes ci-deſſus,
l'Infante ſe tiendroit contente & ne pouroit rien
prétendre davantage pour plus grande ſucceſſion
de leurs Majeſtez Catholiques ſes pére & mére:
Qu'avant la célébration de ſon mariage , elle y feroit une renonciation en bonne & due forme,
laquelle incontinent après cette célébration elle
approuveroit & ratifieroit conjointement avec le
Roi Très-Chrétien : Qu'attendu qu'il importoit
au bien public & à la conſervation des deux
Couronnes qu'elles ne puſſent être réünies à une
ſeule , cette Infante & ſes enfans ſeroient à jamais
exclus de la ſucceſſion d'aucuns Etats du Roi
d'Eſpagne , nonobſtant toutes les ordonnances &
coutumes à ce contraires ; ſi ce n'étoit qu'elle
demeurât veuve ſans enfans de ce Mariage , qu'en
ce cas cette excluſion ſeroit annullée à ſon égard,
pourvû qu'elle retournât en Eſpagne , ou qu'elle
ſe mariât avec l'agrément du Roi ſon pére ou du
Prince ſon frére : Qu'elle paſſeroit un acte de conſentement à cette excluſion avant que d'être mariée & le ratifieroit conjointement avec le Roi
T. C. après qu'elle ſeroit mariée : Que le Roi
T. C. donneroit à l'Infante des bagues & joyaux
pour la ſomme de cinquante mille écus d'or ſol,
qui ſeroient conſidérez comme un bien de ſon
patrimoine : Qu'il lui aſſigneroit ſuivant l'ancienne
& louable coutume de la Maiſon Royale de France , vingt mille écus d'or ſol par chacun an à
prendre ſur des terres dont le principal lieu auroit
titre de Duché, & deſquels en cas de viduité l'Infante jouïroit & y auroit la proviſion des offices
vacans , qu'elle ne pouroit néanmoins donner qu'à
des naturels François : Que le Roi lui aſſigneroit

une ſomme convenable pour l'entretien de ſon
Etat & de ſa Maiſon: Que le Roi Très-Crétien
& l'Infante ſe marieroient par parole de préſent , par Procureur envoyé par le Roi T. C.
après quoi le Roi Catholique la feroit conduire
en un appareil convenable à ſes frais juſqu'à la
frontiére du Royaume de France , où elle ſeroit
reçue avec le même appareil par le Roi Très-
Chrétien: Enfin qu'en cas qu'elle ſurvecût aü
Roi il lui ſeroit permis de s'en retourner en Eſpagne ou ailleurs hors de France avec tous ſes
biens , dot , douaire , bagues , joyaux , vête-
mens , meubles , & Officiers de ſa Maiſon , ſans
que pour quelque cauſe que ce fût on pût l'empêcher de jouïr de ſa dot & de ſon douaire,
dont le Roi T. C. donneroit au Roi Catholique toutes les aſſurances néceſſaires.

Exécution du Traité de paix & du Contract de Mariage.

Ces Traitez étant ſignez les Plénipotentiaires
prirent congé l'un de l'autre dans la vingt-cin-
quiéme conférence qui ſe tint le 11. Novembre:
le Cardinal avoit fait ce voyage dans le deſſein
d'y lier avec Dom Louïs de Haro une étroite
amitié qui pût ſervir à unir auſſi les deux Couronnes & leur donner lieu d'entreprendre la destruction de l'Empire Ottoman dont il eſtimoit
pouvoir acquérir une gloire immortelle ; on a
cru auſſi qu'il avoit eſpéré que cette union lui
pouroit ſervir pour parvenir un jour à la Papauté
avec l'agrément de l'Eſpagne ; mais n'ayant pas
trouvé l'eſprit de Dom Louïs proportionné à la
grandeur des deſſeins qu'il méditoit , il ne s'en
ouvrit point avec lui & eut un très-grand regret
d'avoir entrepris ce long voyage nonobſtant ſa
goute & ſes autres incommoditez.

Le Cardinal partit enſuite de St. Jean-de-Luz
pour ſe rendre à Toulouſe , où il fut parfaite-
ment bien reçu du Roi, de la Reine, & de toute la Cour.

Le Roi y ratifia le 24. Novembre ſuivant le
Traité de paix & le Contract de mariage qui furent
auſſi ratifiez par le Roi d'Eſpagne le 10. Décembre 1659.

Le Roi prit enſuite avec toute la Cour le chemin de Provence , & envoya de Montpellier le
9. Janvier 1660. le Sr. Bartet à Rome pour demander au Pape la diſpenſe du mariage avec l'Infante.

La Cour arriva le 17. Janvier à Aix où le Prince de Condé ſe rendit le 27. & fut deſcendre chez
le Cardinal , qui enſuite le préſenta au Roi dans
la chambre de la Reine, où il n'y avoit que fort
peu de perſonnes: ce Prince ſe jetta à genoux &
demanda pardon au Roi , le ſuppliant d'oublier le
paſſé & promettant de le ſervir à l'avenir avec
toute la fidélité poſſible. Le Roi le reçut fort ſé-
rieuſement , l'écouta couvert , & le laiſſa à genoux pendant tout le tems qu'il parla ; puis le fit
lever , & lui dit qu'il lui pardonnoit le paſſé dans
la confiance qu'il ne manqueroit plus à ſon devoir: après quoi ôtant ſon chapeau , il fit ouvrir
les portes pour que tout le monde entrât , & lui
parla fort obligeamment , comme ſi de rien n'eût
été. Le Cardinal le traita le lendemain à diner ,
avec le Prince de Conti , le Duc de Longueville,
& pluſieurs autres Seigneurs : & le Prince s'en
alla peu après à Paris.

Les

Les places mentionnées dans le Traité furent é- vacuées & reſtituées de part & d'autre dans les ter- mes dont on étoit convenu.

Le Roi prit au moisd'Avril le chemin de la fron- tiére pour s'aboucher avec le Roi d'Eſpagne & con- ſommer ſon mariage avec l'Infante; il arriva à Bayo- ne le premier de Mai, & le Roi d'Eſpagne & l'Infante arrivérent à St. Sebaſtien le ſecond: les deux premiers Miniſtres ſe virent le 10. dans l'Iſle de la Confé- rence; mais les cérémonies des complimens réci- proques & la concluſion, du mariage furent ſuſpen- dues pendant quelque tems à cauſe des différends qui ſurvinrent à l'occaſion des limires des deux Royaumes. Les Commiſſaires des deux Rois qui s'étoient aſſemblez en la Ville de Ceret au Comté de Rouſſillon, n'ayant pu convenir du ra- meau des Monts Pirénées qui feroit la diviſion, & en conſéquence s'il y avoit quelques lieux du Comté de Conflans qui appartiendroient à l'Eſ- pagne, & de celui de Cerdagne qui appartien- droient à la France; mais l'affaire fut accommodée par l'entremiſe du Comte de Fuenſaldagne, le Roi d'Eſpagne s'en étant rapporté à l'arbitrage du Car- dinal Mazarin, qui du conſentement du Roi fixa la ſéparation de la France d'avec l'Eſpagne au ra- meau des Monts Pirénées qui va de Colioure au Mont Canegut, au lieu que les Eſpagnols vou- loient qu'elle commençât à Leucate; mais on leur laiſſa Puicerda avec quelques villages autour.

Cela ayant été ainſi arrêté, le Cardinal Maza- rin & Dom Louïs de Haro comme Plénipoten- tiaires des deux Rois ſignérent le 31. Mai un acte par lequel ils convinrent en expliquant le 42. Article du Traité des Pirénées, que le Roi jouïroit de tout le Comté de Rouſſillon & de tout le Comté de Conflans: & pour éviter toute conteſtation ils déclarérent que le lieu de Ba- nieulz del Mareſme & tout ſon détroit étoit du Comté du Rouſſillon; que le Roi conſerve- roit toute la Principauté de Catalogne, & le Comté de Cerdagne à la réſerve de la vallée de Carol, dans laquelle ſe trouvoit le chemin de Carol, la tour de Cerdagne, & d'une continua- tion de territoire depuis la vallée de Carol juſ- qu'au Capſir dans le Comté de Conflans; enſorte que le Roi Très-Chrétien auroit dans le Comté de Cerdagne trente-trois villages, & que s'il n'y en avoit pas tant dans cette vallée & dans cette communication, ce nombre feroit rempli par d'autres villages du Comté de Cerdagne qui ſe trouveroient les plus contigus. Cet acte fut ra- tifié par les deux Rois le lendemain premier Juin.

Le Roi Catholique avança enſuite le ſecond Juin à Fontarabie, le Roi étant à St. Jean-de- Luz; & ils s'envoyérent réciproquement faire des complimens & des préſens.

Dom Louïs de Haro comme fondé de procu- ration du Roi épouſa le 3. Juin l'Infante dans l'E- gliſe de Fontarabie: après quoi le Roi d'Eſ- pagne donna toujours la main & la préſéance à ſa fille.

La Reine mére accompagnée du Duc d'Anjou ſon fils, du Cardinal Mazarin, & de pluſieurs Seigneurs François eut le 4. Juin dans la ſalle des conférences une entrevue avec le Roi d'Eſpagne ſon frére & la jeune Reine, qui étoient accom- pagnez de Dom Louïs & de pluſieurs Seigneurs Eſpagnols. Le Roi y étant auſſi venu incognito, y vit l'Infante, ſans qu'elle le reconnût, il la vit encore ſur la riviére comme elle s'en retour- noit avec le Roi ſon pére.

Les deux Rois ſe virent & jurérent le 6. la paix dans la ſalle des conférences, & ſignérent l'acte de ce ſerment chacun dans leur cabinet.

Ils ſe virent encore le 7. pour prendre congé l'un de l'autre, & le Roi d'Eſpagne remit ſa fille entre les mains du Roi ſon époux.

On célébra dans l'Egliſe de St. Jean-de-Luz le 9. les cérémonies du mariage du Roi avec la Reine.

Les deux Miniſtres prirent congé l'un de l'au- tre le 13. Juin, & deux jours après le Roi & toute ſa Cour partirent de St. Jean de-Luz pour ſe rendre à Paris où la Reine fit ſon entrée le 26. Août.

Jacinthe Serroni Evêque d'Orange & Dom Mi- guel de Culba & Valgornera ayant été nommez Commiſſaires Deputez par les Rois de France & d'Eſpagne pour régler quels ſeroient les trente- trois villages de Cerdagne qui devoient reſter à la France, ils ſe rendirent dans la Cerdagne, & a- près diverſes conférences, ils firent à Livia le 12. Novembre 1660. un Traité par lequel ils con- vinrent que Carol avec tous les lieux qui ſont dans ſa vallée ſeroit compté pour deux; Enveig, ſa montagne & ſa juriſdiction auſſi pour deux; Ur & Flori pour un; Villanova & Eſcaldas pour un; Dorras, Auguſtrina, Targazona, Palmarie, Egat, Odella, Via, Bolqueras, Vilar de Ovehza, Eſ- tavar, Bajenda, Sallagoſa, Ro, Vedrihians, la Perxa, Ruet, Llo, Eyna & St. Pere del For- cats pour dixneuf; Sta. Leocadia & Llus pour un; Er, Planes, pour deux; Caldegas, & On- zes pour un; Navia, Oſeja, Palau, & Iz pour quatre: Que tous ces lieux avec leurs dépendan- ces & juriſdictions demeureroient entiérement à la France: Qu'à l'égard du village de Iz ſeulement la ſéparation de la France d'avec l'Eſpagne ſe feroit dans ſon territoire ſitué au delà de la riviére de Regur qui vient de Ur; & qu'ainſi la partie du territoi- re de Iz qui étoit au delà de cette riviére en tirant vers Livia appartiendroit à la France, & que la ri- viére & ſon pont ſeroient moitié à la France & moitié à l'Eſpagne: Que Livia & ſon Bailliage ap- partiendroient au Roi d'Eſpagne, à condition qu'il n'y pouroit faire aucune fortification: En- fin que, comme pour aller de Livia à Puicerda il falloit paſſer pas des villages délaiſſez à la France, & que de même pour aller de quelques uns de ces villages aux autres, il falloit paſſer par ceux qui demeureroient à l'Eſpagne, les deux Rois ne pou- roient lever de traites foraines & autres droits ſur les marchandiſes qui iroient de Livia à Puicerda, ou d'un de ces villages à un autre.

HISTOIRE

DES

TRAITEZ

PASSEZ PAR LES

ROIS LOUIS XIII. ET LOUIS XIV.

Avec CHARLES IV. Duc de Loraine ou pour ses intérêts depuis l'année 1630. jusqu'en 1663.

A Loraine en Latin *Lotharingia*, & en Tudesque *Loterreich*, a pris ce nom d'un neveu de Charles-le-Chauve nommé Lothaire le jeune qui ayant eu ce Pays & quelques autres circonvoisins pour son partage, leur donna son nom qui est depuis demeuré particuliérement affecté à la Province qui étoit auparavant nommée Mozellane, à cause qu'elle étoit traversée par la Mozelle.

Lothaire étant mort sans enfans légitimes, ses deux oncles Charles le Chauve Roi de France & Louïs Roi de Germanie partagérent entr'eux son Royaume en 870. Ce partage fut confirmé à Marsene en 879. entre Louïs le Bégue fils de Charles & Louïs Second Roi de Germanie.

Mais Louïs le Bégue étant mort en cette même année, & quelques Seigneurs François qui prétendoient que ses fils Louïs & Carloman étoient bâtards, ayant appellé Louïs Second Roi de Germanie pour le mettre en possession du Royaume de France, tout ce que purent faire les Seigneurs qui tenoient le parti de ces jeunes Princes, fut d'accorder au Roi de Germanie la partie de la Loraine que Charles le Chauve & Louïs le Bégue avoient possédée; & depuis ce tems-là ce Royaume a toujours dépendû des Rois de Germanie.

Il est vrai que Charles le Simple troisiéme fils de Louïs le Begue en recouvra une partie, & prétendit que le reste lui appartenoit aussi; le Royaume de Germanie étant passé à des Princes qui ne descendoient point de Charlemagne: mais en 923. il l'abandonna à Henri I. surnommé l'Oiseleur Roi de Germanie, pourvû qu'il le voulût assister contre Raoul que les François avoient élu pour Roi à son préjudice. Charles ayant été confiné en une prison à Péronne où il mourut, Raoul ne voulut point tenir cet abandonnement de la

Loraine, & en réduisit une bonne partie sous son obéissance: mais enfin cette contestation fut vuidée par un Traité fait à Rheims entre l'Empereur Othon Second & le Roi Lothaire; par lequel celui-ci céda la Loraine à l'Empereur en fief, à ce que disent nos Auteurs, desorte que, suivant eux, la Souveraineté en seroit toujours demeurée au Roi de France.

Cependant cet Empereur l'ayant donnée en titre de Duché à Charles frére de Lothaire, il lui en rendit hommage; ce qui irrita tellement les François qu'encore que la Couronne lui appartînt après la mort de Louïs le Fainéant son neveu, ils prirent ce prétexte pour l'en exclure, & élurent pour leur Roi Hugues Capet qui n'étoit point de la Maison Royale. Charles ayant voulu s'emparer du Royaume par les armes, fut fait prisonnier & envoyé à Orléans où il mourut, laissant la Loraine à son fils qui mourut sans enfans: desorte que le Duché de Loraine passa dans une autre famille, & il ne paroît pas que les Rois de la troisiéme Race y ayent rien prétendu.

Dans la suite des tems ce Duché passa à un Duc nommé Férri qui épousa Ioland fille de René d'Anjou Roi titulaire de Sicile, qui par son testament laissa à sa fille son Duché de Bar & à son Neveu Charles Comte du Maine l'Anjou, la Provence & ses prétentions sur les Royaumes de Sicile, de Jérusalem, d'Arragon, & autres. Charles du Maine mourut en 1481. ayant laissé pour son héritier universel Louïs XI. Roi de France son cousin germain & ses Successeurs Rois de France: René Duc de Loraine fils de Ferri & d'Ioland qui se trouvoit lezé par ce testament, demanda à Charles VIII. & à Louïs XII. qu'ils lui remissent l'Anjou & la Provence. Mais ces deux Rois ayant bien voulu s'en rapporter à des Juges dont ce Duc de Loraine convint, le testament fut confirmé, & l'Anjou & la Provence furent adjugez à

nos

nos Rois; deforte que les Ducs de Loraine se sont depuis contentez de mettre les armes de tous ces Royaumes & de l'Anjou dans l'écusson de leurs armes, & de prendre le titre de Comtes de Provence, hormis dans les Traitez qu'ils passent avec nos Rois, dans lesquels ils mettent un Et cætera, après les titres de Ducs de Loraine & de Bar.

Ce différend ne troubla point l'amitié entre les Rois de France & ces Ducs ; deforte que pendant les guerres entre Charles-Quint & François I. Antoine Duc de Loraine sçut se conserver dans une parfaite neutralité, quoi qu'il eût marié le Prince François son fils aîné à Christine fille de Christian Second Roi de Dannemarc & de Dorothée sœur de Charles-Quint.

Charles III. fils de François parvint à ce Duché en 1545. de forte que ce fut de son tems que les Rois de France devinrent davantage voisins des Ducs de Loraine par le droit de protection qu'ils acquirent en 1552. sur les Villes & Evêchez de Metz, Toul, & Verdun. Ce Prince épousa Claude fille de Henri II. & de Catherine de Médicis, & eut en mariage tant en rentes qu'en argent trois cens mille écus pour tous droits paternels, auxquels il renonça moyennant cette somme.

Cette alliance lui attira beaucoup de graces des Rois de France Charles IX. & Henri III. ses beaux-frères, dont le premier passa le 25. Janvier 1571. pardevant deux Notaires du Châtelet de Paris une transaction avec ce Duc par laquelle pour terminer leur différend au sujet des droits de Régale & de Souveraineté dans les terres du Bailliage de Bar, & Prévôté de la Marche, Châtillon, Conflans, & Gondrecourt, ce Roi les lui céda tant pour lui que pour ses descendans mâles; ce qui fut encore confirmé par une Déclaration de Henri III. de l'année 1575. par laquelle ce Roi ne se réserva que les droits de fief & de ressort.

La Reine Catherine de Médicis voyant que tous ses fils n'avoient point d'enfans, fit son possible pour porter Henri III. à laisser plutôt sa succession au fils du Duc de Loraine qui étoit son neveu, qu'au Roi de Navarre qui n'étoit son parent qu'au dix ou onzième dégré : elle y auroit peut-être réüssi, si le Duc de Loraine & son fils avoient eu d'aussi grandes qualitez que le Duc de Guise leur cousin qui travailloit de son côté à s'assurer cette succession après la mort du Roi.

Henri III. étant mort après avoir fait assassiner le Duc de Guise, Charles Duc de Loraine voulut faire valoir les droits que son fils avoit à la Couronne de France comme petit-fils de Henri II. & neveu des trois derniers Rois ; & s'étant lié avec les Princes de sa Maison qui contestoient la Couronne à Henri IV. s'empara de quelques villes sur les frontières de Champagne & de la forteresse de Marsal qui dépendoit de l'Evêché de Metz, & dans laquelle les Rois de France avoient toujours entretenu une garnison à leurs dépens depuis qu'en l'année 1556. l'Evêque de Metz s'étoit mis sous la protection de Henri II.

Le Duc espérant que le Roi lui feroit des avantages considérables pour acquerir la paix avec le Chef de la Maison qui lui faisoit la guerre, la fit négocier dès l'année 1593. par le Sr. de Bassompierre : cependant on fut plus d'une année sans pouvoir conclure le Traité ; parce qu'outre plusieurs demandes qu'on ne lui contestoit pas, ce Duc vouloit faire valoir les droits qu'il avoit de son chef sur l'Anjou & sur la Provence, & ceux que ses enfans avoient du chef de la Duchesse leur mére, premiérement sur les Comtez de Couci & de Blois que Louïs Duc d'Orléans frére de Charles VI. avoit acquis & qui étoient possédez par Louïs XII. bisayeul de la Duchesse, lorsqu'il parvint à la Couronne; en second lieu sur la Bretagne qui étoit le patrimoine d'Anne de Bretagne femme de Louïs XII. & mére de Claude, de laquelle François I. avoit eu Henri Second pére de la Duchesse ; enfin il demandoit la succession de Catherine de Médicis.

Le Roi répondit à cela que la question touchant l'Anjou & la Provence avoit déja été jugée il y avoit longtems au désavantage des Ducs de Loraine ; que les Comtez de Blois & de Couci & le Duché de Bretagne avoient été réünis à la Couronne ; & que la Duchesse avoit renoncé à la succession de ses pére & mére, moyennant la dot qui lui avoit été donnée.

Ces difficultez & les grands avantages que le Duc demandoit encore tant pour lui que pour ses enfans firent reculer la conclusion du Traité jusqu'au 15. Novembre 1594. que le Roi étant à St. Germain-en-Laye le conclut enfin avec le Duc ; à condition qu'il lui feroit raison à lui & à ses enfans de la succession de Catherine de Médicis, sans préjudice de ce que le Duc prétendoit tant de son chef que du leur, sur les Duchez de Bretagne & d'Anjou & sur les Comtez de Provence, de Blois, & de Couci : que la Ville de Marsal demeureroit en propre au Duc & à ses successeurs Ducs Loraine, en récompensant l'Evêque au profit de l'Evêché : que le Duc rendroit Jametz, à la charge qu'on lui donneroit Dun & Stenai en échange : que les droits de feudalité que le Duc prétendoit sur Jametz seroient jugez par des Commissaires députez de part & d'autre : que le Roi feroit payer les rentes constituées pour la dot de la feue Duchesse de Loraine : Enfin qu'il lui feroit payer neuf cens mille écus tant pour arrérages de pensions, que pour les dépenses qu'il avoit faites dans cette guerre, sur lesquels Sa Majesté lui engageroit cinq cens mille écus de son domaine.

Il ne paroît pas que le Duc ait eu aucune chose pour toutes ses prétentions; mais aussi il garda toûjours Jametz, & eut bon marché de Marsal : car comme son fils le Cardinal de Loraine étoit alors Evêque de Metz, la récompense que le Duc donna à l'Evêché pour Marsal ne consista qu'en quelques terres de peu de conséquence qu'il lui donna en échange, & en une quittance des dépenses faites par le Duc à la prise & à la défense de cette place pendant la Ligue : cependant comme le Roi vouloit favoriser le Duc, il approuva par un Arrêt du Conseil de l'année 1601. le contract d'échange fait entre le Duc de Loraine & l'Evêque de Metz; & ordonna qu'en conséquence du Traité de 1594. le Duc demeureroit propriétaire de Marsal, sans que Sa Majesté y conservât aucun droit ; à condition que les terres données en échange sortiroient pareille nature & seroient sous la protection de Sa Majesté comme étoit Marsal avant l'échange. Henri fils & successeur de Charles mourut en 1624. ne laissant que deux filles nommées Nicole & Claude, & dont il avoit marié l'une à Charles fils aîné du Comte de Vaudemont son frère.

Jamais

Jamais Prince n'a été si inquiet ni si inconftant que ce Charles IV. Duc de Loraine de ce nom, en comptant Charles frére du Roi Lothaire: comme ce Prince étoit toûjours mécontent de l'état où il fe trouvoit, il n'avoit pas fitot fait un Traité qu'il s'en repentoit, & fongeoit à le rompre, & étoit peu après obligé d'en faire un autre qui au lieu de rendre fa condition meilleure la rendoit encore pire. C'a été la véritable caufe des quinze Traitez qu'il a faits, ou que l'Empereur & le Roi d'Efpagne ont faits pour fes intérêts avec le feu Roi Louïs XIII. & avec le Roi, & defquels je parlerai fucceffivement.

I. Traité de Ratisbone. 1630.

La confidération que Louïs XIII. avoit eue pour Henri Duc de Loraine qui avoit époufé en premiéres noces la tante de Sa Majefté fœur du Roi Henri IV. & qui avoit toûjours témoigné beaucoup d'inclination pour la France, avoit été caufe qu'on avoit toléré beaucoup d'ufurpations que les Ducs de Loraine avoient faites en divers tems fur le territoire & les droits des Evêchez de Metz, Toul, & Verdun qui font enclavez dans la Loraine: mais comme ce Roi n'avoit pas la même confidération pour fon fucceffeur, il donna dès le mois de Novembre 1624. commiffion aux Srs. Le Bret, de Lorme, & Du Puis de fe transporter fur les lieux & d'informer de ces ufurpations.

Ces Commiffaires ayant fait une perquifition exacte des titres de ces Evêchez, trouvérent que les anciens Ducs de Loraine fe fervant de l'autorité qu'ils avoient eue fur les Evêques qui étoient le plus fouvent de leur Maifon, en avoient diftrait fans fujet & contre toutes les formes, tant avant que ces Evêchez fuffent fous la protection de fa Majefté, que depuis qu'ils y avoient été, plufieurs Fiefs & Seigneuries confidérables, comme Nomeni, Marfal, Epinal, Apremont, St. Avol & plufieurs autres; & que les Ducs de Loraine exigeoient même fans titres plufieurs droits des habitans des trois Evêchez: particuliérement ils trouvérent à redire qu'encore été que l'Abbaye de Gorze voifine de Metz eût été fondée par les Rois de France, & qu'ils en fuffent les protecteurs, & y établiffent des Gouverneurs, même avant l'an 1552. ces Ducs n'avoient pas laiffé d'en faire unir les revenus à la Primatiale de Nanci, d'en fupprimer les Religieux, & de faire ôter les Armes de France des voutes & des porches.

Ces Commiffaires priérent le Duc de vouloir auffi nommer des Commiffaires de fa part pour conférer avec eux; mais comme il n'en voulut rien faire, ils décernérent plufieurs ordonnances par lefquelles ils déclarérent qu'ils feroient rapport au Roi de toutes ces aliénations du domaine de ces Evêchez; & cependant ils fupprimérent plufieurs droits que le Duc exigeoit des habitans des trois Evêchez.

Le Duc fut extrêmement indigné de l'exactitude avec laquelle cette commiffion avoit été faite; & craignant que le Roi ne voulût faire réünir au Domaine de ces Evêchez, ce qui en avoit été aliéné, il ne fongea plus qu'à s'unir à tous les ennemis du Roi tant étrangers que domeftiques, afin que Sa Majefté eût tant d'affaires, qu'elle ne fongeât plus à le troubler dans la poffeffion de ces Seigneuries. Sa mauvaife volonté parut dans le tems du fiége de la Rochelle; ce Duc s'étant lié avec les Anglois & avec le Duc de Savoye pour en empêcher la prife, ce qui fut découvert lorfque Montaigu Ambaffadeur d'Angleterre ayant été arrêté fur la frontiére de la Loraine fut trouvé chargé des promeffes du Duc d'entrer en armes en France, & de fes négociations avec les Huguenots rebelles du Languedoc & du Dauphiné: non content de cela il entretenoit d'une part les chagrins de la Reine mére Marie de Médicis & de Monfieur Gafton Duc d'Orléans contre le Cardinal de Richelieu, leur offrant fes Etats pour retraite en cas qu'ils vouluffent fortir de France: d'autre part ayant donné à entendre à l'Empereur que le Roi avoit fait dans ces Evêchez plufieurs innovations préjudiciables à l'Empire; il fe faifit fous fon nom de la ville de Moyenvic qui dépend de l'Evêché de Metz, & y bâtit même une citadelle.

Lorfqu'on fit à Ratisbone en 1630. le Traité concernant les affaires de la fucceffion de Mantoue, les Commiffaires de l'Empereur firent inftance pour la réparation des innovations depuis peu faites par le Roi dans les terres des trois Evêchez & au fujet de l'Abbaye de Gorze & autres lieux dont le Roi s'étoit faifi. Les Ambaffadeurs du Roi demandérent au contraire la démolition de la citadelle de Moyenvic: il ne fut rien décidé fur ces conteftations; mais feulement on convint que comme à l'occafion de ces mouvemens le Duc de Loraine avoit levé des troupes pour la confervation de fon Etat, il feroit compris dans ce Traité de paix, & ne feroit moleflé de perfonne. Cet article fut un de ceux qui empêchérent la ratification de ce Traité; le Cardinal de Richelieu prétendant que comme le Roi n'étoit point en guerre avec le Duc, il ne falloit point le comprendre dans le Traité: mais il y a apparence que la principale raifon étoit qu'on n'étoit point content en France de fes maniéres d'agir, & qu'on ne vouloit pas le laiffer longtems en repos.

II. Traité de Vic. 1631.

Les chofes demeurérent en cet état jufqu'à ce qu'en 1631. le Duc voyant que les Suédois avoient inondé la plus grande partie de l'Allemagne, & même qu'ils entroient dans l'Alface qui eft voifine de fes Etats, leva une armée confidéable qu'il mena en Alface au fecours de l'Empereur, quoi qu'avec peu de fuccès; une grande partie de fon armée ayant été défaite par les Suédois.

Cette action déplut au Roi, tant parce qu'il étoit allié du Roi de Suéde, que parce qu'il craignit que ces hoftilitez ne fourniffent un prétexte à ce Prince ambitieux d'entrer à main armée en Loraine, & jufques fur les frontiéres de la France: mais Sa Majefté fut encore plus choquée lors qu'elle apprit que Mr. le Duc d'Orléans fon frére s'étoit retiré en Loraine, après que la Reine Mére avoit été arrêtée à Compiegne, & que le Duc de Loraine lui avoit permis de lever des troupes dans fon Pays, & avoit donné paffage à d'autres auxquelles il avoit permis de faire des entreprifes fur les places frontiéres du Royaume.

Le Roi voulant empêcher le progrès de fes deffeins, ordonna aux Maréchaux de la Force & de Châtillon d'affiéger Moyenvic au nom de l'Evêque

que de Metz; & lui même avança jusqu'à Metz, & s'étant rendu maitre de Moyenvic & de Vic, il fit encore affiéger Marfal comme un lieu qui dépendoit aussi bien que les précédens, de l'Evêché de Metz dont il étoit protecteur. Le Duc de Loraine craignant que les armes du Roi ne fondiffent dans la fuite fur la Loraine même, vint à Metz pour fe juftifier auprès du Roi: mais Sa Majefté voulut qu'il fe déclarât nettement pour la France; qu'il renonçât à fon alliance avec la Maifon d'Autriche, & qu'il lui mît entre les mains Stenai ou Marfal pour fureté de fa parole. Ce Duc voyant l'armée Françoife au milieu de fes Etats, & qu'il étoit encore menacé du Roi de Suéde duquel il ne fe pouvoit défendre qu'en fe mettant fous la protection du Roi, fe rendit à ce que Sa Majefté fouhaitoit.

Ainfi on fit à Vic le dernier Décembre 1631. un Traité entre le Roi & le Duc, par lequel celui-ci fe départit de toutes les ligues qu'il avoit faites au préjudice du Roi & de fes Etats; comme auffi au préjudice des Traitez d'alliance entre le Roi & le Roi de Suéde, & entre Sa Majefté & le Duc de Baviére pour la défenfe de la liberté de l'Allemagne, de la Ligue Catholique, & des alliez de Sa Majefté: il promit qu'il ne feroit à l'avenir aucune alliance fans le confentement du Roi; qu'il feroit retirer de fes Etats tous les ennemis du Roi & tous ceux qui étoient fortis de fon Royaume contre fon gré, & ne leur donneroit à l'avenir aucun paffage ni retraite: qu'il ne permettroit point qu'il fe fit aucunes levées dans fes Etats contre le fervice de Sa Majefté ni qu'aucun de fes fujets affiftât fes ennemis: Qu'il permettroit à ceux qui feroient envoyez de la part du Roi d'arrêter dans fes Etats les Sujets de Sa Majefté, qui feroient rebelles ou accufez de crime d'Etat ou de Leze-Majefté: qu'il donneroit paffage aux armes du Roi en cas qu'il les fît paffer en Allemagne pour détourner l'orage qui menaçoit d'une entiére ruine les Electeurs Catholiques & autres Princes unis avec eux; & que même il y joindroit au moins quatre mille hommes de pied, & deux cens chevaux. Le Roi promit de fa part de protéger la perfonne & les Etats du Duc contre ceux qui les voudroient envahir fous quelque prétexte que ce fût; & qu'au cas de la guerre d'Allemagne dont il eft parlé ci-deffus, le Duc auroit le tiers des places qu'on prendroit. Enfin le Duc convint qu'en confidération de ce que le Roi le prenoit fous fa protection envers tous & contre tous, il mettroit entre les mains de Sa Majefté par forme de dépôt la place de Marfal fous la promeffe que le Roi lui fit de la lui rendre trois ans après que le Traité auroit été exécuté, confentant que cependant le Duc en reçût toûjours les revenus.

Le fiziéme Janvier 1632. on ajouta à ce Traité un article féparé, par lequel le Duc marquoit premiérement que par la renonciation à fes ligues portée dans le Traité, il entendoit renoncer à toutes les alliances & confédérations qu'il pouvoit avoir faites avec l'Empereur, le Roi d'Efpagne, & tous autres Princes de la Maifon d'Autriche: en fecond lieu que lors qu'il avoit promis de faire retirer de fes Etats les ennemis du Roi & ceux qui étoient fortis de France contre fon gré, il entendoit s'obliger de ne donner aucune retraite à Monfieur ni à la Reine Mére ni à aucun des leurs.

Le Roi eût bien fouhaité que ce Duc lui eût remis fes troupes qui étoient en garnifon à Haguenau & dans d'autres places au deça du Rhin; mais il ne put jamais l'y faire condefcendre.

Ce Traité fut exécuté: Monfieur s'étant retiré de la Loraine dans les Pays-Bas; & le Duc ayant remis Marfal entre les mains du Roi.

Le Roi pour empêcher le Roi de Suéde d'entrer en Loraine comme il avoit deffein fe trouvant alors à Mayence, lui envoya donner avis de ce Traité: & comme il avoit pris ce Duc fous fa protection, d'abord Guftave témoigna n'être pas fort dans le deffein de s'arrêter à ce Traité qui lui ôtoit le moyen de fe vanger d'un Prince qui s'étoit déclaré fon ennemi de gayeté de cœur; néanmoins le Maréchal de Brezé l'étant allé trouver de la part du Roi il lui fit agréer ce qui étoit porté par ce Traité en faveur du Duc de Loraine.

III. Traité de Liverdun 1632.

Peu après que le Duc eût fait ce Traité avec le Roi, il en fit un autre avec l'Empereur, le Roi d'Efpagne, & Monfieur le Duc d'Orléans, pour faire une invafion en France: il leva des troupes pour les joindre à l'armée de Monfieur, & donna paffage à celles qu'il conduifit en Languedoc. Le Roi en ayant eu des avis certains, prit toutes ces actions pour des transgreffions du Traité de Vic, & ayant envoyé le Maréchal de la Force à la fuite de Monfieur, avança vers la Loraine avec une armée de vingt-cinq mille hommes: le Duc fe voyant furpris tâcha de fe juftifier; mais le Roi ayant déclaré que fes foupçons étoient fi bien fondez qu'il vouloit que le Duc dèfarmât & lui mît encore d'autres places entre les mains pour fureté de fa fidélité, il continua toujours fon chemin, fe faifit de Bar, de St. Michel, de Pont-à-Mouffon, & de plufieurs autres places, & vint jufqu'à trois lieues de Nanci: enfin après diverfes propofitions les Sr. de Ville premier Gentilhomme de la Chambre du Duc & Jeanin fon Secretaire d'Etat pafférent en fon nom un fecond Traité à Liverdun le 20. Juin 1632. avec le Cardinal de Richelieu au nom du Roi; par lequel le Roi promit de rendre au Duc les places qu'il avoit prifes fur lui; moyennant quoi le Duc promit premiérement de dépofer Stenai & Jametz entre les mains du Roi qui les garderoit & y tiendroit garnifon pendant quatre années, pendant lefquelles le Duc en recevroit les revenus: en fecond lieu de céder au Roi la ville & le Comté de Clermont pour en jouïr par Sa Majefté en toute propriété & fouveraineté, attendu qu'elle relevoit de fa Couronne; & à condition d'en payer au Duc le prix dont on conviendroit à raifon du denier cinquante fur le pied du revenu; de forte qu'en attendant qu'il en eût touché le prix, le Duc continueroit d'en recevoir les revenus: en 3. lieu de rendre dans un an hommage à Sa Majefté pour raifon du Barrois: enfin d'obferver religieufement les cinq premiers articles du Traité de Vic, & de ne point laiffer paffer par fes Etats aucunes troupes qui euffent deffein d'agir contre les Etats du Roi; & à l'égard des différens mus ou à mouvoir entre le Roi & le Duc pour raifon de Metz, Toul, & Verdun & autres lieux, ils convinrent qu'ils feroient réglez à l'amiable par des Commiffai-

miſſaires nommez de part & d'autre qui s'aſ-
ſembleroient à Paris.

IV. *Traité de Nanci.* 1633.

Lorſque le Roi fit le Traité de Liverdun il ne
ſavoit pas que Monſieur eût épouſé la Princeſſe
Marguerite ſœur du Duc de Loraine: ainſi il fut
fort irrité contre le Duc lorſqu'il apprit ce mariage qui lui déplaiſoit extrémement , ayant d'autres
vues pour le mariage de ſon frére. Le Roi avoit
encore lieu de ſe plaindre de ce que le Duc n'avoit
pas ſatisfait au précédent Traité , ne lui ayant
point rendu hommage du Duché de Bar, & n'a-
yant point envoyé des Commiſſaires à Paris pour
régler les conteſtations qu'ils avoient enſemble
pour les dépendances des Evêchez de Metz, Toul
& Verdun.

Mais ce qui acheva de réſoudre le Roi à retourner en Loraine , fut que ce Duc , ſans avoir égard
aux précédens Traitez , ſe ligua de nouveau avec
l'Empereur contre la Suéde , & fut attaquer les
Suédois qui étoient alors occupez au ſiége d'Haguenau en Alſace.

Le Roi pour procéder juridiquement fit
aſſigner le Duc de Loraine au Parlement de Paris
pour voir réunir le Duché de Bar à la Couronne
faute d'hommage rendu : le Duc n'ayant point
comparu le Parlement ordonna par Arrêt du 30.
Juillet 1633. que ce Duché ſeroit ſaiſi juſqu'à ce
que le Duc eût ſatisfait aux devoirs de vaſſal; &
commit pour l'exécution de cet Arrêt le Sr. de la
Nauvé Conſeiller au Parlement , auquel le Roi
donna une Commiſſion du Grand-Sçeau, non ſeulement pour exécuter l'Arrêt du Parlement , mais
auſſi pour réünir à la Couronne les droits royaux
dans le Barrois, dont l'uſage avoit été accordé au
Duc de Loraine par les Rois Charles IX. & Henri III. ce qui fut fait.

Le Roi s'étant enſuite mis en marche pour ſe
rendre en Loraine avec une puiſſante armée, le Duc
voulant détourner cet orage qui étoit prêt de fon-
dre ſur lui, envoya vers le Roi le Cardinal de Loraine ſon frére qui l'ayant trouvé à Château-Thier-
ri le 19. Août lui offrir de la part de ſon frére de
conſentir à la diſſolution du mariage de Monſieur
avec la Princeſſe Marguerite ſa ſœur , de remettre
au Roi les places de Saverne & de Dachſtein qu'il
tenoit en Alſace , & de faire rendre par la Ducheſſe foi & hommage pour le Duché de Bar, ainſi que le Roi l'avoit ſouhaité lorſque le Duc s'é-
toit rendu à Paris en 1625. pour rendre cette foi
& hommage. Le Cardinal de Richelieu remontra
que la rupture du mariage de la Princeſſe n'étoit
pas au pouvoir du Duc; mais qu'outre cela le Roi
ſe plaignoit qu'au préjudice des deux précédens
Traitez , il s'étoit allié avec les étrangers, & que
Sa Majeſté ne ſe pouvoit plus fier à lui , qu'en
lui mettant Nanci en dépôt entre les mains.

Le Cardinal de Loraine n'ayant pas voulu conſentir à cet article ſans le communiquer au Duc,
s'en retourna; & le Roi ayant continué ſa marche,
ce Cardinal le revint trouver le 28. à Pont-à-Mouſ-
ſon , & lui offrit de lui remettre en dépôt La
Motte outre les deux places d'Alſace qu'il avoit
déja offertes , & même de mettre la Princeſſe
Marguerite entre ſes mains.

Le Roi accepta le dépôt de la Princeſſe Margue-

rite, mais ne voulut point ſe contenter de celui
des trois places ; perſiſtant à demander que Nanci
lui fût remis pour être aſſuré de la conduite du
Duc. Le Cardinal de Loraine propoſa au Cardinal de Richelieu que ſi le Duc ſon frére étoit
aſſez malheureux pour que le Roi ne pût prendre
confiance en perſonne , il étoit réſolu, ſi Sa Majeſté l'agréoit, de lui remettre ſes Etats : le Cardinal de Richelieu répondit que le Roi en ſeroit
fort aiſe ; mais que cela ne ſuffiſoit pas à cauſe de
l'inconſtance du Duc qui rentreroit dans ſes E-
tats lorſqu'on y penſeroit le moins.

Le Roi fut le lendemain 29. à St. Nicolas où
il ſçut que la Princeſſe Marguerite s'étoit ſauvée
de Nanci. Sa Majeſté ayant mis enſuite le ſiége
devant Nanci, le Cardinal de Loraine le vint trouver , & convint que la Princeſſe s'étoit ſauvée,
mais dit qu'elle étoit dans les Etats du Duc qui
pouvoit encore diſpoſer de ſa perſonne : il offrit
de remettre entre les mains du Roi la ville neu-
ve de Nanci ; mais Sa Majeſté ayant encore voulu avoir la vieille ville il ſigna enfin comme Procureur de ſon frére le 6. Septembre 1633. avec le
Cardinal de Richelieu au nom du Roi un Traité
par lequel le Duc renonça à toutes ſes alliances
contraires à celles de France, & promit qu'il n'auroit plus à l'avenir aucunes intelligences préjudiciables au Roi tant avec la Maiſon d'Autriche
qu'avec tels particuliers que ce puſſent être qui ſeroient hors des bonnes graces de Sa Majeſté: qu'il
ſerviroit le Roi à l'avenir envers tous & contre
tous: qu'il ne ſeroit aucun armement pendant ces
troubles d'Allemagne ſans le conſentement exprès
du Roi: qu'il déſarmeroit auſſi-tôt que le Chancelier Oxenſtiern auroit avec ſes Confédérez engagé ſa parole à Sa Majeſté de ne rien entreprendre
contre lui , & qu'ils auroient retiré leurs armes de
ſes Etats hormis des Comtez de Sarverden & de
Bouquenheim qu'ils avoient occupez depuis peu ;
ſe ſoumettant à l'arbitrage du Roi pour les droits
qu'il avoit ſur ces Comtez, pourvû que le Chancelier & ſes Confédérez en fiſſent de même : qu'il
dépoſeroit dans trois jours la Ville de Nanci entre
les mains du Roi qui y pouroit demeurer avec
telle garniſon que bon lui ſembleroit, juſqu'à ce
que la bonne conduite du Duc & la pacification
des troubles ôtaſſent lieu d'appréhender que le
Duc recommençât ſes entrepriſes ; comme auſſi
juſqu'à ce que le mariage prétendu entre Monſieur & la Princeſſe Marguerite fût déclaré nul;
enfin juſqu'à ce que tous les différends entre le
Roi & le Duc pour les Etats qu'il poſſédoit,
fuſſent terminez.

Ils convinrent encore que pour parvenir à la
diſſolution du mariage de la Princeſſe Marguerite,
elle ſeroit miſe dans quinzaine entre les mains du
Roi qui la laiſſeroit dans Nanci : que cependant
la ſaiſie du Duché de Bar tiendroit : que le Duc
joüiroit toûjours des revenus de ſon Duché de
Loraine, & même de ceux qu'il tiroit de la Ville
de Nanci : que le Cardinal de Loraine pouroit
toûjours faire ſa demeure dans Nanci avec une
compagnie de cent hommes pour ſa garde: qu'en
ce cas la garniſon Françoiſe prendroit le mot du
Cardinal , & ſe tiendroit toute dans la nouvelle
ville , n'occupant dans la vieille ville , que les
deux baſtions & la porte qui ſépare les deux villes ; enſorte néanmoins que les canons , armes &
munitions de guerre qui étoient dans la vieille

ville

ville feroient tranfportez dans la nouvelle: & même le Roi promit que fi la guerre d'Allemagne duroit plus de quatre années, il rendroit Nanci au Duc, pourvû que les autres conditions portées par ce Traité fuffent accomplies.

Comme pendant qu'on négocioit ce Traité on apprit que la Princeffe au lieu d'aller à Cirq, ainfi que le Duc de Loraine difoit l'avoir defiré, étoit allée à Thionville dans le Luxembourg, les Cardinaux de Richelieu & de Loraine fignérent ce même jour un article par lequel ils convinrent qu'en cas que le Cardinal ne pût la remettre entre les mains du Roi dans le tems porté par ce Traité, il ne laifferoit pas de demeurer en fa force & teneur, pourvû que le Cardinal & le Duc fon frére fiffent leur poffible pour cela, & que la Princeffe n'empêchât pas la diffolution de fon prétendu mariage par voyes légitimes & valables.

Cette Princeffe fe rendit peu après de Thionville à Bruxelles auprès de la Reine mére & de Monfieur le Duc d'Orléans fon mari.

V. *Traité de Charmes. Septembre* 1633.

Le Traité de Nanci ne fut point ratifié par le Duc; cependant le Cardinal de Loraine étant venu trouver le Roi lui dit qu'il l'étoit: mais enfuite comme le Roi fe difpofoit à faire fon entrée dans Nanci, ce Cardinal y étant entré comme pour y préparer les chofes à la reception de Sa Majefté, revint dire au Roi qu'il n'y trouvoit pas encore les chofes bien difpofées comme il le fouhaitoit; parce que le Duc avoit déclaré aux Officiers qu'il ne faifoit ce Traité que par force, qu'il ne prétendoit point le tenir, & que lui & le Duc de Feria viendroient bien-tôt avec une puiffante armée pour les fecourir.

Ces nouvelles rompirent la négociation; mais peu après le Duc ayant fouhaité de s'aboucher lui même avec le Cardinal de Richelieu, ils conférérent à Charmes le 20. Septembre fuivant: ce Cardinal ayant remis l'efprit du Duc qui avoit de la jaloufie contre fon frére le Cardinal, & l'ayant affuré que le Roi n'approuvoit point qu'il fe demît de fon Duché, l'obligea à figner d'autres articles par lesquels le Duc ratifia le Traité de Nanci: outre cela il confentit que pour éviter les foupçons l'autre porte de la vieille ville appellée la porte de Notre-Dame fût auffi mife entre les mains du Roi, & donna les mains à la diffolution du mariage de la Princeffe fa fœur, à laquelle il feroit procédé par voyes légitimes & valables. Le Roi de fa part agréa que le Duc de Loraine pût demeurer dans Nanci quand bon lui fembleroit, & que le Cardinal fon frére y pût auffi demeurer avec les honneurs dus à fa qualité de Duc; & il promit de lui rendre Nanci après en avoir rafé les fortifications, fi bon lui fembloit, en cas qu'il remît dans trois mois la Princeffe fa fœur entre les mains du Roi qui auroit agréable de la faire traiter fuivant fa qualité.

Le Duc n'eut pas plutôt fait le Traité de Charmes qu'il s'en repentit, ainfi qu'on le reconnut par une lettre qu'on intercepta lorsqu'il vint à la Cour après avoir figné ce Traité: cela fut caufe qu'on lui donna des gardes, fous prétexte que fon paffeport ne lui avoit été donné que pour s'aboucher avec le Cardinal de Richelieu & non pour venir en Cour, & il ne fut mis en pleine liberté qu'après que les troupes du Roi furent dans Nanci où elles entrérent le 24. du même mois. Le Roi même y entra le lendemain; & après avoir donné les ordres néceffaires pour la confervation de la place, il s'en retourna à Paris.

VI. *Traitè de Paris.* 1641.

Le Duc de Loraine ne pouvant demeurer en repos & voulant prendre les armes pour le fervice de la Maifon d'Autriche, crut avoir trouvé un bon fecret pour fatisfaire fa paffion & conferver en même tems fes Etats dans fa famille en les réfignant, comme il fit le 19. Janvier 1634. au Cardinal fon frére qui en même tems quitta le chapeau de Cardinal & époufa la Princeffe Claude fœur de la Duchffe femme de fon frére. Après cela le Duc fortit de Loraine avec fes troupes, & le nouveau Duc dont le Roi avoit voulu s'affurer, s'étant auffi fauvé avec fa femme, le Roi fe rendit maitre de prefque toute la Loraine, fe fit prêter le ferment par tous ceux du Pays, en engagea plufieurs à fervir dans fes armées, & fit confisquer le bien de ceux qui continuérent de porter les armes fous le Duc contre Sa Majefté.

Cependant le Duc ayant obtenu de l'Empereur Ferdinand II. le titre de Duc de Wirtemberg & les patentes de Général de fes armées, paffa en Allemagne près du Roi de Hongrie fon fils, fe trouva peu après à la bataille de Nortlingue, fit tout fon poffible en 1639. pour empêcher la prife de Brifac par le Duc de Weymar & par les François, & fervit toûjours avec beaucoup d'ardeur la Maifon d'Autriche contre le Roi jusqu'en l'année 1641.

L'occafion de fon changement provint de ce que le Duc étant devenu paffionnément amoureux de la Comteffe de Cantecroix, fe mit en tête de l'époufer, & répudia la Ducheffe fa femme; prétendant de faire annuller le mariage qu'il avoit fait avec elle. Le Pape Innocent X. auquel la Ducheffe eut recours, avertit d'abord le Duc de fe féparer de la Comteffe jusqu'à ce que la nullité de fon premier mariage fût jugée; & comme il n'obéit point aux Mandemens du Pape, il fit publier contre le Duc & la Comteffe des cenfures qui obligérent le Cardinal Infant de preffer le Duc d'obéïr aux ordres de Sa Sainteté.

Le Duc ne voulant pas abandonner la Comteffe, elle lui perfuada que le meilleur moyen de fe mettre à couvert des pourfuites du Pape & de rentrer dans fes Etats étoit de faire la paix avec la France: ainfi ayant obtenu un paffeport pour venir trouver le Roi, il fe rendit à Paris au mois de Mars 1641. & fut très-bien reçu du Roi & du Cardinal de Richelieu. Il eût bien fouhaité que le Roi eût approuvé fon mariage avec la Comteffe de Cantecroix, & demandoit une place forte en Loraine où il la pût mettre en fureté: mais le Cardinal de Richelieu lui ayant déclaré que c'étoit au Pape à prononcer fur la validité de fon mariage avec la Ducheffe, on laiffa cette affaire fans y toucher, & ce Cardinal conclut le 29. du même mois de Mars avec le Duc un Traité par lequel le Roi lui pardonna toutes les offenfes qu'il lui avoit faites; & ils convinrent que le Duc feroit dèsormais inviolablement attaché aux intérêts de la France, & n'auroit aucune intelligence avec la

Maifon

Maison d'Autriche : que le Roi remettroit le Duc en poffeffion du Duché de Loraine & de celui de Bar , dont il rendroit préfentement hommage au Roi : qu'il lui remettroit auffi fes autres Etats à l'exception de la Ville & du Comté de Clermont, des Places & Prévôtez de Stenai & de Jametz, & de la Ville de Dun qui demeureroient en propriété au Roi & à fes Succeffeurs : que le Roi tiendroit la Ville & Banlieue de Nanci en dépôt pendant la guerre : que Marfal feroit rafé avant que d'être rendu au Duc , & ne pouroit jamais être fortifié : que le Duc donneroit paffage aux troupes du Roi : qu'il joindroit fes troupes à celles de Sa Majefté, avec ferment de la bien fervir envers tous & contre tous : que le Roi les payeroit pendant la campagne , à condition qu'elles n'auroient point de quartiers d'hiver en France , mais en Pays ennemi ou en Loraine à cinq lieues de Nanci : que le Duc ne fauroit point mauvais gré à fes Sujets qui avoient fervi le Roi : que ceux auxquels le Roi avoit donné des Bénéfices , en demeureroient poffeffeurs : que le Roi continueroit de pourvoir aux Bénéfices & aux Offices de la Juftice criminelle de Nanci tant que cette Ville demeureroit en dépôt entre fes mains : que ceux dont le Roi avoit fait confifquer les biens y rentreroient , pourvû qu'ils ne demeuraffent plus au fervice des ennemis de Sa Majefté; enforte néanmoins que ceux qui en avoient eu le don du Roi ne pouroient être inquiettez pour les jouïffances qu'ils en avoient eues par le paffé : Enfin on convint qu'en attendant que le différend entre le Duc & la Ducheffe pour raifon de leur mariage eût été vuidé par le Roi , il lui payeroit fix-vingts mille livres par an par forme de penfion.

Outre ces articles publics il y en eut encore de fecrets qui portoient que le Roi ne remettroit point Nanci au Duc qu'après en avoir fait rafer les fortifications: que lorfque le Duc ne feroit point près du Roi ni dans fes armées il ne pouroit point demeurer à Luneville pour être trop proche de Nanci : qu'en quelque lieu qu'il demeurât il fe comporteroit enforte que ceux qui feroient dans les places qui refteroient au Roi , n'en auroient point de jaloufie : qu'il fourniroit de fes forêts le bois néceffaire pour les Corps de garde de Nanci : Enfin il promit expreffément qu'en cas qu'il contrevînt à la teneur de ces articles fecrets, les Etats que Sa Majefté lui remettoit feroient dévolus à la Couronne.

Le Roi & le Duc jurérent folemnellement ce Traité fur les faints Evangiles le fecond Avril 1641. Ce Duc pour en commencer l'exécution rendit en perfonne hommage au Roi pour fon Duché de Bar; & le Roi de fa part lui donna une bonne fomme d'argent & des quartiers pour fes troupes dans la Champagne.

Le Duc étant retourné en Loraine fit encore ferment d'exécuter ce Traité & les articles fecrets: cependant il ne l'obferva pas plus que les précédens ; car le Roi n'ayant pas voulu que les Lorains reconnuffent la Comteffe de Cantecroix pour leur Ducheffe , elle changea entiérement l'efprit du Duc , enforte qu'il fe mit à fortifier en diligence la place de la Motte , & refufa de joindre fes troupes à celles du Roi , fi bien que Sa Majefté voyant qu'il ne prétendoit point tenir le Traité qu'il avoit juré fi folemnellement, envoya en Loraine le Comte de Grancé avec une armée qui s'empara

facilement de Bar & de tout ce qu'on lui avoit rendu, où il n'y eut que Neuchâtel qui fît quelque réfiftance. Ainfi le Duc n'ayant plus que fort peu de places en Loraine qui tinffent fon parti, fut obligé de fe retirer en Allemagne ; & le Roi prétendant que le Duc de Loraine ayant violé ce Traité , tous fes Etats étoient dévolus à la Couronne , fuivant la claufe expreffe à laquelle il s'étoit foumis , fe fit reconnoître pour Souverain, & prêter ferment de fidélité par tous les Lorains.

VII. *Traité de Guenin.* 1644.

Ce Duc étant paffé en Allemagne affembla une armée confidérable qu'il voulut gouverner lui même fuivant qu'il lui feroit plus avantageux fans recevoir les ordres des Généraux de l'Empereur, & dans la fuite il fe faifit de plufieurs places dans l'Alface & fur le Rhin: enforte qu'outre Longwic & la Motte en Loraine dont il obligea les François à lever le fiége , il tenoit encore en Allemagne Spire, Vormes, Landau , Sarbruk, Lanftul, Herberftein, & diverfes autres places, & avoit de bonnes troupes fous fa difpofition.

Ces troupes fervirent utilement pour le gain de la bataille de Dutlingen que les François perdirent en Suabe vers la fin de l'année 1643. & dans laquelle le Duc de Baviére fit fur eux cinq mille prifonniers outre le Général Rantzau, & plufieurs autres Officiers.

Le Duc de Loraine croyant que le mauvais état où étoient alors les affaires des François en Allemagne lui feroit obtenir des conditions plus avantageufes qu'il n'en auroit pu efpérer en un autre tems , fit témoigner au Roi en 1644. qu'il eût bien fouhaité de rentrer dans fes bonnes graces : en effet il ne pouvoit prendre un tems plus favorable pour lui ; car comme les Suédois étoient alors engagez dans la guerre de Dannemarc , le Roi avoit lieu de craindre d'avoir feul à fupporter les efforts des Impériaux , des Bavarois, & des Lorains qui étoient les Maitres de la campagne près du Rhin , & menaçoient les villes foreftiéres & Brifac même.

Ainfi étant bien aife d'attirer ce Prince dans fon parti, il lui envoya le Sr. Dupleffis-Bezançon qui, après avoir eu plufieurs difputes avec lui, particuliérement fur ce que le Roi vouloit qu'il lui remît la Motte entre les mains, & qu'il paffât à fon fervice contre fes ennemis , convint enfin à Guenin le 24. Juin de la même année, de plufieurs articles que le Duc parapha & dont les principaux étoient : que le Duc remettroit la Motte entre les mains du Roi , qui pouroit la rafer ou la garder par forme de dépôt jufqu'à la paix générale : que le Roi garderoit auffi jufqu'à la paix la Ville de Nanci & le Château de Clermont duquel il pouroit faire rafer les fortifications avant que de le rendre au Duc : que le Roi pouroit retenir pour toujours la ville & la citadelle de Stenai avec le château de Jametz & leurs dépendances ; à condition d'en récompenfer le Duc après la paix faite : que le Roi feroit rafer les fortifications de Marfal avant que de le rendre au Duc : que le Duc donneroit paffage aux troupes du Roi par fes Etats : qu'il ne logeroit point fes troupes plus près de Nanci que de cinq lieues ; Enfin qu'il ne pouroit forti-

fier

fier les places qui auroient été démolies. Moyennant ces conditions & quelques autres le Roi promettoit de remettre ce Duc en la possession de ses Duchez de Loraine & de Bar, comme il en jouïssoit avant la guerre.

Par des articles secrets le Duc renonça aux alliances qu'il avoit avec la Maison d'Autriche, & avec les autres ennemis du Roi: promit de servir le Roi de sa personne & de ses troupes, & qu'elles prêteroient serment de fidélité au Roi qui les payeroit comme les autres troupes de ses armées; ensorte qu'elles ne pouroient prendre des quartiers d'hiver que dans le Pays ennemi.

Outre ces articles le Duc vouloit encore avoir une place considérable pour y mettre la Comtesse de Cantecroix; le Sr. Duplessis-Bezançon y donna les mains: mais le Duc soutenant qu'il n'avoit pas pouvoir de lui accorder cela, ne voulut point signer le Traité, & se rengagea avec les Espagnols qui pour l'empêcher de traiter avec le Roi, lui faisoient espérer de lui donner bien-tôt le commandement de leur armée en Flandre: cependant ils ne purent empêcher qu'au commencement de l'année suivante les François sous la conduite du Sr. Magalotti ne prissent la Motte qu'ils demantelérent par ordre du Roi qui jugea que la conservation en étoit inutile; toute la Loraine étant alors sous l'obéïssance du Roi.

VIII. *Article du Traité de Munster.* 1648.

Lorsque peu après la rupture entre Loüis XIII. d'une part & l'Empereur Ferdinand II. & Philipe IV. Roi d'Espagne d'autre, le Pape fit convenir les parties intéressées de s'assembler à Cologne pour y traiter de la paix; le Roi ne fit point de difficulté d'accorder des passeports au Duc de Loraine: mais cette négociation ayant été rompue, lorsqu'on recommença depuis de traiter à Hambourg en 1641. des préliminaires de la paix, le Roi ne voulut point donner un nouveau passeport au Duc de Loraine: premiérement parce que ce Duc s'étoit raccommodé avec Sa Majesté, & qu'ainsi elle n'avoit plus rien à démêler avec lui; & ensuite après que ce Duc eût rompu le Traité de Paris, parce que ce Prince ayant encore renoncé par ce Traité ainsi que par les précédens à l'alliance qu'il avoit contractée avec la Maison d'Autriche, elle ne le pouvoit plus compter parmi ses Alliez ni demander un passeport pour lui, en cette qualité. Cette raison fut jugée si forte que par le Traité préliminaire de Hambourg du mois de Décembre 1641. ce Duc ne fut point nommé parmi les Alliez de la Maison d'Autriche, auxquels le Roi devoit donner des passeports, & fut ainsi tacitement exclu de ce Traité.

Les choses demeurérent en cet état jusqu'à la mort du Roi Loüis XIII.

L'Empereur & le Roi d'Espagne ne laissérent pas d'agir puissamment pour les intérêts du Duc Charles dans l'assemblée de Munster: mais comme le Roi prétendit qu'en vertu du Traité de Paris de l'année 1641. tous les Etats de ce Duc étoient dévolus à sa Couronne, & que d'ailleurs ce Prince avoir trompé tant de fois le feu Roi son père qu'il ne pouvoit plus se fier à lui; tout ce qu'on put obtenir de Sa Majesté fut que, pourvû que le Duc voulût dèsarmer & se retirer en Italie ou

en Allemagne, elle lui assigneroit de quoi vivre suivant sa condition; & que s'il se conduisoit durant dix années avec une pleine satisfaction de la France, Sa Majesté lui rendroit alors l'ancien Duché de Loraine, après en avoir démoli les places, ou lui donneroit un autre Etat de pareille valeur à l'option de Sa Majesté.

Le Duc de Loraine & les Princes qui portoient ses intérêts ayant refusé d'accepter ces conditions, on remit de traiter de l'affaire de ce Duc à la fin de la négociation, lorsque les différends qui étoient entre les parties mêmes auroient été terminez. Ainsi on parla plus fortement que jamais vers la fin de l'année 1647. lorsque les Plénipotentiaires des Etats-Généraux étant presque d'accord de toutes choses avec les Espagnols, s'entremirent pour les faire convenir avec les François des articles qui étoient encore indécis; entre lesquels étoit celui qui regardoit le Duc de Loraine que les Espagnols déclaroient ne vouloir point abandonner, ensorte qu'ils étoient disposez à rompre le Traité si la France ne lui vouloit rien offrir de plus avantageux; & que quand même ils feroient la paix sans lui ils se vouloient réserver la liberté de le secourir contre le Roi: à quoi les Ministres de Sa Majesté ne vouloient pas consentir, voulant que cette liberté fut ôtée aux Espagnols par ce Traité.

Enfin le Sr. Knuyt un des Plénipotentiaires des Etats proposa pour accommoder ce différend, que le Roi rendît à présent au Duc ce qu'il lui vouloit bien rendre dans dix ans, savoir l'ancienne Loraine en retenant ce qui dépendoit de la Couronne de France & des trois Evêchez, sous la promesse que les Espagnols feroient de ne point assister ce Duc s'il vouloit troubler le Roi dans la possession de ce qui resteroit à Sa Majesté, & avec la garentie des Etats Généraux.

Les Plénipotentiaires de France se trouvérent de différens sentimens sur cette proposition; le Duc de Longueville & le Comte d'Avaux étant d'avis de l'accepter, & Mr. Servien soutenant au contraire que la France devoit conserver toute la Loraine en vertu du Traité de 1641. Ils convinrent d'en écrire en Cour pour savoir la derniére résolution du Roi: l'affaire ayant été proposée au Conseil, le Cardinal Mazarin fit réponse suivant la délibération qui y fut prise, que quoi que l'intérêt d'Etat dût empêcher le Roi de remettre dès à présent à un Prince duquel il avoit tant de raison de se défier, un Etat qui appartenoit à la France par un si juste titre & qui lui étoit si nécessaire pour la conservation des trois Evêchez, & de l'Alsace, néanmoins Sa Majesté vouloit bien accepter le parti proposé par le Sr. Knuyt, s'il n'y avoit plus que cela qui retardât la paix; à condition que les Hollandois rentreroient en guerre si les Espagnols ne vouloient pas faire la paix.

Comme les Espagnols ayant fait résoudre les Etats à faire une paix particuliére avec eux, ne se soucioient plus de la faire avec la France, ils firent de nouvelles difficultez sur la Loraine, voulant qu'elle fût rendue au Duc en l'état où elle étoit alors; au lieu que le Roi n'avoit jamais offert de la rendre qu'après que les places fortes auroient été démolies: ce fut donc sur ce point que roula la difficulté, & sur lequel les François ne voulurent point s'en rapporter à des arbitres, ainsi que les Plénipotentiaires des Etats leur proposérent le jour même qu'ils signérent le Traité de paix avec l'Espagne.

Les Plénipotentiaires des Etats en faisant cette signature tirérent une promesse de ceux d'Espagne, portant que dans les deux mois qui devoient s'écouler jusqu'à la ratification du Traité, ils pouroient toûjours s'entremettre d'ajuster les points indécis, sur tout celui de la Loraine, sur lequel les Ambaffadeurs écrivoient chacun à leur Roi. En effet ils continuérent toûjours de tâcher de faire approcher les uns & les autres, & les François se relâchérent jufqu'à fe contenter de la démolition de fix places de l'ancienne Loraine ; mais cela ne fervit de rien, & les Efpagnols voulant même que Stenai, Clermont, & Jametz fuffent de l'ancienne Loraine la chofe en demeura là : le Traité de paix entre l'Efpagne & les Provinces-Unies fut ratifié, & le Comte de Pegnaranda s'étant retiré de Munfter, la négociation pour la paix entre la France & l'Efpagne s'évanouït peu à peu , & on ne continua de traiter à Munfter que celle entre l'Empereur & le Roi, qui fut conclue le 24. Octobre 1648. & par laquelle on convint que le différend pour la Loraine feroit remis à des arbitres ou terminé par le Traité entre la France & l'Efpagne, ou par quelqu'autre voye amiable fans que l'Empereur ni aucun autre Prince de l'Empire s'en puffent mêler par la voye des armes.

Ainfi le Duc de Loraine étant abandonné par l'Empereur & par tous les Princes de l'Empire fe jetta entre les bras des Efpagnols & les fervit avec fon armée moyennant certains fubfides qu'ils lui fourniffoient par des Traitez qu'ils faifoient avec lui d'année en année.

IX. & X. *Traitez de Paris & de Villeneuve-St.-George.* 1652.

Le Duc de Loraine s'étant engagé aux Efpagnols en l'année 1652. de faire lever le fiége d'Etampes , où le Vicomte de Turenne Général de l'armée du Roi affiegeoit l'armée du Duc d'Orléans & du Prince de Condé; il entra en France avec une armée de neuf mille hommes , & les ayant laiffez à Lagni il vint à Paris où le Duc d'Orléans & le Prince de Condé le reçurent fort bien , efpérant de grands avantages de fa venue, & que non feulement il feroit lever le fiége d'Etampes, ce qui n'étoit guére difficile, l'armée affiégée étant de fort peu inférieure à celle qui affiégeoit , mais qu'il leur aideroit auffi à défaire l'armée du Roi & à ruiner le parti contraire.

Tous leurs deffeins furent rompus par la Ducheffe de Chevreufe femme d'un Prince de la Maifon de Loraine; car cette Princeffe intrigante fe fervant à propos de la jaloufie que les Princes de la Maifon de Loraine ont naturellement contre les Princes du Sang, fit comprendre au Duc qu'il étoit contre fon intérêt de contribuer à l'élévation du Prince de Condé , puis que cela ne ferviroit qu'à faire acquérir à ce Prince encore plus de crédit près des Efpagnols & à diminuer la confidération qu'ils avoient pour lui; ayant ébranlé le Duc elle lui fit voir le Sr. de Châteauneuf qui en ayant écrit en Cour & ayant obtenu un pleinpouvoir du Roi, conclut à Paris un Traité avec ce Duc, par lequel le Roi pour dégager la parole du Duc, promit de faire lever le fiége d'Etampes: & le Duc s'obligea de fa part de faire prendre à fes troupes le chemin pour fortir du Royaume dès le lende-

main que le Vicomte de Turenne fe feroit retiré de devant Etampes, moyennant quoi on lui fourniroit des vivres & des étapes.

Le fiége d'Etampes fut levé en conféquence de ce Traité: néanmoins les Princes ayant obtenu du Duc une promeffe par écrit qu'il ne fe retireroit point que leur armée qui étoit dans Etampes ne fût en fureté, le Vicomte de Turenne qui craignoit que ces deux armées ne fe joigniffent, marcha le 17. Juin vers l'armée du Duc à deffein de la combatre : le Duc s'étant retiré à Villeneuve-St.-George fe plaignit de ce qu'on le vouloit attaquer au préjudice du Traité ; mais le Vicomte de Turenne ayant repondu que c'étoit lui même qui y avoit manqué, puifque le fiége d'Etampes étoit levé & qu'il n'avoit pas encore pris le chemin pour fortir du Royaume, il ne lui donna que quatre heures pour fe réfoudre, après lefquelles ce Duc n'ayant rien mandé, l'armée du Roi fe mit en devoir d'attaquer les Lorains.

Le Duc craignant la défaite de fon armée qui faifoit tout fon bien, manda au Vicomte de Turenne qu'il étoit prêt de tenir le Traité: mais ce Général lui fit réponfe que les chofes n'en étoient plus dans ces termes, & qu'il alloit l'attaquer s'il ne lui cédoit le pont de batteaux qu'il avoit fait bâtir fur la Seine, & s'il ne partoit inceffamment pour fortir en quinze jours de France par le chemin qu'on lui marqueroit : le Duc auroit bien voulu tirer les chofes en longueur, mais le Vicomte de Turenne lui ayant fait déclarer qu'il alloit faire fonner la charge s'il n'acceptoit dans le moment les conditions qu'il lui avoit propofées , il s'y réfolut & confentit à tout ce qu'on voulut; à condition qu'on ne fe ferviroit point dans l'inftant de fon pont pour aller attaquer l'armée des Princes: qu'on donneroit un paffeport aux troupes des Princes qui étoient dans fon armée, afin qu'elles puffent fe retirer à Paris , & qu'on lui affigneroit des étapes pendant les quinze jours qu'on lui donnoit pour fe retirer.

Ainfi le fecond Traité fut conclu fort glorieufement pour le Vicomte de Turenne à la tête des deux armées ; & les Lorains furent obligez l'épée dans les reins de prendre en même tems le chemin de Brie-Comte-Robert après qu'on fe fût donné des otages de part & d'autre.

XI. *Traité de Compiegne.* 1655.

Le Duc de Loraine prétendit avoir rendu un fignalé fervice à l'Efpagne en faifant lever le fiége d'Etampes fans hazarder fon armée, & en évitant de donner une bataille dont le fuccès favorable ou contraire leur faifoit également felon lui perdre le Prince de Condé; puifqu'au premier cas la Cour lui auroit tout accordé , & au fecond il fe feroit foumis à tout ce que la Cour auroit fouhaité de lui : ce raifonnement ne contenta pas néanmoins les Efpagnols qui foupçonnant fa fidélité le firent fi bien épier, qu'ayant découvert qu'il avoit quelque correfpondance avec le Cardinal Mazarin pour paffer au fervice de la France avec fes troupes, ils le firent arrêter en 1654. fous prétexte des grands défordres que fes troupes commetroient dans les Etats de l'Empire voifins des Pays-Bas, où il leur donnoit des quartiers d'hiver de vive force en vertu d'une Patente de Général de l'Empereur qu'il avoit

eue autrefois.   Ce Duc fut premiérement conduit au Château d'Anvers & de là en Espagne au
Château de Toléde.

Le Duc François son frére étant venu prendre
le commandement de son armée n'eut pas moins de
jalousie que son frére de voir que les places de
Stenai & de Clermont autrefois dépendantes de la
Loraine, étoient entre les mains du Prince de
Condé, & que toutes les conquêtes qu'on feroit
en France seroient pour ce Prince ; ainsi il agit
foiblement pour les Espagnols pendant qu'il fut à
leur service, & peu après le Duc Charles ayant
traité de remettre toutes ses troupes au Roi d'Espagne pour recouvrer sa liberté, ce Prince jugeant
cette résolution trop préjudiciable à sa Maison qui
n'avoit plus que cette armée pour tout bien, résolut de la mener au service de la France, comme
il fit en l'année 1655. espérant de mieux trouver
par là ses propres avantages & ceux de ses enfans,
qu'en demeurant davantage dans le parti d'Espagne.   Etant arrivé aux environs de Guise, il envoya à Compiegne, où la Cour étoit alors, le
Marquis de Beauveau & le Sr. Rolin son Secretaire pour faire avec Sa Majesté un Traité qui lui
fût avantageux.

Le Duc de Guise ayant sçu de bonne heure la
sortie du Duc François hors des Etats du Roi
d'Espagne, persuada à la Duchesse de Loraine
qu'elle devoit empêcher qu'on ne fît aucun Traité
qui portât préjudice au Duc son mari & à elle
même qui devoit en son absence avoir la disposition de toutes ses affaires : ainsi ayant eu une procuration de la Duchesse, il se rendit en diligence
à Compiegne où il passa au nom de cette Duchesse
comme Procuratrice de son mari & Régente en son
absence, un Traité avec les Commissaires du Roi
par lequel ses troupes furent reçues au service de
Sa Majesté, & on régla le payement & les quartiers d'hiver qu'on leur donneroit ; desorte qu'elle
eut la direction des troupes & des places que le
Duc son mari possédoit encore comme Hombourg,
Lanstul, & autres.

XII. *Articles du Traité des Pirenées.*
1659.

Nous venons de voir que l'article pour la restitution de la Loraine avoit fait une des principales
difficultez de la négociation de Munster avec les
Espagnols, & que le Traité qui fut fait peu après
en cette même Ville entre l'Empereur & le Roi
avoit renvoyé cette affaire au Traité entre la France & l'Espagne ; ainsi lorsque le Cardinal Mazarin
& Dom Louïs de Haro traitérent cette paix près
des Pirénées les affaires du Duc de Loraine occupérent plusieurs conférences.   Enfin après qu'ils
eurent réglé toutes les conditions du rétablissement
du Duc, ils les inférérent dans le Traité entre les
deux Couronnes depuis le LXII. article jusqu'au
LXXVIII.

Par ces articles ils convinrent que le Roi recevroit le Duc dans ses bonnes graces, & que sans
s'arrêter aux Traitez faits entre le feu Roi & lui il
le remettroit en possession du Duché de Loraine
après avoir démoli les fortifications des deux Villes de Nanci & en avoir retiré l'artillerie & les
munitions de guerre : qu'il le remettroit aussi en
possession des lieux qui dépendoient des Evêchez
de Metz, Toul, & Verdun, & de tout ce qu'il

avoit autrefois possédé ; à la réserve de ce qui s'ensuit qui seroit pour jamais incorporé à la France ;
savoir premiérement de Moyenvie qui dépendoit
de l'Empire & avoit été cédé au Roi par le Traité
de Munster ; en second lieu du Duché de Bar
tant de la partie qui étoit mouvante de la Couronne de France, que de celle qui n'en étoit point
mouvante ; & même de ce que les Ducs de Bar a-
voient dans le lieu & Prévôté de Marville ; &
enfin du Comté de Clermont & de son domaine,
& des places & Prévôtez de Stenai, Dun, & Jametz avec tous leurs revenus & territoires qui en
dépendent : que le Duc, avant qu'aucune place lui
fût restituée, donneroit au Roi des actes de renonciation & cession de tous ces lieux & pays que le
Roi se réservoit ; sans qu'il pût rien demander de
ce que le feu Roi avoit promis par le Traité de
Liverdun de lui payer pour le Domaine du Comté de Clermont : que le Duc & les autres Princes
de sa Maison seroient tenus de licencier leurs troupes lorsqu'on publieroit la paix, & ne pourroient
demeurer armez :   qu'avant son rétablissement il
donneroit encore au Roi trois actes, par le premier
desquels il renonceroit à toutes les ligues qu'il a-
voit faites contre la France avec promesse qu'à l'a-
venir il ne donneroit aucune retraite dans ses Etats
à ses ennemis ni à ses Sujets révoltez ou qui lui
seroient suspects, & qu'il ne permettroit point qu'il
y fût fait aucune levée ou amas de gens de guerre
contre son service ; que par le second acte il promettroit pour lui & ses Successeurs de donner passage par ses Etats aux troupes de Sa Majesté & de
ses Successeurs, & de leur faire fournir les vivres
& les logemens par étapes en payant leurs dépenses au prix courant, bien entendu que ce ne seroient que de simples marches à journées réglées
sans pouvoir séjourner dans ses Etats; que par le
troisiéme acte il promettroit encore pour lui & ses
Successeurs de faire fournir par les Fermiers des Salines de Rosiéres, de Château-Salins, de Dieuse,
& de Marsal tout le sel nécessaire pour la fourni-
ture des greniers qu'il seroit besoin de remplir pour
l'usage des Sujets de Sa Majesté dans les trois Evêchez, le Duché de Bar, Comté de Clermont, &
Stenai, Jametz & Dun, & cela au même prix que
ce Duc le fournissoit aux greniers de l'Evêché de
Metz la derniére année qu'il avoit été en possession de tous ses Etats, sans que lui ni ses Successeurs en pussent augmenter le prix :   que le Duc
ne feroit aucun mauvais traitement, & payeroit
ce qu'il se trouveroit devoir à ses Sujets qui avoient
servi le feu Roi & Sa Majesté :   qu'il ne pouroit
apporter aucun changement aux provisions des Bénéfices donnez par ces deux Rois jusqu'au jour
de ce Traité : que les confiscations qu'ils avoient
données des biens de ceux qui portoient les armes
contre leurs Majestez, seroient valables pour la
jouïssance jusqu'au jour de la signature de ce Traité : que tous les jugemens & arrêts donnez par le
Conseil & autres Officiers du Roi pour raison des
procès poursuivis par les Sujets des Duchez de
Loraine & de Bar & autres, pendant le tems
qu'ils avoient été sous l'obéïssance du Roi fortiroient leur plein effet ; sauf aux parties à se pourvoir par révision de la cause : que les graces, remises, & aliénations faites par ces deux Rois des
choses qui leur étoient échues & leur avoient
été adjugées autrement que par confiscation sur
ceux qui avoient porté les armes pour le Duc,
seroient bonnes & valables : que le Duc ne pouroit

roit auſſi inquietter les propriétaires des Fiefs qui auroient prêté foi & hommage au Roi & lui en auroient payé les droits Seigneuriaux, ou qui en auroient obtenu la remiſe : que ſi le Duc n'acceptoit pas le Traité, le Roi ne ſeroit point tenu d'en obſerver aucun des articles ; & que s'il y contrevenoit ci-après, le Roi rentreroit dans les droits qu'il avoit ſur la Loraine par les Traitez faits entre le feu Roi & le Duc : que le Roi ne ſeroit point tenu au rétabliſſement du Duc qu'après que l'Empereur auroit approuvé par un acte autentique qui ſeroit mis entre les mains de Sa Majeſté tous les articles de ce Traité qui regardoient le Duc de Loraine : que le Roi d'Eſpagne procureroit près de l'Empereur la promte expédition de cet acte , & à ce qu'il accordât à Sa Majeſté, ſi elle le deſiroit, l'inveſtiture de ce qui ſe trouveroit relever de l'Empire parmi les choſes qni lui étoient cédées par ce Traité : Enfin par l'article 121. que ce rétabliſſement du Duc ſe feroit dans quatre mois , en cas que dans ce tems le Duc eût fourni , outre ſon acceptation , tous les autres actes mentionnez ci-deſſus.

Le Duc étoit priſonnier dans le Château de Tolède lorſque ces deux premiers Miniſtres réglérent ainſi ſes affaires ſans lui en demander ſon conſentement : après qu'ils furent d'accord de toutes choſes, il fut mis en liberté, & on lui fit dire qu'il pouvoit ſe rendre à la conférence & par tout ailleurs que bon lui ſembleroit. Il partit ſans pouvoir ſaluer le Roi d'Eſpagne , & s'étant rendu au lieu de la conférence , lorſque Dom Louïs de Haro lui rendit compte de ce qui avoit été réſolu à ſon égard , il témoigna en être très-mal ſatisfait , & proteſta de vive voix & par écrit contre tout ce qui avoit été conclu par les deux Miniſtres , prétendant qu'il ne leur en avoit donné aucun pouvoir, & qu'ils ne l'avoient pu faire ſans s'informer de lui s'il en étoit content : ainſi ſe plaignant des Eſpagnols qui avoient ſi mal payé les ſervices qu'il leur avoit rendus durant trente années, il paſſa au quartier des François deſquels il déclara qu'il eſpéroit d'être mieux traité, quoi qu'ils fuſſent ſes ennemis, qu'il ne l'avoit été des Eſpagnols pour l'amour deſquels il avoit perdu tous ſes Etats. En effet il fut très-bien reçu par le Cardinal Mazarin ; mais comme il vit qu'on ne vouloit rien changer aux choſes qui avoient été réſolues, il ne voulut point ſe trouver ſur les lieux lorſqu'on ſigneroit le Traité ; ainſi il s'en alla à Paris où il paſſa quelques mois.

XIII. _Second Traité de Paris._ 1661.

Le Duc de Loraine s'étant rendu au printems de l'année ſuivante à Avignon où la Cour ſe trouvoit alors, fut très-bien reçu du Roi & de la Reine ; & ayant fait de grandes inſtances pour que ſans s'arrêter au Traité des Pirénées on en fît un nouveau avec lui, il obtint qu'on lui donnât le Sr. de Lionne pour en conférer avec lui. Ce Miniſtre lui offrit de lui laiſſer Nanci en l'état qu'il étoit alors , mais néanmoins avec une garniſon Françoiſe juſqu'à ce que le Roi fût bien aſſuré de ſa fidélité : d'autre part le Duc offroit qu'en le remettant dans tous ſes Etats il entretiendroit mille chevaux & trois mille hommes de pied pour le ſervice du Roi par tout où il ſeroit néceſſaire , ce qu'il croyoit ne devoir pas être refuſé dans un tems où l'Empereur étant entré en guerre contre le Roi de Suéde , Sa Majeſté pouvoit craindre qu'il n'eût deſſein de ne pas tenir

le Traité de Munſter. Mais la Cour ayant été ſuffiſamment éclaircie que l'Empereur n'étoit point dans le deſſein d'entrer en guerre contre la France, & le Roi de Suéde étant mort dans ces entrefaites, on ne s'arrêta pas aux offres du Duc, auquel on donna ſeulement le choix de rentrer dans Nanci démantelé, ou en l'état qu'il étoit alors avec Garniſon Françoiſe : enfin on remit à traiter avec lui à Paris, lorſque le Roi y ſeroit de retour après ſon mariage.

Le Roi étant revenu à Paris au mois d'Avril 1660. on recommença peu après de traiter avec le Duc qui ſoutenoit toûjours que les articles concernant la Loraine inſérez par les Plénipotentiaires dans le Traité des Pirénées obligeoient bien les deux Rois, mais qu'ils ne l'obligeoient nullement , n'ayant donné aucun pouvoir aux deux Plénipotentiaires de traiter de ſes intérêts , & au contraire s'étant , auſſi-tôt qu'il avoit pu venir au lieu des conférences, oppoſé formellement à ce que les articles qui le concernoient fuſſent compris dans le Traité de paix : le Roi conſidérant ces raiſons du Duc, & ſur tout en conſidération des Princes de ſa Maiſon qui étoient au ſervice de Sa Majeſté , réſolut de le traiter plus favorablement qu'il n'étoit porté par les articles du Traité des Pirénées.

Ainſi le Roi & ce Duc firent un Traité à Paris le dernier Fevrier 1661. par lequel ils confirmérent les articles du Traité des Pirénées depuis le 72. juſqu'au 78. incluſivement , à moins qu'il n'y ſût dérogé par celui-ci : ils convinrent que ſuivant le Traité des Pirénées le Roi pourroit faire démolir toutes les fortifications de Nanci & qu'il en emporteroit le canon, poudre & armes, ſans que le Duc en pût rétablir les fortifications : que le Roi retiendroit encore Moyenvic, le Comté de Clermont & les villes & Bailliages de Stenai, de Jametz , & leurs dépendances : que le Roi remettroit au Duc le Duché de Bar pour en joüir ainſi que le Duc Henri avoit fait. D'autre part le Duc céda au Roi en toute Souveraineté & propriété premiérement Sirk ſur les frontiéres du Luxembourg au deſſus de Thionville avec trente villages de ceux qui en dépendent au choix de Sa Majeſté : deuxiémement Cauſemans, Sarbruc ou Sarbourg , & Phalsbourg ſur les frontiéres d'Alſace : troiſiémement la partie de la Prévôté de Marville qui dépendoit du Duché de Bar, l'autre moitié ayant déja été cédée à Sa Majeſté par le Roi d'Eſpagne comme Duc de Luxembourg : quatriémement tous les droits qu'il avoit ſur l'Abbaye de Gorze , laquelle ſeroit ſéparée de l'Egliſe de Nanci à laquelle elle avoit été unie ; enſorte que le Roi tant en vertu de ces anciens droits que de cette ceſſion , auroit la diſpoſition & collation de cette Abbaye, & en ſeroit reconnu pour le Souverain, conſentant néanmoins que pour récompenſer l'Egliſe de Nanci de cette ſéparation , l'Abbaye de l'Iſle dans le Barrois lui fût unie : cinquiémement Malatour qui étoit enclavé dans l'Evêché de Metz : ſiziémement Marcheville, Harville, Labouville, & Mezerai qui ſont ſituez entre les Evêchez de Metz & de Verdun, & ſervent au Roi pour aller des terres d'un de ces Evêchez dans l'autre ſans paſſer ſur les terres du Duc : ſeptiémement Sishoff, Franshoff & Monteleu ſituez près de la Sarre avec leurs juriſdictions : huitiémement les Salines de Moyenvic qui appartenoient au Duc par l'échange fait en 1572. entre Charles Duc de Loraine & l'Evêque de Metz ; Sa Majeſté promettant néanmoins de n'y faire faire aucun ſel, & que ſi elle y en vouloit faire faire à

l'avenir

l'avenir pour l'ufage de fes Sujets, elle payeroit à l'Evêque de Metz la moitié des quatre cens muids de fel & des trente mille livres tournois en quarante-cinq mille francs de Loraine que les Ducs de Loraine font tenus par cette Transaction de leur payer à caufe de l'échange des Salines de Moyenvic & de Marfal; mais que tant que le Roi n'y feroit point faire de fel, le Duc de Loraine payeroit le tout: néeuviémement le chemin de Coffe à Berme & gnéralement tout ce qu'il pouvoit avoir dans les lieux de la Sogne, Moucheu, Gremecei, Chambrai & Bourtricourt audeça de Vic; comme auffi Lazi, Donvelai, Ormanges, Affudange, Goudreffange, Henningen près de Caufemans, Sarbruc, puis Mederville, Courferode, & Garbourg près de Phalsbourg; enforte que les troupes du Roi puffent aller fur fes terres depuis Metz jusqu'en Alface fans paffer fur les terres du Duc: ils convinrent que ce chemin commenceroit au dernier village du Pays Meffin entre Metz & Vic, & s'étendroit jusqu'à Phalsbourg inclufivement; & que dans la largeur d'une demi-lieue de Loraine tous les Bourgs & Villages nommez dans le Traité & leurs dépendances appartiendroient au Roi tant en Souveraineté qu'en propriété en cas qu'elle appartînt au Duc; mais que pour les autres villages & héritages voifins qui fe trouveroient dans cette demi-lieue, la Souveraineté en appartiendroit au Roi, mais que la propriété en demeureroit au Duc qui les tiendroit en hommage du Roi.

Moyennant ces conditions le Roi promit de remettre le Duc de Loraine dans la poffeffion des Duchez de Bar & de Loraine, même des villes & lieux dépendans des trois Evêchez de Metz, Toul, & Verdun, & généralement dans tous les lieux dont jouïffoit le Duc Henri dernier mort, excepté ceux mentionnez ci-deffus: on convint que le Duc auroit deux années pour rentrer dans les biens dont il jouïffoit avant la guerre nonobftant les rentes & adjudications qui en avoient été faites depuis l'année 1633. en rendant aux acquéreurs le prix de leurs acquifitions, frais, loyauxcouts, & impenfes utiles: Que fuivant l'article 68. du Traité des Pirénées le Duc renonceroit à toutes les alliances qu'il pouvoit avoir faites avec quelqu'autre Prince que ce fût au préjudice du Roi: Qu'il n'en feroit point de pareilles à l'avenir & ne donneroit aucune retraite dans fes Etats aux Ennemis du Roi & à ceux qui fe feroient révoltez contre Sa Majefté ou feroient fufpects: Qu'il tiendroit le bail des Salines de Loraine qui avoit été fait au nommé Cervifier, & fourniroit au Roi la quantité de fel qu'il lui fourniffoit lorsqu'il étoit en jouïffance de fes Etats; que fi Sa Majefté en demandoit davantage, elle le payeroit un quart plus cher qu'elle ne faifoit pour la quantité qu'on avoit accoutumé de lui fournir; que Cervifier feroit auffi tenu de rendre dans les greniers du Roi les quatre cens muids de fel qu'il devoit fournir à l'Evêque de Metz dont le Roi le déchargeroit envers l'Evêque: Enfin que le Roi ne pouroit établir à Caufemans, & Sarbruc aucuns péages fur les Riviéres de la Sarre & de Nize que du confentement du Duc.

Le Traité porte encore que le Roi avoit deffein en exécution du Traité de Munfter & pour la confidération qu'il avoit pour les Comtes de Naffau-Sarbruc, d'obliger le Duc de leur rendre le Château de Hombourg, le Comté de Sarverde, & le Bailliage de Herberftein, comme auffi la place de Lanfthul au Baron de Sickingen; mais que le Duc avoit juftifié que dans la Diéte de Ratisbonne tenue en 1654. on étoit convenu qu'il étoit dû au Duc trois cens mille Richedales par ces Seigneurs, & qu'il ne feroit point tenu de retirer fes garnifons de Hombourg & de Lanfthul qu'on n'eût depofé chez le Magiftrat de Francfort la moitié de cette fomme pour lui être mife entre les mains, ce qui n'avoit point été exécuté; deforte que Sa Majefté ne fit pas davantage d'inftance pour ce fujet.

XIV. *Troifiéme Traité de Paris.* 1662.

Le Duc Charles de Loraine aimant paffionnément le Prince de Vaudemont qu'il avoit eu de la Comteffe de Cantécroix, voyoit avec chagrin que quand il mourroit tous fes Etats iroient au Prince Charles fils du Duc François & de la Ducheffe Claude, & que fon fils demeureroit fans établiffement & fans bien: ainfi il s'avifa de propofer à Mr. de Lionne que fi le Roi vouloit lui donner le moyen de laiffer au Prince de Vaudemont un établiffement honnête en France, il feroit dès-lors une ceffion de tous fes Etats à Sa Majefté pour en jouïr après fa mort. Mr. de Lionne ayant extrêmement agréé cette propofition fit enforte que le Roi lui donna pouvoir de traiter avec le Duc, ainfi qu'il fit à Paris le 7. Février 1662.

Par ce Traité ce Duc céda à Sa Majefté les Duchez de Loraine & de Bar, circonftances, & dépendances, pour en jouïr pleinement après fa mort & être incorporez au Royaume de France; à condition qu'il jouïroit de ces Duchez fa vie durant: Que cependant le Roi ni lui n'y établiroient point de nouveaux impôts: Que le Roi pouroit mettre dès-lors un Gouverneur & une garnifon dans Marfal: Et qu'il défendroit le Duc & les fiens contre tous ceux qui le troubleroient en la poffeffion de fes biens en quelque lieu qu'ils fuffent fituez.

En confidération de cette renonciation & de cette union des Duchez de Loraine & de Bar à la Couronne de France après la Maifon de Bourbon, il les adopta dans la famille Royale, & voulut qu'ils précédaffent les autres Princes, les enfans naturels des Rois & leurs defcendans, & qu'ils jouïffent des priviléges des Princes de fon Sang; à condition néanmoins qu'ils ne pouroient point avoir féance au Parlement comme Princes du Sang en plus grand nombre que de quatre fuivant l'ordre de leur naiffance.

Le Roi convint encore que le Duc prendroit tous les ans fur les revenus de ces Duchez fept cens mille livres exemts de toutes charges: Qu'il fuppléeroit ce qui manqueroit: Qu'il donneroit au Duc des terres qui vaudroient deux cens mille livres de rente, & dont il y en auroit une qui porteroit le titre de Duché & Pairie, & autres cent mille livres de rente en fond ou en rentes; dèsquels Duchez, Seigneuries, fonds & rentes le Duc pouroit difpofer en faveur du Prince de Vaudemont fon fils ou d'un autre à fon choix: Enfin qu'il feroit tenu de payer les dettes contractées par les Ducs Henri & François oncle & pére du Duc; afin que le Prince de Vaudemont ne ne fût point inquieté dans la joüiſſance de ces terres, moyennant quoi le Roi pouroit diſpoſer de l'hôtel de Loraine à Paris.

Lorſque le Roi fit dreſſer les Lettres Patentes adreſſantes au Parlement pour la vérification de ce Traité, Sa Majeſté jugeant que pluſieurs Princes de la Maiſon de Loraine, & particuliérement le Prince Charles neveu du Duc, ne voudroient pas approuver cette ceſſion, & qu'il ne ſeroit pas juſte que la qualité de Princes du Sang fût acquiſe à ces Princes pendant que le Roi ne ſeroit pas paiſible poſſeſleur de ces Duchez, il inféra dans ces Lettres une clauſe formelle que les Princes de la Maiſon de Loraine ne joüiroient point des prééminences portées par ce Traité,à moins qu'ils n'y euſſent tous donné leur conſentement.

Le Prince Charles de Loraine qui étoit alors à la Cour ſe retira en Allemagne, ne voulant pas voir l'enregiſtrement de ce Traité qui lui ôtoit l'eſperance de ſucceder à ſon oncle; le Duc même ſe repentant à ſon ordinaire de ce qu'il avoit fait, en fit une révocation par devant Notaires qu'il envoya au Roi & au Premier Préſident le matin que ce Traité devoit être enregiſtré: on ne laiſſa pas néanmoins de paſſer outre; cependant comme tous les Princes de cette Maiſon n'y avoient pas donné leur conſentement, il demeura ſans exécution, quoi que Sa Majeſté n'y renonçât point expreſſément.

XV. *Traité de Metz.* 1663.

Depuis le Traité de 1661. il y avoit eu pluſieurs difficultez entre les Officiers du Roi & du Duc au ſujet des lieux que l'on devoit remettre entre les mains du Duc, particuliérement des Abbayes de St. Eve, Manſui, & Salsbourg, du Marquiſat de Nomeni, de St. Avol & de pluſieurs autres lieux dépendans des trois Evêchez de Metz, Toul, & Verdun: le Comte d'Apremont

avoit auſſi fait appeller le Duc au Parlement de Paris où il avoit obtenu divers Arrêts en vertu desquels il s'étoit mis en poſſeſſion du Comté d'Apremont, du Château de Muſſi & de pluſieurs autres lieux où le Duc de Loraine & lui prétendoient avoir droit.

Toutes ces circonſtances ayant ému l'eſprit du Duc, il leva quelques troupes en 1663. & ſe mit en devoir de fortifier Marſal: mais le Roi y étant accouru en perſonne, ſes projets allérent en fumée; & il fut obligé de faire un autre Traité à Metz qui fut paſſé le premier Septembre 1663. entre Mrs. le Tellier & de Lionne Commiſſaires du Roi, d'une part, & les Srs. Grimaldi Prince de Lixheim, & Prudhomme Commiſſaires du Duc.

Par ce Traité ils convinrent que le Duc mettroit Marſal entre les mains du Roi qui pouroit dans un an réſoudre s'il voudroit y entretenir une garniſon ou en raſer les fortifications: Que ſi le Roi le démoliſſoit, le Duc continueroit d'en joüir comme par le paſſé & même de la Saline: Que le Duc joüiroit du reſte de ſes Etats en la maniére qu'ils lui avoient été délaiſſez par le Traité du mois de Fevrier 1661.: Qu'on nommeroit des Commiſſaires de part & d'autre pour régler les difficultez ſurvenues depuis ce Traité; nommément touchant les Abbayes de St. Eve, Manſui, Salsbourg, le Marquiſat de Nomeni, St. Avol & autres lieux: Que les Arrêts obtenus au Parlement de Paris par le Comte d'Apremont contre le Duc demeureroient nuls; ſauf à ce Comte à ſe pourvoir par nouvelle action en juſtice par devant qui il aviſeroit bon être, & que cependant le Duc ſeroit remis en poſſeſſion du Comté d'Apremont, du Château de Muſſi & de leurs dépendances: Enfin que le Duc pouroit environner Nanci de murailles ſans autres fortifications.

En conſéquence de ce Traité Marſal fut remis le 4. Septembre ſuivant entre les mains du Roi qui s'en retourna à Paris.

TABLE

Des Chapitres contenus dans l'Histoire

DES

TRAITEZ

DE

WESTPHALIE.

TABLE

Des Chapitres contenus dans l'Histoire des Traitez de Paix faits par le Roi depuis ceux de Westphalie.

TABLE

TABLE

De l'Hiſtoire des Traitez de Paix entre Louïs XIII. &
Louis XIV. & Charles IV. Duc de Lorraine depuis
1630. jusqu'en 1663.

www.ingramcontent.com/pod-product-compliance
Ingram Content Group UK Ltd.
Pitfield, Milton Keynes, MK11 3LW, UK
UKHW021928070726
13614UKWH00001B/315